Wirtschaftspolitisches Wissen für die Wohnungs- und Immobilienwirtschaft

Markus Knüfermann

Wirtschaftspolitisches Wissen für die Wohnungs- und Immobilienwirtschaft

Märkte und Staatsinterventionen

2. Auflage

Springer Gabler

Prof. Dr. Markus Knüfermann
EBZ Business School
University of Applied Sciences
Bochum, Deutschland

ISBN 978-3-658-33607-3   ISBN 978-3-658-33608-0   (eBook)
https://doi.org/10.1007/978-3-658-33608-0

Die Deutsche Nationalbibliothek verzeichnet diese Publikation in der Deutschen Nationalbibliografie; detaillierte bibliografische Daten sind im Internet über http://dnb.d-nb.de abrufbar.

Planung/Lektorat: Guido Notthoff
Springer Gabler ist ein Imprint der eingetragenen Gesellschaft Springer Fachmedien Wiesbaden GmbH und ist ein Teil von Springer Nature.
Die Anschrift der Gesellschaft ist: Abraham-Lincoln-Str. 46, 65189 Wiesbaden, Germany

In Liebe für Nicole und Emma Sophie !

Zu Ehren meiner gesamten Familie !

„Die Poesie lehrt uns,
dass nichts zu Ende interpretierbar ist
und dass man die Interpretationshoheit
nicht den Herrschenden überlassen darf.“

Konstantin Wecker (2021)

Geleitwort

Die deutsche Immobilienwirtschaft ist ein Schwergewicht der deutschen Volkswirtschaft. Seit Jahren weisen Forschungsinstitute, Verbände und Unternehmen auf diese Bedeutung hin. Auch auf dem Radar internationaler Investoren ist diese Branche nun bisweilen präsenter als es einer fundamental angemessenen Entwicklung zuträglich ist. Lange Zeit stand diese Bedeutung allerdings diametral entgegengesetzt zur medialen Fokussierung der Immobilienwirtschaft. Andere Branchen standen mit ihren positiven, aber auch negativen Entwicklungen viel mehr im öffentlichen Fokus. Und so entwickelte sich die Immobilienwirtschaft relativ leise zu einer der Kernbereiche wirtschaftlicher Aktivitäten in Deutschland.

Inzwischen leistet allein das Grundstücks- und Wohnungswesen 11,1 % der deutschen Bruttowertschöpfung. Bei einem deutschen Bruttoinlandsprodukt für 2020 in Höhe von 3,29 Bill. EUR betrug die gesamte Bruttowertschöpfung für Deutschland 3,02 Bill. EUR. Davon entfielen also 334,5 Mrd. EUR auf das Grundstücks- und Wohnungswesen – also ein Drittel einer Billion Euro! Während die gesamte deutsche Bruttowertschöpfung im Jahr 2020 um 91,5 Mrd. EUR schrumpfte, wuchs der Anteil des Grundstücks- und Wohnungswesens um 7,3 Mrd. EUR.

Forschungsinstitute und Verbände kolportieren für die gesamte Immobilienbranche noch deutlich höhere Werte. Und die jährliche Bruttowertschöpfung meint den zu Herstellungspreisen bewerteten und im Produktionsprozess geschaffenen Mehrwert. Es geht demnach um echte Realwirtschaft, um nachhaltiges Wirtschaften. In Zeiten enormer Spekulationsvolumina auf den weltweiten Finanzmärkten, der Kreation von abgeleiteten Finanzprodukten von abgeleiteten Finanzprodukten als abgeleitete Finanzprodukte (hier denke ich an die berühmten CDO[3], die das Weltfinanzsystem und damit das Weltwirtschaftssystem im Jahr 2008 in den Beinahe-Kollaps katapultierten), lassen sich die 11,1 % Bruttowertschöpfung der Wohnungswirtschaft anfassen, vermieten, selbst mieten, vererben oder verkaufen – denn, eine Immobilien bleibt eine Immobilien zum Nutzen der Menschen.

Die Immobilienwirtschaft und darin insbesondere die Wohnungswirtschaft liefern zusammenfassend mehr als andere Branchen wohlstandsfördernde Ergebnisse für die gesamte Volkswirtschaft. Eine derart wichtige Branche muss daher herausragen-de

Beachtung in der deutschen und europäischen Wirtschaftspolitik besitzen. Hierfür arbeiten vor allem die deutschen Wohnungsverbände. Doch auch jedes einzelne Wohnungsunternehmen muss auf regionaler Ebene auf ihre Leistungen aufmerksam machen, wenn die Wirtschaftspolitik sie nachhaltig beachten soll.

Wohnungsunternehmen können nur dann den Fokus der Wirtschaftspolitik in positiver Hinsicht auf sich ziehen, wenn ihnen die Strukturen, die Prozesse und deren Abhängigkeiten sowie die Instrumente der verschiedenartigen Wertesysteme der Wirtschaftspolitik geläufig sind. Neuerdings sogar wieder im zweifelhaften Sinne bereichert um dogmatische Gedankenspiele einer staatlich organisierten Wohnungswirtschaft.

Nur wenn es z. B. klar ist, dass der Preismechanismus existenzieller Bestandteil funktionierender Märkte ist, kann auch substanziell gegen die Mietpreisbremse und Mietendeckel argumentiert werden. Heutzutage wissen aber viele Menschen schon nicht mehr, was die Buchpreisbindung bedeutet!

Und warum boomt die deutsche Wohnungswirtschaft? – Sicher, weil das Zinsniveau niedrig ist und die Investitionen einer kapitalintensiven Branche vom aktuellen Realzins abhängig sind. Aber warum ist es niedrig und wie lange noch? – Wir denken hier wahrscheinlich alle direkt an die Geldpolitik im Eurosystem – warum aber wies der frühere Präsident der Europäischen Zentralbank, Mario Draghi, die Verantwortung für niedrige Zinssätze im Wohnungsbaukreditgeschäft von sich und stattdessen auf strukturelle Probleme des gesamtwirtschaftlichen Sparens von privaten Haushalten und der gesamtwirtschaftlichen privaten und öffentlichen Investitionen hin? Mit anderen Worten, warum sollen die Verlierer der Niedrigzinspolitik, also vor allem die deutschen Sparer, mit Schuld am niedrigen Zinsniveau in Deutschland und damit Garant niedriger Zinssätze für Wohnungsbaukredite sein? Was bedeutet es für Wohnungsunternehmen, wenn die Bevölkerung nicht mehr ausreichend für die Altersvorsorge privat sparen kann?

Mit der im Jahr 2020 eingetretenen Corona-Pandemie kam es zur gesamtwirtschaftlichen, gar internationalen Rezession mit Kurzarbeit, Insolvenzen, staatlichen Unterstützungsmaßnahmen und signifikant ansteigender Staatsverschuldung. Die Initialzündung der Rezession ist neu: Nicht die Nachfrage ist ausgefallen wie in früheren Wirtschaftskrisen, auch kollabierten die Finanzmärkte (noch) nicht. Stattdessen haben sich weltweit Regierungen dazu entschieden, wesentliche Teile wirtschaftlicher Aktivitäten zu verbieten. Welche Auswirkungen hat diese Wirtschaftspolitik auf die Wohnungs- und Immobilienwirtschaft? Sicher, aus Sorge vor überschuldeten Staatshaushalten bleibt die globale Geldpolitik weiter expansiv und manifestiert ein weiteres Zeitfenster lang das niedrige Marktzinsniveau. Doch wie lange bleiben Mieter und damit Wohnungsunternehmen selbst solvent? Mit anderen Worten: Wie lange kann sich das prosperierende Grundstücks- und Wohnungswesen dem gesamtwirtschaftlich rezessiven Trend entziehen?

Das aktuelle Lehrbuch von Herrn *Prof. Dr. Markus Knüfermann*, Hochschullehrer der verbandseigenen Immobilienhochschule *EBZ Business School (FH)* in Bochum, führt die Leserinnen und Leser zu Antworten auf solche wichtigen Fragen. Dessen Lektüre kann den Beteiligten der Wohnungs- und Immobilienwirtschaft dabei helfen, ein wirtschaftspolitisches Verständnis aufzubauen. Erst auf Basis eines solchen Verständnisses können Unternehmen strategisch nachhaltig geführt werden. Insbesondere das wirtschaftspolitische Wissen vom politikdeterminierten Marktzinsniveau verdeutlicht stellvertretend für viele andere Themen, dass die Wirtschaftspolitik den betrieblichen Erfolg beeinflusst.

Der *GdW Bundesverband deutscher Wohnungs- und Immobilienunternehmen e. V.* wird nicht müde dabei, seine Mitgliedsunternehmen darauf hinzuweisen, dass dieser Erfolgsfaktor „Niedriges Marktzinsniveau" der Politik nur entliehen ist. Wann wir ihn zurückgeben müssen, wissen wir nicht. Aber ein wirtschaftspolitisches Wissen hilft, relevante Marktentwicklungen zu interpretieren und politische Entscheidungen zu antizipieren. Deshalb wünsche ich der Monographie von Herrn *Prof. Knüfermann* in der nun vorliegenden zweiten Auflage weiterhin viel Erfolg in der Lehre und vor allem großen Anklang in der Branche.

Berlin
im März 2021

Axel Gedaschko
Präsident
GdW Bundesverband deutscher
Wohnungs- und Immobilienunternehmen e. V.

Vorwort zur zweiten Auflage

Als die erste Auflage dieses Lehrbuchs im Jahr 2019 erschien, war die Welt noch nicht von der Corona-Pandemie gebeutelt, die deutsche Volkswirtschaft wuchs im zehnten Jahr in Folge und der Staatsschuldenstand gemessen am Bruttoinlandsprodukt (BIP) lag erstmals seit dem Jahr 2002 dort wo er laut EU-Verträgen immer liegen muss, nämlich unter 60 %. Der lange Aufschwung war binnenwirtschaftlich deutlich von der positiven Entwicklung der Immobilienmärkte getragen. Aber er verbreitete auch Ängste vor einer Trendwende, die dann die Finanz- und Immobilienmärkte treffen hätten treffen können. So mehrten sich deutschsprachige Buchpublikationen, die einen Crash prophezeiten.

In dieser Zeit also veröffentlichte ich dagegen die Erstlauflage des Lehrbuchs der Wohnungs- und Immobilienwirtschaft *für* die Marktwirtschaft und *gegen* unüberlegte Staatsinterventionen. Als wäre es eine Fügung gewesen kam nämlich alles anders als von den Crash-Propheten erwartet: Nicht die Volkswirtschaft selbst kollabierte. Vielmehr entschied sich die deutsche Politik (neben vielen weiteren Staatsregierungen) im Jahr 2020 dafür, aktiv den wirtschaftlichen Aufschwung zu beenden!

Im Rahmen ihrer Wirtschaftspolitik in Folge der Corona-Pandemie schränkte die Bundesregierung Grundrechte wie die Freiheit der Berufsausübung ein weiten Teilen der Gesellschaft ein. In ihren „Lockdowns" befahl sie beispielsweise Gastronomiebetrieben, dem Einzelhandel, der Sport- und Freizeitbranche sowie dem Kulturwesen Zwangsurlaub. Da ein Leben ohne Einkommen ein ambitioniertes Unterfangen ist, nahm die Regierung Einsicht und bot Unternehmen und Selbstständigen den Gang zu staatlichen Institutionen an, damit irgendwann irgendwelche Ausgleichszahlungen für die politisch willkürlich getroffenen Berufsverbote gewährt werden konnten. Im Jahr 2021 steht Deutschland im zweiten Jahr der Rezession, die Staatsverschuldung bricht erneut europäische Vereinbarungen, der Exportüberschuss sinkt weiterhin, die Arbeitslosigkeit steigt und das explodierte Geldmengenwachstum lässt nichts Gute für die Finanz- und Immobilienmärkte hoffen. Das Ausmaß dieser Wirtschaftspolitik wird uns erst in den nächsten Jahren deutlich werden. Doch der jetzt schon abzusehende Schaden ist emens.

Zur Mitte des Jahres 2020 schrieb mir der Chefvolkswirt eines der größten Family-Offices in Deutschland, er begrüße es, dass ich „in Zeiten rasant zunehmender Staatsinterventionen" mit dem Buch die Marktwirtschaft bewerbe. Denn da ist sie wieder, die

Überhand staatlicher Interventionen in das Marktgeschehen, die ausufernde Staatstätigkeit! Jetzt im Jahr 2021 ist Marktlehre von unsagbar großer Bedeutung. Denn nur ein Verständnis von Märkten ist die Grundlage für eine umsichtigere Wirtschaftspolitik, befähigt MitarbeiterInnen und GeschäftsleiterInnen der Wohnungs- und Immobilienwirtschaft, Marktentwicklungen zu antizipieren und die richtigen strategischen Entscheidungen zu treffen.

Welche Auswirklungen wird die deutsche und europäische Wirtschaftspolitik auf die Wohnungs- und Immobilienwirtschaft haben? MieterInnen, VermieterInnen, InvestorInnen, Kommunen, auf sie alle wirken ökonomischen Abschwünge ein, aber in differenzierter Weise. Arbeitslosigkeit, Kurzarbeit senkt die Kaufkraft der Bevölkerung, reduziert die Fähigkeit zur Mietzahlung; Wohnungsunternehmen könnten von Mietausfällen betroffen sein; Investoren müssen mit geringeren Renditen und/oder Verlusten rechnen. Die Einkommens- und Vermögensverteilung wird sich wieder verändern, das gesellschaftliche Gefüge sich neu justieren. Seit der Erstauflage 2019 ist das notwendige *wirtschaftspolitische Wissen für die Wohnungs- und Immobilienwirtschaft* noch wichtiger und größer geworden!

Umso erfreulicher ist es, dass Springer Gabler die Neuauflage im Jahr 2021 publizieren. Hierfür danke ich meinem Lektor *Guido Notthoff* ganz herzlich! Für diese zweite Auflage sind die Inhalte des Lehrbuchs auf Basis des aktualisierten Datenmaterials überarbeitet und erweitert worden. Im Einzelnen sind …

- zunächst alle Graphiken und Tabellen aktualisiert und im Text entsprechend interpretiert worden, um den aktuellen Stand zu gewährleisten;
- jedes Kapitel wurde im Detail überarbeitet, an die derzeitige volkswirtschaftliche Situation angepasst und im Fokus der Wohnungs- und Immobilienwirtschaft geschärft;
- im Einleitungskapitel findet sich mit Abschn. 1.5 eine Zusammenfassung der für die Volkswirtschaftslehre notwendigen Schulmathematik;
- im Grundlagenkapitel ergänzen Finanzmarkttheorien (Zinsstrukturtheorie, Portfoliotheorie und das Capital Asset Pricing Model) in Abschn. 3.1.4 das notwendige Instrumentarium für fundierte wirtschaftspolitische Debatten;
- im wirtschaftspolitischen Kapitel ist Abschn. 4.3 über die Einkommens- und Vermögensverteilung deutlich ausgebaut worden, weil es im Zuge der Corona-Pandemie und der darauf basierenden Wirtschaftspolitik der Bundesregierung massiv an Bedeutung gewinnt;
- die Fallstudien haben mit dem Abschn. 5.4 zum Austritt Großbritanniens aus der Europäischen Union ein weiteres Thema erhalten, weil der Vollzug des Austritts mit dem Beginn der Corona-Pandemie zeitlich zusammenfiel und damit medial nicht mehr so viel Beachtung findet wie zu vor – die Fallstudie führt deshalb in die Grundzüge der Europäischen Union ein und verdeutlicht die Diskrepanzen zwischen Großbritannien und der Europäischen Union.

Zusammenfassend ist die zweite Auflage einerseits am Puls der Zeit ausgerichtet und andererseits weiterhin bemüht, zukunftsorientiert Schwerpunkte in der Lehre zu setzen. Möge auch die zweite Auflage als Anwalt der marktwirtschaftlichen Ordnung bekannt und dienlich werden – es wäre mir eine große Freude! Für Kritiken am Lehrbuch, Hinweise und sonstige Anmerkungen freue ich mich stets über eine E-Mail an:

wipo@markusknuefermann.de

Abschließend danke ich allen Studierenden an der *EBZ Business School (FH),* die mir in vielen Gesprächen und Diskussionen die Impulse lieferten, auch diese Neuauflage mit großer Freude zu verfassen. Diese zweite Auflage widme ich selbstverständlich wieder meiner Frau Nicole und unserer Tochter Emma Sophie für all ihre Liebe und große Geduld mit mir!

Duisburg–Baerl   Prof. Dr. Markus Knüfermann
im April 2021

Vorwort zur ersten Auflage

Die deutsche Wohnungs- und Immobilienwirtschaft boomt. Sicher, die gesamte deutsche Volkswirtschaft boomt seit dem Jahr 2010 ununterbrochen und konnte die letzte Weltwirtschaftskrise der Jahre 2008 und 2009 wie kein anderes europäisches Land kompensieren. Warum ging Deutschland derart gestärkt aus diesen Krisenjahren hervor? Eine Antwort liegt in den wirtschaftspolitischen Reformmaßnahmen der damaligen rot-grünen Regierung unter Bundeskanzler *Gerhard Schröder* (Stichwort: „Agenda 2010"):

1. Die *Reform der Sozialversicherungssysteme*, welche durch die Wirtschaftspolitik der deutsch-deutschen Wiedervereinigung völlig zweckentfremdet worden waren, sicherte die Finanzierbarkeit der Konjunkturpolitik des Jahres 2010 (Stichwort: „Umwelt-prämie", die einer „Abwrackprämie" gleichkam).
2. Und die *Deregulierung der Arbeitsmärkte* schenkte Unternehmen im Krisenjahr 2009 die notwendige Flexibilität, um mit Kurzarbeit auf den drastischen Konjunktur-einbruch reagieren zu können. Andere Länder blicken seit 2010 auf ansteigende Zahlen der jeweiligen Arbeitslosigkeit. Dagegen konnten deutsche Unternehmen die Produktion flexibel wieder hochfahren und die Kurzarbeit einstellen.

Auch wenn eine derartige Deregulierungspolitik nicht zum Parteiprogramm der *SPD* passte, so lieferte die damalige Regierung dem Land genau jene Grundlagen, damit die nachfolgende Regierung unter Bundeskanzlerin *Dr. Angela Merkel* ein erfolg-reiches Krisenmanagement umsetzen konnte. Mit dieser Wirtschaftskraft prosperiert die deutsche Volkswirtschaft im Jahr 2018 bereits im neunten Jahr in Folge.

Die Bundesrepublik Deutschland sticht mit diesem Erfolg positiv aus der Gruppe aller EU-Staaten hervor. Die Europäische Währungsunion unterstützt diesen Erfolg aus deutscher Sicht und für deutsche Verhältnisse mit einem zu niedrigen Marktzinsniveau einerseits und einem niedrigeren Wechselkurs andererseits. Kapitalintensive Branchen (wie die Wohnungs- und Immobilienwirtschaft, deren Investitionsfinanzierungen sich vergünstigen) und exportlastige Wirtschaftszweige (wie die Automobilwirtschaft, weil die Konsumkosten des Auslands sinken) profitieren davon immer noch enorm.

Für die Wohnungs- und Immobilienwirtschaft kommt hinzu, dass Investoren durch die Niedrigzinsphase jahrzehntelange Anlageentscheidungen abzuändern haben. Klassische Renditeprodukte wie Staatsanleihen verloren aufgrund des Niedrigzinsniveaus an Attraktivität. Versicherer, Pensions- und Versorgungskassen etc. sahen sich über die letzten Jahre hinweg gezwungen, Investitionen in weitere Asset-Klassen beizusteuern, um die Gesamtanlagerendite zu steigern. Ein Blick in die Empirie der deutschen Volkswirtschaft verdeutlicht, dass direkte und indirekte Investitionen in die Immobilienwelt an dieser Stelle bevorzugt wurden. In der Konsequenz stiegen deutsche Immobilienpreis signifikant an.

Der deutsche Immobilienboom basiert demnach insbesondere auf dem niedrigen Marktzinsniveau und letzteres auf …

- der *Geldpolitik des Eurosystems* – schließlich hat das Eurosystem mit der Europäischen Zentralbank als Leitinstitution beschlossen, alles zu tun, um den Euro als Gemeinschaftswährung zu sichern. Dazu gehört auch der Beschluss, das Marktzinsniveau in den Mitgliedstaaten der Europäischen Union derartig zu beeinflussen, dass es möglichst niedrig ist.
- der *Exportlastigkeit der deutschen Volkswirtschaft* – der Nettoexportüberschuss generiert einen Überschuss des gesamtwirtschaftlichen Sparvolumens über das gesamtwirtschaftliche inländische Investitionsvolumen. Der Überschuss an Finanzmitteln, die von der inländischen Wirtschaft nicht absorbiert werden, gleicht einem mikroökonomischen Angebotsüberschuss, der den Produktpreis – also den Marktzinssatz – absenken lässt.
- *Wettbewerbsstrukturen in der deutschen Kreditwirtschaft* – der Wettbewerb unter Kreditinstituten ist durch die hohe Zahl rechtlich selbstständiger Kreditinstitute in Deutschland mit über 1600 Instituten äußerst intensiv. Hinzu kommt, dass rund 50 % der kumulierten Bilanzsumme aller Kreditinstitute öffentlichen Kreditinstituten zuzurechnen ist. Dieser hohe Staatsanteil, der in weiten Teilen gar nicht durch eine kommunale Daseinsvorsorge zu begründen ist, führt zu einem dauerhaft niedrigeren deutschen Marktzinsniveau im internationalen Vergleich.

So wichtig also das niedrige Marktzinsniveau für die deutsche Wohnungs- und Immobilienwirtschaft auch ist, so komplex ist es, die Zinsbestimmungsfaktoren zu erfassen und zu verstehen. Allein diese ersten Überlegungen identifizierten die Geldpolitik, den Außenhandel und Wettbewerbsstrukturen als Bestimmungsfaktoren. Sie zu verstehen, ist zwingend notwendig, um z. B. ein Wohnungsunternehmen strategisch zu führen. Schließlich darf es nicht bei Prolongationsverhandlungen von einem Zinsanstieg überrascht werden, der die Weiterfinanzierung wohnungswirtschaftlicher Investitionen unmöglich machen kann.

Hinzu kommt, dass die Volkswirte stets im Gesamtkontext denken: Wenn das niedrige Zinsniveau für *Schuldner* einen Erfolgs*faktor* darstellt, dann muss es für *Gläubiger* eine Erfolgs*barriere* repräsentieren. Und Gläubiger, die z. B. für ihre Altersvorsorge, für ihre

Kinder und Enkelkinder oder für ihr Eigenkapital zur Finanzierung eines Eigenheims sparen, sind Verlierer der geldpolitischen Zinssteuerung.

Um zu verstehen, wann das Eurosystem das Postulat des niedrigen Zinsniveaus aufgeben wird, müssen alle Perspektiven betrachtet sein. Das Eurosystem kann die Geldpolitik schließlich nicht allein auf die Schuldner ausrichten. Auch wenn die Gläubigerseite kollabierte, wäre die aktuelle geldpolitische Strategie des Eurosystems zu stoppen. Innerhalb von Bankengruppen, die primär besicherte Wohnungsbaukredite vergeben, führt die aktuelle Geldpolitik der Zinssteuerung bereits im Jahr 2018 zu erheblichen Ertragsproblemen.

Fluch und Segen zugleich sind also die horizontale und die vertikale Integration von Märkten. War es vor 30 Jahren für die aktuelle Unternehmenspolitik der sehr dezentral organisierten Wohnungs- und Immobilienwirtschaft noch nicht von großer Bedeutung, wenn Börsenmärkte in Übersee boomten oder kollabierten, so ist es heute diametral entgegengesetzt zu sehen. Ein Beispiel:

Wegen des niedrigen Marktzinsniveaus innerhalb der Euro-Staaten suchten institutionelle Investoren risikoreichere Investitionen. Auf diese Weise passten sie ihre Anlagestrategien wieder ihren Renditeanforderungen an. Unter anderem wurden aus Europa und aus den USA heraus viele Finanzmittel in Staatsanleihen in Südostasien investiert.

Seit dem Jahr 2015 reduziert die US-amerikanische Zentralbank ihren zinssenkenden Markteinfluss und es kam zu steten Zinsniveausteigerungen. Daraufhin zogen institutionelle Investoren ihre z. B. in Singapur oder Malaysia investierten Gelder wieder ab und legten sie erneut in den USA an. Dieser Handlungsansatz veranlasste Staatslenker in Südostasien dazu, einen Hilferuf in Richtung USA zu senden. Denn diese Länder hatten sich im Zuge ihrer neu aufgenommenen zinsgünstigen Kredite sehr stark verschuldet. Sollten Gelder zu schnell zurück in die USA und nach Europa geholt werden, drohe diesen neu aufstrebenden Volkswirtschaften Zahlungsengpässe bis hin zu Staatskrisen, wie sie schon in Jahren 1998 und 1999 vorlagen. Solche Krisen könnte das Weltfinanzsystem wieder durchrütteln. In der Konsequenz wäre eine erneute weltweite Bankenkrise möglich. In diesen Situationen steigen Marktzinsen massiv an (vgl. die Entwicklungen auch in Deutschland im Jahr 2008). Prolongationen von ursprünglich zinsgünstigen Krediten wären dann auch für eine regionale Wohnungsgenossenschaft z. B. im Südosten des Sauerlands massiv gefährdet.

Doch Wirtschaftspolitik ist nicht nur Globalisierung. Sicher, von Interesse für das strategische Management eines Wohnungsunternehmens sind den bisherigen Ausführungen nach zwar die Twitter-Aktionen und Zollandrohungen des US-amerikanischen Präsidenten Donald Trump. Doch Wirtschaftspolitik spielt sich auch in *Marktstrukturen* ab bzw. in *Staatsinterventionen* wie beispielsweise …

- in dem *Preismechanismus* (z. B. in Form der Mietpreisbremse, von Kreditzinssätzen der KfW-Bank) *einerseits*. Was sind ökonomische Konsequenzen dieser Interventionen? Warum können sie bei ganzheitlicher Betrachtung den Wohlstand einer

Volkswirtschaft reduzieren, obwohl sie vielleicht sogar sozialpolitisch hilfreich angedacht waren?

- *Andererseits* spiegelt sich Wirtschaftspolitik in der *unternehmerischen Tätigkeit des Staates* wider (z. B. durch öffentliche Kreditinstitute und öffentliche Wohnungsunternehmen). Wann ist unternehmerische Staatstätigkeit ökonomisch tragfähig, wann zwingend zu unterlassen und welcher Rechtsrahmen besteht eigentlich?

Diese Fragen zeugen wiederum davon, wirtschaftspolitisches Wissen zu benötigen, *zum einen,* um die Fragen zu beantworten. *Zum anderen* müssen diese Fragen im Kontext der Wohnungs- und Immobilienwirtschaft betrachtet werden. Denn diese Branche ist ein Schwergewicht der deutschen Volkswirtschaft und aktuell ganz wesentliche Treiberin der positiven Konjunkturentwicklung in Deutschland, wie bereits Herr *Axel Gedaschko* im Geleitwort zu diesem Lehrbuch aufzeigt. Deutschland produziert im Jahr 2018 bereits sehr nahe an der Kapazitätsgrenze, der Beschäftigungsgrad liegt auf Rekordniveau – es herrscht quasi Vollbeschäftigung – eben auch Dank der Wohnungs- und Immobilienwirtschaft, mit anderen Worten: Dank des Marktzinsniveaus und (mit noch anderen Worten) Dank der Geldpolitik im Eurosystem, des enormen deutschen Außenhandels sowie der vorliegenden Wettbewerbsstrukturen in der Bankenwirtschaft.

Das vorliegende Lehrbuch fokussiert die Wirtschaftspolitik explizit im Kontext der Wohnungs- und Immobilienwirtschaft. Es nimmt nämlich auf diese Weise die Bedeutung dieser Branche für die deutsche Volkswirtschaft wahr. Ziel des Lehrbuchs ist es, die branchenbezogenen wirtschaftspolitischen Zusammenhänge zu fokussieren. Dazu sind natürlich Grundzüge der Volkswirtschaftslehre vorab zu skizzieren. Das Lehrbuch spricht deshalb Studierende immobilienwirtschaftlicher Studiengänge und Mitarbeiter in wohnungs- und immobilienwirtschaftlichen Unternehmen gleichfalls an.

Mit diesem Lehrbuch erfülle ich mir als Autor selbst einen großen Wunsch. Zu gering ist aus meiner Sicht nämlich die Wahrnehmung wirtschaftspolitischer Entscheidungen durch die Praxis. Eingriffe in Marktmechanismen müssen hellhörig machen! Dass sich die Wohnungswirtschaft zu 40 bis 50 % (je nach Abgrenzung) durch Staatsunternehmen finanziert, ist teilweise gar nicht bewusst bzw. bekannt. Warum die Verdrängung privatwirtschaftlichen Handelns durch die öffentliche Wirtschaft einer Volkswirtschaft zum Verhängnis werden kann, wissen wir nicht erst seit der ökonomischen Kapitulation des DDR-Wirtschafts- und Staatssystems mit den früheren volkseigenen Betrieben ohne ausreichende Produktionsfaktoren sowie Pappautos als Output mit dreizehnjähriger Bestelldauer.

Wie Märkte funktionieren, ist ein grundlegendes wirtschaftspolitisches Wissen, um zu verstehen, was geschehen kann, wenn der Staat in Märkte interveniert. Eine Dauerintervention stellt die Liquiditätsschwemme des Eurosystems dar, die nicht nur positive Konjunktureinflüsse impliziert. Gerade in Zeiten des langanhaltenden Booms ziehen Erwartungen an Preisblasen und dem Platzen dieser Preisblasen große Kreise in der Welt aktiver Wirtschaftssubjekte. Hier sei nur an mögliche Immobilienpreisblasen in deutschen Metropolstädten (mit zuletzt zweistelligen Preissteigerungen pro Jahr), an Preisblasen deutscher und südostasiatischer Anleihen (im Juli 2016 emittierte die

Bundesrepublik Deutschland einen Kredit in Höhe von 25 Mrd. EUR ohne Verzinsung zu einem Emissionspreis, der oberhalb des Rückzahlungspreis lag) sowie an Preisblasen auf US-amerikanischen Aktienmärkten (Ende Oktober 2017 betrug der Kurs einer Aktie der Amazon.com Inc knapp 800 EUR und Anfang August 2018 lag der Kurs über 1600 EUR – eine Kursverdoppelung in nur knapp acht Monaten) gedacht.

Allein diese einführenden Worte zeigen bereits, dass Marktentwicklungen der Wohnungs- und Immobilienwirtschaft nicht trennbar von jenen der Finanzwirtschaft sind. Beide Branchen sind zentral integriert. Dieser Zusammenhang steht im Fokus dieses Lehrbuchs. Doch weiterhin wird aufgezeigt, wie die gesamte Stabilitätspolitik des Staates Einfluss auf diese Branchen nimmt, nehmen kann und zu welchen volkswirtschaftlichen Kosten und mit welchen signifikanten Verteilungseffekten.

Für die Entstehung dieses Buchs bin ich zu herzlichem Dank verpflichtet. Hier nenne ich in erster Linie den Verlag *Springer Gabler* und meinen Lektor Herrn *Guido Notthoff*. Es ist mir keine Selbstverständlichkeit, dass mir ein derart renommierter Verlag das neue Buchprojekt mit wirtschaftspolitischer Ausrichtung ermöglicht. Hierfür allgemein und speziell für die viele Unterstützung und ausgiebige Geduld im Entstehungsprozess bedenke ich mich herzlich!

Bedanken möchte ich mich auch bei meiner Immobilienhochschule, der *EBZ Business School – University of Applied Sciences*. Denn in meiner Arbeit an meinen Studienbriefen für die volkswirtschaftliche Lehre liegt die Basis für das vorliegende Lehrbuch. Vor diesem Hintergrund haben auch alle Diskussionen mit Studierenden in meinen Vorlesungen in Bochum und Hamburg zum Gelingen dieses Lehrbuch beigetragen.

Von Herzen und somit im höchsten besonderen Maße spreche ich meiner Familie Dank zu. Ein Buchprojekt entsteht nämlich immer außerhalb gewöhnlicher Arbeitszeiten. Mikroökonomisch formuliert: Ob es werktägliche Abende oder Wochenenden oder Urlaubstage waren, an denen ich meiner Mitarbeit am Gemeinwohlprojekt *Familie* nur unzureichend gerecht wurde – immer wieder wurde ich glücklicherweise in die homogene Gruppe von Wirtschaftssubjekten (gemessen an den Nachnamen) reintegriert. Und nur durch dieses Verständnis für meine Arbeit gilt unser Projekt *Familie* in strategischer Hinsicht als dauerhaft nutzenmaximierend gestaltet. Liebe *Nicole* und liebe *Emma Sophie* – Ihr seid die Besten!

Bedanken möchte ich mich sehr gern bei allen Personen, die im Weiteren das Buch zum Leben erwecken mögen! Sie, liebe Leserinnen und Leser, sind die entscheidenden Personen, die über Erfolg oder Misserfolg des Buchs entscheiden werden. Und weil Wirtschaftspolitik Debatten entfachen soll, freue ich mich schon jetzt auf jegliches Feedback Ihrerseits zu meinen Inhalten, meinen Ableitungen und letztlich auch Meinungen. Hierzu sowie zu sonstigen Anmerkungen und Hinweisen zum Buch schreiben Sie mir bitte schlicht eine E-Mail an: wipo@markusknuefermann.de!

Duisburg–Baerl   Prof. Dr. Markus Knüfermann
im August 2018

Inhaltsverzeichnis

Abkürzungsverzeichnis

Abkürzungen des Sprachgebrauchs

Abb.	Abbildung
Abs.	Absatz
Abschn.	Abschnitt
Art.	Artikel
BaFin	Bundesanstalt für Finanzdienstleistungsaufsicht
BGB	Bürgerliches Gesetzbuch
Bill.	Billionen
BIP	Bruttoinlandsprodukt
BIP	Bruttonationaleinkommen
bzw.	beziehungsweise
c. p.	ceteris paribus
d. h.	das heißt
EONIA	Euro Overnight Index Average
ESM	European Stability Mechanism
ESZB	Europäisches System der Zentralbanken
et al.	et alii
etc.	et cetera
EGKS	Europäischen Gemeinschaft für Kohle und Stahl (Montanunion)
EU	Europäische Union
EUR	Euro
EURATOM	Europäischen Atomgemeinschaft
EURIBOR	Euro Interbank Offered Rate
EWG	Europäischen Wirtschaftsgemeinschaft
EWU	Europäische Währungsunion
EZB	Europäische Zentralbank
f.	(fort)folgende
GG	Grundgesetz

HVPI	Harmonisierten Verbraucherpreisindizes
IWF/IMF	Internationaler Währungsfonds bzw. International Monetary Fund
Jg.	Jahrgang
Kap.	Kapitel
KappGrenzVO	Kappungsgrenzenverordnung
k. A.	Keine Angabe
Mio.	Millionen
MK	Marktkapitalisierung
Mrd.	Milliarden
MwSt	Mehrwertsteuer
NAFTA	Nordamerikanisches Freihandelsabkommen
Nr.	Nummer
o. a.	oben angeführt/e/n
o. g.	oben genannten
o. V.	ohne Verfasser
p. a.	per anno
S.	Satz (juristisch)
S.	Seite/n
s. o.	siehe oben
SVR	Sachverständigenrat zur Begutachtung der gesamtwirtschaftlichen Entwicklung
Tab.	Tabelle
Tsd.	Tausend
u. a.	unter anderem
UN	United Nations
URL	Uniform Resource Locator
US	United States (of America)
vgl.	vergleiche
VAEU	Vertrag über die Arbeitsweise der Europäischen Union
VGR	Volkswirtschaftliche Gesamtrechnungen
vs.	versus
VWL	Volkswirtschaftslehre
WKN	Wertpapierkennnummer
WTO	World Trade Organization
z. B.	zum Beispiel

Abkürzungen ökonomischer Modelle

a	Achsenabschnitt einer linearen Funktion
A	Geldanlagebetrag
AD	Gesamtwirtschaftliche Nachfragefunktion (aggregated demand)
AFC	fixe Durchschnittskosten (average fix costs)

AS	Gesamtwirtschaftliche Angebotsfunktion (aggregated supply)
ATC	Gesamtdurchschnittskosten (average total costs)
aut	autonom
AVC	variable Durchschnittskosten (average variable costs)
b	Steigung einer linearen Funktion
β	Beta(-Wert)
B	Inhaberschuldverschreibungen (bonds)
b	Steigung einer linearen Funktion
C	Gesamtwirtschaftlicher Konsum (consumption)
c	Steigung der Konsumfunktion
cov	Kovarianz (covariance)
d	infinitesimale Veränderung (delta)
Δ	absolute Veränderung (delta)
d	delta (infinitesimale Veränderung)
D	Nachfrage (demand)
DK	Durchschnittskosten
e	Euler'sche Zahl
e	Indizierung als Erwartungswert
E	Beteiligung (equity)
f	Funktion
f	fixe/risikoärmste Variante (Index)
ε	Elastizität
E	Gleichgewichtskennzeichnung (equilibrium)
Ex	Export
g	Wachstumsrate (growth)
G	*in Makroökonomik (1):* Staatstätigkeit/-ausgaben (government)
G	*in Makroökonomik (2):* Güter (physical non-human goods)
G	*in Mikroökonomik:* Gewinn der Produktion
i	Nominaler Marktzinssatz
I	Gesamtwirtschaftliche Investitionen (investments)
Im	Import
k	Periodenzahlzusatz
K	*in Makroökonomik:* Kapital(-stock) einer Volkswirtschaft
λ	Variable (Lambda)
lim	Grenzwert (Limes)
L	Geldnachfrage (liquidity)
m	Marktportfolio (Index)
μ	erwarteter Ertrag (Mu)
M	Geldangebot (money)
M	Mietpreisbremseindex
MC	Grenzkosten (marginal costs)
MR	Grenzerlös (marginal revenue)

n	Anzahl (number)
η	Preiselastizität der Nachfrage (Nachfrageelastizität)
N	Beschäftigungsmenge (number of employees)
NPV	Net Present Value
p	Marktpreis (price)
$\hat{p}$	Monopolpreis (price)
π	Gewinn (profits, Pi)
π	Inflationsrate (Pi)
P	Gesamtwirtschaftliches Preisniveau
q	Menge (quantity)
r	Realzinssatz
R	Erlös (revenue)
s	Steigung der Sparfunktion
σ	Risiko/Standardabweichung (Sigma)
S	Angebot (supply)
S	Ersparnis (savings)
t	Zeiteinheit (time)
T	Gesamtwirtschaftliches Steueraufkommen
TC	Gesamtkosten der Produktion (total costs)
U	Nutzen (utility)
v	Produktionsfaktor
var	Varianz (variance)
V	Umlaufgeschwindigkeit des Geldes
w	Arbeitslohn (wage)
w	Wechselkurs
X	unabhängige Funktionsvariable
y	abhängige Funktionsvariable
Y	Bruttoinlandsprodukt (yield); gesamtwirtschaftliche Produktion; gesamtwirtschaftliches Einkommen; gesamtwirtschaftliche Nachfrage
Y_v	Verfügbares Einkommen (yield)
z	Zahlungsbereitschaftsindex

1 Einführung in die Wirtschaftspolitik

Zusammenfassung

Was ist Wirtschaftspolitik und warum ist sie für die Wohnungs- und Immobilienwirtschaft eine zwingende Wissensvoraussetzung? In diesem Einführungskapitel wird implizit die Antwort skizziert. Denn ohne ein Verständnis von Märkten kann ein nachhaltiges betriebliches Wirken innerhalb der Wohnungs- und Immobilienmärkte *nicht* gewährleistet werden. Dazu existieren einzelne Branchenmärkte nicht autark vor sich hin. Vielmehr sind verschiedene Branchen über verschiedene Märkte interaktiv verschachtelt. Eine kapitalintensive Branche wie die Wohnungs- und Immobilienwirtschaft ist in ihrer Entwicklung beispielsweise eng mit jener der Finanzmärkte verknüpft. Nach einleitenden Begriffsdefinitionen und Gedanken zur *Theorie der Wirtschaftspolitik* (Abschn. 1.1) ist der Aufbau dieses Lehrbuchs skizziert (Abschn. 1.2). Anschließend wird weitere Lehrbuchliteratur vorgestellt, die sich exemplarisch mit dem Analysegegenstand *Wirtschaftspolitik* beschäftigt (Abschn. 1.3). Mit Blick auf diese Literatur wird bereits ein spezifisches volkswirtschaftliches Denken deutlich, das es kurz zu erörtern gilt (Abschn. 1.4). Darauf folgt ein kurzes Wiederholen exemplarischer Schulmathematik, die für volkswirtschaftliche Analysen in diesem Lehrbuch das notwendige Instrumentarium liefert (Abschn. 1.5). Dieses erste Kapitel schließt mit Übungsaufgaben, die der eigenen Reflexion zu mathematischen Überlegungen in der Volkswirtschaftslehre dienen (Abschn. 1.6).

1.1 Begriffsdefinitionen zur Wirtschaftspolitik

Die deutsche Wohnungs- und Immobilienwirtschaft gliedert sich in verschiedene Teilbereiche, vor allem in die Wohnungs-, Gewerbeimmobilien-, Büroimmobilien-, Logistikimmobilien-, Hotelimmobilien-, Sportimmobilien- und Immobilien der

© Springer Fachmedien Wiesbaden GmbH, ein Teil von Springer Nature 2021

M. Knüfermann, *Wirtschaftspolitisches Wissen für die Wohnungs- und Immobilienwirtschaft*, https://doi.org/10.1007/978-3-658-33608-0_1

Gesundheitswirtschaft. Immobilienwirtschaftliche Grundlagen verbinden alle Teil-bereiche miteinander: Die besondere Stellung von Immobilieneigentum in der Gesell-schaft sowie die Kapitalintensität von Immobilieninvestitionen sind diesbezüglich zwei Beispiele, die zugleich massiv durch die Politik beeinflusst werden: *Zum einen* fordert die deutsche Verfassung die Gemeinwohlorientierung von Eigentum, sodass z. B. die hoheitliche Ausweisung von Bauland ein Ergebnis politischer Prozesse ist und die Ein-führung von Mietpreisbremsen auf politisch bestimmten Definitionen von Regionen mit angespannten Wohnungsmärkten basieren; *zum anderen* beeinflusst die öffentliche Geld-politik signifikant den Preis für die temporäre Überlassung von Finanzmitteln (= Zins) an Investoren. Die seit dem Jahr 2008 äußerst expansive Geldpolitik im Eurosystem führte diesbezüglich zum Absinken der Wohnungsbaukreditzinsen bis Anfang 2021 auf ein historisch niedriges Niveau.

Es gilt festzuhalten: Die *Politik* (= Strukturen, Prozesse, Entscheidungen, Maßnahmen, Inhalte sowie Handlungssubjekte und Institutionen der Regierung von Staaten nach innen und zueinander) beeinflusst nachhaltig die *Wirtschaft* (= Gesamt-heit aller ökonomischen Aspekte sowie Subjekte und Institutionen eines Landes). *Wirtschaftspolitik* besitzt in Deutschland für die Immobilienwirtschaft (sowie die Gesamtwirtschaft) große Bedeutung, wie die Beispiele des Baulandausweises, der Bau-genehmigungen, der Bauförderungen oder der Mietpreisbremse suggerieren. Wirtschaft-liche Entwicklungen vollziehen sich keinesfalls in einem autark ökonomischen System, sondern immerzu unter politischem Einfluss.

Was ist Wirtschaftspolitik? Die Wirtschaftspolitik ist ein Teilgebiet der allgemeinen Politik, welches sich auf das ökonomische Geschehen – im nationalen sowie im inter-nationalen Rahmen – bezieht. Entsprechend sind Politik und Wirtschaft eng miteinander verzahnt (Donges/Freytag 2009, S. 1).

Wenn die Politik im obigen Beispiel zinssenkende Wirtschaftspolitik betreibt und sich dadurch die Kapitalkosten immobilienwirtschaftlicher Akteure (= Privatpersonen und Unter-nehmungen) reduzieren, wäre diese Form der Wirtschaftspolitik dann nicht uneingeschränkt positiv für die Volkswirtschaft zu beurteilen? Um diese Frage zu beantworten, ist zuvor zu hinterfragen, wann eine Wirtschaftspolitik an sich positiv zu bewerten ist. Diese letzte Frage geht einher mit der Begründung jeglicher die Wirtschaft eines Staates beeinflussenden politischen Tätigkeit. Berg/Cassel/Hartwig (2007) führen hierzu „(d)ie Existenz sozialer Dilemmastrukturen und die Notwendigkeit, Regeln für gesellschaftliches Wirtschaften mit-hilfe externer Sanktionen abzusichern", heran und definieren den Staat damit „in seiner grundlegenden Funktion als Schutzinstanz." (Berg/Cassel/Hartwig 2007, S. 253).

Mit dem Begriff des *gesellschaftlichen Wirtschaftens* wird auf die bedingende Inter-aktivität aller einzelnen Wirtschaftsakteure auf Basis der wirtschaftlichen Arbeitsteilung abgestellt (vgl. Berg/Cassel/Hartwig 2007, S. 247). Arbeitsteilung ist ein wesentliches Merkmal moderner Volkswirtschaften und vollzieht sich zum einen innerhalb von und zum anderen zwischen Staaten. Auf Basis dieser Arbeitsteilung lassen sich Wirtschafts-wachstum und Wohlstand positiv beeinflussen, wie schon die klassische Volkswirt-schaftslehre durch das im 18. Jahrhundert verfasste Werk „Wohlstand der Nationen" von Adam Smith zum Ausdruck bringt (vgl. hierzu Smith 1999 in der Übersetzung des Ursprungswerks aus dem Jahr 1776). Entsprechend sind *internationale Wirtschaftsbeziehungen* sodann das Ergebnis der ökonomischen Globalisierung einer sich ökonomisch liberalisierten Welt (inzwischen werden globalökonomische Entwicklungen nicht mehr uneingeschränkt positiv gesehen; vgl. z. B. die Arbeiten von Stiglitz 2004 und 2011). Friedman (2002) beschreibt dazu in seinem Vorwort zur deutschsprachigen Auflage seines Werks „Kapitalismus und Freiheit" diesen ideologischen Umschwung in der Weltwirtschaft.

Zum ideologischen Umschwung (Friedman 2002, S. 15–17)

Das Meinungsklima veränderte sich mit dem Fall der Berliner Mauer, der Wiedervereinigung Ost- und Westdeutschlands und dem Zerfall der Sowjetunion im Jahr 1992 weiter in Richtung Liberalismus. Nun fand ein Experiment, das sieben Jahrzehnte lang mit zwei alternativen Wirtschaftsformen durchgeführt worden war, ein dramatisches Ende: staatliche Lenkung gegenüber dem Spiel der Marktkräfte, zentrale Planung gegenüber freien Märkten, kurz: Sozialismus gegenüber Kapitalismus. Der Ausgang des Versuchs hatte sich schon an einer Reihe ähnlicher Experimente in kleinerem Rahmen ablesen lassen: Hongkong sowie Taiwan und die Volksrepublik China, Westdeutschland und Ostdeutschland, Südkorea und Nordkorea. Aber erst mit dem Fall der Berliner Mauer und dem Zusammenbruch der Sowjetunion setzte sich generell die Einsicht durch, dass eine zentrale Planungswirtschaft tatsächlich *Der Weg zur Knechtschaft* ist, wie Friedrich A. Hayek es in seiner brillanten Polemik aus dem Jahr 1944 bezeichnete.
[…]

Noch dramatischer wirkte sich der Meinungswechsel auf die früheren Entwicklungsländer aus. Dies galt sogar für China, das größte noch kommunistische Land der Erde. Die Einführung von Marktreformen durch Deng Xiaoping Ende der Siebzigerjahre und die damit einhergehende Privatisierung der Landwirtschaft führten zu deutlichen Produktionssteigerungen. Bald wurden weitere marktwirtschaftliche Konzepte in die kommunistisch gelenkte Gesellschaft eingeführt. Die in ihrem Umfang begrenzte Einführung wirtschaftlicher Freiheiten hat das Gesicht Chinas verändert und unseren Glauben an die freie Marktwirtschaft deutlich gestärkt. China ist zwar noch weit von einer wirklich freien Gesellschaft entfernt, aber die Chinesen sind heute zweifelsohne in jeder Hinsicht – von der politischen abgesehen – freier und wohlhabender als unter Mao. Es gibt sogar erste kleine Anzeichen für die Einräumung politischer Freiheiten, wie sich etwa an der Wahl einiger Beamter in einer wachsenden Zahl von Dörfern zeigt. China hat noch einen weiten Weg vor sich, aber es hat die richtige Richtung eingeschlagen.
[…]

In all diesen Fällen hat – so wie auch die These dieses Buches lautet – eine Steigerung der wirtschaftlichen Freiheit zu Steigerungen der bürgerlichen und politischen Freiheiten sowie einem höheren Wachstum geführt. Wettbewerbsorientierter Kapitalismus und Freiheit haben sich als untrennbar miteinander verbunden erwiesen.

Soziale Dilemmastrukturen, die Regeln für eben das gesellschaftliche Wirtschaften einfordern, ergeben sich, wenn „sich in bestimmten Situationen einzelwirtschaftliche und kollektive Rationalität nicht decken. Individuell rationales Verhalten führt [in diesen Situationen] zu individuellen und kollektiven Schädigungen." (Berg/Cassel/Hartwig 2007, S. 250). Zumeist wird dieser Sachverhalt im Rahmen eines Zwei-Personen-Modells am sogenannten „Gefangenendilemma" der Spieltheorie erläutert. Eine zwar ältere, allerdings sehr zugängliche Einführung in die angewandte Spieltheorie liefern Brandenburger/Nalebuff (1996).

Das Gefangenendilemma meint, dass sich zwei Personen bei jeweils rationalen und voneinander unabhängigen Entscheidungen im Ergebnis schlechter stellen, als bei einem abgestimmten Verhalten. Kooperatives Verhalten führt demnach zu besseren individuellen Entscheidungsergebnissen. Allerdings können diese individuellen Ergebnisse konträr zum gewünschten Gesellschaftsergebnis stehen. Bei zunehmender Teilnehmerzahl erweist sich das Gefangenendilemma als sehr komplexes soziales Dilemma. Regelhaftes Verhalten der Wirtschaftsakteure kann darin nur gewährleistet werden, wenn Regelverstöße nicht individuell effizient sind. Demnach müssen Regelverstöße sanktioniert werden. Es bedarf also einer Wirtschaftspolitik, die Rahmenbedingungen setzt und die Regelkonformität bzw. entsprechende Verstöße überwacht (Vgl. Berg/Cassel/Hartwig 2007, S. 250).

Zum Gefangenendilemma (vgl. Engelkamp/Sell 2017, S. 46–48; Varian 2016, S. 602–604)
Spieltheorie meint eine zumeist wettbewerbstheoretische Disziplin der Volkswirtschaftslehre. Sie basiert auf der Analyse des Handelns verschiedener Spieler, die sich in einem Spiel einander gegenüberstehen. Die möglichen Spielzüge jeder SpielerIn heißen Aktionsmöglichkeiten und stellen Strategien in dem relevanten Spiel dar. Spielregeln beschränken die Aktionsmöglichkeiten der SpielerInnen.

In der sogenannten *Auszahlungsmatrix* sind die potenziellen Ergebnisse für die jeweiligen Aktionen des einen Spielers ebenso erfasst, wie die möglichen jeweiligen Reaktionen der anderen SpielerIn. Das Gefangenendilemma skizziert eine Auszahlungsmatrix für zwei getrennt voneinander verhörte Angeklagte. Ihnen wird ein Tatbestand zur Last gelegt, für den sie zu fünfzehn Jahren Haft verurteilt werden, wenn beide die Tat gestehen. Die Polizisten bieten beiden Angeklagten eine Kronzeugenregelung an: Wenn nur ein/e Angeklagte die Tat gesteht (= Kronzeuge/in) und der/die weitere schweigt, erhält die/der Kronzeuge eine Haftschonung. Während das Gericht Kronzeugen nur zu einem Jahr Haft verurteilt, wird die/der zweite Angeklagte durch die/den Kronzeugen/in überführt und zu zwanzig Jahren Haft verurteilt. Demnach ergibt sich für das Gefangenendilemma folgende Auszahlungsmatrix:

Auszahlungsmatrix im Gefangenendilemma

		Spielerin 2	
		gesteht	schweigt
Spieler 1	gesteht	(15, 15)	(1, 20)
	schweigt	(20, 1)	(5, 5)

Gestehen beide Spieler die Tat, werden beide zu fünfzehn Haft verurteilt. Gesteht nur eine von beiden Personen die Tat (z. B. *Spieler 1;* vgl. linke Zahlen der Auszahlungsmatrix), wird dieser Spieler haftverschont und nur zu einem Haftjahr verurteilt (vgl. das Auszahlungsergebnis *1/20* im oberen rechten Feld), wohingegen die andere Spielerin (hier **Spielerin 2**) zwar schweigt, aber durch den Kronzeugen (= *Spieler 1*) überführt und zu zwanzig Jahren Haft verurteilt wird (vgl. nochmals das Auszahlungsergebnis *1/20* im oberen rechten Feld). Verhalten sich beide Spieler umgekehrt (= *Spieler 1* schweigt und **Spielerin 2** gesteht), kommt es zum gespiegelten Auszahlungsergebnis: *Spieler 1* wird zu zwanzig Jahren und **Spielerin 2** nur zu einem Halbjahr verurteilt (vgl. das Auszahlungsergebnis *20*/**1** im unteren linken Feld).

In diesem Spiel ist die wahrscheinliche Entscheidung von *Spieler 1*, die Tat zu gestehen. Denn unabhängig der Entscheidung von **Spielerin 2** stellt sich *Spieler 1* immer besser durch das Geständnis. Für **Spielerin 2** ist das Geständnis ebenfalls die wahrscheinliche Entscheidung, weil sich auch diese **Spielerin 2** durch ihr Geständnis unabhängig der Entscheidung von *Spieler 1* immer besserstellt. Für beide Spieler zeigt sich ein Haftvorteil durch das jeweils eigene Geständnis von fünf Jahren, wenn die/der jeweils andere Spieler/in ebenfalls gesteht, und sogar von neunzehn Jahren, wenn der/die andere Spieler/in schweigt. Im Ergebnis werden beide Spieler zu fünfzehn Jahren Haft verurteilt (vgl. das Auszahlungsergebnis *15*/**15** im oberen linken Feld).

Das Ergebnis, dass beide Spieler in ihren jeweils getrennten Verhören die Tat gestehen, ist ein sogenanntes *Nash-Gleichgewicht:* Für beide Spieler ist die gewählte Strategie immer die beste Antwort auf die ungewisse Strategie des/der anderen Spielers/in. Dieses Nash-Gleichgewicht ist zwar wahrscheinlich, aber für beide Spieler nicht die beste Lösung. Hätten sich beide Spieler abgesprochen, also kooperiert und zusammen geschwiegen, wären beide nur zu jeweils fünf Jahren Haft verurteilt (vgl. das Auszahlungsergebnis 5/5 im unteren rechten Feld). Nicht-kooperatives Verhalten führt in dieser Überlegung zu einer jeweils schlechteren Lösung für beide Spieler als ein kooperatives Verhalten.

Dixit/Nalebuff (1995, S. 89–116) erläutern das Gefangenendilemma anhand einer Vielzahl von Beispielen. Eines dieser Beispiele beschreibt die unterschiedlichen Handlungsoptionen von US-Kongress und dem Federal Reserve System (Fed) der USA (Fallstudie Nr. 4, S. 113–116). Während die Fed die wirtschaftspolitische Hoheit zur Beeinflussung von Geldmenge und Zinssätze besitzt (= Geldpolitik), obliegt dem US-Kongress die Steuer- und Ausgabepolitik (= Fiskalpolitik). Wären Geld- und Fiskalpolitik jeweils expansiv, könnte es zu wirtschaftspolitischen Inflationsproblemen kommen. Wären beide wirtschaftspolitischen Instrumente restriktiv gestaltet, käme es zu hohen Zinsen, sinkenden privaten Investitionen und einem gesamtwirtschaftlichen Nachfragerückgang. Auch eine expansive Fiskalpolitik führt mit einhergehender restriktiver Geldpolitik zu einem hohen Staatsschuldenstand und zu hohen Zinsen. Beide Aspekte wirken negativ auf das Wirtschaftswachstum ein. Lediglich eine expansive Geldpolitik bei restriktiver Fiskalpolitik kann kurzfristig einen wachstumsstimulierenden Impuls auslösen. Niedrige Zinsen und Wechselkurse führen kurzfristig zur Produktionsausweitung und einem Exportwachstum. Hierzu müssten aber Kongress und Fed jeweils ihre schlechtesten Strategien wählen, schließlich dominiert bei der Fed eine restriktive Geld- und im Kongress eine expansive Fiskalpolitik. Wie könnte dabei eine Institution sicher sein, dass auch die andere Institution von ihrer dominanten Strategie abweicht? Die politische Unabhängigkeit beider Institutionen führt letztlich zu einem gesamtwirtschaftlich unbefriedigenden Ergebnis. Grund hierfür ist wieder das nicht vorhandene Vertrauen zwischen den Wirtschaftssubjekten.

Ökonomische Verhaltensregeln einer Volkswirtschaft bilden das Wirtschaftssystem eines Staates ab. Eine freiheitliche Wirtschaftsordnung, wie die deutsche *Soziale Markt- wirtschaft*, erfordert nicht-kooperatives Preisverhalten der Wirtschaftssubjekte, um die Funktionsfähigkeit von Märkten und deren Preismechanismus zu gewährleisten. Die Entscheidung für diese Wirtschaftsordnung muss auf einem gesellschaftlichen Konsens basieren. Wenn die Verhaltensregeln ein gesellschaftliches Wirtschaften ermöglichen sollen, hat die sich entsprechende Entscheidung darüber nach festen allgemeinstaat- lichen Regeln zu erfolgen. Derartige Prozesse definieren ein demokratisches Staats- system. Kollektive Entscheidungen sind darin immer die Summe aller individuellen, nach Möglichkeit rationalen Entscheidungen von Wirtschaftssubjekten zum Ziel der individuellen Nutzenmaximierung. Agieren private Wirtschaftssubjekte innerhalb und im Namen von produktiven Unternehmungen, führt die individuelle Nutzenmaximierung zu einem Gewinnstreben der Unternehmungen.

Wettbewerbliche Marktformen bzw. freiheitliche Wirtschaftsordnungen stehen dabei konträr zum Gewinnstreben der Unternehmungen. Denn im Wettbewerb müssen Unter- nehmungen ihr Angebot am Marktpreis ausrichten. Den Marktpreis setzen können sie nur als Angebotsmonopolisten, also in einer Marktform ohne Wettbewerb unter Anbietern. Die volkswirtschaftliche Effizienz (gemessen an der ökonomischen Wohl- fahrt) eines Monopols ist jedoch zweifelsfrei niedriger als im Polypol, also im Wett- bewerbsmarkt. Die Funktionsfähigkeit von Märkten ist dementsprechend nur gegeben, wenn die Wirtschaftsordnung ökonomische Verhaltensregeln bestimmt, die Monopole vermeiden. Allerdings gilt es dazu, dieses Marktdogma demokratisch zu legitimieren. Es muss durch eine Konsensentscheidung der Gesellschaft getragen sein. Demokratie und Marktwirtschaft sind letztlich ein nicht trennbares Begriffspaar.

Konsensentscheidungen einer Gesellschaft sind Mehrheitsentscheidungen. Sie kommen definitionsgemäß nicht der gesamten Gesellschaft gleichermaßen zu. Dennoch wird sich die Gesellschaft in Demokratien an das Regelwerk halten:

> Kennt keiner seinen zukünftigen Platz in der Gesellschaft und die Umstände seines Lebens- weges und muß er daher in einem rechtlosen Zustand mit hohen Aufwendungen rechnen, ist es für alle vorteilhaft, kostensparende Regeln zu vereinbaren, die das Recht des einzelnen an seiner Person und seinen Sachen schützen. Zwar kommt der damit verbundene Effizienz- gewinn nicht allen in gleichem Maße zugute, dazu sind die Individuen in ihren Neigungen und Fähigkeiten zu unterschiedlich, durch eine solche Übereinkunft wird jedoch niemand schlechter gestellt. Sie bringt eine PARETO-Verbesserung in dem Sinne, daß sie gegenüber dem Ausgangszustand die Wohlfahrt mindestens eines Gruppenmitgliedes steigert, ohne die Wohlfahrt irgendeines anderen zu mindern (VILFREDO PARETO, 1848–1923). Sie ist daher konsensfähig und kollektiv rational (Berg/Cassel/Hartwig 2007, S. 254).

Das ökonomische Verhalten der Wirtschaftssubjekte zu analysieren, ohne dabei die jeweils beste wirtschaftspolitische Empfehlung abzuleiten, wird als *Theorie der Wirt- schaftspolitik* bezeichnet. Ihre Aufgabe besteht darin, Entscheidungsprozesse innerhalb einer Volkswirtschaft im Verhältnis von Wirtschaft und Politik zu erklären. Alternative

Ziele, Träger und Instrumente der Wirtschaftspolitik zu bestimmen, sind zentrale Ergebnisse der Theorie der Wirtschaftspolitik.

▶ **Womit beschäftigt sich die Theorie der Wirtschaftspolitik?**

Gegenstand der Theorie der Wirtschaftspolitik ist das Handeln, durch das eine Vielzahl von Akteuren – Regierung, Notenbank, Parlament, internationale Organisationen, Kommunen, Interessensverbände – Einfluß auf das Wirtschaftsgeschehen zu nehmen versucht, um die jeweils angestrebten Ziele so weitestgehend wie möglich zu erreichen (Berg/Cassel/Hartwig 2007, S. 245).

Die *praktische Wirtschaftspolitik* analysiert die Volkswirtschaft dagegen empirisch. Sie leitet sich aus den Ergebnissen aus der Theorie der Wirtschaftspolitik ab. „Praktische Wirtschaftspolitik als Teilbereich der staatlichen Gesamtpolitik beschäftigt sich mit konkreten wirtschaftspolitischen Maßnahmen und ihren institutionellen Voraussetzungen. Sie geht von der Wünschbarkeit und der Möglichkeit wirtschaftspolitischer Einflussnahme auf das Wirtschaftsgeschehen durch die Träger der Wirtschaftspolitik aus." (Fredebeul-Krein et al. 2014, S. 18). In diesem praktischen Kontext wird hinterfragt, inwieweit, auf welche Weisen und mit welchen Wirkungen wirtschaftspolitische Akteure (= Regierung, Zentralbank, Verbände etc.) Wirtschaftspolitik (tatsächlich) ausüben (können bzw. sollen). Es gilt, konkrete Ziele, Träger und Instrumente der Wirtschaftspolitik kontextbezogen infrage zu stellen und Vorschläge abzuleiten und zu empfehlen.

Folgende allgemein relevante Fragestellungen fassen die Aufgaben der Wirtschaftspolitik als Teildisziplin der Volkswirtschaftslehre zusammen. Sie fußen auf den Ergebnissen der Theorie und auf Überlegungen der praktischen Wirtschaftspolitik:

1. Welche *wirtschaftspolitischen Akteure* nehmen Einfluss auf die Volkswirtschaft?
2. Welche *Ziele* sollen mit der Wirtschaftspolitik erreicht werden?
3. Welche *Gründe* bestehen für die Einflussnahme?
4. Welche *Wirkungen* auf die Volkswirtschaft entstehen durch die wirtschaftspolitischen Akteure tatsächlich?
5. Ist diese Wirtschaftspolitik gesellschaftlich wünschenswert – welche *Legitimierung* liegt ihr zugrunde?
6. Handeln die *richtigen Akteure* mit den *richtigen Maßnahmen* im *Interesse der Gesellschaft?* Welche *Alternativen* sind möglich, mit welchen erwarteten Konsequenzen?

Diese Frageliste liefert eine Herangehensweise, um wirtschaftspolitische Fragestellungen zu prüfen. Mit Blick auf die Wohnungs- und Immobilienwirtschaft und ihre finanzwirtschaftliche Abhängigkeit von der Entwicklung des Marktzinsniveaus lässt sich z. B. fragen: Ist das seit dem Jahr 2008 massiv politisch determinierte Zinsniveau in Deutschland per se eine effiziente Wirtschaftspolitik? Dazu gilt es, …

- im ersten Schritt zu klären, 1) wer die *Hoheit der Geldpolitik* besitzt, 2) *worauf sie abzielt* und 3) womit diese expansive Geldpolitik *begründet* wird.
- Im nächsten Schritt ist zu analysieren, 4) auf welche Teilbereiche des volkswirtschaftlichen Geschehens sie sich *tatsächlich auswirkt.*
- Daraufhin muss 5) die *gesellschaftliche Legitimierung* dieser Wirtschaftspolitik hinterfragt werden.
- Abschließend gilt es zu bewerten, ob 6) die *richtigen Akteure* mit dem *richtigen Instrumenteneinsatz* aktiv sind und welche *Alternativen* möglich sind.

Antworten auf diese vorgenannten Fragen liefern Hinweise für weitergehende Analysen. Kompensiert z. B. die expansive Geldpolitik des Eurosystems die Fiskalpolitik einzelner Euro-Staaten (?) und überschreitet sie damit das satzungsmäßige Mandat des Zentralbanksystems? Wenn die Geldpolitik darauf abzielt, handeln *nicht* die richtigen Akteure. Denn die Entscheider der Zentralbanken sind nicht demokratisch durch Wahlen legitimiert, eine Politik zu betreiben, welche die Budgethoheit zumindest des bundesdeutschen Parlaments tangiert. Auch sind die Maßnahmen volkswirtschaftlich *nicht* zu rechtfertigen, wenn mögliche negative Auswirkungen in Deutschland auf die Finanzmarktstabilität und das drei Säulen-System der Altersvorsorge zu identifizieren wären. Solche Nebenwirkungen einer Wirtschaftspolitik der expansiven Geldpolitik sind gesellschaftlich sicherlich nicht gewünscht. Die wirtschaftspolitische Analyse der Finanzmärkte führt also nicht nur zur Zinsprognose bzw. der Prognose zukünftiger Kapitalkosten von Wohnungs- und Immobilienunternehmen. Vielmehr umfasst die wirtschaftspolitische Analyse *volkswirtschaftlich insgesamt relevante* Wirkungen bestimmter Interventionen des Staates oder weiterer Träger der Wirtschaftspolitik auf die Märkte.

Die Geldpolitik ist neben der Fiskalpolitik wesentlicher Bestandteil der Stabilitätspolitik. Aufgrund der Niedrigzinsphase seit dem Jahr 2008 besitzt sie eine treibende Kraft für prosperierende Immobilienmärkte. Hinzu kommt, dass sie die Staatskosten für Kredite an den Kapitalmärkten senkt und damit den fiskalpolitischen Spielraum von Staatsregierungen erhöht. Das vorliegende Buch widmet daher der Geldpolitik speziell sowie generell der Stabilitätspolitik einen wesentlichen Fokus (vgl. Kap. 4).

Donnerstag, 2. März 2017
Minusrendite am Bond-Markt

Händler reißen sich um Staatsanleihen
  Die Krisenpolitik der Euro-Hüter bringt Deutschland in eine überaus komfortable Lage: Wer dem Staat Geld leihen will, muss dafür effektiv Zinsen zahlen. Die Rendite zweijähriger Bonds fällt auf ein Rekordtief. „Jeder Händler will diese Papiere erwerben."

Die Aufnahme neuer Schulden wird für Deutschland immer lukrativer. Wertpapierhändlern zufolge tragen dazu auch die angepassten Regeln der Europäischen Zentralbank (EZB) bei, die es den Währungshütern erlauben, kurzlaufende Anleihen mit einer stark negativen Verzinsung aus dem Markt zu saugen.

Die Folge: Erstmals wurde in dieser Woche bei der Auktion einer zweijährigen Bundesanleihe eine Negativ-Rendite von minus 0,92 % erzielt. Das bedeutet, dass Investoren Deutschland fast ein Prozent dafür bezahlen, dem Staat Geld leihen zu dürfen – und es so in einem sicheren Hafen zu „parken".

[...]

Die Zentralbank reagiert, indem sie die eigenen Vorgaben lockert, um sich so neue Marktsegmente für das Ankaufprogramm erschließen zu können. Im Januar wurden erstmals Bundesanleihen mit Renditen unterhalb des Einlagensatzes in die Bücher genommen.

[...]

Die EZB kauft seit März 2015 Staatsanleihen der Euro-Länder. Monatlich kauft die Notenbank durchschnittlich Papiere im Wert von 80 Mrd. EUR, um die Konjunktur anzukurbeln. Zuletzt wurde das Programm im Dezember verlängert und soll jetzt bis Ende 2017 laufen.

[...]

Dieser Eckpfeiler des Programms sorgt unter anderem dafür, dass mehr Schuldtitel derjenigen Länder erworben werden, die der EZB auch mehr Eigenkapital zur Verfügung stellen. Der Anteil der auf ein Land entfallenden Käufe spiegelt dabei auch die jeweilige Wirtschaftskraft wider. Auf deutsche Titel entfallen deshalb besonders viele Transaktionen (Quelle: n-tv.de 2017).

1.2 Vorgehensweise und Lehrstruktur

Das vorliegende Buch zum wirtschaftspolitischen Wissen für die Wohnungs- und Immobilienwirtschaft wird *zum einen* aufzeigen, welche Möglichkeiten zur staatlichen Intervention in Märkte existieren. *Zum anderen* wird hinterfragt, wie die aktive Wirtschaftspolitik der Bundesrepublik Deutschland diese Möglichkeiten zu erreichen versucht. *Zuletzt* gilt es zu erörtern, wie sich diese Interventionen auf die Wohnungs- und Immobilienwirtschaft auswirken.

Das volkswirtschaftliche Lehrbuch besitzt deshalb im Kern eine dreigliedrige Struktur (vgl. Abb. 1.1): Die ersten drei Kapitel liefern inhaltliche Bausteine zur Wirtschaftspolitik. Ihnen schließen sich Fallstudien (Kap. 5) und Lösungsvorschläge zu den Aufgaben der Einzelkapitel (Kap. 6) an, die als Unterkapitel jedes Inhaltskapitel abrunden. Natürlich wird in die Inhalte der einzelnen Kapitel durch diese Einleitung (Kap. 1) eingeführt.

Abb. 1.1 Struktur der Kerninhalte zum wirtschaftspolitischen Wissen. (Quelle: eigene Darstellung)

Kap. 2 formuliert erste wirtschaftspolitische Gedanken, um in diese Teildisziplin der Volkswirtschaftslehre einzuführen und zur inhaltlichen Debatte zu motivieren. Dabei geht es *zunächst* um die Interdependenzen nationaler Volkswirtschaften am Beispiel der Geldpolitik des Eurosystems und deren Bedeutung für die nationale Immobilienwirtschaft. Exemplarisch wird entsprechend die politisch determinierte Niedrigzinsphase in ihren möglichen negativen Auswirkungen auf Wohnungsunternehmen hinterfragt. Ein *weiterer Gedanke* fokussiert Entwicklungen der Europäischen (Dis-)Integration und ihre Wirkungen auf die Immobilienwirtschaft. Wiederum an der Schnittstelle Immobilien- und Finanzwirtschaft werden dabei mögliche Einflüsse des geplanten „Brexit" auf den Immobilienstandort Frankfurt am Main diskutiert. Im dritten Schritt steht die Rücknahme einer staatlichen Intervention im Fokus. Am Beispiel der US-amerikanischen Geldpolitik wird deutlich, welche Auswirkungen diese internationale Wirtschaftspolitik auch auf die deutsche Immobilienfinanzierung hat. Kap. 2 schließt wie auch die Kap. 3 und 4 mit Übungsaufgaben ab, deren Lösungen jeweils in Kap. 6 skizziert sind.

Nach diesen ersten inhaltlichen Gedanken sind die Grundlagen der Wirtschaftspolitik zu strukturieren (Kap. 3). Hier gilt es, auf notwendiges Bachelor-Grundwissen zu rekurrieren. Darauf aufbauend wird die Theorie sowie die Träger, Ziele und Mittel der Wirtschaftspolitik gelehrt.

Das Buch gliedert die Wirtschaftspolitik nach zielbezogenen Gesichtspunkten. Im Hinblick auf ihre Relevanz für das Real Estate Management und im Kontext des aktuellen Wirtschaftsgeschehens wird die Stabilitätspolitik hervorgehoben (Abschn. 4.1). Nach einer kurzen Übersicht (Abschn. 4.1.1) lehrt diese Unterkapitel neben der Fiskal- (Abschn. 4.1.2) und Geldpolitik (Abschn. 4.1.3) auch die Außenwirtschaftspolitik (Abschn. 4.1.4). Die Stabilitätspolitik ist mit einem besonderen Fokus auf die Bundesrepublik Deutschland verfasst. Allerdings zeigt gerade die Außenwirtschaftspolitik die internationale Verflechtung Deutschlands zu einer offenen Volkswirtschaft auf. Demnach ist die Europäische Union (EU) in vielerlei Hinsicht ebenfalls zentraler Analysegegenstand wie es Globalisierungsthemen auch sind. Das Kapitel schließt mit der Lehre der Wettbewerbs- (Abschn. 4.2) und Verteilungspolitik (Abschn. 4.3).

Wie Abb. 1.1 visualisiert, fließen die Inhalte der Inhaltskapitel in die Übungen und Fallbeispiele der Abschlusskapitel ein. Sie runden die Einführung in die Volkswirtschaftslehre unter besonderer Berücksichtigung der Wirtschaftspolitik ab und bieten den Lesern die Möglichkeit zur eigenständigen Reflexion der Inhalte.

Innerhalb der einzelnen Kapitel werden an verschiedenen Stellen *Zeitungsartikel* oder *Auszüge aus Büchern und Zeitschriftbeiträgen* zitiert. Die Lektüre dieser Publikationen dient dazu, die Lehrinhalte anwendungsbezogen zu vertiefen. In den Übungsaufgaben zum Ende der einzelnen Kapitel und Abschnitte wird auch auf diese Inhalte Bezug genommen.

1.3 Allgemeine Lehrbuchhinweise

Die deutschsprachige Literatur zur Wirtschaftspolitik ist vielfältig. Vor dem Hintergrund der zu Beginn formulierten Definitionen (vgl. Abschn. 1.1) behandeln alle Publikationen zu wirtschaftlich relevanten Themen der Politik eben die Wirtschaftspolitik. Insofern sind zunächst allgemeine Fachpublikationen von wissenschaftlichen Publikationen sowie von Lehrbüchern zu differenzieren:

Allgemeine Fachpublikationen

Wirtschaftspolitische Arbeiten außerhalb des Hochschulbetriebs werden häufig von Journalisten sowie Praktikern aus Wirtschaft und Politik verfasst. Derartige deutschsprachige Publikationen decken eine sehr große Breite an Themen ab: Lewis (2008) stellt eine internationale Währungsökonomie auf Goldbasis vor. Damit liefert er einen Vorschlag, auf die weltweiten Verwerfungen an den Finanzmärkten von 2007 f. zu reagieren. Der Journalist Münchau (2010) z. B. behandelt relativ zeitnah Gründe und Konsequenzen der Weltwirtschaftskrise der Jahre 2008 f. mit dem Fokus auf die Kapitalmärkte aus deutscher Anlegersicht. Willisch (2015) liefert aus seiner Sicht als Abgeordneter des Deutschen Bundestags Einblicke in die parlamentarischen Entscheidungsprozesse rund um die Europapolitik ab dem Jahr 2010. Marshall (2015) dagegen analysiert den Einfluss der Geografie auf die internationalen Wirtschafts- und Politikbeziehungen.

Alle diese genannten Publikationen mögen sich zwar durch interessante Blick-winkel auf wirtschaftspolitisch relevante Probleme auszeichnen. Einen Fokus auf die immobilienwirtschaftlich relevante Wirtschaftspolitik besitzen sie allerdings nahezu gar nicht. Die wenigen Beispiele konzentrieren sich entweder auf die internationalen Immobilienkrisen ab 2008 f. oder rudimentär auf die Geldanlage in Immobilien. Wirt-schaftspolitische Relevanz besitzen diese Arbeiten höchstens, wenn sie ihre Gedanken in das relevante ökonomische und politische Umfeld einbinden. Beispiele dieser Arbeiten stammen von Sommer (2009) und Schulze et al. (2015).

Diese Publikationen sind für die akademische wirtschaftspolitische Lehre wenig relevant, weil ihre Inhalte und Ableitungen weitestgehend unbelegt sind und damit inhaltlich fragwürdig sein können. Schließlich forschen die Autoren nicht in diesen Themen, sondern berichten lediglich über eigene Erfahrungen und/oder Wahr-nehmungen. Auf diese Weise können sich inhaltliche Fehler einschleichen, die aus akademischer Sicht nicht akzeptabel sind. Wird diese Literatur mit der nötigen Vorsicht studiert, informiert sie zumindest über aktuelle Themen, Entwicklungen und Debatten.

Wissenschaftliche Publikationen

Forschungsbezogene Publikationen beschäftigen sich zumeist nicht ganzheitlich mit wirtschaftspolitischen Themen, sondern mit spezifischen Fragestellungen. Denn Wissen-schaft meint das Streben nach Erkenntnissen, sodass sie möglichst konkrete Forschungs-fragen stellt, die es zu lösen gilt. Derartige Arbeiten werden primär in wissenschaftlichen Zeitschriften und als Monografien veröffentlicht. Ein Beispiel für eine Zeitschriften-publikation liefern Ermisch/Findlay/Gibb (1996) mit einer zwar inzwischen älteren, aber methodisch weiterhin relevanten Elastizitätsanalyse der britischen Immobiliennachfrage. Hiller/Gröbel (2015) analysieren den Einfluss der Mietpreisbremse auf die Entwicklung regionaler Wohnungsmärkte und die Lebensverhältnisse darin. Just (2013) hinterfragt in seiner Monografie die Zusammenhänge von demografischen und immobilienwirt-schaftlichen Entwicklungen. Ein wesentliches Forschungsfeld der Wirtschaftspolitik im immobilienwirtschaftlichen Umfeld ist die Analyse von Immobilienpreisblasen, ihre Ein-flussfaktoren und wirtschaftspolitische Vermeidungskonzeptionen ebenso wie Reaktions-konzeptionen (siehe dazu exemplarisch Gerpott/Knüfermann 2016; Schützenmeister 2015; Schneider 2014; Hiller 2014; Meulen/Micheli 2013; zur englischsprachigen Literatur vgl. z. B. Giuliodori 2005 und Case/Shiller 2004).

Akademische Lehrpublikationen

Für das Studium der Wirtschaftspolitik dienlich sind die fachspezifischen Lehrbücher. Auch in dieser Literaturgruppe gibt es unterschiedliche Spektren, wie nachfolgend beschrieben ist. Ausgewählte Werke mit Relevanz für dieses Lehrbuch listet Tab. 1.1 auf.

Allgemeine VWL-Lehrbücher liefern gewöhnlich auf den Grundlagen der Mikro- und Makroökonomik auch Einführungen in die Wirtschaftspolitik. Im vorliegenden Lehrbuch wird dazu insbesondere auf Engelkamp/Sell (2017) abgestellt. Ergänzend sind speziell

Tab. 1.1 Überblick zu exemplarisch ausgesuchten Büchern der Wirtschaftspolitik. (Quelle: Buch-Cover der UTB-Bücher, URL: „https://www.utb.de/"; Buch-Cover der Springer Gabler-Bücher, URL: „https://www.springer.com/de" (Downloads der Bild-Dateien nach Eingaben in der jeweiligen Suchfunktion am 3. Juli 2018); eigene Darstellung)

Quelle	Cover	Hinweis	Eignung[a]
Adam/Mayer (2016)		Wirtschaftspolitik im exemplarischen europäischen Kontext; in der zweiten Auflage aktualisiert und erweitert. Enger Themenfokus	++
Engelkamp/Sell (2017)		Das Lehrbuch eignet sich zur Wiederholung volkswirtschaftlicher Grundlagen wie der Mikro-, Makro- und Außenwirtschaftstheorie. Es schließt ab mit einem Kapitel zur Theorie der Wirtschaftspolitik	+
Fredebeul-Krein et al. (2014)		Anwendungsorientiertes Lehrbuch der Wirtschaftspolitik; nicht mehr aktuell, umfassend und mit Praxisbezügen	++
Knüfermann (2018)		Lehrbuch über die Entwicklungen der Märkte für Fremdfinanzierungen unter dem Einfluss deutscher Regulierung und der Geldpolitik des Eurosystems	+

[a]Eignung als Basisliteratur: Es gilt: + + = geeignet; + = in Teilen geeignet

für die Mikroökonomik Varian (2016) und die Makroökonomik Felderer/Homburg (2005) zu nennen. Allerdings sind beide Lehrbücher im Umfang sehr weit gefasst und decken den Status quo ihrer Lehrdisziplinen ab. Zur Nacharbeit des vorliegenden Buchs sind sie allein pointiert für spezifische Fragestellungen relevant.

Die *Theorie der Wirtschaftspolitik* lehren vor allem Donges/Freytag (2009) und Berg/ Cassel/Hartwig (2007) in Apolte et al. (2007). Weil sich das vorliegende Lehrbuch durch eine anwendungsorientierte Perspektive auszeichnet, stellt es zur theoretischen Fundierung primär auf den kompakten Beitrag von Berg/Cassel/Hartwig (2007) ab. Auf 125 Seiten fassen die Autoren Begründungen einer Wirtschaftspolitik, ihre Grundlagen und Elemente (= Träger, Ziele und Instrumente), Entscheidungsprozesse und Internationalisierungsaspekte zusammen.

Angewandte Wirtschaftspolitik als integrierte theoretische und praktische bzw. empirische Wirtschaftspolitik lehren neben anderen Fredebeul-Krein et al. (2014). Ihr Lehrbuch gibt einen Überblick zu den wesentlichen Grundlagen der einzelnen Bereiche der Wirtschaftspolitik.

Spezifische Wirtschaftspolitik fokussiert einzelne fachrelevante Fragestellungen. In diesem Lehrbuch sind EU-Themen von großer Bedeutung. Vor allem die Geldpolitik des Eurosystems wirkt massiv auf die deutsche Volkswirtschaft allgemein und spezifisch die deutsche Immobilienwirtschaft ein. Mit EU-Themen, der Europäischen Integration und der Europäischen Währungsunion (EWU) beschäftigen sich vor allem Adam/Mayer (2016). Eine sehr kritische Auseinandersetzung mit der Europäischen Währungsunion liefert Sell (2019). Eine Analyse deutscher Finanzierungsmärkte für die Wohnungs- und Immobilienwirtschaft unter dem Einfluss der Europäische Union und der Europäischen Währungsunion liefert Knüfermann (2018). Böschen (2017) betrachtet die Wirtschaftspolitik allein aus makroökonomischer Perspektive. Die Autorin verbindet dabei theoretisch-konzeptionelle Darstellungen mit empirischen Übersichten in sehr zugänglicher, informativer Weise.

Zum tieferen Verständnis wirtschaftspolitischer Themenfelder verweist Tab. 1.1 auf fünf exemplarisch ausgewählte Lehrbücher der Wirtschaftspolitik. Dabei gehen Adam/Mayer (2016) und Engelkamp/Sell (2017) mit ihrem jeweiligen Umfang speziell zur Europäischen Integration bzw. allgemein zur Volkswirtschaftslehre weit über die Themenfelder des vorliegenden Lehrbuchs hinaus. Beide Werke dienen jedoch der generellen Wissensfundierung.

Die rund 500 Seiten umfassende Publikation von Fredebeul/Krein et al. (2014) konzentriert sich zwar ausschließlich auf die (deutsche) Wirtschaftspolitik. In ihren Darstellungen kommen konzeptionell-theoretische Darstellungen dennoch etwas zu kurz. Insbesondere die für die Wohnungs- und Immobilienwirtschaft sehr maßgebliche Geldpolitik wird hauptsächlich deskriptiv bearbeitet. Selbst die „Theoretische Fundierung" basiert lediglich auf der buchhalterisch begründeten Quantitätsgleichung. Darüber hinaus sind Datenbestand, Beispiele und Themenauswahl auf Basis der 2014er Publikation inzwischen veraltet.

Die eigene Autorenarbeit Knüfermann (2018) fokussiert die für Wohnungs- und Immobilienwirtschaft bedeutenden Märkte für Fremdfinanzierungen. Der Fokus hier ist die empirische Analyse. So werden Marktentwicklungen, Regulierungen und geldpolitische Einflüsse auf die Kapitalmärkte analysiert. Die wirtschaftspolitische Betrachtung beschränkt sich allerdings ausschließlich auf die Finanzierungsmärkte.

Außenwirtschaftliche Fragestellungen etc. bleiben unberücksichtigt und sind dem hier vorliegenden Lehrbuch vorbehalten.

Böschen (2017) integriert konzeptionell-theoretische und empirische Darstellungen und erweitert den wirtschaftspolitischen Analysefokus gegenüber Knüfermann (2018) deutlich. Außen vor bleiben allerdings teilweise mikroökonomische Fragestellungen. Gerade für die deutsche Wohnungswirtschaft sind z. B. Diskussionen über die Relevanz öffentlicher Unternehmen von großer Bedeutung (vgl. Voigtländer 2018).

Die durch diesen Literaturüberblick aufgezeigte Lücke im wirtschaftspolitischen Wissen für die Wohnungs- und Immobilienwirtschaft soll das vorliegende Lehrbuch schließen. Die hier behandelten Themenfelder sollen *zum einen* eine wirtschaftspolitische Debatte volkswirtschaftlich fundieren. *Zum anderen* basiert die Auswahl der behandelten Themenfelder auf deren Relevanz für die Wohnungs- und Immobilienwirtschaft.

Ein Beispiel für diesen Branchenfokus: So stehen in der aktuellen Medienberichterstattung (zum Jahreswechsel 2020/2021) vor allem Konjunkturpakete, protektionistische Zolldebatten zwischen der USA und China sowie der Europäischen Union im Raum. Solche binnenkonjunkturellen und außenwirtschaftlichen Themen werden im vorliegenden Lehrbuch jedoch nicht aus reiner politikwissenschaftlicher Perspektive betrachtet. Vielmehr geht es darum aufzuzeigen, inwieweit die weltwirtschaftliche Rezession seit dem Frühjahr 2020 und der Rückgang des deutschen Exportüberschusses strukturelle Einflüsse auf das Kapitalmarktzinsniveau sowie damit auf die Wohnungs- und Immobilienwirtschaft ausüben. Oder umgekehrt formuliert: Warum könnte beispielsweise ein Ausgleich der deutschen Leistungsbilanz langfristig zu einem steigenden Marktzinsniveau führen? Antworten auf diese Frage werden in Abschn. 4.1.4 abgeleitet.

Oder betrachten wir die Preisentwicklungen für Immobilien: Der deutsche Immobilienmarkt boomt. Die Preise für Wohnungen und Häuser sind in einigen Metropolregionen der Bundesrepublik Deutschland ebenso kräftig angestiegen, wie entsprechende Mieten: Bereits im Jahr 2013 entfachte hierüber eine Wahlkampfdebatte. Die deutsche Politik forderte auf Basis dieser Preisentwicklungen die Einführung einer gesetzlichen Mietpreisbremse, die im Jahr 2015 auch umgesetzt worden ist (siehe Abschn. 2.3). Überraschend wenig wurden dabei die Gründe des niedrigen Zinsniveaus debattiert. Die europäische Geldpolitik und die deutschen Exportüberschüsse beeinflussen schließlich nicht nur das niedrige Zinsniveau, sondern das Zinsniveau forciert wiederum die exorbitanten Preisentwicklungen von Immobilien in deutschen Metropolregionen.

Diese Entwicklungen sind derart auffällig, dass sich die Deutsche Bundesbank schon im Jahr 2012 motiviert sah, die Möglichkeiten von Preisblasen zu untersuchen (vgl. Deutsche Bundesbank 2012, S. 54 f.). Interessanterweise sieht sie nicht das aktuelle Niedrigzinsniveau als Treiber der Preisentwicklungen an, sondern „vielmehr die Produktivitäts- und Einkommenserwartungen der privaten Haushalte" (Deutsche Bundesbank 2013, S. 24). Hinzu kommt, dass es sich nicht um einen bundesweiten

Preisanstieg handelt – solche Durchschnittspreisentwicklungen der letzten Jahre werden eher als moderat eingestuft, wenn es an anderer Stelle heißt: „Eine Blase auf dem deutschen Wohnimmobilienmarkt ist allerdings weiterhin nicht zu erwarten. Dafür sprechen das institutionelle Umfeld, die demografische Entwicklung und, falls notwendig, Eingriffe von Regulierungsbehörden und der Regierung. Angesichts des zuvor 15 Jahre andauernden Rückgangs der realen Hauspreise ist der gegenwärtige Anstieg der Hauspreise daher weiterhin als Normalisierung zu interpretieren." (Möbert/Peters/ Lechler 2014, S. 78). Zu hinterfragen ist natürlich der Einfluss der deutschen Wirtschaftspolitik während und nach der Corona-Epidemie bzw. der rezessiven Konjunktur auf immobilienwirtschaftliche Preisentwicklungen. Hierauf werde an verschiedenen Stellen des Buchs Antworten skizziert (siehe z. B. die Abschn. 2.6, 3.1.3 und 4.3.1).

Diese Einführungsgedanken verdeutlichen *zum einen,* dass volkswirtschaftliche Rahmenbedingungen (wie z. B. die Geldpolitik) über einen Transmissionsmechanismus die Wohnungs- und Immobilienwirtschaft signifikant (aber nicht zwingend) beeinflussen können (vgl. ausführlich Schützenmeister 2015). Sie führten nämlich in den letzten Jahren seit Beginn der (vorerst) letzten internationalen Finanzkrise im Jahr 2008 zu einem massiven Absenken der Marktzinsniveaus an In- und Auslandsmärkten. Umgekehrt leistete eine boomende Wohnungs- und Immobilienwirtschaft konjunkturelle Wachstumseffekte und steigerte binnenwirtschaftlich das deutsche Bruttoinlandsprodukt (BIP).

Zum anderen lassen die Einführungsgedanken bereits erkennen, dass wirtschaftspolitische Entscheidungen auch aufgrund unzureichender volkswirtschaftlicher Analysen getroffen werden. Und weil wirtschaftspolitische Entscheidungen, wie z. B. die Einführung einer Mietpreisbremse, die Wohnungs- und Immobilienwirtschaft mit zunehmender Bürokratie und entgehenden Mietsteigerungen negativ belasten können, ist die Volkswirtschaftslehre von nachhaltiger Bedeutung für die Lobbyarbeit der Branche.

Operativ bedeutend für die Führung von Wohnungs- und Immobilienunternehmen sind vor allem Einschätzungen von Marktzinsentwicklungen: Wird das Zinsniveau so niedrig bleiben und warum bietet es neue Möglichkeiten für die Wohnungs- und Immobilienwirtschaft, sich über die Kapitalmärkte zu finanzieren? Ein grundlegendes Verständnis der Volkswirtschaftslehre generell und der Wirtschaftspolitik speziell ist daher notwendige Voraussetzung für ein geschäftliches Agieren in der Wohnungs- und Immobilienwirtschaft. Das vorliegende Lehrbuch liefert dazu das Rüstzeug.

1.4 Einführung in das volkswirtschaftliche Denken

Eine fundierte wirtschaftspolitische Debatte ist nur auf Basis eines ausreichenden volkswirtschaftlichen Verständnisses zu führen. Im Vorfeld jeglicher Diskussionen ist daher das typisch volkswirtschaftliche Denken vorzustellen, auf das sich einzulassen ist. Im deutschsprachigen Standardwerk der Volkswirtschaftslehre von Woll (2011) heißt es gleich zu Beginn: „Die Volkswirtschaftslehre (oft auch: Nationalökonomie) ist eine zusammenfassende Bezeichnung für einzelne Gebiete der Wirtschaftswissenschaft, deren Erkenntnisgegenstand (Objekt) generell Erscheinungen des Wirtschaftslebens sind." (Woll 2011, S. 3). Sie wird als Teilbereich der Sozialwissenschaft der Realwissenschaft zugeordnet, weil sie auf die soziale Wirklichkeit abstellt. Umgekehrt zählt sie nicht zu den Formalwissenschaften, wie z. B. die Logik oder die Mathematik. Dennoch gab es über viele Jahre das Bestreben in der Volkswirtschaftslehre, ihre Erkenntnisse mathematisch zu formalisieren.

Die Analyse des wirtschaftlichen Geschehens hinsichtlich einer Vielzahl vordefinierter Parameter (z. B. räumliche Abgrenzungen, Sektoren, Funktionen etc.) ist zentraler Gegenstand der Volkswirtschaftslehre. Entwicklungen zu erklären und zu prognostizieren, ist ihr ein wichtiges Ziel. Methodisch bedient sie sich dazu vier Herangehensweisen:

1. *Argumentativ verbale Logik:* Sie basiert auf einem Wettbewerbsgedanken, nach dem Angebot und Nachfrage zum Gleichgewicht finden müssen. Abweichungen werden analysiert.
2. *Grafische Visualisierungen:* Keynes (2009) ist die elfte deutschsprachig übersetzte Auflage einer Niederschrift aus dem Jahr 1936. Diese wegweisende volkswirtschaftliche Schrift des letzten Jahrhunderts umfasst 324 Textseiten, kaum Abbildungen, Tabellen und wenige Formeln. Trotz der argumentativ verbal logischen Analyse (oder wegen ihr) gilt das Keynes'sche Original als inhaltlich schwer zugänglich. Daher haben weitere Wirtschaftswissenschaftler (Hicks und Hansen) ihr Verständnis von der ursprünglichen Keynes'schen Arbeit in Form des sogenannten IS/LM-Modells visualisiert, wie es auch heute noch als sogenannter Keynesianismus gelehrt wird (vgl. Abschn. 3.1.3).
3. *Empirische Volkswirtschaftslehre:* Was Wissenschaft ist, gleicht einer individuellen Überzeugung, die auf Werturteilen beruht oder die selbst Werturteile fixiert. Das vorliegende Lehrbuch orientiert sich dabei an Popper (1994), der zentralen „Logik der Forschung" für wissenschaftliches Arbeiten, die eigentlich einen naturwissenschaftlichen Charakter aufweist. Doch die Berufung auf diese Logik folgt wiederum einem Werturteil, sodass ihre Umsetzung einem kritischen Rationalismus zu unterwerfen ist (vgl. hierzu Popper 2000). Werturteile können aber nicht zu Erkenntnissen über die Wirklichkeit beitragen: Ist der Kauf eines Autos der Marke Jaguar ein Luxus und muss Luxus einer Luxussteuer unterworfen werden? Wäre das gerecht? Wissenschaft mit Werturteilen könnte zur Festlegung von Herrschaftsverhältnissen dienlich sein, wie Romane oder Märchen. Diese Wissenschaft, eine normative, wäre negativ bestimmt, weil sie lediglich Werturteile in der Bedeutung von Meinungen ausschließt. „Positiv bleiben sämtliche Möglichkeiten offen, allgemeingültige Erkenntnisse zu gewinnen (Methodenpluralismus)" (Woll 2011, S. 10). Demnach gilt die intersubjektive Überprüfbarkeit von Aussagen, Behauptungen bzw. Hypothesen als Qualitätsmerkmal wissenschaftlichen Arbeitens. Sie ist insofern eine wesentliche Anforderung an die Wissenschaftlichkeit jeglicher Analysen. Die empirische Überprüfung von Theorien, die ein Konglomerat in sich schlüssiger, sich nicht

widersprechender und empirisch überprüfbarer Hypothesen darstellen, ist damit Basisaktivität wirtschaftswissenschaftlichen Arbeitens. Zur empirischen Volkswirtschaft zählt somit ein statistisch-methodologischer Ansatz (vgl. Woll 2011, S. 12 f.). Der empirisch basierte Ansatz folgt zusammenfassend der Methodologie nach Popper (1994): Wirtschaftliche Geschehnisse werden analysiert durch die Bildung von Theorien bzw. Hypothesen und deren empirischen Überprüfungen. Dazu gilt es, sachrelevante Datensätze heranzuziehen und die Theorien auf Basis der historischen Werte mittels statistischer Herangehensweisen zu widerlegen. Erscheint eine Widerlegung nicht möglich, gilt die Theorie vorübergehend als belegt und ist spezifischeren Analysen bzw. Widerlegungsversuchen zu unterziehen. Demnach kommt der empirischen Datenbasis der entscheidende Einfluss zur wirklichen Erkenntnisgewinnung zu.

4. *Formal-mathematische Analyse:* Grundsätzlich lässt sich eine argumentativ verbal logische Analyse standardisieren. Hierzu hilft eine Mathematisierung der Analyse. Allerdings widerspricht eine Standardisierung wirtschaftswissenschaftlicher Erkenntnisgewinnung dem Umstand, dass die Volkswirtschaftslehre als Teilbereich der Wirtschaftswissenschaft zur Sozialwissenschaft und damit den Realwissenschaften zählt, da sie mit menschlichem Handeln konfrontiert ist. Und menschliches Handeln ist nur eingeschränkt standardisierbar. Daher ist der formal-mathematische Ansatz durchaus umstritten.

Alles in allem verdeutlicht eine jede der vier Herangehensweise, dass es in der Volkswirtschaftslehre auf methodologische Disziplin ankommt. Wirtschaftspolitische Empfehlungen auf Basis volkswirtschaftlicher Analysen sind daher hinsichtlich ihrer grundlegenden Annahmen, ihrer Analytik und der Stringenz der Interpretationen zu hinterfragen. Vor diesem Hintergrund sind wirtschaftspolitische Empfehlungen teilweise auch konträr.

Letztlich werden in der Volkswirtschaftslehre abstrakte Modelle verwendet, um Problemstellungen innerhalb der komplexen Realität zu lösen. Dieser Ansatz gleicht dem einer Straßenkarte zur Wegbeschreibung von A nach B. Dazu werden Theorien entwickelt, Daten gesammelt und die Theorien geprüft sowie verworfen oder bestätigt. Modelle werden auf Basis von Annahmen entwickelt. Diese Annahmen vereinfachen die komplexe Realität und ermöglichen so Problemlösungen zu finden. Die Kunst der wissenschaftlichen Arbeit ist dabei zu entscheiden, welche Annahmen gemacht werden sollen. Denn die Auswahl von Annahmen beeinflusst die Problemlösungen maßgeblich. Daher werden in volkswirtschaftlichen Analysen auch unterschiedliche Annahmen verwendet, um unterschiedliche Fragen zu beantworten und/oder einzelne Problemstellungen aus verschiedenen Modellperspektiven zu hinterfragen.

Mögliche Argumente für wirtschaftspolitische Debatten sind keinesfalls auswendig zu lernen. Vielmehr sind Debattenthemen schnell strukturiert zu erfassen, zu reflektieren und durch Ableitung eigener Argumentationen positiv zu beeinflussen, zu bereichern. Diese Vorgehensweise bietet LeserInnen die Möglichkeit, die inhaltlichen Ausführungen der weiteren Kapitel sukzessive an folgenden wirtschaftspolitischen Fragestellungen

Volkswirtschaftliche Debattenmethodik

(1) *Reflexion* der laufenden Debatte

↓

(2) kritisch-rationale *Prüfung* von Aussagen

↓

(3) Bildung einer eigenen fundierten *Meinung*

↓

(4) *Kommunikation* der eigenen Meinung mit dem Bewusstsein,
zu behaupten und keinesfalls verifiziert wissen zu können.

Abb. 1.2 Volkswirtschaftliche Debattenmethodik. (Quelle: Eigene Darstellung)

abzugleichen. Auf diese Weise soll über das ganze Buch hinweg eine Methodik erarbeitet werden, wie sich konstruktiv in wirtschaftspolitischen Diskussionen einzubringen ist. Diese Methodik folgt dem in Abb. 1.2 dargestellten Rhythmus.

1.5 Volkswirtschaftslehre und Mathematik

Analysen volkswirtschaftlicher Zusammenhänge sind komplex, weil die VWL Teil der Sozialwissenschaften ist bzw. sich mit menschlichem Handeln beschäftigt. Denn Menschen besitzen – je nach philosophischer Gesinnung der Analysten – jeweils einen eigenen Willen, eigene Rationalität und damit ein eigenes Gedankengut. Ein bestehendes volkswirtschaftliches Problem zu erfassen, verstehen, hinterfragen und lösen ist allein mit dem Blick auf die Realität als Ganzes also nicht möglich. Daher bedarf die VWL eigener Modelle (siehe Abschn. 1.3). Unabhängig der Abstraktionsmethode liefert die Mathematik ein hilfreiches Instrumentarium zur Modellierung selbst sowie zur Analyse der Modelle.

Literaturhinweise
Schulmathematik und Schulbücher sollten allen Studierenden der Wirtschaftswissenschaften zwar bekannt sein. Doch zumeist ist einige Zeit seit der letzten Schulstunde bis zum Studium vergangen. Natürlich frischt ein Blick in die „alten Schulbücher" das Mathematikwissen wieder auf. Doch wer keinen Leistungskurs Mathematik gewählt hatte, lernte die Mathematik eher ohne ökonomischen Anwendungsbezug in der Schule. Daher werden inzwischen eine Reihe von Publikationen angeboten, die zum einen wirtschaftsmathematische Inhalte als eigenständige Lehrbücher oder zum anderen als Einzelabschnitt volkswirtschaftlicher Lehrbücher abbilden.

Einige Beispiele seien an dieser Stelle genannt: Im Hinblick auf das mathematische Interesse der Wirtschaftswissenschaften insgesamt ist auf Wolik (2015) zu verweisen. Seine Monographie lehrt die vollständige Wirtschaftsmathematik. Dagegen liefern Schwenkert/Stry (2016) eine kompakte Darstellung allein der Finanzmathematik. Auch volkswirtschaftliche Lehrbücher liefern Wiederholungsabschnitt mit mathematischen Inhalten, wie z. B. Perret/Welfens (2019), Varian (2016) und sehr ausführlich Felderer/Homburg (2005).

Wird in der empirischen und theoretischen Volkswirtschaftslehre die Mathematik herangezogen, so ist Vorsicht geboten, die Empirie hinter den Berechnungen nicht zu vergessen. Die Mathematik liefert nämlich als reine Geisteswissenschaft die Möglichkeit, Aussagen zu *beweisen*. Abschn. 1.3 wies aber bereits darauf hin, dass Beweise in der Volkswirtschaftslehre sowie in allen Geistes- und nach Popper (1994) auch in allen Naturwissenschaften nicht möglich sind. Der Wahrheitsbeweis einer empirisch prüfbaren Aussage wäre eine *Induktion*. Sie stellte damit die Transformation von Einzelbeobachtungen in allgemeingültige Aussagen in Aussicht. Wie in Abschn. 1.3 beschrieben, ist die Induktion keine funktionsfähige Methodik in der volkswirtschaftlichen Forschung. Anstelle der Induktion gilt für die volkswirtschaftliche Forschung deshalb die *Falsifikation* von Behauptungen. Nur die Widerlegung einer Behauptung ist eine *wahre Aussage*. Lassen sich volkswirtschaftliche Theorien nicht falsifizieren, gelten sie so lange als belegt, bis detailliertere, vertiefte weitere Analysen die Theorien widerlegen können.

Die Mathematik selbst ist keine empirische Disziplin, sondern Geisteswissenschaft. Wird sie in der Volkswirtschaftslehre herangezogen, dürfen keine Ableitungen getroffen werden, die nur mathematisch, aber nicht realistisch möglich sind. Das Bewusstsein für diese Differenzierung ist in der Volkswirtschaftslehre von großer Bedeutung.

Im Weiteren werden diejenigen Themen der Mathematik in angewandter Form wiederholt, die neben den Grundrechenarten (= Addition, Subtraktion, Multiplikation, Division etc.) für ein volkswirtschaftliches Verständnis bzw. das Studium dieses Lehrbuchs von Bedeutung sind: (1) Prozentrechnen, (2) Zins- und Zinseszinsrechnung, (3) Funktionen und Diagramme sowie (4) Logarithmen. Basis hierfür bleibt die Schulmathematik. Die einzelnen mathematischen Themen werden anhand volkswirtschaftlicher Beispiele dargestellt, die sich durch das Lehrbuch ziehen. Damit liefert Abschn. 1.5 keine reine mathematische Lehrstunde. Vielmehr wird weiter und sukzessive vertieft in die Volkswirtschaftslehre eingeführt.

(1) Prozentrechnen

Im Rahmen einer Kapitalmarktkonferenz könnte es heißen: „Die monatsdurchschnittliche Wachstumsrate der Geldmenge M3 im Eurosystem wuchs von 5,5% im Februar 2020 bis zum Juni 2020 um insgesamt 67,3%. Dieser Anstieg lässt einen Anstieg der Inflationsrate zum Jahresende 2020 erwarten." – Solche oder ähnliche Aussagen sind typisch für ökonomische Analysen. An dieser Stelle gilt es nicht, die Behauptung auf ihre Gültigkeit hin zu prüfen. Vielmehr soll die Behauptung hinsichtlich der Prozentangaben genau verstanden werden. Denn vielfach handelt es sich bei volkswirtschaftlichen Analysen nicht um mathematisch komplexe Prozesse, sondern um im Detail komplexe Kausalitäten. Daher empfiehlt es sich, zunächst das Prozentrechnen „aufzufrischen".

Der Begriff *Prozent* (mathematisches Symbol: %) entstammt dem lateinischen Begriff *per centum,* deutsch: „von hundert". Prozentrechnen ist also relatives Rechnen oder das Rechnen in Anteilen von Hundert. Es gilt: $1\% = \frac{1}{100} = 0{,}01$. Wenn M3 im obigen fiktiven Zitat im Februar 2020 also um 5,5% im Monatsdurchschnitt wuchs, dann war M3 Ende Februar entsprechend um fünf Teile von Hundert gegenüber dem Ausgangswert von Januar 2020 größer geworden. Wie groß M3 an irgendeinem Zeitpunkt war, verrät das Zitat nicht. Demnach sind hier ausschließlich die Veränderungen beschrieben. Und diese Veränderungen im Monatsdurchschnitt wuchsen bis Juni 2020 um wiederum 67,3% an. – Wie lautete dann die Wachstumsrate im Juni 2020? Für das Ergebnis sind zu den 5,5 *Prozentpunkten* noch $\frac{2}{3}$ der 5,5 *Prozentpunkte* zu addieren. Das Ergebnis lautet 9,2% im Juni 2020. Es macht demnach einen signifikanten Unterschied, ob von Prozenten oder von Prozentpunkten gesprochen wird.

Beispiel für den Unterschied von Prozenten zu Prozentpunkten
Im Zusammenhang mit den Konvergenzkriterien der Europäischen Währungsunion (EWU), dass „in einem Mitgliedstaat der durchschnittliche langfristige Nominalzinssatz um nicht mehr als 2 Prozentpunkte über dem entsprechenden Satz in jenen – höchstens drei – Mitgliedstaaten liegt, die auf dem Gebiet der Preisstabilität das beste Ergebnis erzielt haben." (ECB 2015) – Läge der durchschnittliche Zinssatz der Referenzmärkte bei 3,0 %, dürfte der betrachtete Zinssatz im entsprechenden Mitgliedstaat maximal bei 5,0 % liegen. Hieße es jedoch, dieser Zinssatz dürfe nur 2,0 % höher als der Referenzwert liegen, dürfte er maximal bei 3,0 % plus 2,0 % von 3,0 % liegen, also bei 3,06 % ($= 3{,}0\,Prozentpunkte + \frac{3{,}0\,Prozentpunkte \times 2{,}0}{100}$).

Das Prozentrechnen finden wir in nahezu allen Teildisziplinen der Volkswirtschaftslehre und damit auch im Alltagsleben. So senkte z. B. die deutsche Bundesregierung für den Sommer 2020 im Rahmen ihrer Corona-Politik den regulären Mehrwertsteuersatz (MwSt) von 19 % auf16 %, also um3 *Prozentpunkte.* Hier ist entscheidend, dass die MwSt um 3 *Prozentpunkte* gesenkt wurde, nicht um3 *Prozent.* Ein Beispiel: Angenommen ein Paar Socken der Firma *Falke* kostete vor der Absenkung 15,00 EUR. Dieser Preis ist der *Endkundenpreis* bzw. *Bruttopreis.* Er gliedert sich auf den *Nettopreis* in Höhe 12,61 EUR ($= \frac{Bruttopreis \times 100}{119}$) und der ursprünglichen MwSt in Höhe von 2,39 EUR($= 19 \% \, des\,Bruttopreises$).

Gefragt ist jetzt der Endkundenpreis nach der MwSt-Senkung. Um diesen zu berechnen, dürfen keine 3 % von 15,00 EUR abgezogen werden. Denn der Bruttopreis sinkt nicht um 3 %, sondern der MwSt-Satz sinkt um 3 %-Punkte. Demnach sind vom unveränderten Nettopreis die 16 % MwSt zu berechnen, die dem Nettopreis zuzurechnen sind, um den neuen Bruttopreis zu erhalten. Die neue MwSt beträgt dann 2,02 EUR und der neue Bruttopreis 14,63 EUR. Damit sinkt kein Unternehmensumsatz, aber der Endkundenpreis. Weil die Unternehmen die von ihnen eingenommene MwSt an den Staat weiterreichen müssen, reduziert die MwSt-Senkung die Einnahmen des Staats. Der Staat wiederum versprach sich durch den niedrigeren Endkundenpreis mehr Konsum und in der Summe sogar mehr Steuereinnahmen, weil der Konsum im neoklassischen Marktmodell vom Marktpreis für Endkunden abhängt (siehe Abschn. 2.2).[1]

Das Vertauschen von Prozenten mit Prozentpunkten stellt eine typische Fehlerquelle bei der Dateninterpretation dar. Eine weitere Quelle für Interpretationsfehler ist das Abziehen und Hinzuaddieren von prozentualen Veränderungen. Wenn z. B. im Jahr 2020 das deutsche BIP um voraussichtlich 7 % sinken, es im Jahr 2021 wieder um 7 % ansteigen wird, wäre das BIP Ende 2021 immer noch kleiner als Ende 2019 und nicht wieder gleichhoch. Auch bei der Betrachtung von Wertpapierkursen an den Börsen tritt dieses Interpretationsproblem auf: Sinkt der Kurs einer hypothetischen Anlage von 100,00 EUR auf 50,00 EUR, also um 50 %, und steigt er danach wieder um denselben Prozentwert, also um 50 %, findet der Kurs nicht zum Ausgangswert von 100,00 EUR zurück, sondern lautet lediglich:

$$50{,}00\,EUR + (50\,\% \times 50{,}00\,EUR) = 50{,}00\,EUR + 25{,}00\,EUR = 75{,}00\,EUR$$

Der Rechenprozess mit Prozenten lässt sich für die Berechnung von Wachstumsraten g ausgedrückt in Prozent abkürzen, anstatt immer den Teil von Hundert zu berechnen und diesen zum Ausgangswert zu addieren: Dieser verkürzte Rechenweg ist unabhängig davon, ob prozentuale Veränderungen von absoluten oder relativen (also Prozentwerten) Ausgangswerten zu berechnen sind; dazu ist der Endwert (= letzter Wert) durch den Ausgangswert der Betrachtung (= erster Wert) zu dividieren; vom Ergebnis ist der Wert 1 abzuziehen; um Prozente auszudrücken, ist das Ergebnis mit 100 zu multiplizieren, ansonsten bleiben die Prozente dezimal ausgedrückt (= ein Sachverhalt, der für die Zinsrechnung von Bedeutung ist); dabei wird das betrachtete Zeitfenster nicht unterteilt in Zeiteinheiten n, es handelt sich jetzt statt dessen zunächst um eine Gesamtveränderung g'; mathematisch ausgedrückt beschreibt Gl. 1.1 den Berechnungsvorgang für eine Periode:

$$g' = \left[\left(\frac{letzter\ Wert}{erster\ Wert} \right) - 1 \right] \times 100$$

---

[1] Hierbei handelt es sich um eine mikroökonomische Betrachtung. Makroökonomisch ist der Konsum C abhängig vom Volkseinkommen, es gilt also: $C = C(Y)$; siehe Abschn. 3.1.3, S. 97 f.

Sollen jedoch über mehrere Perioden hinweg periodendurchschnittliche Veränderungen berechnet werden, ist die Durchschnittsberechnung zu konkretisieren. Ein Beispiel: Der Kurs einer Aktie beträgt annahmegemäß im Zeitpunkt $t = t_0$ 100,00 EUR und fällt zum Ende des ersten Jahres in (t_1) um -50% auf 50,00 EUR. Bis zum Ende des Folgejahrs (t_2) steigt der Kurs um $+100\%$ und lautet zum Ende des zweiten Jahres wiederum 100,00 EUR. Zu erkennen ist, dass sich der Kurs über die zwei Zeitperioden hinweg nicht verändert hat: In t_0 war ein 100,00 EUR und bleibt es auch in t_2. Die einfache, also zahlenwertbezogene (= arithmetische) durchschnittliche Veränderungsrate pro Jahr beträgt aber 25 % (= $(-50\% + 100\%) \div 2$) – worin liegt also der Fehler bei der Berechnung der durchschnittlichen Veränderungsrate pro Jahr?

Allen mitrechnenden Ökonomen sollte auffallen, dass ein Kurs, der zwei Jahre um 25 % p. a. ansteigt, im Ergebnis nicht denselben Kurs darstellen kann, wie im Ausgangszeitpunkt. Vielmehr lautet der Kurs in t_1 125,00 EUR (= $100{,}00\,EUR + (100{,}00\,EUR \times 25\%)$) und muss in t_2 größer 150,00 EUR sein (= $125{,}00\,EUR + (125{,}00\,EUR \times 25\%)$) Der Grund für diese Diskrepanz liegt in der fehlenden Betrachtung von Zinseszinseffekten in der *arithmetischen* Durchschnittsberechnung). Für die Berechnung durchschnittlich jährlicher Veränderungsraten ist deshalb mit dem *geometrischen* Dursschnitt zu rechnen. Er erfasst die Wiederanlageprämisse der Zinseszinsrechnung und wird hier zunächst herangezogen, um Veränderungsraten korrekt zu berechnen. Gleichzeitig leitet er über zur Erklärung von Zinsrechnungsmethoden weiter unten im Text (siehe den nächsten Themenunterabschnitt).

Soll eine Wachstumsrate g also als durchschnittlicher Periodenveränderungswert über eine vordefinierte mehrperiodische Betrachtung mit n Zeiteinheiten berechnet werden, ist zur Periodisierung der Wachstumsrate g in Abwandlung der Gl. 1.1 die n-te Wurzel zu integrieren. Es ergibt sich für n Perioden Gl. 2.2:

$$g = \left[\left(\frac{letzter\ Wert}{erster\ Wert} \right)^{\frac{1}{n}} - 1 \right] \times 100$$

Ein Beispiel für diese zuletzt genannte Berechnungsvariante ist die durchschnittlich jährliche Wachstumsrate (DJWR) g des Bruttoinlandsprodukts (BIP) Y für die Jahre von 1991 bis 2019 ($g^Y_{1991-2019}$); gemäß den Werten aus Abb. 3.6 in Abschn. 3.1.3 beträgt dieser Wert 2,8 %. Er berechnet sich wie folgt:

$$g^Y_{1991-2019} = \left[\left(\frac{3449}{1586} \right)^{\frac{1}{28}} - 1 \right] \times 100 = 2{,}8\%$$

(2) Zins- und Zinseszinsrechnung

Ebenfalls in Prozent ausgedrückt werden Zinssätze im Kreditgeschäft. Endkunden, die ein Tagesgeldkonto bei einer Bank oder Sparkasse eröffnet haben und dort über Einlagen verfügen, geben dem Kreditinstitut einen Kredit. Kreditinstitute wiederum geben Kredite an Dritte. Das Kreditgeschäft ist ein Risikogeschäft, weil es sein kann, das verliehene Geld nicht zurückzuerhalten. Für dieses Ausfallrisiko fordern Investoren eine

Risikoprämie, die in Prozent zu quantifizieren und Bestandteil des Zinssatzes bzw. bei Wertpapieren Kuponsatzes ist.

Zinssätze versus Renditen

Das Marktzinsniveau von deutschen Staatskrediten bzw. Bundeswertpapieren, ist von den Renditen der Investition zu trennen. Die zu handelbaren Urkunden verbrieften sogenannten Anleihen sind zumeist an der Wertpapierbörse notiert und dort handelbar. Im Jahr 2020 sind Kuponsätze und Renditen immer noch historisch niedrig.

Die *Rendite* eines standardisierten Kreditwertpapiers (= Festzinsanleihe bzw. festverzinsliche Schuldverschreibung) stellt das Verhältnis von Ertrag (= zum Betrachtungszeitpunkt t_0 diskontierter rückblickender oder zukünftiger noch offener Zahlungsstrom des Wertpapiers) und Erwerbskosten. Bei der Rendite finden also der Emissions- oder Handelspreis (= Kurse) und der Rückzahlungswert der Anleihe (= Tilgung) Berücksichtigung. Wird ein Wertpapier mit einer angenommenen Laufzeit von 5 Jahren nach zwei Jahren, also in der Periode t_2 von einer Investorin zur nächsten verkauft, sind die Renditen (1) von der Emission in t_0 bis zur Transaktion in t_2 und (2) von der Transaktion t_2 bis zum Laufzeitende bzw. zur Rückzahlung des Kreditbetrags t_5 zu differenzieren.

Aufgrund der hohen verfügbaren Liquidität im Interbankenmarkt (siehe Abschn. 4.1.3), also im Kreditgeschäft von Kreditinstituten untereinander, benötigen Kreditinstitute wenig bis keine zusätzliche Liquidität von Nicht-Banken z. B. auf den Tagesgeldkonten. Daher ist das Marktzinsniveau für Einlage von Nicht-Banken bei ihren Kreditinstituten im Sommer 2020 teilweise nur noch marginal erkennbar und liegt häufig bei 0,01 %. Bundeswertpapiere, die im Jahr 2020 emittiert[2] wurden, weisen mit einer Ausnahme ausschließlich Nullkupons aus. Liegen die Emissionspreise oberhalb der Rückzahlungswerte, erwirtschaften Investoren, die das Wertpapier zur Emission bereits kauften und bis zur Rückzahlung halten, sogar eine negative Rendite.

Die Renditen von Wertpapieranlagen werden bei Anleihen von den Kursen und den Verzinsungen, bei Aktien von den Kursen und Gewinnausschüttungen bestimmt. Der Handelskurs eines Wertpapiers richtet sich dabei an der Bewertung des *Zahlungsstroms* aus, den das Wertpapier verbrieft. Der Zahlungsstrom stellt die Summe aller vordefinierten Zahlungen dar. Ein Beispiel: Das fiktive Wohnungsunternehmen *Schöne Buden AG* emittiert eine Anleihe mit einem Kreditvolumen in Höhe von 500 Mio. EUR,

---

[2] Die *Emission* von Wertpapieren meint die Platzierung der Wertpapiere bei Investoren. Gewöhnlich wird die Emission über Börsen als Handelsplattformen abgewickelt. Für die deutsche Volkswirtschaft ist die *Frankfurter Wertpapierbörse* von besonderer Bedeutung. Emittiert werden Wertpapiere, die Kredite (= *Anleihen* bzw. Schuldverschreibungen), Eigenkapital (= *Aktien*) oder von Anleihen und Aktien und sonstigen Basisprodukten in der Preisentwicklung abhängige Wertpapiere (= *Derivate*) zum Handel urkundlich verbriefen.

dreijähriger Laufzeit n und einer festen Verzinsung in Höhe von 2 % p. a. Eine Investorin ist bereit, den Ausgangsanlagebetrag K_0 in Höhe von 100,00 EUR (= Teilschuldverschreibung) über die gesamte Laufzeit ($n = 3$) zu finanzieren. Der Emissionskurs soll 100 % des nominalen Finanzierungsanteils betragen, der Rückzahlungswert ebenso. Hier schließen sich zwei Fragen an:

1) Wie lautet der Endwert der Investition? – *für eine Antwort muss aufgezinst werden.*
2) Wie lautet der rechnerische Emissionswert? – *für eine Antwort muss abgezinst werden.*

Insbesondere Frage 2 ist ausführlich beantwortet in den Abschn. 4.2.1 und 4.2.2 der Monographie über die *Finanzierungsmärkte* in Knüfermann (2018). An dieser Stelle soll jedoch das Auf- und Abzinsen selbst thematisiert sein, weil Abzinsen (bzw. Aufzinsen) eine wichtige volkswirtschaftliche Methode darstellt, um Zahlungsalternativen der Zukunft (bzw. der Gegenwart) bereits heute (bzw. für die Zukunft) im Zeitpunkt t_0 (bzw. t_n) bewerten zu können. Widmen wir uns also den Antworten beider obiger Fragen chronologisch zu (dazu werden wir wie schon im Rahmen der Prozentrechnung auf die geometrischen Durchschnitte zurückgreifen). Für den Endwert der Investition und den rechnerischen Emissionskurs in bzw. für die Anleihe der *Schöne Buden AG* gilt:

zu 1) In jeder der drei Perioden t_1, t_2 und t_3 wird die Verzinsung in Höhe von 2 % (*Dezimalausdruck* : $i = 0{,}02$) ausgezahlt; in Periode t_3 wird zusätzlich der Kredit getilgt. Der Zahlungsstrom lautet deshalb:

$$t_1 = 2{,}00 \, EUR; \; t_2 = 2{,}00 \, EUR; \; t_3 = 2{,}00 \, EUR + 100{,}00 \, EUR$$

Der Wert dieses Zahlungsstroms in der Periode t_3 ist nicht gleich der Summe der Einzelzahlungen von Zinsen und Rückzahlung. Die Zahlungen in den Perioden t_1 und t_2 sind nämlich wieder anzulegen für weitere zwei bzw. eine Periode. Die jetzt zukünftig möglichen Erträge der Wiederanlage sind in der Endwertberechnung zu berücksichtigen.[3] Demnach gilt bei der Anlage von 100,00 EUR in der Periode t_0 für nur eine Periode folgender Endwert bei einer Rückzahlung in der Periode t_1:

$$100{,}00 \, EUR \times (1 + 0{,}02) = 102{,}00 \, EUR$$

Bei einem zweijährigen Zahlungsstrom werden in Periode t_2 die 100,00 EUR erneut verzinst, zusätzlich ist jetzt der Zinsertrag aus der Periode t_1 zu verzinsen und der Anlagebetrag ist in Periode t_2 zurückzuzahlen. Anlog gilt der Verzinsungsprozess für den dreijährigen Zahlungsstrom mit der Rückzahlung in der Periode t_3. Daher gilt folgender Endwert als gesamter Zinsertrag aus der Geldanlage in die Anleihe zuzüglich Rückzahlung nach einer dreijährigen Anlagedauer ($n = 3 \, Jahre$):

$$100{,}00 \, EUR \times (1{,}02) \times (1{,}02) \times (1{,}02) = 100{,}00 \, EUR \times (1{,}02)^3 = 106{,}1208 \, EUR$$

---

[3]An dieser Stelle wird von einer *Wiederanlageprämisse* gesprochen. Sie gilt schließlich unabhängig des tatsächlichen Wiederanlageverhaltens von Investoren.

Die Geldanlage in die dreijährige Anlage erwirtschaftet also einen Gesamtzinsertrag in Höhe von 6,12 EUR. Das Gesamtvermögen nach drei Anlageperioden lautet
106,12 EUR. Dieser Betrag wird *Endwert* bzw. *Zukunftswert* und international als *Future
Value (FV)* der Gesamtverzinsung genannt. Der FV der Geldanlage in die Anleihe liefert
wegen der Zinseszinseffekte bis in Periode t_3 eine Summe der Zinserträge, die 0,12 EUR
oberhalb der Summe der einzelnen periodischen Zinszahlungen liegen.

Allgemein ausgedrückt gilt:

$$FV = K_0 \times (1 + i)^n$$

zu 2) Die FV-Betrachtung ist auch umkehrbar: Dann wird gefragt, welchen Wert die
Zahlungen in den Perioden t_1 bis t_3 bereits im Zeitpunkt t_0 besitzen. Der Wert einer
Einzelzahlung in einer Folgeperiode wird zum Zeitpunkt t_0 als *Barwert* bzw. *Gegenwartswert* und international als *Present Value (PV)* der zukünftigen Zahlung bezeichnet.
Die Summe aller Barwerte eines zukünftigen Zahlungsstroms abzüglich der anfänglichen Auszahlung wird *Kapitalwert* und international als *Net Present Value (NPV)*
genannt.

Zur Kapitalwertberechnung ist von der Summe der einzelnen Barwerte der anfänglichen Geldanlagebetrag zu subtrahieren. Die Summe der einzelnen Barwerte ergibt sich
als Kumulation der zukünftigen Zahlungen Z_t, jeweils dividiert durch den Zinseszinseffekt $(1 + i)^t$. Als Diskontierungszinsfuß ist die risikogewichtete Alternativverzinsung je
Periode $(1 + i_t)^t$ zu identifizieren. Hierzu werden gewöhnlich Zinsstrukturkurven herangezogen (vgl. Knüfermann 2018, S. 148). Allgemein gilt zur NPV-Berechnung also:

$$NPV = \sum_{t=1}^{n} \frac{Z_t}{(1 + i_t)^t} - K_0$$

Für die als Beispiel bereits herangezogene Anleihe mit dreijähriger Laufzeit etc. lautet
der Gegenwartswert des Zahlungsstroms in Periode t_0 bei einer periodenunabhängigen
Alternativverzinsung in Höhe von ebenfalls 2 % ($i = 0{,}02$):

$$Gegenwartswert = \left(\frac{Euro\, 2}{1{,}02} \right) + \left(\frac{Euro\, 2}{(1{,}02)^2} \right) + \left(\frac{Euro\, 102}{(1{,}02)^3} \right) = Euro\, 100{,}00$$

Ein Zahlungsstrom, der mit demselben Zinssatz zum PV diskontiert wird, mit dem zuvor
zum FV aufgezinst wurde, besitzt als PV den Geldbetrag der anfänglichen Auszahlung.
Erst wenn sich Verzinsungen im Zahlungsstrom von den Diskontierungszinsfüßen
unterscheiden, unterscheidet sich auch der anfängliche Geldanlagebetrag vom PV des
Zahlungsstroms.

Abschn. 4.1.3 beschreibt die Auswirkungen der Geldpolitik im Eurosystem auf das deutsche Marktzinsniveau und die damit verbundenen Entwicklungen auf den Finanzierungsmärkten für Wohnungsunternehmen. Dabei wird das Marktzinsniveau anhand der Renditen für festverzinsliche, börsengehandelte Staatsanleihen der Bundesrepublik Deutschland mit zehnjähriger Restlaufzeit bestimmt (= Long-term interest rate for convergence purposes). Diese Renditen werden durch Veränderungen der jeweiligen Handelskurse bestimmt, die wiederum Marktergebnisse des Handels mit diesen Anleihen sind. Investoren richten ihre Kauf-/Verkaufinteressen dabei an den *rechnerischen* Anleihekursen aus. Und diese Kurse liefern die PV-Berechnungen der jeweiligen Zahlungsströme der Anleihen.

Geldanlagen in Anleihen werden auch als *finanzwirtschaftliche Investitionen* bezeichnet, obwohl sie aus ökonomischer Sicht keine Investitionen darstellen, sondern eben nur Geldanlagen. *Realwirtschaftliche Investitionen* sollen dagegen realwirtschaftliche *Wertschöpfungen* realisieren. Das gesamtwirtschaftliche Investitionsvolumen I beschreibt Abschn. 3.1.3 mit einem funktionalen Zusammenhang zum Marktzinsniveau i, sodass gilt: $I = I(i)$. Der Logik der PV-Berechnung folgend wird jetzt deutlich, warum das gesamtwirtschaftliche Investitionsvolumen bei sinkendem Marktzinsniveau ansteigt. Bei der Investitionsbewertung ist der Zahlungsstrom der Investition schließlich auf den Zeitpunkt t_0 zu diskontieren. Sinkt das Marktzinsniveau, sinken die Diskontierungszinsfüße, die Barwertfaktoren gewinnen an Wert, die Barwerte selbst auch, ebenso der PV des Zahlungsstroms der Investition – Investieren gewinnt an ökonomischer Attraktivität.

(3) Funktionen und Diagramme

Die obigen Hinweise zur Zinsrechnung schlossen mit einem Beispiel zur gesamtwirtschaftlichen Investition. Dazu wurde eine Funktion f formuliert: $I = I(i)$ bzw. $I = f(i)$. *Funktionen* sind für die volkswirtschaftliche Analyse sehr wichtig. Sie quantifizieren die Beziehung zwischen Zahlen bzw. die Abhängigkeit der einen von der anderen Zahl. Werden keine konkreten Zahlen, sondern stellvertretend Variablen herangezogen, ist die *unabhängige Variable x* von der *abhängigen Variablen y* zu unterscheiden. Dann gilt:

$$Y = f(x)$$

Das vorliegende Lehrbuch arbeitet nicht mit den unbestimmten Variablen x und y, sondern weist den verwendeten Variablen stets ökonomische Inhalte zu. Ökonomen beschreiben mathematisch dargestellte Sachverhalte verbal mit diesen Begriffen und nicht mit den Buchstaben, die sie repräsentieren. Im polypolen Gütermarktmodell von Abschn. 3.1.2 heißt es deshalb nicht allein, „q" sei eine Funktion von „p". Vielmehr ist das Ausmaß der Produktionsmenge q des gehandelten Gutes abhängig von der Höhe des Marktpreises p. Dafür wird geschrieben:

$$q = q(p)$$

Dabei ist die *nachgefragte* Konsummenge privater Haushalte q^D negativ bzw. die angebotene Produktmenge der Unternehmen q^S positiv vom Marktpreis p abhängig. Es gilt dann:

$$q^D = q \left(\underbrace{p}_{-} \right) \text{ bzw. } q^s = q \left(\underbrace{p}_{+} \right)$$

Funktionen lassen sich in Diagrammen visualisieren (vgl. das Marktmodell in Abb. 3.2). Klassischerweise notiert die Mathematik in einem x/y-Diagramm die x-Achse mit der unabhängigen Variablen horizontal (= Abszisse) und die y-Achse mit der abhängigen Variablen vertikal (= Ordinate). Abb. 3.2 visualisiert das entsprechende Marktmodell jedoch in einer anderen Form, wenn es z. B. den Konsumgütermarkt abbildet: Hier stellt der (Markt-)Preis p die unabhängige Variable dar, die im *Polypol* (siehe Tab. 3.1, Abschn. 3.1.2) durch kein *einzelnes* Wirtschaftssubjekt veränderbar ist. Nur *Angebots-monopolisten* können den Preis selbstständig fixieren. Demnach notiert im poly-polistischen Marktmodell die unabhängige Preisvariable p auf der vertikalen Achse und die abhängige Mengenvariable q auf der horizontalen Achse. Das mikroöko-nomische Marktmodell spannt im Polypol die Achsen also umgekehrt zum klassischen Mathematik-Diagramm auf. Dieser Sachverhalt ist über die gesamte Darstellung der Wirtschaftstheorie in Abschn. 3.1 streng zu beachten, um Verständnis- und Darstellungs-fehler (wie z. B. den Achsenabschnitt a auf der falschen Diagrammachse zu notieren) zu vermeiden.

Die einfachste Form der Beziehung von Variablen zueinander ist der lineare Zusammenhang. Eine lineare Funktion besitzt einen Achsenabschnitt a und eine Steigung b. Im Marktmodell mit jeweils einer linearer Nachfrage-funktion $q = q^D$ (*mit D = Nachfrage bzw. demand*) und Angebotsfunktion $q = q^S$ (*mit S = Angebot bzw. supply*) gilt somit:

$$q^D = a - bp \text{ bzw. } q^S = a + bp$$

Der Achsenabschnitt a und die Steigung b sind im einfachsten Fall konstant und für die Angebots- und Nachfragekurve im Normalfall jeweils voneinander verschieden. Der Schnittpunkt beider Kurven ergibt sich aus dem Gleichsetzen der Funktionen und dem Auflösen nach einer Variablen. Diese ist dann in eine der beiden Funktionen einzusetzen, sodass sich die Koordinate des Gleichgewichtspunkts errechnen lässt.

Bei der Interpretation von Marktdiagrammen ist Konzentration ein wichtiger Aspekt. Eine Nachfragefunktion mit einer hohen Steigung sieht optisch wegen der Achsen-zuordnungen nach einer Funktion mit geringer Steigung aus et vice versa. Die optische Steigung einer Funktion gleicht rechnerisch der *Ableitung* der jeweiligen Funktion. Die Ableitung von Angebots- und Nachfragefunktion gibt den jeweiligen Wert der Funktion an, der sich bei einer infinitesimalen Preisänderung ergibt. Gilt für die Nachfrage z. B.

die Ableitung $b = -2$, dann erhöht sich die nachgefragte Menge q^D bei einer Preissenkung um eine Einheit, um zwei Einheiten. Die Steigung einer Funktion bestimmt sich letztlich durch das Verhältnis beider Veränderungen.

$$b = \frac{\Delta q}{\Delta p} = \frac{2}{-1} = -2$$

Funktionen, Steigungen und Achsenabschnitte sind wichtige Parameter der *Differenzialrechnung* zur Modellierung von Märkten. Ihr Ziel ist dann die Bestimmung von Ableitungen/Steigungen q' in einem Punkt der Funktion/Kurve. In der mathematischen Darstellung wird dazu die *absolute Veränderung* Δ durch die *infinitesimale Veränderung* d, also die Veränderung gegen Null $\lim_{\Delta \to 0}$, ersetzt zu:

$$q' = \frac{dq}{dp} = \lim_{\Delta \to 0} \frac{q(p + \Delta p) - q(p)}{\Delta p}$$

Neben der *ersten Ableitung* einer Funktion wird häufig auch eine *zweite Ableitung* (= die Ableitung der Ableitung) berechnet. Vor allem zur Bestimmung des Extremums einer Funktion wird die zweite Ableitung verwendet, da sie über ein Minimum oder Maximum entscheidet. vorliegende Lehrbuch bedient sich dieser Rechentechnik, um die gewinnmaximale Produktionsmenge für Unternehmen auf Gütermärkten zu bestimmen. Für die *erste* Ableitung der Gewinnfunktion G muss gelten:

$$G' = \frac{dG}{dq} = 0 \ (notwendige \ Bedingung)$$

Für die *zweite* Ableitung der Gewinnfunktion G muss gelten:

$$G'' = \frac{d^2 G}{dq^2} < 0 \ (hinreichende \ Bedingung)$$

Weitere relevante Themen der Differenzialrechnung sind Ableitungen nicht-linearer Funktionen, für die sich Ableitungsregeln bestimmen lassen. Auch partielle Ableitungen von Funktionen mit mehreren Variablen finden in der Volkswirtschaft häufig Verwendung. Wolik (2015, S. 108–120) liefert einen zusammenfassenden Überblick zur Anwendung der Differenzialrechnung in der Volkswirtschaftslehre.

(4) Logarithmen
Die Erklärungen zum Prozentrechnen gaben bereits Hinweise, wie Wachstumsraten g berechnet werden können. Konstante prozentuale Wachstumsraten führen zu *exponentiellem absolutem* Wachstum. Vor diesem Hintergrund nehmen *prozentuale* Wachstumsraten g des BIP gy mit fortschreitender Entwicklung von Volkswirtschaften ab, auch wenn das *absolute* Wachstum gY konstant bleibt oder sogar noch wächst. China liefert hierzu ein aktuelles Beispiel.

Konzeptionell folgt aus einem konstanten prozentualen Wachstum also ein exponentielles absolutes Wachstum. Wird umgekehrt ein *exponentielles absolutes*

Wachstum gY^x (mit x als Exponent der Wachstumsfunktion) empirisch erfasst, folgt daraus eine *stabile prozentuale* Wachstumsrate gy, sodass gilt:

$$gY^x \Rightarrow gy$$

Die prozentuale Wachstumsrate gy lässt sich unter Bezugnahme des natürlichen Logarithmus $ln(x)$ berechnen. Die Logarithmusfunktion ist nämlich die Umkehrfunktion der Exponentialfunktion. Sie ermöglicht es, eine Funktion nach x aufzulösen. Mit e als Euler'sche Zahl und λ als Variable gilt allgemein:

$$Wenn f(x) = e^{\lambda x},\ dann \ln f(x) = \lambda$$

Vereinfachte Erläuterung zu Logarithmen (Elwes 2014, S. 186)

„Die Logarithmen wurden von John Napier (1550–1617) als Mittel erfunden, Rechnungen zu vereinfachen, indem man die Multiplikation und Division großer Zahlen durch die Addition und Subtraktion ihrer Logarithmen ersetzt. Der Logarithmus einer Zahl drückt diese als die Potenz einer Basis aus. Mit der *Basis* 10 gilt beispielsweise $log100 = 2$, weil $100 = 10^2$ ist, mit der Basis 2 gilt $log8 = 3$, weil $8 = 2^3$ ist.

Suchen wir in einem System mit der *Basis* 2 den Logarithmus von 128, fragen wir: Wie oft muss man 2 mit sich selbst multiplizieren, um 128 zu erhalten? Die Antwort ist 7. Verdoppeln wir *128*, gilt $log256 = 8$. Diese Beispiele untermalen eine wichtige Tatsache des logarithmischen Wachstums, die sich in der entsprechenden Nutzenfunktion widerspiegelt. Je größer der Wert von x ist, umso langsamer wächst $logx$. Beginnen wir mit $x = 2$, ist $logx = 1$. Wächst x auf 4, wächst $logx$ nur von 1 auf 2. Wächst x von 128 auf 256, wächst $logx$ nur von 7 auf 8."

Das Rechnen mit Logarithmen lässt einige Regeln ableiten, die den Umgang mit Logarithmen vereinfachen. Das vorliegende Lehrbuch greift in Abschn. 3.1.3 auf eine wichtige Logarithmusregel zurück: Die statische *Quantitätsgleichung* verdeutlicht periodenbezogen, dass das Produkt aus Geldmenge M und Umlaufgeschwindigkeit des Geldes V gleich dem Produkt aus gesamtwirtschaftlichem Preisniveau P und realem BIP Y ist:

$$M \times V = P \times Y$$

Wird für diese gesamtwirtschaftlichen Parameter das absolute exponentielle Wachstum unterstellt, lässt sich schreiben:

$$e^M \times e^V = e^P \times e^Y$$

$$\Leftrightarrow e^{M+V} = e^{P+Y}$$

$$\Leftrightarrow ln\left(e^M\right) + ln\left(e^V\right) = ln\left(e^P\right) + ln\left(e^Y\right)$$

$$\Leftrightarrow gM\% + gV\% = gP\% + gY\%$$

Im letzten Umformungsschritt notieren Volkswirte das Ergebnis anders als Mathematiker. Zwar wurde das entsprechende Instrumentarium adaptiert, doch das Ergebnis wird anders formuliert. Schließlich stehen die Inhalte im Vordergrund der Betrachtung: Ökonomen kennzeichnen *Wachstumsraten* generell jeweils mit einem *g* vor den einzelnen Parametern und kürzen diese bei *prozentualen Wachstumsraten* mit kleinen Buchstaben ab. Für die Wachstumsrate *g* eines Parameters wie z. B. der Geldmenge *M* in absoluten Werten ausgedrückt in Prozent % gilt deshalb:

$$gM\% = gm$$

Demnach lautet die in prozentualen Wachstumsraten ausgedrückte Quantitätsgleichung:

$$gm + gv = gp + gy$$

Die Summe der Wachstumsraten von Geldmenge *gm* und Umlaufgeschwindigkeit *gv* gleichen also der Summe aus gesamtwirtschaftlicher Preisentwicklung *gp* (= Inflation des gesamtwirtschaftlichen Preisniveaus) und realem Wirtschaftswachstum *gy*. Dank dieser mathematischen Operation konnte die monetaristische Schule US-amerikanischer Volkswirte ihre Geldmengenregel ableiten, die in Abschn. 3.1.3 genauer erläutert und in Abschn. 4.1.3 angewendet wird.

1.6 Übungsaufgaben zu Kap. 1 (Abschn. 1.5)

Aufgabe 1.1
Beschreiben Sie volkswirtschaftliche Analysemethoden und die Bedeutung der Mathematik für diese Methoden!

Aufgabe 1.2
Im Rahmen der Corona-Politik senkte die deutsche Bundesregierung im Sommer 2020 den regulären MwSt-Satz von 19 % auf 16 %. Ein Paar Sportschuhe hat ein Kaufhaus vor der MwSt-Senkung für 99,95 EUR angeboten. Wie lautet der Endkundenpreis nach der MwSt-Senkung?

Aufgabe 1.3
Die Grundformulierung einer Nachfragefunktion auf Konsumgütermärkten lautet:

$$q^D = a - bp$$

Im Normalfall besitzt die Steigung *b* eine negative Ausprägung (siehe Abschn. 3.1.2). Das Mieten einer Wohnung wird ökonomisch dem Konsum zugesprochen, da Mietzahlungen eines Wirtschaftssubjekts weder einen eigenen Kapitalstock aufbauen noch individuell wertschöpfend wirken. Vielmehr wird die Monatsmiete bezahlt, der Monat verlebt, sodass der Konsum verbraucht ist. Betrachten Sie einen konkret definierten Wohnungsmarkt im Jahr 2021 in einer der größten deutschen Metropolen. Beschreiben Sie die Steigung der Nachfragefunktion für dortige Mietwohnungen und grenzen Sie diese Nachfragefunktion von der Normalform eines Konsumgütermarkts ab!

Aufgabe 1.4

Unternehmen wählen auf den Gütermärkten diejenige Produktionsmenge, die eine langfristige Gewinnmaximierung sicherstellt. Beschreiben Sie die zweite Ableitung der Gewinnfunktion eines fiktiven Unternehmens.

Literatur

Adam, H./Mayer, P. (2016): Europäische Integration, 2. Auflage. Konstanz: UVK/Lucius/UTB.

Apolte, T. et al. (2007): Vahlens Kompendium der Wirtschaftstheorie und Wirtschaftspolitik, Band 1 und 2, 9. Auflage. München: Vahlen.

Berg, H./Cassel, D./Hartwig, K.-H. (2007): Theorie der Wirtschaftspolitik. In: Bender, D. et al. (Hrsg.): *Vahlens Kompendium der Wirtschaftstheorie und Wirtschaftspolitik, Band 2,* 9. Auflage. München: Vahlen; S. 243–368.

Böschen, I. (2017): Makroökonomik und Wirtschaftspolitik. Tübingen: Mohr Siebeck/UTB.

Brandenburger, A. A./Nalebuff, B. J. (1996): Mehr Geschäftserfolg – dank der Spieltheorie. In: *Havard Business Manager*, 18 Jg. (Heft 2), S. 82–94.

Case, K. E./Shiller, R. J. (2004): Is there a bubble in the housing market? Cowles Foundation Paper No. 1089; URL: „http://www.econ.yale.edu/~shiller/pubs/p1089.pdf" (Download der PDF-Datei am 17. März 2016).

Deutsche Bundesbank (2013): Monatsbericht Februar 2013. URL: „http://www.bundesbank.de/Redaktion/DE/Downloads/Veroeffentlichungen/Monatsberichte/2013/2013_02_monatsbericht.pdf?__blob=publicationFile" (Download der PDF-Datei am 05. Februar 2015).

Deutsche Bundesbank (2012): Monatsbericht Februar 2012. URL: „http://www.bundesbank.de/Redaktion/DE/Downloads/Veroeffentlichungen/Monatsberichte/2012/2012_02_monatsbericht.pdf?__blob=publicationFile" (Download der PDF-Datei am 05. Februar 2015).

Dixit, A. K./Nalebuff, B. J. (1995): Spieltheorie für Einsteiger. Stuttgart: Schaeffer-Poeschel.

Donges, J. B./Freytag, A. (2009): Allgemeine Wirtschaftspolitik, 3. Auflage. Konstanz: UVK.

Elwes, R. (2014): Der Chaos im Karpfenteil oder Wie Mathematik unsere Welt reagiert. Berlin: Springer Spektrum.

Engelkamp, P./Sell, F. L. (2017): Einführung in die Volkswirtschaftslehre, 7. Auflage. Berlin: Springer Gabler.

Ermisch, J. F./Findlay, J./Gibb, K. (1996): The Price Elasticity of Housing Demand in Britain. In: *Journal of Housing Economics*, 5. Jg. (Heft 1), S. 64–86.

Felderer, B./Homburg, S. (2005): Makroökonomik und neue Makroökonomik, 9. Auflage. Heidelberg: Springer.

Fredebeul-Krein, M./Koch, W. A. S./Kulessa, M./Sputek, A. (2014): Grundlagen der Wirtschaftspolitik, 4. Auflage. Konstanz: UVK/Lucius/UTB.

Friedman, M. (2002): Kapitalismus und Freiheit. Frankfurt a. M.: Eichhorn.

Gerpott, T. J./Knüfermann, M. (2016): Entwicklungslinien im deutschen Markt für Wohnungsbaukredite. In: *Immobilien & Finanzierung*, 67. Jg. (Heft 20), S. 22–26.

Giuliodori, M. (2005): The role of house prices in the monetary transmission mechanism across european countries. In: *Scottish Journal of Political Economy*, 52. Jg. (Heft 4), S. 519–543.

Hiller, N. (2014): Zinspolitik ade! Wie man Immobilienpreisblasen überstehen kann. In: *Wirtschaftsdienst*, 94. Jg. (Heft 10), S. 748–755.

Hiller, N./Gröbel, S. (2015): Regionale Divergenz – die Mietpreisbremse und die Gleichwertigkeit der Lebensverhältnisse. In: *Wirtschaftsdienst*, 95. Jg. (Heft 11), S. 773–781.

Just, T. (2013): Demografie und Immobilien, 2. Auflage. München: Oldenbourg.

Keynes, J. M. (2009): Allgemeine Theorie der Beschäftigung, des Zinses und des Geldes, 11. Auflage. Berlin: Duncker & Humblot.

Knüfermann, M. (2018): Märkte der langfristigen Fremdfinanzierung, 3. Auflage. Wiesbaden: Springer Gabler.

Lewis, N. (2008): Gold – Die Währung der Zukunft. München: FinanzBuch.

Marshall, T. (2015): Die Macht der Geographie. München: DTV.

Meulen, an de, P./Micheli, M. (2013): Droht eine Immobilienpreisblase in Deutschland? In: *Wirtschaftsdienst*, 93. Jg. (Heft 8), S. 539–544.

Möbert, J./Peters, H./Lechler, M. (2014): Deutschlands Hauspreise aus internationaler und historischer Perspektive. In: *Wirtschaftsdienst*, 94. Jg. (Heft 1), S. 76–78.

Münchau, W. (2010): Makrostrategien. München: Hanser.

n-tv.de (2017): Minusrenditen am Bind-Markt. URL: „http://www.n-tv.de/wirtschaft/Haendler-reissen-sich-um-Staatsanleihen-article19726549.html" (Abruf der WWW-Seite am 02. März 2017).

Perret, J. K./Welfens, P. J. J. (2019): Arbeitsbuch Makroökonomik und Wirtschaftspolitik, 2. Auflage. Berlin: Springer Gabler.

Popper, K. R. (2000): Vermutung und Widerlegung. Tübingen: Mohr Siebeck.

Popper, K. R. (1994): Logik der Forschung, 10. Auflage. Tübingen: Mohr Siebeck.

Schneider, M. (2014): Ein Fundamentalpreisindikator für Wohnimmobilien für Wien und Gesamtösterreich. In: *BankArchiv*, 62. Jg. (Heft 5), S. 366–375.

Schulze, E./Stein, A./Tietgen, A./Möller, S. (2015): Immobilien als Geldanlage. Freiburg im Breisgau: Haufe.

Schützenmeister, M. (2015): Die Bedeutung von Wohnimmobilienpreisen für die Geldpolitik. Wiesbaden: Springer Gabler.

Schwenkert, R./Stry, Y. (2016): Finanzmathematik, 2. Auflage. Berlin: Springer Gabler.

Sell, F. L. (2019): Aktuelle Probleme der europäischen Wirtschaftspolitik, 3. Auflage. Wiesbaden: Springer Gabler.

Smith, A. (1999): Der Wohlstand der Nationen. München: DTV.

Sommer, R. (2009): Die Subprime-Krise und ihre Folgen. Heidelberg: dpunkt.

Stiglitz, J. E. (2011): Im freien Fall. München: Pantheon.

Stiglitz, J. E. (2004): Schatten der Globalisierung. München: Goldmann.

Varian, H. R. (2016): Grundzüge der Mikroökonomie, 9. Auflage. Berlin: De Gruyter Oldenbourg.

Voigtländer, M. (2018): Argumente für den Verkauf kommunaler Wohnungen. URL: „https://www.iwkoeln.de/fileadmin/user_upload/Studien/policy_papers/PDF/2018/IW-Policy-Paper_2018_08_Verkauf_oeffentlicher_Wohnungen.pdf" (Download der PDF-Datei am 04. Juni 2018).

Willisch, K.-P. (2015): Von Rettern und Rebellen. München: FinanzBuch.

Wolik, N. (2015): Wirtschaftsmathematik. Stuttgart: Schäffer-Poeschel.

Woll, A. (2011): Volkswirtschaftslehre, 16. Auflage. München: Vahlen.

Erste wirtschaftspolitische Gedanken

2

Zusammenfassung

Warum interveniert der Staat in diverse Branchen und mit welchen Instrumenten und Auswirkungen? Antworten liefert die Analyse der Wirtschaftspolitik. Im Weiteren werden dazu erste wirtschaftspolitische Themen erörtert. Hierbei wird noch nicht auf eine Theorie der Wirtschaftspolitik abgestellt. Vielmehr gilt es, über das Heranführen an relevante Themen die Notwendigkeit wirtschaftspolitischer Analysen aufzuzeigen. Das politisch determinierte Niedrigzinsumfeld in Deutschland (bzw. den Euro-Staaten) steht dabei im Vordergrund.

Zunächst werden Auswirkungen der Wirtschaftspolitik mit ihrer expansiven Geldpolitik auf Wohnungs- und Immobilienunternehmen thematisiert (Abschn. 2.1). Nachfolgend wird die Europäische Integration als wichtiger wirtschaftspolitischer Analysegegenstand fokussiert. Am Beispiel des Austritts Großbritanniens aus der Europäischen Union (EU) werden dessen mögliche Auswirkungen auf den deutschen Immobilienmarkt erfasst (Abschn. 2.2). Noch deutlicher wirken staatliche Interventionen auf nationaler Ebene auf Marktentwicklungen ein und zählen deshalb zum wichtigsten Instrumentarium aktiver Wirtschaftspolitik eines Staates. Die Einführung der Mietpreisbremse wird dazu beispielhaft herangezogen (Abschn. 2.3). Wenn der Mietpreisanstieg gebremst werden soll, zielt sie auf ein höheres verfügbares Einkommen privater Wirtschaftssubjekte ab, die zur Miete wohnen. Daher ist die Einkommens- und Vermögensverteilung als Kontext der Mietpreisbremse zu diskutieren (Abschn. 2.4). Interventionen in den Markt für Wohnimmobilien vollzieht der Staat auch durch den Einsatz öffentlicher Wohnungsunternehmen. Das Ausmaß der öffentlichen Wirtschaft im deutschen Wohnungs- und damit auch Kreditmarkt gilt es deshalb kritisch zu hinterfragen (Abschn. 2.5). Weil die Finanzmärkte für die Immobilienmärkte eine wichtige Rolle spielen, gilt es im Anschluss

© Springer Fachmedien Wiesbaden GmbH, ein Teil von Springer Nature 2021   35
M. Knüfermann, *Wirtschaftspolitisches Wissen für die Wohnungs- und Immobilienwirtschaft*, https://doi.org/10.1007/978-3-658-33608-0_2

ebenfalls, die Interdependenzen der internationalen Finanzmärkte am Beispiel der Auswirkungen der US-Geldpolitik auf die Finanzmärkte der Euro-Staaten zu hinterfragen
(Abschn. 2.6). Diese ersten wirtschaftspolitischen Gedanken schließen mit Übungsaufgaben zu den angesprochenen Themenfeldern (Abschn. 2.7).

2.1   Finanzmärkte, Geldpolitik und Immobilienwirtschaft

Die Wohnungs- und Immobilienwirtschaft ist eine kapitalintensive Branche. Um Wertschöpfung zu generieren, bedarf es nicht nur einer guten Geschäftsidee und der unternehmerisch kreativen Kombination von Produktionsfaktoren. Es verlangt nämlich im
besonderen Ausmaß das Vorhandensein von Finanzkapital. Wenn Marktentwicklungen
mit niedrigen Fremdkapitalzinssätzen positive Leverage-Effekte generieren lassen (vgl.
dazu Spremann/Gantenbein 2019, S. 140–146), ist der Ausbau der Fremdkapitalanteile
in der Unternehmensfinanzierung (auch) von Wohnungs- und Immobilienunternehmen
betriebswirtschaftlich sinnvoll.

Allerdings ist das aktuelle Marktzinsniveau kein Ergebnis des Zusammenspiels von
Angebot und Nachfrage, sondern Konsequenz politischen Handelns. Seit der weltweiten Finanzkrise insbesondere im Jahr 2008 haben die Zentralbanken der wesentlichen Industriestaaten kollektiv das Marktzinsniveau beeinflusst und bis aktuell im Jahr
2021 in Richtung Nullzinsniveau getrieben. Nicht nur Wohnungs- und Immobilienunternehmen finanzieren sich aktuell in Deutschland auf einem Rekord-Niedrigzinsniveau.
Ein niedriges Zinsniveau bedeutet für eine kapitalintensive Branche die Senkung der
Kapitalkosten bzw. ceteris paribus eine positive Veränderung der Unternehmensgewinne.
Vor diesem Hintergrund stellt das Niedrigzinsniveau für Wohnungs- und Immobilien-
unternehmen eine Chance dar, die derzeit noch größer ist als das Risiko aus der
Rezession von 2020/2021 heraus (siehe Abschn. 2.7).

Für die expansive Geldpolitik im Eurosystem sind vor allem vier Initialzündungen zu
konstatieren:

1. die Insolvenz der Lehman Brothers Holdings Inc. im Jahr 2008
2. die (quasi-)Zahlungsunfähigkeit von Griechenland im Jahr 2010
3. die unerwünschten niedrigen Inflationsraten im Euro-Währungsgebiet wegen kon-
   junktureller Schwächen der Euro-Staaten insbesondere im Jahr 2015;
4. der Versuch eines geldpolitisch determinierten Konjunkturimpulses als wirtschaftspolitische Antwort auf die Rezession in den Jahren 2020/2021.

Das Eurosystem reagierte ab dem Jahr 2008 mit einem radikalen Absenken des Haupt-
refinanzierungszinssatzes, Vollzuteilungen bei Tenderverfahren, dem Start von Anleihe-
kaufprogrammen und vielen weiteren dem Finanzsystem liquiditätszusteuernden

Maßnahmen. Insgesamt senkte sich das Marktzinsniveau innerhalb der Euro-Staaten kontinuierlich auf historisch niedrige Werte. Im Juli 2016 emittierte die Bundesrepublik erstmalig eine Nullkuponanleihe mit zehnjähriger Laufzeit zu einem Emissionskurs oberhalb des Rückzahlungspreises, deren Börsenkurse dazu lange Zeit oberhalb von 100 % notierten. Im Frühjahr 2016 besaßen etwa drei Viertel aller umlaufenden Bundeswertpapiere eine negative Rendite (vgl. Cünnen 2016, S. 34). Auch die Zinssätze für Wohnungsbaukredite sanken signifikant: Im August 2008 betrug der effektive Jahreszinssatz (einschließlich Kosten) im Neugeschäft für Wohnungsbaukredite an private Haushalte mit einer Zinsbindung von über zehn Jahren noch 5,30 %; im September 2020 lag er bei nur noch 1,17 % (Datenquelle: Deutsche Bundesbank 2020).

Für die Immobilienmärkte hatten diese Marktzinsentwicklungen zwei Effekte:

- *Zum einen* sanken Investitionsrenditen in Zinswertpapiere drastisch. Institutionellen Investoren kamen damit wesentliche Anlagemöglichkeiten in bislang gewohnten Ertrag/Risiko-Relationen abhanden. Lebensversicherer, Bausparkassen etc. leiden inzwischen entweder unter Ertragseinbußen oder investieren in höhere Risiken, um das gewohnte Ertragsniveau zu halten. Als Investitionsalternativen boten sich für viele klassische Anleiheinvestoren zunehmend Immobilieninvestments an. „Professionelle Investoren verwalten inzwischen fast zwei Billionen Euro Immobilienvermögen, etwa die Hälfte davon in indirekten, nicht an der Börse notierten Immobilienanlagen" (Reichel 2015, S. 36).
- *Zum anderen* verbilligte sich die Fremdkapitalfinanzierung in den letzten Jahren drastisch, sodass die Immobiliennachfrage anstieg. Das Kreditvolumen für den Wohnungsbau an inländische Unternehmen und Privatpersonen insgesamt und über alle Bankengruppen hinweg betrug im III. Quartal 2008 (Beginn der weltweiten Finanz- und Bankenkrise) 1094,7 Mrd. EUR und wuchs bis zum III. Quartal 2020 um durchschnittlich jährlich 2,85 % auf 1537,3 Mrd. EUR an. Zum Vergleich wuchs das Kreditvolumen vom III. Quartal 1999 (kurz vor der Euro-Währungseinführung) bis zum III. Quartal 2008 lediglich um durchschnittlich jährlich 1,34 % (Datenquelle der eigenen Berechnungen: Deutsche Bundesbank 2020).

Die Auswirkungen der expansiven europäischen Geldpolitik lassen sich auch immobilienwirtschaftlich verdeutlichen. Der deutsche Immobilienmarkt ist in seinen vielen Facetten seit einigen Jahren von angestiegenen durchschnittlichen Immobilienpreisen geprägt.[1] Ein Blick in die angebotsbasierten Preisdatenbanken des Immobilienportals immobilienscout24.de verdeutlicht für das Zeitfenster August 2015 bis August

---

[1] Die weiteren Berechnungen basieren auf den Daten der Quelle immobilienscout24.de (2016): IMX – Der Immobilienindex von ImmobilienScout24 (August 2016). URL: „https://www. immobilienscout24.de/content/dam/is24/documents/ibw/IMX/2016/imx_aug16.pdf" (Download der PDF-Datei am 22. August 2016; 6 S.).

2016 einen Preisanstieg z. B. bei Wohnungen (Bestand) um 14,1 %. Dagegen ver-
änderten sich die durchschnittlich jährlichen Preise für Wohnungen (Bestand) im
Zeitfenster August 2008 bis August 2016 lediglich um 5,7 %. Die Dynamik der
Preisentwicklungen setzte demnach erst zum Zeitpunkt der (exorbitant) expansiven
Geldpolitik des Eurosystems ab 2010 mit den entsprechenden Quantitative-Easing-
Programmen (= unkonventionelle und sehr ausgeprägte Liquiditätszuführung in Märkte
durch das Zentralbanksystem) ein. Besondere Treiber der bundesdurchschnittlichen
Preiserhöhungen sind Metropolimmobilien. In Frankfurt am Main verteuerten sich
Wohnungen (Bestand) zwischen August 2015 und August 2016 um 17,2 %. Ähnliche
Tendenzen lassen sich auch für andere Immobilienmärkte (z. B. Kaufpreise Häuser,
Neubau Wohnungen, Mieten für Wohnimmobilien, sonstige Immobilienpreisent-
wicklungen, weitere Metropole wie München, Hamburg, Berlin etc.) identifizieren. Doch
die Rezession in den Jahren 2020/2021 könnte die Entwicklungen auf den deutschen
Immobilienmärkte verändern: „Die Warnzeichen am Immobilienmarkt nehmen zu.
Kaufinteressenten können sich nicht mehr darauf verlassen, dass die Preise überall
stetig so klettern werden wie bisher. Die fundamentale Angebotsknappheit dürfte in den
kommenden Jahren nachlassen und die Regulierung wachsen." (Herz 2021, S. 28).

Der Zusammenhang von Immobilienpreis- und Zinssatzentwicklungen ließ sich zwar
logisch erklären, die Metropolisierung der Immobilienmärkte basiert jedoch auch auf
weiteren hier nicht erwähnten Gründen (demografischer Wandel etc.). Insofern ist davon
auszugehen, dass sich die skizzierten Preisentwicklungen noch einige Zeit fortschreiben
werden. Schließlich steht weder die aktuelle europäische Geldpolitik vor einer Wende,
noch dürften sich die derzeitigen demografischen Veränderungen der deutschen Gesellschaft zeitnah aufheben.

Doch liefert das Niedrigzinsniveau neben den Chancen auf minimale Fremdkapital-
kosten auch neue Risiken? Die Staatsschuldenkrise einiger Euro-Staaten wirkt sich
indirekt zinssenkend bis in die letzten verwegenen Winkel Deutschlands aus und
suggeriert der deutschen Realwirtschaft, dass die Fremdmittelaufnahme günstig sei (vgl.
Knüfermann 2012). Der Konjunktiv „sei" hat dabei im Hinblick auf die Wohnungswirtschaft verschiedene Facetten. Sie werden nachfolgend dargestellt und in Abb. 2.1
zusammengefasst:

1. *Kreditlaufzeiten:* Die Wohnungswirtschaft finanziert sich zumeist über
   Bankendarlehen bzw. Annuitätendarlehen. Mit sinkenden Zinsen verlängern sich
   finanzmathematisch betrachtet die Kreditlaufzeiten, weil die Annuität sinkt. Für
   Wohnungsunternehmen ergeben sich dadurch mehrere notwendige Anschluss-
   finanzierungen. Auf diese Weise steigt das Zinsrisiko der Kreditnehmer. Werden
   stattdessen diese Zinskostenvorteile für Tilgungserhöhungen genutzt, verließe Eigenkapital schneller das Unternehmen: Günstigeres Fremdkapital wäre durch teureres
   Eigenkapital ersetzt – eine nicht zwingend sinnvolle Aktion.

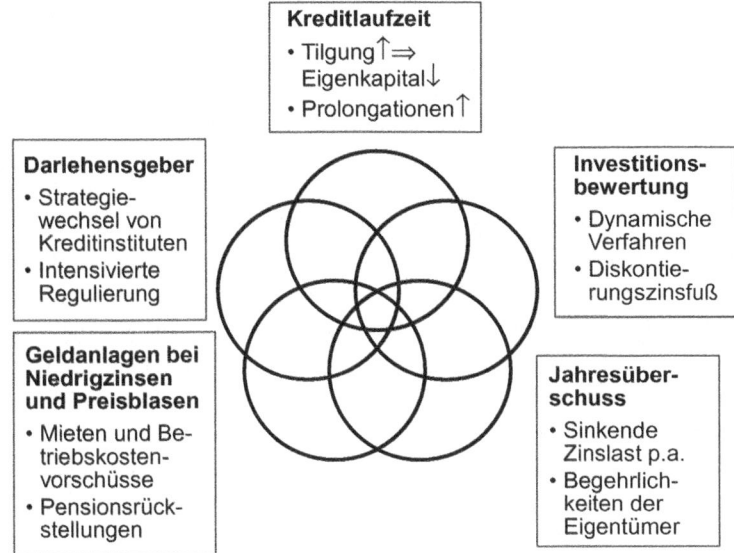

Abb. 2.1 Risikoeinflüsse eines historisch niedrigen Marktzinsniveaus auf Unternehmen der Wohnungs- und Immobilienwirtschaft. (Quelle: Eigene Darstellung)

2. *Investitionsattraktivitäten:* Die moderne Investitionsrechnung arbeitet mit dynamischen Investitionsrechenmethoden, wie z. B. der Internen Zinsfußmethode oder der Marktzinsmethode. Dynamische Methoden der Investitionsrechnung basieren vor allem auf der Diskontierung zukünftiger Zahlungsströme auf den Zeitpunkt t_0 (=heute). In die Konstruktion des Diskontierungszinsfußes fließt vor allem der (Fremd-)Kapitalzinsfuß hinein. Politisch determinierte Niedrigzinsniveaus übersteigern daher Investitionsattraktivitäten. Die Entlassung des Zinses aus der Zentralplanwirtschaft des Eurosystems wird Wohnungsunternehmen unrentable Investitionsnachkalkulationen bescheren, sollten sie bislang ohne ausreichende Risikopuffer für mögliche Zinssatzerhöhungen gearbeitet haben. Demnach kann das nicht marktwirtschaftliche Zinsniveau in Deutschland zu deutlich *überhöhter* Investitionsbereitschaft motivieren.

3. *Begehrlichkeiten:* Ähnlich wie sich Investition „schön" rechnen, so führen massiv reduzierte Kapitalkosten zu nachhaltigen Überschusssteigerungen. Vor allem Deutschlands „klamme" Kommunen dürften entsprechend erhöhte Begehrlichkeiten für Ausschüttungen einfordern, sollten sie von ihren städtischen Tochtergesellschaften nicht Mehrinvestition in z. B. Neubauten einfordern, wie es durchaus in Berlin und Hamburg der Fall ist. Auch hier gilt: Das Entlassen des Zinses aus der Zentralplanwirtschaft des Eurosystems wird Wohnungsunternehmen mit zuvor gewohnten, aber dann nicht mehr zu erfüllenden Begehrlichkeiten in Bezug auf die Überschüsse des Unternehmens konfrontieren.

4. *Darlehensgeber:* Natürlich können sich wirtschaftspolitische Instanzen auf eine Abkehr von dieser Niedrigzinspolitik einigen. Diese Option beschert den Kreditinstituten ein Zinsrisiko. Es ist eins der zentralen Risiken in der Gesamtbanksteuerung und basiert auf der Fristentransformation im Bankgeschäft. Denn Kreditinstitute refinanzieren ihr längerfristig zinsgebundenes Kreditgeschäft nicht fristenäquivalent, sondern durch kurzfristig zinsgebundene Kundeneinlagen. Stiegen die Marktzinssätze rasch in die Höhe, wären die Kredite aus der Niedrigzinsphase durch Passivmittel refinanziert mit einem höheren Zinssatz, sodass in der Einzelgeschäftsbetrachtung ein Verlust entstünde. Signifikante und schnelle Zinserhöhungen könnten damit die Stabilität der deutschen Bankenlandschaft riskieren. Aus den gemeinsamen Studien der Jahre 2013, 2015 und 2017 von der Deutschen Bundesbank und der Bundesanstalt für Finanzdienstleistungsaufsicht (BaFin) über die Widerstandskraft deutscher regional tätiger Kreditinstitute (= private Regionalbanken, Sparkassen und Kreditgenossenschaften) geht folgendes Ergebnis hervor (vgl. Deutsche Bundesbank 2017a, b, S. 57 f.): In allen geprüften Szenarien zur Veränderung des Marktzinsniveaus werde mit einer sinkenden Profitabilität der Institute gerechnet. Entweder sinken die Margen (= Differenz von Zinsertrag und Zinsaufwand) der Institute mit abnehmendem Marktzinssatz ebenfalls oder das Zinsrisiko wird schlagend bei einer Erhöhung der Marktzinssätze. Dazu können Immobilienpreisänderungen negative Einflüsse auf die Kernkapitalquote der Kreditinstitute nehmen. In jedem Fall wären Wohnungsunternehmen davon negativ betroffen: Zum einen kann es zum Ausfall von Finanzierungspartnern kommen, falls sich Kreditinstitute verstärkt auf risikoreichere Geschäfte konzentrieren, um ihre Ertragseinbußen zu kompensieren. Zum anderen verschlechterten sich die Konditionen für Kreditnehmer und es könnte zum kompletten Ausfall von Kreditinstituten kommen, wenn diese ihre Zinsrisiken nicht effektiv gemanagt haben sollten. Des Weiteren führen neue Regulierungsbedingungen dazu, dass Wohnungsbaukreditgeschäfte unattraktiver werden für Kreditinstitute. Sogenannte Liquiditätsregeln zielen nämlich auf die Begrenzung der Fristentransformation ab. Insbesondere die gerade in Deutschland üblichen langen Zinsbindungen im Wohnungsbaukreditgeschäft sind hiervon restriktiv betroffen. In der Konsequenz könnte es auch über die Liquiditätsregeln zum Ausfall von Finanzierungspartnern kommen, wenn diese auf andere Kreditgeschäfte ausweichen sollten.

5. *Geldanlagen:* Wohnungsunternehmen treten nicht nur als Schuldner, sondern auch als Investoren auf. In diesem Fall gilt auch für sie die Perspektive der Kreditinstitute, nämlich im aktuellen Zinsumfeld rekord*niedrige* Renditen zu erwirtschaften. Anlagen von Mieten und Betriebskostenvorauszahlungen oder von Pensionsrückstellungen (die abgezinst im Niedrigzinsumfeld ohnehin an Volumen gewinnen müssen und somit die Jahresüberschüsse belasten) erscheinen für auskömmliche Risikoprofile wenig rentabel.

Es gilt festzuhalten, dass makroökonomische Entwicklungen (wie z. B. die sinkenden Marktzinsen) auf nationaler und auf internationaler Ebene, die Immobilienwirtschaft nachhaltig beeinflussen können. Entsprechend ist die Führung von Wohnungs- und Immobilienunternehmen nicht nachhaltig zu vollziehen, wenn sie die nationale Volkswirtschaft und deren internationale Wirtschaftsbeziehungen außer Acht lässt. Die Ankündigungen der aktuell amtierenden US-Regierung und bereits der Vorgängerregierungen, die Freihandelsabkommen und deren Bestrebungen restriktiv zu handhaben, können sich insofern negativ auf die deutsche Konjunktur und somit auf die Entwicklung der gesamten deutschen Immobilienwirtschaft auswirken.

Handelsblatt, 22. Februar 2017, Nr. 38, S. 56
Überleben in der Ära Trump
Der US-Präsident droht die Welt in eine Abwärtsspirale zu ziehen, fürchtet Joseph E. Stiglitz.

In gerade einmal einem Monat hat es US-Präsident Donald Trump geschafft, in schwindelerregendem Tempo Chaos und Unsicherheit – und ein Ausmaß an Furcht zu verbreiten, das jeden Terroristen mit Stolz erfüllen würde.

Dabei ist jetzt jedem klar, dass Trumps Äußerungen und Tweets ernst zu nehmen sind. Trump lässt keinen Zweifel daran aufkommen, dass er beabsichtigt, alles zu tun, was er angekündigt hat: ein Einwanderungsverbot für Muslime, eine Mauer an der Grenze zu Mexiko, die Neuverhandlung des Nordamerikanischen Freihandelsabkommen (Nafta), die Aufhebung der Dodd-Frank-Finanzreformen von 2010 und vieles Weitere, das sogar seine Anhänger zurückgewiesen hatten.

Trump betrachtet die Welt als Nullsummenspiel. Doch die Globalisierung, wenn sie denn gut gesteuert wird, ist eine Kraft, die in der Summe positive Ergebnisse hervorbringt: Amerika profitiert, wenn Freunde und Verbündete stark sind. Doch Trumps Ansatz droht sie in ein Negativsummenspiel zu zwingen, bei dem auch Amerika verlieren wird.

Frühere Regierungen haben ihre Verantwortung zur Förderung von US-Interessen immer ernst genommen. Doch die Strategien, die sie verfolgten, gründeten normalerweise auf einem aufgeklärten Verständnis des nationalen Interesses. Die Amerikaner, so glaubten sie, würden von einer wohlhabenderen Weltwirtschaft und einem Netz von Bündnissen mit Ländern, die sich für Demokratie, Menschenrechte und Rechtsstaatlichkeit engagieren, profitieren.

Wenn es einen Silberstreif am wolkenverhangenen Trump-Horizont gibt, dann ist es ein neues Gefühl der Solidarität in Bezug auf Kernwerte wie Toleranz und Gleichheit, das durch ein Bewusstsein der versteckten oder offenen Bigotterie und Frauenfeindlichkeit, die Trump und sein Team verkörpern, getragen wird. Trump und seine Verbündeten stoßen überall in der demokratischen Welt auf Ablehnung und Protest.

In ähnlicher Weise haben im gesamten Land Arbeitnehmer und Kunden von Unternehmen ihrer Sorge über CEOs und Vorstandsmitglieder Ausdruck verliehen, die Trump unterstützen. Tatsächlich haben sich US-Unternehmensführer und Investoren als Gruppe zu Trumps Steigbügelhaltern entwickelt. Auf der diesjährigen Jahrestagung des Weltwirtschaftsforums in Davos frohlockten viele über seine Versprechungen, die Steuern zu senken und die Regulierung zurückzufahren, und ignorierten dabei freudig seine Bigotterie und seinen Protektionismus.

Noch besorgniserregender war der Mangel an Mut: Es war eindeutig, dass viele derjenigen, die sich über Trump Sorgen machten, Angst hatten, ihre Stimmen zu erheben, damit sie (und der Aktienkurs ihrer Unternehmen) nicht zum Ziel eines Tweets würden. Weit verbreitete Furcht ist ein

Kennzeichen autoritärer Regime, und erstmals während meines Erwachsenenlebens sehen wir sie nun in den USA.

Infolgedessen hat sich die Wichtigkeit der Rechtsstaatlichkeit, die einst für viele Amerikaner ein abstraktes Konzept war, konkretisiert. In einem Rechtsstaat setzt die Regierung, wenn sie Unternehmen an Outsourcing und Offshoring hindern will, Gesetze um und verabschiedet Vorschriften, um die entsprechenden Anreize zu setzen und von unerwünschtem Verhalten abzuschrecken. Sie drangsaliert oder bedroht nicht bestimmte Firmen oder stellt traumatisierte Flüchtlinge als Sicherheitsbedrohung dar.

Amerikas Leitmedien, wie die „New York Times" und die „Washington Post", weigern sich noch, Trumps Verleugnung amerikanischer Werte als normal zu akzeptieren. Es ist nicht normal, dass die USA einen Präsidenten haben, der sich gegen eine unabhängige Justiz ausspricht, die hochrangigsten Vertreter der Streitkräfte und der Gemeindienste im Zentrum der nationalen Sicherheitspolitik durch einen Fanatiker aus den rechten Medien ersetzt und angesichts des jüngsten ballistischen Raketentests Nordkoreas Werbung für die geschäftlichen Unternehmungen seiner Tochter macht.

Wenn man ununterbrochen mit Ereignissen und Entscheidungen bombardiert wird, die die Grenzen des Normalen sprengen, ist es einfach, abzustumpfen und anzufangen, schwerwiegenden Machtmissbrauch zu übersehen. Eine der wichtigsten Herausforderungen wird also darin bestehen, wachsam zu bleiben und, wann immer es nötig ist, Widerstand zu leisten.

Stiglitz, Joseph E.

Der Autor ist Nobelpreisträger für Ökonomie, Professor an der Columbia University und Chefökonom des Roosevelt Institute. Sie erreichen ihn unter: gastautor@handelsblatt.com

Insbesondere in Phasen wachsender politischer Instabilitäten, die einerseits durch Terror und Krieg sowie andererseits bereits durch Neuwahlen von Staatsregierungen in etablierten Demokratien (wie z. B. im Jahr 2017 in den Niederlanden, in Frankreich und in der Bundesrepublik Deutschland) entstehen, sind wirtschaftspolitische Einflüsse zu identifizieren, analysieren und antizipieren.

2.2   Europäische Integration, Brexit und Immobilienstandorte

Wirtschaftspolitik auf europäischer Ebene bzw. in der Europäischen Union ist ein sehr weites Feld. Mit Blick auf die Geldpolitik der Euro-Länder müssen Staaten zunächst entscheiden, ob sie überhaupt Mitglied der Europäischen Union (EU) werden bzw. weiterhin sein wollen. Innerhalb der Europäischen Union sind sie dann verpflichtet, auf die Euro-Einführung hinzuarbeiten. Großbritannien aber stimmte im Juni 2016 in einem Referendum mehrheitlich dafür, aus der Europäischen Union auszutreten und leitete den sogenannten *Brexit* ein. Am 29. März 2017 stellte die britische Regierung den offiziellen Antrag zum EU-Austritt (vgl. Berschens/Leitel/Slodczyk 2017, S. 6 f.). Am 31. Januar 2020 verließ Großbritannien die Europäische Union (vgl. Adam/Mertens 2020, S. 187).

Die antieuropäische Politik Großbritanniens wird für die Europäische Union, für Deutschland und für Großbritannien selbst weitreichende negative Folgen haben. Mit dem EU-Austritt ist nämlich auch ein Verlassen des Europäischen Binnenmarkts verbunden. Der Aufbau neuer Handelsbarrieren und zukünftige Wechselkursentwicklungen dürften die Außenhandelsbilanzen belasten, schließlich verteuern sich aus britischer Sicht deutsche Produkte, wenn die britische Währung an Wert verliert. Und Deutschland besitzt einen Außenhandelsüberschuss, exportiert also mehr Gütervolumen auf die Insel, als von ihr importiert wird. Diese aus deutscher Sicht positive Absatz von Waren und Dienstleistungen in Großbritannien durch den Brexit schwieriger. Sinkt der deutsche Außenhandelsüberschuss, sinkt auch das gesamtwirtschaftliche Einkommen in Deutschland (siehe Abschn. 4.1.4).

Das britische Brexit-Referendum lässt allerdings auch positive Entwicklungen vermuten, wenn Unternehmen Arbeitsplätze (vornehmlich der Finanzwirtschaft) nach Deutschland verlagerten und die Nachfrage auf den deutschen Immobilienmärkten insbesondere in Frankfurt a. M. weiter erhöhten. Es ist aber nicht selbstverständlich, dass Frankfurt a. M. im kontinentaleuropäischen Standortwettbewerb gewinnen wird. So musste z. B. die ursprünglich in London angesiedelte Europäischen Bankenaufsichtsbehörde (European Banking Authority) noch vor dem umgesetzten Brexit einen neuen Standort in einem anderen EU-Staat finden. Frankfurt a. M. konnte sich diesbezüglich nicht durchsetzen und unterlag der Metropole Paris (vgl. o. V. 2017), obwohl die deutsche Bundesregierung zuvor große Chancen für eine Umsiedlung der Behörde nach Deutschland signalisierte (vgl. Berschens 2017, S. 31).

Für eine Standortumsiedlung von Großbritannien in die EU-Staaten spricht, dass der Brexit mit seinem zwischen der Europäischen Union und Großbritannien geschlossenen Handels- und Kooperationsabkommen bislang keine explizite Behandlung der Finanzmärkte aufweist. Britische Finanzdienstleister haben am 01. Januar 2021 den bis dahin gewohnten direkten Zugang zum EU-Binnenmarkt bzw. ihre sogenannten *Passporting-Rechte* verloren. Die Europäische Kommission sieht die Finanzdienstleistungen im Abkommen schließlich nur so abgedeckt, „wie diese im Allgemeinen von den anderen Freihandelsabkommen der EU mit Drittländern erfasst werden"[2], also ohne direkten Zugang. Demnach wird vor allem der Finanzsektor durch eine Großzahl bislang ungewisser Auswirkungen vom Brexit geprägt werden. Britische Finanzdienstleister müssen daher weiterhin in der Europäischen Union vertreten sein, um innerhalb der Staatengemeinschaft wie gewohnt Geschäfte abschließen zu können. Bischoff (2020, S. 4) fasst mit Stand Oktober 2020 zusammen: „Indes sind nicht wenige der mittlerweile in Frankfurt angekommenen Brexit-Banker positiv überrascht von der Main-Metropole, während sich für London durch diesen mehrjährigen Geschäftsverlagerungsprozess mehr als nur ein Imageschaden abzeichnet."

---

[2] Europäische Kommission 2020b, URL: „https://ec.europa.eu/commission/presscorner/detail/de/qanda_20_2532".

Der britische und vorwiegend in London angesiedelte Finanzsektor besitzt eine sehr große Bedeutung in der Welt, die anhand des *Devisenhandels* (= Handel mit unterschiedlichen Währungen in Buchform) und der *Marktkapitalisierung* (= kumulierter Wert aller Aktienkurse multipliziert mit der Zahl aller ausgegebener Aktien an einem Börsenplatz) demonstriert werden kann:

- *Devisenhandel:* Das tägliche(!) Devisenwelthandelsvolumen betrug im Jahr 2019 einen Wert in Höhe von 6595,471 Bill. US$. Davon wurden täglich 3576,409 Bill. US$ bzw. 54.2 % über London abgewickelt. (Datenquelle: BIS 2021).
- *Marktkapitalisierung:* Im Januar 2021 betrug die Weltmarktkapitalisierung 105,411 Bill. US$. Im Vergleich der einzelnen Börsen der einzelnen Länder ergibt sich nachfolgende Bild (Datenquellen: wfe 2021, IMF 2021):
  - Auf die **Frankfurter Wertpapierbörse** entfiel eine kumulierte Marktkapitalisierung (MK) in Höhe von 2,059 Bill. US$. Bei einem prognostizierten Bruttoinlandsprodukt (BIP) für 2021 in Höhe von 4,319 Bill. US$ ergibt sich eine Quote in Höhe von $\frac{MK}{BIP} = 0,48$.
  - Auf die **LSE London Stock Exchange** entfiel eine kumulierte Marktkapitalisierung in Höhe von 6,670 Bill. US$. Bei einem prognostizierten BIP für 2021 in Höhe von 3,125 Bill. US$ ergibt sich eine Quote in Höhe von $\frac{MK}{BIP} = 2,13$.
  - Auf die beiden New Yorker Börsen **NYSE New York Stock Exchange** und **NASDAQ** entfielen zusammen 44,517 Bill. US$. Bei einem prognostizierten BIP für 2021 in Höhe von 22,675 Bill. US$ ergibt sich eine Quote in Höhe von $\frac{MK}{BIP} = 1,96$.

Im *Weltdevisenhandel* ist London also führend, bei der *absoluten Marktkapitalisierung* liegen zwar die US-Börsen vorn. Aber bei der Quote aus *Marktkapitalisierung* zu *Bruttoinlandsprodukt* liegt die Londoner Börsen vor den beiden US-Börsen und beide weisen eine mehr als viermal so große Quote gegenüber jener der Frankfurter Wertpapierbörse aus. Damit wird der enorme Unterschied zwischen den Finanzzentren London und Frankfurt a. M. deutlich und es darf schon allein wegen der großen Geschäftsvolumina bezweifelt werden, dass sich kurzfristig das Gesamtgefüge neu aufteilen wird.

Neben der Bedeutung des Finanzplatzes London sind noch vier weitere Aspekte zu nennen, weshalb keine tief greifenden Veränderungen zu erwarten sind:

- *Referendum als Empfehlung:* Das Referendum der Briten mit einer nur knappen Mehrheit für den Austritt Großbritanniens aus der Europäischen Union hatte lediglich Empfehlungscharakter für die britische Regierung. Trotzdem betonte die Regierung direkt nach der Auszählung der Stimmen, das Ergebnis des Referendums umsetzen zu wollen und reichte der Europäischen Union den Austrittsantrag ein. „Am 31. Januar 2020 hat das Vereinigte Königreich die Europäische Union verlassen – auf den Tag genau nach 47 Jahren und einem Monat der Zugehörigkeit. Der Beitritt kam zu spät, der Austritt zu früh. Beide Schritte waren schlecht vorbereitet und schufen kaum weniger Probleme als sie lösten." (Adam/Mertens 2020, S. 187) Nach Ablauf aller ausgehandelten Übergangsfristen und dem Abschluss eines Handels- und Kooperationsabkommens mit der Europäischen Union, war Ende des Jahres 2020 der Brexit vollständig vollzogen. Dennoch finden sich britische Stimmen, die einen EU-Wiedereintritt fordern. Sogar ein Auseinanderbrechen Großbritanniens wird diskutiert, weil z. B. Schottland mit einem hohen Vorsprung im Referendum für einen EU-Verbleib gestimmt hatte (vgl. Welfens 2018, S. 2 f.).

- *Europäische Finanzzentren:* Im Laufe der Brexit-Verhandlungen kam es tatsächlich zu Umsiedlungen von Londoner Finanzdienstleisterbüros nach Frankfurt a. M. Adam/Mertens (2020) sehen ein Geschäftsvolumen, um dass sich Frankfurt a. M. als Abwicklungsstandort bewerben sollte in Höhe von „… fast 1,5 Billionen €, die an Anlagevermögen aus Großbritannien in die Eurozone verlagert werden. 24 Banken werden ihren Geschäftsschwerpunkt aus London vollständig in die Eurozone verlagern, die meisten anderen werden Geschäftsstellen in der Eurozone aufmachen, um über sie weiterhin innerhalb der EU präsent zu sein und unbeschränkt im Binnenmarkt Geschäfte machen zu können (passporting rights)." (Adam/Mertens 2020, S. 297) Ob eine Metropole aber einen derartigen Zuzugsschock stemmen könnte, ist fraglich. Allein die bereits vollzogenen Umsiedlungen hatten bereits die ohnehin angespannte Immobilienmarktsituation in Frankfurt a. M. verschärft. Damit treten zunehmend weitere Standorte in den Wettbewerb um das britische Finanzgeschäfte, vor allem Paris.

- *Finanzplatz Zürich:* Neben London, Frankfurt a. M. und Paris existiert noch ein weiterer sehr bedeutender europäischer Finanzplatz, und zwar Zürich. An der schweizerischen Wertpapierbörse, der SIX Swiss Exchange, wird eine ähnlich hohe Marktkapitalisierung gehandelt wie in Deutschland. Wird die Marktkapitalisierung wieder ins Verhältnis zur Wirtschaftsleistung gesetzt, gilt sogar: $\frac{MK}{BIP} = 2{,}67$.

- Der Verhältniswert ist deutlich größer als jener für die Londoner und New Yorker Börsen. Deshalb ist zu unterstellen, die (kleine) schweizerische Finanzdienstleister rege internationale Geschäftsbeziehungen unterhalten. Allerdings ist die Schweiz kein EU-Mitglied. Daher liefert sie einen Grund zur Annahme, dass der Brexit zu keinen signifikant strukturellen Veränderungen im britischen Wirkungsgefüge auf den Weltfinanzmärkten führen wird.

- *Arbeitsplatzabbau bei deutschen Banken:* „Das anhaltende Niedrigzinsniveau stellt viele deutsche Kreditinstitute aufgrund ihrer zinsabhängigen Geschäftsmodelle vor zunehmend größere Herausforderungen." (Deutsche Bundesbank 2016, S. 64) Mit seinen zwei verbleibenden deutschen mehrheitlich im Privatbesitz befindlicher Großbanken (Deutsche Bank AG und Commerzbank AG) besitzt der deutsche Bankenmarkt aktuell eher instabile Kreditinstitute, deren Kostensenkungspläne ebenso wie bei regionaltätigen Banken und Sparkassen zum Abbau tausender Arbeitsplätze führen werden (vgl. Atzler/Witsch 2015, S. 28 f.). Umsiedlungen wegen

des Brexits wären zwar von kompensatorischem Nutzen für die deutsche Finanz-
metropole. Allerdings gilt aus dieser Perspektive nicht mehr, dass jeder umgezogene
Arbeitsplatz auf dem Frankfurter Arbeitsmarkt per Saldo ein zusätzlicher Arbeitsplatz
ist.

- *Arbeits-/Immobilienmarktschock:* Prognostizierte Brexit-Wirkungen auf die Frankfurter Arbeits- und Immobilienmärkte dürfen insgesamt nicht überbewertet werden.
  Neue Umsiedlungen bzw. Ansiedlungen an den Finanzplatz Frankfurt a. M. stellen
  lediglich Einmaleffekte dar. Ob sie aber überhaupt eintreffen werden, bleibt fraglich.
  Von einer anhaltenden Entwicklung kann jedoch keine Rede sein.

Zusammenfassend bleibt festzuhalten, dass der Brexit den europäischen Integrations-
prozess signifikant beschädigt hat. Der fehlende Zugang zum EU-Binnenmarkt für
britische Finanzdienstleister führt kurzfristig zu Standortumsiedlungen von Unter-
nehmensteilen und Büros von Großbritannien in die verbliebenen EU-Staaten.
Frankfurt a. M. ist keinesfalls per se erste Anlaufadresse im Standortwettbewerb um
die umgesiedelten Arbeitsplätze. Vor allem Paris ist eine wichtige Wettbewerberin
geworden. Das Beispiel Schweiz zeigt die funktionierende Möglichkeit auf, auch
ohne EU-Mitgliedschaft direkten Zugang zum EU-Binnenmarkt zu gestalten. Die
Anpassungsprozesse dürften schnell abgeschlossen sein, sodass die Verschiebungen von
Arbeitsplätzen nur ein einmaliger Effekt bleiben wird. Eine dauerhafte Beeinflussung der
Immobilienpreise in Frankfurt a. M. durch den Brexit ist weniger zu erwarten.

Um die gesamte Brexit-Debatte korrekt einzuordnen, ist in die Historie der
Europäischen Integration einzutauchen. Dazu liefert Abschn. 5.4 eine fallstudienartige
Abhandlung. Der Abschnitt schließt mit Fragen, deren Beantwortung durch die Leserinnen
und Leser des Buchs die Reflexion der Brexit-Entwicklungen vereinfachen mag.

Handelsblatt, 09. März 2017, Nr. 49, S. 28 f.

OTMAR ISSING

„Das Postfaktische hat die Notenbanken erreicht"

[…]

**Herr Issing, die Inflation im Euro-Raum ist im Februar auf zwei Prozent
gestiegen, in Deutschland sogar darüber. Viele Ökonomen fordern deshalb
eine Straffung der Geldpolitik. Wie sehen Sie das?**
Die Inflationsentwicklung in Deutschland für sich ist kein Argument für die EZB,
ihren Kurs zu straffen. Die EZB hat einen Auftrag für den Euro-Raum insgesamt,
und darauf muss sie ihre Geldpolitik ausrichten.

Also sollte man jetzt nicht straffen?
Das ist eine andere Frage. Es geht noch nicht um Straffung. Die Arbeitslosigkeit im Euro-Raum ist immer noch hoch, die Preisentwicklung gedämpft und das

Wachstum schwach. Ich bin nicht der Meinung, dass die EZB die Zinsen schnell erhöhen sollte. Es geht darum, ob diese Politik niedriger oder sogar negativer Zinsen inzwischen nicht mehr Schaden anrichtet, als sie nützt. Der Kauf von Staatsanleihen unterdrückt alle Mechanismen des Marktes, unterschiedliche Schuldensituationen in den Mitgliedstaaten der Währungsunion richtig zu bewerten.

[...]

Mit ihrer ultralockeren Geldpolitik kauft die EZB Zeit für Reformen.
Manche Länder wie Spanien und Irland haben die Zeit genutzt, andere nicht. Italien hat seit Beginn der Währungsunion im Grunde kein Bein auf den Boden gebracht. Es hat das niedrigste Wachstum im Jahresdurchschnitt überhaupt. Dabei war Italien das Land, das von dem Rückgang der Realzinsen durch die gemeinsame Währung eigentlich am meisten hätte profitieren können.

[...]

In Italien ist die Wirtschaft seit der Euro-Einführung kaum gewachsen und die Arbeitslosigkeit hoch. Haben Sie Verständnis, dass die Menschen irgendwann genug haben?
Ich habe Verständnis dafür, dass die Italiener mit der Situation unzufrieden sind und dass sie bei den ganzen Medienberichten glauben, den falschen Schuldigen gefunden zu haben. Die politische Klasse in Italien hat versagt und sucht einen Sündenbock. Das ist nun für viele der Euro, und dahinter sind es die Deutschen, die diese Rolle Italien aufgezwungen hätten.

Trotzdem war die wirtschaftliche Entwicklung vor dem Euro-Beitritt besser. Auch viele andere Länder, die nicht Mitglied der Euro-Zone sind, haben sich besser entwickelt.
Der Vergleich ist immer schwierig, aber der Euro-Raum hat das Potenzial, das er mit der gemeinsamen Währung hat, bei weitem nicht ausgeschöpft. Am Anfang ist das gut gegangen, und das hat die Illusion geweckt, dass man einfach so weitermachen kann. Den Euro als Schuldigen auszumachen heißt ja nichts anderes, als dass die Politik eines Landes die Konsequenzen aus dem Beitritt eines Landes zur Währungsunion nicht gezogen hat.

In den Euro-Ländern hat sich zum Beispiel über Jahrzehnte eine unterschiedliche Praxis bei der Lohnfindung entwickelt. Braucht es nicht viele Jahre, bis sich das angleicht?
Es gab sicher nicht viele Politiker, die wussten, was sie damals in Maastricht unterschrieben haben. Im Maastrichter Vertrag werden sie zum Beispiel kein Wort über Gewerkschaften und Löhne finden. Man hat die Souveränität in der Geldpolitik auf die EZB übertragen und dachte, dass man ansonsten so weitermachen

kann wie bisher. Manche Länder haben in schmerzhafter Weise gelernt, dass mehr dazugehört. Ich würde zum Beispiel Spanien nennen. Dazu gehört aber auch eine politische Klasse, die der Bevölkerung reinen Wein einschenkt und nicht sagt, dass es am Euro und an den Deutschen liegt.

[…]

Weltweit stellen immer mehr Politiker die Unabhängigkeit der Notenbanken infrage. Liegt das daran, dass die Notenbanken nach der Finanzkrise so mächtig geworden sind?

Es ist der Eindruck entstanden, dass die Notenbanken nach der Finanzkrise die Welt vor dem Untergang gerettet haben, dass sie die Wirtschaft kontrollieren und die Politik ohnehin unfähig wäre. Diese überzogenen Erwartungen können die Notenbanken nicht erfüllen. Das führt zu Enttäuschungen.

Also schlägt das Pendel irgendwann zurück?

In den USA war die Grenze zwischen Geld- und Fiskalpolitik kaum noch erkennbar. Das führt natürlich dazu, dass die Öffentlichkeit denkt, die bestreiten das Geschäft der Fiskalpolitik, dann können sie ja auch gleich Bestandteil der Regierung werden.

Eine Notenbank, der die Leute nicht mehr glauben, ist ein leichtes politisches Ziel. Birgt das nicht die Gefahr, dass geldpolitische Debatten nicht mehr rational geführt werden?

Das Postfaktische hat die Notenbanken auch schon erreicht, das muss man einfach so registrieren. Das zeigt, was für ein zartes Pflänzchen das notwendige Vertrauen ist – langwierig aufzubauen und schnell zerstört. Ich finde, dass die Notenbanken auch dazu beigetragen haben, indem sie sich zu sehr in dem Ruhm gesonnt haben, sie wären sozusagen Masters of the Universe. Das hat zwar keiner so gesagt, aber als solche sind die bezeichnet und gefeiert worden.

Also mehr Demut?

Ja, das ist der richtige Ausdruck. Ich habe das in der Bundesbank erlebt. Die Erwartungen an das, was wir machen sollten, waren gigantisch. Die Bundesbank war außerhalb der Diskussion. Wir sollten alles Mögliche übernehmen. Ich habe dann immer gesagt, wir haben einen Auftrag, für die Stabilität der D-Mark zu sorgen, und das ist schwer genug. Erwartet nicht mehr von uns. Aber man kann lange streiten, ob das alleine ausreicht, um Enttäuschungen zu vermeiden. Gute Kommunikation spielt auf jeden Fall eine zentrale Rolle. Für die Notenbank ist es in der Krise natürlich schwierig, den richtigen Ton zu finden.

Der EZB-Präsident kann ja auch nicht sagen, dass er machtlos ist.
Wenn man nicht mehr machen kann, muss man das auch sagen. Mit der aktuellen
Geldpolitik und diesen niedrigen Zinsen müsste die Wirtschaft zum Beispiel in
Italien doch geradezu abheben. Alles was man vonseiten der Geldpolitik tun kann,
ist geschehen. Irgendwann muss man sagen, wir haben das Äußerste getan, und
ihr könnt nicht damit rechnen, dass das ewig so weitergeht. Aber die beobachtbare
Reaktion der Politik ist – unterstelle ich einmal –, die werden schon weitermachen.
    Herr Issing, vielen Dank für das Interview.

Kasten: ZITATE FAKTEN MEINUNGEN
Für die Notenbank ist es in der Krise natürlich schwierig, den richtigen Ton zu
finden.

Vita Otmar Issing
Der EZB-Chefvolkswirt Issing wechselte 1998 vor der Euro-Einführung von der
Bundesbank zur Europäischen Zentralbank (EZB). Er entwickelte dort die geldpolitische Strategie und orientierte sie am Vorbild der Bundesbank. Der Wissenschaftler Der 80-Jährige ist seit mehr als zehn Jahren Präsident des Center for
Financial Studies an der Frankfurter Universität. Vor seiner Karriere bei Bundesbank und EZB war er Professor für Geldpolitik an der Uni Würzburg.
    Mallien, Jan

2.3 Die Mietpreisbremse als staatliche Marktintervention auf nationaler Ebene

Seit Aufnahme der Regierungsgeschäfte durch die damalige deutsche große Koalition im
Herbst 2013 stehen staatliche Preisinterventionen im Mittelpunkt wirtschaftspolitischer
Debatten, welche direkt die Wohnungswirtschaft betreffen. Gemeint sind Kappungs-
grenze, Mietpreisbremse und zuletzt der Berliner Mietendeckel. Um sie als Maßnahme
der Sozialpolitik in ihrer wirtschaftspolitischen Bedeutung diskutieren zu können, bedarf
es vielfältigen Wissens ökonomischer Grundlagen.
    Hierbei ist zunächst auf das deutsche Wirtschaftssystem abzustellen bzw. dessen
Struktur zu erläutern (vgl. Woll 2011, S. 43–50). Wirtschaftssysteme haben generell die
Funktion, die optimale Entwicklung des potenziell bestmöglich prosperierenden[3] Wirt-

---

[3] Hier meint das Wort „prosperierend" ein ökonomisches Verständnis von Wachstum.

schaftsgeschehens zu gewährleisten. Mit Blick auf ein mikroökonomisches Verständnis heißt es nichts anderes, als die optimale Abstimmung volkswirtschaftlich beteiligter Wirtschaftseinheiten, Haushalte und Unternehmen, zu organisieren. Dabei sind prinzipiell zwei Gestaltungsmöglichkeiten zu unterscheiden:

1. Eine zentrale Stelle steuert die arbeitsteiligen Prozesse „von oben"; diese Möglichkeit wird als *zentrale Lenkung des Wirtschaftsprozesses* bezeichnet.
2. Marktwirtschaftliche Koordinationsmechanismen (insbesondere Preismechanismen) steuern arbeitsteilige Prozesse; diese Möglichkeit wird als *dezentrale Lenkung des Wirtschaftsprozesses* bezeichnet. Freiheiten, Eigentum und die Funktionsfähigkeit des Preismechanismus sind konstitutive Merkmale der Marktwirtschaft.

In der Realität treten diese prinzipiellen Konzepte der Wirtschaftssysteme nicht in Reinkultur auf. So ist das deutsche Wirtschaftssystem zwar primär dezentral organisiert, besitzt aber einen staatlich gelenkten Rahmen des Wirtschaftsgeschehens. Dieser sogenannte *Ordoliberalismus* meint ein liberales, also freiheitliches Wirtschaftsgeschehen in staatlich gesetzten Ordnungen, wie vor allem dem Kartellverbot oder dem grundsätzlich sichergestellten (freien) Preiswettbewerb.

Die marktwirtschaftliche Prägung des bundesdeutschen ordoliberalen Wirtschaftssystems lässt sich aus dem Grundgesetz der Bundesrepublik Deutschland (GG) ableiten (vgl. Papier 2007, S. 4):

- Art. 14 GG schützt das Privateigentum.
- Art. 12, Abs. 1, Satz 1 GG gewährleistet „das Recht, Beruf, Arbeitsplatz und Ausbildungsstätte frei zu wählen".
- Art. 11, Abs. 1 GG sichert die Niederlassungsfreiheit im Bundesgebiet.
- Art. 9, Abs. 1 GG erlaubt die Gründung institutioneller Unternehmungen.
- Art. 2, Abs. 1 GG ist die Basis der Vertragsfreiheit in Deutschland.

Im Zuge des Aufbaus der Bundesrepublik Deutschland wurde das ordoliberale Wirtschaftssystem (vgl. Eucken 2004) zunehmend um sozialpolitische Komponenten ergänzt, wobei insbesondere der Auf- und Ausbau von Sozialtransfersystemen zu nennen ist. Neben der Renten- und Krankenversicherung kamen im 20. Jahrhundert noch Arbeitslosen- und Pflegeversicherung hinzu. Aufgrund der gesellschaftlich wachsenden Bedeutung dieser Transferpolitik im Rahmen einer gesamtgesellschaftlich getriebenen weiteren sozialpolitischen Gestaltung des deutschen Wirtschaftssystems, wurde es bereits durch den ersten Wirtschaftsminister der Bundesrepublik Deutschland, Ludwig Erhard, als *Soziale Marktwirtschaft* bezeichnet. Diese wahlpolitikbezogene Titulierung eines Wirtschaftssystems sollte das deutsche System als marktwirtschaftlich positionieren, aber eben auch vom prinzipiellen Konzept der „Freien Marktwirtschaft" durch eine explizite soziale Ausrichtung abgrenzen (vgl. ausführlich Erhard 2014,

Abdruck der 8. Auflage von 1964). Dem Staat wird in der Sozialen Marktwirtschaft also eine Verteilungsaufgabe zugeschrieben.

Aus volkswirtschaftlicher Sicht ist der Begriffstaufe von *Sozialer Marktwirtschaft* allerdings eine logische Inkonsequenz zuzuschreiben (sprachlich handelt es sich um einen Pleonasmus). Der Begriff impliziert nämlich, dass eine Marktwirtschaft ohne das Attribut „sozial" eben nicht sozial wäre. Jedes Wirtschaftssystem, egal ob eben zentral (d. h. staatlich) oder dezentral (also marktwirtschaftlich) gelenkt, soll definitorisch der Maximierung gesellschaftlichen Wohlstands dienen. Die wirtschaftshistorische Diskussion über das optimale Wirtschaftssystem mag zwar erst seit dem ökonomischen Verfall des Ostblocks Anfang der 1990er Jahre zugunsten der wohlstandsschaffenden marktwirtschaftlichen Ordnungen beendet worden sein. Doch die politische Entscheidung für ein marktwirtschaftliches Wirtschaftssystem impliziert somit per se eine soziale Ausrichtung des Wirtschaftssystems. Es muss nicht erst wahltaktisch als *sozial* bezeichnet werden – schlimmer noch wiegt, dass Sozialattribuisierung falsche Assoziationen forciert, eine Marktwirtschaft an sich sei per se eben unsozial. Nichtsdestotrotz bleibt als Definition für den im deutschsprachigen Raum gängigen Begriff der *Sozialen Marktwirtschaft* festzuhalten, dass es sich dabei um ein marktwirtschaftliches System handelt, dem eine Verteilungsaufgabe übertragen wird.

Kappungsgrenze, Mietpreisbremse und Mietendeckel als Beispiele aus dem wohnungswirtschaftlichen Kontext für staatliche Preisinterventionen dürfen nicht ohne Zusammenhang zum Wirtschaftssystem diskutiert werden. Das Wirtschaftssystem definiert nämlich die Bedeutung des Preismechanismus, dessen Funktionsfähigkeit für die *Soziale Marktwirtschaft* grundsätzlich systemimmanent ist. Denn ob Kappungsgrenze und Mietpreisbremse einen höheren sozialpolitischen Nutzen stiften, als dass sie marktwirtschaftliche Negativeffekte in Form der Reduktion privater Investitionstätigkeiten bewirken, welche das gesamtwirtschaftliche Wachstum reduzieren, ist sodann eine komplexe Fragestellung. Ihre nachhaltige Beantwortung kann schlussendlich erst auf Basis ausreichenden Wissens von Grundlagen der Volkswirtschaftslehre vollzogen werden. In Abschn. 3.1.2 des vorliegenden Lehrbuchs werden daher mikroökonomische Grundlagen von Angebots- und Nachfragedeterminanten sowie ihres Zusammenspiels seitens privater Haushalte und Unternehmen auf Märkten in den Vordergrund der Betrachtung gestellt.

Die Regierung der Bundesrepublik Deutschland greift also in vielfältiger Weise in das Wirtschaftsgeschehen ein. Die *Mietpreisbremse* ist insofern nur ein Beispiel im Kontext der Wohnungswirtschaft. Mit ihr gilt neben einer *Kappungsgrenze* für Mieterhöhungen bei *Bestands*wohnverhältnissen seit dem Sommer 2015 auch eine staatliche Regulierung für Mieterhöhungen bei *Neu*vermietungen (ohne umfangreiche Modernisierungen). Demnach dürfen Mieten bei Neuvermietungen maximal auf 10 % über die ortsübliche Vergleichsmiete (= Miete gemäß einem qualifizierten Mietspiegel) angehoben werden. Gültig ist diese Mietpreisbremse für Wohngebiete, die von den Landesregierungen als Gebiete mit angespannten Wohnsituationen eingestuft sind. Ausgenommen von der Mietpreisbremse sind Neubauwohnungen und adäquat modernisierte Wohnungen.

Der damalige Bundesminister der Justiz und für Verbraucherschutz, Heiko Maas, begründete die Mietpreisbremse in einer Verbraucherinformationsschrift gesellschaftspolitisch: „Mit der Mietpreisbremse haben wir dem ungebremsten Anstieg der Preise bei der Wiedervermietung von Wohnungen ein Ende gesetzt. […] Der soziale Zusammenhalt in unseren Städten war bedroht. Das neue Mietrecht kommt daher allen zugute. Es ist gerade angesichts der vielen Flüchtlinge, die zurzeit zu uns kommen, ein Segen." (BMJV 2016, S. 2).

Die deutsche Regierung beeinflusst mit der Mietpreisbremse ein konstitutives Merkmal unserer freiheitlichen Wirtschaftsordnung, nämlich den Preismechanismus auf Märkten. Die Mikroökonomik lehrt nämlich, dass die Funktionsfähigkeit von Märkten explizit durch den Preismechanismus gewährleistet wird. Denn durch den Preismechanismus finden Angebot und Nachfrage zusammen. In diesem Gleichgewicht herrscht maximale sozial-ökonomische Wohlfahrt (vgl. Abschn. 1.1 und 3.1.2). Die Mietpreisbremse wird deshalb sicherlich keine positiven sozialen Effekte für die Volkswirtschaft generieren. Zwischen *einerseits* der gesellschaftspolitisch motivierten Aktion, die Funktionsfähigkeit des Preismechanismus einzugrenzen, und *andererseits* dem Ziel, den „soziale(n) Zusammenhalt in unseren Städten" nicht mehr bedroht zu sehen, besteht also kein logischer Zusammenhang. Das Ziel-/Wirkungsgefüge dieser Wirtschaftspolitik muss überprüft werden.

Aus der Mikroökonomik ist dazu das Polypol als Marktform einer unvollständigen Konkurrenz auf nicht-effizienten Märkten heranzuziehen. Das Polypol *effizienter* Märkte vernachlässigt nämlich eine Vielzahl realistischer Marktparameter und isoliert somit die Wirkungstendenz der Einführung einer Mietpreisbremse. Wird also der Wohnungsmarkt in Metropolregionen als Kaltmiete/Quadratmeter-Modell dargestellt, führen die Metropolisierungstendenzen der Bevölkerung zu einem Nachfrage*überhang* auf den Wohnungsmärkten in den Ballungsgebieten. Unter der Bedingung eines temporär nahezu konstanten Angebots von Wohnungsimmobilien erhöht sich die Kaltmiete durch den Zuzug ohne Mietpreisbremse bis zum neuen Markt-(gleichgewichts-)preis.

Wenn die Mietpreisbremse „dem ungebremsten Anstieg der Preise" auf diesen Wohnungsmärkten tatsächlich „ein Ende gesetzt" hätte, wie es der damalige Bundesjustizminister formulierte, hätte sich auf den betrachteten Wohnungsmärkten *kein* neuer Gleichgewichtspreis eingestellt, sondern ein *niedrigerer* Preis, eine Art regulatorischer Höchstpreis. Zu dieser (eben niedrigeren) Kaltmiete wären auch jene privaten Haushalte bereit, in die Metropolen zu ziehen, die zum (höheren) Gleichgewichtspreis gar nicht danach strebten.

Dieser Sachverhalt identifiziert zwei Markteffekte: *Erstens* demotiviert der niedrigere Marktpreis Investoren Wohnungen neu zu bauen, wenn diese nicht zum Marktpreis vermietet werden dürfen. Notwendiger zusätzlicher Wohnraum entsteht nicht in dem Ausmaß, wie ohne Mietpreisbremse. *Zweitens* erhöht sich stattdessen der Nachfrageüberhang, weil die Miete unterhalb des Marktpreises liegt und jetzt zusätzliche Haushalte motiviert sind, in die Metropolen zu ziehen. *Zusammengefasst:* Die Mietpreisbremse hemmt den Ausbau des Marktangebots und erhöht die Nachfrage – alles in allem verschlechtert sie die Ausgangssituation. Auch der Neubau und Ausbau neubauadäquat modernisierter Wohnungen schafft keinen neuen bezahlbaren (also unter dem Marktpreis vermieteten) Wohnraum, schließlich gilt für diese Immobilien die Mietpreisbremse nicht.

Diese Überlegungen zur Mietpreisbremse fußen zwar auf dem polypolistischen Marktmodell unter nicht-effizienten Bedingungen. Die Modellannahmen sind trotzdem teilweise nahe jener der effizienten Märkte. Neben der Rationalität der Wirtschaftssubjekte gilt eine hohe Skalierbarkeit der Güter und die vollständige Transparenz. Des weiteren gelten eben keine asymmetrischen Informationsverteilungen und auch keine Time Lags zwischen der Entscheidung zum Angebot bzw. zur Nachfrage. Anpassungsprozesse vollziehen sich im Polypol also sofort mit der Veränderung von Marktparametern. Wohnungsmärkte weisen diese Charakteristika aber nicht auf, sodass die abgeleiteten Reaktionsentwicklungen zur Mietpreisbremse in der Realität kurz- bis mittelfristig nur tendenzieller Natur sein können.

Behielte der damalige Bundesjustizminister Recht mit seiner Aussage zur Wirksamkeit der Mietpreisbremse, dann reduzierten sich nicht die die Warteschlangen der Interessenten bei Wohnungsbesichtigungen, sondern sie verlängerten sich! Die Wirkung der Mietpreisbremse wäre kontraproduktiv. Wissenschaftlichen Analysen zur Folge führt das Markteingriffsinstrument sogar noch zu Segregationstendenzen zwischen Einkommens- und Bildungsschichten in Ballungszentren (vgl. Hiller/Gröbel 2015): Niedrigqualifizierte werden aus dem Wohnungsmarkt gedrängt und eine innerstädtische Polarisierung zwischen Niedrig- und Hochqualifizierten wird angeregt. „Lokal führt die Mietpreisbremse zu einer Verknappung des Wohnungsangebotes, weil die Investitionstätigkeit gebremst wird und gleichzeitig die Nachfrage steigt. Der angebotene Wohnraum wird nun nicht mehr ausschließlich über den Markt, d. h. über die individuellen Zahlungsbereitschaften, vergeben, sondern andere qualitative Merkmale werden zusätzlich als Kriterium herangezogen. Damit wird auch insbesondere die persönliche (Bildungs-)Qualifikation zu einem entscheidenden Merkmal bei der Wohnraumvergabe. Das führt dazu, dass vor allem Niedrigqualifizierte aus dem Wohnungsmarkt gedrängt und eine innerstädtische Polarisierung zwischen Niedrig- und Hochqualifizierten angeregt wird. Über die Zeit kommt es damit regional sowie innerstädtisch zu einer zunehmenden Segregation zwischen den Einkommens- und Bildungsschichten." (Vgl. Hiller/Gröbel 2015, S. 780).

Es bleibt festzuhalten: Die Mietpreisbremse wirkt, aber sie wirkt *negativ* auf die Volkswirtschaft und auf die Gesellschaft im sozialen Sinn. Die sozialen Ziele der Mietpreisbremse bzw. des Eingriffs in den Preismechanismus werden nicht erreicht. Vielmehr besteht die Gefahr, dass die Politik mit der Mietpreisbremse durch scheinbar soziales Engagement in der Gesetzgebung insbesondere jenen Haushalten schadet, denen die Politik verspricht, dass ihr Handeln gerade ihnen zugutekommen solle. Und dieses Ergebnis ist auch auf die Kappungsgrenze sowie den Mietendeckel zu übertragen.

Wirtschaftspolitische Maßnahmen sind zusammenfassend *zwingend* in ihrer Ziel-/ Wirkungskausalität zu analysieren, bevor sie umgesetzt werden. Ökonomische Analysen sind hierfür neben gesellschaftspolitischen Analysen vorauszusetzen. Insbesondere die Mikroökonomik hat weitreichende Analyseinstrumente entwickelt, um Markttests modelltheoretisch durchzuführen und empirisch zu überprüfen. Die Makroökonomik ist in der Lage, (erwartete) Einflüsse dieser Marktentwicklungen auf das Wachstum der Volkswirtschaft zu identifizieren und quantifizieren. Nachhaltige Wirtschaftspolitik setzt deshalb wirtschaftstheoretisches Wissen voraus (vgl. Abschn. 3.1).

2.4   Debatten der Einkommens- und Vermögensverteilung

Das Ziel der Mietpreisbremse, signifikante Mieterhöhungen zu stoppen, gleicht dem Ziel, das verfügbare Einkommen der zur Miete lebenden Wirtschaftssubjekte für Konsumzwecke außerhalb der Mietzahlungen zu erhöhen. Damit handelt es sich bei diesem Instrument zumindest in der politischen Zielausrichtung um eine verteilungs-politische Maßnahme. Die Einkommens- und Vermögensverteilung innerhalb einzel-ner Staaten ist in den letzten Jahren wieder verstärkt fokussiert worden. Hierfür waren vor allem die Arbeiten des US-amerikanischen Ökonomen Joseph Stiglitz und des französischen Ökonomen Thomas Piketty wirksam:

- Stiglitz (2012) verfasste die Monografie „Der Preis der Ungleichheit" über US-amerikanische Probleme gesamtwirtschaftlicher Einkommensverteilungen. Sie wurde der grundsätzlich großen Beachtung seiner Arbeiten wegen noch im selben Jahr in eine Vielzahl weiterer Sprachen übersetzt. Stiglitz (2015) kann mit dem Titel „Arm und Reich" als eine Art Fortsetzung angesehen werden.
- Piketty (2015) publizierte seine Monografie „Das Kapital im 21. Jahrhundert" erst-mals im Jahr 2013; internationale Bedeutung erreichte die Analyse der globalen Kapital- bzw. Einkommensverteilung ab dem Jahr 2014 nach dessen Übersetzung aus dem Französischen ins Englische sowie nachfolgend in weitere Sprachen. Piketty (2016) wurde zwar erst danach veröffentlicht, doch die Monografie mit dem Titel „Ökonomie der Ungleichheit" ist die Reproduktion einer Arbeit aus früheren Zeiten des Ökonomen.

Überlegungen auf global- bzw. einzelstaatlich gesamtwirtschaftlicher Ebene besitzen auch für die deutsche Wohnungs- und Immobilienwirtschaft eine große Bedeutung. Es stellt sich nämlich die Frage nach den Grenzen des betriebswirtschaftlichen Wachstums von Wohnungsunternehmen. Wie viele Neubauten benötigt und verträgt die Gesell-schaft und wie kann ausreichend Wohnraum zu unternehmerisch rentablen Bedingungen gewährleistet werden? Und mit Blick auf die größten deutschen gewerblichen Wohnungsunternehmen, deren Eigenkapital teilweise börsennotiert handelbar ist, stellen sich ebenfalls Verteilungsfragen: Wenn mit der Größe des Wohnungsunternehmens die Komplexität der Unternehmensführung aufgrund von Konzernstrukturen, Börsen-gängen und sich anschließenden internationalen Wettbewerbssituationen ansteigt und das Management des Unternehmens pro Geschäftsleitungsmitglied exponentiell besser vergütet wird, der Hausmeisterservice dagegen einem konstanten Salär erliegt, weil sich z. B. dessen Aufgabengebiet nicht verändert hätte oder weil das entsprechende Arbeitsangebot nicht knapp wäre, dann – ja, dann bleibt die Frage offen nach der Gerechtigkeit dieser Gehaltsspreizung innerhalb des exemplarischen Wohnungsunternehmens – schließlich bleibt ungewiss, warum sich das Unternehmen (vielleicht gar zur Arbeitsplatzsicherung der Hausmeister) auf den Wachstumskurs begeben musste, den eine erfolgreiche Börsennotierung zwingend einfordert.

Gerechtigkeit darf philosophisch betrachtet nur erörtert werden, wenn ein berechtigtes mir Zustehendes existent und begründbar ist (vgl. Pieper 2004, S. 64–143). Doch eine Gerechtigkeitsfrage soll an dieser Stelle nicht philosophiert werden. Die genannte Gehaltsspreizung kann ökonomisch jedoch erst diskutiert werden, wenn ein volkswirtschaftliches Verständnis für die Notwendigkeit und die Determinanten von Wirtschaftswachstum gegeben sind. Denn gesamtwirtschaftliches Wachstum ist allein die Konsequenz des über die Summe des gesamtwirtschaftlichen Unternehmertums per saldo erreichten betriebswirtschaftlichen Wachstums. Daher muss zur nachhaltigen Debatte ein Verständnis volkswirtschaftlicher Zusammenhänge der makroökonomischen Aggregate (1) Private Haushalte, (2) Unternehmen, (3) Staat (Öffentliche Haushalte) und (4) Ausland gegeben sein. Diese Logik ist die Grundlage der Makroökonomik (Abschn. 3.1.3).

Die deutsche und europäische Wirtschaftspolitik nach der Weltfinanzkrise im Jahr 2008 wirft ebenfalls verteilungspolitische Fragen auf. Wenn das Eurosystem nämlich ein Marktzinsniveau nahe Null forciert, beraubt es privaten Haushalten der Möglichkeit, auch kleinere Ersparnisse rentabel auf Einlagenkonten bei Kreditinstituten anzulegen. Vermögende Haushalte sind dagegen in der Lage, größere Anlagevolumina in Wertpapieren anzulegen und dabei ihre Geldanlagen portfoliotechnisch zu diversifizieren (siehe Abschn. 3.1.4). Auf diese Weise erhöhen sich die Zinseinkommen vermögender Haushalte, während jene von wenig vermögenden Haushalten sinken oder ganz wegfallen.

Die verteilungspolitische Entwicklung Deutschlands wird explizit in Abschn. 4.3 geführt, weil sich in ihr negative Konsequenzen der Fiskalpolitik (siehe Abschn. 4.1.2) und Geldpolitik (Abschn. 4.1.3) spiegeln. Hinzu kommt, dass die deutsche Wirtschaftspolitik zu Corona-Zeiten weitere Beiträge zur Ungleichverteilung liefert. Schließlich haben Bundesregierung und Landesregierungen durch selektive Berufsausübungsverbote das Grundrecht nach Art. 12 GG aufgehoben. Betroffene Haushalte waren nicht mehr in der Lage, ihre Einkommen sicherzustellen, befanden sich in Kurzarbeit oder konnten eigenständig überhaupt keine Einkommen mehr erwirtschaften. Eine Gesellschaft in dieser Verfassung.

2.5   Zum Ausmaß öffentlicher Wirtschaft in Deutschland

Im bundesdeutschen Wirtschaftssystem wird Marktversagen zum Teil durch die öffentliche Wirtschaft zu kompensieren versucht. Mit anderen Worten werden Unternehmen im mehrheitlich öffentlichen Eigentum (= Öffentliche Unternehmen) zur Korrektur von angenommenem Marktversagen eingesetzt. Branchen mit ausgeprägter öffentlicher Wirtschaft sind in Deutschland die Kreditwirtschaft sowie die Wohnungswirtschaft:

- *Kreditwirtschaft:* Wird exemplarisch die Schnittstelle beider Branchen betrachtet, also die Finanzierung der gewerblich agierenden Wohnungsunternehmen, so ergibt sich für Mitte 2018 ein Finanzierungsanteil der öffentlichen Wirtschaft allein mit Sparkassen, Landesbanken sowie Förderbanken und der KfW von nahezu 50 % an den bundesweiten Wohnungsbaukrediten an Unternehmen und Selbstständige (vgl. Knüfermann 2014, S. 38; aktualisierte Daten aus Deutsche Bundesbank 2021). Hierbei bleiben Staatsbeteiligungen (z. B. an der Commerzbank AG) sogar unberücksichtigt.
- *Wohnungswirtschaft:* Auf Seiten der Wohnungswirtschaft war der staatliche Einfluss in Deutschland ebenfalls signifikant: Den größten Bestand eigener bewirtschafteter Wohnungen besaßen kommunale Unternehmen vor den Wohnungsgenossenschaften als zweitgrößte Anbietergruppe. Werden den Wohnungsgenossenschaften kirchliche Wohnungsunternehmen hinzugerechnet, die zumeist ebenfalls in genossenschaftlicher Rechtsform agieren, schmilzt der absolute Vorsprung der Kommunalen zwar etwas, dennoch betrug der Anteil eigener bewirtschafteter Wohnungen kommunaler Wohnungsunternehmen am Gesamtwohnungsbestand aller Wohnungsunternehmen, also der Anteil der öffentlichen Wirtschaft 41,7 % (Datenquelle: GdW 2014, S. 10).

Beide Branchen zeichnen sich durch jeweils einen nachhaltigen Einfluss der öffentlichen Wirtschaft aus. Grundlage dieser staatlichen Aktivitäten ist die sogenannte Sozialstaatsklausel im Grundgesetz der Bundesrepublik Deutschland (GG) mit Art. 20, Abs. 1 GG („Die Bundesrepublik Deutschland ist ein demokratischer und sozialer Bundesstaat.") sowie Art. 28, Abs. 2 GG („Den Gemeinden muß das Recht gewährleistet sein, alle Angelegenheiten der örtlichen Gemeinschaft im Rahmen der Gesetze in eigener Verantwortung zu regeln."). Die kommunalen Aktivitäten von öffentlichen Sparkassen und Wohnungsunternehmen lassen sich nämlich aus der Staatsgewalt ableiten, denn sie dienen staatlichen Zwecken durch die Erfüllung eines öffentlichen Auftrags; daher gelten ihre Aktivitäten als eine Art öffentliche Verwaltung bzw. exekutive Staatsgewalt zum Zwecke staatlicher Daseinsvorsorge der Bevölkerung (vgl. Knüfermann 2018, S. 60–62).

In Deutschland existieren im Mai 2018 noch 385 Sparkassen; zehn Jahre zuvor waren es noch 442 Häuser und Ende 1948 sogar 887 (Datenquelle: Deutsche Bundesbank 2020). Fusionen bei Sparkassen (und Kreditgenossenschaften) zielen u. a. auf die Vermeidung von Insolvenzen, aber auch auf die Steigerung von Bilanzsummen (und den daran geknüpften Vorstandsgehältern). Insofern kommen „Schieflagen" von Sparkassen kaum in die Medien.

Die Wirtschaftstageszeitung „Handelsblatt" war Anfang August 2012 sogar dem Spar-kassen-Marketing auf den Leim gegangen, Sparkassen seien Garanten des deutschen Finanzmarkts, deren Geschäftsstruktur wäre im Unterschied zu Großbanken in Ordnung („Deutschland, deine Sparkassen", in Nr. 149, 03.-04. Aug. 2012, S. 52–59). Damit ver-kante die Wirtschaftstageszeitung tatsächliche Probleme des deutschen öffentlichen Bankensektors – recherchieren Sie z. B. die Medienberichterstattungen der Zeitschriften „Focus", „Capital" und „WirtschaftsWoche" über nachfolgende Internet-Adressen:

- Focus (2009), URL: „https://www.focus.de/finanzen/news/finanzkrise-wie-heil-ist-die-sparkassen-welt_aid_426502.html";
- Capital (2015), URL: „https://www.capital.de/wirtschaft-politik/sparkassen-in-schief-lage-3911";
- WirtschaftsWoche   (2017),   URL: „https://www.wiwo.de/unternehmen/banken/internepapiere-so-instabil-sind-unsere-sparkassen/19335790.html".

Der Unternehmenszweck öffentlicher Sparkassen ist die Erfüllung des „Öffentlichen Auftrags". Dessen Erfüllung ist jedoch fraglich, weil der dazu notwendige Daseinsvor-sorgebedarf innerhalb der Trägerregionen von Sparkassen nicht mehr existiert. So sind Sparkassen (im Internet-Zeitalter) kaum notwendig, um die Bevölkerung (vor allem in Ballungszentren) mit Bankdienstleistungen zu versorgen. Sogar der Bundesgerichts-hof leitete schon vor 35 Jahren mit einem Urteil vom 10. März 1983 die Tätigkeit der Sparkassen aus der Staatsgewalt ab, als dass sie staatlichen Zwecken diene, sie also öffentliche Verwaltung sei und ordnete diese der staatlichen Daseinsvorsorge zu.

Es gibt eine Vielzahl von Analysen der Gesetzeslage auf Basis unserer Verfassung, insbesondere zu Art. 20, 28 GG, dem Kartellrecht und dem EU-Vertrag (vor allem Art. 108). Alles in allem darf die Existenzberechtigung öffentlicher Unternehmen, wie kommunale Sparkassen es sind, auch nicht allein auf ihre Wettbewerbsfunktion abstellen. Allein „ein Gegenbild zu den großen privaten Instituten" (Handelsblatt, s. o.) zu sein, ist keine Begründung der öffentlichen Rechtsform (es fordert – bislang – auch niemand öffentliche Hotels als Gegenbild zu Hilton & Co.).

Wenn Sparkassen diesbezüglich keinen Nutzen stiften, forcieren sie negative Wett-bewerbsverzerrungen für die Privatwirtschaft. Wenn der Preiswettbewerb überstrapaziert wird, schadet es der Bankenbranche, die privatwirtschaftlich agiert und privates Risiko-kapital investiert. Wenn Verbraucherkonditionen günstiger werden, kann das an sich demnach keine wettbewerbliche Begründung des Öffentlichen Auftrags sein – wir gründen schließlich auch keine staatlichen Fünf-Sterne-Hotels, um die Zimmerraten im Hilton zu drücken. In Abschn. 3.1.3 wird allerdings abgeleitet, dass die gesamtwirt-schaftlichen Investitionen negativ vom Marktzinsniveau abhängen. Insofern muss die hier formulierte Wettbewerbsperspektive um eine gesamtwirtschaftliche Analyse ergänzt werden, um eine umfassende Aussage zur Effizienz der öffentlichen Wirtschaft treffen zu können.

Natürlich sollte ein Wohnungsunternehmen Kreditgeschäfte mit stabilen Instituten eingehen. Geschäftsbeziehungen zu Sparkassen erscheinen nachvollziehbar. Sie bleiben jedoch nur unter der politischen Deckung und teilweise massiven Subventionierung des Missmanagements in einzelnen öffentlichen Häusern (z. B. in Flensburg, Mülheim, Düsseldorf, Köln) stabil. Die Privatisierung von Sparkassen könnte also Steuergelder einsparen und mehr Transparenz in den Bankenmarkt bringen.

Ob es also tatsächlich eine Legitimation für einen öffentlichen Auftrag an öffentliche Unternehmen gibt, wie z. B. die länderspezifischen Sparkassengesetze jeweils es vorschreiben, bleibt im Einzelfall zu prüfen. So besitzt Hamburg z. B. gar kein Sparkassengesetz; dort ist die öffentliche Hamburger Sparkasse schließlich in einer Privatrechtsform gekleidet. Ob ihr überregionales Geschäftsengagement dennoch volkswirtschaftlich über eine notwendige Daseinsvorsorge zu rechtfertigen ist, bleibt an dieser Stelle zumindest fraglich.

An der Sparkassen-Debatte lassen sich allerdings wesentliche Fragestellungen für die Wohnungswirtschaft ableiten:

- Ist staatliche Wohnungsbaupolitik dann notwendig, wenn regionalökonomische Märkte funktionieren und prosperieren, also wachsen und durch Zuzug Wohnraum knapp wird? Impliziert Daseinsvorsorge für diesen Sachverhalt die Bereitstellung von Wohnraum durch öffentliche Wohnungsunternehmen oder öffentlich gefördert durch die Privatwirtschaft?
- Oder ist öffentliche Wohnraumbereitstellung gerade in wirtschaftsschwachen Regionen zu fördern, wenn dort privatwirtschaftliche Investitionen ausblieben? Dann wären aktuell im Jahr 2018 öffentliche Wohnraumförderungsmaßnahmen in Städten wie Hamburg und München nicht akzeptabel, schließlich verdeutlichten dort Mietpreisanstiege die Funktionsfähigkeit von Märkten an sich und Preissteigerungen wären lediglich Konsequenz wirtschaftlicher Prosperität. Dort hätte sich der Staat entsprechend zurückzuziehen und sich stattdessen auf ökonomisch schwächere Regionen zu konzentrieren.

Das Institut der deutschen Wirtschaft (IW) feuert mit dem Beitrag von Voigtländer (2018, S. 16) diese Diskussion an, wenn es heißt: „Wenn auch der Schritt zu einer vollständigen Privatisierung politisch nicht durchsetzbar ist, sollte zumindest über eine Reduzierung der Bestände nachgedacht werden. Die Wohnungsgesellschaften in Berlin, Frankfurt und Hamburg zum Beispiel verfügen über so große Bestände, dass auch ein Teilverkauf bereits erhebliche finanzielle Ressourcen freisetzen würde. Auch so könnten Mittel generiert werden, die für die originären Aufgaben der Städte verwendet werden können. Schließlich passt die Betätigung als Unternehmer in einem ansonsten privat funktionierenden Markt nicht zu der Aufgabenstellung einer Stadt." Um einen Markt als funktionierend einstufen zu können, bedarf es aber mikroökonomischer Analysen. An dieser Stelle wird damit deutlich, wie wichtig ein ökonomisches Verständnis von Märkten und von der Funktionsfähigkeit eines Marktes ist. Zumal es deutliche Gegenpositionen mit einem begründeten Pro für kommunale Wohnungsunternehmen gibt. So kommt Sydow (2018, S. 51) in einer Stellungnahme zu Voigtländer (2018) zu dem Schluss: „Verkäufe von kommunalen Wohnungsbeständen sind unvorteilhaft für die Kommune, die Mieter und die verkaufenden Unternehmen." Zur Begründung sei neben immobilienökonomischen Wertbestimmungsüberlegungen auch eine soziale Rendite zu berücksichtigen. Demnach sind Märkte komplexe Gebilde. Das nachfolgende Kap. 3 und darin vor allem Abschn. 3.1.2 wird entsprechende volkswirtschaftliche Grundlagen zum Marktmechanismus lehren.

2.6   Zum Risiko der Aufhebung wirtschaftspolitischer Interventionen

Der Geldpolitik kommt als stabilitätsbezogenes wirtschaftspolitisches Instrument eine immer größere Bedeutung zu: Das kollektive Absenken des Marktzinsniveaus durch die Zentralbanken der großen Industriestaaten schreibt sich jährlich seit 2008 fort. Ein niedriges Marktzinsniveau beeinflusst makroökonomisch betrachtet das Wirtschaftswachstum *kurzfristig* positiv.

In der Makroökonomik keynesianischer Schule wird der Geldpolitik zugesprochen, das unternehmerische Investitionsniveau durch ein Absenken des Marktzinsniveaus zu erhöhen. Denn niedrige Marktzinssätze reduzieren die Diskontierungsfaktoren bei dynamischen Investitionsbetrachtungen und erhöhen die Barwerte der Cashflows aus den Investitionen bzw. steigern damit die Attraktivität der Investitionen selbst. Dieser Zusammenhang in der Zeitwertbetrachtung von Investitionen erklärt den Einfluss des Marktzinsniveaus auf das gesamtwirtschaftliche Investitionsverhalten des Unternehmenssektors.

In der *Langfristbetrachtung* aber, wie es die monetaristische Schule lehrt, verpufft dieser fiskalpolitische Stimulus schnell, führt zu Preisblasen (der Vermögenswerte wie Immobilien und Wertpapiere) und/oder Inflation (der Verbraucherpreise), hinterlässt also kontraproduktive Wirkungen in Form sinkender Unternehmensinvestitionen und steigender Arbeitslosigkeit. Das Ergebnis kann ein konjunkturelles Niveau unterhalb des Ausgangsniveaus sein. Wird die Geldpolitik dennoch investitionsanreizend eingesetzt, muss sie antizyklisch gestaltet sein, ebenso die Fiskalpolitik, also das Güternachfrageverhalten durch den Staat.

Zum Begriff der Preisblasen an Vermögensmärkten (= Spekulationsblasen)
„Blasen sind ein mit einer gesellschaftlichen Geisteskrankheit vergleichbares Phänomen, und nicht alle Blasen sind gleich. [...] Doch eine Spekulationsblase unterscheidet sich insofern von einer Geisteskrankheit, als sie ein soziales Phänomen ist – das Ergebnis einer Interaktion überwiegend normaler Menschen in großer Zahl."

Spekulationsblasen als Auswirkungen von Brain Bugs*:

„psychologischer Anker, eine Tendenz, sich unter unklaren Umständen von äußeren Auslösern beeinflussen zu lassen;

eine Tendenz, sich von *Geschichten* unverhältnismäßig beeindrucken zu lassen, vor allem von solchen, die das Leben schreibt;

übertriebenes Vertrauen in die eigenen Überzeugungen;

non-konsequenzialistische Entscheidungen, die Unfähigkeit, elementare Schlussfolgerungen zu durchdenken, die man ziehen würde, wenn in der Zukunft bestimmte Ergebnisse einträten und

sozialer Einfluss, eine Tendenz, die Einstellung anderer um uns herum unbewusst zu übernehmen."

* Brain Bugs = Schwäche, menschliche Kompetenzen zu differenzieren.

„Fischer Black, Koautor der Black-Scholes-Optionspreistheorie, sagte in seiner Ansprache als Präsident der American Finance Association, die Effizienzmarkttheorie zum Aktienmarkt »wirke nachvollziehbar«, wenn »effizient« richtig definiert werde. Er definierte »effizient« dahin gehend, dass die Kurse der Aktien einzelner Unternehmen fast die ganze Zeit über zwischen der Hälfte und dem Doppelten ihres eigentlichen Werts liegen. Und »fast« die ganze Zeit" definierte er als »mindestens 90 Prozent«[...]. Diese Bewertung deckt sich einigermaßen mit der Einschätzung Vuolteenahos.

Ich interpretiere die Sachlage so, dass die Finanzmärkte nicht vollkommen sind und dass sich ein erheblicher Teil der Kursbewegungen von Einzeltiteln wirtschaftlich nicht sinnvoll erklären lässt – zumindest nach unserem heutigen Kenntnisstand. Es treten häufig Blasen auf, und wenn sie auftreten, sind sie sehr ausgeprägt. Doch die Volatilität der Kurse von Einzeltiteln oder der Preise anderer Vermögenswerte besitzt immerhin so viel Aussagekraft, dass der Markt für die Lenkung von Ressourcen zur extrem wichtigen Informationsquelle wird."

Quelle: Shiller (2012, S. 245, 247 und 254 f.)

Unabhängig von der makroökonomischen Schule und dem gewählten volkswirtschaftlichen Dogma ist die Geldpolitik des Eurosystems nicht zur konjunkturellen Steuerung einzusetzen. Primäre Aufgabe ist allein die Sicherung der Preisniveaustabilität. Dagegen zählt das US-amerikanische Zentralbanksystem, das Federal Reserve System (kurz: Fed) auch Vollbeschäftigung gleichberechtigt zum Zielkatalog.

Das niedrige Marktzinsniveau führt seit dem Jahr 2014 u. a. aufgrund signifikanter Steigerungen der Wohnungsbaukreditvolumina zu einem Anstieg des gesamten Kreditvolumens in Deutschland in einem Ausmaß, das die Mehrerträge der Kreditinstitute deren zinsniveaubedingten Margenverfall teilweise kompensieren. Entsprechend stellt die Deutsche Bundesbank im Monatsbericht September 2015 (S. 49) für 2014 fest: „Vor dem Hintergrund der extrem günstigen Finanzierungskonditionen für Kreditnehmer – die

Bankzinsen für Wohnungsbaukredite an private Haushalte im Neugeschäft insgesamt reduzierten sich im Jahresverlauf beträchtlich von 2,8 % auf 2,1 % – und der geringen Attraktivität alternativer Anlageformen wuchs dieses Segment um 2,4 %." Im Jahr 2015 war diese Überkompensation schon nicht mehr gegeben, vielmehr war im Monatsbericht September 2016 (S. 63) der Deutschen Bundesbank von einem „rückläufigen Nettoertrag aus dem klassischen zinsbezogenen Geschäft" die Rede.

Von Dezember 2015 bis April 2019 aber erhöhte die Fed mehrmals ihr Leitzinsniveau, wohingegen das Eurosystem weiterhin eine expansive Geldpolitik durchführte (siehe Abschn. 4.1.3, Abb. 4.6. In der Konsequenz wurde zunächst Finanzkapital zurück in die USA gezogen. Mit dem erhöhten Zinsniveau stieg nämlich auch die Investitionsattraktivität in US-Anleihen. Dadurch stiegen die Kurse der US-amerikanischen Staatsschuldentitel zuungunsten jener von anderen Staaten wie z. B. Deutschlands an. Die Renditen US-amerikanischer Wertpapiere mit längerfristigen Laufzeiten zogen deshalb nur moderat an, sodass ein konjunkturdämpfender Einfluss ausblieb. Die Fed war also imstande, sich von ihrer Nullzinspolitik zu verabschieden, ohne einen Marktzinsschock zu erwarten. Bedingung hierfür war demnach die weiter expansive Geldpolitik im Eurosystem. Während die Geldpolitik im Eurosystem der Fed zur gedämpften Marktzinserhöhung in den USA verhalf, führte die US-Geldpolitik zu Kursrückgängen deutscher Bundeswertpapiere bzw. einem Anstieg der Renditen der deutschen Anleihen. Betrug die Rendite für Bundeswertpapiere mit einer Restlaufzeit von zehn Jahren im Monatsdurchschnitt für September 2016 noch −0,21 %, so stieg sie bis Februar 2018 auf +0,68 % an (Datenquelle der Marktdaten hier und im Weiteren des Abschn.: Deutsche Bundesbank 2020). Der Renditeanstieg stoppte den Kapitalabfluss in Richtung USA wieder.

Das sich Annähern der Marktzinsen bzw. der Renditen der USA und Deutschlands lässt sich auch an den Wechselkursen ablesen. Hätte sich allein das US-Marktzinsniveau erhöht, wäre Kapital aus dem Ausland in den USA angelegt worden. Für diese Geldanlagen wäre in diesem Zeitfenster von Ende 2015 bis Ende 2019 mehr Auslandswährung in US-Währung zu tauschen gewesen, sodass mit dem US-Marktzinsniveau auch die Dollar-Wechselkurse zugunsten eines teureren Dollars hätten einhergegangen sein müssen. Im Jahresdurchschnitt für 2015 wurde aber 1,1095 US$ für 1,0 EUR gezahlt, im Jahr 2018 waren es dagegen 1,1810 US$. Der US-Dollar wertete also zugunsten des Euros ab bzw. der Euro wertete auf.

Am 16. Dezember 2016 überschrieb das Handelsblatt (Nr. 244, S. 31) einen Artikel entsprechend mit: „Wende am Anleihemarkt". Und bereits am 6. Januar 2017 wurde ein Artikel im Handelsblatt (Nr. 5, S. 47) mit „Anleihen: Die Zinswende macht keinen Spaß" tituliert. Weil diese Zinswende zwar nachhaltig, aber immer noch moderat war, konnte sie mit weiterhin steigenden Immobilienpreisen in Deutschland einhergehen und damit sinkende Renditen an den Immobilienmärkten befeuern. Wäre es zur schnellen und signifikanten Zinswende gekommen, hätte diese sicherlich die Preissteigerungen für deutsche Immobilien gebremst. Wichtig ist an dieser Stelle festzuhalten, dass es nicht die Geldpolitik im Eurosystem war, die hier einwirkte, sondern jene der US-amerikanischen Zentralbank.

Für deutsche Wohnungsbaukreditgeschäfte bedeuteten diese Marktentwicklungen ein erstes (temporäres) Anziehen der Konditionen. Während die Deutsche Bundesbank den monatsdurchschnittlichen Effektivzins im Neugeschäft mit privaten Haushalten über alle Laufzeiten hinweg für November 2016 mit dem Rekord-Niedrigzinssatz in Höhe von 1,67 % ausweist, stieg der Zinssatz bis November 2018 auf immerhin 1,94 % an. Auch die KfW-Bank (die keine Bank im Sinn des Gesetzes über das Kreditwesen darstellt und sich nur durch ein Ausnahmegesetz „Bank" nennen darf) erhöhte in diesen Monaten ihre Jahreskonditionen in spezifischen 20-jährigen Förderprogrammen um einen halben Prozentpunkt. Relativ betrachtet handelt es sich um enorme Zinssatzsteigerungen, wenngleich das Zinsniveau im historischen Vergleich immer noch auf niedrigstem Niveau lag.

Grundsätzlich besteht ein sensibler Zusammenhang zwischen den Zinsniveaus großer Volkswirtschaften (z. B. USA und Euro-Staaten). Das Marktzinsniveau großer offener Volkswirtschaften wirkt auf das Niveau kleinerer Volkswirtschaften durch (z. B. USA und Deutschland im Fall der Währungsselbstständigkeit vor dem Jahr 1999). Innerhalb einer Währungsunion dominiert eine zentrale große offene Volkswirtschaft das Marktzinsniveau der kleineren Unionsstaaten. In Abschn. 3.1.3 wird das Mundell-Fleming-Modell erläutert, das diese Zusammenhänge in einem keynesianischen Theorierahmen verdeutlicht. An dieser Stelle bleiben die Erklärungen aber noch in der Empirie verhaftet. So stellt sich doch die Frage, wie nachhaltig in diesem makroökonomischen Kontext die Zinswende der USA aus deutscher Perspektive war?

Anhand der Wechselkursentwicklungen des Dollars zum Euro konnte um die Jahreswende 2016/2017 ein starker US-amerikanischer Einfluss auf die Volkswirtschaften der Euro-Staaten vernommen werden. Der Wert des Dollars gemessen in Euro nahm zu. Ein entsprechender Anstieg der Anleiherenditen in Staaten der Euro-Zone war ebenfalls erkennbar. Diese Entwicklungen verschärften Ängste gegenüber den konjunkturellen Erwartungen innerhalb der Euro-Staaten – insbesondere im Hinblick auf den damals schon geplanten EU-Austritt Großbritanniens und die Bankenkrise in Italien. Hinzu kamen weiterhin existente konjunkturelle Schwierigkeiten in Griechenland, Portugal, Spanien und Italien sowie mögliche Gefahren durch überraschende Wahlergebnisse in den größten Volkswirtschaften der Euro-Zone. Eine schnelle nachhaltige und massive Zinswende war vor diesem Hintergrund für die Euro-Zone und damit auch für Deutschland nicht zu erwarten. Die Expansivität der Geldpolitik im Eurosystem wurde im Jahr 2019 zwar leicht zurückgefahren. Doch seit dem Ausbruch der Corona-Pandemie im Jahr 2020 wurde sie wieder massiv ausgeweitet. Allerdings wurde auch die US-Geldpolitik erneut sehr expansiv. Der US-Impuls war noch größer als jener im Eurosystem, sodass am 31. Dezember 2020 für einen Euro sogar 1,2271 US$ gezahlt wurden. Marktzinsen und Renditen sanken also ein weiteres Mal auf Rekordniveaus: Deutsche Wohnungsbaukredite kosteten Ende 2020 nur noch 1,21 % und die Renditen der Bundeswertpapiere bis zur Restlaufzeit von 30 Jahren lagen die meiste Zeit seit Ausbruch der Pandemie im negativen Wertebereich.

Wenn Wohnungsunternehmen in Deutschland die kurzen Zinserhöhungen kritisch aufstießen, dann war dies ein Zeichen für zuvor zu eng kalkulierte Kapitalkosten in ihren

Investitionsplänen. Vor diesem Hintergrund waren die temporären Zinserhöhungen ein sehr wichtiger und effizienter Stresstest für Wohnungsunternehmen. Denn das historisch weiterhin niedrige, weil politisch determinierte Marktzinsniveau erfuhr keine drastische, sondern nur eine marginale Korrektur. Ein nachhaltiges Finanzmanagement in Wohnungsunternehmen, das den politisch bedingten Kapitalkostenvorteil nutzt, aber auch als solchen erkennt, muss für den Fall der Entlassung der Zinsmärkte aus den Klauen der politisch nicht legitimierten geldpolitischen Institutionen risikotechnisch vorgesorgt haben. Übersteigen die Korrekturen jedoch die Spielräume möglicher Kapitaldienstfähigkeiten einzelner Immobilieninvestitionen, wurde das aktuelle Marktzinsniveau nicht strategisch erfasst und liefert Hinweise für mögliche und durchaus immense finanzwirtschaftliche Risiken für Zeiten nach der expansiven Geldpolitik des Eurosystems.

Die Korrekturen an den Zinsmärkten um die Jahreswechsel 2016/2017 und 2017/2018 deuteten nur eine Zinswende an. Denn die im Weiteren noch verstärkte expansive Geldpolitik im Eurosystem ließ jeden Zinsanstieg verpuffen. Doch es empfiehlt sich zwingend, aus den Entwicklungen die richtigen, risikobasierten Lehren zu ziehen (z. B. im Hinblick auf das Risikomanagement). Werden aber internationale Handelseinschränkungen, der vollzogene Brexit, die deutsche Regierungsunsicherheiten, die weltweiten exorbitanen Staatsverschuldungen etc. die Welt, Europa, die Euro-Staaten und Deutschland nachhaltig negativ beeinflussen, könnten sich erneut Korrekturen des Zinsniveaus einstellen und auch zu einer nachhaltigen Zinswende ausweiten. Vor diesem Hintergrund sollten Kreditnehmer wachsam bleiben und daran denken: Das niedrige Zinsniveau ist nicht ökonomisch bedingt, sondern politisch und der Bestand des Niveaus hängt vom Goodwill politischer Entscheider ab. Derartige Marktgegebenheiten machen Prognosen von Marktentwicklungen nahezu unmöglich. Zur strategischen Voraussicht unternehmerisch Verantwortlicher bleibt daher allein die Notwendigkeit, selbst makroökonomische Entwicklungen zu verfolgen, zu antizipieren – und zwar im Vertrauen darauf, dass sich die Wirtschaftspolitik daran ausrichten wird.

2.7 Übungsaufgaben zu Kap. 2

Aufgabe 2.1

Die durchschnittlichen Zinssätze für Wohnungsbaukredite sanken in Deutschland seit dem Jahr 2008 drastisch. Deutsche Bundesbank und die Bundesanstalt für Finanzdienstleistungsaufsicht (BaFin) befragen daher regelmäßig deutsche Kreditinstitute nach deren Ertragsaussichten. Laut der 2016er Befragungsergebnisse „erwarten die Institute, dass bei anhaltend niedrigen Zinsen ihre Profitabilität im Prognosezeitraum bis 2019 deutlich unter Druck geraten wird" (Deutsche Bundesbank 2016, S. 64). Tatsächlich sank das Marktzinsniveau auch über das Jahr 2019 hinaus. Warum sind in der Entwicklung des Marktzinsniveaus wirtschaftspolitische Interventionen zu vermuten?

Aufgabe 2.2

Niedrige Kapitalkosten stellen für Unternehmen positive Investitionsimpulse dar. Worin aber können in einem politisch determinierten, dauerhaft niedrigen Marktzinsniveau unternehmerische Risiken für Wohnungsunternehmen liegen?

Aufgabe 2.3

Die frühere US-Regierung unter Präsident Doland J. Trump stellte sich inhaltlich gegen internationale Freihandelsabkommen, plädierte für Schutzzölle und plante, das Wachstum der heimischen Wirtschaft durch die Vergabe von Staatsaufträgen zu unterstützen. Inwieweit hatte die Umsetzung einer solchen Globalisierungspolitik die Geschäftsentwicklung deutscher Wohnungsunternehmen tangiert?

Aufgabe 2.4

Stiglitz (2017) behauptete über die frühere US-Regierung: „Trump betrachtet die Welt als Nullsummenspiel. Doch die Globalisierung, wenn sie denn gut gesteuert wird, ist eine Kraft, die in der Summe positive Ergebnisse hervorbringt: Amerika profitiert, wenn Freunde und Verbündete stark sind. Doch Trumps Ansatz droht sie in ein Negativsummenspiel zu zwingen, bei dem auch Amerika verlieren wird." – Interpretieren Sie diese Aussage im Hinblick auf die Globalwirtschaftstheorie!

Aufgabe 2.5

Die Europäische Union durchlebte seit Juni 2016 die sogenannte Brexit-Angst und erlebte den Brexit an sich im Jahr 2020. Was ist mit dem Brexit gemeint und inwieweit könnte ein Brexit die deutsche Immobilienwirtschaft tangieren?

Aufgabe 2.6

Im Handelsblatt vom 9. März 2017, Nr. 49, S. 28, äußert sich der frühere Geldtheoretiker der Universität Würzburg und Chefvolkswirt der Europäischen Zentralbank zur Fragilität einer Währung und speziell dem Euro: „Das Postfaktische hat die Notenbanken auch schon erreicht, das muss man einfach so registrieren. Das zeigt, was für ein zartes Pflänzchen das notwendige Vertrauen ist – langwierig aufzubauen und schnell zerstört. Ich finde, dass die Notenbanken auch dazu beigetragen haben, indem sie sich zu sehr in dem Ruhm gesonnen haben, sie wären sozusagen Masters of the Universe. Das hat zwar keiner so gesagt, aber als solche sind die bezeichnet und gefeiert worden." (Mallien 2017) Beantworten Sie bitte folgende zwei Fragen: (1) Was ist dem „Postfaktischen" gemeint, das die Notenbanken erreicht hat? (2) Warum ist „Vertrauen" wichtig für die Geldpolitik?

Aufgabe 2.7

Shiller (2012, S. 244–255) erläutert seine Existenzbegründung von Preisblasen an Vermögenswerten. Warum verneinen Effizienzmarkttheoretiker diese Existenzen?

Literatur

Adam, R. G./Mertens, G. (2020): BREXIT-Revolution. Wiesbaden: Springer.

Atzler, E./Witsch, K. (2015): Das große Schrumpfen. In: *Handelsblatt*, 28. Dezember 2015, Nr. 249, S. 28 f.

Berschens, R. (2017): Brexit-Gewinner Frankfurt. In: *Handelsblatt*, 22. März 2017, Nr. 58. S. 31.

Berschens, R./Leitel, K./Slodczyk, K. (2017): Reise ins Ungewisse. In: *Handelsblatt*, 30. März 2017, Nr. 64. S. 6 f.

Bischoff, U. (2020): Bankenstandort Frankfurt im Zeichen von Corona. Finanzplatz-Fokus vom 21. Oktober 2020. Frankfurt a. M.: Helaba Landesbank Hessen-Thüringen.

BMJV/Bundesministerium der Justiz und für Verbraucherschutz (2016): Die Mietpreisbremse. URL: „http://www.bmjv.de/SharedDocs/Publikationen/DE/Mietpreisbremse_Maklercourtage.pdf?__blob=publicationFile&v=20" (Download der PDF-Datei am 04. März 2017).

Cünnen, A. (2016): Im Reich der Minus-Zinsen. In: *Handelsblatt*, 04. Februar 2016, Nr. 24, S. 34.

Deutsche Bundesbank (2020): Zeitreihen. URL: „http://www.bundesbank.de/Navigation/DE/Statistiken/…" (Datenabrufe zwischen April und Dezember 2020).

Deutsche Bundesbank (2017a): Monatsbericht September 2017. URL: „https://www.bundesbank.de/Redaktion/DE/Downloads/Veroeffentlichungen/Monatsberichte/2017/2017_09_monatsbericht.pdf?__blob=publicationFile" (Download der PDF-Datei am 24. Juni 2018).

Deutsche Bundesbank (2017b): Ergebnisse der Niedrigzinsumfrage 2017. URL: „https://www.bafin.de/SharedDocs/Downloads/DE/Anlage/dl_pm_170830_niedrigzins_anlage.pdf?__blob=publicationFile&v=1" (Download der PDF-Datei am 31. August 2017).

Deutsche Bundesbank (2016): Monatsbericht September 2016. URL: „http://www.bundesbank.de/Redaktion/DE/Downloads/Veroeffentlichungen/Monatsberichtsaufsaetze/2016/2016_09_ertragslage.pdf?__blob=publicationFile" (Download der PDF-Datei am 23. September 2016).

Deutsche Bundesbank (2015): Monatsbericht September 2015. URL: „https://www.bundesbank.de/Redaktion/DE/Downloads/Veroeffentlichungen/Monatsberichte/2015/2015_09_monatsbericht.pdf?__blob=publicationFile" (Download der PDF-Datei am 24. Juni 2018).

Erhard, L. (2014): Wohlstand für alle, 8. Auflage. Düsseldorf: Handelsblatt.

Eucken, W. (2004): Grundsätze der Wirtschaftspolitik, 7. Auflage. Tübingen: Mohr Siebeck/UTB.

GdW/Bundesverband deutscher Wohnungs- und Immobilienunternehmen e. V. (2014): GdW kompakt – GdW Jahresstatistik 2013. URL: „http://web.gdw.de/uploads/pdf/jahresstatistik_kompakt/GdW_Jahresstatistik_2013_kompakt.pdf" (Download der PDF-Datei am 14. Juni 2015).

GG/Grundgesetz für die Bundesrepublik Deutschland in der im Bundesgesetzblatt Teil III, Gliederungsnummer 1001, veröffentlichten bereinigten Fassung, das zuletzt durch Artikel 1 des Gesetzes vom 23. Dezember 2014 (BGBl. I S. 2438) geändert worden ist. URL: „http://www.gesetze-im-internet.de/bundesrecht/gg/gesamt.pdf" (Download der PDF-Datei am 30. Mai 2017).

Herz, C. (2021): Die Angst vor der Blase. In: *Handelsblatt*, 25. März 2021, Nr. 59, S. 28 f.

Hiller, N./Gröbel, S. (2015): Regionale Divergenz – die Mietpreisbremse und die Gleichwertigkeit der Lebensverhältnisse. In: *Wirtschaftsdienst*, 95. Jg. (Heft 11), S. 773–781.

immobilienscout24.de (2016): IMX – Der Immobilienindex von ImmobilienScout24 (August 2016). URL: „https://www.immobilienscout24.de/content/dam/is24/documents/ibw/IMX/2016/imx_aug16.pdf" (Download der PDF-Datei am 22. August 2016).

Knüfermann, M. (2018): Märkte der langfristigen Fremdfinanzierung, 3. Auflage. Wiesbaden: Springer Gabler.

Knüfermann, M. (2014): Begründung und Möglichkeiten bankenunabhängiger Fremdfinanzierung von Wohnungsunternehmen. In: *Zeitschrift für Immobilienwissenschaft und Immobilienpraxis*, 2. Jg. (Heft 1), S. 36–49.

Knüfermann, M. (2012): Gefährdet die Bundesbank das Wachstum privater Baufinanzierungen? In: *Immobilien & Finanzierung*, 63. Jg. (Heft 24), S. 20–21 (S. 902–903).

Mallien, J. (2017): Das Postfaktische hat die Notenbanken erreicht – Interview Otmar Issing. In: *Handelsblatt*, 09. März 2017, Nr. 49, S. 28 f.

Papier, H.-J. (2007): Wirtschaftsordnung und Grundgesetz. In: *Aus Politik und Zeitgeschichte*, o. Jg. (Heft 13), S. 3–9.

Pieper, J. (2004): Über die Tugenden. München: Kösel.

Piketty, T. (2016): Ökonomie der Ungleichheit. München: Beck.

Piketty, T. (2015): Das Kapital im 21. Jahrhundert, 6. Auflage. München: Beck.

Reichel, R. (2015): Her mit den Immobilien. In: *Handelsblatt*, 21. Oktober 2015, Nr. 203, S. 36.

Shiller, R. J. (2012): Märkte für Menschen. Frankfurt a. M.: Campus.

Spremann, K./Gantenbein, P. (2019): Finanzmärkte, 5. Auflage. München: UTB/UVK.

Stiglitz, J. E. (2017): Überleben in der Ära Trump. In: *Handelsblatt*, 22. Februar 2017, Nr. 38, S. 56.

Stiglitz, J. E. (2015): Reich und Arm. München: Siedler.

Stiglitz, J. E. (2012): Der Preis der Ungleichheit. München: Siedler/Pantheon.

Sydow, M. (2018): Zwischenruf – Hättest Du geschwiegen, wärest Du ein Philosoph geblieben! In: *Die Wohnungswirtschaft*, 72. Jg. (Heft 9), S. 50 f.

Voigtländer, M. (2018): Argumente für den Verkauf kommunaler Wohnungen. URL: „https://www.iwkoeln.de/fileadmin/user_upload/Studien/policy_papers/PDF/2018/IW-Policy-Paper_2018_08_Verkauf_oeffentlicher_Wohnungen.pdf" (Download der PDF-Datei am 04. Juni 2018).

Woll, A. (2011): Volkswirtschaftslehre, 16. Auflage. München: Vahlen.

Grundlagen der Wirtschaftspolitik

3

Zusammenfassung

Wirtschaftspolitik fußt auf den Erkenntnissen der Wirtschaftstheorie und der Politikwissenschaften. Der hier relevante ökonomische Fokus erfordert es, auf die wesentlichen wirtschaftstheoretischen Erkenntnisse zu rekurrieren und empirisch abzugleichen (Abschn. 3.1). Dieses ökonomische Wissen der Mikro- und Makroökonomik gilt als nahezu allgemeingültig. Es wird ergänzt um grundlegende Finanzmarkttheorien. Empirische Momente beziehen sich primär auf die Bundesrepublik Deutschland. Die Auswahl der Themen orientiert sich an deren Relevanz für die Wohnungs- und Immobilienwirtschaft. Im Weiteren wird die Wirtschaftspolitik konzeptionell betrachtet nach ihren Zielen (Abschn. 3.2) und Trägern (Abschn. 3.3). Auch hier werden jeweils Bezüge generell zur deutschen Volkswirtschaft sowie speziell zur deutschen Immobilienwirtschaft hergestellt. Das Kapitel schießt mit Übungsaufgaben zu den relevanten Themen (Abschn. 3.4).

3.1 Wirtschaftstheoretische Grundzüge

3.1.1 Überblick zu volkswirtschaftlichen Teildisziplinen

Die theoretische Volkswirtschaftslehre ist üblicherweise in zwei Teildisziplinen zu gliedern, und zwar *zum einen* in die *Mikro*ökonomik, *zum anderen* in die *Makroökonomik*. Häufig wird noch unterschieden zwischen der offenen und geschlossenen Volkswirtschaft. Dann werden Mikro- und Makroökonomik zunächst den geschlossenen Theorien zugeordnet und ihnen die Theorie *internationaler Wirtschaftsbeziehungen* gegenübergestellt. Im Weiteren wird auf diese letzte explizite Untergliederung verzichtet.

© Springer Fachmedien Wiesbaden GmbH, ein Teil von Springer Nature 2021
M. Knüfermann, *Wirtschaftspolitisches Wissen für die Wohnungs- und Immobilienwirtschaft,* https://doi.org/10.1007/978-3-658-33608-0_3

```
┌─────────────────────────────────────────────┐
│           Mikroökonomische Theorie            │
└─────────────────────────────────────────────┘
```

- Theorie der Haushalte
- Theorie der Unternehmen
- Preisbildung auf spezifischen Märkten
- Spieltheorie
- Sozial- und Verteilungstheorie

```
┌─────────────────────────────────────────────┐
│           Makroökonomische Theorie            │
└─────────────────────────────────────────────┘
```

- Güter-, Geld- und Arbeitsmarkttheorie
- Wachstums- und Konjunkturtheorie
- Finanzmarkttheorie
- Finanzwissenschaft
- Außenwirtschaftstheorie

Abb. 3.1 Wirtschaftstheoretische Disziplinen zur Fundierung der Wirtschaftspolitik. (Quelle: Eigene Darstellung)

Demnach decken mikro- und makroökonomische Theorien die offene *und* geschlossene Wirtschaftstheorie ab.

Mikro- und Makroökono*mik* meinen also die Theorie der entsprechenden Teildisziplinen. Von der Mikro- und Makroökono*mie* wird stattdessen gesprochen, wenn die realwirtschaftlichen Betrachtungen der Teildisziplinen gemeint sind. Im Rahmen der angewandten Wissenschaften verwischen beide Betrachtungsweisen allerdings. Weil Abschn. 3.1 aber explizit theoretische Grundzüge zusammenfasst, wird in diesem Abschnitt die Ökonomik fokussiert.

Beide Teildisziplinen lassen sich vielfältig weiterhin aufgliedern. Abb. 3.1 liefert eine Übersicht zu exemplarischen Bereichen der beiden Teildisziplinen der Volkswirtschaftslehre:

- *Mikroökonomik:* Weil sich die Mikroökonomik insbesondere mit Prozessen der Entscheidungsfindung einzelner Wirtschaftssubjekte befasst, zählen die **Theorie der Haushalte und der Unternehmungen** zu ihren wesentlichen Bausteinen. Entscheiden müssen sich Haushalte und Unternehmungen über ihre jeweilige Angebots- und Nachfragebereitschaft auf Märkten. Der Preis bildet auf den Märkten den zentralen Mechanismus für einen Ausgleich von Angebot und Nachfrage. Insofern zählen Preis- und Wettbewerbstheorie ebenfalls zur Mikroökonomik und lassen sich als **Theorie der Preisbildung auf spezifischen Märkten** zusammenfassen. Der regionalen Abgrenzung von Märkten kommt in der Preistheorie eine hohe Bedeutung zu. So soll ein supranationaler Binnenmarkt den Handel und damit den Preiswettbewerb intensivieren. Sinkende Verbraucherpreise wären das Ziel. Unternehmen sollten die Preissenkungen durch die Erschließung neuer Absatzräume überkompensieren, sodass der internationale Handel zu pareto-optimalen Ergebnissen (vgl. Abschn. 1.1) führt. Die Analyse von Verhaltensmustern und Strategien der Wirtschaftssubjekte wird in der neueren Volkswirtschaftslehre als **Spieltheorie** erfasst. Dazu sind alle Marktformen und Kartelle ihre Analysegegenstände. Dagegen sind die **Sozial- und Verteilungstheorie** Gegenstände aus den Anfängen der volkswirtschaftlichen Analyse. Als nämlich die namentliche Volkswirtschaftslehre noch gar nicht existierte, beschäftigten sich vor allem Moralphilosophen mit ökonomischen Fragen. Sie analysierten gesellschaftliche Auswirkungen der Industrialisierung und erarbeiteten Gestaltungsaspekte sinnvoller Wirtschaftssysteme. Im 21. Jahrhundert besitzt die Verteilungstheorie eine ausgeprägte internationale Renaissance (vgl. Abschn. 2.4). Die Verteilungstheorie besitzt allerdings auch eine gesamtwirtschaftliche Perspektive und ist in dieser ebenfalls der Makroökonomik zuzurechnen.

- *Makroökonomik:* Von der Betrachtungsebene einzelner Wirtschaftssubjekte auf die Ebene der zu Sektoren kumulierten Wirtschaftssubjekte (= alle privaten Haushalte, alle Unternehmen zuzüglich Staat und Ausland) wechselt die Makroökonomik. Ihre grundlegenden Arbeiten liefern **Güter-, Geld- und Arbeitsmarkttheorie.**
  - *Gütermarkttheorie:* Sie erklärt Veränderungen des Bruttoinlandsprodukts (BIP) aus der nachfrageseitigen Verwendungsrechnung der Volkswirtschaftlichen Gesamtrechnungen (VGR). Die VGR sind die Buchhaltung des Staates. Sie lassen das BIP aus drei Perspektiven berechnen: *Zum einen* ist das BIP als Verwendungsrechnung aus der Nachfrageperspektive als Summe des privaten Konsums, der unternehmerischen Investitionen, dem Staatskonsum und dem Außenbeitrag zu erfassen. *Zum anderen* berechnet die Entstehungsrechnung das BIP über die Wertschöpfungen einer Volkswirtschaft. *Des Weiteren* umfasst das BIP aus der Einkommensperspektive, der Verteilungsrechnung, das Volkseinkommen. Die Verteilungsrechnung differenziert dabei das Volkseinkommen in Arbeitnehmerentgelte und unternehmerische Einkommen wie Gewinne (bzw. Ausschüttungen), Zinsen und Mieten.
  - *Geldmarkttheorie:* Sie erklärt das Zusammenspiel von Geldangebot (von Zentral- und Geschäftsbanken) und Geldnachfrage durch die Wirtschaftssubjekte. Wesentliche Erklärungsgegenstände der Geldtheorie sind die Transmissionsprozesse geldpolitischer Impulse auf die Realwirtschaft. Weitere Gegenstände sind Inflation und Deflation sowie Überlegungen durch geldpolitische Impulse gütermarktrelevante wirtschaftswachsende Entwicklungen zu forcieren.
  - *Arbeitsmarkttheorie:* Sie beschäftigt sich mit dem Zusammenspiel von Arbeitsangebot durch private Haushalte und Arbeitsnachfrage durch Unternehmen. Haushalte sind dabei Arbeitsanbieter bzw. Arbeitgeber, weil sie den Produktionsfaktor Arbeit an Unternehmen verkaufen. Unternehmen sind insofern Arbeitsnachfrager. Damit ist in der Umgangssprache eine ökonomische Unkorrektheit zu verzeichnen. Schließlich sind Arbeitgeberverbände im ökonomischen Sinn eigentlich Gewerkschaften, anstatt verbandsorganisierte Unternehmen. Diese marktseitige Betrachtung an sich stellt jedoch zunächst eine mikroökonomische Aufgabe dar.

Zur Makroökonomie wird sie erst durch ihren Beitrag zur Erklärung von makroökonomischen Phänomenen, der Beschäftigung bzw. Arbeitslosigkeit, der Geldwertstabilität bzw. Inflation und dem außenwirtschaftlichen Gleichgewicht. Für
alle drei Phänomene sorgt nach herrschender Meinung ein stetiges Wirtschaftswachstum.

Die Beschreibung der Analysegegenstände von Güter-, Geld- und Arbeitsmarkttheorien
impliziert, dass diese Theorien auch Grundlagen für die **Konjunktur- und Wachstumstheorie** sind. In diesen klassischen makroökonomischen Theorien sind Finanzmärkte
über die Geldtheorie hinaus kaum explizit von Bedeutung. Die Bedeutung der Finanzmärkte und ihrer Instrumente wurde nur in der sogenannten „Schmiermittelfunktion" der
Realwirtschaft gesehen. Allerdings haben Finanzmarktkrisen in den letzten Jahrzehnten
deutliche Verwerfungen der Weltkonjunkturen initiiert (z. B. die New-Economy-Krise
zu Beginn des Jahrtausends und die Krisenzyklen seit dem Jahr 2008 mit Immobilien-
markt-, Finanzmarkt- und Staatsschuldenkrisen). Umgekehrt tragen Finanzinstitutionen
zur Wertschöpfung einer Volkswirtschaft bei und sind damit genauso ökonomisch
produktive Einheiten wie realwirtschaftliche Unternehmen. Darüber hinaus sind
klassisch-etablierte Unternehmen der Realwirtschaft (z. B. deutsche Automobilbauer)
selbst auch im großen Umfang in den Finanzmärkten aktiv (z. B. im Rahmen ihres
jeweiligen Risikomanagements), sodass eine klare Trennung zwischen Unternehmen
beider Wirtschaftsbereiche gar nicht möglich ist. Vor diesem Hintergrund wurden in den
vergangenen Jahrzehnten vielfältige **Finanzmarkttheorien** entwickelt, die sich u. a.
mit der Erklärung von Preisentwicklungen an Vermögensmärkten beschäftigen (siehe
Abschn. 3.1.4). Hiervon abzugrenzen ist die **Finanzwissenschaft.** Sie ist die älteste
volkswirtschaftliche Teildisziplin. Analysegegenstände sind die Einnahmen und Ausgaben des Staates. Aus Sicht der Wohnungs- und Immobilienwirtschaft ist sie in ihren
angewandten Form der Fiskalpolitik (siehe Abschn. 4.1.2) durchaus von Interesse. Sie
liefert nämlich wichtige makroökonomische Rahmenbedingungen für die Branche z. B.
durch die Steuergesetzgebung, Förderpolitik oder Konjunkturpakete im Rahmen der
Corona-Wirtschaftspolitik. Die **Außenwirtschaftstheorie** analysiert makroökonomische
Phänomene im Hinblick auf grenzüberschreitende Aktivitäten der Volkswirtschaft (siehe
Abschn. 3.1.2). Aus der Sicht Deutschlands liefert die Außenwirtschaftstheorie wesentliche außenwirtschaftspolitische Argumente zur Sicherung der Europäischen Integration
(siehe Abschn. 3.1.4), die gerade durch den vollzogenenBrexit in ihren inneren
Strukturen an Stabilität einbüßt (siehe Abschn. 5.4).
    Alle exemplarisch genannten Teildisziplinen der Mikro- und Makroökonomik sind in
Abb. 3.1 zusammengefasst und werden in Abschn. 3.1 erörtert. Die Themenbereiche sind
derart ausgewählt, um wirtschaftspolitisch relevante Fragestellungen explizit im Hinblick
auf die Wohnungs- und Immobilienwirtschaft zu lösen. Die skizzierten Theorien sind
demnach Grundlage wirtschaftspolitischer Entscheidungen. Abzugrenzen sind sie jedoch
von der **Theorie der Wirtschaftspolitik** (vgl. Abschn. 1.1). Auf Basis der theoretischen

Hintergründe von Abschn. 3.1 werden später in Kap. 4 die bereiche der Wirtschaftspolitik diskutiert.

Im Weiteren von Kap. 3 werden exemplarische Teildisziplinen von Mikro- (Abschn. 3.1.2) und Makroökonomik (Abschn. 3.1.3). vorgestellt. Ihre Inhalte sind für die strukturierte Erörterung wirtschaftspolitischer Fragestellungen wesentlich. Um den Rahmen dieser Grundlagenlehre nicht zu sprengen, wird dabei weitestgehend zu Themenvertiefungen auf das Studium etablierter Lehrbücher verwiesen.

3.1.2 Mikroökonomik und deutsche Mikroökonomie

Die Mikroökonomik wird in etablierter Weise von Schumann/Meyer/Ströbele (2011) erörtert. Als typisch deutsches Lehrbuch verzichtet es weitgehend auf aktuelle Marktbeispiele, um Sachverhalte zu erläutern. Varian (2016) verlagert stattdessen modelltheoretische Abhandlungen teilweise in Anhängen zu den einzelnen Kapiteln. Die Kerninhalte des ins Deutsche übersetzten US-amerikanischen Lehrbuchs sind daher verstärkt beschreibender Natur, doch eben auch durch Marktbeispiele gekennzeichnet. Beide Lehrbücher sind Basisliteratur der Mikroökonomik im Rahmen dieses Lehrbuchs.

Das Hauptanliegen der Mikroökonomie ist die Erklärung der marktwirtschaftlichen Koordination einzelwirtschaftlicher Koordinationsentscheidungen auf Märkten. Als Markt wird in der Volkswirtschaftslehre grundsätzlich jedes Aufeinandertreffen von Angebot und Nachfrage verstanden. Dabei kann es sich um den Wochenmarkt genauso handeln wie um das Immobilien-Internet-Portal „immobilienscout24.de". Zur Klassifikation von Marktformen zieht Woll (2011) sieben Merkmale von Märkten heran, deren Ausprägungen einen empirisch überprüfbaren Einfluss auf die Preisbildung an Märkten besitzen:

- *Zielsetzungen*, also Prinzipien der Marktakteure
- *Güterart*, ob sie sich ähneln oder stark unterscheiden
- *Teilnehmerzahl*, die zwischen einem Teilnehmer und unendlich vielen Teilnehmern variiert
- *Marktzugang*, der für potenzielle Marktteilnehmer offen oder versperrt sein kann
- *Markttransparenz*, also dass wesentliche Informationen zur Preisbildung auf Märkten den Marktakteuren bekannt sind oder ihnen vorenthalten werden
- *Entscheidungsform*, ob Anbieter eine voneinander unabhängige Preisbildung vollziehen oder in Absprache als Kartell Preise setzen
- *Anpassungsdauer,* weil Preise abhängig sind von der Reaktionsgeschwindigkeit der Marktakteure

Die Mikroökonomie erklärt also Marktprozesse oder analysiert, warum Marktprozesse nicht wirtschaftspolitisch gewünschte Ergebnisse erzielen. Dabei steht der (Preis-).

Wettbewerb im Fokus, denn er ist der Grundmechanismus für das Ausgleichsstreben von Marktangebot und Haushaltsnachfrage auf Gütermärkten bzw. von Arbeitsangebot und Arbeitsnachfrage auf den Arbeitsmärkten. Als Wirtschaftseinheiten agieren auf Märkten vor allem (private) Haushalte und (private) Unternehmen:

- *Haushalte* haben Bedürfnisse nach Gütern. Bedürfnisse entstehen aus einem empfundenen Mangel. Hier lassen sich Grundbedürfnisse und Luxusbedürfnisse unterscheiden. Grundbedürfnisse sind z. B. Hunger und wohnlicher Schutz, wohingegen Luxusbedürfnisse z. B. ein Mangel an Konzertbesuchen und einem schnellen Auto sein können. Diese Bedürfnisse stillen Haushalte durch den Konsum von Gütern und verwenden dazu das von ihnen verdiente Geld. Sie stehen vor der zentralen Entscheidung der Geldverwendung, wie viele Güter erworben werden sollen. Zwar ist ihr Budget dafür gedeckt, doch innerhalb des Budgets können Haushalte gemäß ihrer Präferenzen entscheiden, welche Güter und wie viele von ihnen sie konsumieren wollen. Ihre Präferenzen machen sie abhängig vom jeweiligen Nutzen, den ihnen Güter stiften. Nutzen ist ein Maß der individuellen Bedürfnisbefriedigung. Die Nutzenmaximierung ist daher die Nebenbedingung ihrer zu treffenden Entscheidung über die Geldverwendung. Auf dem Arbeitsmarkt entscheiden Haushalte über ihr Arbeitsangebot. Wie viel Arbeit anzubieten ist, um ein ausreichendes Konsumbudget zu erwirtschaften, kann nur in Abhängigkeit des Preises für Arbeit bestimmt werden.
- *Unternehmen* produzieren materielle Waren und immaterielle Dienstleistungen, die zusammen im Weiteren kurz als wirtschaftliche *Güter* bezeichnet werden. Zur Produktion benötigen sie Produktionsfaktoren bzw. Ressourcen und zwar Arbeit(-skraft der Haushalte), Finanz- und Anlagekapital sowie Boden (inklusive Rohstoffe und Immobilien). Wirtschaftliche Güter grenzen sich von freien Gütern, wie z. B. Luft und Wasser, ebenfalls durch Knappheit ab. Inzwischen mussten die Industriestaaten erkennen, dass Umweltressourcen durchaus knapp sind und keine freien Güter darstellen. Öl ist z. B. ein Gut, dessen Verbrauch im 20. Jahrhundert derart ausuferte, dass die ölexportierenden Staaten bereits über das Zeitalter nach Erschöpfung der Ölquellen nachdenken. Die Knappheit von Gütern entsteht also durch Produktionsbegrenzung bei knappen Ressourcen. Die optimale Verteilung der knappen Ressourcen im Produktionsprozess wird *Allokation* genannt. Unternehmen müssen somit über die Produktionsmenge befinden. Dabei gilt es, keine ungeplanten Lagerbestände aufzubauen. Allerdings soll auch die Marktnachfrage größtmöglich bedient werden, sodass nicht zu wenig produziert werden darf. Die Produktionsmenge beeinflusst die Höhe des Gewinns, den Unternehmen maximieren wollen. Daher entscheiden Unternehmen über die Produktionsmenge unter der Nebenbedingung der Gewinnmaximierung. Des Weiteren müssen Unternehmen über den güterspezifischen Technologie- und Ressourceneinsatz entscheiden. Welche Produktionsfaktoren bzw. Ressourcen und Produktionsmethoden einzusetzen sind, hängt wiederum von den Preisen der Produktionsfaktoren ab.

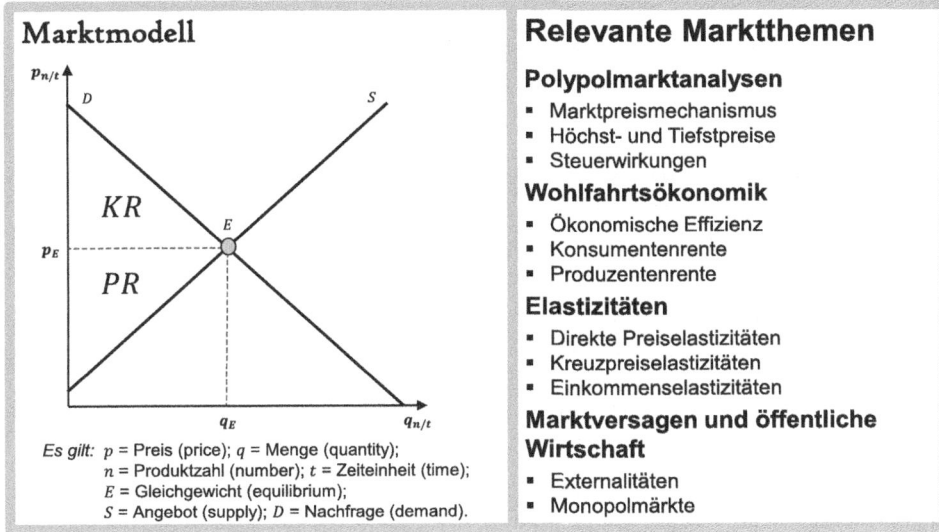

Relevante Marktthemen

Polypolmarktanalysen
- Marktpreismechanismus
- Höchst- und Tiefstpreise
- Steuerwirkungen

Wohlfahrtsökonomik
- Ökonomische Effizienz
- Konsumentenrente
- Produzentenrente

Elastizitäten
- Direkte Preiselastizitäten
- Kreuzpreiselastizitäten
- Einkommenselastizitäten

Marktversagen und öffentliche Wirtschaft
- Externalitäten
- Monopolmärkte

Abb. 3.2 Marktvisualisierung im Preis/Menge-Diagramm und exemplarische Themen der Mikroökonomik. (Quelle: Eigene Darstellung)

Märkte werden in Preis p/Menge q-Diagrammen visualisiert (vgl. Abb. 3.2, linke Hälfte). Die Kurven des Angebots S und der Nachfrage D basieren in der Grundversion des Modells auf linearen Funktionen. Die Wirtschaftssubjekte richten dabei die von ihnen angebotenen bzw. nachgefragten Mengeneinheiten je Zeiteinheit q/t am Marktpreis aus. Der Marktpreis ist durch kein einzelnes Wirtschaftssubjekt zu beeinflussen. In diesem Sachverhalt steckt die Annahme, dass es sich bei diesem Markt um ein Polypol handelt.

Die Marktform des Polypols zeichnet sich durch (unendlich) viele Marktteilnehmer auf beiden Marktseiten aus (vollständiger Wettbewerb) und repräsentiert einen effizienten Markt. Das Polypol ist damit das Gegenteil des Monopols, in dem eine der Marktseiten durch nur ein Wirtschaftssubjekt (= Monopolist) geprägt ist. Zu unterscheiden ist das Angebots- vom Nachfragemonopol. Besitzt eine Marktseite keine *vielen* Marktteilnehmer (= Polypol), aber auch nicht nur *einen* Akteur (= Monopol), sondern wenige Wirtschaftssubjekte, handelt es sich um ein (Angebots- oder Nachfrage-).

Oligopol. Unterschiedliche Marktformen weisen unterschiedliche Wettbewerbsformen auf.

Je nach Ausprägung der Angebotsstruktur in Abhängigkeit dieser Klassifikationsmerkmale von Märkten lassen sich folgende Wettbewerbsformen unterscheiden (vgl. Tab. 3.1):

- *Polypol:* In Märkten mit vielen Anbietern, die durchaus sehr ähnliche, nahezu homogene Güter anbieten/verkaufen, und vielen Nachfragern, besitzen einzelne Anbieter keinen signifikanten Einfluss auf den Marktpreis. Für den Polypolfall wird zumeist

Tab. 3.1 Klassifikation vollkommener und unvollkommener Märkte des Angebots

Quelle	Güterart	
	Homogene Güter (Vollkommene Märkte)	Heterogene Güter (Unvollkommene Märkte)
Viele	Polypolistisch-homogene (vollständige) Konkurrenz (perfekt oder pure competition)	Polypolistisch-heterogene Konkurrenz (imperfect oder monopolistic competition)
Wenige	Homogenes Oligopol (pure oligopoly)	Heterogenes Oligopol (imperfect oligopoly)
Eine/r	Reines Monopol (pure monopoly)	Monopolistische Preisdifferenzierung (price discrimination)

Quelle: Woll 2011, S. 163 (Übers. 7–1); eigene Darstellung

vollkommene Teilbarkeit des Gutes, uneingeschränkte Mobilität, vollständige Information, Rationalität, freier Marktzutritt und Marktaustritt der Marktakteure sowie keine Zeitverzögerung bei Entscheidungsumsetzungen unterstellt. Auf Polypolmärkten herrscht dann *vollständige Konkurrenz*. Preise und Mengen sind Ergebnisse des Zusammenwirkens von Angebot und Nachfrage.

Werden auf Polypolmärkten durch die Vielzahl der Anbieter jedoch heterogene Güter angeboten (z. B. Immobilien), kommt es zu Preisdifferenzierungen der Güter. In diesem Fall wird auch von der *monopolistischen Konkurrenz* gesprochen. Die Konkurrenz ist wegen der Heterogenität der Güter unvollkommen und Anbieter haben einen Einfluss auf die Preisbildung. In der realen Wirtschaft lässt sich die Güterheterogenität auch durch das betriebliche Marketing erzeugen. Nachfrager nach BMW- und Mercedes-Autos machen ihre Kaufentscheidung schließlich nicht nur von der Güterqualität abhängig, sondern auch vom Markenimage bzw. der Markenpositionierung. An dieser Stelle ist bereits zu erkennen, dass Haushalte ihre Nachfrage von persönlichen Präferenzen abhängig machen. Sie können sich in zeitlicher, räumlicher, sachlicher und persönlicher Hinsicht unterscheiden. „Wenn Präferenzen die ihnen zugemessene Rolle spielen, werden Produktgestaltung, Verkaufsorganisation und Werbung zu wichtigen Absatzmitteln" (Woll 2011, S. 181). Der Übergang von der Mikroökonomie zur Betriebswirtschaftslehre ist hier fließend.

Die deutsche Wohnungswirtschaft kennzeichnet eine Vielzahl dezentral verteilter Anbieter, die nur zu einem geringen Anteil überhaupt zu signifikanten Angebotseinheiten organisiert sind. Diese gewerblichen Wohnungsunternehmen stehen im Wettbewerb zu der überwiegenden Mehrheit an privaten Vermietern von jeweils nur wenigen Wohneinheiten. In Deutschland beträgt der Marktanteil gewerblicher Wohnungsvermieter weniger als 30 % und jener der privat-nicht-gewerblichen Vermieter dann über 70 % (vgl. GdW 2020, S. 1). Dennoch ist das Gut „Wohnen" ein sehr heterogenes Angebot, das sich insbesondere durch die jeweiligen Lagen differenziert. Somit prägt den deutschen Wohnungsmarkt zwar eine monopolistische

Konkurrenz. Allerdings ist die Preisbildung gerade hier nachhaltig eingeschränkt durch rechtliche Rahmenbedingungen wie Kappungsgrenze und Mietpreisbremse sowie bei öffentlich gefördertem Wohnungsbau.

- *Monopol:* Kennzeichen des Monopols ist das Vorhandensein eines einzelnen Marktakteurs auf der Angebotsseite (= Monopolist). Im Unterschied zum Polypol kann ein Monopolist die Güterpreise frei setzen, da es im Markt keine Anbieter gibt, die den Monopolpreis unterbieten könnten. Damit neigt ein Monopol immer zu tendenziell überhöhten Preisen im Vergleich zu Wettbewerbsmärkten und demotiviert Unternehmen zu Innovationen. Monopole besitzen daher einen restriktiven Einfluss auf das Wirtschaftswachstum und widersprechen dem Wettbewerbsdogma, das Grundlage der Wohlstandsmaximierung ist (vgl. Abschn. 2.4).
- *Oligopol:* Eine Zwischenform in der Bandbreite von Polypol bis Monopol stellt ein Markt dar, auf dem nur wenige Anbieter agieren. In diesem Oligopol finden sich reale Märkte häufig wieder, wie zum Beispiel die Märkte für Automobile, Chemie, Mobilfunktelefonie oder Kraftfahrstoffe. Je homogener die angebotenen Güter der unterschiedlichen Marktakteure sind (z. B. Stahl), umso wettbewerbsintensiver wirkt die oligopolistische Marktform. Marktakteure forcieren nämlich mit ihren eigenen Aktionen am Markt Reaktionen ihrer Wettbewerber. Diese Reaktionen schlagen sich insbesondere in Preisanpassungen nieder. Die Marktakteure beeinflussen sich damit wechselseitig.

  Im 20. Jahrhundert hat sich aus den Fragestellungen des oligopolistischen Wettbewerbs heraus die *Spieltheorie* entwickelt. Sie analysiert Wettbewerb und die Interaktionen der Marktakteure aus ihren Verhaltensmustern heraus und bildet eine Grundlage zur Ableitung betriebswirtschaftlicher Strategien. Im Jahr 1994 wurde dem deutschen Ökonom und Mathematiker Reinhard Selten als bislang einzigem Deutschen zusammen mit zwei US-amerikanischen Forschern der Wirtschaftsnobelpreis für seine Arbeiten zur Spieltheorie verliehen.

Ob es in der Realität effiziente Märkte gibt, ist fraglich. Wenn überhaupt, wird den börsenorganisierten Wertpapier- und Rohstoffmärkten Effizienz unterstellt (= Effizienzmarkthypothese). Effizienzmarkttheoretiker wie Fama (1970) unterstellen, dass zu jeder Zeit alle öffentlich verfügbaren Informationen in die Preisentwicklungen eingeflossen sind. Zwar sind nicht für jedes Wirtschaftssubjekt alle Informationen verfügbar. Aber das Zusammenspiel aller Anbieter und aller Nachfrager impliziert einen Marktpreis, in dem alle Marktinformationen verarbeitet sind. Demnach ist die sicherste Prognose für einen zukünftigen Wertpapierkurs der aktuelle Kurs. Schließlich gibt es keine zusätzlichen Informationen im Markt, die nicht schon eingepreist worden wären. Zukünftige Kursveränderungen sind aus der Ausgangsperspektive Zufall. Wertpapierkurse beschreiben also Zufallsbewegungen (− Random Walk).

Shiller (2015) behauptet zwar, dass die Effizienzmarkthypothese unabhängig vom wirtschaftstheoretischen Verständnis von Märkten ernst zu nehmen sei; doch die Annahme der Effizienzmarkthypothese, dass Anleger keine Kurserträge erwirtschaften können, weil die

Gruppe der klügsten Börseninvestoren stets unter- und überbewertete Wertpapiere durch für sie rentable Transaktionen zu den Marktpreisen führen, weiß er zu widerlegen und resümiert: „Angesichts der vorliegenden Belege sehe ich jedoch keinen Grund, die These anzuzweifeln, dass intelligentere Menschen und Menschen, die sich mehr anstrengen, auf lange Sicht bei der Geldanlage besser abschneiden" (Shiller 2015, S. 269–274). Effizient in der strengen Wortauslegung wären damit weder die börsenorganisierten Märkte für Vermögenswerte noch Immobilienmärkte mit ihren heterogenen Gütern.

Hintergrundinformation
Handelsblatt, 27. August 2004, Nr. 166, S. 5.
   Spielend zum Nobelpreis

Reinhard Selten ermöglichte die praktische Anwendung der Spieltheorie in der Ökonomie
Thomas Hanke, Berlin: Reinhard Selten ist der erste Deutsche, der den Nobelpreis für Ökonomie verliehen bekam. Was für andere der Tag des größten persönlichen Triumphes ist, war für Selten jedoch eine Qual: Der in Breslau geborene Ökonom steht nicht gern im Rampenlicht. „Man sagt den Wirtschaftswissenschaftlern doch zwei Ambitionen nach: entweder durch Spekulation reich zu werden oder die Regierung zu beraten. Ich habe beides nicht versucht, ich sehe mich als Grundlagenforscher", sagte er nach Bekanntgabe der Entscheidung im Oktober 1994.
   Selten erhielt den Nobelpreis zusammen mit John Nash und John C. Harsanyi für seine Arbeiten zur Spieltheorie – wobei Nash die Grundlage für die Arbeit der beiden anderen gelegt hatte. Nashs außerordentlich viel versprechende Karriere wurde allerdings schon im Alter von 29 Jahren abrupt gestoppt. Mehr als 20 Jahre lang litt er unter schwerer Schizophrenie, kam in Kliniken, verlor Freunde, Familie und seine Arbeit und wanderte am Ende nur noch wie ein Gespenst über den Campus von Princeton. Erst als 50-Jähriger überwand er die Krankheit.
   Wer nicht Mathematiker oder Ökonom ist, der kann auf Anhieb mit der Spieltheorie wenig anfangen. Dabei ist sie durchaus alltagstauglich: Wenn wir Kinder ein Stück Wurst so teilen lassen wollen, dass keines das andere übervorteilen kann, lassen wir ein Kind schneiden und das andere auswählen. Beide Teilnehmer zielen darauf ab, möglichst gut „abzuschneiden", dabei erzielen sie zugleich die optimale Lösung für alle. Der spieltheoretische Begriff „Nullsummenspiel" hat es sogar in die Umgangssprache geschafft. Damit ist gemeint, dass der Gewinn des einen der Verlust des anderen ist.
   Mit Nullsummenspielen begann die formalisierte Spieltheorie. John von Neumann und Oskar Morgenstern, zwei vor den Nazis in die USA geflohene deutschsprachige Wissenschaftler, entwickelten sie in ihrem 1944 erschienenen Werk „Spieltheorie und ökonomisches Verhalten". Sie schufen als Erste ein mathematisches Modell für die Strategien von Personen mit unterschiedlichen Interessen.
   [...]

Heute versucht Selten, mit dem Konzept der eingeschränkten Rationalität eine deskriptive Theorie ökonomischen Verhaltens zu entwickeln. Als Direktor des Laboratoriums für experimentelle Wirtschaftsforschung an der Universität Bonn greift er dabei auf die kognitive Psychologie zurück. „Eigentlich muss man die Spieltheorie völlig neu aufbauen, diesmal nicht als Optimierungsmodell, sondern deskriptiv", sagte Selten im Gespräch. Er selber arbeitet kräftig daran mit: Bei der laufenden Sommeruni über Bounded Rationality am Max-Planck-Institut für Bildungsforschung in Berlin bestritt er gleich drei Sessions von je 90 min.

[...]

Wichtige Werke.

Spieltheoretische Behandlung eines Oligopolmodells mit Nachfrageträgheit (1965)

Reexamination of the Perfectness Concept for Equilibrium Points in Extensive Games (1975)

Die konzeptionellen Grundlagen der Spieltheorie einst und jetzt (2001)

Rethinking Rationality (2001)

Hanke, Thomas

Mit dem Polypolmodell werden dennoch nicht nur Immobilien- oder Finanzmärkte analysiert, sondern auch Güter- und Arbeitsmärkte. In jedem Fall erklärt die Mikroökonomik die Entscheidungsprozesse der einzelnen Wirtschaftssubjekte, der privaten Haushalte und privaten Unternehmen:

- *Theorie der Haushalte:* Auf dem **Gütermarkt** treffen private Haushalte eine Entscheidung über ihre Geldverwendung. Dabei lassen sie sich vom Nutzen leiten, den ihnen der Konsum liefert. Unterstellt wird, dass jeder Mehrkonsum zu einem Mehrnutzen führt. Allerdings nimmt der Mehrnutzen je weiterer Konsumeinheit ab (= Gesetz vom abnehmenden Grenznutzen). Die Nutzenmaximierung ist eine Nebenbedingung, wenn Haushalte ihre Geldverwendung optimieren. Haushalte verwenden ihr verfügbares Einkommen also derart, dass die Güterzusammensetzung den maximal möglichen Nutzen stiftet. Die Nachfragekurve *D* in Abb. 3.2 (linke Hälfte) bildet alle geometrischen Orte von Preis/Menge-Kombinationen ab, bei denen die Nachfrager nutzenmaximierend ihr verfügbares Einkommen zum Konsum verschiedener Güter verwenden. Diese Erläuterung entstammt der Indifferenzkurventheorie, mit der sich die steigende Nachfrage bei sinkenden Produktpreisen in einem Kurzfristmodell erklären lassen.

Im Marktmodell sind Preis und Menge sogenannte *endogene* Variablen. Verändert sich der zu erzielende Marktpreis, verändert sich auch die produzierte und nachgefragte Menge. Es handelt sich demnach um ein Modell der vollständigen Konkurrenz, in dem einzelne Marktakteure keinen direkten Einfluss auf die Bildung des Marktpreises besitzen. Auf Angebot und Nachfrage haben auch weitere Variablen Einfluss, die im Preis/Mengen-Diagramm nicht erfasst sind. Dabei handelt es sich um sogenannte *exogene* Variablen, wie vor allem die Preise alternativer Güter und das verfügbare Haushaltseinkommen. Bei Veränderungen von endogenen Variablen erfährt das Marktmodell Veränderungen auf den Kurven. Veränderungen exogener Variablen verschieben die Kurven. Ein Beispiel: Sinkt der Preis für eine Ein-Liter-Flasche Coke light, wird tendenziell mehr Coke light konsumiert. Die Nachfrage verschiebt sich entlang der Kurve nach rechts. Jetzt stellt sich die Frage, warum der Preis gesunken ist – ein Grund ist ein Technologiesprung bei Abfüllanlagen, sodass die Produktion einen Kostensenkungssprung vollzieht und Coca-Cola die Preise senken kann. In diesem Fall unterliegt das Marktmodell einem exogenen Einfluss und die Angebotskurve insgesamt verschiebt sich nach rechts.

Obwohl das verfügbare Haushaltseinkommen nur indirekt im Marktmodell abgebildet ist, besitzt es eine besondere Bedeutung für die Mikroökonomie. Denn im Normalfall steigt die Nachfrage nach Gütern mit dem Einkommen. In diesem Fall handelt es sich auch um *normale Güter*. Sollte diese Nachfrage überproportional ansteigen, wird von *superioren Gütern* gesprochen. Sinkt jedoch die Nachfrage bei steigendem Einkommen, handelt es sich um sogenannte *inferiore Güter*. Früher war Brot ein typisches inferiores Gut, weil es mit steigendem Einkommen durch etwas teurere Brötchen substituiert wurde. *Substitutionsgüter* sind also Güter, die andere Güter ersetzen können. Es gibt allerdings auch Güter, die zwingend zusammen genutzt werden, sogenannte *Komplementärgüter,* wie z. B. ein CD-Spieler und CDs.

Auf den **Faktormärkten** (vor allem auf dem Arbeits- und dem Finanzmarkt) nehmen private Haushalte zum einen die Rolle der Anbieter und zum anderen zusätzlich auch der Nachfrager ein. Haushalte bieten Unternehmen ihre Arbeitskraft an, fragen jedoch auch Arbeitskraft nach (z. B. für Haushaltsdienstleistungen). Auf dem Finanzmarkt bieten sie Unternehmen bzw. Kreditinstituten ihre gesparten Finanzmittel gegen eine Verzinsung an. Haushalte fragen aber auch Finanzmittel nach, z. B. zur Wohnungsbaufinanzierung. In jedem Fall sind Angebot und Nachfrage wiederum vom Preis abhängig. Auf dem Arbeitsmarkt ist der Lohnsatz als Stundenlohn der Preis, auf dem Finanzmarkt der Zins, der durch den Zinssatz in Prozent bestimmt wird.

Die Entscheidung der Haushalte über ihr Arbeitsangebot auf dem **Arbeitsmarkt** hängt von den Konsumpräferenzen ab, weil die Arbeitsangebotsbereitschaft das Haushaltseinkommen determiniert. Denn das Einkommen beschränkt den Konsumumfang und damit das zu erreichende Gesamtnutzenniveau eines Haushalts. Die Entscheidung eines Haushalts für Freizeit anstatt für Arbeit ist demnach durch den Lohnsatz monetär zu quantifizieren. Eine Stunde mehr Freizeit kostet demnach Lohnverzicht. Der Lohn stellt somit die Opportunitätskosten der Freizeit dar. Die Indifferenzkurventheorie des Gütermarkts ist insofern auf den Arbeitsmarkt übertragbar, als die Geldverwendung nicht nur auf verschiedene Konsumgüter, sondern auch im Hinblick auf Konsumgüter und Freizeit analysiert wird.

Varian (2016, S. 191) fasst den Sachverhalt wie folgt zusammen: „Der Wert des zusätzlichen Konsums für den Konsumenten auf Grund von etwas mehr Arbeit muss gerade dem Wert der zur Erzielung dieses Konsums aufgegebenen Freizeit gleich sein. Der Reallohn ist jene Menge an Konsumgütern, welche der Konsument kaufen kann, wenn er auf eine Stunde Freizeit verzichtet.". Die Reaktion eines Haushalts auf eine Lohnerhöhung ist vor diesem Hintergrund nicht klar bestimmbar. Mit Lohnerhöhungen wird ein Haushalt zwar zunächst das Arbeitsangebot ausweiten, ab einem bestimmten Lohnniveau jedoch verstärkt Freizeit nachfragen.

- *Theorie der Unternehmung:* Anbieter von Konsumprodukten auf dem **Gütermarkt** sind Unternehmungen, also alle Arten von Aktivisten unabhängig von der Rechtsform. Im Weiteren wird exemplarisch nur von Unternehmen gesprochen, weil sie in der Realität die wesentlichsten Produzenten und Anbieter von Konsumgütern sind. Im Kurzfristmodell des Polypols weiten Unternehmen die Angebotsmenge mit steigendem Güterpreis aus. Degressionseffekte der Stückkosten bleiben zunächst unberücksichtigt. Die Angebotskurve S in Abb. 3.2 (linke Hälfte) bildet alle geometrischen Orte von Preis/Menge-Kombinationen ab, bei denen die Anbieter sich für eine Produktionsmenge entscheiden, deren gewinnmaximierende Nebenbedingung erfüllt ist. Um die Form der Angebotskurve herzuleiten, ist auf die Produktions-, Kosten- und Gewinntheorie zurückzugreifen. Dabei liefert die Produktionstheorie Hinweise auf den Wirkungszusammenhang von Input (Produktionsfaktoren) und Output (Produktion) für Unternehmen.

Dieser Zusammenhang lässt sich auch betrachten, indem die nötigen Mengen an Produktionsfaktoren für eine Einheit Output erfasst werden. Werden die Mengen an Produktionsfaktoren monetär bewertet, wird die Kostenstruktur der Produktion deutlich. Demnach liefert die Kostentheorie Hinweise zu notwendigen Mindesterlösen, um nicht defizitär zu produzieren. Sie ist damit Basis der Gewinntheorie, welche die Nebenbedingung der Unternehmen untersucht, nämlich die gewinnmaximale Produktion zu gewährleisten. Im einfachsten Fall lassen sich Unternehmen mit nur zwei Produktionsfaktoren modellieren, deren Produktions- und Kostenfunktion einem ertragsgesetzlichen Verlauf folgen. Die Produktionsmenge ist unter dieser Annahme nicht unendlich auszuweiten, weil ab einem bestimmten Schwellenwert der Produktion die Gesamtkosten schneller steigen als die Umsätze bzw. die Produktion also defizitär wird. Der Gewinn ist stattdessen bei jener Produktionsmenge maximal, bei der die Differenz von Erlöse minus Gesamtkosten maximal ist. Gleichfalls müssen die Erlöse größer den Gesamtkosten sein. Die Gewinnfunktion ist daraufhin auf ihr Maximum hin zu prüfen, indem ihre erste Ableitung Null gesetzt und nach dem Preis umgestellt wird. Im Ergebnis zeigen sich zwei Bedingungen für das gewinnmaximale Produzieren: Erstens müssen die Stückkosten kleiner als der Marktpreis, und zweitens die Grenzkosten gleich dem Marktpreis sein. Bei visualisierter Betrachtung dieser Sachverhalte entspricht die Angebotskurve S dem Teil der Grenzkostenkurve, der oberhalb ihres Schnittpunkts mit der Durchschnittskostenkurve liegt.

Auf den **Faktormärkten** nehmen Unternehmen primär die Rolle der Nachfrager ein. In einem Kurzfristmodell ist ihre Nachfrage durch eine horizontale Kurve in einem Preis/ Menge-Diagramm (mit Preis=Lohnsatz; Menge=Arbeit) gekennzeichnet. Die Nachfrage nach Arbeit wird dabei allein durch den Lohnsatz bestimmt. Diese mikroökonomische

Arbeitsmarktfundierung ist in der Makroökonomik der neoklassischen Schule zuzuordnen. Der Beschäftigungsgrad einer Volkswirtschaft ist realistisch betrachtet abhängig
von weiteren, vor allem den Rechtsrahmen betreffenden Aspekten (z. B. tariflich fixierte
maximale Arbeitszeiten, Kündigungsfristen oder Urlaubsansprüchen). Alle diese weiteren
Aspekte lassen sich jedoch wiederum in den Lohnsatz je Zeiteinheit hineinkalkulieren.

Nicht bei allen Märkten handelt es sich um Wettbewerbsmärkte. Wie oben bereits
beschrieben, sind die Marktformen des Monopols und des Oligopols ebenfalls relevant.
Das Polypol mit dem vollständigen Wettbewerb ist aus volkswirtschaftlicher Sicht
die präferierte Marktform, weil sie durch den Marktpreismechanismus die Wohlfahrt maximiert. Die *Wohlfahrt* definiert sich aus der Summe von Konsumenten- und
Produzentenrente. *Konsumentenrente KR* ist der Wert, der sich als Kostenvorteile aller
Nachfrager ergibt, die bereit wären, oberhalb des Gleichgewichtspreises nachzufragen.
In Abb. 3.2 (linke Hälfte) ist sie als Dreieck zu erkennen. Sie berechnet sich als Hälfte
der Multiplikation von Gleichgewichtsmenge q_E und Achsenabschnitt der Nachfragekurve D abzüglich des Gleichgewichtspreises p_E. In Analogie ist das Dreieck der
Produzentenrente PR zu berechnen als die Hälfte von Gleichgewichtsmenge q_E multipliziert mit dem Gleichgewichtspreis p_E abzüglich des Achsenabschnitts der Angebotskurve S auf der Preisachse p. Nur im Polypol ist die Wohlfahrt maximal.

Im Polypol ist der Marktpreis für das einzelne Unternehmen allerdings fixiert. Es
gibt keine Möglichkeit für ein einzelnes Unternehmen, den Marktpreis zu verändern.
Ein Unternehmen wäre aber in der Lage, die Gewinne zu steigern, wenn es den Preis
als Monopolist erhöhen, ihn oberhalb der Grenzkosten fixieren könnte. Daher streben
Unternehmen nach Produktinnovationen, lassen Patente registrieren und schöpfen auf
diese Weise temporäre Monopolrenten ab. Wettbewerb forciert insofern die Innovations-
intensität einer Volkswirtschaft, steigert den technischen Fortschritt und führt die
Volkswirtschaft dadurch zum gewünschten Wohlstand. Von Aspekten der Einkommens-
und Vermögensverteilung wird an dieser Stelle noch abgesehen (vgl. daher auch
Abschn. 4.3).

Ein Angebotsmonopol auf dem Gütermarkt führt im Umkehreffekt zur Innovations-
losigkeit der Branche. Der Monopolist produziert weniger und zu einem höheren Preis
als im Polypol. Der Monopolpreis liegt stets oberhalb der Grenzkosten. Das Monopol
ist damit pareto-ineffizient. Diese Ineffizienz ist durch den Wohlfahrtsverlust zu quantifizieren. Je weniger Anbieter einer Branche im Markt agieren, desto größer ist die Ver-
suchung der Marktanbieter, sich durch Preisabsprachen monopolähnlich zu verhalten,
sich als Kartell zu organisieren.

Übung: Monopolmarkt

Für den gewinnmaximalen Output eines Unternehmens gilt die Bedingung, dass der
Preis (= Grenzerlös) gleich den Grenzkosten des Unternehmens sein muss. Für einen
Monopolisten ist der Grenzerlös komplexer als für ein Wettbewerbsunternehmen,

weil die Erhöhung des Outputs einerseits einen Mehrerlös generiert, sich andererseits aber auf Kosten einer Preissenkung vollzieht. Zwei Einflüsse führen also zur Erlösvariation.

Die Erlösveränderung dividiert durch die Veränderung des Outputs ergibt den Grenzerlös. Dieser Sachverhalt lässt sich auch mathematisch ausdrücken. Durch Umstellung der Gleichung und mit Blick auf die negative Steigung der Nachfragekurve lässt sich mathematisch ableiten, dass der Monopolpreis immer größer als die Grenzkosten ist. Beweisen Sie diese Schlussfolgerung mathematisch! Zur Kontrolle Ihrer Übungsergebnisse vgl. Varian 2016, S. 508 f. sowie Antwort 25.9 auf S. 869. ◄

Für die Analyse von Märkten sind die Analyseart und die Art der Veränderungen im Modell zu konkretisieren:

- *Analyseart:* Die modellhafte Abbildung einer statischen Marktsituation ist an sich noch nicht aussagekräftig für eine ökonomische Analyse. Erst die Veränderungen im Modell durch veränderte Bedingungen führen zu einem neuen Gleichgewicht. Der Vergleich beider Gleichgewichte führt zu den zentralen Aussagen der ökonomischen Analyse, die als **komparativ-statische Analyse** bezeichnet wird. Die komparative Statik ist jedoch nicht nur für die Mikroökonomik die wesentliche Analysemethode, sondern auch für die Makroökonomik. Wenn die Veränderungsprozesse selbst detailliert untersucht werden, ist die Rede von einer dynamischen Analyse.
- *Art der Veränderungen im Modell* ergeben sich durch zwei Einflüsse:
  - Zum einen führen Veränderungen von Variablen, die das Modell aufziehen, zu neuen (Un-)Gleichgewichtssituationen. Diese Variablen werden als **endogene Variablen** bezeichnet. Ihre Veränderung führt zu *Bewegungen auf den Modellkurven.* Wird im Modell von Abb. 3.2 (linke Hälfte) z. B. der Gütermarkt abgebildet und ein Höchstpreis unterhalb des Gleichgewichtspreises eingeführt, kommt es zu Bewegungen auf der Angebots- und Nachfragekurve mit dem Ergebnis eines Nachfrageüberhangs.
  - Zum anderen können Variablen verändert werden, die in das Modell nicht explizit hineinkonstruiert sind. Diese Variablen werden als **exogene Variablen** bezeichnet. Ihre Veränderung führt zur *Verschiebung von Modellkurven.* Im obigen Gütermarktbeispiel führt z. B. die Erhöhung des verfügbaren Haushaltseinkommens zur Verschiebung der Nachfragekurve nach rechts.

Herleitung der Nachfragekurve auf Konsumgütermärkten

Die *Nachfragekurve* auf dem Gütermarkt stellt den geometrischen Ort aller Preis/Mengen-Kombinationen dar, zu denen Haushalte das Gut erwerben wollen und können (vgl. Abb. 3.2, linke Seite). Die Marktnachfrage besteht aus der Summe aller individuellen Nachfragemengen für ein bestimmtes Gut. Entsprechend ergibt sich die Marktnachfragekurve grafisch aus der horizontalen Addition aller individuellen Nachfragekurven. Hierbei wird das Gesetz der Nachfrage unterstellt, nach dem bei sonst gleichen Bedingungen die nachgefragte Gütermenge sinkt, wenn der Preis des Gutes steigt. Wie aber lässt sich die Nachfragekurve erklären und herleiten? Welche Argumentation steht hinter dem *Gesetz der Nachfrage?* Hierzu bieten sich folgende drei Überlegungen an:

Substitutionseffekt: Das Gesetz der Nachfrage wurde oben unter der ceteris-paribus-Klausel („bei sonst gleichen Bedingungen") formuliert. Kommt es also zu einem Preisanstieg eines bestimmten Gutes 1, wird von der Preiskonstanz aller übrigen Güter *n* ausgegangen. Die übrigen Güter *n* erfahren durch den Preisanstieg von Gut 1 relative Preissenkungen. Haushalte substituieren in diesem Fall das verteuerte Gut 1 durch den Erwerb von Alternativgütern, um ihre Bedürfnisse maximal zu stillen bzw. den zu erzielenden Nutzen zu maximieren. Durch den Mehrerwerb von Alternativgütern können Haushalte ihr ursprüngliches Nutzenniveau aufrechterhalten. Hätten sie die Nachfrage nach Gut 1 beibehalten, wäre die Nachfrage nach Alternativgütern zu reduzieren gewesen und das zu erzielende Nutzenniveau wäre gesunken.

Einkommenseffekt: Die Preissteigerung eines Gutes 1 kommt der Senkung des verfügbaren Haushaltseinkommens gleich. Mit sinkendem Einkommen fragen Haushalte entsprechend weniger Güter nach.

Nutzeneffekt: Die Güternachfrage zum Stillen von Bedürfnissen stiftet den Haushalten einen Nutzen *U*. Der Nutzen ist eine Funktion der Menge *q* von Produkt *n* pro Zeiteinheit *t*:

$$\mathrm{U} = \mathrm{U}(q_{n/t}) \qquad (3.1)$$

Nach dem sogenannten *ersten Gossenschen Gesetz* besitzt die Nutzenfunktion einen abnehmenden Grenznutzen (vgl. Brunner/Kehrle 2014, S. 180 f.). Mit anderen Worten sinkt der Nutzenzuwachs mit jeder weiteren nachgefragten Gütermengeneinheit. Die Konsum- bzw. Zahlungsbereitschaft von Haushalten nimmt dadurch mit zusätzlicher Nachfrage ab. Je mehr ein Haushalt von einem Gut nachfragt, desto weniger Mehrnutzen stiftet die zuletzt nachgefragte Gütermengeneinheit. Der Nutzenzuwachs der zuletzt nachgefragten Gütermengeneinheit entspricht mathematisch der ersten Ableitung der Nutzenfunktion bzw. dem Grenznutzen:

$$\mathrm{U}' : \mathrm{U}' = \frac{dU}{dq} \qquad (3.2)$$

Ein Haushalt als Nutzenmaximierer möchte die Menge des Gutes nachfragen, die den individuellen Nutzen maximiert. Aus Sicht des Haushalts wäre es im Fall eines freien Gutes jene Menge (= Sättigungsmenge), bei der der Grenznutzen gleich Null ist. Wirtschaftliche Güter sind aber nicht frei, sondern knapp und lediglich gegen Zahlung eines Preises nachzufragen. Im Markt wird ein Haushalt daher nur so lange das Gut mehr nachfragen, wie der Grenznutzen der nachgefragten Menge größer/gleich dem Preis des Gutes ist. In der Konstellation, in der der Grenznutzen dem Marktpreis entspricht, wird ein Haushalt nur dann weitere Gütermengeneinheiten nachfragen, wenn der Marktpreis sinkt.

Die Ableitung der individuellen Nachfragekurve auf Basis der Nutzentheorie ist in der Literatur jedoch umstritten (vgl. Woll 2011, S. 97): Zum einen ist die untersuchte Beziehung zwischen dem Nutzen und der nachgefragten Menge eines Gutes nicht autark zu betrachten. Die Nachfrage nach einem Gut 1 hängt z. B. auch von Bedürfnissen nach anderen Gütern ab (Substitutionseffekt). Zum anderen ist die Nutzenmessung problematisch. Selbst wenn sie haushaltsindividuell quantifizierbar wäre, bliebe das Problem des interhaushaltsbezogenen Vergleichs.

Bislang konnte der typische Verlauf der (Haushalts-)Nachfragekurve zwar logisch untermauert werden. Doch eine empirisch überprüfbare Erklärung konnten die bereits genannten drei Überlegungen noch nicht liefern. Die *Indifferenzkurvenanalyse* dient als vierte Überlegung zur Bestimmung der Nachfragekurve.

Im Unterschied zur Nutzentheorie stellt die Indifferenzkurvenanalyse auf eine Mehr-Güter-Welt ab. Der Nutzen dieser Güter wird nicht mehr kardinal gemessen wie im ersten Gossenschen Gesetz, sondern ordinal. An die Stelle absoluter Nutzenmessungen treten also zu vergleichende Nutzenniveaus. Wegen der ordinalen Nutzenmessung stellt eine Nutzenfunktion im Rahmen der Indifferenzkurvenanalyse lediglich Rangordnungen von Güterbündeln dar. Die Nutzenmaximierungsannahme gilt jedoch weiter. Annahmegemäß ist zur besseren Anschaulichkeit und grafischen Übersichtlichkeit von einer Zwei-Güter-Welt (q_1, q_2) in einer Zeitperiode t auszugehen, sodass die Nutzenfunktion eines Haushalts lautet:

$$U = U(q_1, q_2) \tag{3.3}$$

Diese Zwei-Güter-Welt wird in Abb. 3.3 grafisch aufgespannt (vgl. Brunner/Kehrle 2014, S. 184–191; Woll 2011, S. 98–100). Das Gut q_1 wird in Abhängigkeit von der Nachfragemenge je Zeiteinheit t auf der Abszisse und das Gut q_2 entsprechend auf der Ordinate des Diagramms abgetragen. Die Linien I_1 und I_2 sind sogenannte Indifferenzkurven. Sie bilden jeweils die geometrischen Orte der Mengenkombinationen beider Güter ab, die aus Sicht der individuellen Haushaltspräferenzen ein konstantes Nutzenniveau repräsentieren. Indifferenzkurven können sich definitionsgemäß nicht schneiden.

Die Form der drei Indifferenzkurven ist abhängig von den Beziehungen der beiden Güter zueinander:

- Wenn zwei Güter perfekt substituierbar sind, dann repräsentiert die Indifferenzkurve eine Gerade. Eine Verschiebung der Indifferenzkurve nach rechts generiert einen größeren Abstand der Indifferenzkurve vom Ursprung (= Nullpunkt des Diagramms) und repräsentiert ein größeres Nutzenniveau des Güterbündels.
- Ein Mittelmaß der Substituierbarkeit von Gütern repräsentiert eine konvex zum Ursprung verlaufende Indifferenzkurve. Sie kommt der Realität näher und verdeutlicht, dass unter der Bedingung eines fixen Nutzenniveaus eine Reduktion der Menge von Gut q_1 einen Zuwachs der Menge von Gut q_2 impliziert et vice versa. Die Indifferenzkurve besitzt also eine negative Steigung, die als Grenzrate der Substitution bezeichnet wird.
- Den negativen Grenzfall der Substituierbarkeit von Gütern repräsentiert eine Indifferenzkurve, wenn sich die Güter überhaupt nicht substituieren lassen. Sie sind stattdessen komplementär (= limitational), wie z. B. ein CD-Spieler und CDs.

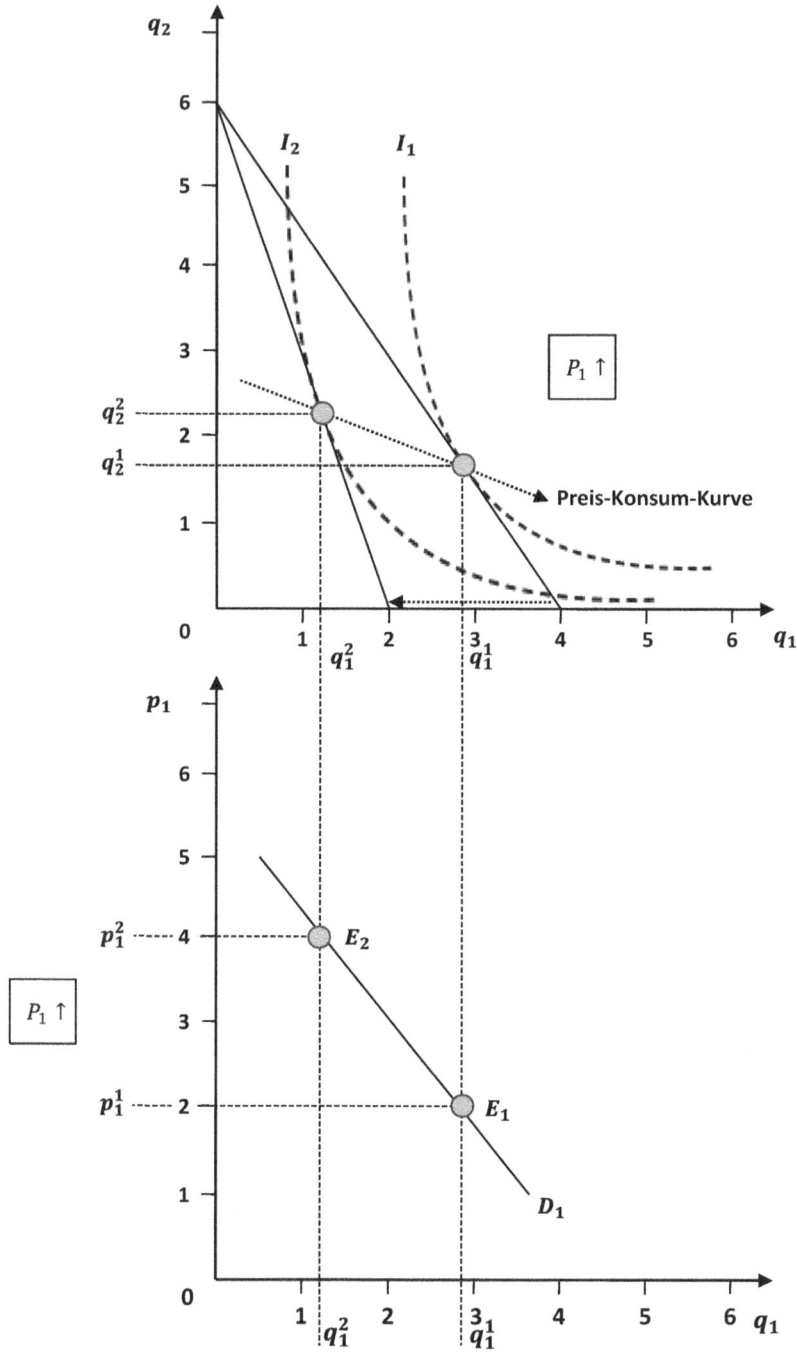

Hinweis: Siehe zu den genannten Variablen das Abkürzungsverzeichnis

Abb. 3.3 Ableitung der Nachfragekurve auf dem Konsumgütermarkt. (Quelle: Eigene Darstellung)

Die Lage der Indifferenzkurve, also ihr Abstand zum Ursprung in der Zwei-Güter-Welt, wird durch das erreichbare Nutzenniveau der Haushalte bestimmt. Dieses Nutzenniveau soll maximal sein. Weil der Erwerb wirtschaftlicher Güter aber nur gegen Bezahlung von Marktpreisen möglich ist, sind nicht alle Güterbündel realisierbar. Damit lassen sich drei *Determinanten der Nachfrage* festmachen:

- Bedürfnisse der Haushalte; sie entscheiden generell über die Auswahl der Güter.
- Verfügbares Einkommen der Haushalte; es entscheidet über die mögliche nachzufragende Menge des Güterbündels.
- Preise der Konsumgüter; sie entscheiden über die Zusammensetzung und die nachzufragende Menge des Güterbündels.

Das verfügbare Haushaltseinkommen lässt sich im Zwei-Güter-Modell als lineare Gerade abgetragen. Diese Gerade heißt entsprechend individuelle *Budgetlinie (auch Budgetgerade oder Bilanzgerade)* eines Haushalts. Sie repräsentiert das mengenmäßig mögliche Maximum des nachzufragenden Güterbündels des Haushalts bei gegebenen Güterpreisen und einem vordefinierten verfügbaren Haushaltseinkommen ($=$ Budgetrestriktion). Im Fall der perfekten Substituierbarkeit von Gütern entspricht sie der Indifferenzkurve.

Die Lage der Budgetlinie wird durch zwei Determinanten der Nachfrage bestimmt:

- *Verfügbares Einkommen der Haushalte:* Das verfügbare Haushaltseinkommen bestimmt den Abstand der Budgetlinie vom Ursprung, also über das maximal zu erreichenden Nutzenniveau des Güterbündels. Steigendes Einkommen verschiebt die Budgetlinie parallel nach rechts. Von beiden Güter q_1 und q_2 kann der Haushalt jetzt mehr nachfragen und mit der Mengenzunahme nimmt auch das Nutzenniveau zu, welches das neue Güterbündel impliziert.
- *Preise der Konsumgüter:* Die Preise der Güter bestimmen die Steigung der Budgetlinie, demnach die Zusammensetzung des Güterbündels. Ein Preisanstieg von Gut q_2 in Abb. 3.3 verschiebt den Achsenabschnitt der Budgetlinie nach links; die Gerade fällt dadurch stärker. Wenn der Haushalt jetzt immer noch dieselbe Menge des Gutes q_1 nachfragt, ist die nachgefragte Menge des Gutes q_2 gesunken. Hier wird vom Einkommenseffekt gesprochen. In Abb. 3.3 ist jedoch zu erkennen, dass beide Güter so beschaffen sind, dass es auch einen Substitutionseffekt gibt. In diesem Fall also vergünstig sich das Produkt q_2 relativ zum Gut q_1. In diesem Fall sinkt zwar die Nachfrage nach q_1, die Nachfrage nach q_2 kann den negativen Einkommenseffekt zum Teil kompensieren.

Für die angenommene Zwei-Güter-Welt eines individuellen Privathaushalts wurde oben allerdings eine nur eingeschränkte Substituierbarkeit der Güter angenommen. Die für den Haushalt relevante Indifferenzkurve kann also nicht mit der Budgetlinie übereinstimmen. Vielmehr repräsentiert sie eine Kurve in der oben angesprochenen zum

Ursprung konvexen Form. Der *optimale Konsumpunkt* eines Haushalts (= Haushalts-optimum) ist dann der Punkt, in dem die Indifferenzkurve die Budgetlinie berührt. Es gibt für einen Haushalt demnach kein anderes realisierbares Güterbündel, das einen größeren Nutzen stiftet. Der Haushalt hat im Haushaltsoptimum sein Nutzenmaximum erreicht.

Mathematisch betrachtet wird der optimale Konsumpunkt durch das Lagrange-Verfahren zur Bestimmung von Maximum oder Minimum unter Nebenbedingungen bestimmt. Dabei ist die Nutzenfunktion zu maximieren und die Budgetrestriktion als Nebenbedingung heranzuziehen. Aus dem Ergebnis der formalen Berechnung lässt sich im Nutzenmaximum eines individuellen Privathaushalts ein Ausgleich der gewogenen Grenznutzen ableiten:

$$\frac{u_1'}{p_1} = \frac{u_2'}{p_2} \tag{3.4}$$

Ein Anstieg des verfügbaren Haushaltseinkommens verschiebt die Budgetlinie und damit die relevante Indifferenzkurve nach rechts sowie den optimalen Konsumpunkt eines Haushalts nach rechts oben. Werden nach komparativ-statischer Betrachtung und fixen Güterpreisen die optimalen Konsumpunkte miteinander verbunden, lässt sich die neu entstandene Kurve als *Einkommen-Konsum-Kurve* bezeichnen. Hieraus lässt sich in einem neuen Einkommen/Gut q_1-Diagramm die einkommensabhängige Nachfrage eines individuellen Haushalts ableiten. Diese Kurve wird Engel-Kurve genannt. Sie diente in der empirischen Forschung ursprünglich der Analyse von einkommensabhängigen Mietausgaben privater Haushalte (= Schwabesches Gesetz) und verdeutlicht auch in aktuellen Studien, dass die aufgewendeten Anteile des verfügbaren Einkommens privater Haushalte für Wohnungsmieten, Energie etc. mit steigendem Einkommen nur unter-proportional wachsen (vgl. Brunner/Kehrle 2014, S. 199–201).

In einer weiteren komparativ-statischen Analyse soll das Einkommen konstant blieben. Jetzt wird stattdessen der Preis p_1 von Gut q_1 erhöht; der Preis p_2 bleibt ebenfalls konstant. Abb. 3.3 visualisiert den Prozess. Jetzt kippt hierdurch die Budgetlinie nach links, die relevante Indifferenzkurve findet sich weiter links wieder und der optimale Konsumpunkt eines Haushalts verschiebt sich ebenfalls nach links (= *Substitutions-effekt*). Werden nach komparativ-statischer Betrachtung die optimalen Konsumpunkte miteinander verbunden, lässt sich die neu entstandene Kurve als *Preis-Konsum-Kurve* bezeichnen.

Die *Preis-Konsum-Kurve* kann eine positive oder negative Steigung besitzen. Dabei ist die Steigung davon abhängig, in welcher Form sich neben dem Substitutionseffekt auch ein *Einkommenseffekt* einstellt. Der *Substitutionseffekt* bei einem Anstieg von Preis p_1 führt zu einer Reduktion der nachgefragten Menge q_1 Ein positiver *Einkommenseffekt* tritt ein, wenn beim Anstieg von Preis p_1 die nachgefragte Menge q_2 ebenfalls ansteigt, weil Gut 2 durch den Preisanstieg von Gut 1 relativ günstiger geworden ist. Beide Effekte erklärt Varian (2016, S. 149–171) ausführlich. Die Lektüre des Lehrbuchausschnitts wird zum weiteren Verständnis deshalb nachhaltig empfohlen.

Aus den Nachfrageveränderungen aufgrund der Preisveränderungen lässt sich in einem neuen Preis p_1/Menge q_1-Diagramm die preisabhängige Nachfrage eines individuellen Haushalts ableiten. Bei dieser Kurve D_1 handelt es sich nun um die *individuelle Nachfragekurve eines privaten Haushalts.* Sie hat im Fall normaler wirtschaftlicher Güter eine negative Steigung.

Um die Kurve der Marktnachfrage D abzuleiten, sind alle n individuellen Nachfragekurven D_i(mit $i = 1$ *bis* n) einer Volkswirtschaft zu aggregieren. Die Kurve der Marktnachfrage privater Haushalte D, hat ebenfalls eine negative Steigung für den Fall normaler, wirtschaftlicher Güter. Die Indifferenzkurvenanalyse hat jetzt eine Haushaltsnachfragekurve D abgeleitet, deren Verlauf empirisch zumindest eingeschränkt prüfbar ist.

Über die Preiselastizität der Nachfrage (= Nachfrageelastizität)
Im Polypol ist der Marktpreis durch kein einzelnes Wirtschaftssubjekt zu verändern. Dennoch spielt die Reaktionsintensität der Mengenänderung auf eine Preisänderung für alle Marktformen eine wichtige Rolle. Denn sie lässt mögliche Umsatzanpassungen aufgrund von Preisänderungen antizipieren. Bestünde z. B. im Bankenmarkt nur eine sehr geringe Reaktionsintensität der Mengenanpassung auf Preisbzw. Margenreduktionen, müssten Kreditinstitute überproportional den Vertrieb ausweiten, um die Umsatzverluste zu kompensieren. Ein erstes Maß der Reaktionsintensität bzw. der Anpassungsempfindlichkeit ist die Steigung einer Kurve. Die Steigung einer Nachfrage berechnet sich als erste Ableitung der Kurvenfunktion bzw. Empfindlichkeitsmaß mit einer Abhängigkeit von den Einheitendimensionen für Preise und Mengen. Um das Empfindlichkeitsmaß dimensionslos zu gestalten, werden Veränderungen relativiert. Die relative Veränderung der Menge dividiert durch die relative Änderung des Preises (oder anderer Variablen wie z. B. dem Haushaltseinkommen) ist die sogenannte Elastizität ε. In Ausdrücken der Differenzialrechnung gilt:

$$\varepsilon = \frac{\frac{dq}{q}}{\frac{dp}{p}} = \frac{dq}{dp} \times \frac{p}{q} \qquad (3.5)$$

Im Hinblick auf die Nachfrage wird von der Preiselastizität der Nachfrage oder kurz von der Nachfrageelastizität η gesprochen, die mathematisch definiert ist als:

$$\eta = -\frac{dq}{dp} \times \frac{p}{q} \qquad (3.6)$$

Wird eine lineare Nachfragefunktion unterstellt mit: $q = a - bp$, weist die Funktion eine konstante Steigung $-b$ auf. Die Nachfrageelastizität besitzt unter normalen Marktbedingungen demnach einen negativen Wert und wird deshalb zumeist mit -1 multipliziert, um optisch einen positiven Wert auszuweisen. Gilt nämlich das Gesetz der Nachfrage, führen Preisänderungen zu gegenläufigen Veränderungen der Nachfragemengen: Steigt der Marktpreis, sinkt die Nachfrage. Um die Nachfrageelastizität η leichter zu interpretieren, wird sie definitionsgemäß mit -1 multipliziert. Es gilt also für die Nachfrageelastizität η:

$$\eta = -\frac{prozentuale\ Mengen\ddot{a}nderung}{prozentuale\ Preis\ddot{a}nderung}$$

Alternativ wird die Nachfrageelastizität η auch betragsmäßig erfasst. Dann gilt:

$$\eta = \left|\frac{prozentuale\ Mengen\ddot{a}nderung}{prozentuale\ Preis\ddot{a}nderung}\right|$$

Vor der betragsmäßigen Erfassung sei an dieser Stelle aber abgeraten, weil sie Güter missverständlich darstellt, für die das Gesetz der Nachfrage gerade nicht gilt (siehe Aufgabe 3.3. in Abschn. 3.3).

Eine Nachfrageelastizität wird dann als elastisch bezeichnet, wenn gilt:

$$\eta \geq 1 \tag{3.6}$$

Unelastisch ist sie, wenn gilt:

$$0 < \eta < 1 \tag{3.7}$$

Wird die konstante negative Steigung $-b$ der Nachfrageelastizität in die Elastizitätsformel eingesetzt und der Achsenabschnitt a berücksichtigt, gilt:

$$\eta = -\frac{-bp}{q} = -\frac{-bp}{a - bp} \tag{3.8}$$

Für $p = 0$ gilt: $\eta = 0$. Interessant ist es unter Umständen zu berechnen, bei welchem Preis die Nachfrageelastizität $\eta = 1$ beträgt. Dazu ist die Elastizitätsgleichung gleich 1 zu setzen und wie folgt nach p umzuformen:

$$\eta = -\frac{-bp}{a - bp} = 1$$

$$\Rightarrow bp = a - bp$$

$$\Rightarrow 2bp = a$$

$$\Rightarrow p = \frac{a}{2b}$$

$$\Rightarrow p = \frac{a}{2b}$$

Wird der Preis p in die Nachfragefunktion q^D eingesetzt, lässt die Menge für $\eta = 1$ bestimmen und es gilt:

$$q^D = a - b\left(\frac{a}{2b}\right) = a - \left(\frac{ba}{2b}\right) = a - \left(\frac{a}{2}\right) = \frac{2a}{2} - \frac{a}{2} = \frac{2a - a}{2} = \frac{a}{2}$$

also gilt für $\eta = 1$:

$$p = \frac{a}{2b}$$

und

$$q^D = \frac{a}{2}$$

Abb. 3.4 informiert über die Nachfrageelastizität im Bankenmarkt für Wohnungsbaukredite im Neugeschäft für das Jahr 2019. Zins- und Mengendatenbasis sind Werte im Privatkundengeschäft. Die Deutsche Bundesbank publiziert keine valide Datenbasis für Firmenkundengeschäfte. Vor dem Hintergrund des standardisierten Wohnungsbaukreditgeschäfts lassen sich auch für die Privatkundendaten Indikationen zur Bewertung des Kreditgeschäfts mit Wohnungsunternehmen ableiten.

Das Preis/Menge-Diagramm in Abb. 3.4 bildet die Jahresdurchschnittswerte der Jahre 2003 bis 2019 für Kreditzinsen und das Neugeschäft in Mrd. (dicke, zackige Line). Euro

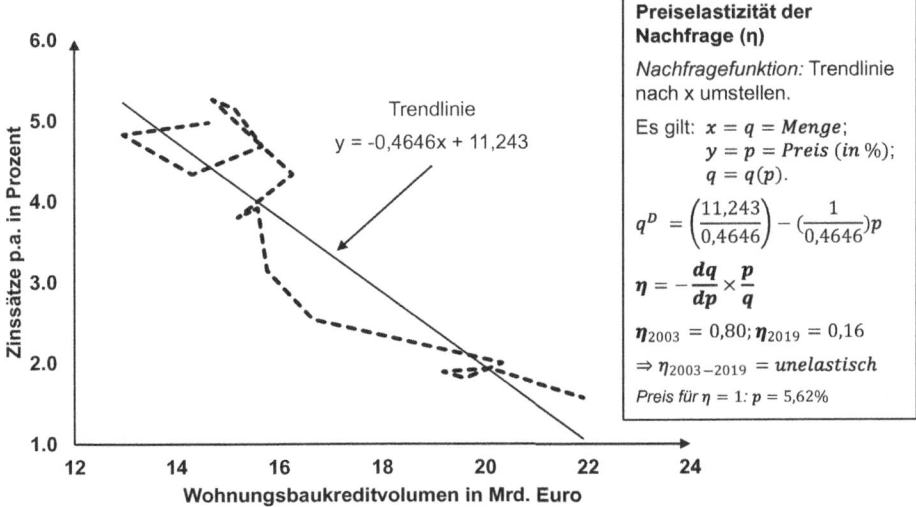

a) Effektivzinssätze für Wohnungsbaukredite an Private (Neugeschäfte; effektiver Jahreszinssatz einschließlich Kosten); Werte = Jahresdurchschnitte der Monatswerte für die Jahre 2003 bis 2019.

b) Wohnungsbaukredite von Privatkunden (Neugeschäft); Werte = Jahresdurchschnitte der Monatswerte für die Jahre 2003 bis 2019.

Hinweis: Siehe zu den genannten Variablen das Abkürzungsverzeichnis.

Abb. 3.4 Nachfragekurve, -funktion und -elastizität für private Wohnungsbaukredite in Deutschland von 2003 bis 2019. (Datenquelle: Deutsche Bundesbank 2021a; vgl. Knüfermann 2017; eigene Berechnungen und Darstellung)

ab. Die (dünne, durchgezogene) Trendlinie standardisiert die Nachfragekurve und lässt sich als lineare Nachfragefunktion formulieren. Weil der Markt für Wohnungsbaukreditgeschäfte hoch standardisiert ist und die Produkte nahezu homogen sind, kann von polypolähnlichen Wettbewerbsstrukturen ausgegangen werden. Der Marktpreis (Zinssatz) ist wiederum für eine einzelne Anbieterin (= Bank oder Sparkasse) nicht veränderbar. Als unabhängige Variable im Marktmodell ist der Marktpreis auf der Ordinate abgebildet. Die Trendlinienfunktion muss deshalb nach der Menge x bzw. q umgeformt werden, sodass sie lautet:

$$q = \left(\frac{11{,}243}{0{,}4646}\right) - \left(\frac{1}{0{,}4646}\right)p \qquad (3.11)$$

Aus dieser Nachfragefunktion lassen sich die Nachfrageelastizitäten z. B. für die Jahre 2003 und 2019 berechnen. Dazu sind zunächst die q-Werte jeweils beider Jahre in die Nachfragefunktion einzusetzen, um die entsprechenden Zinssätze der Trendlinie zu berechnen. Auf Basis der p/q-Werte für 2003 und 2019 sowie der ersten Ableitung der Nachfragefunktion ergeben sich folgende Nachfrageelastizitäten:

$$\eta_{2003} = 0{,}80 \ und \ \eta_{2019} = 0{,}16$$

Um eine Elastizität von $\eta = 1$ zu realisieren, müsste der Marktpreis $p = 5{,}62$ betragen, aus heutige Marktsicht ein kaum vorstellbar hohes Zinsniveau. Innerhalb des betrachteten Zeitfensters von 2003 bis 2019 wurde ist auch nicht erreicht. Der höchste Jahresdurchschnittszins ist für das Jahr 2008 mit 2,21 % zu konstatieren.

Die unelastische Nachfragefunktion im Wohnungsbaukreditgeschäft impliziert, dass bei weiter sinkenden Zinssätzen im Markt und damit verbunden weiter sinkenden Margen der Kreditinstitute die Vertriebsintensivität überproportional gesteigert werden muss, um den Margenverfall zu kompensieren. Die Entscheidung zum Wohnungsbau hängt jedoch noch von weiteren Einflussfaktoren ab als nur vom Zinssatz. Hier sind beispielhaft nur die Verfügbarkeit von Grundstücken, Bestandsimmobilien oder Aus- und Umbaugenehmigungen zu nennen. Daher sind der Vertriebsintensivierung durch Kreditinstitute Grenzen gesetzt. Das enorme Absinken der Marktzinssätze über die letzten Jahre wird Kreditinstitute damit zunehmend vor Ertragsprobleme stellen. Die Geschäftsbeziehungen zu Wohnungs- und Immobilienunternehmen können sich dadurch destabilisieren. Simon/Fassnacht (2016, S. 120) beziffern die Preiselastizität der Nachfrage für Baufinanzierungen stattdessen mit 0,8 bis 1,9. Allerdings macht die Quelle *keinerlei* Angaben zum Wertekontext.

Aus den mikroökonomischen Überlegungen zur Elastizität leitet Wübker (2006, S. 83–93) eine gesamte Konzeption der ertragsorientierten Preispolitik für Kreditinstitute ab. Hierzu fußen auch seine Überlegungen auf der Preiselastizität der Nachfrage beispielhaft für das Einlagenbank-, Kreditgeschäft und Provisionsgeschäft von Banken und Sparkassen. Die dazu notwendig zu kennende Nachfragefunktion wird hier als Preis-Absatz-Funktion tituliert. In einer Diagrammdarstellung werden ungleich zur mikroökonomischen Nachfragefunktion der Preis auf der Abszisse und die Menge auf der Ordinate abgetragen (vgl. hierzu auch im zwar älteren, aber nach wie vor etablierten Lehrbuch Simon 1995, S. 24–52). Der Praxis wird in diesem Zusammenhang vorgeworfen, sich nicht mit der empirischen Preis-Absatz-Funktion ihrer Produkte auseinanderzusetzen. So lautet sein Fazit: „Um den optimalen Preis zu bestimmen, muss der Bankmanager die Preis-Absatz-Funktion kennen. Unter Berücksichtigung der Kosten und der Wettbewerbsreaktionen kann er den Preis ermitteln, der den höchsten Gewinn bringt. Doch viele Manager kennen die Preis-Absatz-Funktion nicht." (Wübker 2006, S. 37).

Doch bereits in Nagle/Holden/Larsen (1998) wird die Bedeutung der Preiselastizität der Nachfrage stark eingeschränkt, weil Markenbedeutungen und das relative Alter einer Marke sie beeinflussen. Sie kommen daher zum Schluss:

> Es gibt nur wenige Faustregel für die Vorhersage relativer Preiselastizitäten, die sich anwenden lassen, ohne daß von Fall zu Fall auch die Faktoren untersucht werden müssen, die bezogen auf die jeweilige Produktklasse die Preissensitivität der Käufer bestimmen. Eine Daumenregel läßt sich jedoch auf eine Produktklasse insgesamt anwenden: *Preiselastizitäten sind meist von der Größe des jeweiligen Marktanteils abhängig.* Eine Untersuchung der Differenzen zwischen relativen Preisen innerhalb einer Produktklasse hat ergeben, daß der Absatz von Marken mit einem kleineren Marktanteil viel preissensitiver ist als der Absatz von Marken mit größerem Markanteil. Dies leuchtet ein. Ein Unternehmen mit einem großen Marktanteil, wie z. B. AT&T (60 % des Telefonmarkts für Ferngespräche in den USA), hat nur wenig Möglichkeiten, durch Preissenkungen diesen Marktanteil zu erweitern. Auf der anderen Seite könnte ein Unternehmen mit kleinerem Marktanteil (z. B. die Firma Sprint, die einen Anteil von 10 % am Ferngesprächsmarkt hält) ihren Absatz um 20 % mittels einer Preissenkung erhöhen, die weniger als 4 % der AT&T-Kunden abwerben würde (Nagle/Holden/Larsen 1998, S. 123 f.).

Die mikroökonomischen Elastizitätsgedanken lassen auch eine Vielzahl weiterer betriebswirtschaftlicher Ansätze zur optimalen Preispolitik eines Unternehmens herleiten. Farris/Bendle/Pfeifer/Reibstein (2007, S. 271–304) beispielsweise beschreiben folgende Instrumente für die betriebliche Preispolitik:

- **Optimaler (= gewinnmaximalen) Preis** aus Sicht des betrachteten Unternehmens.
- **Restelastizität** als Summe aus eigener Nachfrageelastizität plus **Wettbewerbselastizität** (= Nachfragereaktionen bei Wettbewerbern auf Preisänderungen des betrachteten Unternehmens) plus **Querelastizität** (= Nachfragereaktion der Kunden des betrachteten Unternehmens auf Preisänderungen des Wettbewerbs) her, um die Wettbewerbsdynamik in die Kalkulation zu integrieren.
- **Spieltheoretische Preisgestaltung** zur Integration möglicher Wettbewerbsreaktionen auf das eigene Agieren durch Einbezug der Restelastizität in strategische Überlegungen.

Die Preiselastizität der Nachfrage spielt demnach nicht nur an den Bankenmärkten eine große Rolle, sondern wird branchenunabhängig diskutiert. Preise im Kreditgeschäft werden gewöhnlich als Zinssätze abgebildet und nicht in Währungseinheiten. Wird die oben diskutierte elastizitätsbezogene Zinssatzentwicklung im Kontext der Geldpolitik innerhalb der Euro-Staaten bewertet, muss dem Eurosystem der Hinweis vermittelt werden, durch die expansive Politik die Finanzmarktstabilität in Deutschland

Tab. 3.2 Exemplarische Preis- und Einkommenselastizitäten der Nachfrage nach Zimmern

Gruppe	Preiselastizität[a] der Nachfrage	Einkommenselastizität[a] der Nachfrage
Alleinlebende	−0,10	+0,21
Verheiratete, Haushaltsvorstand jünger als 30, 1 Kind	−0,25	+0,06
Verheiratete, Haushaltsvorstand jünger als 30–39, 2 oder mehr Kinder	−0,15	+0,12
Verheiratete, Haushaltsvorstand 50 oder älter, 1 Kind	−0,08	+0,19

[a]Rechnerische Elastizitätswerte; keine Betragswerte.
Quelle: Nach Pindyck/Rubinfeld 2018, S. 167 (Tab. 4.4); eigene Darstellung

nicht zu gefährden. Der Geldpolitik im Eurosystem setzen die Ergebnisse dieser mikro-ökonomischen Analyse bereits eine erste wesentliche Grenze. Vor dem Hintergrund, dass die Geldpolitik auf der Geldtheorie und damit der Makroökonomik beruht, wird an dieser Stelle auch deutlich, dass die Mikroökonomik die Makroökonomik fundiert. Im einem späteren gilt es deshalb, auch die Makroökonomik zu skizzieren Schritt (vgl. Abschn. 3.1.3).

Doch zuvor widmen wir uns zunächst der praktischen Relevanz des Elastizitätskonzepts und verdeutlichen sie am Beispiel der Haushaltsnachfrage nach Mietwohnungen in Tab. 3.2: Die Kosten für Wohnraummiete stellen bei privaten Haushalten zumeist den größten Posten im Haushaltsbudget dar und betragen in Deutschland bis zu einem Drittel des Budgets (Datenquelle: Statista 2015). Pindyck/Rubinfeld (2018, S. 167 f.) nennen in ihrem Lehrbuch hierzu Preiselastizitäten und zum anderen Einkommenselastizitäten der Nachfrage nach Wohnhäusern, die in Tab. 3.2 reproduziert sind.

Nähere Informationen zur Berechnung der Elastizitäten, wie den Stand der Analyse, Studiendesign (voraussichtlich befragte USA-Haushalte) etc., liefert die Quelle nicht. Für die Nachfragemenge setzen sie die Zimmeranzahl der nachgefragten Häuser.[1] Die Nachfragegruppen sind lückenhaft zusammengestellt. Dennoch geben die Tabelleninformationen erste Implikationen zum Nachfrageverhalten, die als Behauptungen durchaus Forschungsrelevanz auch für den deutschen Markt haben bzw. für den deutschen Markt empirisch zu überprüfen sind.

---

[1]Ein durchaus methodisch kritisierbarer Ansatz, weil die Zimmerzahl nicht den Gesamtpreis der Wohnraummiete impliziert, sondern die Quadratmeterzahl. Letztere kann steigen bei sinkender Zimmerzahl. An dieser Stelle wird jedoch der Methodik von Pindyck/Rubinfeld (2018) gefolgt, um das Beispiel konsistent darzustellen. Vgl. zur Methodologie der branchenspezifischen Elastizitätenmessung auch Chen/Clapp/Tirtiroglu 2011; Hansen/Formby/Smith 1998; Ermisch/Findlay/Gibb 1996. Hilber (2008) bietet einen zusammenfassenden Überblick zu empirischen Nachfrageanalysen in der Wohnungs- und Immobilienwirtschaft.

Grundsätzlich verdeutlichen die Elastizitäten zunächst eine relative Unempfindlichkeit der Nachfrage gegenüber Preisänderungen und Veränderungen der Haushaltseinkommen. Zwischen den Nachfragegruppen bestehen aber deutliche Unterschiede:

- Die *Preiselastizität der Nachfrage* nimmt bei Familien mit dem Alter ab (von $-0{,}25$ bis $-0{,}08$). Pindyck/Rubinfeld (2018) interpretieren die größere Preisempfindlichkeit jüngerer Familien mit der noch offenen Lebensplanung im Hinblick auf z. B. weitere Kinder.
- Die *Einkommenselastizität der Nachfrage* steigt bei Familien mit dem Alter (von $+0{,}06$ auf $+0{,}19$). In diesem Sachverhalt spiegelt sich laut Pindyck/Rubinfeld (2018) wider, dass ältere Familien größere Häuser kaufen.
- Für *beide Elastizitäten* gilt, dass *Alleinstehende* eher die sozial-geprägten Verhaltensweisen älterer Familien annehmen. Eine Begründung kann in der größeren sozialen Sicherheit Alleinstehender im Vergleich zu jungen Familien gesehen werden.

Diese groben Nachfrageindikationen für den privaten Häusermarkt übertragen Pindyck/ Rubinfeld (2018) in Verbindung mit den Analyseergebnissen von Quigley/Raphael (2004) auf die Wirkungsanalyse von staatlichen Transferleistungen an einkommensschwächere Haushalte: Ausgangslage ihrer Überlegungen ist die relativ größere Belastung von Haushalten mit niedrigerem Einkommen durch Wohnraumkosten. Diesbezüglich hinterfragen sie die Wirkungskraft von Einkommenssubventionen ärmerer Bevölkerungsschichten zur Verbesserung ihrer Wohnsituationen. Dabei unterstellen sie, nur wenn sich die Nachfrage nach Wohnungsqualität und Wohnungsquantität durch Einkommenssubventionen nachhaltig verbessere, könne eine Subvention als sinnvoll erachtet werden.

Die exemplarisch angeführten Elastizitäten in Tab. 3.2 lassen allerdings den Schluss zu, dass Einkommensverbesserungen ärmerer Haushalte (z. B. durch staatliche Transferleistungen) aufgrund der niedrigen Einkommenselastizität der Nachfrage nur unterproportional zur Verbesserung der Wohnsituation investiert werden bzw. mögliche Subventionen für andere Posten des Haushaltsbudgets herangezogen werden als die Wohnkosten. Diese Überlegungen verdeutlichen nach Pindyck/Rubinfeld (2018), dass Haushalte ihre Ausgaben für ihr Güterbündel, bestehend aus Wohnen und anderen Gütern, derart aufteilen, dass sie den größtmöglichen Gesamtnutzen stiften. Das Güterbündel des Haushalts findet sich somit gedanklich auf der Indifferenzkurve wieder. Für diesen Fall ist auch eine nachfragespezifische Haushaltssubvention, wie staatliches Wohngeld, nicht sinnvoll, weil die gesamtwirtschaftlichen Grenzkosten der Subventionen nicht dem gesamtwirtschaftlichen Grenznutzen der Haushalte entsprechen können (zu etwas anders gelagerten Ergebnissen auf Basis anderer empirischer Untersuchungen vgl. Hilber 2008, S. 347 349).

Herleitung der Angebotskurve auf Konsumgütermärkten

Die *Angebotskurve* auf dem Gütermarkt stellt den geometrischen Ort aller Preis/Mengen-Kombinationen dar, zu denen Unternehmen Güter im Markt anbieten wollen und können (vgl. Abb. 3.2, linke Hälfte). Die Lage der Angebotskurve im Preis/Menge-Diagramm ist Konsequenz des Gesetzes des Angebots. Es besagt, dass die angebotene Menge unter gleichbleibenden Bedingungen gewöhnlich mit dem Preis steigt, d. h. die Angebots-menge hängt positiv vom Preis ab. Welche Hintergründe liegen diesem Gesetz zugrunde? Die Antwort der Frage (und damit die Bestimmung der Unternehmensangebotskurve) erfolgt über drei Theoriekonzeptionen, nämlich 1) die Produktions-, 2) die Kosten- und 3) die Gewinntheorie.

Produktionstheorie

Die Lehrbuchliteratur zum Verkaufsplan von Unternehmen zur Bestimmung der Markt-angebotskurve stellt häufig nicht auf Unternehmen, sondern auf eine Unternehmung ab. Damit wird von rechtlichen Unternehmensformen abstrahiert und die Modell-welt auf breitere Füße gestellt. Jegliche Unternehmung besitzt grob einen dreistufigen Produktionsprozess:

- Er stellt in der ersten Stufe auf Faktoreinsatzmengen ab. Produktionsfaktoren v_n sind menschliche Arbeit, Finanz- und Anlagekapital sowie Boden (inklusive Rohstoffe). Sie sind der produktionstechnische *Input*.
- Das produktive System der Unternehmung verwandelt die Produktionsfaktoren in der zweiten Stufe und generiert somit für die Unternehmung eine Wertschöpfung.
- In der dritten Stufe des Produktionsprozesses wird die Wertschöpfung der Unter-nehmung in Form der Ausbringungsmenge q sichtbar. Sie ist der *Output* einer Unter-nehmung.

Die produktionstechnischen Beziehungen bzw. den funktionalen Zusammenhang von Input und Output einer Unternehmung beschreibt die Produktionsfunktion. Für die Über-sichtlichkeit der weiteren Darstellung wird angenommen, dass durch Kombination von nur zwei Produktionsfaktoren v_1, v_2 ein einziges Gut mit der Output-Menge q pro Zeit-einheit t entsteht. Als zusätzliche Annahme der weiteren Untersuchung gilt eine teil-weise Substitution der beiden Produktionsfaktoren, wie die Vorgabe einer bestimmten Produktionstechnik. Die Produktionsfunktion in allgemeiner Form lautet dann:

$$q/t = f(v_1, v_2) \tag{3.13}$$

Wenn die Produktionsfaktoren v_1, v_2 sich sogar exakt substituieren können, ist es mög-lich, sie in gegenseitiger Abhängigkeit zu variieren, ohne den Output q zu verändern. In einem zweidimensionalen Raum, aufgespannt durch die beiden Produktionsfaktoren v_1, v_2, lassen sich in Analogie zur Indifferenzkurve verschiedene Austauschverhält-nisse der Produktionsfaktoren abbilden, die stets dasselbe Output-Niveau realisieren lassen. Diese Kurven werden in der Produktionstheorie *Isoquanten* genannt und stellen entsprechend *isoquante Variationen* der Produktionsfaktoren v_1, v_2 dar, ohne Output-Veränderungen q.

Eine sehr häufig in produktionstheoretischen Untersuchungen herangezogene Produktionsfunktion ist die (linear-homogene) *Cobb–Douglas-Produktionsfunktion*. Sie wurde in ihrer originären Form von US-amerikanischen makroökonomischen Gegebenheiten abgeleitet, bei denen ein gesamtwirtschaftlicher Produktionsanstieg zu drei Vierteln auf Arbeitsleistungen und zu einem Viertel auf Kapitalbeiträge zurückzuführen war (vgl. Woll 2011, S. 124). Werden die zur Produktion herangezogenen Mengen an Produktionsfaktoren v_1, v_2 mit ihren Preisen multipliziert, lässt sich die *Kostensumme* der Produktion erfassen. Grafisch ist sie als *Isokostenlinie* das Äquivalent zur Budgetlinie in der Haushaltstheorie. Eine Unternehmung wird dann diejenige Faktorkombination wählen, die bei annahmegemäß gegebener Produktionstechnik einen vordefinierten Ertrag mit den geringsten Kosten erwirtschaften kann (= Minimalkostenkombination). Wird dabei ein Faktorpreis variiert und die Kostensumme konstant gehalten, lässt sich im Zwei-Produktionsfaktoren-Diagramm eine *Preis-Faktor-Kurve* in Analogie zur Preis-Konsum-Kurve darstellen. Dazu sind die sich durch Faktorpreisvariation ergebenden Berührungspunkte von Isokostenlinien und Isoquanten als Gerade miteinander zu verbinden.

Die Produktionstheorie der Unternehmen ist zusammenfassend in Analogie zur Indifferenzkurven-Analyse der Haushalte abgeleitet worden. Demnach liegen in der hier vorgetragenen Produktionstheorie ähnliche Wirkungsmechanismen vor, wie in der Theorie der Haushaltsnachfrage: Veränderungen der Produktionstechniken verschieben die Isokostenlinie und Veränderungen der Faktorpreise kippen sie. Diese vereinfachte Darstellung lässt sich durch Anpassungen der getätigten Modellannahmen detaillieren und in ihrer empirischen Evidenz prüfen. An dieser Stelle sind die getätigten Überlegungen jedoch ausreichend, um von der Produktionstheorie zur Kostentheorie überleiten zu können.

Kostentheorie

Aus den produktionstheoretischen Überlegungen lässt sich für eine linear-homogene Produktionsfunktion das *Gesetz abnehmender Grenzerträge bei Einsatz eines variablen Faktors (= Ertragsgesetz)* ableiten. Der Output q_0 (einer Isoquanten) lässt sich durch verstärkten Einsatz nur eines Produktionsfaktors v_1 nämlich lediglich bis zu einem gewissen Maß q_1 und dies mit letztlich sinkendem bis negativem Grenzertrag steigern, wenn beide Produktionsfaktoren v_1, v_2 nicht perfekt substituierbar sind. Dieser Sachverhalt hat entscheidenden Einfluss auf die Kostenstruktur im Produktionsprozess. Er begründet sich logisch wie folgt:

1. Mit *zunehmender Intensität* der Nutzung eines einzigen Produktionsfaktors kann es zu überproportionalem Verschleiß kommen, sodass die Produktionsproduktivität des Produktionsfaktors leidet. Ein Beispiel ist die menschliche Arbeitsleistung, die bei

überproportionalem Einsatz Demotivationswirkungen erleiden kann. Auch Maschinen können bei überdurchschnittlicher Abnutzung unproduktiv werden.

2. Bei *zeitlichen Ausweitungen* des Arbeitseinsatzes steigen die Arbeitskosten überproportional wegen Überstunden und Wochenendarbeiten; auch Maschinen werden aufgrund von Verschleiß überproportionale Wartungskosten einfordern.

Die Gesamtkosten TC eines Unternehmens[2] lassen sich in Fixkosten TC_f und variable Kosten TC_v gliedern. Fixkosten sind von der Output-Menge unabhängig, wohingegen variable Kosten mit zunehmender Output-Menge ansteigen. Die Gesamtkostenfunktion TC ist wie folgt formuliert:

$$TC = TC(q) = TC_f + TC_v(q)$$

Durchschnittskosten AC errechnen sich als Gesamtkosten K dividiert durch die Output-Menge q:

$$AC = \frac{TC}{q}$$

Grenzkosten MC beschreiben die Veränderung der Gesamtkosten TC bei einer infinitesimalen Zunahme der Ausbringungsmenge q und errechnen sich mathematisch als *erste Ableitung* der Kostenfunktion TC:

$$MC = \frac{dTC}{dq}$$

Im Weiteren wird eine ertragsgesetzliche Produktionsfunktion unterstellt. Wegen der Wirksamkeit des Ertragsgesetzes verläuft die Kurve der Gesamtkosten TC eines Unternehmens zunächst mit fallender und dann mit wachsender Steigung. Im Fall der vollständigen Konkurrenz errechnet sich der Erlös unternehmerischer Tätigkeit durch Multiplikation des nicht zu beeinflussenden Marktpreises mit der Output-Menge.

Die Erlösfunktion weist ihr Maximum zu derjenigen Output-Menge aus, bei der ihre geometrische Kurve durch die Gesamtkostenkurve von unten geschnitten wird. Weil der Gewinn π eines Unternehmens sich aus Gesamterlös TR abzüglich Gesamtkosten TC errechnet, weist die Gewinnkurve π im eben genannten Schnittpunkt von Erlösfunktion TR und Gesamtkostenfunktion TC den Wert $\pi = 0$ aus. Die Gewinnfunktion π besitzt ihr Maximum bei jener Output-Menge q^*, bei der die Gesamtkostenfunktion und Erlösfunktion geometrisch den größten Abstand zueinander besitzen. Es ist der Fall, wenn die Gesamtkostenkurve durch die Verbindung aus dem Koordinatenursprung berührt wird,

---

[2] Im Weiteren wird von der verallgemeinernden Bezeichnung *Unternehmung* zugunsten des *Unternehmens* wieder abgesehen, um den Fokus zurück auf die Wirtschaftsakteure, nämlich Privathaushalte und Unternehmen, zu legen.

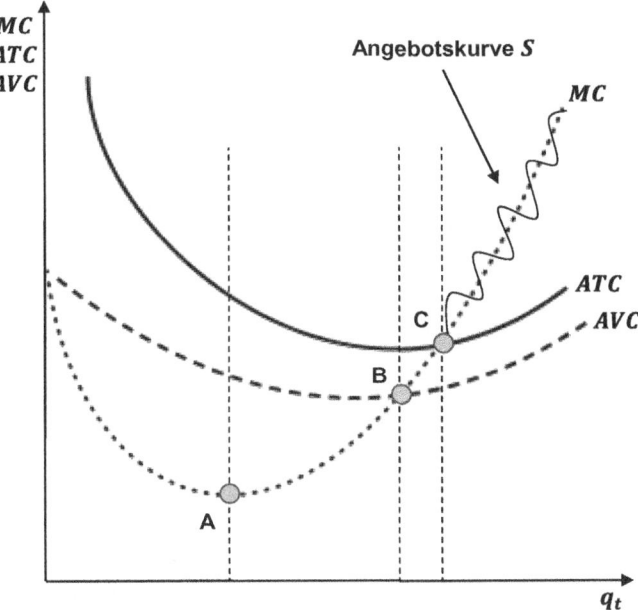

Abb. 3.5 Ableitung der Angebotskurve auf dem Konsumgütermarkt. (Quelle: Eigene Darstellung)

also wenn die Gesamtdurchschnittskostenfunktion ATC ihr Minimum besitzt. Jetzt ist somit zur Gewinntheorie überzuleiten, um die Angebotskonstellation zu erfassen, zu der Unternehmen bereit sind, Güter veräußern zu wollen und können.

Gewinntheorie

Abb. 3.5 visualisiert die weiteren Gewinnüberlegungen: Aufgrund des Gesamtkosten-kurvenverlaufs sinken die Grenzkosten MC bis zum Wendepunkt A der Gesamt-kostenkurve. Das Minimum der durchschnittlichen variablen Kosten in Punkt B wird Betriebsminimum bzw. Produktionsschwelle genannt. An der Produktionsschwelle wird sie von unten durch die Grenzkostenkurve MC geschnitten. Die Gesamtdurchschnitts-kosten DK entwickeln sich ähnlich, doch mengenversetzt zu den Grenzkosten GK und durchschnittlichen variablen Kosten AVC.[3] Die Grenzkostenkurve MC schneidet die Durchschnittskostenkurve ATC in ihrem Minimum von unten in Punkt C, dem sogenannten Betriebsoptimum.

---

[3]Zu unterscheiden sind hier kurzfristige und langfristige Kostenkurven: Langfristige Kurven implizieren Anpassungen der Produktionskapazitäten, so dass Fixkosten der Produktion tendenziell sinken. In langfristiger Perspektive sind sodann alle Kosten variabel. Demnach liegt das Minimum der langfristigen Durchschnittskosten bei einer relativ großen Output-Menge.

Im Fall der vollständigen Konkurrenz ist der Marktpreis p durch einen einzelnen Marktakteur nicht zu beeinflussen, d. h. fix:

$$p = \bar{p}$$

Für ein Gewinnmaximum muss die Bedingung erster Ordnung gelten, als dass die erste Ableitung der Gewinnfunktion π nach der Menge $q = 0$ sein muss. Denn der Gewinn π ist gleich der positiven Differenz aus den Gesamterlösen TR abzüglich der Gesamtkosten TC.

Für die Gesamterlösfunktion TR gilt allgemein:

$$TR = a + \bar{p} \times q$$

Für den Achsenabschnitt a gilt: $a = 0$, weil ohne Menge kein Erlös zu realisieren ist. Die Erlöskurve startet also im Ursprung. Es handelt sich um eine lineare Kurve, weil der Marktpreis im Polypol durch kein einzelnes Wirtschaftssubjekt veränderbar ist. Daher muss für die Grenzerlöse MR gelten:

$$MR = \bar{p}$$

Im Gewinnmaximum sind die Grenzerlöse MR ($= \bar{p}$) gleich den Grenzkosten MC. Wenn gilt:

$$\pi = (p \times q) - TC$$

Demnach lautet die *erste Ableitung* der Gewinnfunktion $\frac{d\pi}{dq}$:

$$\frac{d\pi}{dq} = \bar{p} \times \frac{dq}{dq} - \frac{dTC}{dq} \equiv 0$$

Nach Umstellung der Gleichung gilt für den Marktpreis p, dass er im Gewinnmaximum den Grenzkosten MC entricht:

$$\bar{p} = \frac{dTC}{dq}$$

Die gewinnmaximale Output-Menge q^* ist erreicht, wenn der am Markt erzielbare Preis gleich den Grenzkosten der Produktion ist. Hierzu muss allerdings eine Voraussetzung gelten, und zwar, dass die Erlöse eine Kostendeckung garantieren, um Verluste zu vermeiden, demnach gilt:

$$\bar{p} \times q \geq TC(q)$$

sodann:

$$\bar{p} \geq \frac{TC(q)}{q}$$

Die individuelle Angebotskurve S_i (mit $i = 1$ bis n) eines gewinnmaximalen Unternehmens entspricht demnach demjenigen Teil der Grenzkostenkurve MC, der mindestens gleich dem erzielbaren Marktpreis $\bar{p}$ ist und oberhalb des Schnittpunkts mit der Durchschnittskostenkurve ATC liegt. In Abb. 3.5 ist die Angebotskurve der schraffierte Teil der Grenzkostenkurve MC.

In Analogie zur Haushaltstheorie ergibt sich die gesamtwirtschaftliche Angebotskurve der Unternehmen S durch Aggregation ihrer n individuellen Angebotskurven S_i. Damit sind Angebot und Nachfragekurven für das Gütermarktmodell abgeleitet und modelltheoretisch nutzbar.

Pindyck/Rubinfeld (2018, S. 364 f.) untermauern auch die Praxisrelevanz der Bestimmung der Unternehmensangebotskurve: In ihrem Beispiel zum „langfristige(n) Wohnungsangebot" stellen sie auf das Angebot selbstgenutzter Wohnimmobilien in Vororten ab, deren Angebotsausweitung nicht zu Preisanpassungen führt. Der zu erzielende Marktpreis für Wohnimmobilien erscheint hier durch einzelne Anbieter ähnlich dem Modell der vollständigen Konkurrenz zunächst nicht beeinflussbar.

In ihren Erörterungen blicken Pindyck/Rubinfeld (2018) leider auf eine empirische Studie aus den anfänglichen 1970er Jahren und dazu im Hinblick auf die USA. Doch können die Aussagen wiederum als behauptendes Grundgerüst herangezogen werden, das es für den deutschen Markt in seiner Evidenz zu überprüfen gilt. Die zusammenfassenden Aussagen des Lehrbuchs sind:

1. *Staatliche Restriktionen* der Bereitstellung von Bauland reduzieren die Preiselastizität des Angebots von kommerziell bereitgestelltem Wohnraum gegenüber eigengenutztem.
2. *Wohnraumpreissteigerungen* motivieren Anbieter, die Angebotsmenge zu erhöhen. Hierdurch erhöht sich die Faktoreinsatzmenge bzw. erhöhen sich die Faktorkosten. In dieser Situation kann die Preiselastizität des Angebots unterproportional sein. Für einen solchen empirischen Sachverhalt, bei dem Immobilienpreise und Wohnraummieten mit Faktorkostenerhöhungen einhergingen, wäre langfristig mit abnehmenden Preisentwicklungen zu rechnen.
   Wenn es stimmt, wie der Bundesverband deutscher Wohnungs- und Immobilienunternehmen (GdW 2013) publiziert, dass „Energie- und Strompreise, Steuern und kalte Betriebskosten [...] Preistreiber" seien und das Wohnen bundesweit verteuerten, läge hierin eine gesamtwirtschaftlich negative Entwicklung begründet. Das Negative der Entwicklung basierte auf einem restriktiven Wohlstandseffekt. Damit gäbe es gar keinen Grund, Mietentwicklungen staatlich zu regulieren, schließlich reduzierten sie positive Wohlstandseffekte gegenüber regulierungsfreien Marktentwicklungen.

Wie bei der Nachfrage ist die Preissensibilität des Angebots ein wichtiger Faktor für das Verständnis von Märkten. Im Unterschied zur Nachfrageelastizität η bedarf die Preiselastizität des Angebots (kurz: Angebotselastizität) keiner betragsmäßigen Definition, um positive Elastizitätswerte zu erhalten. Die Angebotselastizität ε lässt sich unter

Einhaltung des Gesetzes des Angebots für absolute Veränderungen in Anlehnung an Gl. 3.5 wie folgt berechnen:

$$\varepsilon = \frac{prozentuale\ Mengen\ddot{a}nderung}{prozentuale\ Preis\ddot{a}nderung} = \frac{\frac{\Delta q^S}{q^S}}{\frac{\Delta p}{p}}$$

Bei der Berechnung der Angebotselastizität eines Wohnungsunternehmens kann es jedoch zur Ungültigkeit des Gesetzes des Angebots kommen, wenn der Immobilienmarkt durch einen Nachfrageüberschuss gekennzeichnet ist. Folgendes Beispiel soll diese Aussage verdeutlichen:

Eine exemplarische kommunale Wohnungsgesellschaft beobachtet im eigenen Geschäftsgebiet den Anstieg der innerstädtischen Mietraumnachfrage von 1250 Anfragen im Jahr 2020 auf 1500 in 2021. Der Bestand an Wohneinheiten (WE) der Gesellschaft stieg im selben Zeitfenster von 15.000 auf 15.150 Wohnungen an. Die Kaltmieter je qm wurde derweil von Euro 5,50 auf Euro 6,20 erhöht. Die gegebenen Informationen sind zunächst gedanklich zu sortieren, um Veränderungen von Preis Δp und Angebotsmenge Δq^S zu erfassen und die Angebotselastizität zu berechnen:

$$\varepsilon = \frac{\frac{\Delta q^S}{q^S}}{\frac{\Delta p}{p}} = \frac{\frac{150}{1250}}{\frac{0{,}70}{5{,}50}} = \frac{1{,}00}{12{,}\overline{72}} = 0{,}079$$

Für die Angebotselastizität ε in diesem Beispiel gilt: $\varepsilon < 1$. Das Angebot ist demnach nicht elastisch. Und was bedeutet ein solches Marktwissen für das Wohnungsunternehmen und die Wohnungspolitik?

Herrscht in einer Kommune beispielsweise in einzelnen Quartieren ein Mangel an bezahlbarem Wohnraum, ist davon auszugehen, dass sich dieser Mangel kurzfristig noch verstärken wird, weil die Angebotserweiterung nicht mit der Preisentwicklung mithalten kann. Die Preise für Wohnraum steigen, wenn mehr Wohnraum nachgefragt als angeboten wird. In diesem Fall wird auch der (politisch definierte) bezahlbare Wohnraum knapp und weiterhin knapper. Empfehlenswert ist also eine sehr ausgewogene Wohnungspolitik.

Bis hierher ging es um die Erklärungen, wie Wirtschaftssubjekte auf Gütermärkten ihre Entscheidungsprozesse gestalten. Dazu wurden die Nachfrage über die Nutzen- bzw. Indifferenzkurventheorie und das Angebot über die Produktions-, Kosten- und Gewinntheorie beschrieben.Marktfreiheiten in Form von unreguliert funktionierenden Preismechanismen sind die Grundbedingung der Maximierung des gesamtwirtschaftlichen Wohlstands. Zur Erklärung ist nochmals auf die *Wohlfahrt* abzustellen: Die Summe von Produzenten- und Konsumentenrente ist im Gleichgewichtspreis am größten. Unter der Bedingung vollständiger Konkurrenz, erfährt eine Volkswirtschaft demnach Wohlfahrtsmaximierung, wenn Angebot und Nachfrage im Marktgleichgewicht übereinstimmen. Jede Abweichung vom Gleichgewichtspreis, jeder staatliche Eingriff in den Preismechanismus führt zur Reduktion der gesamtwirtschaftlichen Wohlfahrt. Im Extremfall des Angebotsmonopols wird die Allokation gesamtwirtschaftlicher Ressourcen schlicht ineffizient. Die Wohlfahrt ist also ein Maß der ökonomischen Effizienz einer Volkswirtschaft. Zur Berechnung der Wohlfahrt wird auf die Aufgaben 3.5 und 3.6 in Abschn. 3.4 bzw. 6.3 verwiesen.

Dem funktionierenden Preismechanismus kommt zusammenfassend eine zentrale Bedeutung für die Marktwirtschaft zu. Es existiert in der deutschen Wohnungswirtschaft jedoch eine Vielzahl staatlicher Eingriffe in den Preismechanismus. Genannt waren in Abschn. 2.3 bereits Kappungsgrenze, Mietpreisbremse und Mietendeckel. Um derartige Staatsinterventionen zu rechtfertigen, bedarf es der Begründung von Marktversagen.

Aber können Märkte in der Realität überhaupt versagen? – Die Antwort ist branchenunabhängig zu geben: In Abhängigkeit vom Ausmaß der nicht idealen Marktrahmenbedingungen neigen Märkte zu Prozessen, die von den idealtypischen Prozessen der vollständigen Konkurrenz abweichen. Allgemein lassen sich jedoch folgende fünf Ursachen für Marktversagen nennen (vgl. Brunner/Kehrle 2014, S. 363–407):

- *Externe Effekte:* Von Entscheidungen der Wirtschaftsakteure können Dritte positiv oder negativ betroffen sein. Die Umweltverschmutzung eines Industrieunternehmens z. B. belastet als negative externe Effekte die gesamte Bevölkerung. Das Risiko der atomaren Stromerzeugung kann die Welt belasten. Externe Effekte gilt es durch staatliche Rahmenbedingung zu *internalisieren*. Beispiele können Umweltauflagen sein, Lizenzpflichten oder Gebühren etc.
- *Öffentliche Güter:* Es gibt Güter, die es nur schwer möglich machen, ihre Nutzung auf jenen Personenkreis zu beschränken, die dafür zu bezahlen bereit sind. Die öffentliche Sicherheit ist ein Beispiel ebenso wie die Stadtreinigung. Ohne Nutzerausschluss wird es keine zahlenden Nachfrager geben. Derartige Güter werden von der Privatwirtschaft nicht bereitgestellt. Sie lassen sich schließlich nicht amortisieren. Der Staat kann diese Güter daher für die ganze Bevölkerung bereitstellen. Ihre Finanzierung lässt sich über Pflichtgebühren und Steuern sichern.
- *Gemeineigentum:* Privateigentum ist zwar ein konstitutionelles Merkmal der kapitalistischen Wirtschaftsordnung. Dennoch gibt es auch in ihr Ressourcen, an denen der Eigentumserwerb unmöglich ist bzw. gemacht wird. Naturregionen sind ein Beispiel. Kann ihre Nutzung nicht eingeschränkt werden, drohen z. B. durch Tourismus Umweltverschmutzung und sogar die Zerstörung von Naturregionen. Zugangs- und Nutzungsbeschränkungen sind Möglichkeiten der Regulierung.
- *Asymmetrische Informationen:* Vollständige Informationen aller Marktteilnehmer ist eine kaum zu realisierende Marktanforderung. Es gibt sogar Gegebenheiten, in denen Informationen asymmetrisch verteilt sind und eine privilegierte Personengruppe einen Nutzen zum Schaden anderer realisieren kann. Insider-Wertpapiergeschäfte sind ein Beispiel. Marktregulierungen, Handelsverbote oder Informationspflichten sind Instrumente zur Vermeidung dieses Marktversagens.
- *Transaktionskosten:* Aufgrund der unvollständigen Informationen von Wirtschaftsakteuren bedingen wirtschaftliche Transaktionen stets Nebenaktivitäten zur

Vermeidung bzw. Reduktion von Unsicherheiten. Damit ist eine jede Transaktion mit Kosten verbunden, den sogenannten Transaktionskosten. Im Extremfall führen sie wegen der asymmetrischen Informationsverteilung zur Unterlassung von Transaktionen. Rechtliche Rahmenbedingungen, Vertragsanforderungen und -pflichten können an dieser Stelle positiv eingesetzt werden, um ein Marktversagen zu verhindern.

Ein weiteres Marktversagen kann vorliegen, wenn der Markt sich in einen *ruinösen Preiswettbewerb* transformiert. In diesem Fall liefen alle Anbieter Gefahr, in die Ertragslosigkeit abzugleiten. Gründe für diese Entwicklung können in einer mangelnden Produktdifferenzierung der Marktangebote je Anbieter liegen. Wenn der Preis als Differenzierungsmerkmal herhalten soll, kann es zu einem Preissenkungswettbewerb kommen. Das deutsche Privatkundenbankgeschäft ist ein Beispiel für diese Entwicklung. Ebenso entwickeln sich viele weitere Privatkundenmärkte in diese Richtung, z. B. der Markt für Mobilfunktelefonie und mobile Internet-Nutzung sowie der Modehandel von großen Filialisten.

Mit Blick auf die deutsche Wohnungswirtschaft lassen sich abschließend exemplarisch ausgewählte Aspekte des Marktversagens bzw. Hinweise zur Vermeidung von Marktversagen zu ergänzen:

- *Städtebauliche Gestaltung:* Dürften alle Eigentümer von Boden eben diesen völlig uneingeschränkt bebauen, könnten Dritte geschädigt werden. Ein Beispiel ist die Umbauung eines Einfamilienhauses mit 20-Stock-Hochhäusern. Auch die gesamte Stadtbevölkerung zieht einen Nutzen aus einer sich attraktiv entwickelnden Stadt et vice versa. Bebauungsvorschriften und Bauantragspflichten sind daher Beispiele zur Vermeidung diesbezüglichen Marktversagens.
- *Transaktionskosten des Eigentumserwerbs:* Steuern und sonstige Abgaben erhöhen die Bau- und Erwerbskosten von Grundstücken und Immobilien. Städtische Gebühren und Energiekosten verteuern dazu die Kaltmiete von Wohnraum. Im Unterschied zur städtebaulichen Gestaltung, vermeidet das staatliche Instrumentarium hier die Marktversagensaspekte nicht, sondern ist deren Grund.
- *Sicherheitsanforderungen:* Bewohner (Nachfrager) von Wohnraum müssen sicher leben. Vermieter (Anbieter) wollen Gewinne erzielen. Wenn Mietpreise sich an ortsüblichen Vergleichsmieten ausrichten sollen, dann sind Erlöspotenziale gedeckelt und es gilt, die Kosten der Wohnraumbereitstellung zu minimieren. Wohnraumkosten entstehen bereits mit der kapitalintensiven Erstellung der Immobilie. Demnach liegt es im Anbietersinn der Gewinnmaximierung, möglichst kostengünstig zu bauen. Dadurch könnte jedoch die Immobilienqualität leiden und die Immobilie im schlimmsten Fall zusammenbrechen. Investoren minimieren ihre Kostenfunktion daher unter der Nebenbedingung eines möglichen Totalverlusts durch Zusammenbruch. Die Sicherheit der Mieter kommt in diesem Gedankengang nicht als Nebenbedingung vor. Gesamtgesellschaftlich erläge ein solcher Markt

einem Marktversagen. In der Realität werden daher Bauverordnungen erlassen. Auch bestehen für verschiedene Berufe besondere Zulassungsanforderungen, wie z. B. für Statiker, die Architekten Baustatiken berechnen (müssen). Letztlich müssen Baupläne amtlich geprüft werden.

Es konnten vielfältige Gründe und Beispiele angeführt werden, warum Märkte in der Realität nicht idealtypisch funktionieren, wie im Modell der vollständigen Konkurrenz. Zur Vermeidung negativer Effekte als Marktversagen auf das Wohlfahrtsniveau einer Volkswirtschaft lassen sich zumeist Rechtsrahmenbedingungen verordnen oder direkte staatliche Aktivitäten einbringen. Zum Abschluss dieses mikroökonomischen Kapitels sei aber davor gewarnt, dass das Marktversagen auch fälschlich identifiziert werden kann oder politisch bedingt herbeigerufen wird.

Das Beispiel der Kappungsgrenze in Deutschland verdeutlicht die Relevanz der Warnung: So darf eine Landesregierung Regionen bestimmen, in denen die restriktive Mieterhöhungsgrenze innerhalb von drei Jahren von +20 % auf +15 % abgesenkt wird. Voraussetzung zur Regionbestimmung ist gemäß § 558 Abs. 3 Satz 2 Bürgerliches Gesetzbuch (BGB), dass „… die ausreichende Versorgung der Bevölkerung mit Mietwohnungen zu angemessenen Bedingungen in einer Gemeinde oder einem Teil einer Gemeinde besonders gefährdet ist …". Es muss mit anderen Worten Marktversagen in Form des Angebotsmangels vorliegen. Die Landesregierung Nordrhein-Westfalens (NRW) definierte im Sommer 2014 mit ihrer Verordnung zur Bestimmung der Gebiete mit Absenkung der Kappungsgrenze (Kappungsgrenzenverordnung – KappGrenzVO NRW) 59 Gemeinden mit entsprechendem Marktversagen, darunter z. B. Kamp-Lintfort, Moers und Wesel.

Das Internet-Immobilienportal immoscout24.de berichtet für das Zeitfenster Januar 2011 bis April 2013 über einen durchschnittlichen Mietpreistrend für die Stadt Wesel in Höhe von −1,80 % (im Vorjahresvergleich).[4] Das Ergebnis der fokussierten Suche nach Mietwohnungen in der Innenstadt von Wesel verfeinert die Angebotspreisentwicklungen von …

- März 2012 bis März 2013 in Höhe von 0,00 %,
- März 2013 bis März 2014 in Höhe von +1,89 % und
- März 2014 bis März 2015 in Höhe von +1,85 %.[5]

---

[4] URL des Suchergebnisses vom 19. Juli 2015: „http://www.immobilienscout24.de/wohnen/nordrhein-westfalen,wesel-kreis,wesel.html".

[5] URL des Suchergebnisses vom 19. Juli 2015: „http://www.immobilienscout24.de/expose/74856595".

Aus mikroökonomischer Sicht kann für die Stadt Wesel mit 62.000 Einwohnern[6] weder anhand fehlender Mietangebote (110 Angebote am 19. Juli 2015 im Beispielportal) noch im Hinblick auf die Mietpreisentwicklungen „die ausreichende Versorgung der Bevölkerung mit Mietwohnungen zu angemessenen Bedingungen" als „besonders gefährdet" eingestuft werden. Die politischen Kriterien für Marktversagen entsprechen somit nicht den mikroökonomischen Grundlagen.

3.1.3 Makroökonomik und deutsche Makroökonomie

Ökonomische Bewertungen wirtschaftspolitischer Maßnahmen dürfen nicht in normativer Weise erfolgen (vgl. Abschn. 1.4). Dennoch werden wirtschaftspolitische Diskussionen über ein Regierungshandeln geführt, indem die Frage gestellt wird: „Ist diese Entscheidung *gut* für Deutschland?" Im Handelsblatt hieß es im Sommer 2015: „Kein anderes großes Industrieland weist für die vergangenen zehn Jahre eine bessere ökonomische Bilanz aus als Deutschland." (Heilmann/Rürup 2015, S. 50). Was ist eine „bessere" Bilanz? Woran gemessen ist sie besser? Derartige Debatten darüber, was *gut* und *besser* für eine Volkswirtschaft ist, werden zumeist am Einfluss der diskutierten wirtschaftspolitischen Entscheidung auf das Wirtschaftswachstum einer Volkswirtschaft ausgerichtet: Gut im ökonomischen Sinn ist, was das Wirtschaftswachstum positiv unterstützt.

Das Postulat des Wachstums kennzeichnet seit jeher die Makroökonomik, weil sie das *Bruttoinlandsprodukt (BIP)* als zentralen Gegenstand analysiert. Denn durch eine positive Veränderung des BIP, also des quantitativen wirtschaftlichen Outputs aller Inländer, wird der Wohlstand einer Gesellschaft gefördert. Die Aussagefähigkeit des BIP als Wohlstandsindikator ist jedoch massiv eingeschränkt. So erfasst das BIP wohlstandsfördernde, unentgeltliche Leistungen einer Volkswirtschaft (z. B. Arbeiten im Privathaushalt oder ehrenamtliche Tätigkeiten) teilweise nicht, dafür aber wohlstandsreduzierende Leistungen (z. B. Umweltzerstörung oder Leistungsschäden an Konsumgütern) sehr wohl. Vor diesem Hintergrund muss konstatiert werden, dass das BIP nicht in der Lage ist, den Wohlstand adäquat zu erfassen, aber dennoch als Indikator zur Beurteilung der wirtschaftlichen Leistungsfähigkeit eines Landes herangezogen wird.

Gemessen wird das Wirtschaftswachstum einer Volkswirtschaft an der jährlichen (und quartalsmäßigen) realen BIP-Wachstumsrate. Das BIP selbst erfasst als gesamtwirtschaftliche Kennzahl den Marktwert aller für den Endverbrauch hergestellten Güter eines Landes innerhalb eines vordefinierten Zeitfensters, zumeist ein Jahr oder ein Quartal. Der Güterbegriff umfasst auch in der Makroökonomie alle materiellen und immateriellen

---

[6]Vgl. zu statistischen Informationen der Stadt Wesel die URL: „http://www.wesel.de/de/inhalt-3/bevoelkerungszahlen/&nid1=88133_91211".

Güter, also Sachgüter und Dienstleistungen. Damit gilt das BIP als international bedeutendste Kennzahl zur Beurteilung der wirtschaftlichen Leistungsfähigkeit eines Landes. Es grenzt sich vom *Bruttonationaleinkommen (BNE)* durch das Inländerkonzept ab. Während das BIP die Wirtschaftsleistung aller Inländer misst, zählen zum BNE die Leistungen, die durch die deutsche Bevölkerung (mit deutschem Pass) in Deutschland und dem Ausland erbracht werden. Zentral für die Entwicklung einer Volkswirtschaft ist jedoch das, was innerhalb der eigenen Volkswirtschaft geschieht – unabhängig vom Pass der Bevölkerung des Landes.

Für Deutschland wird das BIP durch das Statistische Bundesamt (Wiesbaden) im Rahmen der *Volkswirtschaftlichen Gesamtrechnungen (VGR)* erhoben. Die VGR informieren über alle staatlich verfügbaren quantitativen Informationen des Wirtschaftsgeschehens. Ihre wesentlichen Bestandteile sind:

- *Inlandsproduktberechnung:* Hier wird das BIP in der Entstehungs-, Verwendungs- und Verteilungsrechnung als BIP-Berechnungsstrukturen berechnet. Die Veränderungsrate des realen BIP dient (unabhängig der Berechnungsstruktur) dazu, die Wirtschaftsdynamik bzw. Konjunkturentwicklungen zu analysieren. Die konkrete BIP-Berechnung weist im Detail Abgrenzungsprobleme auf. Gemessen werden sollen nur Güter für den Endverbrauch, um Doppelzählungen zu vermeiden. Vorprodukte müssen also aus dem BIP herausgerechnet werden. Mit dem Fortschritt methodischer Kenntnisse und der Erfassung von relevanten Daten, werden die BIP-Berechnungsmodalitäten sukzessive angepasst (vgl. Müller 2014, S. 16 f.). Ebenfalls ergeben sich Anpassungen durch die internationalen Harmonisierungen der BIP-Erfassung. Sie sind eine zentrale Anforderung, um BIP-Werte verschiedener Länder miteinander vergleichen zu können.
- *Input–Output-Rechnung:* Neben der Inlandsproduktberechnung umfassen die VGR noch Nebenrechnungen wie zunächst die Input–Output-Rechnung. Sie informiert über Güterströme und Produktionsverflechtung einerseits innerhalb einer Volkswirtschaft sowie andererseits zwischen der eigenen Volkswirtschaft und dem Ausland. Ihre Ergebnisse dienen insbesondere der Erfassung des Strukturwandels einer Volkswirtschaft.
- *Vermögensrechnung:* In der Vermögensrechnung werden Höhe, Veränderung und Zusammensetzung des gesamtwirtschaftlichen Anlage- und Umlaufvermögens erfasst. Die Erfassung des Geldvermögens erfolgt durch die Deutsche Bundesbank.
- *Erwerbstätigen- und Arbeitsvolumenrechnung:* Sie informieren über alle verfügbaren erwerbs- und arbeitsstatistischen Informationen zum Zwecke der Arbeitsmarktanalyse und Arbeitsmarktpolitik.
- *Finanzierungsrechnung:* Während die VGR primär realwirtschaftlich ausgerichtet sind, werden sie durch die monetär fokussierte Finanzierungsrechnung ergänzt. Erstellung und Veröffentlichung der Finanzierungsrechnung erfolgen durch die Deutsche Bundesbank.

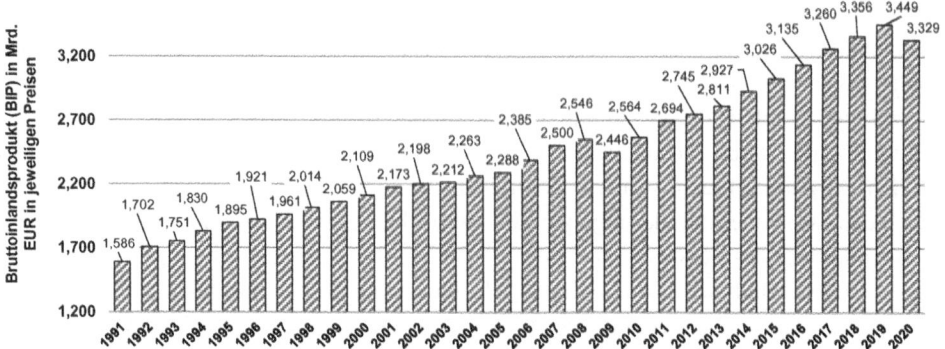

Abb. 3.6 Entwicklung des nominalen Bruttoinlandsprodukts (BIP) in Deutschland zwischen 1991 und 2020 in jeweiligen Preisen. (Datenquelle: Deutsche Bundesbank 2021a; eigene Darstellung)

In Deutschland betrug das BIP im Jahr 2020 3329 Mrd. EUR. Damit hat es sich zum BIP (in jeweiligen Preisen) von 1991 mit 1579,8 Mrd. EUR bis 2020 mehr als verdoppelt, wie Abb. 3.6 visualisiert. Das deutsche (nominale) BIP wuchs bis auf 2009 in jedem Jahr an. Das Jahr 2009 war durch die Weltwirtschaftskrise gekennzeichnet, die durch Verwerfungen an den internationalen Finanzmärkten und den Zusammenbruch einer international agierenden US-amerikanischen Investmentbank (Lehman Brothers Holdings Inc.) auch auf die deutsche Volkswirtschaft negativ wirkte.

Im internationalen Vergleich werden die jeweiligen BIP-Werte in US-Dollar angegeben (Datenquelle: IWF 2020): Im Jahr 2019 erwirtschaftete die deutsche Volkswirtschaft das viertgrößte BIP weltweit in Höhe von 3.861,6 Mrd. US\$. Sie lag damit hinter der USA mit 21.433,3 Mrd. US\$, hinter China mit 14.401,7 Mrd. US\$ und hinter Japan mit einem BIP in Höhe von 5.079,9 Mrd. US\$.

China ist in dieser Spitzengruppe noch relativ jung vertreten und besaß im Jahr 2006 sogar noch ein knapp niedrigeres BIP als Deutschland. Erst im Jahr 2007 überholte China Deutschland und im Jahr 2010 auch Japan. China vervielfachte das BIP von diesem Zeitpunkt an bis 2019 – das Wachstum der chinesischen Volkswirtschaft ist daher vergleichslos hoch.

Im europäischen Vergleich erwirtschaftete Deutschland im Jahr 2019 dagegen das größte BIP. Es folgten Großbritannien mit ein BIP in Höhe von 2.830,8 Mrd. US\$ und dann die Euro-Staaten Frankreich (2.715,8 Mrd. US\$), Italien (2.001,5 Mrd. US\$) sowie Spanien (1.394,3 Mrd. US\$). Zum Vergleich erwirtschaftete Griechenland im Jahr 2019 ein BIP in Höhe von 209,9 Mrd. US\$. Malta repräsentierte im Eurosystem die kleinste Volkswirtschaft mit einem BIP in Höhe von 15,0 Mrd. US\$.

Absolute BIP-Werte geben eine Auskunft über die statische Wirtschaftsstärke eines Landes innerhalb einer Zeitperiode. Eine wichtige ergänzende Information leitet sich aus einer dynamischen Betrachtung ab: Boomt die Konjunktur eines Landes bzw. wächst das BIP je Zeitperiode gegenüber der Vorperiode? Oder befindet sich das Land in einer

Rezession bzw. sinkt das BIP-Wachstum einer Zeitperiode gegenüber der Vorperiode? Noch fataler: Schrumpft die Wirtschaftsleistung bzw. liegt ein negatives BIP-Wachstum für eine Zeitperiode gegenüber der Vorperiode vor? Und: Sind die BIPs zweier Länder ohne weiteres miteinander zu vergleichen bzw. was sagt ein solcher Vergleich für den Wohlstand aus? Ist ein BIP per se besser, je höher es ist?

Als Antwort ist zunächst darauf hinzuweisen, dass die Aussagekraft des BIP als Indikator der Wirtschaftsleistung einer Volkswirtschaft nicht ohne Kritik zu akzeptieren ist. Die statistischen Erfassungsmethodiken der VGR können nämlich zu Ergebnisverfälschungen beim Vergleich z. B. des jeweiligen BIP von verschiedenen Ländern führen. Aber auch trotz Harmonisierungen der Erfassungsmethoden, insbesondere auf der Ebene der Europäischen Union (EU), ist bei der BIP-Interpretation Vorsicht geboten (vgl. Beck 2011, S. 23–26):

- *Absolutes BIP:* Aussagen über die monetär ausgedrückte absolute Höhe des BIP leisten keine nachhaltigen Hinweise bei internationalen Vergleichen. Die Aussage, Deutschland liege mit dem eigenen BIP weit über jenem von z. B. Malta, ist an sich inhaltsarm. Denn das absolute BIP sagt nichts über den Wohlstand der Bevölkerung aus. In internationalen Vergleichen wird daher auf das *BIP-pro-Kopf* eines Landes abgestellt, z. B. durch den Internationalen Währungsfonds (IWF) bzw. International Monetary Fund (IMF). Diese Durchschnittsgröße soll den Wohlstand eines Landes charakterisieren.
  Tab. 3.3 berichtet für die Euro-Staaten in den Jahren 2018 und 2019 über die vom IWF geschätzten Kennzahlen. In diesem Ranking liegt die größte Volkswirtschaft der Euro-Staaten, Deutschland, in den Jahren 2018 und 2019 mit 40.484,53 EUR bzw. lediglich auf Platz sechs. Luxemburg vereinnahmt dagegen mit 103.464,61 EUR bzw. 99.755,15 EUR Platz 1. Gemessen an der Bevölkerungszahl ist Luxemburg mit rund einer halben Million Einwohner aber das zweitkleinste Land und Deutschland mit über 80 Millionen das größte Land. Wenig kleiner als Luxemburg ist nur noch Malta und gerade etwas größer als Luxemburg ist Zypern; Malta und Zypern belegen im Ranking des BIP-pro-Kopf aller Euro-Staaten in den Jahren 2018 und 2019 jeweils Rang 10 (Malta) und 12 (Zypern). Allein ein Effekt des bevölkerungskleinen Staates kann es demnach nicht sein, dass Luxemburg das größte BIP-pro-Kopf auswies. Mit Estland (2019 Platz 14 mit 21.219,77 EUR), Litauen (2019 Platz 17 mit 17.401,014 EUR), der Slowakischen Republik (2019 Platz 18 mit 17.277,79 EUR) und Lettland (2019 Platz 19 mit 15.873,23 EUR) weisen vier Transformationsländer bzw. ehemalige Ostblockländer die niedrigsten Wohlstandswerte aus. Erst die wirtschaftlichen Rezessionen in Portugal und Griechenland seit 2009 ließ beide Länder auf die Plätze 15 (Portugal 2019 mit 20.661,39 EUR) und 16 (Griechenland 2019 mit 17.479,07 EUR) zwischen Estland und Litauen absinken. Hier ist deshalb zu erkennen, dass es innerhalb der Euro-Staaten nicht nur Nord/Süd-Gefälle des Wohlstands gibt (vgl. Deutschland und Italien), sondern noch stärker ein West/Ost-Gefälle (vgl. Deutschland und die Transformationsländer).

Tab. 3.3 Bruttoinlandsprodukt (BIP) pro Kopf der Euro-Staaten für 2018/2019 und die entsprechende Wachstumsrate

Euro-Staaten (18)	BIP-pro-Kopf 2018 (nominal in EUR)	BIP-pro-Kopf 2019 (nominal in EUR)	Reales (nominales) Wachstum (von 2018 zu 2019)
Österreich	43.413,57	44.998,54	1,9 % (3,7 %)
Belgien	40.314,73	41.297,56	0,9 % (2,4 %)
Zypern	24.458,37	25.052,75	1,9 % (2,4 %)
Estland	19.620,33	21.219,77	4,8 % (8,2 %)
Finnland	42.382,82	43.595,60	1,1 % (2,9 %)
Frankreich	36.465,38	37.421,09	1,4 % (2,6 %)
Deutschland	40.484,53	41.508,31	0,3 % (2,5 %)
Griechenland	17.196,83	17.479,07	2,0 % (1,6 %)
Irland	66.977,43	71.904,74	4,5 % (7,4 %)
Italien	29.200,60	29.616,94	0,5 % (1,4 %)
Lettland	15.020,87	15.873,23	3,0 % (5,7 %)
Litauen	16.156,95	17.401,01	4,6 % (7,7 %)
Luxemburg	99.755,15	103.464,61	0,3 % (3,7 %)
Malta	26.258,03	27.129,57	1,1 % (3,3 %)
Niederlande	45.048,79	47.022,40	1,4 % (4,4 %)
Portugal	19.866,66	20.661,39	2,2 % (4,0 %)
Slowakische Repoblick	16.462,23	17.277,79	2,3 % (5,0 %)
Slovenien	22.137,13	23.215,53	2,4 % (4,9 %)
Spanien	25.881,54	26.789,13	1,9 % (3,5 %)

[a]Werte geschätzt
Datenquelle: IWF 2020; eigene Berechnungen und Darstellung

Auch fällt auf, dass Deutschland als größte Volkswirtschaft beim *realen Wachstum des BIP-pro-Kopf* von 2018 zu 2019 mit einem Wert von 0,3 % nur Platz 18 vorweisen kann. Den letzten Platz belegt sogar Luxemburg. Dagegen finden sich die Transformationsökonomien auf den vorderen Plätzen wieder. Demnach kann Deutschland absolut gesehen für die beiden betrachteten Jahre nur geringe Wirtschaftsdynamik ausweisen. Obwohl es in der Natur des Sachverhalts liegt, dass sich Wachstumsraten mit steigendem absolutem Niveau abschwächen. Die Wachstumsraten bezogen auf die nominalen Angaben zum BIP-pro-Kopf sind dagegen weniger aussagekräftig. Diese Wachstumsraten basieren auf Werten in den jeweiligen Preisen, die Inflationsraten sind also noch nicht herausgerechnet.

Auch fällt auf, dass Deutschland als größte Volkswirtschaft trotzdem beim geschätzten Wachstum des BIP-pro-Kopf von 2017 zu 2018 nur Platz 14 ausweisen kann. Nur Österreich, Belgien, Luxemburg und Italien werden voraussichtlich pro Kopf langsamer wachsen. Demnach kann Deutschland absolut gesehen für die beiden genannten Jahre eine durchaus hohe Wirtschaftsdynamik erwarten. Obwohl es in der Natur des Sachverhalts liegt, dass sich Wachstumsraten mit steigendem absolutem Niveau abschwächen.

- *Nicht alle Aktivitäten erfasst:* Den Lebensstandard einer Volkswirtschaft allein am BIP-pro-Kopf festzumachen, greift aber zu kurz. Die VGR erfassen nämlich nicht jede Wirtschaftsleistung eines Landes, auch wenn sie wohlfahrtsverbessernd wirken, wie z. B. private Haushaltsleistungen. Wenn z. B. in einem Staat X die Doppelerwerbsquote von Eltern mindestens eines Kindes höher liegt als im Vergleichsstaat Y, das BIP-pro-Kopf sich in beiden Staaten jedoch ähnelt, dann ist das reelle BIP-pro-Kopf im Staat Y größer als im Staat X. In Y wird nämlich dasselbe BIP-pro-Kopf erwirtschaftet plus die nicht erfassten haushalterischen Dienstleistungen innerhalb von Familien, wie Haushaltsservices, Kindererziehung und/oder Pflege älterer Menschen. Gerade in Vergleichen von Deutschland mit skandinavischen Ländern sticht dieser Sachverhalt zuungunsten Deutschlands hervor. Auch ehrenamtliches Engagement der Bevölkerung ist nicht durch die VGR erfasst.

- *Zeitwert:* Die VGR erfassen auch lediglich die Abnutzung von Kapitalanlagen als Nettowerte. Abnutzung, Beschädigung von Gebrauchsgütern sowie die Belastung der Umwelt durch Verschmutzung und der Bevölkerung durch Krankheit, Burn-out und sonstigen Ausfällen, bleiben unberücksichtigt. Dabei reduzieren diese Beispiele die Wohlfahrt eines Landes. Der Kauf z. B. eines neuen Automobils erhöht zwar das BIP, doch ein Unfall mit Totalschaden desselben Automobils reduziert das BIP nicht wieder, sodass allein die Wertschöpfung im Produktionsprozess im BIP erfasst ist, aber eben kein Zeitwert zur Existenz dieser Dienstleistung. Reparaturen erhöhen das BIP wieder. Umweltschäden und sonstige externe Effekte berücksichtigen die VGR nicht.

- *Wohlstandsdefinition:* In den VGR werden Aktivitäten erfasst, die nicht zwingend die Wohlstand steigern. Ein Beispiel ist das Pendeln der Angestellten vom Wohnort zum Arbeitsplatz. Von Pendlern mag es wenig positiv erfahren werden, in den VGR jedoch steigert es das BIP.

Die VGR gliedern die Wirtschaftseinheiten in vier Sektoren: 1) Private Haushalte, 2) private Unternehmen, 3) Staat und 4) Ausland. Gliederungsgrundlage sind Kreislaufmodelle einer Volkswirtschaft. Eine Volkswirtschaft kann im einfachsten Fall als Kreislauf von Geld- und Güterströmen sowie Produktionsfaktoren verstanden werden. Angenommen in einer Volkswirtschaft existieren nur Unternehmen und private Haushalte, dann liefern Haushalte Produktionsfaktoren an Unternehmen und letztere Güter an Haushalte; Unternehmen liefern Geld (Löhne) an Haushalte und letztere liefern Geld (Produktentgelte) an Unternehmen. Jedem Güterstrom und Strom der Produktionsfaktoren in eine Richtung steht ein Geldstrom in die andere Richtung gegenüber. Entsprechende Transaktionen (Produktionsfaktoren gegen Geld und Güter gegen Geld) finden auf den Gütermärkten, Faktormärkten und Finanzmärkten statt. Damit ein solches Modell grafisch nicht unübersichtlich wird, werden gewöhnlich allein die Geldströme abgebildet (vgl. exemplarisch das Modell in Krugman/Wells 2017, S. 669, Abb. 22.1).

Erfasst wird das BIP durch die Volkswirtschaftlichen Gesamtrechnungen (VGR) als Verwendungs- (Nachfrageorientierung), Entstehungs- (Produktionsorientierung) und Verteilungsrechnung (Einkommensorientierung). Mit jeweils leicht modifizierten Berechnungen sind aus dem BIP 1) die gesamtwirtschaftliche Nachfrage, 2) die Bruttowertschöpfung und 3) das mit der Produktion entstehende Volkseinkommen abzuleiten. Die drei Werte weichen in der Realität durchaus stark voneinander ab, insbesondere das Volkseinkommen liegt deutlich unter den beiden anderen Werten. Dennoch lässt sich im Hinblick auf die drei Perspektiven ein erstes keynesianisches Marktmodell konstruieren, das in einem zweidimensionalen Diagramm die gesamtwirtschaftliche Produktion bzw. das Einkommen auf der Abszisse und die gesamtwirtschaftliche Nachfrage auf der Ordinate abzeichnet. Eine Volkswirtschaft ist in dieser Modellierung auf der 45-Grad-Kurve im Gleichgewicht (vgl. z. B. Engelkamp/Sell 2017, S. 240–253).

Tab. 3.4 gibt eine Übersicht zum empirisch erfassten BIP in Deutschland für das Jahr 2020 für alle drei Berechnungsmethoden. Die jeweils wichtige Kennzahl ein jeder Methode ist fett hervorgehoben.

Entstehung: Deutschland leistete im Jahr 2020 eine Bruttowertschöpfung in Höhe von 3.014,7 Mrd. EUR *Verwendung:* Die Verwendungsrechnung splittet die Ausgaben für Endprodukte im Endverbrauch und fasst dabei Konsumausgaben der privaten Haushalte und des Staates zusammen. Aus Verwendungssicht macht es Sinn, aber es verwehrt den Blick auf den signifikanten Staatseinfluss in Deutschland, der nahezu ein Drittel aller Konsumausgaben in Höhe von 2459,6 Mrd. EUR im Jahr 2020 umfasste und sehr nahe am Wert der Bruttoinvestitionen liegt. Am positiven Außenbeitrag in Höhe von 188,4 Mrd. EUR ist Deutschlands Exportüberschuss abzulesen. *Verteilung:* Die Verteilungsrechnung berichtet über die o. a. Einkommensanteile am Volkseinkommen (siehe auch Abb. 4.11 in Kap. 4.3.1) sowie über den Unterschied zwischen BIP und BNE, der im Jahr 2019 98,1 Mrd. EUR betrug.

Die Klammerwerte in Tab. 3.4 berichten über die Beträge für das Jahr 2019. Ingesamt schrumpfte die deutsche Wirtschaftsleistung im Jahr 2020 entsprechend um 120,1 Mrd. EUR. Dabei reduzierte sich die Bruttowertschöpfung des Grundstücks- und Wohnungswesens lediglich um 7,3 Mr. EUR, während alle übrigen Kategorien deutlich größere Reduktionen verbuchten, vor allem das produzierende Gewerbe mit einem Minus in Höhe von 62,9 Mrd. EUR. Beim Volkseinkommen reduzierten sich die Unternehmens- und Vermögensgewinne stärker als die Arbeitnehmerentgelte. Allerdings darf in dieser Entwicklung keine Einkommensangleichung in der gesellschaftlichen Verteilung gesehen werden. Aufgrund der deutschen Wirtschaftspolitik seit dem Jahr 2020 sind vor allem KleinunternehmerInnen und Soloselbständige von der Rezession nachhaltig betroffen, während Arbeitnehmerentgelte durch großflächige Kurzarbeitskonzeptionen teilweise aufgefangen wurden (siehe ausführlich Abschn. 4.3).

Tab. 3.4 Entstehung, Verwendung und Verteilung des Bruttoinlandsprodukts in Deutschland für Ende 2020 (2019) in Mrd. Euro

Entstehung	=	Verwendung	=	Verteilung

Bruttowertschöpfung	3.014,7 (3.106,2)	Konsumausgaben	2.459,6 (2.511,4)	Volkseinkommen	2.500,4 (2.564,1)
Produzierendes Gewerbe (ohne Baugewerbe)	691,3 (754,2)	Private Konsum- ausgaben	1.708,9 (1.806,9)	Arbeitnehmerentgelt	1.836,4 (1.845,9)
Handel, Verkehr, Gastgewerbe	473,4 (500,8)	Staatliche Konsum- ausgaben	750,6 (704,5)	Unternehmens- und Vermögensgewinne	664,0 (718,2)
Grundstücks- und Wohnungswesen	334,5 (327,2)		+		+
Öffentliche Dienstleister, Erziehung, Gesundheit	594,1 (584,6)	Bruttoinvestitionen	681,1 (737,7)	Produktions- und Importabgaben an den Staat abzüglich Subventionen vom Staat	269,0 (338,9)
Sonstige	921,4 (942,3)	Bruttoanlage- investitionen	733,2 (748,0)		
		Vorratsveränderungen	-52,1 (-10,3)	+	
				Abschreibungen	657,8 (639,8)
	+		+		
		Außenbeitrag	188,4 (199,9)		–
Gütersteuern abzüglich Gütersubventionen	314,3 (342,9)	Exporte	1.451,5 (1.617,4)	Saldo der Primär- einkommen aus der übrigen Welt	98,1 (93,8)
		Importe	1.263,1 (1.417,4)		

Bruttoinlandsprodukt = 3.329,0 (3.449,1)

Datenquelle: Statistisches Bundesamt 2021; eigene Darstellung.

Inzwischen konnten einige Argumente angeführt werden, warum das BIP (pro Kopf) nicht zwingend als Wohlfahrtsindikator geeignet ist. In jedem Fall war es nicht als solcher konzipiert, sondern zur Abbildung des wirtschaftlichen Geschehens einer Volkswirtschaft im Rahmen der VGR[7]. Ein Aspekt ist zur Interpretation des BIP noch zu ergänzen. So wurde bislang nämlich ausschließlich vom *nominalen* BIP gesprochen. Auch Abb. 3.6 bildet lediglich nominelle, also in jeweiligen Preisen der betrachteten Einzelzeiteinheiten ab. Das Preisniveau einer Volkswirtschaft ist jedoch nicht unbedingt konstant. Vielmehr kommt es in wirtschaftlich entwickelten Industrienationen durchaus zu temporärer Inflations- und gar Deflationstendenzen.

---

[7]Teilweise wird in der Literatur auch im Singular von der VGR gesprochen, dann ist mit ihr gewöhnlich allein die Inlandsproduktberechnung gemeint.

Gibt es einen Zusammenhang zwischen Wohlfahrt und Wohlstand?

Die Wohlfahrt in der Darstellung von Abschn. 3.1.2 (= Summe aus Konsumenten-und Produzentenrente) ist ein Maß für die ökonomische Effizienz von Märkten. Mit der Wohlfahrt als Kennzahl lassen sich zwei Marktsituationen vergleichen: Sinkt die Wohlfahrt, ist der Markt weniger effizient als zu vor et vice versa.

Wohlstand ist eine imaginäre Kennzahl, sie ist konkret nicht zu bestimmen. Zum Wohlstand zählt nämlich nicht nur Einkommen und Vermögen, sondern auch Gesundheit, Gesundwerden nach Krankheiten, Glück, Freude etc. Zur Quantifizierung des Wohlstands fehlt der Volkswirtschaftslehre eine umfassende Kennzahl. Sie behilft sich daher mit dem Bruttoinlandsprodukt je EinwohnerIn (= BIP pro Kopf).

Das BIP wurde als Kennzahl kreiert, um den Output einer Volkswirtschaft zu erfassen. Es ist aus den Volkswirtschaftlichen Gesamtrechnungen herzuleiten über die jeweils gesamtwirtschaftliche 1) Nachfrage und 2) Produktion oder das gesamtwirtschaftliche 3) Einkommen. Für die Analyse des Wohlstands ist das BIP nur eingeschränkt hilfreich, weil es ausschließlich zu entgeltende Aktivitäten in der Volkswirtschaft erfasst (dafür ist das BIP auch kreiert worden). Dennoch wird es häufig mangels Alternative als Indikator für den Wohlstand einer Volkswirtschaft herangezogen, dann also als BIP pro Kopf: Ansonsten wäre der Wohlstand z. B. in Österreich (BIP 2019: 446 Mrd. EUR) um 3 Billionen EUR geringer als jene in Deutschland (BIP 2019: 3.449 Mrd. EUR). In Österreich leben aber nur 8,88 Mio. Einwohner, in Deutschland dagegen 83,13 Mio. Beim BIP pro Kopf liegt Österreich mit 45,0 Tsd. EUR jedoch vor Deutschland mit 41,5 Tsd. EUR (siehe Tab. 3.3 in Abschn. 3.1.3). Nach herrschender Meinung ist der Wohlstand in Österreich größer als jener in Deutschland.

Ist Wohlstand denn derartig messen? Zumindest vernachlässigt diese Interpretation viele Punkte, wie z. B. den Output ohne Lohnsteuerkarte in privaten Haushalten, in Ehrenämtern etc. Weiterhin schafft die Größe eines Landes tendenziell eine verbesserte Bonität auf den Kapitalmärkten, weil ein großes Land über mehr Finanzmittel verfügen kann als ein kleines. Die Schweiz zum Beispiel sieht sich als sehr wohlhabendes Land an, in die Europäische Union trat sie aber nicht – vielleicht weil sie befürchtet, als EU-Mitglied ökonomisch von Deutschland determiniert zu werden, vom größten EU-Land gemessen am BIP und der Einwohnerzahl.

Wohlfahrt und BIP bedingen sich aber einander: Volkswirtschaften mit hoher Wohlfahrt auf den Märkten sind fortschrittlicher, entwickeln mehr Produktinnovationen, verkaufen mehr und beziehen mehr Einkommen. Hierdurch wächst das jährliche BIP. Bei der Kombination von Kennzahlen wie Wohlfahrt und BIP werden die Blicke gemeinsam auf die ökonomische Effizienz einer Volkswirtschaft und ihren Output gerichtet. Im Ergebnis lässt sich ein erster Eindruck des Wohlstands in Staaten ermitteln. Dagegen ist ein grundsätzlicher ökonomischer Vergleich von Volkswirtschaften an Hand nur einer einzelnen Kennzahl immer sehr ungenau. Wie der Wohlstand jedoch verteilt ist, darüber liefern Wohlfahrt und BIP keine Informationen. Daher widmet sich Abschn. 4.3 explizit mit der Einkommens- und Vermögensverteilung vor dem Hintergrund marktwirtschaftlicher und kapitalistischer Strukturen.

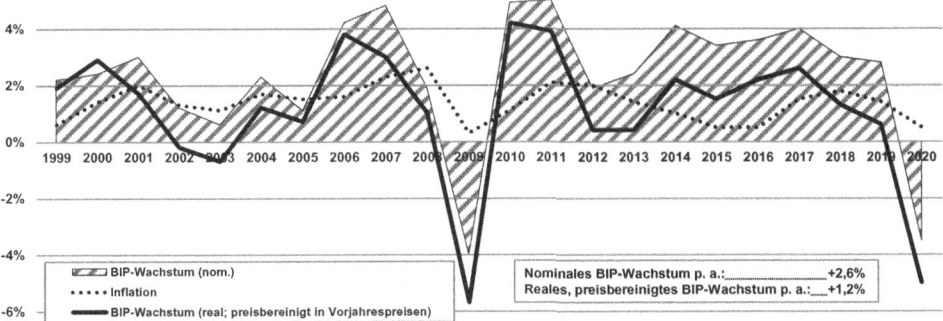

Abb. 3.7 Entwicklung des BIP-Wachstums (nominal/real) und der Inflationsrate in Deutschland von 1999 bis 2020. (Quelle: Deutsche Bundesbank 2021a; eigene Berechnungen und Darstellung)

Mit Ausnahme des weltwirtschaftlichen Krisenjahres 2009 wies Deutschland stets ein positives (nominales) BIP-Wachstum auf (vgl. Abb. 3.6). Die Inflationsrate in Deutschland wird als monatliche durchschnittliche Veränderungsrate (= relative Differenz zum Vorjahr) des Harmonisierten Verbraucherpreisindex (HVPI) gemessen. Sie lag in den letzten Jahren zumeist über Null, wie Abb. 3.7 (durch die gepunktete Linie) visualisiert. Demnach kam es zu einer dauerhaften Geldentwertung. Allerdings gilt als Zielinflationsrate ein Wert in Höhe von nahe bei aber unter 2,0 %, damit die Gefahr einer Deflation, also negativer Veränderungsraten der Preisentwicklung gebannt werden kann.

Inflation, Deflation und Geldmenge – Begriffsbestimmungen und Zusammenhänge
Inflation (bzw. Deflation) meint den dauerhaften Anstieg (bzw. die dauerhafte Reduktion) des Preisniveaus bzw. dem Sinken (bzw. Anstieg) der Kaufkraft des Geldes einer Volkswirtschaft. Inflationstheorie ist ein Bestandteil der Geldtheorie. Ein deutschsprachiges Standardlehrbuch zur Geldtheorie ist Issing (2011). Der Autor und Geldtheoretiker Ottmar Issing war neben seiner volkswirtschaftlichen Professur von 1998 bis 2006 Mitglied des Direktoriums der Europäischen Zentralbank (EZB) in Frankfurt am Main und hatte die Funktion des Chefvolkswirts inne. Issing (2011) definiert Inflation (bzw. Deflation in der umgekehrten Logik) in seiner quantitätstheoretischen Erklärung über die Geldmenge und fußt dabei auf den Analysen des US-amerikanischen Ökonomen Milton Friedman (vgl. exemplarisch Friedman 1992). Demnach gilt: „Inflation ist der Ausdruck und die zwangsläufige Folge eines Anstiegs der Geldmenge pro Produktionseinheit. Insofern ist also die Inflation stets ein monetäres Phänomen. Die monetäre Natur nachhaltiger Inflationsprozesse geht auch deutlich aus dem engen Zusammenhang zwischen der durchschnittlichen Wachstumsrate der Geldmenge und der durchschnittlichen Inflationsrate hervor, wie es sich z. B. in einer Stichprobe von 53 Industrie- und Entwicklungsländern für 1960 bis 1995 zeigt" (Issing 2011, S. 121).

Als Problem der empirischen Inflationsforschung zeigt Issing (2011, S. 212) jedoch die Ungenauigkeit der Preisdefinition an. Denn die volkswirtschaftliche Forschung geht vom gesamtwirtschaftlichen Preisniveau aus; gängig ist jedoch auch die Messung der Inflation ausschließlich anhand des Preisindex für Lebenshaltungskosten. In diesem Fall bleiben Vermögenspreise (z. B. für Immobilien und Wertpapiere) unbetrachtet. Dieser Sachverhalt kann zu schwerwiegenden Fehleinschätzungen führen, wie zuletzt Kursblasen an Wertpapierbörsen und Immobilienpreisblasen gezeigt haben. In jedem Fall wird deutlich, dass Wirtschaftsentwicklungen gemessen am BIP-Wachstum nicht mit konstantem Preisniveau einhergehen müssen. Letztliche Instanz der Entscheidung darüber ist die Zentralbank einer Volkswirtschaft bzw. für Deutschland das Eurosystem, das mit dem geldpolitischen Instrumentarium dafür Sorge tragen muss.

Werden von der nominalen Entwicklung des BIP einer Volkswirtschaft die Preisentwicklungen herausgerechnet, wird von der *realen* Entwicklung gesprochen. Abb. 3.7 verdeutlicht diesen Zusammenhang und stellt für Deutschland die Entwicklung des nominalen BIP-Wachstums (= gestrichelte Fläche) und der Inflationsrate (= gepunktete Linie) sowie die Entwicklung des realen BIP-Wachstums (= dicke Linie) von 1999 bis 2020 dar. Die Inflationsrate stellt dabei ausschließlich auf Preise der Lebenshaltungsgüter ab. Ihre Datenbasis ist die monatliche durchschnittliche Veränderungsrate der Harmonisierten Verbraucherpreisindizes (HVPI) der Euro-Staaten als relative Differenz zum Vorjahr.

Das reale BIP-Wachstum ist keinesfalls als nominaler Wert abzüglich der Inflationsrate in derselben Zeitperiode zu berechnen. Hierdurch wäre das *tatsächlich* reale BIP-Wachstum (preisbereinigt gemessen in *Vorjahrespreisen*) zunächst weitestgehend unterschätzt und zur Jahreswende 2012/2013 überschätzt. Zur Berechnung realer BIP-Wachstumsraten wird daher jeweils in Vorjahrespreisen gerechnet; diese Art der Preisbereinigung führt zum realen BIP-Wachstum, das im Durchschnitt über die in Abb. 3.7 betrachteten Jahresperioden ein BIP-Wachstum in Höhe von 1,2 % ausweist. Vom durchschnittlichen nominalen BIP-Wachstum in Höhe von 2,6 % p. a. erweisen sich somit 1,4 %-Punkte als Preiseffekt und sind allein eine Geldillusion, anstatt realwirtschaftliches Wachstum.

Ein Vergleich von nominaler und realer BIP-Betrachtung in den Abb. 3.6 und 3.7 verdeutlicht weiterhin, dass nicht nur die Jahre 2009 und 2020 Krisenjahre mit einer jeweils schrumpfenden Wirtschaft waren, sondern auch das Jahr 2003. Diese Wirtschaftskrise nach der Jahrtausendwende ging in Abb. 3.6 noch unter. Dabei hat diese Krise die damalige Bundesregierung motiviert, weitreichende Wirtschaftsreformen durchzuführen. Unter dem Schlagwort „Agenda 2010" wurden die Arbeitsmärkte dereguliert und die Sozialversicherungssysteme nachhaltig überarbeitet.

Specht (2016, S. 11) fasst zusammen: „Deutschland erntet die Früchte der Agenda 2010"

„Die Agenda 2010 habe maßgeblich dabei geholfen, eine immens hohe Arbeitslosigkeit abzubauen und neue Beschäftigungschancen zu schaffen, heißt es dazu vom Arbeitgeberverband BDA. „Nach diesen großen und nachweisbaren Erfolgen darf es keinesfalls durch neue Regulierung zur Verhärtung des Arbeitsmarktes kommen." Mit Sorge beobachten die Arbeitgeber, wie Teile der Agenda-Reformen durch Mindestlohn, Zeitarbeitsregulierung oder ein gesetzliches Rückkehrrecht von Teilzeit auf Vollzeit zurückgedreht werden sollen."

Dagegen ist die Rezession im ersten Corona-Pandemie-Jahr 2020 in Abb. 3.7 deutlich erkennbar. Die deutsche Wirtschaftsleistung schrumpfte mit $-5,0\,\%$ zwar noch geringfügig weniger als im Jahr 2009 mit $-5,7\,\%$. Allerdings besteht zum Zeitpunkt der Niederschrift dieses Lehrbuchs im Frühling 2021 die konkrete Gefahr, dass die deutsche Volkswirtschaft auch im Jahr 2021 schrumpfen könnte, weil die deutsche Regierung weiterhin als Konsequenz auf die Pandemieentwicklungen mit Berufsverboten und gesellschaftlichen bzw. grundrechtlichen Einschränkungen agiert.

Übung: Anteil der Wohnungswirtschaft an der Wertschöpfung in Deutschland

Der GdW Bundesverband deutscher Wohnungs- und Immobilienunternehmen e. V. beziffert den Anteil der Wohnungs- und Immobilienwirtschaft an der Bruttowertschöpfung Deutschlands in seiner jährlich erscheinenden Lektüre:

GdW Bundesverband deutscher Wohnungs- und Immobilienunternehmen e. V. (2020): GdW kompakt – Jahresstatistik 2019 – Ausgewählte Ergebnisse. URL: „https://www.gdw.de/media/2020/08/neu_jahresstatistik-2019-august-2020.pdf" (Download der PDF-Datei am 03. April 2021).

Recherchieren Sie die entsprechenden Angaben und prüfen Sie sie auf Plausibilität im Abgleich zur VGR der Bundesrepublik Deutschland!

Alle vorherigen Gedanken fußen auf dem Paradigma des Wachstums einer Volkswirtschaft als gesamtwirtschaftliches Hauptziel. Der Begriff *Wachstum* stellt auf die langfristige Wirtschafts- und Wohlfahrtsentwicklung ab; kurzfristige Entwicklungen bzw. Schwankungen werden als *Konjunktur* bezeichnet. Wirtschaftswachstum geht definitionsgemäß mit der Ausweitung der *Produktionspotenziale* einer Volkswirtschaft einher. *Konjunkturzyklen* verlaufen innerhalb eines bestimmten volkswirtschaftlichen Produktionspotenzials. Fraglich ist zunächst, warum dem Wachstumsparadigma gefolgt werden soll. Kann eine Volkswirtschaft nicht einfach zufrieden mit dem Status quo der Wohlfahrt sein? – Dem Wachstumsparadigma nach sollte sie es nicht sein. Denn Wirtschaftswachstum kann folgende gesellschaftlich positiv assoziierten Ziele realisieren:

- *Wettbewerbsperspektive:* Wenn Wachstum durch Innovationen erfolgt, weil Innovationen temporäre Monopolrenten generieren, dann führt ein wirtschaftlicher Stillstand zum Innovationsmangel, zum Wettbewerbsrückstand gegenüber anderen Volkswirtschaften. Sie werden sodann Wettbewerbsvorteile darbieten und deren eigene Wirtschaft im internationalen Wettbewerb erfolgreich positionieren. Im Ergebnis wird die inländische Wirtschaft schrumpfen, der Wohlstand der Volkswirtschaft dadurch stagnieren oder sogar sinken.
- *Gesundheitsperspektive:* Wachstum auf der Grundlage von Innovationen schafft Mehrwerte, gesundheitsspezifische Verbesserungen für die Bevölkerung, also Wohlfahrt. Wird aber auf Wachstum der Volkswirtschaft verzichtet, verbessert sich auch die gesundheitsspezifische Versorgung der Bevölkerung nicht. Die Bekämpfung menschlicher Krankheiten ist aber sicherlich ein gesamtgesellschaftliches Ziel, daher ist Wirtschaftswachstum nötig.
- *Verteilungsperspektive:* Wohlfahrtssteigerung wird in diesem Buch als gesamtgesellschaftliches Ziel unterstellt. Insbesondere im Hinblick auf die genannte Gesundheitsperspektive darf der gesellschaftliche Fortschritt nicht nur Teilen der Gesamtgesellschaft zugutekommen. In einer Wirtschaft ohne Wachstum könnten Innovationen der Gesundheitswirtschaft nur mittels Umverteilung allen Gesellschaftsschichten zugeführt werden. Wächst eine Volkswirtschaft aber, können alle Bevölkerungsschichten sukzessive an den positiven Entwicklungen der Wohlfahrt teilhaben – ohne Umverteilung. Umverteilung ist in diesem Zusammenhang zunächst negativ bewertet, obwohl gesellschaftspolitische Argumente durchaus für eine Umverteilung von Vermögen innerhalb einer Volkswirtschaft sprechen (vgl. Abschn. 2.4 und 4.3).

Wirtschaftswachstum bedingt die Ausweitung des volkswirtschaftlichen Produktionspotenzials durch 1) Investitionen in Sachkapital (z. B. Infrastrukturen und Maschinen) und 2) Humankapital (z. B. Bildung und Gesundheit) sowie 3) den technischen Fortschritt (z. B. Automatisierungen der Produktion). Alle Faktoren, die positiv auf die drei Voraussetzungen zur Ausweitung des Produktionspotenzials einer Volkswirtschaft wirken, sind sodann wachstumsfördernd. Hierzu zählen allgemein die politisch bedingten Voraussetzungen der Offenheit einer Volkswirtschaft, der Eigentumsrechte der politischen Stabilität und eines stabilen Finanzsektors (vgl. dazu Clement/Terlau/Kiy 2013, S. 482). Doch im Detail bestimmen auch drei weitere, durch den gesellschaftlichen Diskurs gestaltbare Einflussfaktoren das Ausmaß des Wirtschaftswachstums:

- *Zinsentwicklung:* Wesentlicher Einflussfaktor auf die unternehmerische Investitionstätigkeit ist der Zins für überlassenes Finanzkapital. Die Rahmenbedingungen für die Zinsentwicklung einer modernen Volkswirtschaft setzt ihre Zentralbank. Deutschland hat mit Einführung des Euro im Jahr 1999 bzw. Gründung des Eurosystems und der Europäischen Zentralbank (EZB) im Jahr 1998 die nationale Kompetenz der Geldpolitik auf das supranationale Zentralbankensystem übertragen. Daher ist die Zinsentwicklung für Deutschland kein primär national gestaltbarer Faktor mehr. Dennoch bleibt das Zinsniveau durch eine Zentralbank beeinflussbar, wenn auch von supranationalen Interessen geleitet.

Aktuell ist das deutsche (bzw. Euro-europäische) Finanzsystem durch eine Rekordniedrigzinsphase gekennzeichnet (vgl. Knüfermann 2014, S. 125–135). Im Sommer 2016 lag die Rendite[8] börsennotierter deutscher Bundeswertpapiere[9] mit bis zu zehnjähriger Restlaufzeit erstmals im negativen Bereich (Datenquelle: Deutsche Bundesbank 2021a). Deutschland generierte mit einer Neuemission, deren Verzinsung an der jeweils aktuellen Rendite ausgerichtet wird, tatsächlich Erträge. So wurde die Bundesanleihe mit der Wertpapierkennnummer (WKN) 110.240 im Juni 2016 oberhalb des Tilgungswerts verkauft und zu 0,0 % verzinst. Am 15. August 2019 notierte das Wertpapier an der Börse sogar bei 106,37 %. Am selben Tag übertraf die deutsche Bundesregierung ihr Schuldenmanagement noch ein weiteres Mal: Sie emittierte eine 31 Jahre unverzinst laufende Anleihe mit der WKN 110.248 zum Emissionspreis in Höhe von 103,61 % bei einem Rückzahlungskurs in Höhe von 100 %. Demnach generiert der Bund mit diesem Kredit über 19. Mrd. EUR über die Gesamtlaufzeit hinweg einen positiven Ertrag.

Zu konstatieren ist deshalb, dass das Eurosystem mit Hauptrefinanzierungsgeschäften zwar nur Einfluss auf das kurzfristige Zinsniveau ausübt, aber mittels ihrer Anleihekaufprogramme seit dem Jahr 2015 auch das langfristige Zinsniveau beeinflusst (vgl. Abschn. 4.1.3). Dieser Einfluss wird dazu noch durch den Außenhandel der Bundesrepublik Deutschland bzw. den signifikant wachsenden gesamtwirtschaftlichen Sparüberschuss untermauert (vgl. Abschn. 4.1.4).

- *Arbeitskosten:* Die realisierbare Produktionsmenge von Unternehmen hängt von den Kosten der Produktionsfaktoren ab (vgl. Abschn. 3.1.2): Steigende Löhne führen bis zu einem gewissen Ausmaß zur Substituierung von Arbeit durch Kapital (Maschinen). Darüber hinaus bewirken sie eine Reduktion der Produktionsmenge. Kurzfristig können sie die Kaufkraft der Bevölkerung eines Landes steigern und damit einen positiven Wachstumseffekt bewirken. Langfristig schränken sie aber das volkswirtschaftliche Produktionspotenzial ein. Lohnerhöhungen sollten sich deshalb an den beschäftigungsneutralen Produktivitätssteigerungen ausrichten (vgl. dazu ausführlich Krugman/Wells 2017, S. 581–600).

---

[8] Die *Rendite* eines börsennotierten Bundeswertpapiers errechnet sich als Verhältnis von Ertrag (= Verzinsung zuzüglich Tilgung) zu Kapitaleinsatz (= Kaufpreis des Wertpapiers). An der aktuellen Rendite eines Wertpapiers einer vordefinierten Restlaufzeit wird die Verzinsung neuer Emissionen mit derselben Restlaufzeit ausgerichtet. Mit einer *Emission* wird ein Wertpapier bei Investoren platziert.

[9] *Börsennotierte Bundeswertpapiere* sind zum Handel verbriefte Fremdkapitalkontrakte wie z. B. festverzinsliche Anleihen. Die Bundesrepublik Deutschland begab bis 2012 auch nicht-börsennotierte nicht-handelbare Wertpapiere und zwar speziell für Privatanleger, sogenannte Schatzbriefe.

Die Einführung eines Mindestlohns in Deutschland besitzt somit tendenziell negative Beschäftigungseffekte, weil dieser definitionsgemäß oberhalb des Markt-gleichgewichtslohns liegt. Dennoch galten die Tarifabschlüsse in Deutschland über die letzten Jahre hinweg als durchaus moderat, sodass hier insgesamt von einem positiven Einfluss auf das Wirtschaftswachstum ausgegangen werden konnte. Seit 2014 entwickeln sich die Tarifabschlüsse jedoch durchaus unvorteilhaft für die Volks-wirtschaft, so schreibt der Sachverständigenrat zur Begutachtung der gesamtwirt-schaftlichen Entwicklung im Jahresgutachten 2014/2015: „Der Mindestlohn und die abschlagsfreie Rente mit 63 beeinflussen […] die Lohnentwicklung. Aufgrund der günstigen Arbeitsmarktlage entwickeln sich die Tarifverdienste je Stunde aktuell recht dynamisch. Im Jahr 2014 werden sie etwa 3,1 % höher liegen als im Vorjahr." (SVR 2014, S. 110; vgl. hierzu auch ausführlich Groll 2015).[10]
Arbeitskosten setzen sich aus Löhnen und Lohnnebenkosten zusammen. Ein Staat kann die Arbeitskosten von Unternehmen demnach durch Senkung der Lohnneben-kosten reduzieren, z. B. durch Steuersenkungen. Vor dem Hintergrund der hohen Staatsverschuldung Deutschlands ist hiermit allerdings nicht zu rechnen.

- *Bildung:* Humankapital ist der ökonomische Begriff für Bildung und Gesundheit eines Menschen. Ein hoher durchschnittlicher Bildungsstand befähigt eine Volks-wirtschaft zu weitreichenden Innovationen, die eine wesentliche Grundlage für Wirtschaftswachstum sind. Deutschland ist zudem ein relativ rohstoffarmes Land, verfügt über keine Ölvorkommen und die Kohle ist weitestgehend abgebaut. Umso bedeutender ist für die deutsche Volkswirtschaft ihr Humankapital. Es verwundert daher nicht, dass Schulen und Hochschulen in Deutschland mehrheitlich vom Staat finanziert werden. Der Bildung wird auch in der empirischen Forschung ein großer Einfluss auf das Wirtschaftswachstum zugesprochen. Das enorme Wirtschafts-wachstum der letzten Jahrzehnte in China setzen Krugman/Wells (2017, S. 740) in einen direkten Zusammen zu den Erfolgen im Bildungssystem. „Der rasante Anstieg des Bildungsniveaus ist vielleicht darauf zurückzuführen, dass der chinesische Staat der Bildung hohe Bedeutung eingeräumt hst." (Krugman/Wells 2020, S. 743). Eine US-amerikanische Studie aus dem Jahr 1992 geht sogar so weit zu behaupten, „dass Investitionen in physisches Kapital und in Bildung von vergleichbarer Bedeutung sind." (Blanchard/Illing 2014, S. 354).

Auch die Corona-Pandemie hat den Wert der Bildung verdeutlicht. Aufgrund öko-nomischer und gesellschaftlicher Restriktionen durch die Regierung galt es für viele Haushalte in Deutschland, Home-Office zu organisieren, Arbeitsprozesse zu digitalisieren (infrastrukturell und inhaltlich), konjunkturelle Einschätzungen zu voll-ziehen, das unternehmerische Angebot am neuen Umfeld auszurichten sowie im Mit-einander umsichtig und empathisch zu sein (wer kommt wie mit den Anforderungen

---

[10] Beide Quellen erläutern, dass die Jobverluste durch den gesetzlichen Mindestlohn nicht direkt aus der Arbeitslosenstatistik ablesbar sind, weil sogenannte Minijobber bei einem Wegfall des Arbeitsplatzes sich nicht arbeitslos melden (können).

zurecht?). Dazu müssen Menschen die Fähigkeiten besitzen, die Pandemie und die darauf ausgerichtete Wirtschaftspolitik einschätzen und bewerten zu können, um in einer freiheitlichen Gesellschaft ihrem Selbstbestimmungsrecht Genüge zu leisten. Dieser Punkt ist zweifelslos komplex, so sind doch die wenigsten Gesellschaftsmitglieder Epidemiologen oder Virologen. Sicher, früher zu Fußballweltmeisterschaften war die Gesellschaft im Kollektiv die bessere Bundestrainerin, aber in der Pandemie-Zeit wiegten die Herausforderung doch einiges schwerer.

Deutlich zu erkennen ist, dass in diesen Zeiten Bildung z. B. auf Basis eines absolvierten Studiums half, den Alltag zu bewerkstelligen. Denn Studieren heißt Lernen und Lernen heißt Lesen! Die Selbstorganisation und Eigenmotivation ist eine Grundanforderung an die Fähigkeit, ein Studium zu absolvieren. Insbesondere in der heutigen Bachelor/Master-Struktur ist das Studium schließlich nicht mehr allein auf die Wissensvermittlung ausgerichtet, sondern auf die Kompetenzvermittlung. Auf diese Weise liefert ein Studieren Grundkompetenzen, um in einer zunehmend komplexeren Realität erfolgreich zu bestehen. Es ist ein (Human-)Kapital-Investment! Allerdings ist die deutsche Gesellschaft im Ganzen nicht bildungsorientiert, wenn sie primär zum Ausbau der Kleinkind- und Kinderbetreuung neigt, anstatt zur Bildungs-förderung. Die damalige NRW-Ministerpräsidentin, Hannelore Kraft, wird sogar mit der Zielformulierung zitiert, „dass möglichst viele Eltern ihre Kinder in die Kita schicken können." (o. V. 2012, S. 14). Die für solche eigentlich privat-familiär verantwortlichen Betreuungsangebote aufgewendeten öffentlichen Mittel stehen entsprechend nicht mehr für schulische, berufsausbildende und hochschulische Investitionen zur Verfügung. An dieser Stelle wird auch die Nähe von Bildungs-investitionen zu den Infrastrukturinvestitionen deutlich, die ebenfalls eine wichtige, wenn auch anders gelagerte Rolle für das Prosperieren einer Volkswirtschaft besitzen.

Neben diesen primär national gestaltbaren Einflussfaktoren auf das Wirtschaftswachstum fasst Abb. 3.8 weitere vier weltweite Megatrends zusammen. Ein einzelner Staat kann sich nur sehr eingeschränkt von diesen Entwicklungen fernhalten. Demnach ist der

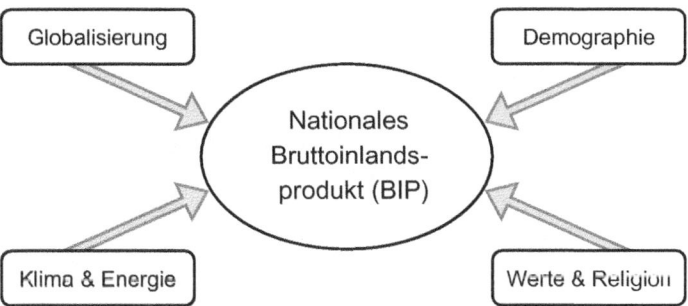

Abb. 3.8 Globale Einflussfaktoren auf die Entwicklung des deutschen Bruttoinlandsprodukts – Beispiele. (Quelle: Eigene Darstellung)

Umgang einer Volkswirtschaft mit diesen vier weltweiten Megatrends auch für das nationale Wirtschaftswachstum von großer Bedeutung:

- *Globalisierung:* Die Weltwirtschaft des 21. Jahrhunderts ist in einem besonderen Maße durch die Globalisierung geprägt. Internationale Arbeitsteilungen führten zur hohen Integration der einzelnen Volkswirtschaften in der Welt. Denn Finanz- und Realkapitalmärkte bilden inzwischen supranationale Binnenmärkte (z. B. die Europäische Union mit noch 27 Ländern im Jahr 2018) und Freihandelszonen (z. B. das Nordamerikanische Freihandelsabkommen, NAFTA, den USA, Kanada und Mexiko). Doch auch ohne derart offene Handelsabkommen stieg die internationale Zusammenarbeit in den letzten Jahren massiv an (vgl. Krugman/Obstfeld/Melitz 2019, S. 47–52). Messen lässt sich die (ökonomische) Globalisierung aus Sicht einer einzigen Volkswirtschaft anhand folgender drei Indikatoren:
  - Der *Quotient von Exporten zu Importen* beschreibt in seiner Entwicklung über die Zeit Veränderungen des grenzüberschreitenden Güteraustauschs.
  - Die *Höhe der Unternehmensinvestitionen* in Produktion und Vertrieb außerhalb des Heimatlandes beschreibt die Entwicklung der Direktinvestitionen im Ausland.
  - Der *Quotient aus Auslandsaktiva und -passiva*[11] *zum BIP* beschreibt in seiner Entwicklung über die Zeit Veränderungen des Ausmaßes des internationalen Kapitalverkehrs.
- *Demografie:* Der Megatrend Demografie ist zweigleisig zu beschreiben: Die Weltbevölkerung wächst, die Bevölkerung der westlichen Industrienationen schrumpft. Insbesondere in Deutschland sank die Fertilität (= Geburtenzahl) je Frau auf eine nicht mehr bestandserhaltende Kinderzahl. Hinzu kommt die gestiegene durchschnittliche Lebenserwartung eines Menschen. Demnach werden in einigen Jahren viel weniger junge Menschen in die Sozialversicherungen einzahlen, wodurch eine höhere Zahl alter Menschen finanziell versorgt werden muss. Damit besitzen die demografischen Entwicklungen in langer Frist wachstumshemmende Einflüsse. Die deutsche Politik ist bemüht, durch aktive Familienpolitik sowie mit gesetzgebenden Rahmenbedingungen die Vereinbarkeit von Beruf und Familie zu verbessern und dadurch dem Kinderwunsch potenzieller Eltern Raum zu geben.
- *Klima & Energie:* Viele Länder reagieren mit einer aktiven Energiepolitik auf sich verändernde Klimabedingungen. Deutschland leitete zudem eine Energiewende nach dem verheerenden Atomunfall im japanischen Fukushima im Jahr 2011 ein. Der damit beschlossene Ausstieg aus der Atomenergie zugunsten regenerativer Energien birgt hohe Kosten für die Volkswirtschaft. Sie werden jedoch zum Teil kompensiert durch neue Branchen, die rund um die Energiewende entstehen (z. B. in den

---

[11] Auslandsaktiva (bzw. Auslandspassiva) meinen Forderungen (bzw. Verbindlichkeiten) von Wirtschaftsakteuren an das (bzw. gegenüber dem) Ausland.

Bereichen Windkraft und Solar). Damit wird der deutschen Energiepolitik eine eher wachstumsneutrale Wirkung nachgesagt. Ob es so kommen wird, bleibt abzuwarten.

- *Werte & Religion:* Die Einflüsse von Werten & Religion auf das Wirtschaftswachstum sind quantitativ kaum zu erfassen. Es zeigte sich bis in die 1980er Jahre hinein deutlich, dass Länder mit westlichen Kulturen über eine prosperierendere Wirtschaft verfügten. Doch seit dem rasanten Wachstum der chinesischen Volkswirtschaft mit einer Kultur, in der die Staatsführung die Menschrechte offiziell nicht achtet, ist diese frühere zwar empirisch untermauerte Erkenntnis dennoch zu verwerfen. Es treten im Rahmen der gesellschaftlichen Globalisierung Weltreligionen sicherlich verstärkt in den Dialog, doch kam es in den letzten Jahren auch zu stärkeren Konflikten mit religiösen Hintergründen. Alles in allem erscheint der positive Einfluss gemäßigter und weltoffener Religionen und ihrer Werte auf das Wirtschaftswachstum logisch nachvollziehbar, quantitativ begründen lässt er sich aber nicht und wird dazu vom chinesischen Beispiel ad absurdum geführt.

Neben diesen qualitativen Argumenten zur Begründung von Wirtschaftswachstum hat die Volkswirtschaftslehre eine Reihe von Wachstumsmodellen theoretisch hergeleitet und empirisch geprüft. Neben der sogenannten *Postkeynesianischen Wachstumstheorie* hat sich insbesondere die *Neoklassische Wachstumstheorie* etabliert. Daher werden im Weiteren noch die makroökonomischen Konzeptionen der keynesianischen und neoklassischen Lehre erörtert. Übersichtliche Darstellungen finden Sie dazu in einer Vielzahl einschlägiger deutschsprachiger Lehrbücher (vgl. z. B. Clement/Terlau/Kiy 2013, S. 494–510; Blanchard/Illing 2014, S. 321–326; Woll 2011, S. 382–394).

Die Makroökonomik teilt eine Volkswirtschaft gewöhnlich in drei Märkte ein: 1) Gütermärkte (für Waren und Dienstleistungen), 2) Geld- und Kapital- bzw. Finanzmärkte sowie 3) Arbeitsmärkte. Über diese drei Märkte lassen sich die *makroökonomischen Phänomene* Wirtschaftswachstum, Inflation und Arbeitslosigkeit analysieren. Die Angebots- und Nachfragebedingungen, -muster und Anpassungsreaktionen auf endogene und exogene Impulse stehen dabei im Analysefokus. Hierzu werden zunächst simultane Gleichgewichtssituationen auf allen Märkten modelliert (im sogenannten Totalmodell), um im Weiteren mögliche komparativ-statische (und dynamische) Analysen durchzuführen. Dabei sind die keynesianische und die neoklassische Sichtweise konzeptionell voneinander zu trennen. Während der Keynesianismus der Neoklassik zeitlich vorgelagert ist, basiert die Neoklassik auf der Klassik, deren Epoche vor dem Keynesianismus angesiedelt ist. Inzwischen existiert auch eine neokeynesianische Theorie (vgl. zu den einzelnen teilweise konkurrierenden Theorieansätzen das entsprechend strukturierte Lehrbuch Felderer/Homburg 2005).

Abb. 3.9 visualisiert im keynesianischen Kontext ein simultanes Gleichgewichtsmodell für den Güter- (IS-Kurve) und Geldmarkt (LM-Kurve). Zur Erläuterung des Modells ist zunächst auf die relevanten Modellannahmen zu rekurrieren: Keynesianer glauben im Unterschied zu den (Neo-)Klassikern nicht an Selbstheilungskräfte des

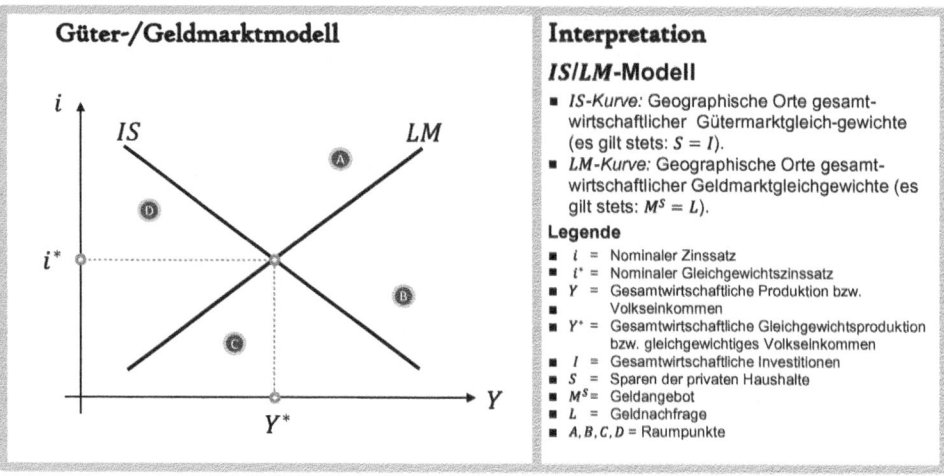

Abb. 3.9 IS/LM-Modell des simultanen Gleichgewichts von Güter- und Geldmarkt in der keynesianischen Theorie. (Quelle: Abbildung nach Hillebrand 2003, S. 117, Abb. 3/39; eigene Darstellung)

Marktes. Für sie ist der *private Sektor* vielmehr *instabil*, sodass eine Gleichgewichtssituation mit Unterbeschäftigung möglich ist. Der mikroökonomische Preismechanismus reicht ihrer Ansicht nach nicht aus, um stets Markträumungen auf allen Märkten zu gewährleisten. Daher besitzt im Keynesianismus das klassische Saysche Theorem (= jedes Angebot schafft sich die eigene Nachfrage über die Preisflexibilität) keine Bedeutung mehr. Vielmehr gilt das keynesianische Theorem, dass die Nachfrageentscheidungen das Angebot bzw. das Produktionsniveau dominieren.

Das keynesianische Modell betrachtet in diesem Zusammenhang ausführlich die Bestimmungsfaktoren der gesamtwirtschaftlichen Nachfrage. Unter Rückgriff auf die Verwendungsrechnung ist das BIP $(= Y^D)$ in die Nachfrageaggregate der vier makroökonomischen Sektoren aufzugliedern, nämlich in den Konsum C der privaten Haushalte, die gesamtwirtschaftlichen Investitionen I, den Staatskonsum G und den Außenhandelssaldo $(Ex - Im)$:

$$BIP = Y^D = C + I + G + (Ex - Im) \tag{3.22}$$

Zunächst wird allein eine Zeitperiode betrachtet, sodass das Preisniveau als konstant angenommen werden kann und alle nominalen Werte reale Werte darstellen. Unternehmerische Erwartungen an die Nachfrage bzw. effektive Abnahmebereitschaft im Markt determinieren die Produktionstätigkeiten der Unternehmen. Das Güterangebot Y^S ist somit eine Funktion in Abhängigkeit der Absatzerwartungen, wobei das Güterangebot die Höhe des Realeinkommens Y der Volkswirtschaft bestimmt:

$$Y^S = Y^D(Absatzerwartungen) = Y \tag{3.23}$$

Das IS/LM-Modell in Abb. 3.9 basiert gütermarktbezogen auf einer Volkswirtschaft ohne Staat und ohne Ausland (= geschlossene Volkswirtschaft). Die gesamtwirtschaftliche Nachfrage beträgt also:

$$Y^D = C + I \qquad (3.24)$$

Der gesamtwirtschaftliche Konsum C hängt realistisch von vielen Faktoren ab (z. B. vom Vermögen der Haushalte oder vom Marktzinsniveau). Keynesianer betonen allerdings den dominierenden Einfluss des Realeinkommens auf den Konsum. Der gesamtwirtschaftliche Konsum ist deshalb eine Funktion des Realeinkommens mit positiver Abhängigkeit und einer Steigung kleiner Eins:

$$C = C(Y) \qquad (3.25)$$

Beim hypothetischen gesamtwirtschaftlichen Einkommen von Null, weist der Konsum im keynesianischen Verständnis immer noch einen positiven Wert auf. Dieser autonome Konsum C_{aut} ist durch das Auflösen von Sparguthaben S bzw. Entsparen finanziert. Wenn eine Volkswirtschaft das gesamte Einkommen für Konsum nutzt, ist Sparen gleich Null, bei kleinerem Einkommen negativ (bei keinem Einkommen $-C_{aut}$), bei größerem Einkommen positiv. Die Sparfunktion S ist demnach ebenfalls eine Funktion in positiver Abhängigkeit vom Realeinkommen.

$$S = S(Y) \qquad (3.26)$$

Als Aufteilungsfunktion für das Realeinkommen gilt somit:

$$Y = C + S \qquad (3.27)$$

Zusammenfassend lässt sich folgende lineare Konsumfunktion formulieren:

$$C = C(Y) = C_{aut} + C_Y Y \; mit \, C_Y = \frac{dC}{dY} < 1 \qquad (3.28)$$

Die Ableitung der Konsumfunktion stellt die Grenzneigung privater Haushalte zum Konsum dar und ist kleiner Eins. Keynes (2009, S. 83) selbst bezeichnet es als „grundlegende(s) psychologische(s) Gesetz", dass eine Volkswirtschaft mit steigendem Einkommen nur unterproportional mehr anspart. Aus der Konsumfunktion ist deshalb die Sparfunktion abzuleiten. Denn die Steigung der Konsumfunktion C_y erklärt die Steigung der Sparfunktion S_y als mit:

$$\frac{dY}{dY} = \frac{dC}{dY} + \frac{dS}{dY} \Rightarrow 1 = C_Y + S_Y \Rightarrow S_Y = (1 - C_Y) \qquad (3.29)$$

Im IS/LM-Modell aus Abb. 3.9 sind neben den privaten Haushalten auch Unternehmen Nachfrager. Diese Investitionsnachfrage I ist primär vom Marktzins i abhängig, der im Modell mit konstanten Preisen dem Realzins r entspricht. Sie führt zur entsprechenden Investitionsfunktion:

$$I = I(i) \qquad (3.30)$$

$$mit\ i = \bar{\imath}\ und\ I = \bar{I}$$

Zur übersichtlichen Modellierung der Volkswirtschaft soll dieser Marktzins konstant sein $\bar{\imath}$, sodass er auch konstante gesamtwirtschaftliche Investitionen $\bar{I}$ hervorruft. Die gesamtwirtschaftliche Nachfrage in der Höhe der Konsumtätigkeit wird nun um die Investitionstätigkeit ergänzt. Wenn Produktion und Einkommen der Volkswirtschaft exakt den Wert der Nachfrage ausmachen, ist die Volkswirtschaft im Gleichgewicht.

Aus der Nachfragefunktion und der Aufteilungsfunktion für das Realeinkommen lässt sich bei ex-post-Betrachtung (der immer noch *geschlossenen* Volkswirtschaft; vgl. zur Analyse der *offenen* Volkswirtschaft Abschn. 4.1.4) ein weiterer Gleichgewichtsaspekt ableiten, dass nämlich Investieren gleich Sparen ist:

$$Nachfragefunktion\ (geschlossene\ Volkswirtschaft\ ohne\ Staat): Y = C + I \quad (3.31)$$

$$Aufteilungsfunktion\ des\ Einkommens: Y = C + S \quad\quad (3.32)$$

$$\Rightarrow I = S \quad\quad (3.33)$$

Die ex-post-Identität von Sparen und Investieren (vgl. Gl. 3.33) lässt sich komparativ-statisch durch Variation der Marktzinssätze analysieren. Bei sinkendem Marktzins steigen die Investitionstätigkeit, die Produktion und das Einkommen an, wodurch in keynesianischer Sichtweise die Nachfrage ansteigt. Eine geldpolitische Beeinflussung des Marktzinssatzes birgt demnach in kurzfristiger Perspektive positive Impulse für das Wirtschaftswachstum. Die beiden gleichgewichtigen Produktionsniveaus der komparativ-statischen Analyse lassen sich als IS-Kurve in Abhängigkeit des Marktzinssatzes visualisieren. Dazu ist die Kurve der zinsinduzierten Ausweitung des Produktionsniveaus in Abb. 3.9 als geometrischer Ort aller Gütermarktgleichgewichte definiert, die durch die Identität von Investieren und Sparen geprägt sind.

Die LM-Kurve repräsentiert alle geometrischen Orte in einem Zinssatz/Einkommen-Diagramm, auf denen sich der Geldmarkt im Gleichgewicht befindet. Geld ist dabei alles, dass die drei Geldfunktionen erfüllt, nämlich die 1) Tauschmittel-, 2) Wertaufbewahrungs- und 3) Rechenmittelfunktion. Wird ein vordefiniertes Geld als gesetzliches Zahlungsmittel einer Volkswirtschaft eingeführt, ist es eine Währung wie z. B. der Euro. Zur Abgrenzung der Geldmenge wird nur jenes Geld gezählt, das Nicht-Banken halten, um Doppelzählungen auszuschließen. In Abhängigkeit des Geldumfangs werden drei Geldmengenaggregate definiert: Allein der Bargeldbestand inländischer Nichtbanken und ihre Sichteinlagen bilden das Geldmengenaggregat M1; M1 plus 3–24-monatige Termineinlagen und dreimonatige Spareinlagen bilden M2; M2 zuzüglich geldnahe Papiere stellt die weiteste Gelddefinition M3 dar. Trotzdem bleiben Abgrenzungsprobleme bestehen. So hat die Deutsche Bundesbank bis Ende 1998 Termineinlagen mit zweijähriger Kündigungsfrist gar nicht als Geldmenge akzeptiert. Das Eurosystem erweitert die Geldmenge stattdessen um diese Termineinlagen zum Geldmengenaggregat M3. Der Bargeldanteil an M3 beträgt in der Europäischen Währungsunion zumeist weniger als zehn Prozent.

Der Zinssatz nach Keynes, Teil 1 (2009, S. 187)

Der Geldzinssatz [...] ist lediglich der prozentuale Überschuß einer für spätere Lieferung (zum Beispiel nach einem Jahr) kontrahierten Summe Geldes über das, was wir den „Spot"- oder Kassapreis der für spätere Lieferung kontrahierten Summe nennen können. Es hat daher den Anschein, daß es für jede Art von Vermögenswert ein Analogon zum Geldzinssatz geben muß, denn es gibt eine bestimmte, nach einem Jahr lieferbare Menge von (zum Beispiel) Weizen, die heute den gleichen Tauschwert hat wie 100 Viertelzentner Weizen bei sofortiger Lieferung. Wenn die nach einem Jahr zu liefernde Menge 105 Viertelzentner beträgt, können wir sagen, daß der Weizenzinssatz 5 % pro Jahr ist; und wenn sie 95 Viertelzentner ist, daß er minus 5 % pro Jahr ist. Für jede dauerhafte Ware haben wir somit einen Zinssatz in Größen von sich selbst – einen Weizenzinssatz, einen Kupferzinssatz, einen Häuserzinssatz und sogar einen Stahlwerkzinssatz.

Unter den Modellbedingungen der einfachen keynesianischen Theorie (Eine-Perioden-Betrachtung, fixes Preisniveau etc.) wird jedoch unterstellt, dass das Geldangebot M fix und von den jeweiligen Zentralbanken bereitgestellt wird. Entsprechend wird auch der Geldschöpfungsprozess über die Geschäftsbanken vereinfachend ausgeblendet. Die Geldnachfrage L basiert auf drei Motiven der Geldhaltung, nämlich zu Transaktions-, Spekulations- und Vorsichtszwecken der privaten Haushalte. Sie ist damit positiv abhängig vom gesamtwirtschaftlichen Einkommen Y und negativ abhängig vom Marktzins i, sodass gilt:

$$L = L(Y; i) \tag{3.34}$$

Steigt das volkswirtschaftliche Einkommen von Y_1 auf Y_2 an, impliziert es eine steigende Geldnachfrage nach Transaktionskasse von L_1 auf L_2, weil der gesamtwirtschaftliche Konsum C eine Funktion in Abhängigkeit des Periodeneinkommens ist. Die Geldnachfrage L trifft allerdings auf das fixe Geldangebot $\bar{M}$. Damit das fixe Angebot und die erhöhte Nachfrage weiterhin übereinstimmen, steigt der Preis des knappen Gutes (hier der Zinssatz) von i_1 auf i_2:

$$\bar{M} = L_1 = L_1(Y_1; i_1) < L_2 = L(Y_2, i_2) = \bar{M} \tag{3.35}$$

Die Volkswirtschaft befindet sich trotz unterschiedlicher Zinssatz/Einkommen-Kombinationen im Gleichgewicht. Der Marktzins sorgt nämlich für den Ausgleich von Geldangebot und -nachfrage. Denn zum höheren Zinssatz i_2 wird weniger Geld nachgefragt. Der Preismechanismus wird damit seiner mikroökonomischen Lenkungs- bzw. Allokationsfunktion gerecht, sodass das knappe Gut Geld über den hohen Preis effizient genutzt wird. Die unterschiedlichen Gleichgewichtskombinationen von Zinssatz und gesamtwirtschaftlichem Einkommen bildet Abb. 3.9 als geometrische Orte der LM-Kurve ab.

Beide Kurven zusammen, also IS-Kurve und LM-Kurve, stellen im IS/LM-Modell von Abb. 3.9 die Gleichgewichte auf dem keynesianischen Güter- und Geldmarkt dar. Demnach gibt es eine einzige Zinssatz/Einkommen (i^*/Y^*)-Kombination, zu der sich beide Märkte *simultan* im Gleichgewicht befinden. Dagegen bestehen im Punkt *A* der Abb. 3.9 Ungleichgewichte bzw. Angebotsüberschüsse auf beiden Märkten.

Übung

Interpretieren Sie die Marktausgangspunkte *B*, *C* und *D* in Abb. 3.9! Existieren in den Punkten Marktgleichgewichte oder Untergleichgewichte? Falls Ungleichgewichte bestünden, erläutern Sie die Gegebenheiten auf dem Gütermarkt und auf dem Geldmarkt, beschreiben Sie dazu mögliche Überschüsse und die zu erwartenden Anpassungsprozesse auf den Märkten!

Ein Beispiel liefert ein tieferes Verständnis vom IS/LM-Modell (Beispielfunktionen aus Hillebrand 2003, S. 118). Um die Gleichgewichtskurven für den Gütermarkt und den Geldmarkt zu beschreiben, sind zunächst folgende Funktionen gegeben:

$$\text{IS - Kurve}_1 : \quad i = 0{,}5 - 0{,}0001 \times Y \tag{3.36}$$

$$\text{LM - Kurve}_1 : \quad i = -1{,}5 + 0{,}0004 \times Y \tag{3.37}$$

Die Funktionen ermöglichen es, das simultane Marktgleichgewicht auf dem Gütermarkt und dem Geldmarkt konkret zu bestimmen. Denn durch Gleichsetzen beider Funktionen lässt sich die gleichgewichtige Zinssatz/Einkommen $\left(i_1^*/Y_1^*\right)$-Kombination berechnen:

$$0{,}5 - 0{,}0001 \times Y = -1{,}5 + 0{,}0004 \times Y \tag{3.38}$$

$$\Rightarrow 0{,}0005 \times Y = 2 \tag{3.39}$$

$$\Rightarrow Y_1^* = 4000 \tag{3.40}$$

$$\Rightarrow i_1^* = 0{,}1 \tag{3.41}$$

Bei einem Einkommen von $Y_1^* = 4000$ und einem Marktzinssatz von $i_1^* = 0{,}1$ befindet sich die beispielhafte Volkswirtschaft simultan im Gleichgewicht auf dem Güter- und dem Geldmarkt. Tritt in dieser Situation der Staat als kreditfinanzierter Nachfrager auf $(= G \uparrow)$, erhöht sich die gesamtwirtschaftliche Nachfrage $(= Y^D \uparrow)$. Dieser Impuls könnte eine prosperierende Wirkung auf die Volkswirtschaft ausüben, wenn Unternehmen als Mengenanpasser nicht nur Lagerbestände abbauen, sondern auch ihre Produktion ausweiten $(= I \uparrow)$, sodass sie Mehreinkommen schaffen, welches private Haushalte anteilig zum Konsum verwenden $(= C \uparrow)$. In jedem Fall führt im IS/LM-Modell die Erhöhung der gesamtwirtschaftlichen Nachfrage Y^D zu einer Rechtsverschiebung der IS-Kurve von IS-Kurve$_1$ zur gedanklichen IS-Kurve$_2$. Der Staatskonsum findet sich aber nicht vollständig in der gleichgewichtigen Ausweitung des Inlandsprodukts wieder, weil der Staat durch seine Kreditfinanzierung Kapital von Privaten nachfragt, damit das Gut Geld verknappt, sodass es zu einer Marktzinserhöhung kommen wird $(= i \uparrow)$. Das neue, höhere Marktzinsniveau verdrängt jedoch privatwirtschaftliche Investitionstätigkeiten $(= I \downarrow)$. Diese kompensierende Konsequenz wird *Crowding-out-Effekt* genannt.

Im zuvor genannten Beispiel führt eine Rechtsverschiebung der IS-Kurve zur folgenden neuen Kurvenfunktion, wobei die LM-Kurve$_1$ bestehen bleibt:

$$\text{IS - Kurve}_2 : \quad i = 1{,}0 - 0{,}0001 \times Y \tag{3.42}$$

Durch Gleichsetzen beider Funktionen lässt sich wiederum die gleichgewichtige Zinssatz/Einkommen $\left(i_2^*/Y_2^*\right)$-Kombination errechnen:

$$1{,}0 - 0{,}0001 \times Y = -1{,}5 + 0{,}0004 \times Y \tag{3.43}$$

$$\Rightarrow 0{,}0005 \times Y = 2{,}5 \tag{3.44}$$

$$\Rightarrow Y_2^* = 5000 \tag{3.45}$$

$$\Rightarrow i_2^* = 0{,}5 \tag{3.46}$$

Dem neuen Einkommensniveau von jetzt $Y_2^* = 5000$ ist ein gleichgewichtiger Marktzinssatz von $i_2^* = 0{,}5$ zuzuordnen, der fünfmal höher ist als das Ausgangsniveau (vgl. Gl. 3.41), während sich das Einkommen lediglich um 25 % erhöht (vgl. Gl. 3.45 mit Gl. 3.40).

Um diesen Crowding-out-Effekt zu umgehen, bietet sich im IS/LM-Modell eine expansive Geldpolitik der Zentralbank an. Durch eine Erhöhung der Geldmenge sinkt der Preis des Geldes wieder, die Investitionslücke schließt sich und die Volkswirtschaft entwickelt sich zu dem Produktionsniveau hin, welches die volle Stärke des Staatskonsums zum Ausdruck bringt. In diesem Fall wird von der *monetären Alimentierung der Fiskalpolitik* gesprochen, die im einfachen keynesianischen Modell ohne variables Preisniveau und ohne Ausland positiv wirkt. So verschiebt die expansive Geldpolitik die LM$_1$-Kurve zur gedanklichen LM$_2$-Kurve ebenfalls nach rechts und lässt sich beispielsweise wie folgt ausdrücken:

$$\text{LM - Kurve}_1 : \quad i = -3{,}5 + 0{,}0004 \times Y \tag{3.47}$$

Die IS$_2$-Kurve bleibt bestehen. Jetzt lässt sich durch Gleichsetzen von IS-Funktion und LM-Funktion die gleichgewichtige Zinssatz/Einkommen $\left(i_2^*/Y_2^*\right)$-Kombination errechnen:

$$1{,}0 - 0{,}0001 \times Y = -3{,}5 + 0{,}0004 \times Y \tag{3.48}$$

$$\Rightarrow 0{,}0005 \times Y = 4{,}5 \tag{3.49}$$

$$\Rightarrow Y_2^* = 9000 \tag{3.50}$$

$$\Rightarrow i_2^* = 0,1 \tag{3.51}$$

Die monetäre Alimentierung der Fiskalpolitik durch kreditfinanzierten Staatskonsum führt zum neuen Einkommensniveau von $Y_2^* = 9000$ und dem gleichgewichtigen Marktzinssatz von $i_2^* = 0,1$, sodass im Hinblick auf Gl. 3.41 gilt:

$$i_2^* = i_1^* \tag{3.52}$$

Fiskal- und Geldpolitik wirken im einperiodischen keynesianischen Modell somit wachstumsstimulierend. Bei längerfristiger Betrachtung kann die expansive Geldpolitik nach neoklassischer Sichtweise aber keine realwirtschaftlichen Effekte generieren und führt stattdessen ausschließlich zur Inflation.

Geldtheoretisches Wissen nach Fanno (1933)

Fanno (1933) formuliert auf Basis eines bereits 1912 publizierten Beitrags die Inflationswirkung von Niedrigzinsphasen. Dazu differenziert er drei Zinssätze, 1) den Zinsfuß als Ertrag von verzinslichen Wertpapieren im Verhältnis zum eigenen Wert, 2) den Profitsatz, als Gewinn durch die Verwendung von Produktionsgütern im Verhältnis zu deren eigenen Werten, sowie 3) den Diskontsatz als Preis für die Übernahme von Geld als Darlehen. Seine Abhandlung lässt erstaunliche Parallelen zum aktuellen Welt-Geldmarkt erkennen:

„Die Produktionsvermehrung, die jedesmal eintritt, wenn der Diskontsatz niedriger ist als die beiden anderen, ruft, sobald sie eintritt, eine vermehrte Nachfrage nach Produktionsgütern und damit eine Steigerung ihrer Preise hervor. Der erhöhte Erwerb von Verbrauchsgütern seitens der Verbraucher, der bei dieser Sachlage ebenfalls eintritt, läßt den Preis auch dieser Güter steigen. Schließlich rufen die Effektenkäufe, die von Banken und Privaten zweifelsohne werden vorgenommen werden, eine Steigerung auch von deren Preisen hervor. Aus all diesen Gründen zeigen die Preise, sobald die Diskontrate unter die Profit- und Zinsrate fällt, wenn auch in verschiedenem Ausmaß und Rhythmus, die Tendenz zu steigen; und sobald diese Rate die anderen übersteigt, aus umgekehrten Gründen die Tendenz zu fallen. Und zwar wird ihr Steigen durch das Steigen oder Fallen des Volumens der Umlaufmittel ermöglicht, das infolge der Ausdehnung oder Einschränkung der Bankdarlehen gleichzeitig eintritt. Doch ist das Steigen oder Fallen der Preise, das die Ausdehnung oder Einschränkung der Nachfrage nach Darlehen begleitet, von einer Angleichbewegung der Diskont-, Profit- und Zinsrate gefolgt; schließlich kommt es daher wieder zu ihrer Übereinstimmung. und in dem Augenblick, in dem diese eintrat, hört, wie wir sahen, die Nachfrage nach Darlehen auf zu steigen oder zu fallen.[…] Daher ist die Gleichgewichtsposition der Nachfrage ebenso die Gleichgewichtsposition der Preise.[…]" (S. 14)

„Jede monetäre Gleichgewichtsstörung wird [...] durch eine Veränderung der internationalen Verteilung der Güter, der Wertpapiere und des Geldes behoben. Die Übertragung von Geld, welche eine Veränderung der Metallvorräte der beteiligten Länder mit sich bringt, ruft aber meistens eine Reaktion seitens ihrer Banken hervor; diese erfolgt im allgemeinen in Gestalt einer Veränderung des Diskontsatzes. Die Diskontpolitik ist demnach für das internationale monetäre Gleichgewicht von grundlegender Bedeutung" (S. 95).

„So oft sich also einige oder alle Bedingungen, welche wir unserer Theorie voraussetzungsweise zugrunde gelegt hatten, nicht erfüllen, hört der internationale Geldmarkt [...] auf, in der von uns angegebenen Weise zu wirken und seine grundlegenden Funktionen auszuüben. Die unserer Theorie zugrunde gelegten Verhältnisse sind ungefähr die in der Weltwirtschaft vor dem [ersten] Weltkrieg vorherrschenden und sie werden sich hoffentlich in einer nicht zu fernen Zukunft wieder einstellen. Die soeben betrachteten Verhältnisse sind hingegen, wie dem Leser sicherlich bekannt ist, diejenigen, welche sich in der unmittelbaren Nachkriegszeit herausbildeten und gegenwärtig noch andauern. Da also die gegenwärtige Geldsituation der Welt zeigt, welches die Folgen der Geldunordnung, des mangelnden Funktionierens einiger der allerwesentlichsten internationalen Zahlungsmittel und der teilweisen Lähmung des Welt-Geldmarktes sind, spricht sie nicht gegen, sondern vollauf für unsere Theorie" (S. 113).

Doch zunächst nochmals zur keynesianischen Makroökonomik, in der sich das einfache IS/LM-Modell durch Anpassung der Modellannahmen erweitern lässt zum sogenannten Mundell/Fleming-Modell (vgl. hierzu ausführlich Clement/Terlau/Kiy 2013, Kap. 22, S. 684–704; siehe auch sehr umfassend Mankiw 2017, Kap. 13, S. 441–482). Hier wird eine offene Volkswirtschaft unterstellt bzw. das Ausland in die Überlegungen mit einbezogen. Offene Volkswirtschaften zeichnen sich durch drei Aspekte aus:

- *Offene Gütermärkte:* Es existieren keine Zölle und sonstige Handelshemmnisse; privaten Haushalten und Unternehmen obliegt die freie Wahl von Waren und Dienstleistungen zwischen in- und ausländischen Märkten.
- *Offene Finanzmärkte:* Kapitalverkehrskontrollen sind ausgeschlossen; die Wahlmöglichkeit zwischen in- und ausländischen Geldanlagen ist gewährleistet.
- *Offene Faktormärkte:* Einwanderungsbeschränkungen und sonstige staatliche Interventionen sind untersagt; Unternehmen können im In- und Ausland produzieren und private Haushalte im In- und Ausland arbeiten.

Durch den Einbezug ausländischer Volkswirtschaften existieren unterschiedliche Währungen (= Geld als gesetzliches Zahlungsmittel einer Volkswirtschaft), die auf dem Devisenmarkt als Sichtdepositen gehandelt werden. Der Handel dieser Währungen führt zum gleichgewichtigen Wechselkurs Zur Bestimmung von Wechselkursen werden Mengen- und Preisnotierung unterschieden, wobei das Eurosystem seit 1999 den amtlichen Wechselkurs in der Mengennotierung (= Wert der Inlandswährung gemessen in Auslandswährungen) veröffentlicht (siehe Abschn. 4.1.4). Inwieweit der Marktpreismechanismus für Wechselkurse uneingeschränkt erfolgt oder ausgeschaltet ist, hängt vom Wechselkurssystem ab, wobei entsprechend Systeme flexibler und fester Wechselkurse zu unterscheiden sind:

- *System flexibler Wechselkurse:* Wechselkurse sind Preise und sie entstehen durch übereinstimmendes Angebot mit der Nachfrage. Im System flexibler Wechselkurse greift der Staat bzw. die Zentralbank nicht in Handelsgeschäfte der Marktteilnehmer ein.
- *System fester Wechselkurse:* Zentralbanken bzw. Regierungen können untereinander feste Wechselkurse vereinbaren. Das Wechselkursrisiko für internationale Investitionen fällt dadurch weg, Transaktionskosten sinken und der Außenhandel intensiviert sich. Werden jetzt vordefinierte Wechselkurse vereinbart, dann sind die Zentralbanken verpflichtet, bei Kursschwankung auf dem Devisenmarkt die eigene Währung zu stützen. Sinkt der Wechselkurs, muss die Zentralbank selbst eigene Währung kaufen, um durch Nachfrageüberhänge den Wechselkurs zu erhöhen. Die LM-Kurve verschiebt sich nach links. Steigt der Wechselkurs dagegen, müssen Zentralbanken eigene Währung verkaufen, um das Marktangebot zu vergrößern, sodass der Wechselkurs sinkt. Die LM-Kurve verschiebt sich nach rechts. Bezahlt wird dabei mit Fremdwährungen, die in Vorperioden gekauft wurden. Wichtigste Reservewährung in der Welt ist der US-Dollar, weil die USA die größte Volkswirtschaft sind und ihre Währung im historischen Vergleich sehr kursstabil ist.

Wechselkurse übernehmen in der offenen Volkswirtschaft eine Transmissionsaufgabe[12]: Veränderungen des Marktzinsniveaus wirken nämlich nicht mehr allein über den sogenannten Zinskanal auf die unternehmerischen Investitionen bzw. die Produktion. Zwar sind die Investitionen I auch einer offenen Volkswirtschaft vom Marktzinssatzniveau abhängig:

$$I = (i) \qquad\qquad (3.53)$$

mit $i = r$, wegen $P = \bar{P}$.

Doch wirkt das Marktzinsniveau jetzt zusätzlich über den sogenannten Wechselkurskanal: Eine Marktzinssenkung im Inland hat nämlich steigende Finanzinvestitionen im Ausland zur Folge, sodass auf den Devisenmärkten mehr Auslandswährung nachgefragt wird. Der Preis für Auslandswährung gemessen in Inlandswährung steigt; die Inlandswährung wertet entsprechend ab, sodass die Nettoexporte des Inlands zunehmen.

---

[12] *Transmission* meint die Übertragung monetärer Impulse auf die Realwirtschaft.

Unternehmen reagieren im keynesianischen Modell mit einer Produktionsausweitung. Demnach wirkt das Marktzinsniveau auch über den Wechselkurs auf die inländische Wirtschaft ein. Festzuhalten ist daher die Aussage über die Zinsparität:

$$i^{Inland} = i^{Ausland} - \left(\frac{w^e - w}{w} \right) \tag{3.54}$$

mit $w = $ *Wechselkurs*; $e = $ *Indizierung als Erwartungswert*

Das inländische Marktzinsniveau (i^{Inland}) ist gleich dem ausländischen ($i^{Ausland}$) abzüglich der relativen Wechselkursveränderung $\left(\frac{w^e - w}{w} \right)$. Sinkende unternehmerische Investitionen führen also nicht mehr allein zur Reduktion der Produktion und damit des Marktzinsniveaus, sondern auch zu einer Abwertung der Inlandswährung. Hierdurch gewinnt die inländische Volkswirtschaft an Wettbewerbsfähigkeit und die Wirtschaft kann über steigende Nettoexporte wieder auf den Pfad der Prosperität zurückfinden.[13]

Im Fall einer kleinen offenen Volkswirtschaft steht diese mit ihrem Marktzinsniveau den Weltmärkten und dem Weltmarktzinsniveau gegenüber. Die kleine offene Volkswirtschaft besitzt dabei keinen Einfluss auf das Weltmarktzinsniveau. Sie verschuldet sich auch nicht zu einem höheren inländischen Zinssatz, weil sie immer und überall in der Welt günstigere Kredite aufnehmen kann. Dazu wird vollkommene Kapitalmobilität unterstellt. Die Zinsparität kann jetzt vereinfacht werden zu:

$$i^{Inland} = i^{Ausland} \tag{3.55}$$

Es gibt demnach ein Gleichgewichtszinsniveau i^*, an das sich weltweit alle Marktzinsniveaus annähern. Bei diesem Marktzinsniveau befindet sich die Devisenbilanz einer Volkswirtschaft im Gleichgewicht. Tab. 3.5 gibt einen Überblick zu den Zinsverhältnismöglichkeiten und ihren Auswirkungen auf Kapital- und Devisenbilanz.[14]

Liegt das inländische Zinsniveau oberhalb des Weltmarktgleichgewichtszinsniveaus, fließt der inländischen Volkswirtschaft Kapital zu. Im System fester Wechselkurse ist die Zentralbank verpflichtet, sich einer Währungsaufwertung entgegenzustellen und Auslandswährung für Inlandswährung zu kaufen. Es stellt sich ein Devisenbilanzüberschuss ein. Bei einer umgekehrten Konstellation der Zinsniveaus fließt aus der Volkswirtschaft Kapital ab. Einer drohenden Abwertung der eigenen Währung begegnet die Zentralbank im System fester Wechselkurse mit einem Kauf eigener Währung. Bezahlt wird mit Devisenreserven. Jetzt stellt sich ein Devisenbilanzdefizit ein.

---

[13] Voraussetzung für eine nachhaltige Trendwende ist, dass auch die Produkte der Unternehmen an Wettbewerbsfähigkeit gewonnen haben.

[14] Vgl. zu den Begrifflichkeiten der Kapital- und Devisenbilanz Abschn. 4.1.4.

Tab. 3.5 Zinsverhältnismöglichkeiten und Auswirkungen auf Kapital- und Devisenbilanz

Zinssätze[a]	Kapitalbilanz[b]	Devisenbilanz[c]
$i^{Inland} > i^*$	Kapitalzufluss, hohes Angebot an Devisen	*Bei festen Wechselkursen:* **Aufkauf** von Devisen gegen **Verkauf** der eigenen Währung
		Bei flexiblen Wechselkursen: **Aufwertung** der Inlandswährung
$i^{Inland} < i^*$	Kapitalabfluss, hohe Nachfrage nach Devisen	*Bei festen Wechselkursen:* **Verkauf** von Devisen gegen **Ankauf** der eigenen Währung
		Bei flexiblen Wechselkursen: **Abwertung** der Inlandswährung

[a]*Es gilt: i* = Zinssatz; *i** = Gleichgewichtszinssatz
[b]Kapitalbilanz = Statistische Erfassung aller grenzüberschreitenden Kapitalbewegungen, außer Devisentransaktionen
[c]Devisenbilanz = Statistische Erfassung aller Devisentransaktionen der Zentralbank
Quelle: Nach Clement/Terlau/Kiy (2013, S. 689) (Abb. 22.5); eigene Darstellung

Tab. 3.6 Wirkungen unterschiedlicher Politikoptionen im Mundell–Fleming-Modell

	Wechselkurssysteme					
	flexibel			fest		
	BIP	Wechselkurs	Netto-exporte	BIP	Wechselkurs	Netto-exporte
Expansive Geldpolitik	steigt	Abwertung	steigen	*kein Effekt*	konstant	konstant
Expansive Fiskalpolitik	*kein Effekt*	Aufwertung	sinken	steigt	konstant	konstant
Weltmarkt-zinsniveau steigt	steigt	Abwertung	steigen	sinkt	konstant	konstant

Quelle:Clement/Terlau/Kiy (2013, S. 698) (Tab. 22.1); eigene Darstellung

Dieser Modellrahmen ist Grundlage des Mundell–Fleming-Modells. In Abhängigkeit des Wechselkurssystems entstehen unterschiedliche Wirksamkeiten expansiver Geld- und Fiskalpolitik auf die Wirtschaftsleistung bzw. das BIP, weil inländische Staatsinterventionen Rückkopplung durch die Weltwirtschaft erfahren (vgl. Tab. 3.6):

- *Feste Wechselkurse:* Eine wesentliche Erkenntnis aus dem Mundell–Fleming-Modell ist die Unwirksamkeit der **expansiven Geldpolitik** im System fester Wechselkurse. Führt die Zentralbank einer (kleinen) offenen Volkswirtschaft eine Senkung des Marktzinsniveaus herbei, ist es als monetärer Impuls zu verstehen, sodass sich die unternehmerischen Investitionen erhöhen. Die LM-Kurve verschiebt sich nach rechts. Kapital verlässt daraufhin das Inland für Auslandsinvestitionen. Die Inlandswährung wird weniger, die Auslandswährung verstärkt nachgefragt. Der Wechselkurs der Inlandswährung gemessen in Auslandswährung sinkt. Wegen des Systems fester Wechselkurse, muss die Zentralbank jedoch eigene Währung gegen Devisenreserven kaufen. Die LM-Kurve verschiebt sich zurück nach links in die Ausgangsposition.

Dagegen führt eine **expansive Fiskalpolitik** unter dem Eindruck des Crowding-out-Effekts zu einer Rechtsverschiebung der IS-Kurve. Durch die damit einhergehende Zinserhöhung und dem entsprechenden Kapitalimport wertet die Inlandswährung auf. Hiergegen muss die Zentralbank intervenieren und kauft Auslandswährung gegen eigene Währung. Die LM-Kurve verschiebt sich nach rechts und kompensiert die Zinserhöhung des Crowding-out-Effekts. Die expansive Fiskalpolitik ist demnach wirksam und wird dabei noch durch die expansive Geldpolitik unterstützt.

- *Flexible Wechselkurse:* Auf liberalen Devisenmärkten mit der Wechselkursbestimmung allein durch Angebot und Nachfrage der Wirtschaftssubjekte, also ohne Staatsinterventionen stellt sich eine umgekehrte Wirksamkeit ein. Eine **expansive Geldpolitik** führt zum sinkenden Marktzinsniveau und sinkenden Wechselkurs, sodass die Abwertung die Nettoexporte erhöht. Die LM-Kurve verschiebt sich einmalig und stabil nach rechts. Die Geldpolitik behält ihre Wirksamkeit, schließlich müssen Zentralbanken nicht mehr intervenieren.

  Eine **expansive Fiskalpolitik** verschiebt die IS-Kurve nach rechts. Eine Marktzinserhöhung stellt sich ein und damit eine Aufwertung der Inlandswährung. Hierdurch sinkt der Nettoexport und kompensiert den zuvor erhöhten Staatskonsum. Die IS-Kurve verschiebt sich zurück nach links. Im Ergebnis verliert die expansive Fiskalpolitik über den Nettoexport an Wirksamkeit.

Die bis hierher genannten zentralen Ergebnisse der Überlegungen zum Mundell–Fleming-Modell sind in Tab. 3.6 zusammengefasst. Insgesamt verdeutlichen sie, dass eine 1) eigenständige Geldpolitik je Volkswirtschaft, 2) stabile Wechselkurse und 3) freie Kapitalmobilität keinesfalls simultan aufrechtzuerhalten sind. Unterschiedliche Volkswirtschaften besitzen unterschiedliche Präferenzen gegenüber diesen drei wirtschaftspolitischen Zielen.

Trotz der sehr restriktiven Modellannahmen des keynesianischen Gedankenguts wird des Weiteren deutlich, dass nur Systeme flexibler Wechselkurse exogene Marktschocks absorbieren. Über den Wechselkursmechanismus steuert eine Volkswirtschaft immanent ihre Wettbewerbsfähigkeit. Systeme fester Wechselkurse reduzieren dagegen die Transaktionskosten des grenzüberschreitenden Handels und führen zur Zinsparität der Volkswirtschaften.[15] Vor- und Nachteile beider Wechselkurssysteme müssen demnach sorgfältig und länderspezifisch einander abgeglichen werden.

---

[15] Die Zinsniveaukonvergenz ist vor diesem Hintergrund auch ein notwendiges Konvergenzkriterium der Europäischen Währungsunion.

Der große Denker Friedman (1962, Abdruck 2002, S. 90–92) schrieb:

„Wir müssen das Zahlungsbilanzproblem lösen, indem wir einen Mechanismus anwenden, der die Kräfte des freien Marktes befähigt, eine prompte, wirksame und automatische Antwort zu geben, wenn eine sich ändernde Lage den internationalen Markt in Mitleidenschaft zieht.

Obgleich flexible Wechselkurse so eindeutig als der geeignete Mechanismus für eine freie Marktwirtschaft erscheinen, werden sie nur von einer recht kleinen Zahl von Liberalen unterstützt, meist professionellen Wirtschaftswissenschaftlern, während sehr viele Liberale dagegen sind, die sonst auf den meisten anderen Gebieten eine Einmischung der Regierung und staatlich fixierten Preise ablehnen. [...]

Für flexible Wechselkurse zu sein, bedeutet nicht, für schwankende Wechselkurse einzutreten. Wenn wir bei uns ein System der freien Preise befürworten, bedeutet das nicht, wir seien für ein System, bei dem die Preise wild auf- und niedergehen. Was wir anstreben, ist ein System, bei dem die Preise frei beweglich sind, aber bei dem auch die Kräfte, die sie bestimmen, stabil genug sind, sodass sich die Preisbewegungen in gemäßigten Grenzen halten. Das gilt ebenso für freie Wechselkurse. Letztes Ziel ist eine Welt, in der die Wechselkurse sich zwar ändern können, aber in Wirklichkeit höchst stabil sind, weil die Wirtschaftspolitik der einzelnen Länder und die wirtschaftlichen Bedingungen stabil sind. Labilität der Wechselkurse ist ein Symptom für die Labilität der ihnen zugrunde liegenden Wirtschaftsstruktur. Eine Ausmerzung dieses Symptoms durch administratives Einfrieren der Wechselkurse hielt keine der grundlegenden Schwierigkeiten und macht ihre Beilegung nur noch mühsamer."

Was lernen wir im Jahr 2021 daraus? – *Erstens*, früher antworteten die großen Denker in viel mehr Sätzen zu einem einzigen Kerngedanken als es die heutige Gesellschaft gewohnt ist. *Zweitens* nutzten sie ein Maximum an Sinneinheiten je Einzelsatz. *Drittens* verwendeten sie die maximale Wörterzahl je Sinneinheit. – An dieser Stelle vergleiche ich heutige Botschaften, die in 30-Sekunden-Podcasts die die maximale Aufmerksamkeit realisieren). Viertens, und darauf kommt es hier ehrlich an, daher formuliere ich die vierte Aussage undifferenziert in der Form folgender Frage: Wie beurteilen Sie vor dem Hintergrund der Friedmanschen Aussage die Sinnhaftigkeit einer supranationalen Währungsunion und welche Implikationen liefert die Union an die Wirtschaftspolitik der Nationalstaaten? – Bitte überlegen Sie erst, bevor Sie weiterarbeiten in diesem Lehrbuch!

Das keynesianische IS/LM-System lässt sich weiterhin noch um den Arbeitsmarkt zum sogenannten makroökonomischen Totalmodell erweitern. Dann ist die Makroökonomik in der Lage, die Bestimmungsgründe für Einkommen, Inflation und eben auch den Beschäftigungsgrad zu erfassen. Über ein Totalmodell lässt sich das IS/LM-Modell als keynesianisches Grundmodell mit der neoklassischen Makroökonomik kombinieren.[16]

Im IS/LM-Modell sind bereits (unter den spezifischen Annahmen des Keynesianismus) die Auswirkungen einer Veränderung des Geldangebots auf das Geldmarktgleichgewicht analysierbar. Werden noch Staatstätigkeit und Außenhandel integriert (= Mundell–Fleming-Modell), sind auch die Einflüsse fiskalpolitischer Maßnahmen auf das Gütermarktgleichgewicht identifizierbar. Ein Totalmodell allerdings liefert erst die Grundlage zur Ableitung periodenübergreifender Modelle, die im Unterschied zur (einfachen) keynesianischen Theorie das gesamtwirtschaftliche Preisniveau variabilisieren. Makroökonomische Anpassungsprozesse zeichnen sich gegenüber mikroökonomischen Anpassungsprozessen jedoch gerade durch höhere Zeitbedarfe aus. Ein einzelnes Wirtschaftssubjekt verändert eventuell zeitnah die Konsumgewohnheiten in Bezug auf Preisänderungen. *Alle* Wirtschaftssubjekte passen ihre Konsumgewohnheiten dagegen langsamer an, weil hier Durchschnittsbetrachtungen relevant sind. Hilfreich kann deshalb die Herleitung von jeweils *gesamtwirtschaftlicher Angebots- (AS) und Nachfragefunktion (AD)* sein. Die (totale) Gesamtwirtschaft befindet sich dann im Gleichgewicht, wenn der Markt preisgeräumt ist bzw. Angebotskurve und Nachfragekurve sich schneiden (vgl. dazu Gischer/Herz/Menkhoff 2020, S. 194–202).

Zur Herleitung der Funktionen ist zunächst die *gesamtwirtschaftliche Produktionsfunktion* einzuführen. Der volkswirtschaftliche Output Y ist eine Funktion in Abhängigkeit der gesamtwirtschaftlichen Produktionsfaktoren, also menschliche Arbeit (= Beschäftigungsmenge), Boden (= Grundstücke und alles Grundstücken zuzuzählendes wie Immobilien und auch Rohstoffe) und Kapitalstock (= Volumen der technischen Produktionsmittel) sowie des technischen Fortschritts. Der technische Fortschritt charakterisiert die Entwicklungspfade einer Volkswirtschaft und stellt mit dem (restriktiven) Boden eine periodische Grundvoraussetzung dar. Wird auch der Kapitalstock einer Volkswirtschaft als gegeben vorausgesetzt, lässt sich die gesamtwirtschaftliche Produktionsfunktion wie folgt formulieren:

$$Y = f\left(N, \bar{K}\right) \tag{3.56}$$

mit N = *Beschäftigungsmenge* und $\bar{K}$ = gegebener Kapitalstock

Eine vordefinierte Beschäftigungsmenge liefert das *gesamtwirtschaftliche Produktionspotenzial*. Wird es realisiert, liegt modellimmanent Vollbeschäftigung vor. Die

---

Beschäftigungsmenge ist dabei abhängig von Arbeitsangebot und -nachfrage, die wiederum vom Reallohn abhängen:

$$N^D = N^D \left(\frac{w}{P}\right) \text{ und } N^S = N^S \left(\frac{w}{P}\right) \qquad (3.57)$$

mit w = Arbeitslohn und P = Preisniveau

Für die *neoklassische Beschäftigungsfunktion* ist das gesamtwirtschaftliche Preisniveau von der keynesianischen Restriktion entbunden und damit dynamischer Natur. Die neoklassische Beschäftigungsfunktion lautet sodann:

$$N = N(w, P) \qquad (3.58)$$

Wird sie in die Produktionsfunktion der Gl. 3.56 integriert, erschließt sich die *gesamtwirtschaftliche Angebotsfunktion* als:

$$Y^S = Y^S \left(w, P, \bar{K}\right) \qquad (3.59)$$

In einem mikroökonomisch fundierten Preis/Output (P/Y)-Diagramm wird das gesamtwirtschaftliche Angebot als Kombinationen von gesamtwirtschaftlichem Preisniveau P und gesamtwirtschaftlicher Produktion bzw. gesamtwirtschaftlichem Einkommen Y in Kurvenform dargestellt. Grafisch weist die Angebotskurve eine wachsende Steigung bei wachsendem Output aus. Demnach kann bei Unterbeschäftigung die Produktion ausgeweitet werden, ohne die Preise anheben zu müssen. Je weiter sich die gesamtwirtschaftliche Produktion der Auslastung des Produktionspotenzials nähert, desto stärker steigen die Preise an. Bei Vollauslastung ist die Produktion selbst nicht mehr zu erhöhen, nur noch Preise können steigen.

Während die gesamtwirtschaftliche Angebotsfunktion über die Produktionsfunktion und den Arbeitsmarkt abgeleitet wurde, lässt sich die gesamtwirtschaftliche Nachfragefunktion aus den simultanen Gleichgewichtswerten auf Güter- und Geldmarkt herleiten. Bei konstanten Staatsausgaben $\bar{G}$ und konstantem nominalen Geldangebot $\bar{M}$ ergibt sich eine gesamtwirtschaftliche Nachfrage Y^D in Abhängigkeit des Preisniveaus P als:

$$Y^D = Y^D \left(P, \bar{G}, \bar{M}\right) \qquad (3.60)$$

Die Nachfrage bildet damit die Verwendungsseite des BIP $(= Y^D)$ ab, sodass sie eine preiselastische Funktion darstellt. Wechselwirkungen der güterwirtschaftlichen Seite mit der monetären Seite werden dadurch noch nicht deutlich. Sie werden stattdessen unter Rückgriff auf die Quantitätsgleichung deutlich. Denn werden die nominale Geldmenge M und die Umlaufgeschwindigkeit des Geldes V bei kurzfristiger Betrachtung als konstant angesehen, lässt sich die Quantitätsgleichung wie folgt umformulieren:

$$M \times V = P \times Y \qquad (3.61)$$

$$\Rightarrow P = \frac{\bar{M} \times \bar{V}}{Y} \qquad (3.62)$$

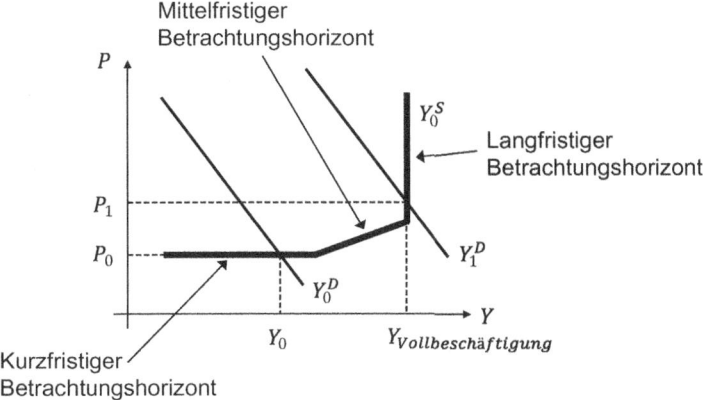

Abb. 3.10 Gesamtwirtschaftliche Gleichgewichte von Angebot und Nachfrage. (Quelle: Gischer/Herz/Menkhoff 2020, S. 199, Abb. 12.3; eigene Darstellung)

Der Zähler des Bruchs ist annahmegemäß konstant. Im Nenner kann der Output über die Verwendungsseite des BIP als gesamtwirtschaftliche Nachfrage Y^D betrachtet werden. Steigt die Nachfrage, nimmt der Wert des Bruchs ab und der Preis muss sinken et vice versa, denn mikroökonomisch fundiert ist das Preisniveau die unabhängige Variable. Die gesamtwirtschaftliche Nachfrage verändert sich demnach diametral entgegengesetzt zur Veränderung der Preise.

Das gesamtwirtschaftliche Angebot Y^S weist weiterhin eine Angebotskurve mit einer wachsenden Steigung bei wachsendem Output aus. Sie lässt sich entsprechend dreiteilig beschreiben, wie Abb. 3.10 visualisiert:

- Im *horizontalen* Bereich der Angebotskurve ist die Volkswirtschaft in der Lage, die Produktion auszuweiten, ohne dass die Preise steigen, weil sie zuvor unterausgelastet war. Kurzfristige makroökonomische Überlegungen unterstellen deshalb zumeist eine solche vollkommen preiselastische Angebotsfunktion mit konstantem Preisniveau, wie es auch die einfachen keynesianischen Modelle tun.
- Im *vertikalen* Bereich der gesamtwirtschaftlichen Angebotskurve ist die Produktion nicht mehr auszuweiten. Steigende Nachfrage führt allein zu steigenden Preisen. In diesem Kurvenbereich spiegeln sich langfristige Anpassungsprozesse wider, wie sie die Neoklassik fokussiert. Eine Geldmengenausweitung kann hier nur zu Preiserhöhungen führen.
- Der *mittlere* Kurvenbereich ist dementsprechend für den mittelfristigen Betrachtungszeithorizont relevant.

Abb. 3.10 visualisiert die Kurven des gesamtwirtschaftlichen Angebots und der gesamtwirtschaftlichen Nachfrage im Preis/Output (P/Y)-Diagramm. Eine mögliche expansive Geldpolitik verschiebt die gesamtwirtschaftliche Nachfragekurve nach rechts von Y_0^D nach Y_1^D. Sie landet in diesem Beispiel im vertikalen Bereich der gesamtwirtschaftlichen Angebotskurve, also im Bereich der Vollbeschäftigung bzw. ausgelasteten Produktionskapazitäten. Aus diesem Grund wird die expansive Geldpolitik das Preisniveau erhöhen und durch die Inflation langfristig kontraproduktive Wirkungen auf die Konjunktur forcieren.

Mit dieser jetzt vollzogenen Herleitung der gesamtwirtschaftlichen Angebots- und Nachfragekurve veränderte sich auch der Betrachtungsperspektive von der keynesianischen zur neoklassischen Volkswirtschaftslehre bzw. vom Gütermarkt zum Geldmarkt.

Keynes (2009)[17] verfasste seine Gesamttheorie vor dem Hintergrund der realen Weltwirtschaftskrise ab 1929. Also verwundert es nicht, dass sich mit dem Aufbau einer Friedenswelt (zumindest der westlichen Industrieländer, dort) nach dem Ende des Zweiten Weltkrieges neue wirtschaftswissenschaftliche Strömungen entwickelten. Denn sie wiederum passten ihre Theorie erneut den sich veränderten realen Bedingungen an.[18] Allerdings griffen sie auf einige der Theorien vor Keynes zurück, also auf jene der „Klassiker – nach dem Selbstverständnis von KEYNES alle Nationalökonomen vor seiner Zeit" (Woll 2011, S. 303). Und weil sie dazu die Geldpolitik in den Fokus der Betrachtung ziehen, lassen sie sich als neoklassisch-monetaristische Theorien bezeichnen.

Einen informativen historischen Abriss zu volkswirtschaftlichen Strömungen der Volkswirtschaftslehre liefern Felderer/Homburg (2005): Die neoklassische Theorie stellte zunächst auf der klassischen Annahme vollständiger Konkurrenz, dem nach dem französischen Ökonom Jean Baptiste Say (1767–1832) benannten Sayschen Theorem sowie der Quantitätstheorie ab. Die Grundannahmen und Ableitungen der vollständigen Konkurrenz sind durch die Mikroökonomik bestimmt. Die beiden weiteren Basiskonzeptionen der (Neo-)Klassik lassen sich wie folgt erläutern:

- *Saysches Theorem:* Kurz gefasst lässt sich das Saysche Theorem zusammenfassen durch die Behauptung, dass sich jedes Angebot selbst eine Nachfrage schafft. Die Ausweitung der Güterangebote impliziert nämlich unter der Annahme vollständiger Konkurrenz eine Zunahme der Faktoreinkommen. Private Haushalte verwenden ihre Faktoreinkommen unter dieser Annahme zumindest teilweise zur Güternachfrage, sodass diese ebenfalls ansteigt. „Die Begründung des Sayschen Theorems liegt letztlich darin, daß niemand *plant* zu produzieren, der nicht gleichzeitig plant, das dadurch erzielte Einkommen irgendwie zu verwenden. Wegen der simultanen Planung von Angebot und Nachfrage können diese gesamtwirtschaftlichen Größen nicht

---

[17] Bei Keynes (3.2009) handelt es sich um die 11. Auflage der deutschen Übersetzung des Originalwerks aus dem Jahr 1936.

[18] An dieser Stelle wird deutlich, dass sich die Volkswirtschaftslehre von der Naturwissenschaft unterscheidet und letztlich insofern Teil einer Sozialwissenschaft ist, als sich die Volkswirtschaftslehre mit dem Zusammenwirken von Menschen beschäftigt. Dessen Ergebnisse können nicht rein quantitativ berechenbar sein, solange der Mensch im philosophischen Sinn in seinen individuellen Entscheidungen frei ist.

voneinander abweichen" (Felderer/Homburg 2005, S. 84). Dennoch ist mit dem Sayschen Theorem keine latente Identität von Angebot und Nachfrage gemeint. Störungen des Marktgleichgewichts bleiben möglich. Im Unterschied zu Keynes (2009) fordern diesbezüglich klassisch wirtschaftspolitische Implikationen nicht eine Substitution der Haushaltsnachfrage durch den Staatskonsum am Gütermarkt ein. Vielmehr fordern sie Preisflexibilität bei der Lohnfindung und identifizieren Störungen des gesamtwirtschaftlichen Gleichgewichts auf Güter-, Geld- und Arbeitsmarkt im fehlgeleiteten Zusammenspiel von nominalen und realen Preisverhandlungen. Dadurch gewinnt die monetäre Analyse volkswirtschaftlichen Geschehens eine wesentlich größere Bedeutung als später bei Keynes (2009).

- *Quantitätstheorie:* Das Gegenstück zur realwirtschaftlichen Analyse des isolierten Gütermarkts bildet die Quantitätstheorie (des Geldes). Sie lieferte ebenfalls im Vorfeld der keynesianischen Theorie die bis heute gültigen Geldfunktionen, die Geld als solches definieren, nämlich die Zahlungsmittelfunktion, die Rechenmittelfunktion und die Wertaufbewahrungsfunktion. Vor diesem Hintergrund muss die Geldmengenverfügbarkeit einer Volkswirtschaft ihrem nominalen Output entsprechen. Schließlich könnten realwirtschaftliche Transaktionen in einer Geldwirtschaft nicht ohne eine ausreichende Geldmengenverfügbarkeit realisiert werden. Damit besitzt die grundsätzliche *Quantitätsgleichung* auch heute noch Gültigkeit und findet in der Geldpolitik von Eurosystem und Deutsche Bundesbank Beachtung.

In ihrer Ursprungsform ist Quantitätstheorie der klassischen Denkschule vor Keynes zuzuordnen. Keynes (1936, Abdruck 2009) selbst hatte mit seiner „Theorie des Preises" in seinem Hauptwerk „Allgemeine Theorie der Beschäftigung, des Zinses und des Geldes" durch die Erfassung einer möglichen Liquiditätsfalle die Quantitätstheorie verworfen. Demnach könnte bei vollkommener Zinselastizität eine Geldmengenausweitung keinen Einfluss auf die Produktion und Beschäftigung haben. In diesem Fall absorbierte die Spekulationskasse der Volkswirtschaft die Geldmengenausweitung vollständig. Keynes (2009, S. 256 f.) selbst formuliert es in der für ihn typisch wenig zugänglichen Art wie folgt:

„Wenn die weitere Zunahme in der effektiven Nachfrage keine weitere Zunahme in der Produktion hervorruft und ausschließlich auf eine Zunahme in der Lohneinheit völlig proportional zur Zunahme in der effektiven Nachfrage wirkt, haben wir einen Zustand erreicht, der zutreffend als ein Zustand wahrer Inflation bezeichnet werden könnte. Bis zu diesem Punkt ist die Wirkung der monetären Expansion völlig eine Frage des Grades, und es gibt keinen früheren Punkt, an dem wir eine klare Linie ziehen und erklären können, daß Zustände der Inflation eingesetzt haben. Jede frühere Zunahme der Geldmenge wird wahrscheinlich, insofern sie die effektive Nachfrage vermehrt, teilweise durch eine Vermehrung der Kosteneinheit und teilweise durch eine Vermehrung der Produktion wirken. […]

Die Anschauung, dass *jede* Zunahme in der Geldmenge eine *Inflation* bedeutet (wenn wir unter Inflation lediglich eine Preissteigerung verstehen), ist mit der grundlegenden Voraussetzung der klassischen Theorie verbunden, daß wir *immer* in einem Zustand sind, in welchem eine Kürzung der Realentlohnung der Produktionsfaktoren zu einer Einschränkung ihres Angebots führen wird."

Diese keynesianische Position wurde in den 1960er bis 1980er Jahren von der monetaristischen Denkschule erneut aufgenommen und anhand damals aktueller empirischer Untersuchungen detailliert. Nachhaltigster Vertreter der monetaristischen Theorie ist wohl der US-Ökonom Milton Friedman (1912–2006).

Friedman (1956, Abdruck 2008) präsentierte als Antwort auf die keynesianische Kritik an der klassischen Quantitätstheorie eine neue Version, die Neoquantitätstheorie. Für seine Neuformulierung ging er in zwei Schritten vor: *Zum einen* betrachtet den *Transmissionsmechanismus* geldpolitischer Einflüsse in theoretischer Form, um eine neue *Geldnachfragetheorie* abzuleiten. Die optimale Kassenhaltung macht er dabei abhängig von Einkommen Y und Vermögen W. Das Einkommen speist sich aus den Renditen des Vermögens, wobei die Beweisführung durchaus komplex ist.

Die durchaus komplexe Beweisführung in Friedman (2008) fasst Issing (2011, S. 144) wie folgt zusammen: „Entspricht nun bei gegebenem Preisniveau die **tatsächliche** reale Geldmenge der von den Wirtschaftssubjekten [...] **gewünschten** realen Kassenhaltung, herrscht ein monetäres Gleichgewicht. Erhöht z. B. die Notenbank die Geldmenge, ist dieses Gleichgewicht gestört, die tatsächliche Kassenhaltung ist gestiegen und liegt, wenn sonst keine Veränderungen eingetreten sind, über der gewünschten. Die Wirtschaftssubjekte werden nun versuchen, die ‚überschüssige' Kassenhaltung abzubauen, indem sie ihre Ausgaben erhöhen. Je nach gesamtwirtschaftlicher Situation steigen als Folge der zusätzlichen Geldnachfrage die Preise und/oder die produzierten Mengen. Steigt die Produktion und damit das reale Volkseinkommen, so **erhöht** sich **die gewünschte reale Kassenhaltung;** resultieren aus der Zunahme der Nachfrage Preissteigerungen, **vermindert** sich der **Realwert** der (gegebenen) **nominalen Geldmenge.** In beiden Fällen wird damit ein Anpassungsprozess ausgelöst, der schließlich wieder zu einem Gleichgewicht, d. h. zur Übereinstimmung zwischen tatsächlicher realer Geldmenge und gewünschter realer Kassenhaltung, führt."

Zum anderen hinterfragt Friedman seine Neuformulierung mit Hilfe weiterreichende empirischer Analysen, die er in Co-Autorenschaft mit der Ökonomin Anna Schwartz durchgeführt und im Jahr 1963 publiziert hat (siehe Friedman/Schwartz 2015). Ihre Ergebnisse beschreibt Issing (2011, S. 147) folgendermaßen: „Dabei sind sie zu dem Ergebnis gekommen, dass die Relation Volkseinkommen zu Geldmenge, also die Einkommensgeschwindigkeit des Geldes zwar nicht konstant geblieben ist, dass sie jedoch als stabile Funktion einiger weniger Variablen erklärt werden kann, wobei zwischen der langfristigen und der kurzfristigen Entwicklung zu unterscheiden ist."

Zusammenfassend erkennt Friedman (1992, S. 195–238) durch seine Forschungsergebnisse negative Einflussfaktoren auf das langfristige Wirtschaftswachstum zunehmend in geldpolitisch störenden Impulsen. Auf der Grundlage von klassischer Quantitätstheorie und seiner Neoquantitätstheorie modelliert er,, dass sich die Produkte einerseits von Geldmenge M und ihrer über die Zeit hinweg relativ konstanten Umlaufgeschwindigkeit V sowie andererseits von realer Wirtschaftsleistung einer Zeitperiode Y und dem gesamtwirtschaftlichen Preisniveau P einander entsprechen müssen (vgl. Gl. 3.61; siehe auch Felderer/Homburg 2005, S. 77–83):

$$M \times \bar{V} = Y \times P \qquad\qquad (3.63)$$

Aufgrund der langfristigen Perspektive von Wachstumsfragen interessiert jedoch weniger eine Zeitpunktbetrachtung der Volkswirtschaft als ihre dynamische Betrachtung in Form von Wachstumsraten g. Dazu wird die Quantitätsgleichung unter Nutzung der Logarithmusregeln (aus der Multiplikation wird eine Addition) logarithmiert. Hierbei formuliert die Volkswirtschaft für den Logarithmus den Wachstumsindex g und Kleinbuchstaben für die Faktoren der Quantitätsgleichung (vgl. Abschn. 1.5):

$$gm + g\bar{v} = gy + gp \qquad\qquad (3.64)$$

Weil die Wachstumsrate der konstanten Umlaufgeschwindigkeit $g\,\bar{v}$ Null beträgt, lässt sich diese Wachstumsgleichung nach der Wachstumsrate des gesamtwirtschaftlichen Preisniveaus gp umstellen zu:

$$gp = gm - gy, \quad \text{mit} \quad g\bar{v} = 0 \qquad\qquad (3.65)$$

In langfristiger Betrachtung ist die gesamtwirtschaftliche Inflationsrate gleich dem Geldmengenwachstum abzüglich des realen Wirtschaftswachstums. Als Geldmenge ist alles Geld definiert, dass bei Nichtbanken gezählt wird, um Doppelzählungen zu vermeiden. Geld selbst ist das gesetzliche Zahlungsmittel einer Volkswirtschaft, das die drei Geldfunktionen 1) Zahlungsmittelfunktion, 2) Rechenmittelfunktion und 3) Wertaufbewahrungsmittelfunktion erfüllt.

Für Deutschland ist dies die supranationale Währung *Euro*. Die EZB misst die umlaufende Geldmenge in drei Aggregaten, nämlich:

- *M1:* Bargeldbestand inländischer Nichtbanken und Sichteinlagen.
- *M2:* M1 plus drei- bis 24-monatige Termineinlagen und dreimonatige Spareinlagen.
- *M3:* M2 plus geldnahe Wertpapiere in Euro lautend.

Wenn das Wachstum der Geldmenge M3 innerhalb der Euro-Staaten im Jahr 2020 rund 9,5 % betrug und das Wachstum des realen BIP aller Eurostaaten im selben Zeitfenster negativ war, hätte die gesamtwirtschaftliche Inflationsrate größer als 9,5 % liegen müssen. Die Inflation, gemessen als monatliche durchschnittliche Veränderungsrate der harmonisierten Verbraucherpreisindizes (HVPI) als relative Differenz zum Vorjahr, betrug im Jahr 2020 jedoch rund 10,0 %. Stimmt die Quantitätsgleichung also nicht?

Weil sich die Quantitätsgleichung aus der volkswirtschaftlichen Buchhaltung ableiten lässt, muss die Differenz von rechnerischer und tatsächlicher Inflationsrate einen inhaltlichen Grund haben und dieser liegt in den unterschiedlichen Inflationsdefinitionen: Das gesamtwirtschaftliche Preisniveau der Quantitätsgleichung umfasst die Verbraucherpreise der HVPI *und* aller Vermögenspreise (z. B. Immobilienpreise und Wertpapierkurse). Wenn also die Geldmenge derart schnell steigt, ohne dass die Inflation der HVPI mit steigt, muss die Geldmenge in Vermögenspreise geflossen sein, für deren Preisentwicklung die nationalen Statistikämter der Euro-Staaten jedoch keinen harmonisierten Preisindex berechnen.

Derartige Marktverhältnisse sind nicht neu. Sie führten beispielsweise zur letzten Jahrtausendwende zu Preisblasenbildungen an den internationalen Aktienmärkten. Deren Platzen riss die Volkswirtschaften der westlichen Industrieländer in eine tiefe Rezession. Auch die aktuelle Staatsschuldenkrise in vielen Ländern basiert auf dem Platzen einer Vermögenspreisblase. Denn zur Mitte des ersten Jahrzehnts entwickelten sich Preisblasen an den Immobilienmärkten z. B. in den USA, Großbritannien, Irland und Spanien. Insbesondere die US-amerikanische Immobilienpreisblase war kapitalmarktinduziert, weil moderne Strukturierungen von Wertpapieren eine recht zügellose Fremdkapitalfinanzierung von Immobilieninvestitionen ermöglicht hatten. Mit dem Platzen der Immobilienpreisblase kam es zur Finanzmarktkrise wegen signifikanten Wertverlusten der strukturierten Wertpapiere und dann zur Bankenkrise, weil viele Kreditinstitute weltweit in diesen strukturierten Wertpapieren investiert waren. Staaten weltweit rekapitalisierten ihre Geldhäuser sodann (z. B. USA, Großbritannien, auch Deutschland) und viele gerieten damit selbst in Zahlungsschwierigkeiten (z. B. Spanien, Irland).

Das hohe Geldmengenwachstum Deutschlands, der Euro-Staaten sowie in den weiteren Industriestaaten hat in den letzten Jahrzehnten *zum einen* zwar das Wirtschaftswachstum initiiert und *zum anderen* Spekulationsblasen und ihr Platzen forciert sowie wiederum als Instrument der staatlichen Krisenpolitik gedient. Die Konjunkturzyklen mit Wachstum/Preisblasen-Phasen und Crash/Krisenpolitik-Phasen schaukelten sich einander immer weiter auf. Damit ist deutlich geworden, dass die Annahmen der keynesianischen Theorie mit konstantem Preisniveau und einer Instabilität der Nachfrageseite nicht mehr zeitgemäß sind, sondern durch klassisch-neoklassische Überlegungen zum Geldmengen/Inflation-Verhältnis zu ergänzen sind, wie es monetaristisch geprägten Wissenschaftler wie Milton Friedman vollzogen haben.

Die zuvor vollzogenen Geldmarktüberlegungen werden also ersetzt. Sie basieren in der monetaristischen Perspektive auf einer stabilen Güternachfrage. Instabil sind vielmehr das Güterangebot und dessen Marktrahmenbedingungen, vor allem wenn das Geldangebot überproportional wächst und Inflationen hervorrufen kann. Dabei ist es unerheblich, ob eine Inflation der Verbraucherpreise und/oder der Vermögenspreise vorliegt. Friedman (1992) sieht darin generell ein Problem der Zentralbankpolitik, wenn er formuliert: „In der Welt von heute ist eine Inflation ein *Phänomen der Notenpresse*. […] Eine Inflation entsteht, wenn die Geldmenge erheblich schneller wächst als der gesamte Output. *Je schneller die Geldmenge pro Einheit des Outputs wächst, desto höher ist die Inflationsrate.*" (Friedman 1992, S. 198 f.).

Für das übermäßige Geldmengenwachstum liefert Friedman (1992, S. 201–215) drei mögliche Gründe:

- *Arbeitsmarkt:* Regierungen neigen im Sinn des keynesianischen Modells dazu, als Nachfrager auf dem Gütermarkt aufzutreten, um Vollbeschäftigung zu beeinflussen. Solange dieser Staatskonsum durch das Steueraufkommen und/oder eine Kreditaufnahme des Staates finanziert wird, bleibt die Geldmenge c. p. unberührt. Doch wenn die Zentralbank Wertpapiere des eigenen Staates erwirbt, erweitert sie die Geldmenge durch die sogenannte monetäre Alimentierung staatlicher Fiskalpolitik.

- *Inflation:* Demokratisch legitimierte Regierungen regieren auf Zeit bis zur nächsten Wahl. Daher nehmen sie Inflation kurzfristig in Kauf. Allerdings reduziert die Inflation mittel- bis langfristig die unternehmerische Investitionstätigkeit, weil die Wirtschaftseinheiten Inflation erwarten. Damit wirkt sie negativ auf das Wirtschaftswachstum ein. Im Ergebnis reduziert sich das Beschäftigungsniveau der Volkswirtschaft auf das Ursprungsniveau mit der Konsequenz weiterer Inflationsraten. Ein Gegensteuern der Zentralbanken durch Erhöhung des Zinsniveaus kann kurzfristig sogar das Beschäftigungsniveau nochmals verschlechtern, bevor es sich langfristig mit wieder zunehmenden Investitionen erholen kann.
- *Zinsgestaltung:* Zentralbanken konzentrieren sich deshalb sehr stark auf ihre Zinspolitik, um das Marktzinsniveau zu beeinflussen bzw. die Investitionstätigkeit von Unternehmen anzuregen. Dabei vernachlässigen sie, die Geldmenge zu steuern, um Inflation zu vermeiden.

Vor diesem Hintergrund fordert die monetaristische Position von den Zentralbanken eine Verstetigung der Geldmengensteuerung in Abhängigkeit vom erwarteten Wirtschaftswachstum als sogenannte *regelgebundene Geldpolitik.* Aktuell basiert nur noch die Geldpolitik das Eurosystem im Rahmen ihre Zwei-Säulen-Politik mit der einen auf der Geldmengenanalyse, während die andere Säule wie bei allen Zentralbanken großer Wirtschaftsstaaten auf der direkten Zinssteuerung fußt. Die heutigen Zentralbanken agieren deutlich in dem oben beschriebenen Sinn der Geldmengenausweitung. Eine Regelbindung ihrer Politik weisen sie zugunsten massiver Marktinterventionen zurück. Damit untermauert ihre Politik weiterhin die fünf Weisheiten von Friedman (1992, S. 237):

- „Inflationen sind ein *monetäres Phänomen.* Sie entstehen dadurch, daß die Geldmenge schneller wächst als der Output (wobei es viele Gründe für die Ausweitung der Geldmenge geben kann).
- In unserer heutigen Welt bestimmen *staatliche* Organe die Geldmenge oder können sie bestimmen.
- Es gibt *nur eine Therapie* für die Inflation, eine *Verlangsamung des Tempos der Geldmengenausweitung.*
- Die Entwicklung inflationärer Tendenzen braucht eine gewisse Zeit (gemessen in Jahren, nicht in Monaten). Ebenso braucht es Zeit, eine Inflation zu kurieren.
- Die unangenehmen Nebenwirkungen der Inflationstherapie stellen sich *zwangsläufig* ein."

Die bis hierher skizzierte Makroökonomik umfasst zusammenfassend keynesianische Grundmodelle, entsprechende Modellerweiterungen sowie die Integration neoklassischer Überlegungen. Sie bilden Gleichgewichtsbeziehungen auf und zwischen dem Güter-, dem Geld- und dem Arbeitsmarkt ab. Damit liefert diese Modelltheorie bereits ein Rüstzeug, um makroökonomische Phänomene in der Realität zu untersuchen.

Zum Abschluss des Abschnitts berichtet Tab. 3.7 über die makroökonomische Entwicklung der deutschen Volkswirtschaft in den Jahren 2019 und 2020. Während die Wirtschaft im Jahr 2019 noch um 0,6 % wuchs, schrumpfte sie im ersten Corona-Jahr

Tab. 3.7 Makroökonomie der deutschen Volkswirtschaft in den Jahren 2019 und 2020

Position	2019	2020
Bruttoinlandsprodukt (BIP), preisbereinigt, verkettet (zum Vorjahr)[a]	0,6 %	−5,0 %
Produktion im produzierenden Gewerbe (zum Vorjahr)[b]	−3,1 %	−8,5 %
Umsätze des Einzelhandels (zum Vorjahr)[b]	3,8 %	5,1 %
Auftragseingang[b]		
Industrie (zum Vorjahr)	−5,8 %	−7,2 %
Bauhauptgewerbe (zum Vorjahr)	3,2 %	k. A.[o]
Preise[c]		
Verbraucherpreise (zum Vorjahr)[d]	1,4 %	0,3 %
Erzeugerpreise gewerblicher Produkte (zum Vorjahr)[e]	1,1 %	−1,0 %
Einfuhrpreise (zum Vorjahr)	−1,0 %	−4,3 %
Arbeitskosten (zum Vorjahr)[f]	2,8 %	k. A
Arbeitsmarkt		
Erwerbstätige (in Tsd.)[a]	45.268	44.782
Arbeitslose (in Tsd.)[g]	2.267	2.695
Außenwirtschaft		
Außenhandel, Saldo (in Mrd. EUR)[a]	224,01	179,11
Leistungsbilanz, Saldo (in Mrd. EUR)[h]	244,80	236,21
Euro-Referenzkurs zum US\$ (1 EUR = … US\$)[i]	1,1195	1,11422
Euribor – Dreimonatsgeld (in % p. a.)[j, k]	−0,66	−0,43
Umlaufrendite festverzinslicher Wertpapiere (in % p. a.)[j]	−0,1	−0,2
Buchkredite		
Kredite an nichtfinanzielle Unternehmen (Jahreswachstumsrate in %)[l]	5,1	3,9
Kredite an private Haushalte (Jahreswachstumsrate in %)[m]	4,4	4,7
Staat		
Finanzierungssaldo (in % des BIP)[c, n]	1,5	-4,8
Schuldenstand (in % des BIP)[n]	59,6	k. A
Private Haushalte[m]		
Geldvermögen (Mrd. EUR)	6.702	k. A
Verschuldung (Mrd. EUR)	1.896	k. A

[a]Statistisches Bundesamt; Monats- und Quartalsangaben saisonbereinigt

[b]Statistisches Bundesamt; Monats- und Quartalsangaben saisonbereinigt, Jahresangaben

[c]Statistisches Bundesamt.

[d]Harmonisierter Verbraucherpreisindex (HVPI).

[e]Ohne Mehrwertsteuer.

[f]Je geleisteter Arbeitsstunde; Statistisches Bundesamt; kalenderbereinigt.

[g]Bundesagentur für Arbeit; Monats- und Quartalsangaben saisonbereinigt.

[h] Monats- und Quartalsangaben saisonbereinigt.

[i]Eigene Berechnung der Durchschnitte auf Basis der täglichen Euro-Referenzkurse der Europäischen Zentralbank (EZB).

[j]Durchschnitte.

[k]Reuters.

[l]In Deutschland ansässige nichtfinanzielle Kapitalgesellschaften.

[m]Einschließlich privater Organisationen ohne Erwerbszweck.

[n]Abgrenzung gemäß Maastricht-Vertrag.

Datenquelle: Deutsche Bundesbank (2021b); eigene Darstellung

2020 und veränderte sich um −5,0 %. Das Wachstum lies bereits im Jahr 2019 vor der weltweiten 2020er Wirtschaftskrise nach. Produktion und Auftragseingänge entwickelten sich bereits seit 2019 negativ, dennoch konnte die Außenwirtschaft in beiden Jahren jeweils deutliche Leistungsbilanzüberschüsse erwirtschaften. Die schrumpfende Wirtschaft wirkte sich im Jahr 2020 deutlich negativ auf den Arbeitsmarkt aus. Die Zahl der Erwerbstätigen sank und die Arbeitslosenquote stieg.

Mit dem eingetrübten Wachstum seit dem Jahr 2019 gingen nur mäßig erhöhte Verbraucherpreise einher. Diese Inflationsraten lagen mit 1,4 % und 0,3 % unterhalb der Zielmarke des Eurosystems, nämlich nahe bei, aber unter 2,0 %. Das Wachstum des Kreditvolumens nichtfinanzieller Unternehmen im Jahr 2019 wuchs mit 5,1 % deutlich. Ein Grund liegt im historisch niedrigen Marktzinsniveau, als dass z. B. der Drei-Monats-Euribor in beiden betrachteten Jahren negative Zinssätze auswies (−0,36 % in 2019 und sogar −0,43 % in 2020). Die Rezession im Jahr 2020 konnte das niedrige Zinsniveau dennoch überkompensieren, sodass es nur noch einen geringeren Zuwachs bei den Unternehmenskredite gab. Privatkundenkredite stiegen aber auch im Jahr 2020 deutlich an.

Die Staatsfinanzen konsolidierten sich bis ins Jahr 2019: Der Staatsschuldenstand lag 2019 mit 59,6 % des BIP erstmals seit dem Jahr 2002 wieder unter 60 % und hielt damit nach 17 Jahren wieder die Konvergenzanforderung des Eurosystems ein (siehe dazu Abschn. 4.1.3). Bei den beiden Schuldenkennzahlen ist das Wirtschaftswachstum zu beachten. Wenn sich nämlich die Bezugsbasis (= BIP) erhöht, reduziert sich bei relativer Betrachtung der Wert auch dann, wenn der absolute Staatschuldenstand konstant geblieben wäre. Die deutsche Wirtschaftspolitik im Jahr 2020 führte jedoch wieder zum Anstieg der Staatsschulden bzw. zu einem negativen Finanzierungssaldo.

Der deutschen Volkswirtschaft ist bis zum Jahr 2019 eine prosperierende Entwicklung zuzusprechen. Für die Euro-Zone stellte sie als größte und wachsende Ökonomie den Wachstumsmotor dar. Der deutsche Finanzierungssaldo entsprach deshalb ebenfalls der Konvergenzanforderung und lag 2019 mit 1,5 % des BIP unterhalb der 3,0 %-Marke des Eurosystems.

Schon im Jahr 2019 trübte sich die Wirtschaft ohne Corona-Politik ein, obwohl sie noch nahe der Kapazitätsgrenze arbeitete. Die Auftragseingänge in der Industrie aber sanken bereits. Dieser Effekt verstärkte sich im Jahr 2020. Das Bauhauptgewerbe wuchs im Jahr 2019 zwar noch um 3,2 %. Allerdings lag die Wachstumsrate z. B. im Jahr 2016 noch bei 13,1 %. Der Trend wird sich auch im Jahr 2020 fortgesetzt haben. Allerdings lagen die Daten zum Zeitpunkt der Niederschrift des Lehrbuchs noch nicht vor.

Die wirtschaftliche Entwicklung der Bundesrepublik Deutschland war mit Blick auf die makroökonomischen Phänomene im Jahr 2019 durchaus noch zufriedenstellend. Positives Wirtschaftswachstum, Preisniveaustabilität und zunehmende Beschäftigungszahlen sind zu konstatieren. Im Jahr 2020 überwogen allerdings die Effekte der Rezession. Wer hat diese Entwicklung zu verantworten und wer kann ihr wie entgegenwirken? Mit anderen Worten: Wer ist Träger der Wirtschaftspolitik in Deutschland? Und welche weiteren Ziele kann eine Wirtschaftspolitik übernehmen? Antworten liefern die Abschn. 3.2 und 3.3. Zunächst sind die wirtschaftstheoretischen Hintergründe jedoch um Finanzmarkttheorien zu ergänzen. Für die Wohnungs- und Immobilienwirtschaft mit ihrer enormen Kapitalintensität in der Produktion und der Bestandsbewirtschaftung ist finanztheoretisches Wissen unumgänglich, um ein Unternehmen erfolgreich zu führen.

3.1.4 Finanzmarkttheorien für die Wohnungs- und Immobilienwirtschaft

Am 10. Januar 2019 titelte die Wirtschafts- und Finanzzeitung Handelsblatt in der Geld-anlage-Rubrik: „Stabile Aussichten: Immobilienaktien haben zuletzt zur Absicherung von Aktienportfolios beigetragen. Die Erwartungen für 2019 werden aber von Konjunktur und Zinssorgen gedämpft." (Streit 2019, S. 32) Diese Artikelüberschrift impliziert gleich sechs *Hypothesen* zu Kausalitäten zwischen Immobilienunternehmen und Kapitalmarktprodukten bzw. -entwicklungen (kurz: Kapitalmarkthypothesen):

1. Die Bildung von *Aktienportfolios,* also einer Gruppe verschiedener Unternehmens-aktien, stabilisiert die Ertragssituation der Gesamtanlage.
2. Die *Beimischung* der Aktien von Immobilienunternehmen forcieren die Ertrags-stabilisierung.
3. *Gesamtökonomische Entwicklungen* forcieren die Anlageergebnisse.
4. *Marktzinsentwicklungen* beeinflussen Aktienkurse, also die Ergebnisse von Aktien-anlagen (ist das Marktzinsniveau niedrig, rentiert sich die Aktienanlage tendenziell stärker et vice versa).
5. Aktienkursentwicklungen haben Einfluss auf die unternehmerischen Ergebnisse von Immobilienunternehmen, weil sie die Eigenkapitalausstattung beeinflussen.
6. *Anleihekursentwicklungen* stehen im Zusammenhang zur Aktienkursentwicklung, weil auch Anleihekurse durch Marktzinsentwicklungen determiniert sind.

Diese sechs Hypothesen bringen die Immobilienwirtschaft (inklusive der Wohnungs-wirtschaft) in direkten Zusammenhang mit Kapitalmarktentwicklungen. Sie unterstellen dazu, dass *Marktzinsen, Aktienkurse und Anleihekurse* für börsennotierte Immobilien-unternehmen von großer Bedeutung sind. Wenn Wertpapierinvestoren jene Wertpapiere erwerben, die zuvor ein Immobilienunternehmen emittierten, beeinflusst die Transaktion den Wertpapierkurs und das Marktzinsniveau.

Im Fall des nachhaltigen Aktienerwerbs kommt es zu einem Nachfrageüberschuss, der die Transaktion zu einem höheren Kurs ermöglicht. Gründe für die Investitionen in Aktien von Immobilienunternehmen liefert die Portfoliotheorie. Sie verdeutlicht, dass es durch Portfoliobildung möglich ist, bei einer gleichbleibenden Renditeerwartung die Anlagerisiken zu senken bzw. bei einem gleichbleibenden Portfoliorisiko die erwartete Portfoliorendite zu erhöhen.

Portfolios können allerdings auch auf Basis alternativer Strategien erstellt werden, z. B., indem sie Börsenindizes abbilden. Fondsmanager, die ein Portfolio verschiedener Aktien treuhänderisch als Sondervermögen für externe Investoren verwalten, können dazu die Struktur des Deutschen Aktienindex DAX mit den ihnen anvertrauten Finanzmitteln nachbauen. Dazu müssen sie das Geld ihrer Investoren so in Aktien anlegen, dass die Zusammensetzung der Unternehmen sowie deren Gewichtung mit dem Index identisch sind. Der Anfang Juli 1988 eingeführte DAX repräsentiert die indizierte Kursentwicklung der 30 größten am Segment Prime Standard der Frankfurter Wertpapierbörse gehandelten Unternehmen. Die Größe wird anhand der Marktkapitalisierung des Unternehmens (= Aktienkurs mal Anzahl der an der Börse gelisteten Aktien) und der Fungibilität bzw. der Börsenumsätze der Aktien (= Aktienkurs je Transaktion mal der Anzahl gehandelter Aktien) gemessen.

Eine DAX-basierte Portfoliostrategie ist im Markt nicht selten. So bieten alle großen Kapitalverwaltungsgesellschaften in Deutschland Aktienfonds an, die den DAX nachbilden. Auf diese Weise erzeugen die Fondsmanager einen signifikanten Nachfragesog nach den Aktien der DAX-Unternehmen, der zu Kurserhöhungen führt. Ein DAX-Unternehmen kann jetzt effektiver Kapitalerhöhungen durchführen, schließlich werden Kursanstiegserwartungen der Investoren erfüllt. Und nur dann sind sie bereit, in neu ausgegebene Aktien zu investieren. Ansonsten führte eine Kapitalerhöhung zu Vermögensverlusten bei den Altaktionären.

Inzwischen notieren zwei Immobilienunternehmen im DAX. die Vonovia SE und die Deutsche Wohnen SE. Käme es zum Anstieg des Marktzinsniveaus, verteuerten sich die Kapitalkosten der Vonovia SE stärker als bei manch anderen Unternehmen mit weniger kapitalintensiven Geschäftsmodellen. Die Unternehmensgewinne könnten sinken und damit auch der Unternehmenswert. Schließlich berechnet sich der Unternehmenswert aus den prognostizierten, abgezinsten und kumulierten Cash Flows des Unternehmens selbst. Sänke der Unternehmenswert, reduzierten sich auch der Aktienkurs und die Marktkapitalisierung. In diesem Fall liefe die Vonovia SE sogar Gefahr, aus dem DAX zu fallen, sodass es zu Verkäufen der DAX-basierten Fonds und weiteren Kursrückgängen kommen könnte.

Das Marktzinsniveau beeinflusst die Aktienkurse, weil Investitionen in Zinstitel wie Anleihen versus in Aktien zueinander alternative Anlagen sind bzw. im Wettbewerb um die Finanzmittel der Investoren stehen. Steigende Zinsen führen demnach zu sinkenden Aktienkursen et vice versa. Wenn Investoren Anleihen nachfragen, um von den Zinsmärkten zu profitieren, wollen sie natürlich nur neu emittierte Anleihen zu den dann höheren Zinsen erwerben. Dagegen verkaufen Investoren umlaufende Anleihen mit niedrigeren Verzinsungen. Auch bei diesen Wertpapieren käme es wie bei Aktien zu Kursverlusten. Entsprechend steigt dann die Rendite der umlaufenden Anleihen. Im Ergebnis gelangen Anleihen derselben Emittenten immer zum nahezu selben Renditeniveau unabhängig von der tatsächlichen Verzinsung.

Praxis: Immobilienunternehmen und Marktzinsen (aus Reichel 2018, S. 34)

„Steigende Renditen für Staatsanleihen gelten als Vorbote steigender Zinsen und sich verteuernder Kredite. Diese wiederum sind Gift für die Immobilienbranche mit ihrem hohen Kapitalbedarf. Den steigenden Staatsanleiherenditen war die Sorge vor steigender Inflation vorausgegangen. In den USA steigen die Verbraucherpreise bereits, Ähnliches [sic!] könnte auch Deutschland drohen.

Doch heute müssen steigende Zinsen nicht unbedingt die Kreditkosten der Immobilienunternehmen in die Höhe treiben. Denn Immobilienaktienexperten bestätigen einhellig, dass sich die Gesellschaften ihre Kredite für lange Zeiträume zu günstigen Konditionen gesichert haben. Zinsanstiege beeinflussen die Kosten für die Fremdfinanzierung daher über viele Monate allenfalls marginal. Eine höhere Eigenkapitalquote macht die Konzerne außerdem unabhängiger von Bankdarlehen."

Marktzinsen, Anleihekurse und Aktienkurse sind die zentralen Preise an den Kapitalmärkten, die einen nachhaltigen Einfluss auf die Kapitalkosten und letztlich den Unternehmenserfolg von Unternehmen ausüben. Wegen der Kapitalintensität von Immobilieninvestitionen besitzen diese Preise eine besondere Bedeutung für Unternehmen der Wohnungs- und Immobilienwirtschaft. Um die Unternehmen optimal zu finanzieren, bedarf es spezifischen Wissens über die Investorenperspektive auf die Finanzierungsinstrumente, deren Selektionsprozesse und Preisbildungsprozesse. Es reicht demnach nicht, nur das Finanzierungsmanagement zu beherrschen. Vielmehr müssen die Finanzverantwortlichen in der Wohnungs- und Immobilienwirtschaft auch das Investitionsmanagement der Investoren kennen und antizipieren können. Hierbei helfen die Modelle der *Zins-(struktur-)theorien, Portfoliotheorie und des Capital Asset Pricing Model (CAPM)*, und zwar sowohl aus Effizienzmarktperspektive als auch aus verhaltenswissenschaftlicher Hinsicht.

Definition von Kapitalmarkttheorie

Die Kapitalmarkttheorie beschäftigt sich im weiteren Sinn mit Finanzinstrumenten bzw. Finanzkontrakten mit langfristiger Laufzeit. Dabei zielt die Kapitalmarkttheorie zum einen auf die optimale Zusammenstellung verschiedener Finanzinstrumente unter Risiko/Rendite-Abwägungen (= Portfoliotheorie) und zum anderen auf die Bepreisung dieser Finanzinstrumente bzw. Finanzkontrakte auf den Kapitalmärkten (= Zinstheorien und Capital Asset Pricing Model) ab. Die hierzu relevanten Theorien sind entweder effizienzmarktbasiert oder verhaltenswissenschaftlich begründet.

Weil diese Preise im internationalen Geschäftsverkehr durch Währungskursschwankungen beeinflusst werden können, zählen Währungstheorien im weiteren

Sinn ebenfalls zur Kapitalmarkttheorie, auch wenn sie streng genommen keine langfristig laufzeitgebundenen Kontrakte repräsentieren. Für Derivate zur Sicherung von Wertpapier- oder Devisenkursen bzw. zur spekulativen Investition gilt entsprechend dasselbe. Insofern werden auch Theorien zur Preisbestimmung von Derivaten zur Kapitalmarkttheorie gezählt. Dieses Lehrbuch behandelt sie jedoch nicht explizit, um den Workload des Moduls nicht zu sprengen. Stattdessen wird interessierten Leserinnen und Lesern die Lehrbuchliteratur empfohlen. Einen Überblick zu Wechselkursen und Derivaten liefern z. B. Locarek-Junge/Klein (2016).

Aus der Welt der Finanzmarkttheorien stellt dieser Abschnitt auf Zinstheorie bzw. Zinsstrukturtheorien und Kapitalmarkttheorien ab. Diese Theorien sind mikroökonomisch fundiert. Jegliche Frage im Hinblick auf zukünftige Ereignisse können Wirtschaftssubjekte nur unter Unsicherheit beantworten. Unterschiedliche Menschen verfügen (sofern sie nicht der Effizienzmarkthypothese folgen) über unterschiedliche Informationen, die sie in unterschiedlicher Weise befähigen, Prognosen mit hohen Eintrittswahrscheinlichkeiten aufzustellen. Die Unsicherheit über die Zukunft stellt für Wirtschaftssubjekte ein Risiko dar. Treffen Prognosen nämlich nicht oder nicht vollständig ein, können getätigte Investitionen andere Ergebnisse liefern, als erhofft bzw. prognostiziert. Daher sind Wirtschaftssubjekte von Natur aus risikoavers, sie meiden Risiken, wenn diese nicht risikoadäquat prämiert sind. Jedes Risiko, das Wirtschaftssubjekte eingehen, führt demnach zu einer erwarteten Risikoprämie. Vor diesem Hintergrund sind beispielsweise Zinskonditionen eines Kreditinstituts gegenüber zwei Kreditnehmern, die sich idealtypischer Weise nur im Ausfallrisiko unterscheiden, unterschiedlich kalkuliert. Das Kreditinstitut wird gegenüber der ausfallwahrscheinlicheren Kreditnehmerin eine höhere Risikoprämie fordern bzw. in die Konditionenkalkulation hineinrechnen.

Die absolute Höhe eines Kreditzinssatzes ist letztlich aber, genauso wie bei den Preisen für Waren, Dienstleistungen oder Arbeitskraft, Ergebnis des Aufeinandertreffens von Angebot und Nachfrage auf den Märkten, in diesem Fall auf den Kreditmärkten. Allerdings gibt es bei den Kreditmärkten eine Besonderheit: Die Anbieter von Finanzkapital verhandeln nicht immer direkt mit den Nachfragern von Finanzkapital. Nachgefragt wird es z. B. von privaten und gewerblichen Immobilienkäufern oder Automobilkäufern. Angeboten wird es von privaten Haushalten und Unternehmen, also den Sparern. Zinssatzveränderungen spiegeln insofern Veränderungen bei Anbietern oder Nachfragern wider. Zwischen beiden Marktteilnehmergruppen agieren aber (vorwiegend) Kreditinstitute, die deshalb Finanzintermediäre genannt werden. Diese zwischengeschalteten Unternehmungen werden bei internetbasierten und börsenorganisierten Marktplattformen umgangen. Hier können Anbieter und Nachfrager direkt aufeinanderstoßen.

Zu unterscheiden sind Realzinssatz r und der Nominalzinssatz i, das Unterscheidungsmerkmal ist die Inflation π, die beim Realzinssatz herausgerechnet wird. Der Realzinssatz berücksichtigt also die tatsächliche Kaufkraft der Zinserträge, wie

Goolsbee/Levitt/Syverson (2014, S. 692 f.) ausführen. Sie verweisen dabei auf die sogenannte (Irwing) Fischer-Regel: Sie besagt, dass eine Geldanlage K_0 zu einem Jahreszinssatz i angelegt einen *nicht* inflationsbereinigten Endwert K_n erwirtschaftet. Demnach gilt:

$$K_n = (1 + i)^n$$

Wird für die betrachtete Volkswirtschaft jedoch die Inflationsrate π angenommen, dann ist der Endwert K_n um die Geldentwertung zu diskontieren. Somit gilt für $n = 1$ folgender Realwert K_1:

$$K_1 = K_0 \times \frac{(1 + i)}{(1 + \pi)}$$

Der Realzinssatz r lässt sich als prozentuale Veränderung von Realwertveränderung ($= K_1 - K_0$) zum Ausgangswert der Geldanlage K_0 berechnen:

$$r = \frac{K_0 \times \frac{(1+i)}{(1+\pi)} - K_0}{K_0} = \frac{(1 + i)}{(1 + \pi)} - 1 = \frac{(i + \pi)}{(1 + \pi)}$$

Handelt es sich bei der Inflationsrate π um keinen hohen Wert, berechnet sich Realzins r näherungsweise als die Differenz von Nominalzinssatz und Inflationsrate:

$$r = (i - \pi)$$

An den Kapitalmärkten werden Kapitalwerte stets durch Diskontierung von Zahlungsströmen mit dem Realzinssatz berechnet (siehe Abschn. 1.5). Auf diese Weise ist es möglich, inflationsbedingte Kaufkraftveränderungen mit zu berücksichtigen.

Beispiel aus Goolsbee/Levitt/Syverson 2014, S. 695 f.
(Element: 13.3 Rechnen Sie's aus)

Annahmen:
   Angenommen, die Nachfrage nach Kapital beträgt: $q^D = 44 - 9r$
   (mit r für den Realzinssatz in Prozent; q in Mio.);
   Das Angebot an Kapital ist durch folgende Gleichung gegeben: $q^S = -20 + 7r$
   (Parameter wie bei der Nachfrage).

Aufgaben:

1. Berechnen Sie den Gleichgewichtszinssatz und die Gleichgewichtsmenge an Kapital!
2. Nehmen Sie an, dass Geschäftsklima verbessert sich und eine wachsende Zahl von Unternehmen strebt einen Ausbau ihrer Produktionsstätten an. Erläutern Sie

modellhaft, was mit dem Gleichgewichtszins und der Gleichgewichtsmenge an Kapital passiert!

Lösungen:
zu 1.) $r^* = 4$; $q^* = 8$.
zu 2.) Die D-Kurve verschiebt sich nach rechts: Zinssatz und Menge steigen.

Die Mikroökonomik erweitert die Renditeüberlegungen von Geldanlagen bzw. Investitionen um die Betrachtung von Unsicherheiten durch den Einbezug finanzstatistischer Methoden. So lassen sich mit Hilfe von Erwartungswerten (= auf der Basis von Eintrittswahrscheinlichkeiten gewichteter Durchschnitt möglicher Zukunftsereignisse bzw. Auszahlungen) Risiken von Geldanlagen identifizieren und steuern. Dabei wird den Investoren an den Kapitalmärkten eine Risikoabneigung bzw. Risikoaversion unterstellt, die sich aus dem Konzept der Nutzentheorie ableiten lässt.

Die Nutzentheorie ist Bestandteil der Haushaltstheorie (siehe Abschn. 3.1.2). Sie zeigt in ihrer ursprünglichen Form den Grad der Bedürfnisbefriedigung durch Konsum an und unterstellt, dass der Nutzen U des Konsums mit jeder weiteren Konsumeinheit steigt. Allerdings sinkt der Mehrnutzen jeder weiteren Konsumeinheit ab, sodass vom Gesetz des abnehmenden Grenznutzens gesprochen wird. Der Nutzen U ist damit positiv abhängig von der Menge q des Konsums, es gilt:

$$U = U(q)$$

Der beschriebene Sachverhalt bedingte eine konkave Kurvenform der Nutzenfunktion in einem U/q-Diagramm. Mankiw/Taylor (2018, S. 768 f.) übertragen die Nutzentheorie aus der Konsumwelt auf die Finanzwelt. Die Kurvenform der Nutzenfunktion einer Geldanlage eines repräsentativen privaten Wirtschaftssubjekts bestimmt jetzt die Risikoscheue des Wirtschaftssubjekts. Ein Geldanlagengewinn in Höhe von beispielhaft 1000 EUR wird einem Verlust in derselben Höhe gegenübergestellt. Aufgrund der konkaven Kurvenform ist der betragsmäßige Nutzenrückgang bei einem Anlageverlust größer als der betragsmäßige Nutzenanstieg durch den Gewinn. Wirtschaftssubjekte „leiden" also stärker bei Anlageverlusten, als dass sie sich freuen über Anlagegewinne. Aus diesem Grund vermeiden sie Verluste oder nehmen diese nur in Kauf, wenn sie durch eine Risikoprämie kompensiert werden.

Der Zinssatz für die Überlassung von Finanzkapital kann vor diesem Hintergrund als Prämie für das eingegangene Risiko der Gläubiger angesehen werden. Dabei ist es unerheblich, ob es sich um eine Kreditverzinsung für Fremdkapital oder eine Renditeforderung für überlassenes Eigenkapital handelt. Die Gläubiger sind darüber hinaus bemüht, ihre Anlage- bzw. Investitionsrisiken durch Versicherungsprinzipien und die Diversifikationen ihrer Geldanlagen bzw. Investitionen zu reduzieren.

Die Mikroökonomik hat also Modelle hervorgebracht, die erklären, warum Wirt-schaftssubjekte das Risiko meiden bzw. es nur im Gegenzug zu einer risikoadäquaten Risikoprämie eingehen. Sie erklären auch die jeweilige Höhe von Risikoprämien und lassen Möglichkeiten ableiten, die Risiken bei gleichbleibender Renditeerwartung zu reduzieren bzw. bei gleichbleibendem Risiko die Renditeerwartungen zu verbessern.

Ein Zins ist demnach der Preis für die zeitlich vordefinierte temporäre Überlassung von Fremdkapital, also für die frühere Verfügbarkeit bzw. spätere Bezahlung von Gütern. Wird er ins Verhältnis zum ausgeliehenen Kreditvolumen gesetzt, errechnet sich der Zinssatz als prozentuale Größe. Der Zinssatz wird in Prozent ausgedrückt; ökonomische Analysen berechnen den Realzinssatz r und den Nominalzinssatz i in Dezimalform. Dabei gilt für den Realzins r, dass er nur unter der Bedingung von Preisniveaustabilität gleich dem Nominalzins i ist.

Mit dem Fremdkapital können Güter erworben werden. Der Zins ist also auch ein Preis für die frühere Verfügbarkeit von Gütern (= Waren und Dienstleistungen) bzw. der Preis für die erst spätere Bezahlung der Güter. Der Zins verknüpft somit als inter-temporäre Größe gegenwärtige und zukünftige Wirtschaftsvorgänge. Das Modulinteresse liegt in der Bestimmung des Zinsniveaus. Der aufgezeigte Charakter des Zinses als inter-temporales Phänomen ist die Grundlage für eine Vielzahl bislang entwickelter Zins-theorien und Zinsstrukturtheorien. Ziele dieser Theorien sind die erklärende Begründung der Zinsexistenz (= Zinstheorie) sowie der Zinshöhe im Zeitablauf bzw. im Hinblick auf die Laufzeit der Finanzmittelüberlassung. In der *klassischen Theorie* ist der Zins als reales Phänomen durch güterwirtschaftliche Vorgänge in seiner Höhe bestimmt. Der Zins liefert den Ausgleich von Sparen und Investieren. Seine Bestimmungsfaktoren sind also der Konsumverzicht der Haushalte und die Investitionsbereitschaft der Unter-nehmen. Der gesamtwirtschaftliche Konsum C wird also wie die gesamtwirtschaftlichen Investitionen I durch den Zinssatz i bestimmt.

Der später entwickelte Keynesianismus folgte diesem Gedanken nicht mehr. Statt-dessen publizierte Keynes (2009) bereits im Jahr 1936 mit der ersten Auflage seines Hauptwerks („Allgemeine Theorie der Beschäftigung, des Zinses und des Geldes") „Die allgemeine Theorie des Zinssatzes" (Dreizehntes Kapitel). Darin erläutert er seine ablehnende Haltung der klassischen Theorie gegenüber.

Der Zinssatz nach Keynes, Teil 2 (2009, S. 141 f.)[19]

„Es sollte klar sein, daß der Zinssatz keine Belohnung für Sparen oder Warten an sich sein kann. Denn wenn ein Mensch seine Ersparnisse in Kasse hortet, nimmt er keine Zinsen ein, obschon er gerade so viel spart wie zuvor. Im Gegenteil, die bloße Definition des Zinssatzes sagt uns in ebenso vielen Worten, daß der Zinssatz die Belohnung für die Aufgabe der Liquidität für einen bestimmten Zeitabschnitt

---

[19] Zitation unter Auslassung der Fußnoten-Anmerkungen im Original.

ist. Denn der Zinssatz an sich ist weiter nichts als das umgekehrte Verhältnis zwischen einer Summe Geld und dem, was für die Aufgabe des Verfügungsrechtes über das Geld im Tausch gegen ein Darlehen für einen bestimmten Zeitabschnitt erhalten werden kann.

Da der Zinssatz die Belohnung für die Aufgabe der Liquidität ist, ist er somit jederzeit ein Maß für die Abneigung derer, die Geld besitzen, sich von der liquiden Verfügung darüber zu trennen. Der Zinssatz ist nicht der „Preis", der die Nachfrage nach Geldmitteln zur Investition mit der Bereitwilligkeit, sich des gegenwärtigen Verbrauches zu enthalten, ins Gleichgewicht bringt. Er ist der „Preis", der das Verlangen, Vermögen in der Form von Kasse zu halten, mit der verfügbaren Menge von Kasse ins Gleichgewicht bringt; – was bedingt, daß bei einem niedrigeren Zinssatz, das heißt bei einer geringeren Belohnung für die Aufgabe von Kasse, die Gesamtsumme von Kasse, die die Bevölkerung halten möchte, das verfügbare Angebot übersteigen würde, und daß bei einem Steigen des Zinssatzes ein Überschuß von Kasse da sein würde, den niemand zu halten gewillt wäre. Wenn diese Erklärung richtig ist, ist die Geldmenge der andere Faktor, der, zusammen mit der Liquiditätspräferenz, unter gegebenen Umständen, den tatsächlichen Zinssatz bestimmt. Die Liquiditätspräferenz ist eine latente Größe oder funktionelle Tendenz, die die Geldmenge festlegt, die die Bevölkerung bei einem gegebenen Zinssatz halten will, so daß, wenn r der Zinssatz, M die Geldmenge und L die Funktion der Liquiditätspräferenz ist, wir die Gleichung $M = L(r)$ haben. An dieser Stelle also und auf diese Weise tritt die Geldmenge in das Wirtschaftssystem ein."

In den weiteren Jahren volkswirtschaftlicher Forschung wurde die klassische Theorie zur neoklassischen Theorie sowie die keynesianische zur neo- und postkeynesianischen Theorie fortentwickelt. Die Wurzeln der Theorien behielten aber Bestand. Auch sind beide Theorieschulen nicht wirklich gegensätzlicher Natur. Vielmehr ergänzen sie sich im Hinblick auf ihre jeweils restriktiven Modellannahmen. Simplifiziert agiert der Keynesianismus in kurzfristiger und die neoklassische Gedankenwelt in einer langfristigen Modelltheorie. Demnach haben beide Theoriestränge ihre jeweils eigene Existenzberechtigung. Schließlich ist zu konstatieren, dass die Volkswirtschaft keine Naturwissenschaft, sondern Teil der Sozialwissenschaften ist. Wer über Menschen nachdenkt, kann keine allgemeingültige und zeitunabhängige Theorie verfassen, selbst wenn sie wie bei Keynes (2009) derartig tituliert ist.[20]

Das betriebswirtschaftliche Wissen der Wohnungs- und Immobilienwirtschaft hinterfragt, inwieweit Zinstheorien dem betrieblichen Erfolg hilfreich sind. Die Antwort liegt

---

[20] Siehe ausführlich zu (neo-)klassischen und keynesianischen Zinstheorien das ältere Werk Lutz (1969). Es erläutert im Unterschied zu aktuellen Lehrbüchern ausführlich die Basiswerke der Zinstheorien. Issing (2011) behandelt die älteren Ansätze dagegen nur im Überblick.

zwar in den Theorien selbst, nämlich dass der Zins eine Vergütung für eine ökonomische Leistung darstellt. Aus finanzwirtschaftlicher Sicht stellt der Zins sodann eine Kosten-komponente dar, die es zu minimieren gilt, ohne auf die Kapitalüberlassung zu ver-zichten. Daher stellt sich der Unternehmensführung in einer besonders kapitalintensiven Branche (wie der Immobilienwirtschaft) die Frage nach der fundierten eigenen und mög-lichst validen Zins-(erwartungs-)Meinung. Und eine Zinsmeinung ist abhängig von den zu erwartenden Zinsdeterminanten.

In der neoklassischen Theorie bestimmt der Zinssatz i das gesamtwirtschaftliche Angebot an Sparvolumen S und das gesamtwirtschaftliche Investitionsvolumen I. Die zentrale Zinsdeterminante ist daher das *Marktgleichgewicht* auf den Geld- und Kapital-märkten. Felderer/Homburg (2005, S. 73) formulieren dieser klassischen Tradition folgend verkürzt: „Der *natürliche Zins i** bewirkt die Übereinstimmung von Angebot und Nachfrage auf dem Kapitalmarkt." Zu ergänzen ist an dieser Stelle, dass der Kapital-markt Finanzkontrakte mit einer Laufzeit von mindestens einem Jahr umfasst; der Geld-markt meint Finanzkontrakte mit einer Laufzeit von kleiner einem Jahr. Demnach sollte der natürliche Zins i^* für Geld- und Kapitalmärkte gelten.

Was aber, wenn (neo-)klassische und (neo- bzw. post-)keynesianische Überlegungen situativ abhängig sind? Was also, wenn sich der Marktzins i diesen Überlegungen nicht konform gegenüber verhält? Denn inzwischen existieren im Markt Zinsprodukte mit negativen Renditen. Wie können negative Renditen im klassischen Kontext Investieren und Sparen zum Gleichgewicht führen (s. o.)? Und wieso überhaupt liefert das aktuelle Marktzinsniveau überhaupt derartige Renditeniveaus?

Antwort: Der Zins ist eine relative Kompensation für die heute in t_0 verfügbaren periodenabhängigen Güter, die aber erst in der späteren Periode t_1 zu entgelten. Das Marktzinsniveau bringt die gesamtwirtschaftlichen Komponenten Investitions- und Sparvolumen zum Ausgleich (neoklassischer Gedanke); es orientiert sich an der Liquiditätspräferenz der Wirtschaftssubjekte. Ein nahezu Nullzinsniveau der deutschen Volkswirtschaft verdeutlicht deshalb, dass …

- eine hohe Liquiditätspräferenz der Wirtschaftssubjekte vorliegt; die Aufgabe der Kassenhaltung stiftet ihnen weder Nutzen, noch erhöht es die Kosten ihres individuellen Liquiditätsmanagements.
- die Investitionsbereitschaft gering und die Geldnachfrage demnach wenig ausgeprägt ist, weil Wirtschaftssubjekte nur mäßig motiviert sind, kreditfinanzierte Investitionen zu tätigen.
- die Geldmenge durchaus ein Volumen erreicht hat, welches nach Keynes (2009) die „zusammen mit der Liquiditätspräferenz, unter gegebenen Umständen, den tatsäch-lichen Zinssatz bestimmt." (Keynes 2009, S. 141) Das Geldangebot M muss sodann dauerhaft schneller steigern als die nachziehende Liquiditätsnachfrage L, damit es zu einer nachhaltigen Absenkung des Marktzinsniveaus kommen kann, ohne ein Ungleich-gewicht auf dem Geldmarkt zu provozieren. Vor dem Hintergrund zunehmender Bankenregulierungen bzw. restriktiverer Darlehensvergaben durch Kreditinstitute muss

die Begründung des niedrigen deutschen Marktzinsniveaus in einer massiv expansiven Geldpolitik des Eurosystems liegen.

Die hier exemplarisch angeführten Zinstheorien können also das aktuelle Marktzinsniveau erklären. Wie lässt sich aber eine Zins-(erwartungs-)meinung herleiten? Zunächst ist dazu das Marktzinsniveau zu definieren. Das in der volkswirtschaftlichen Theorie genannte Marktzinsniveau ist nämlich das imaginäre Konstrukt eines durchschnittlich gewichteten Zinssatzes über alle Wirtschaftssubjekte und Kreditgeschäfte hinweg. Es ist insofern auch nicht empirisch zu bestimmen. Daher ist der Marktzinssatz i_{Markt} aufzubrechen in zwei Komponenten, zum einen in den risikoärmsten, empirisch erfassbaren Basiszinssatz i_{Basis} und eine volkswirtschaftliche Risikoprämie RP. Es gilt also:

$$i_{Markt} = i_{Basis} + RP$$

Der risikoärmste, empirisch erfassbare Basiszinssatz i_{Basis} rekrutiert sich für die deutsche Volkswirtschaft aus den laufzeitabhängigen Renditen von Bundeswertpapieren. Der Bund ist nämlich die letzte Instanz für eine mögliche Insolvenz der Volkswirtschaft. Um den modellhaften Marktzinssatz zu erfassen, macht es Sinn, sich den Renditen der Bundeswertpapiere zu nähern, wohl wissend, dass die modellhafte durchschnittlich gewichtete Risikoprämie hier einfach aus dem Marktzinsniveau herausdefiniert ist. Doch die Renditen der deutschen Bundeswertpapiere forcieren das gesamte Marktzinsniveau, schließlich sind sie zu jedem Alternativgeschäft an den Finanzmärkten die Benchmark, die realisiert werden kann. Alle anderen Geschäfte sind mit Risikoprämien ausgestattet.

Während Zinstheorien die Begründung des Zinses erklären können, zielen *Zinsstrukturtheorien* auf Marktzinssätzen unterschiedlicher Zinsbindungsfristen ab (siehe dazu Kath 1972). Abbilden lassen sie sich Zinsstrukturen mit Hilfe von *Zinsstrukturkurven* in einem Zinssatz *i*/Laufzeit *t*-Diagramm. Hierbei werden folgende drei Strukturen unterschieden (siehe z. B. Stoklossa 2010, S. 16 f.), und zwar gemäß Abb. 3.11 die …

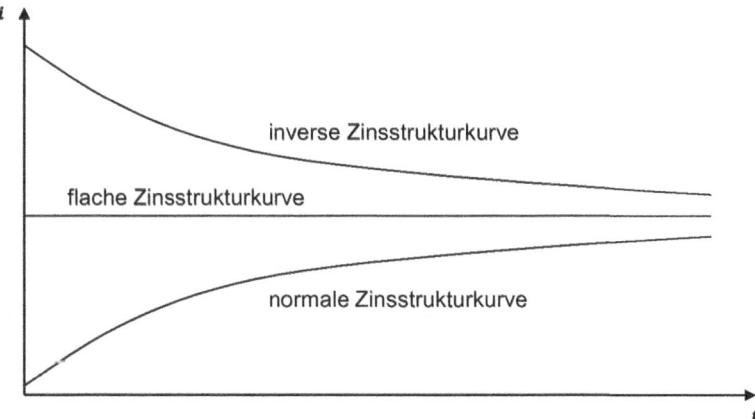

Abb. 3.11 Idealtypische Formen von Zinsstrukturkurven. (Quelle: Eigene Darstellung)

- *normale Zinsstruktur* mit steigenden Zinsätzen bei niedrigen bis mittlere Zinshöhen,
- *flache Zinsstruktur* mit konstanten Zinssätzen zum Ende einer Hochzinsphase mit absinkendem Zinsniveau et vice versa und
- *inverse Zinsstruktur* mit fallenden Zinssätzen, die sich bei Übergängen vom hohen zum niedrigeren Zinsniveau ergeben.

Die empirische Erfassung einer Zinsstrukturkurve ist nicht trivial, weil Finanzkontrakte nicht in exakten gleichstimmigen Fristigkeiten vorliegen. In einer einfachen Analyse lässt sich die Zinsstruktur als linearer Zusammenhang erfassen, indem der Zinssatz i eine Funktion der Laufzeit bzw. Zinsbindungsfrist t ist, dann mit dem Achsenabschnitt a und der Steigung b:

$$i = a + bt$$

Lineare Strukturen lassen keine Interpretationen der Kurve innerhalb des Strukturzeitfensters zu. Für Deutschland wird die Zinsstrukturkurve für deutsche Bundeswertpapiere und Jumbo-Pfandbriefe daher sehr aufwendig durch die Deutsche Bundesbank berechnet und veröffentlicht.

Datenzugang zu Zinsstrukturkurven für Bundeswertpapiere
Deutsche Bundesbank, URL: „https://www.bundesbank.de/dynamic/action/de/
statistiken/zeitreihen-datenbanken/zeitreihen-datenbank/759778/759778?listId=
www_skms_it03a"
(Aufruf der WWW-Seite am 24. Oktober 2020).

Um eine Zinsstrukturkurve zu interpretieren, sind ihre Hauptcharakteristika bzw. *Beschreibungsparameter* zu beschreiben, hierzu zählen:

- das *Niveau* der Zinsstrukturkurve,
- die *Lage* der Zinsstrukturkurve,
- die *Steigung* der Zinsstrukturkurve und
- die *Krümmung* der Zinsstrukturkurve.

Diese Parameter werden nachfolgend auf die empirisch bestimmte Zinsstrukturkurve für Bundeswertpapiere angewendet, um den Markt zu interpretieren. Im Dezember 2020 liefert die Zinsstrukturkurve für Bundeswertpapiere folgende Hinweise: Investoren gehen bis zu drei Jahren Restlaufzeit noch weiterhin von niedrigem bis sinkendem Zinsniveau aus und danach mit einem steigenden. Denn es ist zu konstatieren, dass die Zinsstrukturkurve für …

1. eine zehnjährige Restlaufzeit negative Renditen ausweist,
2. bis zu drei Jahren invers verläuft,
3. ab dem vierten Jahr wieder ansteigt und
4. über die zehn Jahre hinweg eine Streuung lediglich zwischen $-0,81\,\%$ und $-0,57\,\%$ besitzt.

Zur *Erklärung der Zinsstruktur* werden drei Theorien herangezogen:

1. Erwartungstheorie,
2. Liquiditätsprämientheorie und
3. Marktsegmentationstheorie.

Die *Erwartungstheorie* besitzt dabei eine hervorstechende Bedeutung, weil sie in der Praxis weitverständlich erscheint. Sie definiert langfristige Zinssätze als den Durchschnitt der erwarteten kurzfristigen Zinssätze. Käme es zu Abweichungen, sind Arbitrage-Geschäfte zu erwarten, also Geschäfte ohne Risiko. Issing (2011) schreibt dazu: „Erwarten die Wirtschaftseinheiten einen Anstieg der kurzfristigen Zinsen in der Zukunft, muss der langfristige Zins im Ausgangszeitpunkt über dem gleichzeitig geltenden kurzfristigen Satz liegen; wird dagegen ein Sinken des kurzfristigen Zinssatzes erwartet, liegt der gegenwärtige langfristige unter dem gegenwärtigen kurzfristigen Zins. Erwarten die Wirtschaftseinheiten ein Gleichbleiben der kurzfristigen Zinsen im Zeitablauf, können Unterschiede zwischen kurz- und langfristigen Sätzen auftreten." Allerdings setzt die Erwartungstheorie die restriktiven Annahmen der Effizienzmarkthypothese voraus, wie z. B. das sich Bilden homogener Erwartungen seitens der Wirtschaftssubjekte, den Verzicht auf Leerverkäufe, Transaktionskosten sowie Steuern. Insofern widerlegt Shiller (1979) die Erwartungstheorie auf Basis eines verhaltensökonomischen Ansatzes.

Wird die Erwartungstheorie der Zinsstruktur akzeptiert, ergeben sich mehrperiodische Zinssätze als geometrisches Mittel der jeweiligen Ein-Perioden-Zinssätze. Gischer/Herz/Menkhoff (2020, S. 106–108) unterscheiden dazu für einen Zwei-Periodenfall zwei Anlagevarianten: *Zum einen* wird Geld A angelegt mit einer vereinbarten Rückzahlung R_I am Ende der zweiten Periode:

$$R_I = A \times (1 + i_2)^2$$

Zum anderen kann derselbe Geldbetrag A als wiederholte einperiodische Zahlung angelegt werden, sodass sich folgende Rückzahlung R_{II} ergibt:

$$R_{II} = A \times \left(1 + i_{0,1}\right) \times \left(1 + i_{1,1}\right)$$

Aufgrund der geltenden Effizienzmarkthypothese können sich im Markt keine dauerhaften Unterschiede zwischen R_I und R_{II} einstellen. Denn Marktteilnehmer nutzen mögliche Zinsdifferenzen sofort mit Arbitrage-Geschäften aus, weshalb sich die Marktzinssätze wieder anpassen. Daher muss gelten:

$$R_I = R_{II}$$

$$A \times (1 + i_2)^2 = A \times \left(1 + i_{0,1}\right) \times \left(1 + i_{1,1}\right)$$

Die Gleichung lässt sich nach dem zweiperiodischen $i_{0,2}$ Zinssatz auflösen; er lässt sich dann als geometrisches Mittel beider einperiodischen Zinssätze berechnen:

$$i_{0,2} = \sqrt{\left(1 + i_{0,1}\right) \times \left(1 + i_{1,1}\right)} - 1$$

Allerdings ist in der Periode t_0 der Zinssatz $i_{1,1}$ nicht bekannt, kann aber sehr wohl aus den vorliegenden Zinssätzen als *impliziter Terminzinssatz* $i_{t+1,1}$ hergeleitet werden. Dazu ist die obige Gleichung zur Bestimmung des zweiperiodischen Zinssatzes $i_{0,2}$ nach $i_{1,1}$. Für mehrperiodische Zinsstrukturen wird im Zeitpunkt t_0 der Zinssatz $i_{t+1,1}$ impliziter Terminzinssatz wie folgt berechnet:

$$i_{t+1,1} = \frac{\left(1 + i_{0,2}\right)^2}{1 + i_{0,1}} - 1$$

Für jeden einperiodischen impliziten Terminzinssatz aller Perioden k einer Zinsstrukturkurve gilt im Zeitpunkt t_0 sodann:

$$i_{t+k,1} = \frac{\left(1 + i_{0,t+k+1}\right)^{t+k+1}}{\left(1 + i_{0,t+k}\right)^{t+k}} - 1$$

Abb. 3.12 visualisiert implizite Ein-Jahres-Terminzinssätze (gepunktete Linie), die aus der ebenfalls eingezeichneten Zinsstrukturkurve für deutsche Bundeswertpapiere (durchgezogene Linie) abgeleitet sind (Abruf der Zinssätze: 24. Oktober 2020). Aus dem Vergleich beider Zinskurven lässt sich vermuten, dass die Wirtschaftssubjekte an den Finanzmärkten weiterhin mit zukünftig steigenden Zinssätzen rechnen, obwohl die Zinssätze insgesamt seit dem Jahr 2008 massiv gesunken und dazu von der Geldpolitik im Eurosystem beeinflusst worden sind. Insbesondere ab Periode 6 differieren beide Kurven deutlich.

Die impliziten Terminzinssätze können zur Prognose zukünftiger Zinssätze herangezogen werden, wenn sie aus einer empirischen Zinsstrukturkurve extrahiert sind. Sie untermauern und konkretisieren damit die Interpretationspotenziale einer empirischen Zinsstruktur auf Basis der Erwartungstheorie. Trotz der restriktiven Modellannahmen „… liefert die Erwartungstheorie aber Beiträge zur Erklärung der Realität. So ist davon auszugehen, dass sich tendenziell auch unter unsicheren und nicht von Kapitalanleger zu Kapitalanleger identischen Erwartungen bei einer Änderung des kurzfristigen Zinssatzes aufgrund von Arbitragevorgängen […] Änderungen des langfristigen Zinssatzes einstellen." (Jarchow 2003, S. 157).

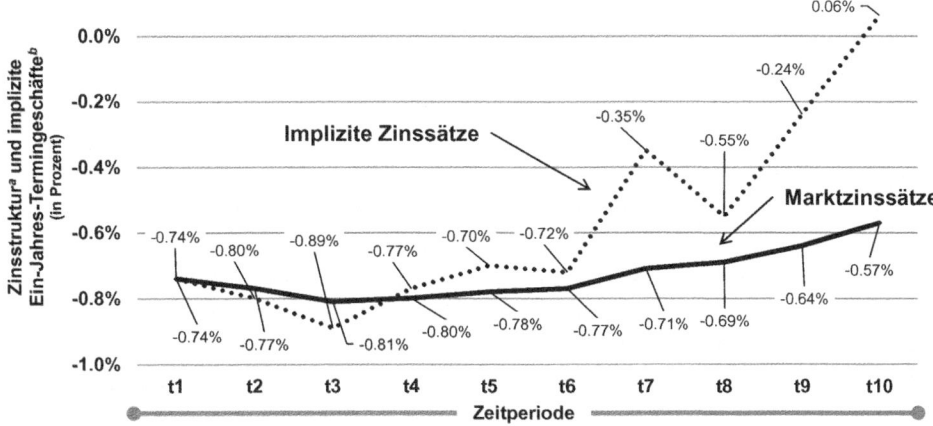

[a] Zinsstruktur für Bundeswertpapiere am 24. Oktober 2020.

[b] Jeweils Ausgangsperiode.

Abb. 3.12 Implizite Ein-Jahres-Zinssätze (Forward Rates) auf Basis der Renditen von Bundeswertpapieren am 24. Oktober 2020. (Datenquelle: Deutsche Bundesbank 2021a; eigene Berechnungen und Darstellung)

Neben der Erwartungstheorie der Zinsstruktur finden sich in der einschlägigen Literatur noch die *Liquiditätsprämientheorie* und Marktsegmentationstheorie. Erstere basiert auf den Opportunitätskosten der Geldanlage und zeigt die Kosten für den Verzicht auf Liquidität an. In der *Marktsegmentationstheorie* ist der mehrperiodische Zinssatz keinesfalls mehr ein vollständiges Substitut des Durchschnittswerts der einperiodischen Zinssätze desselben Zeitfensters. Vielmehr können sich fristenbezogene Marktsegmente unterschiedlich und unabhängig voneinander entwickeln. Damit verlieren Arbitrage-Geschäfte die Fähigkeit, eine innere Gleichgewichtsstruktur der Zinssätze zu gewährleisten. Auf diese Weise lassen sich inverse Zinsstrukturen schlüssiger erklären als durch die Erwartungstheorie.

Nach der Betrachtung von Zinsmärkten schließt diese Abschn. 3.1.4 zu Finanzmarkttheorien mit den Modellen zur Bepreisung von Aktien ab. Dazu liefert die *Portfoliotheorie* die Grundlage, auf welcher das *Capital Asset Pricing Model* (CAPM) aufbaut. Beide Modelle basieren auf der Effizienzmarkthypothese. Die Portfoliotheorie (auch: Portfolio Selection Theory) wurde im Jahr 1952 als Beitrag einer wissenschaftlichen Zeitschrift und im Jahr 1959 als Monographie vom US-amerikaner Harry M. Markowitz veröffentlicht. Für seine Verdienste durch dieses Forschungsergebnis wurde er im Jahr 1990 mit dem Wirtschaftsnobelpreis ausgezeichnet (siehe den Festvortrag: Markowitz 1990). Seine Theorie lässt sich auch als *Theorie der Wertpapiermischung* bezeichnen. Denn Markowitz untermauert mit seiner Analyse die Möglichkeit, durch eine vordefinierte Mischung an Wertpapieren bei gleichbleibenden Ertragserwartungen das Anlagerisiko zu senken. Dieser Prozess wird Diversifizierung von Anlagegegenständen genannt.

Portfolio Selection (Markowitz 2008, S. 4–7)
Die Korrelation zwischen den Rückflüssen von Wertpapieren

„Wenn Wertpapierrückflüsse nicht korrelieren würden, könnte eine Diversifikation das Risiko einschränken. Es wäre wie das Werfen einer großen Menge Münzen: Man kann das Ergebnis eines einzelnen Wurfes nicht vorhersagen, doch wenn sehr viele Münzen geworfen werden, können wir sicher sein, dass bei ca. der Hälfte der Würfe Kopf erscheint. Ein solches Aufheben zufälliger Ereignisse gibt den Anlagen von Versicherungsgesellschaften Stabilität. Korrelationen der Wertpapierrückflüsse jedoch verhindern eine ähnliche Aufhebung von Höhen und Tiefen innerhalb des Wertpapiermarktes. Das ist ungefähr so, als würden sich 100 Münzen vor dem Wurf darauf einigen, genauso zu fallen wie die erste Münze. In diesem Fall korreliert das Ergebnis zu 100 %. Das durchschnittliche Ergebnis der 100 Würfe ist dann nicht besser vorhersagbar als ein einzelner Wurf. Wenn die Korrelation der Wertpapierrückflüsse 100 % wäre, wenn also die Rückflüsse aller Wertpapiere in perfekter Übereinstimmung steigen und fallen würden, könnte Diversifikation nichts dazu beitragen, das Risiko zu mindern. Die Tatsache, dass Wertpapierrückflüsse stark korrelieren, aber eben nicht zu 100 %, hat zur Folge, dass Diversifizierung das Risiko zwar nicht eliminieren, aber reduzieren kann.

[…]

Wenn Portfolio A beides bietet, einen höheren wahrscheinlicheren Rückfluss und geringere Unsicherheit als Portfolio B, und die anderen Kriterien des Investors ebenfalls erfüllt, ist es deutlich besser als Portfolio B. Portfolio B kann außer Betracht gelassen werden, da es weniger Rückfluss und dafür eine höhere Unsicherheit als ein anderes Portfolio aufweist. Wir betrachten es als „ineffizient". Nachdem wir alle solcherart ineffizienten Portfolios gestrichen haben – alle Portfolios, die klar schlechter als andere verfügbare Portfolios sind – bleiben uns nur noch Portfolios, die wir als „effizient" bezeichnen. Diese bestehen aus dem Portfolio mit weniger Unsicherheit als jedes andere mit einem wahrscheinlichen Rückfluss von 6 %, dem Portfolio mit weniger Unsicherheit als jedes andere mit einem wahrscheinlichen Rückfluss von 7 % und so weiter. Von zwei effizienten Portfolios kann man nicht sagen „Das erste ist klar besser als das zweite, da der Rückfluss höher und die Unsicherheit geringer ist." Alle solchen Fälle [sic!] sind bereits eliminiert.

Die richtige Wahl unter den effizienten Portfolios hängt von der Bereitschaft und den Möglichkeiten des Investors ab, ein Risiko einzugehen. Wenn Sicherheit sehr wichtig ist, muss „wahrscheinlicher Rückfluss" geopfert werden, um die Unsicherheit zu verringern. Wenn man ein größeres Risiko eingeht, ist auch der wahrscheinliche Rückfluss größer. eine Analyse […] geht in den folgenden Schritten vor:

Erstens werden effiziente von ineffizienten Portfolios getrennt;

zweitens werden die Kombinationen von wahrscheinlichem Rückfluss und Unsicherheit des Rückflusses effizienter Portfolios angegeben;

drittens muss der Investor oder Investmentmanager sorgfältig die Kombination von wahrscheinlichem Rückfluss und Unsicherheit auswählen, die seine Bedürfnisse am besten berücksichtigt und

viertens wird das Portfolio bestimmt, das die passendste Kombination von Risiko und Rückfluss bietet."

Portfoliotechnische Überlegungen gab es auch schon vor Markowitz (1952). Allerdings war die 1952er Publikation die erste, in der Portfoliowirkungen mittels mathematisch-statistischer Methoden untermauert wurden. Wesentliche Bausteine der optimalen Portfolioauswahl sind die Standardabweichung als Risikomaß und der Erwartungswert der Rendite als Ertragskennzahl sowie die Korrelation als Verbindungskriterium von Portfoliorückflüssen bzw. Kursentwicklungen der betrachteten Portfolios.

Wenn sich die Wertpapierrückflüsse oder Kursentwicklungen zweier Aktien zu 100 % gleichgerichtet entwickeln, ihr Korrelationskoeffizient $k = 1$ ist, ergeben sich mögliche Portfoliozusammenstellungen in symmetrischer Ertrags- und Risikoverteilung. Die Portfolioauswahl ermöglicht es hier nicht, das Risiko *ohne* Ertragseinbußen zu reduzieren. Beträgt eine Korrelation dagegen den Wert von $k = -1$, fallen zwei Aspekte auf: *Zum einen* gibt es eine Reihe von Portfolios, die ineffizient sind. Zu jedem dieser Portfolios existiert auf dem darüber liegenden Kurvenabschnitt ein Portfolio, das bei demselben Risiko eine höhere Rendite erwarten lässt. Dieser obere Kurvenabschnitt mit positiver Steigung wird deshalb auch *Effizienzkurve* genannt (vgl. dazu Abb. C 43 in Perridon/Steiner/Rathgeber 2017, S. 279). *Zum anderen* existiert genau ein Portfolio, bei dem das Risiko vollständig eliminiert ist, obwohl trotzdem eine positive Rendite zu erwarten ist. Dieses Portfolio wird *Minimum-Varianz-Portfolio* genannt, weil die Varianz (= gemessene Streuung eine Zufallsvariable) im Wendepunkt der Rendite/Risiko-Kurve den kleinsten Wert aufweist – im Fall der Korrelation von $k = -1$ beträgt sie Null. Neben Varianz und Erwartungswert sind entsprechend auch Standardabweichung (= Wurzel der Varianz) und Kovarianz (= gemessener Zusammenhang zwischen zwei Variablen) mathematisch-statistische Kennzahlen, die der Auswahl des optimalen Portfolios dienlich sind. In der Praxis korrelieren Wertpapierkurse selbstverständlich weder zu 100 % noch zu 0 %. Grundsätzlich gilt aber für den Fall der Korrelation zweier Wertpapierkurse von mindestens $k < 0$ die mögliche Reduktion des Risikos ohne Ertragseinbuße durch die Bildung des Portfolios.

Perridon/Steiner/Rathgeber (2017, S. 284 f.) nennen drei Probleme, welche die Anwendung der Portfoliotheorie in der Wertpapieranlagepraxis mit sich bringt:

1. Sie „… setzt eine Normalverteilung der Renditen bei beliebiger konvexer Nutzenfunktion oder, bei beliebiger Renditeverteilung, eine quadratische Nutzenfunktion
   voraus." In der empirischen Marktanalyse sind diese Voraussetzungen nicht sicher zu
   bestätigen.
2. Die Portfoliotheorie ist quasi situationslos. Zu welchen Zeitpunkten Wirtschaftssubjekte in die Portfolien investieren (= Timing), bleibt unberücksichtigt. Die
   Anlagepraxis spricht dem Timing dagegen eine wesentliche Bedeutung als Erfolgsfaktor zu.
3. Eine wesentliche Schwierigkeit der Anwendung besteht für die Portfoliotheorie in
   deren Informationsanforderungen. „Geht man von n Wertpapieren aus, so sind durch
   die große Zahl von Kovarianzen insgesamt $\frac{1}{2}n^2 + \frac{3}{2}n$ Daten (n erwartete Renditen, n
   Varianzen, $\frac{1}{2}(n^2 - n)$ Kovarianzen) zur Durchführung der herkömmlichen Portfeuille-
   Analyse nötig."

Mit dem *Capital Asset Pricing Model (CAPM)* erfährt die Portfoliotheorie eine
Anreicherung des Anlagehorizontes um die ausfallrisikoärmste aller Anlagen, nämlich (für die deutsche Volkswirtschaft) die Anlage in Bundeswertpapiere, sowie um
unbegrenzte Geldmittelaufnahmeoptionen zum selben Zinssatz. Entwickelt wurde das
Modell von William F. Sharpe, der im Jahr 1990 zusammen mit Henry M. Markowitz für
seine Finanzmarktforschungen mit dem Wirtschaftsnobelpreis ausgezeichnet worden ist
(s. o. sowie den Festvortrag Sharpe 1990). Das Ziel dieser Theorie ist *zum einen* die Analyse der Preisbildung auf den Finanzmärkten. *Zum anderen* zielt sie auf die Bestimmung
des Kalkulationszinsfußes zur Kalkulation der Kapitalkosten. Dabei werden stets
unsichere, aber homogene Erwartungen in einem effizienten Markt vorausgesetzt.
Hieraus ergeben sich für alle Marktteilnehmer identische Portfoliostrukturen. Im Marktgleichgewicht entsprechen sie dem jeweiligen Marktportfolio (= Summe aller existenten
riskanten Wertpapiere).

Overview

Sharpe (2008) fasst als Vertreter des Capital Asset Pricing Model (CAPM) seine
Kapitalmarkttheorie aus Anlegersicht durch folgenden Ratschlag zusammen
(Sharpe 2008, S. 15):

„Vermeidet das Non-Market-Risiko und
übernehmt ein gewolltes Maß an Marktrisiko,
um eine höhere erwartete Rendite zu erzielen."

Bis zu dieser Stelle der Modellbetrachtung ermöglicht die Portfoliotheorie, alle
effizienten Portfolios zu identifizieren, in die Marktteilnehmer investieren können. Durch
den Einbezug der risikoärmsten Geldanlage können Investoren die beiden Anlagegegenstände mischen. Sie knüpft an die Effizienzkurve an, indem eine Kapitalmarktlinie

konstruiert wird, die für alle Wertpapierinvestoren gilt. Deren individuellen Anlagestrukturen unterscheiden sich lediglich in der Aufteilung des Mischportfolios auf die beiden Anlagemöglichkeiten (vgl. dazu Abb. C 49 in Perridon/Steiner/Rathgeber 2017, S. 291).

Hinter der linearen Kapitalmarktlinie steht ein funktionaler Zusammenhang mit der erwarteten Rendite als abhängige Variable und dem Risiko der gewählten Anlage als unabhängige Variable. Ihr Achsenabschnitt ist durch den risikoärmsten Zinssatz r_f gegeben. Die Steigung b ist der Quotient aus 1) der Differenz von erwarteter Rendite eines Marktportfolios μ_m und dem risikoärmsten Zinssatz r_f und 2) dem Risiko des Marktportfolios σ_m (gemessen als Standardabweichung σ):

$$b = \frac{\mu_m - r_f}{\sigma_m}$$

Dabei gibt die Differenz von erwarteter Rendite μ_m und dem risikoärmsten Zinssatz r_f die Risikoprämie des Wertpapiermarktes an, den Investoren einfordern, wenn sie Geld anlegen. Der funktionale Zusammenhang der Kapitalmarktlinie zur Bestimmung der erwarteten Rendite des Zielportfolios einer Investorin μ_p lautet sodann:

$$\mu_p = r_f + \frac{\mu_m - r_f}{\sigma_m} \times \sigma_p$$

Das Verhältnis der Risiken des Zielportfolios der Investorin σ_p zum Marktportfolio σ_m wird Beta-Faktor β genannt und repräsentiert das *systematische Risiko* eines Portfolios gegenüber dem Gesamtmarkt. Wird das Verhältnis der Standardabweichung des Zielportfolios σ_p zur Standardabweichung des Marktportfolios σ_m um die Standardabweichung des Marktportfolios σ_m erweitert, lässt sich das Beta-Faktor als das Verhältnis der Kovarianz zwischen Zielportfolio und Marktportfolio $cov_{p,m}$ und der Varianz des Marktportfolios σ_m^2 (= quadrierte Standardabweichung) definieren:

$$\beta = \frac{\sigma_p}{\sigma_m} = \frac{cov_{p,m}}{\sigma_m^2}$$

Wird die Funktion der Kapitalmarktlinie entsprechend umformuliert, spricht die Literatur von der *Wertpapierlinie*, die wie folgt lautet:

$$\mu_p = r_f + \left(\mu_m - r_f\right) \times \beta$$

Die Funktion der Wertpapierlinie wird auch Preisgleichung genannt. Sie ist das Instrument des Capital Asset Pricing Model zur Preisbestimmung von Geld- und Kapitalmarktprodukten und Diskontierungszinsfüßen. Das Modell selbst ist noch in verschiedene Richtungen weiterentwickelt worden. Hauptsächlich ging es dabei darum, die sehr restriktiven Modellannahmen verstärkt an der Praxis auszurichten. Die Aufhebung aber z. B. allein der Annahme homogener Erwartungen verkompliziert die Theorie signifikant.

Der Beta-Faktor liefert wie beschreiben ein Maß für das *systematische Risiko* eines Portfolios oder einer Einzelanlage gegenüber einem zu definierenden Marktportfolio, das in der Praxis gewöhnlich durch Marktindizes abgebildet wird. Dieses Risiko ist das *Marktrisiko* im oben zitierten Ausspruch von Sharpe (2008, S. 15). Denn für das Eingehen des Marktrisikos fordern Finanzinvestoren eine risikoadäquate Prämie ein. Der Beta-Faktor als das Bestimmungsmaß des Marktrisikos lässt Anlagegegenstände in drei Gruppen einteilen: Entweder ist das Anlagerisiko höher als das Risiko des Marktportfolios ($\beta > 1$) oder es ist gleich ($\beta = 1$) und zu guter Letzt kann es geringe sein ($\beta < 1$). Entsprechend ausgeprägt sind die geforderten Risikoprämien, sie steigen also mit dem Beta-Faktor zusammen an.

Als Marktrisiken gelten Konjunkturrisiken, politische Risiken etc., sie werden nicht durch den Anlagegenstand selbst bestimmt, sondern gelten für den Gesamtmarkt. Ein *unsystematisches Risiko* der Geldanlage wird dagegen sehr wohl durch den Anlagegegenstand selbst begründet. Solche Risiken lassen sich aber mit der angewendeten Portfoliotheorie steuern. Ein derartige Risikomanagement ist die Aufgabe der Finanzinvestoren. Sie träfen auf kein Gehör, wollten Sie für das Eingehen von unsystematischen Risiken eine Risikoprämie einfordern. Allein für das Eingehen von Marktrisiken können Finanzinvestoren Entgelte einfordern.

Ein Beispiel zur Anwendung:
Ein US-amerikanisches Wohnungsunternehmen plant die Übernahme eines Wohnungspakets im Wert von 500 Mio. EUR. Die Aktie des Unternehmens weist das halb so hohe nicht diversifizierbare Risiko β aus wie der Gesamtmarkt. Investoren erwarten über den gesamten Aktienmarkt hinweg eine Rendite in Höhe von $\mu_m = 12\,\%$, also eine viermal so hohe Rendite als für die risikoärmste bzw. risikolose Alternativanlage r_f. Der ökonomisch richtige Diskontierungszinsfuß i zur Kalkulation des Kapitalwerts der Übernahmeinvestition errechnet sich wie folgt:

$$i = 0{,}03 + (0{,}12 - 0{,}03) \times 0{,}5 = 0{,}075 = 7{,}5\,\%.$$

Für die Wohnungs- und Immobilienwirtschaft besitzt die *Funktion der Wertpapierlinie* viele Ansätze zur Verwendung. *Zum einen* lassen sich erwartete Marktrenditen für Geldanlagen in die Aktien des eigenen Unternehmens berechnen. Allerdings sind die wenigsten Branchenunternehmen Aktienunternehmen, und wenn, dann auch nicht zwingend mit ihren Aktien an der Wertpapierbörse gelistet (siehe z. B. die GEWOBA AG in Bremen). *Zum anderen* liefert die Funktion der Wertpapierlinie eine indirekte Möglichkeit, Diskontierungszinsfüße für die betriebliche Investitionsrechnung zu kalkulieren. Dazu werden Marktdaten als Benchmarkt benötigt.

Verhaltensökonomik

In der jüngeren Geschichte der Volkswirtschaftslehre steht ein neuer Forschungsstrang im Fokus, der sich *Verhaltensökonomik* (Behavioral Economics) nennt. Die Verhaltensökonomik ersetzt den Rationalitätsannahme durch verhaltenswissenschaftliche bzw. psychologische Erkenntnisse. Vorreiter des Forschungsstrangs sind Daniel Kahnemann (siehe Kahnemann 2015), Amos Tversky und Richard H. Thaler (siehe Thaler 2018 und Thaler/Sunstein 2017). Robert J. Shiller ist der Verdienst zuzuschreiben, die Verhaltensökonomik auf die Finanzmärkte zur Behavioral Finance anzuwenden (siehe Shiller 2012 und 2015). Kahnemann, Shiller und Thaler wurden für ihre Leistungen jeweils mit dem Wirtschaftsnobelpreis ausgezeichnet. Tversky verstarb bereits im Jahr 1996; obwohl viele Arbeiten von Kahnemann und Thaler zusammen mit Tversky entstanden, konnte ihm die Nobelpreiswürde nicht mehr zugesprochen werden (da die Preise nur an lebende Preisträger verliehen werden). Kahnemann wurde der Nobelpreis im Jahr 2002 verliehen für die Integration psychologischer Erkenntnisse in die Wirtschaftswissenschaft, vor allem hinsichtlich des menschlichen Urteilsvermögens und der Entscheidungen unter Unsicherheit. Shiller wurde im Jahr 2013 ausgezeichnet für seine empirischen Analysen zur Wertpapierkursen und Immobilienpreisen. Thaler erhielt seinen Nobelpreis im Jahr 2017 für seinen generellen Beitrag zur Verhaltensökonomik.

In Thaler (2017, S. 265–294, Kap. 21–23) erläutert der Nobelpreisträger das grundsätzliche Verständnis der Behavioral Finance auf den Überlegungen von Keynes (2009) zum sogenannten Schönheitswettbewerb als Basis börsenbezogene Überreaktionen von Investoren und schafft so einen wissenschaftsdisziplinbezogenen Bogen von Keynes, über die Neoklassik zur Verhaltensökonomik. Im Ergebnis sollen auf diese Weise auch neue Erkenntnisse zu empirischen Extrementwicklungen bei den Preisen an Vermögenswerten gewonnen werden.

Thaler (2018, S. 323 f.) fasst im Hinblick auf die US-Aktienpreisentwicklungen zur letzten Jahrtausendwende als Basis der US-Immobilienpreisentwicklungen in den Folgejahren zusammen: Aus den Analyseergebnissen „… ziehe ich den Schluss, dass der Preis oftmals falsch und manchmal sehr falsch ist. Wenn Preise so stark vom fundamentalen Wert abweichen, kann zudem die Fehlverteilung von Ressourcen erhebliche Ausmaße annehmen. In den Vereinigten Staaten zum Beispiel, wo die Immobilienpreise auf nationaler Ebene stiegen, kam es in manchen Regionen zu besonders schnellen Preissteigerungen und historisch hohen Kaufpreis-zu-Miete-Verhältnissen. Wären sowohl Hauseigentümer als Kreditgeber Econs [(Rationale) Ökonomen; Anmerkung des Verfassers] gewesen, wären Ihnen diese Wahlsignale aufgefallen, und sie hätten erkannt, dass es immer wahrscheinlicher wurde, dass die Immobilienpreise einbrechen würden. Doch Erhebungen Shillers zeigten, dass dies die Regionen waren, in denen die Erwartungen bezüglich künftiger Wertsteigerungen von Immobilien am optimistischsten waren. Statt mit einer Rückkehr zum Mittelwert zu rechnen, verhielten sich Menschen so, als müssten Wertsteigerungen notwendigerweise weitere nach sich ziehen.

Zudem hätten rationale Kreditgeber unter solchen Umständen die Anforderungen für die Vergabe eines Hypothekendarlehens verschärft, doch genau das Gegenteil geschah. Hypothekendarlehen wurden vergeben, ohne dass eine Anzahlung geleistet werden musste – beziehungsweise gegen eine niedrige Anzahlung –, und auf die Kreditwürdigkeit der Kreditnehmer wurde kaum geachtet. Diese »Lügnerkredite« – so genannt wegen ihrer geringen Dokumentationspflichten – trieben die Booms an, und die Regierung griff nicht ein. [Vgl. Mian/Sufi 2015]

Dies ist eine der wichtigsten Lektionen, die wir aus der Erforschung der Markteffizienz ziehen können. Wenn politische Entscheidungsträger fest davon überzeugt sind, dass Preise immer richtig sind, sehen sie keine Notwendigkeit, vorbeugende Maßnahmen zu ergreifen. Aber sobald wir einräumen, dass Blasen möglich sind und der Privatsektor das Spekulationsfieber schürt, kann es für Politiker sinnvoll sein, dem in irgendeiner Form gegenzusteuern.

Zentralbanken rund um die Welt mussten außerordentliche Maßnahmen ergreifen, um Volkswirtschaften zu helfen, sich von der Finanzkrise zu erholen. Dieselben Personen, die sich am lautesten über diese außerordentlichen Stützungsmaßnahmen beschwerten, waren zugleich diejenigen, die sich gegen vergleichsweise kleine Schritte zur Verringerung der Wahrscheinlichkeit einer weiteren Katastrophe wandten. Das ist schlichtweg irrational."

Goolsbee/Levitt/Syverson (2014, S. 894–896) wenden die Verhaltensökonomik auf „Verzerrungen durch versunkene Kosten und de(s) Zusammenbruch(s) des Immobilienmarktes" an. Dabei erörtern sie, dass Wirtschaftssubjekte keinesfalls versunkene Kosten in ihrer Entscheidungsfindung akzeptieren bzw. ihre Kosten ignorieren, wie es die neoklassische Theorie andenkt (siehe ausführlich zum *Versunkene Kosten*-Trugschluss Thaler 2018, S. 96–107 bzw. Kap. 8). Grundsätzlich sind Marktpreise für Immobilien zwar das Ergebnis des Zusammenspiels von Angebot und Nachfrage. Ein aktuell vorherrschender Immobilienpreis ist demnach unabhängig davon, was Immobilieneigentümer beim Erwerb der Immobilien jeweils bezahlt hatten. Verhaltensökonomen haben jedoch erkannt, dass Immobilienverkäufer ihre Abneigungen, Immobilien mit Verlusten, also günstiger als zu ihren jeweils eigenen Erwerbspreisen zu verkaufen. Bieten sie die Immobilien infolgedessen zu einem Preis oberhalb des Marktpreises an, zeichnet sich der Immobilienmarkt durch einen Angebotsüber-schuss aus. Viele Immobilien bleiben also unverkäuflich und die Marktpreise sinken wegen der Überhänge an Immobilienangeboten. Es startet auf diese Weise eine Negativspirale, die bis zum Marktzusammenbruch führen kann.

Tritt ein Markt in diese Entwicklungsphase ein, wird gewöhnlich vom „Platzen einer Preisblase auf Vermögensmärkten" gesprochen. Diesem Platzen geht dann der Irrationale Überschwung einer Boomphase voraus. Shiller (2015) liefert diesbezüglich eine sehr ausführliche, anschauliche und marktaktuelle Analyse der Aktien-, Anleihen und Immobilienmärkte in den USA.

3.2   Ziele der Wirtschaftspolitik

Das wirtschaftliche Geschehen in einem Land muss den Menschen dienen, die in dem Land leben, und darf anderen Menschen nicht schaden. Dafür Sorge zu tragen, ist Aufgabe und Ziel der Wirtschaftspolitik. Dieses Meta-Ziel leitet sich aus dem Streben einer Volkswirtschaft nach Pareto-Verbesserungen der Ausgangssituation ab (vgl. Abschn. 1.1). Es repräsentiert ein gesellschaftliches Dogma, das allen weiteren Überlegungen vorausgestellt und damit nicht weiter hinterfragt wird. Stattdessen wird zur weiteren und kritischen Vertiefung dieses ökonomisch-philosophischen Paradigmas auf die einschlägige Literatur der Wirtschaftsethik verwiesen (vgl. neben der Vielzahl aktueller Publikationen zur Wirtschaftsethik vor allem die Publikation von Sen 2002).

Woll (2011, S. 516) zu Staatsinterventionen
„Die Forderung, wirtschaftliche Aktivitäten zeitlich so zu stabilisieren, daß Preisniveaustabilität, Vollbeschäftigung und Zahlungsbilanzausgleich zugleich erreicht werden, stellt sich nur insoweit, als Anpassungsmechanismen der Marktwirtschaft behindert oder außer Kraft gesetzt werden. Die wachsende Bedeutung der Stabilitätspolitik ist – wie auf anderen Gebieten – Symptom und Folge zunehmender staatlicher Eingriffe in eine freiheitliche Wirtschaftsordnung" (S. 515).
„Ob sich in einem Land diese, in einem anderen Land jene Eingriffe beobachten lassen, ist letztlich unbeachtlich, weil im Hinblick auf die spezifischen Verhältnisse eines bestimmten Landes festgestellt werden muß: Die Neigung, private Freiheiten einzuschränken und staatliche Interventionen auszudehnen, ist unbeschadet der jeweiligen Eingriffsformen überall zu konstatieren" (S. 516).

Von diesem Me3el ausgehend lassen sich zunächst gesellschaftliche sowie dann konkret ökonomische Ziele der Wirtschaftspolitik ableiten. Abb. 3.13 listet derartige Ziele auf und differenziert zwischen obersten Zielen und konkreten Zielen. **Oberste Ziele** sind zum einen solche, deren Realisierung wirtschaftliche Aktivitäten überhaupt erst ermöglichen. *Frieden* und *Freiheit* stehen dazu an erster Stelle. Zum anderen zählen zu den obersten Zielen *Sicherheit und Wohlstand* sowie *Gerechtigkeit*. Diese Ziele werden dagegen durch wirtschaftliche Aktivitäten beeinflusst. Die Wirtschaftspolitik muss dabei Sorge tragen, dass es sich um positive Einflüsse handelt.

Gesellschaftliche Wohlfahrt in einem Land

OBERSTE ZIELE			
Frieden	Freiheit	Sicherheit und Wohlstand	Gerechtigkeit
Äußerer Frieden	Gewerbefreiheit	Höhe des Pro-Kopf-Einkommens, Wachstum	Verteilungs-gerechtigkeit
Innerer Frieden	Wettbewerbsfreiheit	Versorgung mit Kollektivgütern, Altersversorgung	Chancengleichheit (Startgerechtigkeit)
Sozialer Frieden	Informationsfreiheit	Freizeitbudget, durchschnittliche Lebenserwartung	Vollbeschäftigung
	Freizügigkeit	Umweltqualität	Intergenerative Gerechtigkeit
ZWISCHENZIELE			

Abb. 3.13 Wirtschaftspolitische Ziele und Zielebenen. (Quelle: Engelkamp/Sell 2017, S. 443, Abb. 4.4; eigene Darstellung)

Über das Verständnis von *Frieden* ist wahrscheinlich noch am einfachsten gesellschaftlichen Konsens zu finden. Seine Konkretisierungen mit äußerem, innerem und sozialem Frieden ergeben sich aus der Negativdefinition von Frieden. Gemeint ist nämlich, Krieg mit anderen Staaten und versehrende Kämpfe innerhalb des eigenen Staates zu verhindern. Frieden ist die Grundlage wirtschaftlicher Entwicklungen. Angebracht ist allerdings der Hinweis, dass Staaten mit Frieden im Inland Geschäfte mit dem Krieg in anderen Staaten tätigen und dadurch zur positiven wirtschaftlichen Entwicklung im eigenen Land beitragen.[21] Dieser Sachverhalt zieht vor dem Hintergrund eine wirtschaftspolitische Debatte auf sich, weil die deutsche Bundesregierung Rüstungsexporte genehmigen muss. In diese Debatte fließen selbstverständlich auch moralische Aspekte ein.

Freiheit nimmt in Abb. 3.13 bereits stark Bezug auf ökonomische Freiheit. So stellen die Gewerbefreiheit und Wettbewerbsfreiheit auf Rahmenbedingungen wirtschaftlichen

---

[21] Krauss-Maffei Wegmann GmbH & Co. KG, Rheinmetall AG und ThyssenKrupp AG sind drei Beispiele für deutsche Unternehmen mit signifikanten Geschäftsanteilen in der Rüstungsindustrie.

Handelns ab. Informationsfreiheit und Freizügigkeit besitzen dagegen eine gesellschaftspolitische Dimension. Sie sind meines Erachtens um die verfassungsbasierten Grundrechte der Meinungs- und Pressefreiheit sowie der Freiheit von Kunst und Wissenschaft,
von Lehre und Forschung zu ergänzen (vgl. Art. 5 im Grundgesetz für die Bundesrepublik Deutschland, GG). Denn ansonsten gäbe es die Informationsfreiheit gar nicht
erst. Freiheit als ökonomische Rahmenbedingung unterliegt allerdings einem gesellschaftspolitischen Disput, sodass es zu gesetzlichen Freiheitseinschränkungen kommen
kann. In Abschn. 2.3 wurde beispielsweise die eingeschränkte Freiheit zur Mietpreis-
fixierung durch Wohnungsanbieter diskutiert.

Sicherheit und Wohlstand oder die Sicherheit eines Minimalstandards an Wohlstand
der Bevölkerung stellt wiederum eine Grundlage des inneren und sozialen Friedens dar.
Diesbezügliche Bedürfnisse werden durch die Kultur einer Gesellschaft geprägt. Eher
freiheitlich-eigenverantwortlich ausgerichtete Gesellschaften wie jene der USA oder
auch Großbritanniens definieren Sicherheits- bzw. Staatsversorgungsanforderungen
weniger umfassend als Gesellschaften, die eine wohlstandsbezogene Grundver-
sorgung als Staatsaufgabe ansehen. Letztere Kultur lässt sich vermehrt den kontinentaleuropäischen Gesellschaften zuschreiben. In Deutschland z. B. geht die Diskussion
über die gesetzlichen Sozialversicherungssysteme hinaus bis hin zum bedingungs-
losen Grundeinkommen (vgl. z. B. Straubhaar 2017 und Werner 2008). Dagegen diskutiert die seit Januar 2017 amtierende US-amerikanische Regierung den Abbau der
erst vor wenigen Jahren eingeführten gesetzlichen Krankenversicherung. Demnach
fällt es schwer, eine allgemeingültige Grundanforderung an einen gesicherten Wohlstand zu formulieren. Ökonomischer Konsens ist aber immerhin, das BIP-pro-Kopf
als (wenn auch konzeptionell unsichere) Kennzahl zur Wohlstandsmessung heranzuziehen. Demnach zielt eine Gesellschaft auf ein hohes BIP-pro-Kopf; die Wirtschaftspolitik einer Volkswirtschaft ist sodann an diesem Ziel auszurichten. Doch zum
Wohlstand zählen auch Umweltaspekte, die im internationalen Wettbewerb der Wirtschaftssysteme durchaus Einfluss auf das Wirtschaftswachstum haben. Wenn nämlich
inländische Schutzvorschriften im Ausland nicht bestehen, führt es zu Kostenunter-
schieden der Produktion. Auch dieser Sachverhalt verdeutlicht, wie vielfältig und offen
zu konkretisieren gesellschaftliche Ziele sind, die mit vor allem makroökonomischen
Zielen wie Wirtschaftswachstum und hohem Beschäftigungsgrad der Volkswirtschaft
einhergehen.

Noch komplexer ist es, Gerechtigkeit als gesellschaftliches Oberziel zu
konkretisieren. Philosophisch betrachtet meint *Gerechtigkeit* die Haltung, jedem
Menschen das Seine zu geben und zu lassen; sie braucht etwas Zustehendes und zielt
ab auf die/den Andere/n (vgl. Knüfermann 2005, S. 37–39). Als ungerecht wird
gesellschaftlich eine hohe Ungleichheit der Einkommensströme und Vermögensstände
zwischen den Haushalten einer Volkswirtschaft empfunden. Historisch betrachtet folgten
aus massiven derartigen Ungerechtigkeiten in einer Gesellschaft häufig Revolutionen.

Seit dem Zeitalter der Industrialisierung führt diese Ungleichheit allerdings primär zu politischen Diskussionen um Umverteilung. Inwieweit Ungerechtigkeit quantifiziert werden kann (ab welcher Ungleichverteilung von Einkommen und Vermögen darf von ungerechter Ungleichheit gesprochen werden?), gilt bislang jedoch als ungeklärt (vgl. einführend in die Verteilungspolitik die Darstellung der „Länder im Vergleich" in Krugman/Wells 2017, S. 547).

Hintergrundinformation
Handelsblatt,10. Mai 2017, Nr. 90, S. 8.

IWF beklagt Ungerechtigkeit

Mehr Investitionen, eine Entlastung unterer Einkommen, höhere Vermögens- abgaben: Der Währungsfonds fordert in seinem Deutschland-Bericht einen stärkeren Kampf gegen Ungleichheit.
Als Martin Schulz (SPD) Montagmittag den großen Saal der Berliner Handels- kammer betritt, regt sich keine Hand, die Manager bereiten dem SPD-Kanzler- kandidaten einen kühlen Empfang. Doch ihre Sorgen seien unbegründet, sagt der Sozialdemokrat. Eine von ihm geführte Regierung werde „ökonomische Vernunft walten lassen". Klar sei aber auch: Das Land müsse gerechter werden, das sei im Interesse der Wirtschaft. „Ungleichheit bei Einkommen und Vermögen" gefährde die Zukunftschancen.
Unterstützung für seinen Kampf für mehr Gerechtigkeit erhält Schulz nun von einer Stelle, die sozialer Umtriebe unverdächtig ist: dem Internationalen Währungsfonds (IWF) aus Washington. Am 15. Mai wird der IWF seinen neuen Bericht zur Lage der deutschen Wirtschaft veröffentlichen. Einmal im Jahr wird dieser erstellt. Schon jetzt zeichnet sich ab: Der Fonds wird darin viel nieder- schreiben, das so ähnlich auch in einem SPD-Wahlprogramm stehen könnte. So schreibt die für Deutschland zuständige IWF-Ökonomin Enrica Detragiache in ihrem Entwurf, die Bundesregierung müsse das „inklusive Wachstum" stärken, erfuhr das Handelsblatt von mehreren Personen, die mit den laufenden Gesprächen zwischen IWF und der Bundesregierung vertraut sind.
[…]
Als „Top-Priorität" für die neue Bundesregierung sieht der IWF aber die Steigerung der öffentlichen Investitionen, insbesondere in die Infrastruktur, an. Dadurch könnte auch der hohe deutsche Leistungsbilanzüberschuss zumindest etwas abgebaut werden, der international in der Kritik steht. Dass eine Erhöhung

der Investitionen etwas bringt, stellt man im Bundesfinanzministerium allerdings infrage. So blieben zuletzt aufgrund von Kapazitätsengpässen in den Bauverwaltungen von Ländern und Gemeinden Milliarden an Fördergeldern des Bundes ungenutzt liegen. Um dieses Problem zu lösen, schlägt der IWF einen einfacheren Regulierungsrahmen vor.

Ein drittes Element für mehr „inklusives Wachstum" sind aus Sicht des Fonds höhere Einkommen. Deutschland habe nach wie vor Spielraum für großzügigere Lohnabschüsse, haben die IWF-Vertreter in ihren Gesprächen klargemacht. Ein ungesundes Anheizen der Inflation sei dadurch nicht zu erwarten. Die Kerninflationsrate – also die Preissteigerung ohne Lebensmittel und Energiepreise – liege immer noch bei nur rund einem Prozent.

[…]

In Deutschland ist man seit Beginn der Schuldenkrise daran gewöhnt, Südeuropäer für mangelnden Reformwillen zu schelten. Nun muss sich die Bundesregierung selbst Kritik gefallen lassen vom IWF und der für Deutschland zuständigen Ökonomin Detragiache, die aus Italien kommt.

Greive, Martin

Die von Engelkamp/Sell (2017) in Abb. 3.13 konkretisierten vier Meta-Ziele (Frieden, Freiheit, Sicherheit & Wohlstand sowie Gerechtigkeit) sind nicht allgemeingültig zu verstehen. Vielmehr bieten ihre Interpretationen großen Spielraum. Bereits an dieser Stelle offenbart sich die Komplexität, überhaupt wirtschaftspolitische Ziele zu definieren, wenn doch schon die gesellschaftspolitischen Meta-Ziele nicht debattenlos sind.

Mit Abb. 3.14 liefern Berg et al. (2007) ihren Versuch, aus diesen Meta-Zielen konkrete ökonomische Ziele abzuleiten. Sie gliedern ihre obersten Ziele leicht abgewandelt zu Abb. 3.13 in die gesellschaftlichen Grundwerte 1) Freiheit, 2) Gerechtigkeit und 3) Sicherheit. Hieraus leiten sie vier wirtschaftspolitische Ziele ab, die wohlstandssteigernd wirken sollen: 1) Stabilitätsziel, 2) Wachstumsziel, 3) Strukturziel und 4) Verteilungsziel.

Im Einzelnen lassen sich den vier Zielen folgende Aufgaben zuordnen:

- *Stabilitätsziel:* Ein **hoher Beschäftigungsgrad** und die **Gewährleistung der Preisniveaustabilität** sind Zielkonkretisierungen, die eine Volkswirtschaft stabilisieren sollen. Mit anderen Worten soll Stabilitätspolitik Arbeitslosigkeit und Inflation vermeiden. Das **außenwirtschaftliche Gleichgewicht** lässt sich ebenfalls als Zielkonkretisierungen innerhalb des Stabilitätsziels formulieren (vgl. Woll 2011, S. 515). Hierzu bedient sich die Wirtschaftspolitik verschiedener Politikbereiche, wie vor allem die Geldpolitik, Fiskalpolitik und Außenwirtschaftspolitik, die zur Stabilitätspolitik zusammengefasst sind (vgl. Abschn. 4.1). Kap. 4 ergänzt die Stabilitäts-

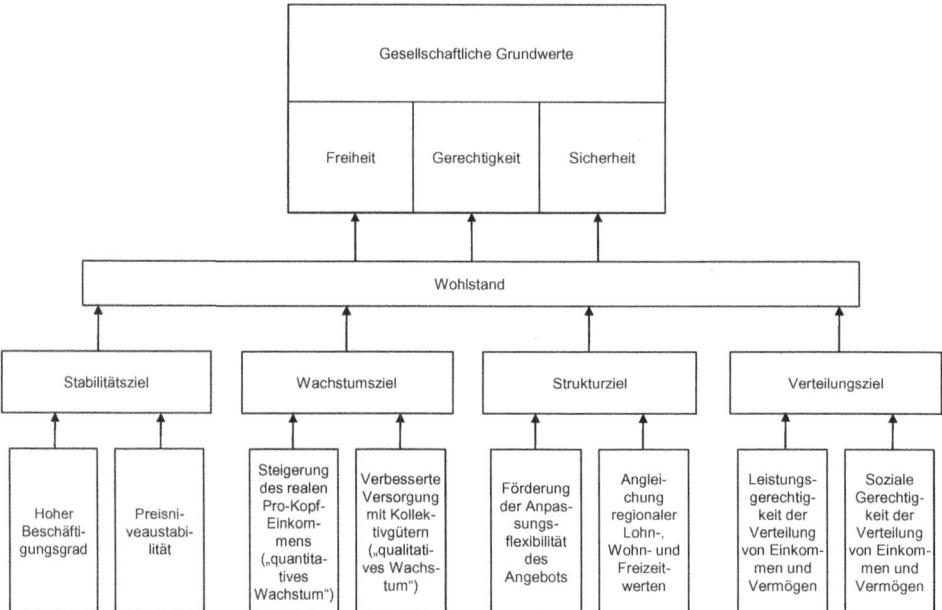

Abb. 3.14 Zielpyramide der Wirtschaftspolitik. (Quelle: Berg et al. 2007, S. 311, Abb. N-6; eigene Darstellung)

politik um die Wettbewerbspolitik (vgl. Abschn. 4.2). Sie zielt auf die **Sicherung der marktwirtschaftlichen Ordnung** und stellt eine wesentliche Nebenbedingung aller stabilitätspolitischen Maßnahmen dar. Insgesamt können jedoch nachhaltige Zielkonflikte entstehen, wenn die institutionelle Wirtschaftspolitik alle Ziele parallel verfolgt. So basiert der hohe Beschäftigungsgrad der Bundesrepublik Deutschland zur Mitte des Jahres 2017 auch auf dem außenwirtschaftlichen Ungleichgewicht bzw. den deutschen Leistungsbilanzüberschuss.

- *Wachstumsziel:* Eine Volkswirtschaft mit einer freiheitlichen Wirtschaftsordnung unterliegt dem Wachstumspostulat. Quantifiziert wird das Wachstum durch die **Veränderungsrate des BIP.** Weil das **BIP** eine hochaggregierte Kennzahl darstellt, wird ihre Aussagekraft in der internationalen Vergleichbarkeit verbessert, wenn der Wert pro Kopf der Bevölkerung ausgedrückt wird. Das reale BIP-pro-Kopf zu steigern ist die quantitative Ausprägung des Wachstumsziels. Wachstum unterliegt an sich aber keinem Selbstzweck. Sinnvoll wirkt es erst, wenn Produktionszuwächse das gesamtwirtschaftliche Einkommen erhöhen und sich dadurch der Wohlstand in einer Volkswirtschaft verbessert. Insofern zählt auch eine qualitative Ausprägung des

Wachstumsziels relevant, nämlich die verbesserte Versorgung der Bevölkerung mit Kollektivgütern. Beschäftigungszuwachs und Wohlstandsmehrung sind letztlich die Subziele, die das Wachstumsziel ausmacht. Daher ist das Wachstumsziel inhaltlich mit dem Stabilitätsziel verbunden. Eine explizite Wachstumspolitik wird in Kap. 4 zugunsten der dargestellten Stabilitätspolitik nicht erörtert.

- *Strukturziel:* Im Vergleich zum Stabilitäts- und Wachstumsziel fokussiert das Strukturziel eine facettenreichere Breite an Aspekten. So gilt es strukturpolitisch, das volkswirtschaftliche Angebot zu flexibilisieren. Damit sollen sich Produktionsstrukturen besser an sich verändernde volkswirtschaftliche Rahmenbedingungen (Wettbewerbs-, Technologie-, Nachfrageentwicklungen etc.) anpassen können und Anpassungshemmnisse vermieden werden. Neben dieser allokationseffizienten Zielsetzung gilt für das Strukturziel auch eine soziale Perspektive. Sie fordert gegebenenfalls Anpassungsprozesse vielmehr zu verzögern oder zu verhindern, wenn somit soziale Härten abzumildern sind. Berg et al. (2007, S. 317) sprechen deshalb von der **Strukturanpassungspolitik** einerseits und der **Strukturerhaltungspolitik** andererseits. Zielkonflikte der Strukturpolitik sind deshalb vorprogrammiert. Ob marktwirtschaftliche Kräfte walten sollten oder der Staat sie zu lenken hätte, bleibt schließlich eine politisch-dogmatische Entscheidung. Eine explizite Strukturpolitik wird in Kap. 4 ebenfalls nicht erörtert. Schließlich fokussiert das ausgewählte exemplarische Instrumentarium der Wirtschaftspolitik primär die Gewährleistung der Stabilitätsziele.
- *Verteilungsziel:* Noch deutlicher werden Zielkonflikte beim Verteilungsziel, bei dem die Wirtschaftspolitik Allokationsergebnisse **marktwirtschaftlicher Prozesse zu korrigieren** hat. Die Ausprägung der Zielrealisierung ist hierbei abhängig vom Gerechtigkeitsansatz, der die Prinzipien der marktwirtschaftlichen Ordnung leitet (s. oben). Kap. 4 erörtert deshalb neben der Stabilitätspolitik (vgl. Abschn. 4.1) und der Wettbewerbspolitik (vgl. Abschn. 4.2) auch die Verteilungspolitik (vgl. Abschn. 4.3).

Abb. 3.15 visualisiert auf Basis dieser wirtschaftspolitischen Ziele grob eine entsprechend allgemeine Konzeption der Wirtschaftspolitik. Sie besteht aus dem Zusammenspiel inhaltlicher Ziele, nutzbarer ökonomisch wirksamer Mittel und vor allem ihrer Träger, also der institutionellen Wirtschaftspolitik. Die Ziele haben dabei zunächst Einfluss auf die zu identifizierenden Ausgangslagen der Volkswirtschaft. Diese **Lageanalysen** werden z. B. durch Ministerien oder Forschungseinrichtungen durchgeführt und diagnostizieren den Trägern der Wirtschaftspolitik entsprechende Sachverhalte bzw. liefern ihnen Hinweise über wirtschaftspolitischen Handlungsbedarf.

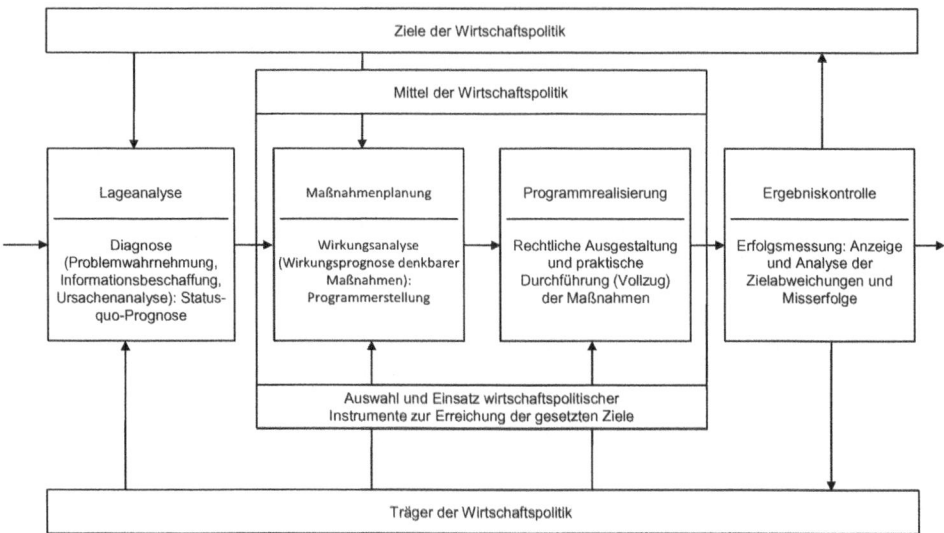

Abb. 3.15 Elemente und Phasen der Wirtschaftspolitik. (Quelle: Berg et al. 2007, S. 296, Abb. N-5; eigene Darstellung)

Die Träger wählen in Abhängigkeit der zu realisierenden Ziele das wirtschafts-politische Instrumentarium aus. Es rekrutiert sich aus den Maßnahmenplanungen und Programmrealisierungen. **Maßnahmenplanungen** müssen dazu Wirkungsprognosen für denkbare Maßnahmen erstellen. Die **Programmrealisierungen** sorgen für die rechtlichen Ausgestaltungen und praktischen Durchführungen der Maßnahmen. Alle Handlungsstränge münden in einer Erfolgsmessung, die Zielerreichungsgrade bzw. Ziel-abweichungen erfasst und analysiert. Diese **Ergebniskontrolle** liefert den Trägern Rück-schlüsse auf die Effektivität und Effizienz der Wirtschaftspolitik.

Definitionen wirtschaftspolitischer Ziele sind Ergebnisse gesellschaftlicher Debatten. Die Ziele basieren also auf Konsensentscheidungen einer Gesellschaft (vgl. Abschn. 1.1). Der Einführung der Mietpreisbremse beispielsweise (vgl. Abschn. 2.3) ging der Bundestagswahlkampf 2013 voraus. Darin wurden neben anderen Themen auch Wohnungsmarktentwicklungen debattiert. Die im Herbst 2013 gewählte Bundes-regierung griff im Rahmen ihrer Lageanalysen zum deutschen Wohnungsmarkt zunächst auf die Erfahrungen eigener Debatten zurück, später auf Studien und Gutachten zur Analyse der Mietpreisentwicklungen. So beschäftigte sich auch das Bundesinstitut für Bau-, Stadt- und Raumforschung (BBSR) mit dieser Thematik, lud zur entsprechenden Debatte Bund, Länder, Landesförderbanken sowie Forschungsinstitute ein und veröffent-lichte diverse Beiträge zum Thema (vgl. z. B. BBSR 2014). Entsprechende Ergebnisse von Studien, Gutachten und Debatten nahm die Bundesregierung zum Anlass, ein Instrument auszuwählen und umzusetzen, um Mietpreissteigerungen abzuschwächen. Als Instrument wurde die Mietpreisbremse gewählt. Ihre zielorientierte Wirksamkeit mit Folge- und Nebenwirkungen informiert letztlich darüber, ob das richtige Instrument ausgewählt wurde, um das vordefinierte Ziel zu erreichen.

Die Analyse der tatsächlichen Marktbeschaffenheit zur Erstellung einer wirtschaftspolitischen Konzeption muss *wertfrei* vollzogen sein. Sie greift dazu auf öffentlich zugängliche Datenbestände zurück oder erhebt eigene Daten. Die Beschreibung der ökonomischen Ausgangslage ist jedoch häufig institutionell gelenkt und nicht wertfrei, sodass die Datenauswahl und die Analyseergebnisse beeinflusst sein können. So ist es nachvollziehbar, dass der Geschäftsführer des Deutschen Mieterbundes e. V., Ulrich Ropertz, die Mietpreisbremse als sinnvolle Idee betrachtet, der Mitarbeiter beim Deutschen Institut für Wirtschaftsforschung e. V. (DIW Berlin), Konstantin Kholodilin, dagegen nicht (vgl. Hans-Böckler-Stiftung 2016). Und werden Mieterklientele eher der Arbeitnehmerseite, also den Anbietern des Produktionsfaktors Arbeit zugerechnet, ist es auch nachvollziehbar, dass der Deutsche Gewerkschaftsbund (DGB) meint, es „müsse die Mietpreisbremse wirksam nachjustiert werden" (DGB 2017). Gemeint ist damit eine noch stärkere Intervention in den Marktpreismechanismus.

Zusammenfassend ist eine wertfreie, positive Ökonomik immer dann weniger zu erwarten, wenn die Analysten der Ausgangslage Institutionen angehören, die aus ihrem Gründungszweck heraus gesellschaftspolitisch bzw. dogmatisch positioniert sind. Während sich Mieterbund und DGB positiv für die Mietpreisbremse aussprechen (müssen), kommt das DIW Berlin aufgrund ökonomischer Überlegung entsprechend zu einer ablehnenden Haltung.

3.3   Träger der Wirtschaftspolitik

Ziele und Mittel der Wirtschaftspolitik sollten stets auf einer wertfreien positiven Analyse der Ausgangssituation basieren. Tatsächlich aber werden sie durch die Beteiligten selbst beeinflusst. Vor diesem Hintergrund kommt den Trägern der Wirtschaftspolitik eine große Bedeutung zu, weil sie die Wirtschaftspolitik umsetzen, also die Ziele definieren und über den Instrumenteneinsatz bestimmen. Im Beispiel der Mietpreisbremse war die deutsche Bundesregierung Trägerin dieser wirtschaftspolitischen Maßnahme. Insgesamt existiert jedoch noch eine Vielzahl weiterer Träger. Fredebeul-Krein et al. (2014) definieren dazu: „**Träger der Wirtschaftspolitik** sind alle staatlichen (oder staatlich beauftragten) Personen und Institutionen, die auf der Grundlage der ihnen von der Gesellschaft (i. d. R. von den Wählern) zuerkannten Befugnisse (**Kompetenz**) verantwortlich wirtschaftspolitische Entscheidungen treffen und die gleichzeitig über die legitimierte staatliche Zwangsgewalt **(Macht)** zur Durchsetzung dieser Entscheidungen verfügen **(Entscheidungsträger).**" (Fredebeul-Krein et al. 2014, S. 25). Für die Bundesrepublik Deutschland gilt konkret:

- Die Träger der deutschen Wirtschaftspolitik leiten sich zum einen aus der *Gewaltenteilung der Bundesrepublik Deutschland* (Legislative, Exekutive und Judikative) ab. Hierbei sind Bundestag, Bundesrat, Regierung und das Rechtswesen auf Bund-, Länder- und Gemeindeebene zu nennen.
- Zum anderen liefern die *Mitgliedschaften Deutschlands* in der Europäischen Union sowie in diversen internationalen Organisationen, wie z. B. in den Vereinten Nationen bzw. United Nations (UN), ergänzende Träger. Auf diese Träger wurden inzwischen weitreichende Rechte übertragen: Legislative, exekutive und judikative Rechte z. B. an EU-Institutionen, wie den Europäischen Rat der Staats- und Regierungschefs, das Europäische Parlament, die Europäische Zentralbank und den Europäischen Gerichtshof.
- Darüber hinaus führt das *freiheitliche Wirtschaftssystem Deutschlands* dezentral zu weiteren Trägern der Wirtschaftspolitik. Hier sind beispielsweise Tarifparteien (Arbeitgeberverbände und Gewerkschaften), Verbände (Branchenverbände und Fachverbände) sowie Körperschaften des öffentlichen Rechts (z. B. Industrie- und Handelskammern sowie Handwerkskammern) zu nennen.
- Berg et al. (2007) listen noch eine Vielzahl *weiterer wirtschaftspolitischer Einflussträger* auf: „Auch Repräsentanten großer Unternehmen, Publizisten, Wissenschaftler, Forschungsinstitute oder Vertreter der Kirche können in dem Sinne Einfluß geltend machen, daß sie sich Gehör zu verschaffen wissen und dadurch am Prozeß der Willensbildung und mittelbar folglich auch an dem der wirtschaftspolitischen Entscheidung teilhaben. Wichtige internationale Organisationen wie dem Internationalen Währungsfonds (IWF) bzw. International Monetary Fund (IMF), der Weltbank und der Welthandelsorganisation (World Trade Organization, WTO) ist der Status von Entscheidungsträgern zuzuerkennen." (Berg et al. 2007, S. 298).

Die deutsche Wohnungswirtschaft z. B. wird sodann durch eine Vielzahl von Einflussträgern wirtschaftspolitisch vertreten bzw. gelenkt: 1) Eigene Lobbyinstitutionen sind Regionalverbände (z. B. der Verband der norddeutschen Wohnungsunternehmen e. V.) und Bundesverbände (z. B. GdW Bundesverband deutscher Wohnungs- und Immobilienunternehmen e. V.). Sie vertreten die Interessen der Wohnungsunternehmen auf landes- bzw. bundespolitischer Ebene. 2) Entsprechende Regierungen setzen verbindliche Rahmenbedingungen für das unternehmerische Wirken (Baurecht, Mietrecht, Energierecht etc.). 3) Ein brancheneigener Arbeitgeberverband verhandelt Tarifverträge mit den entsprechenden Gewerkschaften.

Die Legitimationen zur Einflussnahme unterscheiden sich deutlich zwischen den Trägern:

- *Demokratisch legitimierte Regierungen* sind für vordefinierte Zeiten in die Ämter gewählt. In ihren Funktionen wirken sie exekutiv.
- *Privatrechtlich organisierte Entscheidungsträger* (z. B. Verbände) sind durch individuelle bzw. private Besetzungsprozesse legitimiert. Vor diesem Hintergrund verfügen sie auch nur über beratende Einflüsse. Sie müssen Regierungen überzeugen, dass diese wiederum im eigenen Sinn exekutiv agieren werden. Die Legitimation der Tarifparteien zur privatwirtschaftlichen Wirtschaftspolitik beruht allerdings wieder auf einem entsprechenden Rechtsrahmen, der insbesondere Gewerkschaften in Deutschland ein Recht auf kollektive Interessensvertretung zuspricht.
- *Exekutive Institutionen* des Staats und/oder der Staatengemeinschaften können auch eine Zwischenposition einnehmen. Die personellen Entscheider (die EZB-Ratsmitglieder) der Europäischen Zentralbank z. B. sind nicht explizit demokratisch legitimierte Personen, obwohl sie u. a. Entscheidungen treffen, die das parlamentarische Budgetrecht von Mitgliedstaaten (z. B. des Deutschen Bundestags) tangieren.

Zur Legitimation der Tarifvertragsparteien

In der politischen Debatte der Neuzeit, in der neben anderen sich auch Flugkapitäne das Streikrecht des 19. Jahrhunderts gegen Ausbeutung für ihre Verhandlungen über eine signifikante Lohnerhöhung zu eigen machen und durch abgesagte Flüge nachhaltig volkswirtschaftlichen Schaden initiierten (vgl. hierzu Koenen 2017, S. 18 und Specht 2017, S. 12), ist die Legitimation der Tarifparteien zur privatwirtschaftlichen Wirtschaftspolitik zumindest fraglich. Berg et al. (2007) formulieren unter dem Eindruck der wirtschaftlichen Situation zu Beginn des 21. Jahrhunderts wie folgt: „Die Macht, die den Tarifvertragsparteien in der Bundesrepublik zugestanden wurde, ist in jüngster Zeit unter dem Eindruck hartnäckig hoher Arbeitslosigkeit zum Anlaß massiver Kritik und weitgehender Reformvorschläge geworden. Gefordert wird nicht selten die Aufhebung des bislang bestehenden ‚Tarifkartells', eine umfassende Dezentralisierung der Lohnfindung und eine konsequente Deregulierung des Arbeitsmarkts [...]" (Berg et al. 2007, S. 300).

Umgesetzt wurden in Deutschland Teile dieser Forderung in dem als „Agenda 2010" titulierten Reformpaket der rot-grünen Bundesregierung im Jahr 2003. Sinn (2015) fasst die Entwicklung zusammen: „Von 2003 bis 2013 fielen die Lohnkosten im verarbeitenden Gewerbe gegenüber Frankreich, Italien und Spanien um durchschnittlich 15 %, und der Preis der in Deutschland produzierten Waren fiel in Relation zum Rest der Euro-Zone um fünf Prozent. Das brachte die Wende." (Sinn 2015, S. 14).

3.4   Übungsaufgaben zu Kap. 3

Mikroökonomik und deutsche Mikroökonomie

Aufgabe 3.1:
1) Nennen Sie die konstitutiven Merkmale der vollständigen Konkurrenz (Polypol) und 2) gleichen Sie diese mit dem realen Markt für Wohnimmobilien ab – handelt es sich bei diesem realwirtschaftlichen Markt ebenfalls um einen Markt mit vollständiger Konkurrenz? Und wenn nein, warum nicht?

Aufgabe 3.2:
Erläutern Sie 1) das Gesetz der Nachfrage und 2) das Gesetz des Angebots!

Aufgabe 3.3:
Ein Preis (Kaltmiete/qm)/Menge (qm)-Diagramm für den Wohnimmobilienmarkt (Polypol) einer deutschen Kleinstadt befindet sich im Marktgleichgewicht; es herrscht Vollvermietung und niemand ist obdachlos. Politische Entscheidungen zur Energiewende führen zur signifikanten Erhöhung der Wohnnebenkosten. 1) Welche Veränderungen ergeben sich im Preis/Menge-Diagramm? 2) Warum sind diese Veränderungen nicht zu 100 % für die Realität zu erwarten?

Aufgabe 3.4:
Visualisieren und erläutern Sie für die Metropolisierungstendenzen deutscher Großstädte die Einführung der Mietpreisbremse für Regionen mit *angespannten* Wohnmärkten anhand eines (kurzfristigen bis mittelfristigen) Polypol-Marktmodells, um nachstehende drei Fragen zu beantworten:

1. Welche Folgewirkungen der Einführungen der Mietpreisbremse lassen sich im Marktmodell ableiten?
2. Kann die Mietpreisbremse das politische Ziel (= Schaffung *bezahlbaren* Wohnraums) erreichen?
3. Inwieweit verändern die Aufhebungen der markttheoretischen Polypol-Bedingungen zu realistischeren Wettbewerbsbedingungen die erwarteten Folgewirkungen?

Aufgabe 3.5:
Auf dem Wohnimmobilienmarkt ist die Nachfrage beschrieben durch die lineare Funktion:

$$q^D = 10 - 2p$$

Die lineare Angebotsfunktion lautet:

$$q^S = -4 + 5p$$

1. Bestimmen Sie graphisch und rechnerisch das Marktgleichgewicht (!) bzw. wie lauten der markträumende Preis p^E *bzw.* p^* und die gleichgewichtige Menge q^E *bzw.* q^*?

2. Bestimmen Sie graphisch und rechnerisch die Konsumenten- und Produzentenrente sowie den quantitativen Wohlfahrtseffekt!

3. Berechnen Sie die Preiselastizitäten des Angebots (= Angebotselastizität) und der Nachfrage (= Nachfrageelastizität) in Ausdrücken der Differenzialrechnung für $p = p^*$! Handelt es sich beim Angebot und/oder bei der Nachfrage um eine preis-*elastische* oder preis*unelastische* Marktsituation? Halten Sie die Elastizitätswerte für realistisch(?) – begründen Sie Ihre Antwort!

4. Ist der Betrag der Nachfrageelastizität einer *linearen* Nachfragekurve in jedem Punkt der Kurve gleich groß? Begründen Sie Ihre Antwort!

5. Angenommen, die Nachfragekurve ist nicht linear: Lässt sich dennoch eine Nachfrageelastizität für einen Punkt der Kurve berechnen? Begründen Sie Ihre Antwort!

6. Eine börsennotierte Aktiengesellschaft mit mehreren hunderttausenden Bestandswohnungen plant im hier betrachteten (regionalen) Wohnungsmarkt den Neubau von 35.000 neuen Wohnungen innerhalb der nächsten zehn Jahre. Zum bestehenden Marktpreis können dann 3,5 rechnerische Einheiten mehr angeboten werden. Formulieren Sie die neue Angebotsfunktion. Berechnen Sie den Gleichgewichtspreis p_2^* und die Gleichgewichtsmenge q_2^*!

7. Wie verändert sich die Wohlfahrt in p_2^* gegenüber der Wohlfahrt aus Teilaufgabe (2)? Begründen Sie Ihre Antwort!

8. Ist der neue Wert der Nachfrageelastizität im Gleichgewichtspunkt kleiner, gleich oder größer der Nachfrageelastizität aus Teilaufgabe (3)? Begründen Sie Ihre Antwort!

Aufgabe 3.6:
Erläutern Sie die Bedeutung des Preismechanismus' im Rahmen einer Wohlfahrtsökonomik!

Aufgabe 3.7:
Dem Marktpreis kommt im Polypol eine besondere Bedeutung zu. Um den Preismechanismus zu verdeutlichen, wird zumeist auf Börsenkurse von Wertpapieren abgestellt, weil diese Märkte einen hohen Effizienzgrad aufweisen. Im Weiteren sind jedoch Produktpreise einer Bäckerei gefragt. Dabei wird unterstellt, dass sich diese Preise wie an der Börse in Echtzeit einstellen.

1. Erläutern Sie zunächst die Bedeutung des Preismechanismus' für das Funktionieren der Marktwirtschaft!

2. Betrachten Sie eine Bio-Bäckerei, die Brote verkauft. Berechnen Sie den Marktpreis des einzelnen Brots und das Umsatz der Bäckerei, wenn folgende Kaufwünsche von Kunden auf die Verkaufsvorstellungen der Bio-Bäcker treffen:
   – Ein Kunde wünscht zwei Brote, will nur 3 EUR je Brot bezahlen; eine Kundin wünscht drei Brote, will nur 4 EUR je Brot bezahlen; eine andere Kundin wünscht nur ein Brot und mag nur 1 EUR bezahlen.
   – Die Bio-Bäckerei hat eigene Vorstellungen: Wenn insgesamt fünf Brote verkauft werden, kosten sie je 3 EUR; werden nur vier Brote verkauft, sollen sie jeweils 4 EUR kosten; aber, wenn nur drei Brote zu verkaufen sind, verlangen sie 5 EUR je Brot.
3. Gleichen Sie Ihre Ergebnisse mit den Gesetzen von Angebot und Nachfrage im Polypol ab! Was fällt Ihnen auf?

Aufgabe 3.8:
Warum können sich Indifferenzkurven definitionsgemäß nicht schneiden?

Aufgabe 3.9:
Die Mikroökonomik in diesem Lehrbuch stellt auf eine Welt allein im Polypol. Der Markt für Wohnimmobilien entspricht durchaus dem Polypol, aber effizient ist er nicht. Exorbitante asymmetrische Informationsverteilung über die heterogenen Güter, die nur mit einem signifikanten Time lag zwischen Entscheidungsfindung über die Angebots- ausweitung und deren Realisierung vermehrt angeboten werden können, sind nur bei- spielhafte Modellabweichungen von effizienten Märkten. Varian (2016, S. 20) kreiert in diesem Zusammenhang eine Nachfragekurve nach Wohnungen mit folgender Nachfrage- funktion:

$$q^D = 100 - 2p$$

Betrachten Sie für diesen Markt ein Wohnungsunternehmen als (Quasi-)Monopolistin mit 60 Wohneinheiten ($\hat{q} = 60$). 1) Welche Miete ($\hat{p}$) setzte diese fest? 2) Wie viele Wohnungen würde sie vermieten? 3) Wie hoch wäre der Angebotspreis, besäße die Monopolistin lediglich 40 Wohneinheiten? 4) Wie viele dieser Wohneinheiten würde sie vermieten? 5) Interpretieren Sie die Ergebnisse gesamtwirtschaftlich!
   Berücksichtigen Sie zur Beantwortung der Fragen die angegebene Literatur.

Aufgabe 3.10:
Die Fixkosten eines produzierenden Unternehmens (AFC) betragen 500 Tsd. EUR. Die variable Kostenstruktur eines Unternehmens (AVC) ist durch folgende Funktion gegeben:

$$AVC = \frac{1}{10} \times q^2 + 100q$$

Die produzierten Produkte lassen sich auf einem polypolistischen Markt zum gleichgewichtigen Marktpreis $p^* = 1.000$ *Geldeinheiten* absetzen. Berechnen Sie die für das Unternehmen relevante Gleichgewichtsmenge des Angebots und den dazugehörigen Gewinn!

Aufgabe 3.11:
Der soziale Wohnungsbau ist ein wichtiger Baustein der sozialen Wohnraumförderung (siehe Bundesministerium des Innern, für Bau und Heimat 2020) Unter dem Begriff des sozialen Wohnungsbaus sind staatliche Förderungen von Bauvorhaben zu verstehen. Förderinstrumente sind vor allem Darlehen zu Vorzugsbedingungen oder Zuschüsse. Darlehens- und Zuschussgeber sind die KfW Bank des Bundes und die Förderbanken der Bundesländer. Förderungsnehmer verpflichten sich für ein vordefiniertes Zeitfenster, die Mieten unterhalb des örtlichen Mietspiegels zu halten (= Mietpreisbindung an der Kostenmiete) und die geförderten Wohnungen nur an Haushalte mit geringen Einkommen (dokumentiert durch einen amtlichen Wohnberechtigungsschein) zu vermieten.
In Abschn. 2.5 des Lehrbuchs ist der soziale Wohnungsbau wirtschaftspolitisch thematisiert. Es verweist zur theoretischen Fundierung auf Abschn. 3.1.2. Zum Abschluss von Kap. 3 macht es Sinn, die Inhalte beider Abschnitte zusammenzuführen.

1. Modellieren Sie dazu den sozialen Wohnungsbau mit belegungs- und mietpreisgebundenen Sozialwohnungen in ein Preis p/Menge q-Diagramm des Markts für freivermietbare Mietwohnungen. Vernachlässigen Sie dabei exakte Marktabgrenzung für Mietwohnungen. Differenzieren Sie einzige soziale und freie Wohnungen im Diagramm.
2. Analysieren und bewerten Sie das Marktergebnis – welche wirtschaftspolitischen Probleme können durch Sozialwohnungen entstehen?

Hinweis: Abschn. 5.2 wird den öffentlichen Wohnungsbau mit einer fallstudienartigen Debatte abschließend thematisieren. Nach der Bearbeitung dieser Übungsaufgabe 3.22 kann es durchaus Sinn machen, zunächst Abschn. 5.2 zu bearbeiten, um den Themenkreis zu vervollständigen. Im Anschluss kehren Sie hierher zurück und arbeiten Abschn. 4 des Lehrbuchs weiter. Sie können aber auch schlicht chronologisch im Lehrbuch voranschreiten und Abschn. 5.2 zu einem späteren Zeitpunkt zur Reflexion nutzen.

Makroökonomik und deutsche Makroökonomie

Aufgabe 3.12:
Welche Chancen und Risiken werden gemeinhin der ökonomischen Globalisierung zugesprochen?

Aufgabe 3.13:

Welche Formen der Volkswirtschaftlichen Gesamtrechnungen (VGR) zur Berechnung des Bruttoinlandsprodukts (BIP) sind zu unterscheiden?

Aufgabe 3.14:

Der in Düsseldorf ansässige Arbeitgeberverband der Deutschen Immobilienwirtschaft e. V. vertritt die arbeitsnachfragenden Unternehmen der Wohnungs- und Immobilienwirtschaft als Tarifträgerverband der Branche bei der Verhandlung von Tarifverträgen mit den Gewerkschaften ver.di und IG BAU. Unterstellen Sie folgende Verhandlungsergebnisse (die modelltheoretisch auf die Tarifvereinbarungen der gesamten Volkswirtschaft adaptiert werden): Die Nettogehälter der deutschen Angestellten erhöhen sich durch den Tarifabschluss um 300,00 EUR pro Angestellte/n. Für die marginale Konsumquote (= Steigung der Konsumfunktion) der linearen Konsumfunktion gilt: $C_Y = 0{,}75$. Beantworten Sie folgende Fragen:

1. Wie groß ist der zusätzliche gesamtwirtschaftliche Konsum C der Folgeperiode in der Volkswirtschaft?
2. Wie groß ist die zusätzliche gesamtwirtschaftliche Ersparnis S der Folgeperiode in der Volkswirtschaft?
3. Wie groß ist die marginale Sparquote S_Y?

Aufgabe 3.15:

Für eine kleine, geschlossene Volkswirtschaft seien Güter- und Geldmarkt durch folgende IS/LM-Kurvenfunktionen gegeben:

IS-Kurve$_1$: $i = 0{,}8 - 0{,}0002 \times Y$

LM-Kurve$_1$: $i = -2 + 0{,}0005 \times Y$

Aufgrund einer kreditfinanzierten expansiven Fiskalpolitik durch die Regierung verschiebt sich die IS-Kurve$_1$ nach rechts als IS-Kurve$_2$:

IS-Kurve$_2$: $i = 1{,}5 - 0{,}0002 \times Y$

1. Berechnen Sie das gleichgewichtige Marktzinsniveau vor und nach der fiskalpolitischen Staatsintervention!
2. In welchem Ausmaß muss die Geldpolitik ebenfalls expansiv sein, damit sie den Crowding out-Effekt eliminiert?

Aufgabe 3.16:

Betrachten Sie eine Volkswirtschaft in einem Preis/Output (P/Y)-Diagramm, in dem die Kurven des gesamtwirtschaftlichen Angebots und der gesamtwirtschaftlichen Nachfrage abgebildet sind. 1) Zeichnen Sie das Diagramm mit beiden Kurven! Die Angebotskurve besitzt drei Steigungsbereiche. Definieren Sie diese und ordnen Sie den Bereichen die relevanten Betrachtungszeithorizonte zu. 2) Erläutern Sie die Wirkungsweise einer expansiven Geldpolitik unter kapazitätsauslastenden Bedingungen graphisch und verbal! 3) Welchen Zusammenhang zur Geldpolitik des Eurosystems erkennen Sie aus deutscher Perspektive?

Finanzökonomik

Aufgabe 3.17:
Nennen Sie die drei bekanntesten Zinsstrukturtheorien und beschreiben Sie deren Inhalte!

Aufgabe 3.18:
Beschreiben Sie die Bestimmungsfaktoren des Zinses in der klassischen Theorie in Abgrenzung zur keynesianischen Theorie!

Aufgabe 3.19:
Interpretieren Sie ökonomisch die Bedeutung einer inversen Zinsstruktur!

Aufgabe 3.20:
Schlagen Sie in einem Internet-Börsenportal Ihrer Wahl die Beta-Werte (12 Monate) β_{12M} für die Vonovia SE und die Adidas AG nach und erläutern Sie die Kennzahlen!

Aufgabe 3.21:
Die Effizienzmarkttheorie steht nicht allein im wissenschaftlichen Disput zur keynesianischen Theorie, sondern verstärkt auch zur Verhaltensökonomik. Letztere Denkschule ist zum Ende von Abschn. 3.1.4 erläutert. Welche Rolle spielt innerhalb der finanzwirtschaftlichen Verhaltensökonomik (= Behavioral Finance) das von Shiller (2015, S. 345) angeführte „Smart Money" auf den Immobilienmärkten?

Theorie der Wirtschaftspolitik

Aufgabe 3.22:
Nennen Sie die drei wesentlichen Voraussetzungen für Träger einer Wirtschaftspolitik, um wirtschaftspolitisch gestalten zu können.

Aufgabe 3.23:
Greive (2017) informiert über den Deutschland-Bericht des Internationalen Währungs-fonds (IWF).

1. Warum wird Deutschland seitens des IWF kritisiert, Grundstückseigentümer zu wenig durch Staatsabgaben zu belasten bzw. auf eine progressiv ausgestaltete Grundsteuer zu verzichten?
2. Bewerten Sie den IWF-Vorschlag der progressiven Grundsteuerlast ökonomisch!
3. Priorisierend kritisiert der IWF das öffentliche Investitionsverhalten in Deutsch-land. Welche ökonomische Kritik wiederum ist an der IWF-Forderung nach mehr deutschen öffentlichen Investitionen, insbesondere in die Infrastruktur, zu formulieren?

Aufgabe 3.24:

Die Interessen der deutschen Wohnungswirtschaft werden kollektiv durch Verbände vertreten. Erörtern Sie mögliche Probleme des grundsätzlichen deutschen Rechts, Interessen durch Verbandspolitik geltend machen zu können und beziehen Sie Ihre Antwort auf die Wohnungswirtschaft.

Literatur

BBSR/Bundesinstitut für Bau-, Stadt- und Raumforschung (2014): Bundesarbeitskreis Wohnungsmarktbeobachtung. URL: „http://www.bbsr.bund.de/BBSR/DE/WohnenImmobilien/ Immobilienmarktbeobachtung/ProjekteFachbeitraege/BAK_WoB/BAK_WoB.html" (Abruf der WWW-Seite am 17. Mai 2017).

Beck, B. (2011): Makroökonomie. Zürich: UTB/VDF.

Berg, H./Cassel, D./Hartwig, K.-H. (2007): Theorie der Wirtschaftspolitik. In: Bender, D. et al. (Hrsg.): *Vahlens Kompendium der Wirtschaftstheorie und Wirtschaftspolitik, Band 2,* 9. Auflage. München: Vahlen; S. 243–368.

BGB/Bundesministerium der Justiz (2013): Bürgerliches Gesetzbuch in der Fassung der Bekanntmachung vom 2. Januar 2002 (BGBl. I S. 42, 2909; 2003 I S. 738), das durch Artikel 16 des Gesetzes vom 29. Juni 2015 (BGBl. I S. 1042) geändert worden ist. URL: „http://www. gesetze-im-internet.de/bundesrecht/bgb/gesamt.pdf" (Download der PDF-Datei am 19. Juli 2015).

Blanchard, O./Illing, G. (2014): Makroökonomie, 6. Auflage. Hallbergmoos: Pearson.

Böckmann, L./Rettig, R. (1998): WISU-Studienblatt: Makroökonomisches Gesamtmodell. In: *WISU Das Wirtschaftsstudium,* 28. Jg., Studienblatt-Beilage.

Brunner, S./Kehrle, K. (2014): Volkswirtschaftslehre, 3. Auflage. München: Vahlen.

Bundesministerium des Innern, für Bau und Heimat (2020): Soziale Wohnraumförderung. URL: „https://www.bmi.bund.de/DE/themen/bauen-wohnen/stadt-wohnen/wohnraumfoerderung/ soziale-wohnraumfoerderung/soziale-wohnraumfoerderung-node.html" (Abruf der WWW-Seite am 28. November 2020).

Chen, Y./Clapp, J. M./Tirtiroglu, D. (2011): Hedonic estimation of housing demand elasticity with a markup over marginal costs. In: *Journal of Housing Economics,* 20. Jg. (Heft 4), S. 233–248.

Clement, R./Terlau, W./Kiy, M. (2013): Angewandte Makroökonomie, 5. Auflage. München: Vahlen.

Deutsche Bundesbank (2021a): Zeitreihen. URL: „https://www.bundesbank.de/de/statistiken/zeitreihen-datenbanken" (Datenabrufe zwischen April 2020 und Februar 2021).

Deutsche Bundesbank (2021b): Die deutsche Wirtschaft auf einem Blick. URL: „https://www. bundesbank.de/resource/blob/810556/ceb6b9a7b57f27910fbab6070dc58052/mL/000-tabelle-deutsche-wirtschaft-data.pdf" (Download der PDF-Datei am 18. Februar 2021).

DGB/Deutscher Gewerkschaftsbund (2017): Körzell: Wohnen darf kein Luxusgut sein. URL: „http://www.dgb.de/themen/++co++6bbc82e8-0984-11e7-b8c0-525400e5a74a" (Abruf der WWW-Seite am 17. Mai 2017).

Engelkamp, P./Sell, F. L. (2017): Einführung in die Volkswirtschaftslehre, 7. Auflage. Berlin: Springer Gabler.

Ermisch, J. F./Findlay, J./Gibb, K. (1996): The Price Elasticity of Housing Demand in Britain. In: *Journal of Housing Economics,* 5. Jg. (Heft 1), S. 64–86.

Fama, E. (1970): Efficient Capital Markets: A Review of Theory and Empirical Work. In: *Journal of Finance*, 25. Jg. (Heft 2), S. 383–417.

Fanno, M. (1933): Die reine Theorie des Geldmarktes. In: Hayek, F. A. (Hrsg.): *Beiträge zur Geldtheorie.* Wien: Springer; S. 1–113.

Farris, P. W./Bendle, N. T./Pfeifer, P. E./Reibstein, D. J. (2007): Marketing messbar machen. München: Pearson.

Felderer, B./Homburg, S. (2005): Makroökonomik und neue Makroökonomik, 9. Auflage. Heidelberg: Springer.

finanzen.net (2020): Zinsstrukturkurve Bundesanleihe. URL: „https://www.finanzen.net/zinsen/zinsstrukturkurve" (Abruf der WWW-Seite am 24. Oktober 2020).

Fredebeul-Krein, M./Koch, W. A. S./Kulessa, M./Sputek, A. (2014): Grundlagen der Wirtschaftspolitik, 4. Auflage. Konstanz: UVK/Lucius/UTB.

Friedman, M./Schwartz, A. J. (2015): Monetary History of the United States, 1867-1960. Princeton: Princeton University Press.

Friedman, M. (2008): The Optimum Quantity of Money. New Brunswick/New Jersey: Transaction.

Friedman, M. (2002): Kapitalismus und Freiheit. Frankfurt a. M.: Eichhorn.

Friedman, M. (1992): Geld regiert die Welt. Düsseldorf: Econ.

GdW Bundesverband deutscher Wohnungs- und Immobilienunternehmen e.V. (2020): GdW kompakt – Jahresstatistik 2019 – Ausgewählte Ergebnisse. URL: „https://www.gdw.de/media/2020/08/neu_jahresstatistik-2019-august-2020.pdf" (Download der PDF-Datei am 03. April 2021).

GdW/Bundesverband deutscher Wohnungs- und Immobilienunternehmen e. V. (2013): Wohnen wird teurer: Energie- und Strompreise, Steuern und kalte Betriebskosten sind Preistreiber – Staat muss handeln. URL: „http://web.gdw.de/pressecenter/pressekonferenzen/932-wohnen-wird-teurer-energie-und-strompreise-steuern-und-kalte-betriebskosten-sind-preistreiber-staat-muss-handeln?tmpl=component&print=1&layout=default&page=" (Abruf der WWW-Seite am 18. Juli 2015).

GG/Grundgesetz für die Bundesrepublik Deutschland in der im Bundesgesetzblatt Teil III, Gliederungsnummer 1001, veröffentlichten bereinigten Fassung, das zuletzt durch Artikel 1 des Gesetzes vom 23. Dezember 2014 (BGBl. I S. 2438) geändert worden ist. URL: „http://www.gesetze-im-internet.de/bundesrecht/gg/gesamt.pdf" (Download der PDF-Datei am 30. Mai 2017).

Gischer, H./Herz, B./Menkhoff, L. (2020): Geld, Kredit und Banken, 4. Auflage. Heidelberg: Springer.

Goolsbee, A./Levitt, S./Syverson, C. (2014): Mikroökonomik. Stuttgart: Schäffer-Poeschel.

Greive, M. (2017): IWF beklagt Ungerechtigkeit. In: *Handelsblatt*, 10. Mai 2017, Nr. 90, S. 8 f.

Groll, D. (2015): Mindestlohn: erste Anzeichen für Jobverluste. In: *Wirtschaftsdienst*, 95. Jg. (Heft 6); S. 439 f.

Hanke, T. (2004): Spielend zum Nobelpreis. In: *Handelsblatt*, 27. August 2004, Nr. 166, S. 5.

Hans-Böckler-Stiftung (2016): Ist die Mietpreisbremse eine sinnvolle Idee? URL: „https://www.boeckler.de/32281_47542.htm" (Abruf der WWW-Seite am 17. Mai 2017).

Hansen, J. L./Formby, J. P./Smith, W. J. (1998): Estimating the Income Elasticity of Demand for Housing: A Comparison of Traditional and Lorenz-Concentration Curve Methodologies. In: *Journal of Housing Economics*, 7. Jg. (Heft 4), S. 328–342.

Heilmann, D. H./Rürup, B. (2015): Wie lange noch? In: *Handelsblatt*, 19.–21. Juni 2015, Nr. 115, S. 50–53.

Hilber, C. A. L. (2008): Preistheorie: Einfluss von Preisänderungen auf Angebot und Nachfrage von Immobilien. In: Schulte, K.-W. (Hrsg.): *Immobilienökonomie, Band IV, Volkswirtschaftliche Grundlagen.* München: Oldenbourg; S. 336–353.

Hillebrand, K. A. (2003): Elementare Makroökonomik, 3. Auflage. München: Oldenbourg.

Issing, O. (2011): Einführung in die Geldtheorie, 15. Auflage. München: Vahlen.

IWF/Internationaler Währungsfonds bzw. IMF/International Monetary Fund (2020): World Economic Outlook Database, April 2018. URL: „http://www.imf.org/external/pubs/ft/weo/2018/01/weodata/weoselgr.aspx" (Download der XLS-Ergebnisdateien zur Euro-Staatenabfrage am 26. Juni 2018 und der BIP-Abfrage am 03. Juli 2018).

Jarchow, H.-J. (2003): Theorie und Politik des Geldes, 11. Auflage. Göttingen: Vandenhoeck & Ruprecht/UTB.

Kahneman, D. (2015): Schnelles Denken, langsames Denken, 18. Auflage. München: Pantheon.

Kath, D. (1972): Die verschiedenen Ansätze der Zinsstrukturtheorie. In: Kredit und Kapital, 5. Jg. (Heft 1), S. 28–71.

KappGrenzVO NRW/Ministerium für Inneres und Kommunales Nordrhein-Westfalen (NRW): Verordnung zur Bestimmung der Gebiete mit Absenkung der Kappungsgrenze (Kappungsgrenzenverordnung – KappGrenzVO NRW) vom 20. Mai 2014 (GV. NRW. S. 298). URL: „https://recht.nrw.de/lmi/owa/br_text_anzeigen?v_id=10000000000000000687" (Abruf der WWW-Seite am 19. Juli 2015).

Keynes, J. M. (2009): Allgemeine Theorie der Beschäftigung, des Zinses und des Geldes, 11. Auflage. Berlin: Duncker & Humblot.

Knüfermann, M. (2017): Nachfrageelastizität an der Grenze – ein Nachruf. In: *Bank und Markt*, 46. Jg. (Heft 10), S. 29–32.

Knüfermann, M. (2014): Begründung und Möglichkeiten bankenunabhängiger Fremdfinanzierung von Wohnungsunternehmen. In: *Zeitschrift für Immobilienwissenschaft und Immobilienpraxis*, 2. Jg. (Heft 1), S. 36–49.

Knüfermann, M. (2005): Ethikbasiertes Strategisches Management. Heidelberg: Physica.

Koenen, J. (2017): Fünf Jahre keine Streiks. In: *Handelsblatt*, 16. März 2017, Nr. 54, S. 18.

Krugman, P./Obstfeld, M./Melitz, M. (2019): Internationale Wirtschaft, 11. Auflage. München: Pearson.

Krugman, P./Wells, R. (2017): Volkswirtschaftslehre, 2. Auflage. Stuttgart: Schäffer-Poeschel.

Locarek-Junge, H./Klein, T. (2016): Währungs-Hedging mit Derivaten. In: *Das Wirtschaftsstudium*, 45. Jg. (Heft 3), S. 298–304.

Mankiw, N. G. (2017): Makroökonomik, 7. Auflage. Stuttgart: Schäffer-Poeschel.

Markowitz, H. M. (2008): Portfolio Selection. München: 2008.

Markowitz, H. M. (1990): Foundations of Portfolio Theory. Nobel Lecture, 07. Dezember 1990, URL: „https://www.nobelprize.org/uploads/2018/06/markowitz-lecture.pdf" (Download der PDF-Datei am 24. August 2019).

Markowitz, H. M. (1952): Portfolio Selection. In: *The Journal of Finance*, 7. Jg. (Heft 1), S. 77–91.

Mankiw, N. G./Taylor, M. P. (2018): Grundzüge der Volkswirtschaftslehre, 7. Auflage. Stuttgart: Schaefer-Poeschel.

Mian, A./Sufi, A. (2015): Das Schuldenhaus: Die globale Finanzkrise – warum der Konsument das Problem ist und nicht die Banken. Zürich: Orell Füssli.

Müller, H. C. (2014): Deutschland rechnet sich reich. In *Handelsblatt*, 17.–21. April 2014, Nr. 76, S. 16 f.

Nagle, T. T./Holden, R. K./Larsen, G. M. (1998): Pricing. Berlin: Springer.

O. V. (2012): Union gegen Kita-Pflicht. In: *Handelsblatt*, 03. April 2012, Nr. 84, S. 14.

Perridon, L./Steiner, M./Rathgeber, A. (2017): Finanzwirtschaft der Unternehmung, 17. Auflage. München: Vahlen.

Pindyck, R. S./Rubinfeld, D. L. (2018): Mikroökonomie, 9. Auflage. München: Pearson.

Quigley, J./Raphael, S. (2004): Is Housing Unaffordable? Why Isn't It More Affordable? In: *Journal of Economics Perspectives*, 18. Jg. (Heft 1), S. 191–214; URL: „http://pubs.aeaweb.org/doi/pdfplus/10.1257/089533004773563494" (Download der PDF-Datei am 18. Juli 2015).

Reichel, R. (2018): Erkaltete Liebe. In: *Handelsblatt*, 19. Februar 2018, Nr. 35, S. 34.

Schumann, J./Meyer, U./Ströbele, W. (2011): Grundzüge der mikroökonomischen Theorie, 9. Auflage. Berlin: Springer.

Sharpe, W. F. (1990): Capital Asset Prices with and without negative Holdings. Nobel Lecture, 07. Dezember 1990, URL: „https://www.nobelprize.org/ uploads/2018/06/sharpe-lecture.pdf" (Download der PDF-Datei am 24. August 2019).

Sharpe, W. F. (2008): Märkte und Investoren. München: FinanzBuch.

Shiller, R. J. (2015): Irrationaler Überschwang, 3. Auflage. Kulmbach: Börsenmedien.

Shiller, R. J. (2012): Märkte für Menschen. Frankfurt a. M.: Campus.

Shiller, R. J. (1979): The Volatility of Long-Term Interest Rates and Expectations Model of the Term structure. In: *Journal of Political Economy*, 87 Jg. (Heft 6), S. 1190–1219.

Simon, H. (1995): Preismanagement kompakt. Wiesbaden: Gabler.

Simon, H./Fassnacht, M. (2016): Preismanagement, 6. Auflage. Wiesbaden: Springer Gabler.

Sinn, H.-W. (2015): Eine Antwort an die Kritiker. In: Handelsblatt, 21. Januar 2015, Nr. 14, S. 14 f.

Specht, F. (2017): Rein in den „Tarifknast"? In: *Handelsblatt*, 24. Januar 2017, Nr. 17, S. 12.

Specht, F. (2016): Deutschland erntet die Früchte der Agenda 2010. In: *Handelsblatt*, 14. April 2016, Nr. 721, S. 11.

Statista (2015): Wie hoch sind ihre monatlichen Ausgaben für das Wohnen? URL: „http://de.statista.com/statistik/daten/studie/222558/umfrage/wohnkostenanteil-am-monatlichen-einkommen/" (Abruf der WWW-Seite am 17. Juli 2015).

Statistisches Bundesamt (2021): Volkswirtschaftliche Gesamtrechnungen, Inlandsprodukt. URL: „https://www.destatis.de/DE/Themen/Wirtschaft/Volkswirtschaftliche-Gesamtrechnungen-Inlandsprodukt/_inhalt.html#sprg229228" (Datenabrufe am 18. Februar 2021).

Stoklossa, H. (2010): Die Zinsstrukturtheorie. Wiesbaden: Gabler.

Straubhaar, T. (2017): Radikal gerecht. Hamburg: Edition Körber-Stiftung.

Streit, M. (2019): Stabile Aussichten. In: *Handelsblatt*, 10. Januar 2019, Nr. 7, S. 32 f.

SVR/Sachverständigenrat zur Begutachtung der gesamtwirtschaftlichen Entwicklung (2014): Mehr Vertrauen in Marktprozesse – Jahresgutachten 2014/15. URL: „https://www.sachverstaendigenrat-wirtschaft.de/fileadmin/dateiablage/gutachten/jg201415/JG14_ges.pdf" (Download der PDF-Datei am 09. März 2019).

Thaler, R. H. (2018): Misbehaving. München: Siedler.

Thaler, R. H. (2017): Nudge, 9. Auflage. Berlin: Ullstein.

Varian, H. R. (2016): Grundzüge der Mikroökonomik, 9. Auflage. Berlin: De Gruyter Oldenbourg.

Werner, G. W. (2008): Einkommen für alle. Köln: Bastei-Lübbe.

Woll, A. (2011): Volkswirtschaftslehre, 16. Auflage. München: Vahlen.

Wübker, G. (2006): Power Pricing für Banken. Frankfurt a. M.: Campus.

Wirtschaftspolitische Interventionsmöglichkeiten ins ökonomische Geschehen

4

Zusammenfassung

Um Interventionsmöglichkeiten in den marktwirtschaftlichen Prozess zu erläutern, bedarf es zunächst einer Antwort auf die Frage: Warum sollte überhaupt interveniert werden und durch wen? Eine Antwort ergibt sich durch die Beschäftigung mit der Stabilitätspolitik, die deshalb zu Beginn (Abschn. 4.1) abgehandelt wird. Denn die folgenden Optionen, in den Marktprozess zu intervenieren, lassen sich in einer weiten Begriffsauslegung der Stabilitätspolitik ebenfalls unter eben diese subsumieren. Dennoch werden in diesem Lehrbuch die Wettbewerbspolitik (Abschn. 4.2) und die Verteilungspolitik (Abschn. 4.3) jeweils separat auf die Gliederungsebene die Stabilitätspolitik gehoben. Denn üblicherweise bildet die einschlägige Lehrbuchliteratur die Stabilitätspolitik nur durch Fiskal-, Geld- und Außenwirtschaftspolitik (vgl. Abschn. 4.1.1 bis 4.1.4) ab. Der Einsatz entsprechender stabilitätspolitischer Instrumente zielt nämlich *direkt* auf die drei wesentlichen makroökonomischen Phänomene: 1) hoher Beschäftigungsstand, 2) Preisniveaustabilität und 3) außenwirtschaftliches Gleichgewicht. Wettbewerbs- und Verteilungspolitik beeinflussen die Phänomene nur *indirekt* als Rahmenbedingungen marktwirtschaftlicher Prozesse. Übungsaufgaben runden wiederum die Darstellung von Interventionsmöglichkeiten ab (Abschn. 4.4).

4.1 Stabilitätspolitik

4.1.1 Einordnung in ökonomische Grundkonzeptionen

Ob eine Regierung als Trägerin einer Wirtschaftspolitik bemüht sein soll, die wirtschaftliche Entwicklung zu stabilisieren, ist in der Literatur ein Streitthema. Zunächst muss deshalb konkretisiert werden, was zu stabilisieren angedacht ist. Denn hierüber besteht

© Springer Fachmedien Wiesbaden GmbH, ein Teil von Springer Nature 2021　　189
M. Knüfermann, *Wirtschaftspolitisches Wissen für die Wohnungs- und Immobilienwirtschaft,* https://doi.org/10.1007/978-3-658-33608-0_4

unter Ökonomen Konsens: Eine Volkswirtschaft entwickelt sich zufriedenstellend, wenn sie …

- Arbeitslosigkeit durch einen hohen Beschäftigungsgrad vermeidet,
- Inflation vermeidet bzw. Preisniveaustabilität gewährleistet und wenn
- sie sich im außenwirtschaftlichen Gleichgewicht befindet.

Die Realität informiert uns darüber, dass Arbeitslosigkeit temporär verstärkt auftritt, dass Inflation der Verbraucherpreise sowie der Preise von Vermögensgegenständen entsteht und viele Volkswirtschaften dauerhafte Leistungsbilanzungleichgewichte aufweisen. Deutschland z. B. besitzt seit Jahrzehnten einen Leistungsbilanz- bzw. Exportüberschuss. Wirtschaftliche Entwicklungen unterliegen demnach Konjunkturzyklen, also Schwankungen im Ablauf einer Zeitperiode. Verantwortlich gemacht dafür wird das Wachstum der Volkswirtschaft gemessen am Bruttoinlandsprodukt (BIP) – oder eben das Ausbleiben des Wachstums. Deshalb hinterfragen Ökonomen, „ob und inwieweit es in einer freiheitlichen Wirtschaftsordnung angezeigt ist, Konjunkturen zu bekämpfen, also die unterschiedliche Auslastung der Produktionskapazitäten zu verstetigen, zu stabilisieren" (Woll 2011, S. 515). Ihre Antworten hängen davon ab, ob einer Volkswirtschaft grundsätzlich Stabilisierungstendenzen inhärent sind oder ob sie eher von Natur aus instabil ist. Hierbei stehen sich neoklassisch-monetaristische (stabilitätsorientierte) und keynesianische (Instabilität vermutende) Positionen gegenüber (vgl. Abschn. 3.1.3). In jedem Fall gilt: „Stabilitätspolitik ist auf die Erhaltung, Stabilisierungspolitik auf die Wiedererreichung der in den stabilitätspolitischen Zielen normierten Sollzustände der Wirtschaft gerichtet" (Cassel/Thieme 2007, S. 437).

Woll (2011, S. 516) zur gesamtwirtschaftlichen Instabilität
„Die gesamtwirtschaftliche Instabilität ist das zentrale Problem jeder freiheitlichen Wirtschaftsordnung, wenn man die Anpassungsmechanismen des Marktes behindert oder beseitigt. Davon muß freilich in allen Demokratien mehr oder weniger ausgegangen werden, in denen bei der Bevölkerung wie bei den Politikern eine verbreitete Unkenntnis über die Marktwirtschaft sowie ihrer engen Verzahnung mit der Gesellschafts- und Staatsordnung – in Verbindung mit dem Glauben an die ‚Machbarkeit' einer gesamtwirtschaftlichen Steuerung – dazu geführt haben, Eingriffe in den Marktprozeß permanent zu verstärken. Bezieht man diese generelle Aussage auf die Verhältnisse in der Bundesrepublik Deutschland während der letzten Jahrzehnte, läßt sich empirisch festhalten, dass ein hoher Bedarf für eine Stabilitätspolitik nur deswegen aufgetreten ist, weil

- negative Schocks, die die Volkswirtschaft früher ohne weiteres verkraftet hat, nicht mehr von der Wirtschaft aufgefangen werden konnten,
- die Ausweitung des staatlichen Sektors in die Handlungsmöglichkeiten der privaten Wirtschaftssubjekte tief eingegriffen hat,

- damit zusammenhängende Tendenzen der Steuerung und staatlichen Umverteilung verstärkt worden sind,
- verzerrte Preisverhältnisse zwischen Kapital und Arbeit zu einer unzureichenden Kapitalbildung geführt haben und deshalb der nach dem Zweiten Weltkrieg aufgebaute Kapitalstock veralten mußte."

Verfechter einer Instabilität der Volkswirtschaft bzw. des privaten Sektors betrachten allein innenwirtschaftliche Faktoren als Auslöser von Konjunkturschwankungen. Sie implizieren dabei nach unten unbewegliche, starre Preise, sodass der Preismechanismus einen Markt nicht in das Gleichgewicht führen kann. Auch wettbewerbliche Prozesse führen die Volkswirtschaft nicht schnell genug zum Vollbeschäftigungsgleichgewicht zurück. Der Staat hat nach der keynesianischen Position die nachfrageorientierte Aufgabe des *Demand Management*. Er soll als Nachfrager im Markt auftreten und damit das Wirtschaftswachstum stimulieren.

Diese Position wird durchaus von anderen Ökonomen als problematisch angesehen. Unvorhersehbare staatliche Eingriffe verunsichern nämlich den privaten Sektor. Jetzt, durch Staatsinterventionen, verliert er die Fähigkeit zum Ausgleich von Angebot und Nachfrage. Allerdings reagieren Branchen, Sektoren, Regionen differenziert: Marktzinserhöhungen wirken z. B. im Wohnungsbau nachhaltiger als für Dienstleister. Die kreditfinanzierte staatliche Nachfragepolitik wird gewöhnlich das Marktzinsniveau erhöhen, sodass es zum Crowding-out-Effekt kommt. Kredit- oder steuerfinanzierte Staatsausgaben verdrängen private Nachfrage vor allem, wenn die Produktionskapazitäten ausgelastet sind (vgl. Abschn. 3.3).

Auf der Grundlage dieser Kritik betrachten Neoklassiker/Monetaristen den privaten Sektor als grundsätzlich stabil, dafür den staatlichen Sektor als instabil, weil gerade er zu Instabilitäten beiträgt. Denn tatsächliche Störungen im Marktgleichgewicht werden bei grundsätzlich freiem Wettbewerb zeitnah durch die Marktmechanismen absorbiert. Die zentrale Aufgabe des Staates ist nach Auffassung der Neoklassiker/Monetaristen allein, für gleichmäßiges Geldmengenwachstum zu sorgen. Diesem Fokus auf die Verantwortung der Geldpolitik verdankt diese neoklassische Konzeption die „monetaristische" Titulierung. Das Geldmengenwachstum soll vor allem konstant sein, wobei die Höhe an sich weniger ausschlagkräftig ist. Auf diese Weise werden kurzfristige konjunkturelle Wirkungen der Geldpolitik vermieden. Die Probleme dieser volkswirtschaftlichen Konzeption liegen allein im nötigen staatlichen Verzicht auf eine diskretionäre, aktionistische Stabilitätspolitik in der Fiskalpolitik und der Geldpolitik. Dieser Verzicht ist nach der angebotsorientierten Wirtschaftspolitik, der *Supply Side Economics,* nicht zu erwarten, weil Regierungen auf Zeit gewählt sind und damit weniger langfristig als in Wahlperioden denken bzw. darauf abgestellt handeln. Stattdessen verfolgt die Angebotspolitik ausschließlich das Ziel, die Rahmenbedingungen der Produktion zu verbessern: Zum einen hat der Staat für einen funktionsfähigen Wettbewerb Sorge zu tragen; zum anderen muss er die notwendige Infrastruktur dafür gewährleisten.

Die Bundesrepublik Deutschland hat die stabilitätspolitischen Ziele für die Bundesregierung und die Regierungen der Bundesländer im Jahr 1967 in § 1 des Gesetzes
zur Förderung der Stabilität und des Wachstums der Wirtschaft (StabG) wie folgt
zusammengefasst: „Bund und Länder haben bei ihren wirtschafts- und finanzpolitischen
Maßnahmen die Erfordernisse des gesamtwirtschaftlichen Gleichgewichts zu beachten.
Die Maßnahmen sind so zu treffen, daß sie im Rahmen der marktwirtschaftlichen
Ordnung gleichzeitig zur Stabilität des Preisniveaus, zu einem hohen Beschäftigungsstand und außenwirtschaftlichem Gleichgewicht bei stetigem und angemessenem Wirtschaftswachstum beitragen." Wichtig im Gesetzestext hervorzuheben sind drei Aspekte:

- *Ziele der Stabilitätspolitik:* Vier makroökonomische Ziele stehen im Fokus, nämlich
  (1) Preisniveaustabilität, (2) hoher Beschäftigungsgrad, (3) außenwirtschaftliches
  Gleichgewicht und (4) stetiges und angemessenes Wirtschaftswachstum. Die Ziele (1),
  (2) und (4) sind volkswirtschaftlich wenig umstritten, unabhängig von der wirtschaftspolitischen Grundkonzeption. Fraglich ist allerdings der entsprechende Einsatz wirtschaftspolitischer Instrumente und Maßnahmen, die zur Zielerreichung führen sollen.
  Ob ein außenwirtschaftliches Gleichgewicht, das dritte Stabilitätsziel, aber zwingend
  sinnvoll ist, steht ebenfalls zur Debatte (vgl. Mussel/Pätzold 2012, S. 211–213).

Für eine exportstarke Nation, wie jene der deutschen Volkswirtschaft, sichert der
Exportüberschuss zunächst Arbeitsplätze im Inland. Die Mehrproduktion über den
binnenwirtschaftlichen Verbrauch hinweg steigert das Volkseinkommen. Durch die
Güterexporte kommt es zugleich zu Kapitalimporten. Der entstehende Devisen-
überschuss erhöht die deutsche Nettovermögensposition. Die sich ansammelnden
Devisenreserven kann die Zentralbank im Ausland zinsbasiert anlegen, sodass sich
Zentralbankgewinne erhöhen und entsprechende Gewinnausschüttungen an den Staatshaushalt steigen. Allerdings steigt auch die ökonomische Abhängigkeit von den konjunkturellen Entwicklungen im Ausland. Dazu führt der Exportüberschuss nicht zur
adäquaten Wohlstandsmehrung im Inland, weil die Produktion teilweise für das Ausland bestimmt ist. Es entsteht eine entsprechende Güterlücke. Sie lässt die inländische
Gesellschaft unter ihren Verhältnissen leben. Eine Mehrnachfrage nach Gütern durch
das erhöhte Volkseinkommen kann letztlich preissteigernde Tendenzen zur Folge haben.
Dem Güterexport steht dann ein Inflationsimport gegenüber. Aus Sicht des Inlands birgt
der Exportüberschuss demnach auch Gefahren.

Für die Globalwirtschaft werden große Überschuss-/Defizitpositionen für mögliche
weltwirtschaftliche Rezessionen verantwortlich gemacht. Denn wenn sich Marktverhältnisse ändern, drehen sich die positiven Effekte in negative. Außerdem stellt ein Exportüberschuss im Inland immer auch einen Importüberschuss im Ausland dar. Im Ausland kommt
es deshalb nur zu unterproportionalem Wachstum, zum geringeren Beschäftigungsgrad
und zur Reduzierung der Nettovermögensposition durch den Kauf von Devisen. Es ist zu
befürchten, dass Defizitstaaten deshalb Maßnahmen zur Einschränkung des internationalen
Handels umsetzen werden, wie die Einführung von Zöllen oder Importsteuern.

- *Primat der Marktwirtschaft:* Alle stabilitätspolitischen Maßnahmen zur Ziel-erreichung sind „im Rahmen der marktwirtschaftlichen Ordnung" durchzuführen. Eingriffe in den Marktpreismechanismus widersprechen allerdings der markt-wirtschaftlichen Ordnung, weil sich die Marktwirtschaft über die dezentrale Koordination mittels Marktpreismechanismus definiert. Die Einführungen von Miet-preisbremse und Mindestlohn sind deshalb aus Sicht der marktwirtschaftlichen Ordnung kritisch zu betrachten.
- *Gleichwertigkeit:* Die vier stabilitätspolitischen Ziele sollen *gleichzeitig* erreicht werden. Allerdings gibt es Zielkonflikte, die eine gleichzeitige Zielerreichung erschweren bzw. ein intervenistisches Regierungsverhalten kaum erfolgreich wirken lässt. Wenn die Regierung beispielsweise durch ein kreditfinanziertes Demand Management den Beschäftigungsgrad steigert, kann es zu inflationären Tendenzen kommen. Eine geldmengenreduzierende Geldpolitik der Zentralbank zur Inflations-vermeidung konterkariert den Beschäftigungseffekt wieder. Übrig bleibt eine erhöhte Staatsverschuldung. Es ist letztlich nicht möglich, durch Staatsinterventionen alle vier stabilitätspolitischen Ziele gleichzeitig zu erreichen.

Allerdings bestehen auch Kausalitäten zwischen den Zielen. Wirtschaftswachstum geht z. B. einher mit Produktionsausweitungen und einem Beschäftigungszuwachs. Trotz-dem ist es fraglich, ob Wirtschaftswachstum ein stabilitätspolitisches Ziel sein darf. Es basiert nämlich auf einer Vielzahl einzelwirtschaftlicher Entscheidungen der Wirtschafts-subjekte. Ein quantifiziertes Ziel der Stabilitätspolitik müsste Vorgaben für diese einzel-wirtschaftlichen Entscheidungen machen und wäre damit keinesfalls mit dem Rahmen der marktwirtschaftlichen Ordnung vereinbar. Eine ähnliche Fragestellung ergibt sich zum außenwirtschaftlichen Gleichgewicht einer Volkswirtschaft. Es ist für das Inland nicht möglich, alle Unwägbarkeiten ausländischer Volkswirtschaften zu kompensieren. Entwicklungen im Ausland können binnenwirtschaftliche Stabilitätsmaßnahmen unwirk-sam werden lassen.

Abb. 4.1 fasst die stabilitätspolitischen Ziele allgemeingültig zu zwei Haupt-zielen zusammen, nämlich der Sicherung von Preisniveaustabilität und des hohen Beschäftigungsgrads bzw. der Vermeidung von Arbeitslosigkeit. Damit wird der zuvor formulierten Kritik an der Vier-Ziel-Systematik des StabG Rechnung getragen. Beide Ziele sind durch *Zielvariablen* zu operationalisieren, nämlich durch die Änderungsrate des Preisniveaus und der Arbeitslosenquote. Um sie zu steuern, bieten sich *Zwischen-variablen* an. Die Änderungsrate des Preisniveaus wird gemäß makroökonomischer Überlegungen durch die Gesamtausgaben einer Volkswirtschaft, ihre Geldmenge und das Zinsniveau beeinflusst. Die Arbeitslosenquote ist abhängig entsprechend von der Leistungsbilanz, den Wechselkursen und dem Nominaleinkommen der Volkswirtschaft.

Den Zwischenvariablen wiederum lassen sich *strategische Variablen und Instrumente* zuordnen. Mit ihnen ist Einfluss auf die Zielerreichung zu nehmen. Letztlich lassen sich die Instrumente den vier traditionellen Politikbereichen zuordnen, nämlich 1)

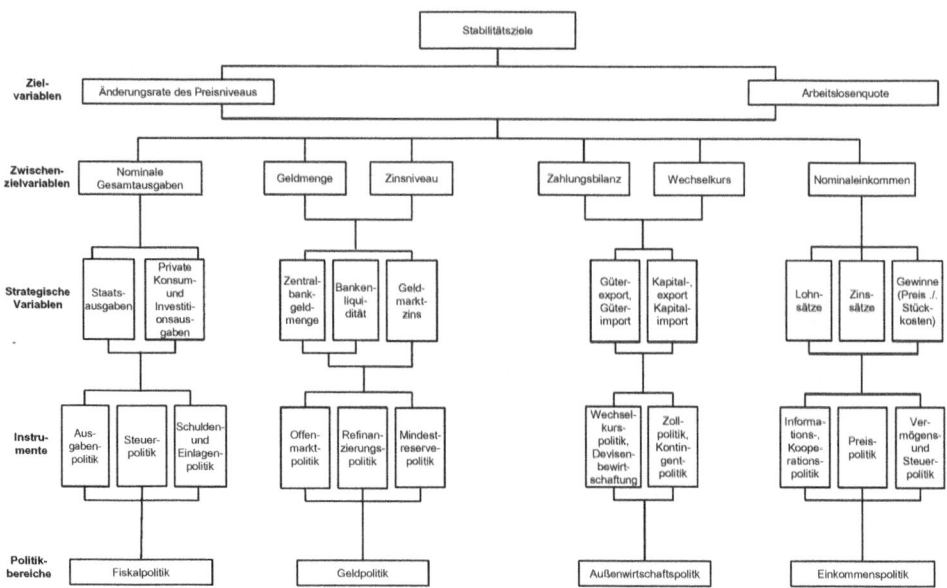

Abb. 4.1 Ziele und Instrumente der Stabilitätspolitik. (Quelle: Cassel/Thieme 2007, S. 456, Abb. P-1; eigene Darstellung)

der Fiskalpolitik, 2) der Geldpolitik, 3) der Außenwirtschaftspolitik und 4) der Einkommenspolitik. Im Weiteren von Kap. 4 werden die traditionellen Politikbereiche Fiskalpolitik (Abschn. 4.1.2), Geldpolitik (Abschn. 4.1.3) und Außenwirtschaftspolitik (Abschn. 4.1.4) mit Blick auf die Bundesrepublik Deutschland erörtert. Die Darstellung der Einkommenspolitik erfolgt als Bestandteil der Verteilungspolitik in Abschn. 4.3.

4.1.2 Fiskalpolitik

Instrumente der *Fiskalpolitik* sind nach Abb. 4.1 zum einen die Ausgabenpolitik und zum anderen die Einnahmenpolitik zur Finanzierung der Staatsausgaben. Hierzu zählen die Steuerpolitik sowie die Schulden- und Einlagenpolitik. Die Fiskalpolitik umfasst also die *öffentliche Finanzwirtschaft* deren Ausgestaltung vor allem auf den hohen Beschäftigungsgrad als Ziel der Stabilitätspolitik abstellt.

Der Anteil der Staatsausgaben am deutschen BIP stieg über die vergangenen Jahrzehnte kontinuierlich an. Die theoretische Grundlage hierfür lieferte die Forderung nach einem Demand Management durch die keynesianische Konzeption der Wirtschaftspolitik. Allerdings wurde diese Konzeption nur insoweit umgesetzt, als der Staatsschuldenstand zur Finanzierung der staatlichen Ausgabenpolitik über den historischen Zeitverlauf stark anstieg.

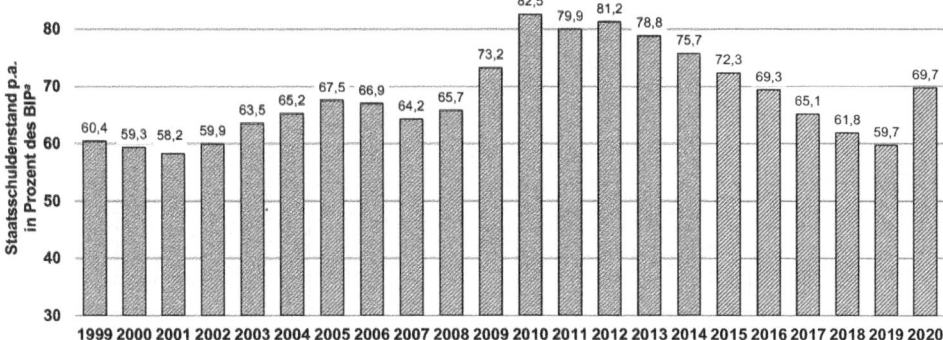

a) Verschuldungsstände gemäß Maastricht-Vertrag in Prozent des Bruttoinlandsprodukts (kurz: BIP); maximaler Verschuldungsstand: 60% des BIP.

Abb. 4.2 Verschuldungsgrade*a* von Deutschland für 1999 bis 2020. *a*Verschuldungsgrad gemäß Maastricht-Vertrag in Prozent des Bruttoinlandsprodukts (kurz: BIP); maximaler Verschuldungsgrad: 60 % des BIP. (Datenquelle: Deutsche Bundesbank 2021; eigene Darstellung)

Laut Vertrag über die Europäische Union (EU) von 1992 (EU-Vertrag, sogenannter Maastricht-Vertrag; vgl. EU (2015a) sowie Abschn. 4.1.3) darf der Verschuldungsgrad eines Mitgliedsstaates der Europäischen Währungsunion maximal 60 % des BIP betragen. Diesen Wert überschreitet die Bundesrepublik Deutschland seit dem Jahr 2003 durchgängig. Abb. 4.2 visualisiert die deutschen Staatsschuldenstände, gemessen jeweils in Prozent des BIP (= Staatsschuldengrad) für die Jahre 1999 bis 2020 also die Zeit seit Einführung der Europäischen Währungsunion (EWU).

In den Jahren 1999 bis 2008 pendelten die Staatsschuldengrade noch in einem Wertefenster zwischen 58,2 % (2001) und 67,5 % (2005). Mit dem Aufkommen der Weltwirtschaftskrise ab dem Jahr 2008 und den massiven Staatsausgaben für die Kapitalisierung von Kreditinstituten und Konjunkturpaketen schnellte der Staatsschuldengrad bis zum Jahr 2010 auf 82,5 % hinauf. Danach sank der Staatsschuldengrad bis auf 59,6 % im Jahr 2019, sodass er wieder unterhalb der zuvor genannten EU-Grenze in Höhe von 60,0 % lag. Seit dem Jahr 2020 wird die EU-Schuldenstandsgrenze mit 69,7 % wieder deutlich überschritten.

Bei der Interpretation dieser Zahlen ist zu beachten, dass sich der Basiswert zum Verschuldungsgrad, also das jährliche reale BIP, ebenfalls veränderte. Die Anstiege der Staatsschuldengrade in den Jahren 2003, 2009 und 2020 basierten nicht nur auf einer Erhöhung der Staatsausgaben, sondern auch auf Reduktionen des jeweiligen realen BIP (= Rezession: Wachstum 2003 = −0,7 %; Wachstum 2009 = −5,7 %; Wachstum 2009 = −5,0 %)[1]. Umgekehrt halfen den jeweiligen Trendwenden in den Jahren 2006

---

[1] Vgl. Abschn. 3.1.3, Abb, 3.7).

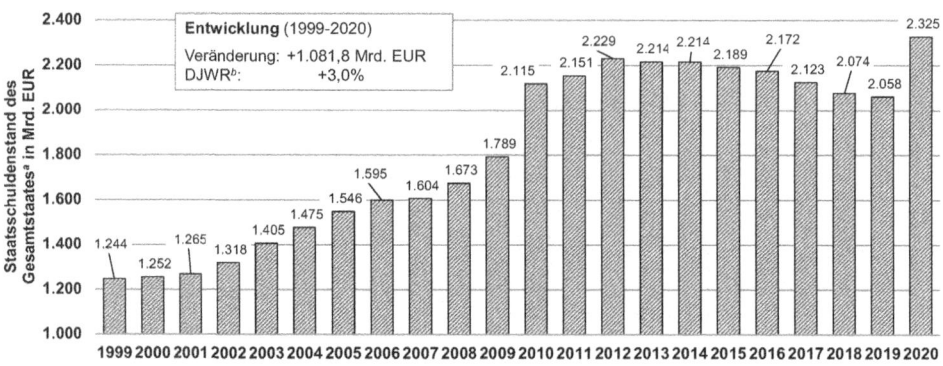

a) Verschuldungsstände gemäß Maastricht-Vertrag.
b) DJWR = Durchschnittlich jährliche Wachstumsrate.

Abb. 4.3 Staatsschuldenständea in Deutschland für 1999 bis 2020. [a]Verschuldungsstände gemäß Maastricht-Vertrag. [b]DJWR = Durchschnittlich jährliche Wachstumsrate. (Datenquelle: Deutsche Bundesbank 2018a; eigene Darstellung)

und 2010 die positiven BIP-Wachstumsraten in Höhe von $+3,0\,\%$ bzw. $+4,1\,\%$. Die Umsetzung einer keynesianisch ausgerichteten stabilitätspolitischen Konzeption lässt sich mit Abb. 4.2 demnach nicht eindeutig prüfen, als dass Haushaltsdefizite aus Zeiten wirtschaftlicher Abschwünge (Rezessionen) in Zeiten wirtschaftlicher Aufschwünge (Booms) durch Haushaltsüberschüsse kompensiert worden wären.

Zu erkennen ist an dieser Stelle lediglich, dass die Fiskalpolitik nicht nur zielgerichtete Folgewirkungen initiiert (Staatsnachfrage $G \uparrow \leadsto$ Produktion/Einkommen $Y \uparrow$), sondern auch kontraproduktive Nebenwirkungen (Staatsnachfrage $G \uparrow \leadsto$ Staatsschuldengrade $\uparrow \leadsto$ Marktzinsniveau $i \uparrow \leadsto$ Produktion/Einkommen $Y \downarrow$) besitzt. Um aber die stabilitätspolitische Konzeption zu interpretieren, sind die absoluten Verschuldungswerte der deutschen Gesamtverschuldung von Bund, Ländern und Gemeinden aus Abb. 4.3 heranzuziehen. Die drei Gebietskörperschaften repräsentieren schließlich die Hauptträger der Fiskalpolitik.

Abb. 4.3 betrachtet wieder das EWU-Zeitfenster von 1999 bis 2020 in dem der deutsche Staatsschuldenstand um 1.082 Mrd. EUR bzw. um durchschnittlich jährlich 3,0% anwuchs, und zwar von 1.244 Mrd. EUR Ende 1999 auf den historischen Höchstwert von 2.325 Mrd. EUR Ende 2020. Nachdem der Staatsschuldenstand von 1999 bis 2012 ungebrochen anstieg, sank er von 2013 bis 2019 kontinuierlich bis auf Schulden in Höhe von 2.058 Mrd. EUR. Demnach ist zu konstatieren, dass die Bundesrepublik Deutschland die Verschuldung zwar allein im weltwirtschaftlichen Krisenjahr 2010 um 326 Mrd. EUR, also um 18,2 % erhöhte, seit dem Jahr 2013 jedoch auf eine Entschuldung wirkt. Bis Ende 2019 war diese Entschuldung dennoch nur marginal erfolgreich. Gegenüber Ende 2009 lag die Verschuldung Ende 2019 immer noch 269 Mrd. EUR höher. Obwohl Abb. 4.2 den Staatsschuldenstand für 2020 niedriger ausweist als jeweils für die Jahre 2010 bis 2015, liegt die absolute Verschuldung des deutschen Staats im Jahr 2020 auf dem höchsten Niveau in der Geschichte der Bundesrepublik Deutschland.

Für die Bundesrepublik Deutschland kann zusammenfassend nur der Versuch konstatiert werden, eine keynesianische Stabilitätspolitik realisieren zu wollen. Von einer neoklassisch basierten Stabilitätspolitik kann ebenfalls nicht gesprochen werden, weil sich gemäß neoklassischer Konzeption Staatseingriffe in die Märkte mittels Demand Management ohnehin verbieten (vgl. Abschn. 3.1.3). Demnach ist die deutsche Stabilitätspolitik allein durch eine diskretionäre, aktionistische Stabilitätspolitik in der Fiskalpolitik geprägt. Konzeptionelle Strukturen sind ihr nicht zuzusprechen. Stattdessen darf unterstellt werden, dass sich die Politik der Gebietskörperschaften in ihrer gesamten Wirtschaftspolitik nicht nur an ökonomischen Zielen ausrichtet, sondern auch an Stimmenmaximierungsabsichten bei den relevanten kommunalen Wahlen, den Landtags- und Bundestagswahlen.

▶ **Fredebeul-Krein et al. (2014, S. 169): Staatsausgaben und Stimmenmaximierung**

Die Ausgaben werden solange gesteigert, bis der durch die letzte ausgegebene Geldeinheit erreichte Stimmengewinn dem Stimmenverlust gleich ist, der durch die letzte, aus den staatlichen Finanzquellen entnommenen Geldeinheiten verursacht wird. Um dies zu erreichen, empfehlen sich bei den Ausgaben merkliche Posten (z. B. Sozialausgaben), bei der Finanzierung hingegen unmerkliche Posten (z. B. Verbrauchersteuern oder Kredite). Für die Theorie sprechen die von politischen Parteien gemachten Wahlgeschenke oder – falls man sich in der Opposition befindet – Wahlversprechen.

Über die Vielzahl möglicher ausdifferenzierter Instrumente und Maßnahmen der Fiskalpolitik, welche die Gebietskörperschaften einsetzen können, informiert Abb. 4.4. Darin werden die Bereiche der Staatsausgabenpolitik und Staatseinnahmenpolitik differenziert. Unter beide Bereiche lassen sich die Instrumente und Maßnahmen im Kontext des StabG subsumieren. Ihre jeweiligen Erörterungen werden nicht im Detail vollzogen, um den inhaltlichen Rahmen des vorliegenden Lehrbuchs an dieser Stelle nicht zu sprengen. In Abschn. 4.4 wird mittels Übungsaufgaben und in den Lösungen in Kap. 6 dennoch auf sie Bezug genommen.

Hinzuweisen ist an dieser Stelle, dass die in Abb. 4.4 genannten fiskalpolitischen Maßnahmen eine Fülle von Nebenwirkungen mit sich bringen. Insbesondere die Einnahmenpolitik ist auch aus verteilungspolitischer Perspektive zu betrachten. Die Frage nämlich, ob Ausgabenmaßnahmen des Staates nicht kreditfinanziert, sondern durch das Steueraufkommen, z. B. mittels Erhöhung der Einkommensteuer, finanziert werden sollen, wirkt sich auf das verfügbare Einkommen privater Haushalte aus. Insofern setzt an dieser Stelle die Diskussion um eine gerechte Steuerverteilung ein. Eine kreditfinanzierte fiskalpolitische Ausgabenmaßnahme zur Steigerung des Beschäftigungsgrads bietet privaten Haushalten mit großen Vermögen, die ein Investment in Staatsanleihen

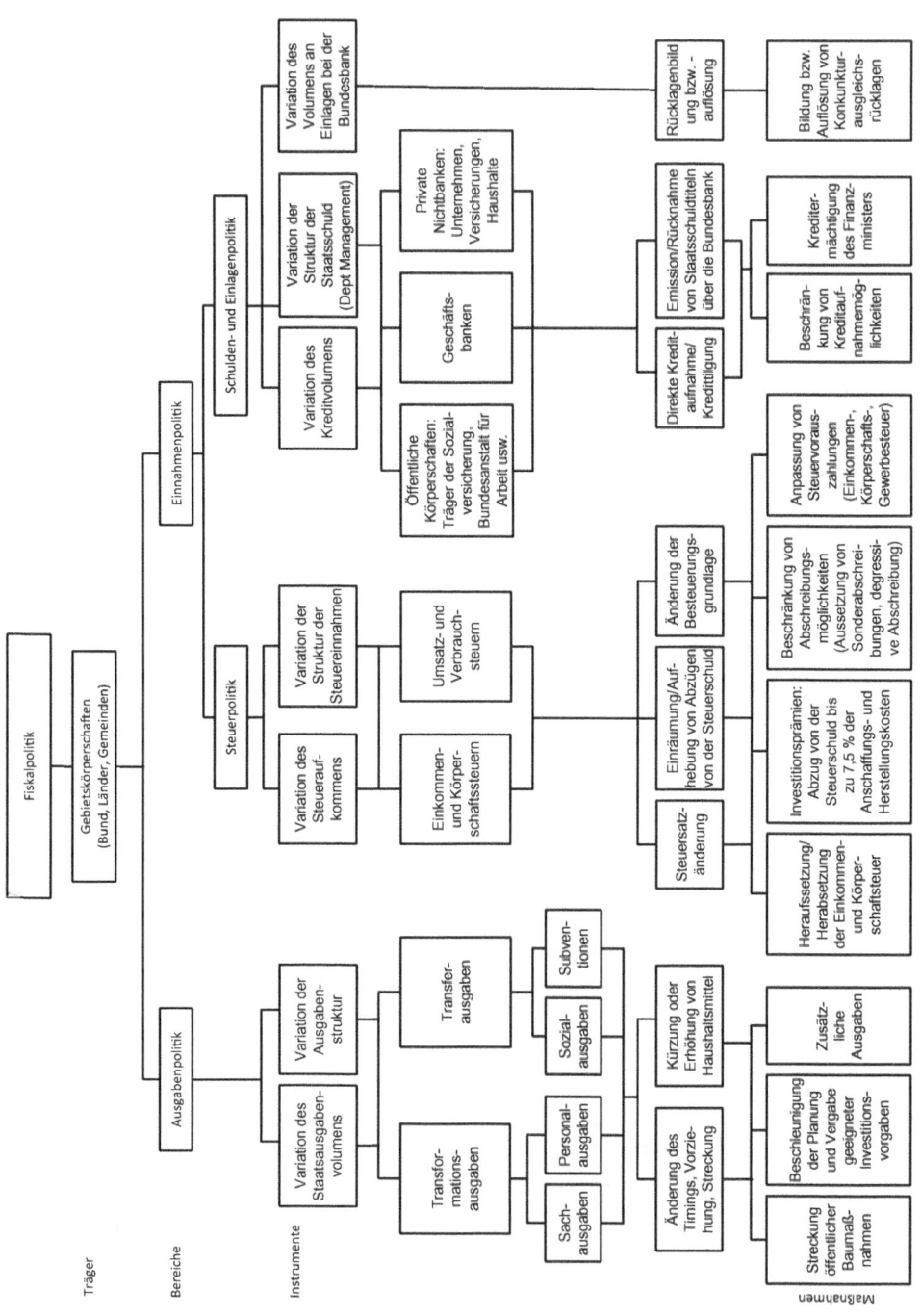

Abb. 4.4 Instrumente und Maßnahmen der Fiskalpolitik. 2007 (Quelle: Cassel/Thieme, S. 456, Abb. P-2; eigene Darstellung)

ermöglichen, dagegen die Möglichkeit, Zinseinkommen zu generieren. Dementsprechend ergeben sich auch bei einer kreditfinanzierten Ausgabenpolitik Verteilungseffekte. Der Staat wiederum kann diese Verteilungseffekte durch das Steuersystem bzw. die Besteuerung von Zinseinnahmen privater Haushalte kanalisieren.

Die Entscheidung über die Finanzierung von Staatsausgaben entweder mittels Steuererhebung oder der Kreditaufnahme an den Kapitalmärkten wird generell über drei Fragen deutlich:

- **Wie kreditfähig ist der Staat** (bzw. sind die Gebietskörperschaften)? Schuldentragfähigkeiten einzelner Staaten unterscheiden sich enorm und sind insbesondere abhängig von der Größe des volkswirtschaftlichen Outputs. Eine einheitliche Schuldengrenze, wie sie durch die EWU-Konvergenzkriterien mit maximal 60 % des BIP festgeschrieben ist, setzt die Wirtschaftsleistung von Griechenland mit jener der Bundesrepublik Deutschland gleich. Ebenfalls macht es einen Unterschied, ob ein Staat durch inländische oder ausländische Gläubiger finanziert wird. Auslandsschulden können durch ein Wechselkursrisiko charakterisiert sein und erhöhen die Abhängigkeit des Inlands vom Ausland.
- **Wie belastungsstark sind die Steuerzahler** (private Haushalte und Unternehmen)? Steuern sind Zwangsabgaben ohne direkte Gegenleistung. Sie reduzieren das verfügbare Einkommen und damit die Konsumfähigkeit privater Haushalte bzw. die Investitionsfähigkeit von Unternehmen. Ist der Staat bemüht, den Beschäftigungsgrad einer Volkswirtschaft durch eine fiskalische Ausgabenpolitik zu erhöhen und finanziert diese Politik durch Steuererhöhung, können ihre Wirkungen durch den Konsumverzicht und Investitionsverzicht (über-)kompensiert werden.
- **Welche Finanzierungsmethode führt zum geringsten Crowding-out-Effekt?** Steuererhöhungen und Schuldenaufnahmen verdrängen beide die privatwirtschaftliche Nachfrage. Je nachdem, welche fiskalische Ausgabenmaßnahme umgesetzt werden soll, ist zu prüfen, welche Finanzierung zum geringsten Crowding-out-Effekt führt.

Durch die Einführung des Euros bzw. der Konvergenzkriterien sind der Staatsverschuldung Grenzen gesetzt. Neben dem Staatsschuldenstand, der nicht größer als 60 % des inländischen BIP betragen darf, ist auch die jährliche Neuverschuldung gedeckelt auf 3 % des BIP (vgl. Abschn. 4.1.3). Bei dauerhaft übermäßigen Defiziten kann die Europäische Kommission das Defizitland zu Strafzahlungen verpflichten (vgl. dazu das Protokoll Nr. 12 in EU 2018).

Friedman (2002, S. 99) zu Staatsausgaben in den USA
„Seit dem New Deal ist das Hauptargument für die Ausweitung von Regierungseingriffen auf Bundesebene immer wieder die sogenannte Notwendigkeit von Staatsausgaben zur Beseitigung von Arbeitslosigkeit gewesen. Das Argument

hat verschiedene Stufen durchlaufen. Zuerst musste man mit den Regierungs-
geldern „die Pumpe anwerfen". Vorübergehende Ausgaben sollten die Wirtschaft in
Gang bringen. Dann könnte sich die Regierung wieder zurückziehen.

Als die ersten Ausgaben die Arbeitslosigkeit nicht beseitigt hatten und die
starke wirtschaftliche Rezession von 1978/38 gefolgt war, entwickelte man die
Theorie von der „weltweiten Stagnation", um den andauernd hohen Stand der
Staatsausgaben zu rechtfertigen. Die Wirtschaft sei reif geworden, argumentierte
man. Die Möglichkeiten für Investitionen seien daher weitgehend erschöpft, und
neue Gelegenheiten würden sich kaum ergeben. Die einzelnen Menschen aber
wollten immer mehr sparen. Daher sei es für die Regierung wichtig, Geld aus-
zugeben und ein ständiges Haushaltsdefizit vorzutragen. Die Papiere, mit denen
man das Defizit finanzierte, würden es den Leuten möglich machen, Ersparnisse
zu sammeln, während die Ausgaben des Staates Arbeitsplätze schafften. Diese
Analyse ist durch neue theoretische Erkenntnisse stark in Misskredit geraten und
noch mehr durch die praktische Erfahrung, einschließlich der ganz neuen Wege
für private Investitionen, die sich die Vertreter der Theorie von der „weltweiten
Stagnation" nicht hätten träumen lassen. Doch hat die Idee eine Erbschaft hinter-
lassen. Die Idee selbst mag heute von niemandem mehr akzeptiert werden, die
Regierungsprogramme aber, die in ihrem Namen aufgenommen wurden, wie zum
Beispiel das vom „Anwerfen der Pumpe", geistern noch bei uns herum und sind
tatsächlich der Grund für die ewig wachsenden Staatsausgaben."

Im Jahr 2012 hatten die damaligen EU-Mitgliedstaaten zudem noch den Vertrag über
Stabilität, Koordination und Steuerung in der Wirtschafts- und Währungsunion (Fiskalvertrag) unterzeichnet (vgl. dazu BMF 2017). Der Vertrag zwischen den EU-Mitgliedstaaten besitzt ambitioniertere Schuldengrenzen als sie aus den Konvergenzkriterien
hervorgehen. Diese engeren Grenzen sind als Schuldenbremse jeweils in nationales
Recht auf Verfassungsebene umzusetzen. Die Bundesregierung hat die Schuldenbremse
im Grundgesetz als Art. 109 GG formuliert. In Art. 3 Abs. 3 GG heißt es: „Die Haushalte von Bund und Ländern sind grundsätzlich ohne Einnahmen aus Krediten auszugleichen." Konkret wird ein maximales jährliches Haushaltsdefizit in Höhe von 0,5 %
des BIP gefordert, während das entsprechende Konvergenzkriterium ein dreiprozentiges
Defizit akzeptiert.

Koch (2016, S. 1372): Optimaler Staatsumfang

Die gesellschaftliche Wohlfahrt wäre bei dem Budgetumfang maximiert, bei dem
der zusätzliche gesellschaftliche Nutzen aus einer weiteren Ausgabeneinheit gerade
der Nutzeneinbuße entspricht, die entsteht, wenn die zusätzliche Ausgabe aufgrund
von Steuern finanziert wird. Damit ergibt sich eine Begrenzung des Budgetvolumens

durch die Bereitschaft der Steuerzahler, auf Teile ihres Einkommens und damit auf private Bedürfnisbefriedigungsmöglichkeiten zu verzichten. Geht man von fallendem Grenznutzen bei zusätzlichen Ausgaben und steigendem negativen Grenznutzen im Sinne von Nutzeneinbußen bei zusätzlichen Steuern aus, kann aus der Differenz der Punkt abgeleitet werden, bei dem der Gesamtnutzen am größten ist: Dies ist dort der Fall, wo der marginale Nettonutzen gleich null ist. ◀

Alles in allem umfasst die öffentliche Finanzwirtschaft bzw. -politik ein sehr breites Feld. Die möglichen fiskalpolitischen Maßnahmen sind auf der Ausgabenseite ebenso vielfältig, wie sie auf der Einnahmenseite differenziert aufzugliedern sind. In diesem Kapitel wurden die Ausgaben nicht konkretisiert. Im Fokus standen primär die notwendigen Finanzierungsmaßnahmen und deren Wirkungen. Damit konnte verdeutlicht werden, dass fiskalpolitische Maßnahmen nicht nur zielgerichtet wirken, sondern dass ihre Folge- und Nebenwirkungen teilweise (über-)kompensierende Effekte hervorrufen. Eine entsprechende Debatte liefern ausführlich Krugman/Wells (2017, S. 879–882). Insbesondere die Steuerpolitik mit ihren Verteilungswirkungen ist diesbezüglich hervorzuheben.

4.1.3 Geldpolitik

Die *Geldpolitik* sichert einer Volkswirtschaft die Geld- und Kreditversorgung und zielt auf die Gewährleistung der Preisniveaustabilität. Damit wirkt sie auch positiv auf die Finanzmarktstabilität ein. In der **neoklassisch-monetaristischen Konzeption** steuert sie dazu die Geldmenge. Quantitätstheoretische Überlegungen in Abschn. 3.1.3 verdeutlichen, dass Inflation durch ein Geldmengenwachstum erreicht wird, welches größer ist als das realwirtschaftliche Wachstum. Allerdings kann die Geldpolitik, deren Hoheit gewöhnlich auf eine nationale Zentralbank übertragen wird, die Geldmenge nicht konkret steuern. Die Geldschöpfung der Zentralbank beschränkt sich allein auf das regelmäßige Monopol zur Bargeldproduktion und die Reserven, die Geschäftsbanken bei der Zentralbank unterhalten. Der größere Geldumfang wird durch die Geschäftsbanken im Kreditprozess als Sichteinlagen geschöpft. Die Geldpolitik muss deshalb Einfluss auf die Geldschöpfung gewinnen, um letztlich die Preisniveaustabilität gewährleisten zu können.

In der **keynesianischen Konzeption** soll die Geldpolitik die Fiskalpolitik alimentieren. In einer Rezessionsphase gilt es, ein niedriges Zinsniveau zu erreichen, in einer Boomphase ein hohes Zinsniveau. Weil im Keynesianismus der private Sektor als instabil angesehen wird, soll die diskretionäre Geldpolitik den privaten Sektor unterstützen, um die volkswirtschaftliche Nachfrage zu erhöhen.

Sinn (2015, S. 365) zu Zielen der Geldpolitik

„Geldpolitik ist nicht dazu da, dem Staat Einnahmen zu verschaffen, sondern dient ganz anderen Zielen. Genau deshalb sollte man bei der Abschätzung der Risiken des SMP [= Securities Market Programme – Anleihekaufprogramm des Eurosystems; Anmerkung des Verfassers] stets von einer gegebenen und anderweitig motivierten Ausweitung der Geldmenge und einem somit gegebenen Inflationsdruck ausgehen und sich anschließend überlegen, in welcher Form und mit welchen Risiken für wen eine solche Politik durchgeführt werden kann. Will man eine traditionelle Geldpolitik mit erstklassigen Pfändern und kurzen Kreditlaufzeiten, oder will man Staatspapiere aus Krisenländern kaufen? Wählt man die zweite Variante statt der ersten und gehen die Staatspapiere verloren, dann hat das unweigerlich negative Konsequenzen für den Steuerzahler. Auch das lässt sich schlechterdings nicht bestreiten."

Generell zählen zum geldpolitischen Instrumentarium gemäß Abb. 4.1 die Offenmarktpolitik, die Refinanzierungspolitik und die Mindestreservepolitik. Während die Offenmarktpolitik die Geldmenge und das Marktzinsniveau ziemlich direkt beeinflussen kann, wirken Refinanzierungspolitik und Mindestreservepolitik eher indirekt.

- *Offenmarktpolitik:* Zentralbanken greifen im Rahmen der Offenmarktpolitik durch Käufe und Verkäufe von Finanzkontrakten direkt in die Geld- und Kapitalmärkte ein. Dabei meinen Geldmärkte Märkte für Finanzkontrakte mit Laufzeiten bis zu einem Jahr. Alle längeren Laufzeiten werden an den Kapitalmärkten gehandelt. Durch Offenmarktgeschäfte beeinflussen Zentralbanken die Geldmengenentwicklung direkt, weil sie neu geschöpftes Geld direkt in Umlauf bringen. Angelsächsische Zentralbanken agieren primär über ihre Offenmarktpolitik, weil die börsenorganisierten Finanzmärkte ohnehin eine wichtigere Bedeutung im Finanzsystem besitzen. In Kontinentaleuropa herrschen dagegen Außenfinanzierungen über Kreditinstitute vor. Vor diesem Hintergrund hatte z. B. die Deutsche Bundesbank bis zum letzten Jahr (1998) ihrer geldpolitischen Hoheit die Refinanzierungspolitik in den Vordergrund ihres Instrumenteneinsatzes gestellt.
- *Refinanzierungspolitik:* Mit der Refinanzierungspolitik beeinflussen Zentralbanken die Kosten der Kreditproduktion für Kreditinstitute. Letztere können bei ihrer nationalen Zentralbank kurzfristige Kredite aufnehmen. Mit der Refinanzierungspolitik verändert eine Zentralbank ihre Bedingungen für solche Refinanzierungsgeschäfte von Kreditinstituten. Werden die Bedingungen erleichtert, können sich Geschäftsbanken günstiger Geld von der Zentralbank leihen und selbst entsprechend günstigere Kredite vergeben. Der Geldschöpfungsprozess kommt dadurch in Gang und die Geldmenge wächst et vice versa. Weil die Refinanzierungspolitik Geschäfte mit Kreditinstituten auf dem Markt für Zentralbankgeld darstellt, zählt sie eigentlich

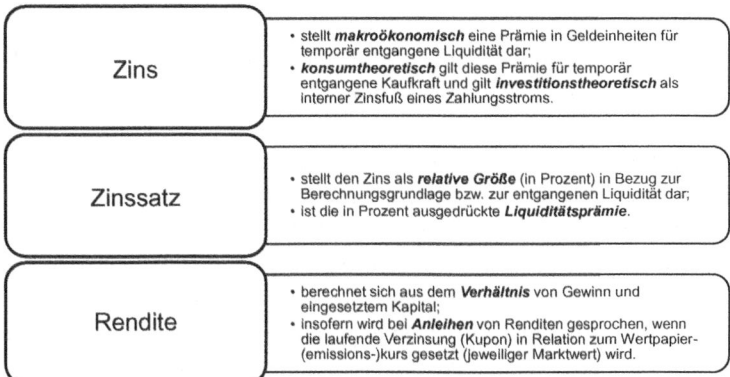

Abb. 4.5 Begriffsbestimmungen: Zins, Zinssatz und Rendite. (Quelle: Vgl. Gischer/Herz/ Menkhoff 2020, S. 88 f. sowie für viele Spremann/Gantenbein 2019, S. 98–102; eigene Darstellung)

auch zu den Offenmarktgeschäften. Offenmarktgeschäfte meinen allerdings allein Wertpapiergeschäfte an den Kapitalmärkten. Damit wird weiterhin der Strukturierung aus Abb. 4.1 nach Cassel/Thieme (2007) gefolgt, die sich vor allem auch in der angelsächsischen Literatur, z. B. in Krugman/Wells (2017, S. 928–931) und Mankiw (2017, S. 113 f.), wiederfindet und die Refinanzierungspolitik separiert. Der Grund dafür liegt in der zunehmenden Bedeutung der Anleihekaufprogramme des Eurosystems, sodass dieses geldpolitische Instrument explizit von den Refinanzierungsgeschäften differenziert werden muss. Stattdessen wird in einigen deutschen Lehrbüchern zur Geldpolitik das geldpolitische Instrumentarium immer noch derart gegliedert, dass die Anleihekaufprogramme gar nicht vorkommen können.
- *Mindestreservepolitik:* Zentralbanken fordern mit ihrer Mindestreservepolitik Kreditinstitute auf, einen vordefinierten Anteil ihrer Kundeneinlagen als unverzinste Reserven bei der Zentralbank zu hinterlegen. Erhöht eine Zentralbank den Mindestreservesatz, wird der Geldschöpfungsprozess der Geschäftsbanken restriktiver et vice versa.

Inzwischen haben die Zentralbanken der großen Industrienationen weitestgehend vom Versuch der direkten Geldmengensteuerung Abstand genommen. Sie fokussieren stattdessen eine direkte Inflationssteuerung über die Zinssteuerung. In diesem Zusammenhang sind die Begriffe Zins, Zinssatz und Rendite zu unterscheiden. Abb. 4.5 erklärt die Differenzen der Begriffe: Während der Zins eine Prämie temporär entgangener Liquidität bzw. Kaufkraft in Währung ausgedrückt darstellt, ist der Zinssatz eine relative Größe und drückt die Liquiditätsprämie in Prozent aus. Die Rendite ist dagegen eine Verhältniszahl aus Gewinn und eingesetztem Kapital. Bei Anleihen wird im Unterschied zu Bankdarlehen nicht vom Zins(-satz) gesprochen, sondern vom Kupon(-satz). Der Kupon ist also die laufende Verzinsung einer handelbaren Anleihe. Weil Anleihen Handelskurse aufweisen, berücksichtigt die Rendite einer Anleihe neben der Verzinsung auch den Kaufkurs. Nur wenn Kaufkurs und Rückzahlungskurs sowie Kuponsatz und Diskontierungsfaktor übereinstimmen, sind auch Kuponsatz und Rendite gleich. Die Rendite informiert über die Laufzeit der Anleihe hinweg die jeweilige Ist-Zeit-Bewertung des Wertpapiers durch Investoren.

Wenn eine Zentralbank über ihre Offenmarktpolitik Anleihen am Kapitalmarkt erwirbt, wirkt diese Nachfrage auf eine Verteuerung der Handelskurse der Anleihe hin. Neuinvestoren müssen jetzt zum Kauf der Anleihe mehr Kapital einsetzen. Weil sich der Kuponsatz bei einer festverzinslichen Anleihe nicht verändert, sinkt die Rendite dieses Wertpapiergeschäfts. Die Emittentin dieser Anleihe kann bei einer weiteren Emission ihren Kuponsatz an der Rendite der umlaufenden Anleihe ausrichten bzw. ihn absenken et vice versa. Eine expansive Offenmarktpolitik mit dem Ziel, das Marktzinsniveau abzusenken, wirkt demnach über die steigenden Kurse der gekauften Wertpapiere, weil deren Renditen sinken.

Staatsanleihen besitzen wegen des enorm großen Volumens einen signifikanten Markteinfluss. Sinken die Renditen von Staatsanleihen mit langen Restlaufzeiten, wirken diese Renditeentwicklungen auf das Gesamtmarktzinsniveau ein. Insofern ist eine Zentralbank nicht nur über die Refinanzierungspolitik in der Lage, das Marktzinsniveau zu beeinflussen, sondern auch und direkter über die Offenmarktpolitik. Vor diesem Hintergrund wundert es nicht, dass die Geldpolitik der großen Industriestaaten im aktuellen Niedrigzinsniveauumfeld zunehmend auf die Offenmarktpolitik setzt, um die Effizienz ihrer expansiven Geldpolitik noch zu gewährleisten.

Die Bundesrepublik Deutschland hat mit Beginn des Jahres 1999 die Souveränität der Deutschen Bundesbank in ihrer Geldpolitik auf das Eurosystem und letztlich das Europäische System der Zentralbanken (ESZB) übertragen. Dieses Handeln impliziert zwei Annahmen:

- Eine *staatliche* Zentralbank an sich ist sinnvoll und wird gegenüber einem privatwirtschaftlichen System der Geldversorgung und Sicherung der Geldwertstabilität vorgezogen! Gischer/Herz/Menkhoff (2020, S. 38–40) führen fünf Begründungsansätze für eine staatliche Zentralbank an:
  1. Geld wird als ein natürliches Monopol betrachtet. Je weiter verbreitet es genutzt wird, desto niedrigere Transaktionskosten fallen bei den Wirtschaftsakteuren an. Wechselkosten und Wechselkursrisiken bei unterschiedlichen Währungen werden vermieden.
  2. Im originären Keynesianismus wird die Geldpolitik ohnehin als Teil der staatlichen Stabilitätspolitik definiert.
  3. Nach dem Zweiten Weltkrieg ist die Geldordnung elementarer Bestandteil des ordoliberalen Wirtschaftssystems und damit ordnungspolitische Gestaltungsaufgabe.
  4. Die Monopolstellung einer staatlichen Zentralbank ermöglicht Einnahmen der Zentralbank durch die Zentralbankgeldschöpfung, die an den Staat abgeführt werden (= Seignorage). Diese Einnahmenquelle ist ein staatlicher Anreiz zur Monopolisierung des Geldwesens. In einer neueren institutionenökonomischen Überlegung ist Geld Gegenstand eines rationalen Vertragsverhältnisses.

> Eine staatliche Zentralbank besitzt in diesem Zusammenhang die institutionelle Voraussetzung zur Sicherung der Geldwertstabilität und damit der impliziten Verträge zwischen Wirtschaftseinheiten und Zentralbank.

- Ein *supranationales* Zentralbankensystem ist sinnvoller als eine nationale Zentralbank, zumindest aus deutscher Perspektive!

Die Deutsche Bundesbank ist seit 1999 lediglich ausführende Institution im Eurosystem. Das Eurosystem umfasst die Zentralbanken aller Staaten der Europäischen Union (EU), die bereits den Euro als Währung eingeführt haben, sowie die Europäische Zentralbank (EZB). Im Jahr 2018 haben bereits 19 von 27 EU-Staaten den Euro eingeführt. Das ESZB rekrutiert sich aus den Zentralbanken der Euro-Staaten sowie jener EU-Staaten, die den Euro noch nicht eingeführt haben. Das Eurosystem ist der maßgebliche Institutionenverbund mit der Hoheit über die zentrale Geldpolitik für alle Euro-Staaten. Damit besitzen 19 EU-Staaten eine einheitliche Währung und diese Europäische Währungsunion (EWU) bildet in Ergänzung um den EU-Binnenmarkt (bestehend seit 1992) mit einem zollfreien Außenhandel die Europäische Wirtschafts- und Währungsunion (EWWU).

Die Bedeutung der supranationalen Währung für Deutschland lässt sich über den Außenhandel (siehe Abschn. 4.1.4) begründen (vgl. Statistisches Bundesamt 2021): Der deutsche (Waren-)Außenhandel ist seit den 1950er Jahren durch einen Exportüberschuss gekennzeichnet. Vom gesamten deutschen Außenhandel wurden zuletzt allein innerhalb der Euro-Zone fast 40 % aller Importe und Exporte abgewickelt. Damit sind die EU-Staaten mit Euro-Währung die wichtigste Ländergruppe für den deutschen Außenhandel. Die zweitwichtigste Handelspartnergruppe waren EU-Staaten außerhalb der Euro-Zone mit jeweils rund 20 % der Importe und Exporte. Erst danach sind Asien, Europa außerhalb der EU, Amerika, Afrika und Australien/Ozeanien als Ländergruppen für den Außenhandel von Relevanz. Die wichtigsten Einzelstaaten im deutschen Exportgeschäft waren im Jahr 2020 die USA (103,8 Mrd. EUR), China (95,9 Mrd. EUR), Frankreich (91,0 Mrd. EUR) und sowie für Importe China (116,5 Mrd. EUR), Niederlande (88,3 Mrd. EUR) und die USA (67,7 Mrd. EUR). Vor dem Hintergrund des EU-Austritts Großbritanniens (siehe Abschn. 2.2 und 5.4) ist angemerkt, dass Großbritannien im Jahr 2020 mit 66,9 Mrd. EUR auf Position 5 im Ranking der wichtigsten Exportländer Deutschlands lag. Beim Import nahm Großbritannien dagegen nur Rang 11 mit 34,7 Mrd. EUR ein. Demnach betrug der deutsche Nettohandelsexport bzw. der Handelsbilanzüberschuss 32,2 Mrd. Euro. Im Vergleich zum Außenhandel mit der USA lag er nur weniger als 4 Mrd. EUR niedriger. Dieser Handelsbilanzüberschuss erklärt die große Bedeutung der britischen Volkswirtschaft für das deutsche gesamtwirtschaftliche Einkommen.Für Deutschland wird der Nutzen einer supranationalen Währung entsprechend über die Außenhandelsstatistiken deutlich. Erkennbar ist auch, dass eine Erweiterung der Euro-Zone bzw. des Eurosystems innerhalb der EU bzw. dem ESZB aus Sicht der deutschen Außenhandelsbeziehungen sinnvoll ist. Daran knüpft allerdings die Frage an, welche Determinanten die Funktionsfähigkeit einer Währungsunion bestimmen.

Die EU hatte sich in den 1990er Jahren dazu entschlossen, eine gemeinsame Währung einzuführen. Ein entscheidender Schritt dazu wurde im Jahr 1993 durch die Verabschiedung des *Vertrags über die Europäische Union* (=EU-Vertrag, Vertrag von Maastricht 1992, vgl. EU 2015a) vollzogen, der die Einführung der gemeinsamen europäischen Währung manifestierte und an ökonomische Bedingungen knüpfte. Inzwischen wurde der EU-Vertrag überarbeitet und um den *Vertrag über die Arbeitsweisen der Europäischen Union* (VAEU), der auch als Vertrag von Lissabon (2007) bezeichnet wird, erweitert (vgl. EU 2015b). Die Währungseinführung erfolgte zum Jahr 1999 und die Bargeldausgabe im Jahr 2002. Von diesem Zeitpunkt an galten die ehemals nationalen Währungen der EWU-Teilnehmerstaaten nicht mehr als gesetzliche Zahlungsmittel.

Frage: Optimaler Währungsraum

Sollte die Weltgemeinschaft eine Weltwährung einführen, um somit die ökonomische Globalisierung zu forcieren und weltweit positive Wohlstandseffekte zu generieren?

Bitte überlegen Sie sich Pro&Contra-Argumente, definieren Sie darauf aufbauend Kriterien für einen optimalen Währungsraum. Zu welchem Ergebnis kommen Sie: Weltwährung, ja oder nein?

Mit Beginn der sogenannten *dritten und letzten Stufe* auf dem Weg zur EWU im Jahr 1999 wurde die Verantwortung der nationalen Geldpolitiken aller EWU-Teilnehmerstaaten auf das Eurosystem übertragen, das insbesondere durch den EZB-Rat gesteuert wird. Zum EZB-Rat zählen alle PräsidentInnen/Vorsitzenden der nationalen Zentralbanken im Eurosystem und das EZB-Direktorium. Das Direktorium rekrutiert sich wiederum aus PräsidentIn, VizepräsidentIn und vier weiteren Direktoren. Neben dem Direktorium ist der EZB-Rat auf 18 Teilnehmer beschränkt. Weil seit 2015 insgesamt 19 Staaten Mitglieder der EWU sind, kommt es zum Rotationsprinzip.

Rotationsprinzip im EZB-Rat (Deutsche Bundesbank 2018)

„Als Rotationsprinzip im EZB-Rat wird eine Vereinbarung bezeichnet, die unter bestimmten Bedingungen den Grundsatz aufhebt, dass jedes Mitglied im EZB-Rat bei allen Entscheidungen ein Stimmrecht hat; an die Stelle dieses Grundsatzes tritt das Rotationsprinzip. Dieses Prinzip trat am 1. Januar 2015 mit der Einführung des Euro in Litauen in Kraft, da damit das 19. Land dem Euro-Währungsgebiet beigetreten war. Demnach werden die Zentralbanken entsprechend der Wirtschaftskraft und Größe des Finanzsektors ihrer Heimatländer in zwei Gruppen unterteilt. Die fünf „stärkeren Länder" (u. a. auch Deutschland) erhalten zusammen vier Stimmen, die monatlich rotieren. Die zweite Gruppe, die aus 14 oder mehr Ländern besteht, erhält elf Stimmrechte, die ebenfalls monatlich rotieren. Lediglich die sechs Mitglieder des EZB-Direktoriums behalten dauerhaft ihr Stimmrecht. Seit das Rotationsprinzip gilt, hat z. B. der Präsident der Deutschen Bundesbank jeden fünften Monat kein Stimmrecht im EZB-Rat; er kann aber an den Sitzungen und Diskussionen teilnehmen. Das Rotationsprinzip soll bewirken, dass die größeren Mitgliedsländer auch nach Aufnahme vieler kleinerer Länder in die Währungsunion bei Abstimmungen ein gewisses quantitatives Gewicht behalten. Ab 22 Mitgliedstaaten werden drei Gruppen gebildet, wobei die erste Gruppe unverändert bleibt. Die zweite Gruppe mit der Hälfte aller Länder erhält dann noch acht Stimmen und die dritte Gruppe mit den kleinsten Ländern erhält drei Stimmrechte."

Die EWU startete im Jahr 1999 zunächst mit elf Staaten (Belgien, Deutschland, Finnland, Frankreich, Irland, Italien, Luxemburg, Niederlande, Österreich, Portugal und Spanien). Großbritannien nimmt bis heute nicht an der EWU teil. Auslöser dafür war eine Fehlsteuerung in der Währungspolitik Anfang der 1990er Jahre, die den Staat in eine nachhaltig negative konjunkturelle Entwicklung führte. Sie konnte erst durch ein Währungsspekulationsgeschäft eines US-amerikanischen Hedge Fonds gestoppt werden. Von da an entwickelte sich die britische Wirtschaft wieder positiv.

Information: Währungsspekulationsgeschäfte mit dem britischen Pfund – Geroge Soros
Vgl. dazu Dittmer (2015) unter der URL:
    „https://www.n-tv.de/wirtschaft/Gescheiterter-Philosoph-und-milliardenschwerer-Investor-George-Soros-Der-Mann-der-die-britische-Zentralbank-knackte-article15701621.html"
    (Abruf der WWW-Seite am 28. Juni 2018).

Das britische Beispiel verdeutlicht schnell, dass es sich bereits bei der Staatengruppe, die den Euro 1999 ursprünglich einführen wollte (also auch mit Großbritannien), um *keinen optimalen Währungsraum* handelte. Denn die Volkswirtschaften waren in ihrer Wachstumsdynamik stets zu unterschiedlich. Die Einführung des EU-Binnenmarktes zielte zwar auf eine Kompensation dahin gehend ab, dass eine ausgeprägte Mobilität der Produktionsfaktoren ermöglicht wurde. Dennoch waren die fiskalischen Unterschiede zwischen den Ländern nach wie vor groß und damit auch die Marktzinsdifferenzen. Eine Währungsunion bedarf jedoch eines homogenen Marktzinsniveaus, schließlich ist es dem Währungssystem einer Währungsunion ansonsten nicht möglich, mit einer einheitlichen Zinspolitik über alle Mitgliedstaaten hinweg eine effiziente Geldpolitik zu betreiben. Der ursprüngliche EU-Vertrag von Maastricht nannte daher in Artikel 109j folgende ökonomische Bedingungen zum Eintritt in die EWU (EU 2015a), die als Konvergenzkriterien bezeichnet werden (vgl. Art. 140, Abs. 1 VAEU), und eine fiskalische Homogenisierung über alle EWU-Mitgliedstaaten hinweg garantieren sollte (vgl. ECB 2015):

- *Keine übermäßigen öffentlichen Defizite:* Die genauen Feststellungen von „übermäßigen Defiziten" obliegt gemäß Art. 126 Abs. 6 VAEU auf Vorschlag der Europäischen Kommission dem Europäischen Rat. Grundsätzlich gelten gemäß Protokoll (Nr. 12) über das Verfahren bei einem übermäßigen Defizit (= Defizit-Protokoll) folgende Grenzwerte:
  - *Neuverschuldung:* Das jährliche Haushaltsdefizit eines Landes bezogen auf das nominelle Bruttoinlandsprodukt darf nicht über einen Wert von 3,0 % hinausgehen.
  - *Schuldenstand:* Der Schuldenstand eines Landes bezogen auf das nominelle Bruttoinlandsprodukt darf nicht über einen Wert vom 60,0 % hinausgehen.
- *Inflation:* Die durchschnittliche Inflationsrate darf höchstens 1,5 Prozentpunkte über jener der drei preisstabilsten Mitgliedsstaaten liegen (es sei denn, die Quote ist signifikant rückläufig).
- *Zinsniveau:* Der langfristige Nominalzins innerhalb eines Jahres darf höchstens 2,0 Prozentpunkte über jenem der drei preisstabilsten Mitgliedsstaaten liegen (es sei denn, die Quote ist signifikant rückläufig).
- *Wechselkurs:* Die Bandbreiten des Wechselkursmechanismus des Europäischen Währungssystems müssen seit mindestens zwei Jahren ohne Währungsabwertung eingehalten worden sein.

Diese Konvergenzkriterien sollen zum Eintritt in die EWU und über die Zeit der Mitgliedschaft eingehalten werden. Allerdings wurden sie aufgrund der Öffnungsklauseln vielfach bereits überschritten oder gar nicht erst einmal eingehalten. Deutschland z. B. war Anfang des 21. Jahrhunderts der erste Euro-Staat, der eine höhere Neuverschuldung als 3,0 % auswies. Es folgte direkt Frankreich. Aber die Europäische Kommission unterließ es, gegen die beiden Staaten ein offizielles Defizitverfahren einzuleiten. Als Griechenland im Jahr 2001 dem Eurosystem beitrat, hatte es nicht einmal den notwendigen Staatsschuldenstand erreicht. Wenn die Staaten einer Währungsunion *zum einen* keinen optimalen Währungsraum bilden, *zum anderen* auch nicht die kompensierenden Konvergenzkriterien einhalten, überrascht es nicht, dass sich die Euro-Zone seit dem Jahr 2010 mit massiven politischen Problemen beschäftigen muss.

Das ESZB insgesamt, das Eurosystem insbesondere sowie die EZB speziell haben einen präzisen EU-vertraglich fixierten Aufgabenfokus (= Primärziel), nämlich die Sicherung der Preisniveaustabilität innerhalb der Mitgliedsstaaten. Hierin unterscheidet sich das Eurosystem von den meisten Zentralbanken anderer Industriestaaten, deren Zielsetzungen zumeist eine gleichberechtigte Einflussnahme auf die Arbeitsmärkte fordern. Doch im *Protokoll (Nr. 4) über die Satzung des Europäischen Systems der Zentralbanken und der EZB* (= EZB-Satzung; vgl. EU 2015c) heißt es wörtlich: „(V)orrangiges Ziel des ESZB [ist es], die Preisstabilität zu gewährleisten. Soweit dies ohne Beeinträchtigung des Zieles der Preisstabilität möglich ist, unterstützt das ESZB die allgemeine Wirtschaftspolitik in der Union, um zur Verwirklichung der in Artikel 3 des Vertrags über die Europäische Union festgelegten Ziele der Union beizutragen".

Nur wenn die Preisniveaustabilität nicht gefährdet wird, darf die Geldpolitik im Eurosystem z. B. Einfluss auf die Arbeitsmarktentwicklung ausüben (vgl. Art. 3 des EU-Vertrags). Um ihre Ziele zu erfüllen, hat das Eurosystem hat gemäß Art. 3 EZB-Satzung
folgende wesentliche Aufgaben:

- *Einheitliche Geldpolitik:* Bezogen auf das Primärziel dient die einheitliche Geldpolitik im Eurosystem in besonderem Maße der Sicherung von Preisniveaustabilität.
  Hierzu steht dem Eurosystem ein breites geldpolitisches Instrumentarium zu Verfügung, über dessen Einsatz der EZB-Rat auf Vorschlag des EZB-Direktoriums entscheidet. Häufig wird daher auch synonym für das Eurosystem allein von der EZB
  und ihrer Geldpolitik gesprochen. Wenn es auch inhaltlich begründbar wäre, ist diese
  institutionenfokussierte Ausdrucksweise EU-vertraglich nicht korrekt.

Es herrscht eine Vielzahl geldpolitischer Interventionsmöglichkeiten des Eurosystems an den Finanzmärkten. Seit dem Jahr 2008 zeichnet sich die Geldpolitik im
Eurosystem vor allem durch eine Niedrigzinspolitik und Vollzuteilungspolitik aus –
demnach erhalten alle Finanzinstitutionen dasjenige Liquiditätsvolumen, das sie
einfordern. Eine quotierte Zuteilung in Abstimmung mit einer geplanten Liquidi-
tätsmenge bzw. einem erwarteten Geldmengenwachstum existiert seit Jahren nicht
mehr. Das Marktzinsniveau wird in erster Linie durch die Offenmarktgeschäfte beeinflusst. Bislang war die Steuerung der Hauptrefinanzierungsgeschäfte das wichtigste
Instrument. Den Zinssatz, den das Eurosystem für die Hauptrefinanzierung der
Geschäftsbanken über die Zentralbanken anbieten, wird gemeinhin auch als *Leitzinssatz* bezeichnet.

Neben der direkten Zinssteuerung zur Gewährleistung der Preisniveaustabilität
(= Inflation Targeting) führt die EZB im Rahmen ihrer Zwei-Säulen-Strategie auch
monetäre Analysen zur Geldmengensteuerung durch. Das Geldmengenziel der EZB
liegt bei +4,5 % p. a., wurde aber bis zum Jahr 2008 massiv überschritten und seitdem unterschritten, wie im Weiteren noch detailliert aufzuzeigen ist. Vor diesem
Hintergrund kann die Geldpolitik und Leitzinssteuerung im Eurosystem keinesfalls
als nachhaltig geldmengensteuernd angesehen werden. Darüber hinaus kauft das
Eurosystem seit April 2015 Staats- und Unternehmensanleihen der Euro-Staaten im
Umfang von rund zwei Billionen Euro. Dieser signifikante Liquiditätszufluss in die
Finanzmärkte übersteigt den Wirkungsgrad der Hauptrefinanzierungsgeschäfte deut-
lich (vgl. hierzu weiter unten ausführlich).

Alles in allem muss der Geldpolitik im Eurosystem ein massiver Strategiewechsel
seit dem Jahr 2008 zugeschrieben werden, der zumindest die Nachhaltigkeit infrage
stellen lässt, wie das Eurosystem das Primärziel verfolgt. Schließlich wird die
übermäßige Liquidität in den Märkten ab einem gewissen Zeitpunkt zum verstärkten
Geldmengenwachstum und damit zu Inflationsgefahren führen.

- *Devisengeschäfte sowie Unterhaltung und Verwaltung der offiziellen Währungs-reserven der Mitgliedstaaten:* Zwar gehört die Wechselkurssteuerung nicht zur Aufgabe des Eurosystems. Dennoch unterhalten die Zentralbanken Devisenreserven, um gegebenenfalls Einfluss auf die Wechselkursentwicklung nehmen zu können.
- *Förderung des innereuropäischen Zahlungsverkehrs:* Das Eurosystem betreibt ein innereuropäisches Zahlungsverkehrssystem für den supranationalen unbaren Zahlungsverkehr (TARGET2). TARGET (= Trans-European Automated Realtime Gross settlement Express Transfer) dient der Überweisungsabwicklung in Echtzeit und wurde im Jahr 1999 eingeführt. Eine Weiterentwicklung zu TARGET2 zeichnet sich durch eine vollständige Harmonisierung über alle Mitgliedsstaaten im Eurosystem aus und wurde im Jahr 2007 implementiert. Im Rahmen der Staatsschuldenkrise der Euro-Staaten seit dem Jahr 2010 kam es insbesondere bei der Deutschen Bundesbank zu einem signifikanten TARGET2-Saldo in Höhe von über 700 Mrd. EUR aufgrund von Zahlungsverzögerungen der übrigen Zentralbanken im Eurosystem. Insbesondere Sinn/Wollmershäuser (2011) haben frühzeitig auf die Gefahr hingewiesen, dass im Fall eines Austritts eines Euro-Staates aus dem Eurosystem aus den aufgelaufenen Salden offene Forderungen werden könnten. Demnach schlummere in diesen Salden eine enorme Gefahr, die noch immer nicht gebannt sei. Im Juli 2020 überschritt der TARGET2-Saldo der Deutschen Bundesbank erstmals die Grenze von einer Billion EUR (vgl. Deutsche Bundesbank 2021).
- *Finanzmarktaufsicht:* Die Finanzmarktaufsicht des Eurosystems beschränkte sich bis zum Jahr 2014 auf die Beteiligungen der nationalen Zentralbanken an der nationalen Finanzmarktaufsicht. Seit dem Jahr 2015 besitzt die EZB eine ergänzende Aufgabe in der Form, dass sie die Bankenaufsicht der 130 nach der Bilanzsumme größten Geschäftsbanken im Eurosystem übernommen hat. In Deutschland wacht daher die EZB auch über die größte Sparkasse, die Hamburger Sparkasse (Haspa), und die größte Kreditgenossenschaft, die Deutsche Apotheker- und Ärztebank eG (apobank). Diese Erweiterung der EZB-Kompetenzen wurde nicht ohne Kritiken verfolgt, schließlich könnte die EZB in Interessenskonflikte geraten, wenn sie einerseits Kreditinstitute beaufsichtigt und gegebenenfalls wegen Unterkapitalisierung schließen müsste und andererseits mit ihrer Geldpolitik das Finanzsystem bzw. Eurosystem aufrechterhalten und das Preisniveaustabilität sichern muss. Die Schließung von Kreditinstituten kann aber zur Instabilität des Finanzsystems führen.
  Im Sommer 2015 war dieses Dilemma bereits in Griechenland zu erleben: Obwohl die EZB griechische Großbanken nach dem Scheitern der Verhandlungen über die Auszahlung der letzten Tranche des zweiten sogenannten Rettungspakets zumindest nicht mit Sicherheit mit Notkrediten existenziell hätte unterstützen dürfen, tat sie es uneingeschränkt weiter. Kritiker sahen in diesem Sachverhalt ein Überschreiten des satzungsmäßigen Auftrags des Eurosystems und der EZB (vgl. z. B. Hellwig 2015).

Marktinformation

Das Eurosystem forciert seit dem Jahr 2008 ein massives Absinken des Marktzins-niveaus. Diese inzwischen als Niedrigzinsniveau bezeichnete Zinslandschaft inner-halb der Euro-Staaten wird u. a. durch die Leitzinspolitik des Zentralbanksystems beeinflusst. Zu den Leitzinsen zählen neben zwei Refinanzierungszinssätzen auch ein Einlagezinssatz (Datenquelle im Weiteren: Deutsche Bundesbank 2021). Der Zinssatz dieser Einlagefazilität beträgt seit dem 11. Juni 2014 einen negativen Wert, zunächst noch in Höhe von −0,10 % (gemäß Beschlusses EZB-Rates vom 05. Juni 2014), ab dem 16. März 2016 −0,40 % (gemäß Beschluss des EZB-Rates vom 10. März 2016) und seit dem 18. September 2019 -0,50 % (gemäß Beschluss des EZB-Rates vom 12. September 2019).

Eine derart expansive Geldpolitik des Zentralbanksystems führt zum einen generell zu Liquiditätsüberflüssen im Wirtschaftssystem und zum anderen zu Geldanlagekosten für Unternehmen. Seit dem Jahr 2017 gibt schließlich eine Großzahl an Kreditinstitute negative Einlagezinssätze an ihre Kunden weiter. So werden in Kögler (2017, S. 77) verschiedene Kreditinstitute wie folgt zitiert: (1) BayernLB: „Bei Unternehmenskunden mit hohen Einlagen geben auch wir im Regelfall die von der EZB erhobenen Negativzinsen weiter." – (2) Helaba: „Die Helaba ist 2016 dazu übergegangen, kurzfristige Geldanlagen von Kunden […], die über die normalen Zeiten üblicherweise gehaltene Liquidität hinausgehen, unter Berücksichtigung der bestehenden Kundenbeziehung mit einem Negativzins zu bepreisen."

Die Situation auf Unternehmensseite wird wie folgt zusammengefasst: „Gegen-über FINANCE äußern einige Finanzverantwortlichen ihren Unmut, wenn auch lieber anonym. Für die Banken, die Strafzinsen weitergeben, haben sie zwar noch Verständnis, für die Entscheidung der Europäischen Zentralbank aber nicht. ‚Die Geldpolitik führt dazu, dass wir in Zeiten eines zinslosen Risikos leben', beschwert sich ein Finanzer. Ein anderer kommentiert resigniert: ‚Es ist eine Situation wider die finanzmarktwirtschaftliche Logik'. Damit müssen sich wohl alle noch für einige Zeit abfinden." (Kögler 2017, S. 79)

Abb. 4.6 informiert über die Refinanzierungspolitik des Eurosystems im Vergleich zu jener der US-amerikanischen Zentralbank für die Zeit von Januar 1999 bis November 2020 2018. Abgetragen sind hier die sogenannten Leitzinsen der Zentralbanken, die sich allerdings inhaltlich deutlich unterscheiden. Insofern werden in Abb. 4.6 durchaus „Äpfel mit Birnen" vergleichen. Dennoch wird dieser Logik gefolgt, weil beide Leit-zinsen für ihre Märkte das zentrale Zinssteuerungsinstrument darstellen.

Zunächst sind diese Leitzinsen zu definieren:

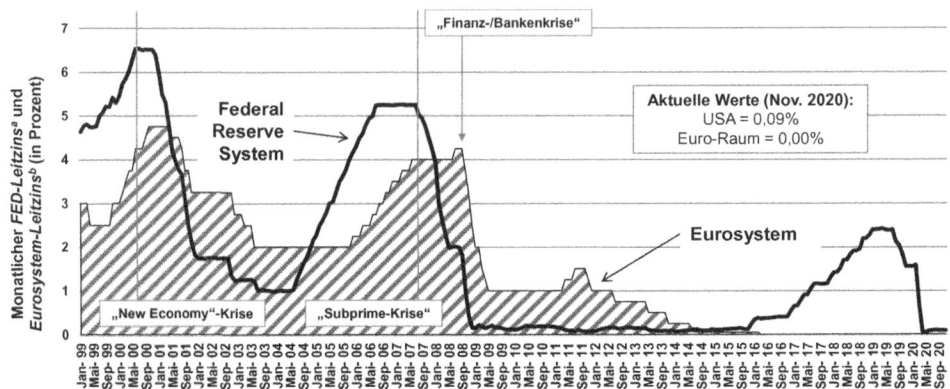

Abb. 4.6 Leitzinssätze in den USA[a] und im Euro-Raum[b] für Januar 1999 bis Mai 2018.
[a]FED = Federal Reserve System; Federal funds effective rate, Monatswerte (p. a.). [b]Eurosystem-
Zinssatz für Hauptrefinanzierungsgeschäfte (p. a.) (Datenquelle: Deutsche Bundesbank 2021; FED
2020; eigene Darstellung)

- *Eurosystem:* Der Hauptrefinanzierungszinssatz (Leitzinssatz) ist ein Angebots-
  zinssatz des Eurosystems an die angeschlossenen Geschäftsbanken für kurzfristige
  Kredite. Die Laufzeit dieser revolvierenden Kredite beträgt aktuell sieben Tage. Es
  handelt sich hierbei gewöhnlich um besicherte Kredite, die entsprechend mit Wertpapieren bester Bonität hinterlegt sind. Seit dem Jahr 2008 hat das Eurosystem
  die Refinanzierungsbedingungen massiv vereinfacht: Bonitätsanforderungen zur
  Besicherung sind abgesenkt, das Refinanzierungsvolumen nicht mehr gedeckt und
  teilweise wurden auch Jahreszinsbindungen zur Refinanzierung zugelassen. Abb. 4.6
  verdeutlicht die Entwicklung des Refinanzierungszinssatzes des Eurosystems. Seit
  dem Jahr 2015 wird die Refinanzierungspolitik durch ein Anleihekaufprogramm
  ergänzt. Die Effektivität der Refinanzierungspolitik im Niedrigzinsniveau wurde nicht
  mehr ausreichend eingeschätzt.
- *US-amerikanisches Finanzsystem:* Das Federal Reserve System (nochmals kurz: die
  Fed als US-Zentralbank) der USA besteht aus dem Board of Governors und zwölf
  regionalen Zentralbanken. Geldpolitische Entscheidungen werden allerdings im
  Federal Open Market Committee gefällt, das aus dem Rat der Gouverneure und fünf
  der Präsidenten der regionalen Zentralbanken besteht. Die Fed agiert grundsätzlich
  über die Offenmarktpolitik. Ihr Leitzinssatz ist die Federal Funds Rate, der Zinssatz,
  zu dem sich amerikanische Banken am Geldmarkt untereinander Liquidität sichern. Im
  Unterschied zum europäischen Hauptrefinanzierungszinssatz handelt es sich bei der
  Federal Funds Rate nicht um einen Kreditangebotszinssatz, sondern um einen Zinssatz
  am Geldmarkt. Das Federal Open Market Committee benennt einen Zinskorridor als
  Zielgröße (Leitzinssatz), den die Händler der regionalen Federal Reserve Bank of New
  York durch Offenmarktgeschäfte in der Folgeperiode erreichen werden. In Abb. 4.6
  sind die realisierten Monatsdurchschnittswerte abgetragen, nicht die Zielkorridore.

Zu erkennen ist in Abb. 4.6 zum einen eine allgemeine Politik des Eurosystems, die jener des US-amerikanischen Zentralbanksystems zeitlich nachgelagert und in den Schwankungen zwischen Höchst- und Niedrigzinssatz abgeschwächt ist. Im Zuge des Booms an den börsenorganisierten Eigenkapitalmärkten insbesondere für Technologiewerte bis zur Jahrtausendwende erhöhte die Fed ihren Leitzinssatz bis zum damaligen Zeitpunkt der Börsenhöchststände zur Jahresmitte 2000 und senkte ihn ab 2001 drastisch. Erst Mitte 2004 erhöhte die Fed den Leitzinssatz, und zwar wiederum drastisch, was unter anderem zum Kollaps der Subprime-Immobilienfinanzierungen in den USA und damit letztlich zur Weltwirtschaftskrise führte.

Auf diese Krisensituation reagierte das US-amerikanische Zentralbanksystems ab Mitte 2007 mit einer historisch extremen Zinssenkung bis Ende 2008 auf nahezu null Prozent. Ab Oktober 2008 reduzierte das Eurosystem (wie auch alle weiteren Zentralbanken der großen Industriestaaten) den Leitzinssatz drastisch, aber nur bis auf ein Prozent ab Mai 2009. Die Zentralbanken reagierten damit auf die Weltwirtschaftskrise mit demselben Instrumentarium, mit dem sie die Weltwirtschaft zuvor in die Krise geführt hatten – nur jetzt war die Entscheidung zur expansiven Geldpolitik von einer vielfach expansiveren Politik geprägt. Seit Dezember 2015 erhöhte die FED die Federal Funds Rate wieder nach oben über die 2 %-Marke. Dagegen verharrt der Hauptrefinanzierungszinssatz im Eurosystem seit März 2016 bei 0,0 %. Im Jahr 2020 reagierte auch die FED wieder mit einer Absenkung der Federal Fund Rate in Richtung 0 %-Marke, um die ökonomischen Verwerfungen aus US-Wirtschaftspolitik innerhalb der Corona-Pandemie abzufedern.

Handelsblatt, 01. Juni 2017, Nr. 105, S. 29

US-GELDPOLITIK

Wandel mit Schmerzen.

Die US-Notenbank (Fed) hat die Wende in der Geldpolitik bereits hinter sich, und die Erfahrungen aus den USA zeigen, welche Gefahren das Umkehrmanöver birgt. Im Juni 2013 sprach Fed-Chef Ben Bernanke zum ersten Mal davon, dass in absehbarer Zeit die Anleihekäufe auslaufen sollten. Die Märkte nahmen die Ankündigung sehr ernst und reagierten überrascht und heftig – diese Reaktion ist in den USA seitdem unter dem Schlagwort „taper tantrum" bekannt.

Die Zinsen stiegen relativ stark, der Dollar-Kurs zog an, die Schwellenländer gerieten zum Teil deutlich unter Druck, weil sie auf Dollar-Kredite oder Lieferungen in US-Währung angewiesen sind. Der Fed gelang es aber in den kommenden Monaten, die Märkte wieder zur beruhigen. Seither hat der Prozess der Normalisierung keine wirklich großen Verwerfungen an den Märkten mehr hervorgerufen.

[…]

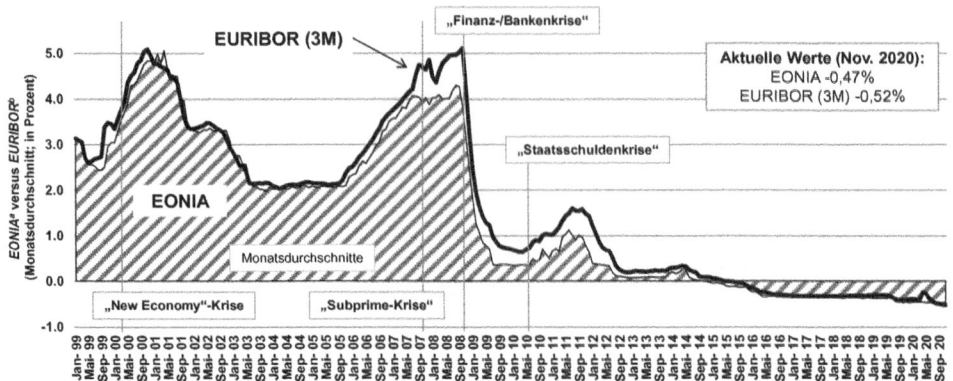

Abb. 4.7 Entwicklungen von EONIA[a] und EURIBOR (3M)[b] für Januar 1999 bis November 2020. [a]EONIA (Euro Overnight Index Average) = Offizieller von der Europäischen Zentralbank für den Euro am Interbankenmarkt für unbesicherte Übernachtkontrakte berechneter Tagesgeldzinssatz (p.a.). [b]EURIBOR (Euro Interbank Offered Rate) = Zinssatz (p.a.) für Termingeldgeschäfte in Euro; 3M = Dreimonatsgeld. (Datenquelle: Deutsche Bundesbank 2021; eigene Darstellung)

> Dieses Programm wird wahrscheinlich im kommenden Jahr voll in Kraft treten und könnte 2021 zum Stillstand kommen – erst dann wäre eine neuer „Normalzustand" erreicht. Die Frage ist nur, ob bis dahin eine neue Rezession aufzieht und möglicherweise die Fed dazu zwingt, die Normalisierung zu unterbrechen.
>
> Die Europäische Zentralbank steht im Vergleich etwa da, wo die Fed sich im Frühjahr 2013 befunden hat. Sie liegt also vier Jahre zurück. Und gemessen an den heutigen Projektionen für die Fed könnte die völlige Normalisierung erst in acht Jahren erreicht werden.
>
> *Wiebe, Frank*

Warum stellten die Zentralbanken den Geschäftsbanken so günstig bzw. in derart großem Ausmaß Liquidität bereit? Eine Antwort liefert Abb. 4.7 am Beispiel des Interbankenmarkts in Frankfurt am Main. Visualisiert sind hier die zwei Zinssätze, zu denen die Großbanken am Finanzplatz Frankfurt am Main für das Euro-Zeitfenster ab Januar 1999 bis November 2020 Liquidität sichern. Der EONIA (= Euro Overnight Index Average) ist der offiziell von der Europäischen Zentralbank für den Euro am Interbankenmarkt für unbesicherte Übernachtkontrakte berechneter Tagesgeldzinssatz (p. a.). Der EURIBOR (= Euro Interbank Offered Rate) ist der entsprechende Zinssatz (p. a.) für Termingeldgeschäfte in Euro (3M = Dreimonatsgeld).

Beide Zinssätze am Interbankenmarkt unterscheiden sich also durch die Laufzeit, Tagesgeld vs. Dreimonatsgeld. Abb. 4.7 lässt erkennen, dass der EURIBOR von Anfang des Jahres 1999 bis Mitte 2007 nur durch geringe Risikoaufschläge gegenüber dem

EONIA charakterisiert war. Beide Zinssätze variierten etwa im Zinskorridor von 2 % bis 5 %. Mit Ausbruch der US-Subprime-Krise stiegen die Risikoaufschläge drastisch an. Der Höchstwert wurde im Oktober 2008 mit einem Spread in Höhe von 1,28 % erreicht. Dieser Monat war noch geprägt durch die Insolvenz der US-amerikanischen Investment-Bank Lehman Brothers Holdings Inc. im September zuvor.

Im Rahmen des Subprime-Booms und der später ebenfalls boomenden Immobilien-märkte in Spanien, Portugal, Irland und Großbritannien wurden Bankforderungen aus Immobilienfinanzierungen verbrieft und neu strukturiert. Entsprechend neu kreierte Wertpapiere waren international platziert. Mit dem Einbruch der bis dato positiven Immobilienpreisentwicklungen an den entsprechend boomenden Märkten kam es auch zum Kursverfall der neuen strukturierten Wertpapiere. Viele Kreditinstitute hatten massive Abschreibungen zu beklagen, einige wurden insolvent (z. B. Lehman Brothers Holdings Inc.), andere wurden vom Staat kapitalisiert, um die Insolvenz zu vermeiden (z. B. Commerzbank AG). Diese Entwicklungen führten zu großem Misstrauen am Inter-bankenmarkt, sodass die Risikoprämien allein für den EURIBOR (3M) gegenüber dem EONIA von 0,33 Prozentpunkte im Februar 2008 auf 1,28 Prozentpunkte im Oktober 2008 anstiegen.

Vor diesem Hintergrund reagierten die Zentralbanken weltweit mit den massiven Liquiditätszufuhren in die Bankenmärkte, um einen Kollaps des weltweiten Finanz-systems zu verhindern. Neben den Leitzinssatzsenkungen (vgl. Abb. 4.6) zählen im Eurosystem insbesondere die Unbegrenztheit der Liquiditätszusagen und die Auf-weichung der Sicherheitenanforderungen für Hauptrefinanzierungsgeschäfte. Dagegen setzte die US-amerikanische Zentralbank bereits im Jahr 2008 auf eine massive Aus-weitung der Offenmarktgeschäfte und führte ein Anleihekaufprogramm ein, mit dem sie monatlich in Höhe von 80 Mrd. US$ US-Staatsanleihen aufkaufte. Das Programm lief offiziell im Jahr 2014 aus und wurde im Jahr 2020 wieder gestartet.

▶ **Überlegung: Unterstützt oder gefährdet das Eurosystem deutsche Wohnungsbaukreditgeschäfte? – eine Überarbeitung des Beitrags Knüfermann (2012)**
Spätestens mit dem kollektiven Verhalten der Zentralbanken führender Industriestaaten im Jahr 2008 zur Vermeidung eines Zusammenbruchs des Weltfinanzsystems stehen die Geldpolitik bzw. das Handeln und die Entscheidungen der Zentralbanken im Fokus der Medienberichterstattung – auch in Deutschland. Die damals nicht prognostizierbaren Konsequenzen der Insolvenz einer international bedeutenden US-Investmentbank hatten die Zentralbanken in den USA, Großbritannien, Euro-Europa und Japan dazu veranlasst, die Finanzmärkte mit größtmöglicher Liquidität auszustatten. Geld wurde definitiv nicht mehr knapp, sodass es keinen Grund für Vertrauensängste an den Interban-kenmärkten mehr gab (vgl. Abb. 4.7). Kreditinstitute wurden auf diese spektakuläre Weise von einer Liquiditätskrise verschont und das weltweite Finanzsystem (bis heute) gerettet.

Seit 2008 gelten Zentralbanken in der öffentlichen Wahrnehmung als Krisen-
retterinnen. Trotzdem haben sich innerhalb des Eurosystems zwei Fronten
gebildet: Auf der einen Seite die Europäische Zentralbank (EZB) mit einer
maximal expansiven Geldpolitik nahe der Staatsfinanzierung. Auf der anderen
Seite die Deutsche Bundesbank im kulturell monetaristischen Kontext einer
strikt auf die Geldwertstabilität ausgerichteten Institution.

An dieser Stelle möchte ich als monetaristisch geprägter Volkswirt keine geldpolitische Debatte führen und aufzeigen, warum ich die Position der Bundesbank
theoretisch und auftragsbasiert fundiert sehe. Vielmehr interessiert mich eine andere
makroökonomisch in diesen Zeiten neu zu beantwortende Fragestellung: Gefährdet
die Deutsche Bundesbank mit ihrem monetaristischen Kampf gegen die Politik des
Eurosystems das aktuelle Wachstum im deutschen Wohnungsbaukreditgeschäft?

Kurz: Ja, das tut sie! Das Wachstum im privaten Wohnungsbaukreditgeschäft
korreliert negativ mit der Entwicklung der Mietquote (= Anteil der zur Miete
lebenden Haushalte an der Gesamthaushaltszahl) eines Staates. Die Mietquote
wird makroökonomisch betrachtet durch zwei Faktoren determiniert: einerseits
durch die *Kapitalkosten* (positiver Zusammenhang) und andererseits durch die
Konjunktur (negativer Zusammenhang).

Die *Kapitalkosten* der Bautätigkeit wirken auf die Attraktivität von Wohnungsbauinvestitionen negativ ein. Somit entstehen drei relevante Wirkungen auf die
Mietquote: Sinken die Kapitalkosten, werden z. B. (Modernisierungs-)Investitionen
für Bestandshalter attraktiver. Demnach forcieren geringere Kapitalkosten eine
geringere Leerstandsquote, verhindern die Mieterfluktuation in Richtung Wohneigentumserwerb und die gesamtwirtschaftliche Mietquote steigt – zunächst. Aber:
Geringe Kapitalkosten ermöglichen ebenfalls Mietern den finanziell günstig fremd-
kapitalfinanzierten Wohneigentumserwerb. Was kapitalseitig für Wohnungsunternehmen gilt, wirkt sich auch auf Privatinvestoren aus. Wenn geringe Kapitalkosten
für Wohnungsbauinvestitionen durch die Zentralbanken forciert werden sollen,
werden Zentralbanken den jeweiligen Leitzinssatz absenken. Geschäftsbanken
können sich auf diese Weise zu Niedrigzinsen refinanzieren und somit günstige
Konditionen an Investoren weitergeben. In diesem Fall intensiviert sich die private
Investitionstätigkeit in den eigengenutzten Wohnungsbau und die Mietquote sinkt.

Die entsprechenden Investitionstätigkeiten von Wohnungsunternehmen
und privaten Investoren in den Wohneigentumserwerb kann einen (nur) kurzfristig die Konjunktur stimulierenden positiven Nachfrageeffekt nach sich
ziehen. Positive *Konjunkturentwicklungen* steigern die verfügbaren Haushaltseinkommen und forcieren damit abermals private Investitionen in den eigengenutzten Wohnungsbau. Der o. g. positive Effekt auf die Mietquote dürfte jetzt
geldpolitisch forciert überkompensiert sein, sodass per saldo die Mietquote sinkt.

Satzungsmäßiges (in der Stabilitätskultur der früher selbstständigen Bundesbank stehendes) Primärziel der EZB ist jedoch die Sicherung der Geldwertstabilität, keinesfalls kurzfristige Konjunkturimpulse zu setzen. Eine expansive

Geldpolitik bzw. die intensivierte Kreditvergabe im Finanzsystem führt zur Geld-
(mengen-)schöpfung. Seit rund zweihundert Jahren wissen Volkswirte unbestreit-
bar (weil es sich nicht um einer Forschungserkenntnis handelt, sondern um eine
Bestandslogik), dass die Geldmenge nur in Relation zum durchschnittlichen Wirtschaftswachstum wachsen darf, ohne Inflation zu forcieren. Wenn also der Kreditprozess zentralbankforciert ausufert, reduzieren Zentralbanken aus Angst vor
(eigeninitiierter) Inflation mittelfristig die Geldmenge wieder und schränken die
Kreditvergabe ein. Ergo werden Zentralbanken die Refinanzierungszinssätze für
Geschäftsbanken anheben. Steigende Marktzinsen führen zu steigenden Kapitalkosten für Investoren wie z. B. Wohnungsbestandshalter, die ihre Investitionstätigkeiten wie private Haushalte einschränken. Auf diese Weise wird die Konjunktur
(wiederum politisch) gebremst und letztlich die neue Mietquote stabilisiert. Sollte
der Prozess funktionieren, wäre die Mietquote im Ergebnis abgesenkt – das
Wohnungsbaukreditgeschäft im Umkehrschluss stets angestiegen.

Kapitalkosten und *Konjunkturentwicklungen* als makroökonomische
Bestimmungsfaktoren Mietquote lösen sich im Wirtschaftsgeschehen gewöhnlich
sukzessive einander ab. Seit 2010 und der Staatsschuldenkrise einiger Euro-Länder
gilt für Deutschland allerdings eine Sondersituation: 1) Die historisch extrem
expansive Geldpolitik im Eurosystem geht einher mit 2) den positiven Konjunkturentwicklungen Deutschlands. Eine Reduktion der geldpolitischen Expansion ist
aber nicht in Sicht, weil die Euro-Zone insgesamt weniger wächst als Deutschlands
Wirtschaft. Die zentrale Geldpolitik für die gesamte Euro-Zone macht es dem Eurosystem unmöglich, auf Wirtschaftsentwicklungen von Einzelländern zu reagieren.
Daher leben wir seit dem Jahr 2010 in einem deutschen Wirtschaftsnovum: Niedrige
Kapitalkosten gehen dauerhaft einher mit ausgeprägtem Wirtschaftswachstum –
eine nachhaltige Vermarktungsunterstützung im Wohnungsbaukreditgeschäft bzw.
(um in der Argumentationslogik zu bleiben) eine enorme Belastung der Mietquote!

Aus diesem Grund kann der „Kampf" der Bundesbank gegen die monetär
finanzierte Staatsverschuldung einzelner Euro-Länder (z. B. durch billionenstarke
Anleihekäufe des Eurosystems seit dem Jahr 2015), gegen die expansive Geldpolitik des Eurosystems an sich auch als Gefahr dafür angesehen werden, dass der
aktuelle Volumenboom im Wohnungsbaukreditgeschäft bedroht ist, wohingegen
die expansive Euro-Politik deutsche Wohnungsbaufinanzierer aktiv unterstützt.

Diese Schlussfolgerung mag provokant klingen. Doch sie pointiert den
Wirkungszusammenhang zwischen Zentralbankpolitik und dem Finanzierungs-
verhalten von Wohnungsunternehmen. Ziel muss die Vermeidung einer erneut
platzenden Kreditblase sein, sollte das Eurosystem die aktuelle Geldpolitik
zukünftig stoppen. In den USA – zur Erinnerung – war genau diese Wirtschafts-
situation Basis für den überhitzten Immobilienboom samt eines Subprime-
Markts. Und wer sich noch erinnert: Der Boom brach zusammen, nachdem und
weil die US-Zentralbank ihre expansive Geldpolitik aus Inflationssorgen heraus
beendet hatte. Die Euro-Länder sollten aus den US-Erfahrungen gelernt haben.
Unter den Folgen leiden die einzelnen Länder schließlich noch heute.

Das Eurosystem stieß zur selben Zeit mit dessen Niedrigzinsniveau an Effektivitäts-
grenzen. Um die Geldmenge dennoch signifikant zu steigern, führte auch das Eurosystem im April 2015 ein Anleihekaufprogramm ein und reagierte damit wieder zeitlich
der US-Geldpolitik nachgelagert (vgl. ausführlich Sinn 2016, S. 244–250). Zunächst
wurden monatlich für 60 Mrd. EUR, seit April 2016 für 80 Mrd. EUR, seit Januar 2018
für 30 Mrd. EUR und ab Oktober 2018 für 15 Mrd. EUR Staatsanleihen der Euro-Mitgliedstaaten gekauft. Zum Jahresende 2018 wurden die Nettokäufe zunächst eingestellt.
doch im Jahr 2020 vor dem Eindruck der ökonomischen Verwerfungen im Rahmen der
Corona-Pandemie mit einem Gesamtumfang in Höhe von 1350 Mrd. EUR wieder aufgenommen (vgl. Deutsche Bundesbank 2020b).

An dieser Stelle ist darauf hinzuweisen, dass die geldpolitische Hoheit nicht allein bei
der EZB liegt, sondern insgesamt im Eurosystem (= EZB plus alle nationalen Zentralbanken, die den Euro eingeführt haben). Die EZB selbst hat nämlich nur ein Fünftel
der Staats- und Unternehmensanleihen ihrer Mitgliedstaaten gekauft. Das 2015er
Quantitative-Easing-(QE)-Programm bestimmt stattdessen, dass die nationalen Zentralbanken 80 % der Staats- und Unternehmensanleihen aus ihren jeweiligen Ländern
kaufen. Die Anteile je Land leiten sich aus den Eigenkapitalanteilen an der EZB ab.
Deutschland besitzt als wirtschaftsstärkstes Land rund ein Viertel dieser Eigenkapital-
anteile, sodass die Deutsche Bundesbank von den monatlichen Gesamtkäufen der
nationalen Zentralbanken jeweils ein Viertel etwa übernimmt.

In der Spitze lag das Kaufvolumen bei 16 Mrd. EUR pro Monat. Auch hierin liegt das
deutsche Niedrigzinsniveau begründet. Da die deutschen Staatsanleihen seit Ausbruch
der Finanz- (in 2007) und Banken- (in 2008) sowie europäischen Staatsschuldenkrise (in
2010) über dem Emissions- und Rückzahlungskurs notieren, führen die Investments der
Deutschen Bundesbank zu negativ rentierenden Ergebnissen, also zu Verlusten, die letztlich wegen reduzierter Gewinnüberweisungen an den deutschen Bundeshaushalt durch
die deutschen Steuerzahler getragen werden.

Die enorme Liquiditätszufuhr des Eurosystems seit dem Jahr 2008 führte letztlich zu
einem bislang nicht da gewesenen Niedrigzinsniveau. Im November 2020 wiesen EONIA
und EURIBOR (3M) negativ mit Zinssätzen in Höhe von –0,47 % bzw. –0,52 % auf und
verdeutlichten damit die enorme Überliquidität in den Finanzmärkten. Mit dieser Zinssteuerung soll das Eurosystem – dies ist in Erinnerung zu rufen – die Preisniveaustabilität
innerhalb der Mitgliedsstaaten der Europäischen Währungsunion gewährleisten. Tatsächlich aber gefährdet das Eurosystem die Stabilität zumindest des deutschen Finanz-
systems. Die Ertragssituation deutscher Kreditinstitute ist laut Deutscher Bundesbank zur
Mitte des Jahres 2017 deutlich angeschlagen, schließlich sinkt nicht nur das Zinsniveau
an sich. Neigen Ertrags- und Aufwandszinsniveau der Geschäftsbanken gegen Null, sinkt
zwangsläufig die Marge des Kreditgeschäfts. Hinzu kommt, dass Kreditinstitute diese
Ertragsreduktionen durch das Eingehen erhöhter Risiken zu kompensieren versuchen.
Die Deutsche Bundesbank fasst zusammen: „Der mit der zunehmenden Konzentration
auf täglich fällige Einlagenprodukte verbundenen Laufzeitverkürzung auf der Passiv-
seite stehen Kredite mit wesentlich längeren Zinsbindungsfristen gegenüber, was für sich

genommen zwar den Ertrag aus dem zinsbezogenen Geschäft stützt, aber gleichzeitig das bilanzielle Fristentransformationsrisiko weiter ansteigen lässt" (Deutsche Bundesbank 2016, S. 63). Warum reizt das Eurosystem die expansive Geldpolitik so weit aus, dass sie die Finanzmarktstabilität der größten EWU-Volkswirtschaft gefährdet? Hierfür liefern Erörterungen des Primärziels des Eurosystems Antworten.

Das Primärziel des Eurosystems – dies zur Erinnerung – formuliert Art. 127, Abs. 1, S. 1 VAEU: „Das vorrangige Ziel des Europäischen Systems der Zentralbanken [...] ist es, die Preisstabilität zu gewährleisten." Die Preisstabilität quantifiziert das Eurosystem bzw. das Europäische System der Zentralbanken allerdings lediglich anhand der durchschnittlichen Veränderungsrate der (europäisch) *Harmonisierten Verbraucherpreisindizes (HVPI)* als relative Differenz zum Vorjahr. Die quantitätsbasierte Geldtheorie liefert jedoch ihre Begründung für eine Inflation anhand der Entwicklung des *gesamtwirtschaftlichen Preisniveaus*. Verbraucherpreisindizes decken das gesamtwirtschaftliche Preisniveau aber nur zu dem Teil ab. Sie vernachlässigen nämlich die Preisentwicklungen für Vermögenswerte. Das Eurosystem sieht sich deshalb nicht den Erkenntnissen der Quantitätstheorie verpflichtet und orientiert ihre Geldmengen- bzw. Zinssatzsteuerung allein an den HVPI.

Abb. 4.8 untermauert die Zielsetzung des Eurosystems quantitativ durch Visualisierung der Entwicklungen von Geldmenge und Inflation im Euro-Raum. Obwohl das Geldmengenwachstum zwischen den Hochs der Boomphasen im März 2000 von 6,0 % auf 12,6 % im November 2007 anstieg anstieg, variierte die Inflationsrate der Euro-Staaten gemessen an den HVPI lediglich zwischen 1,7 % und 3,1 %. Wären volkswirtschaftlich allein die Verbraucherpreise relevant, könnte das Eurosystem weiterhin unbeschränkte Liquidität in die Geldmärkte leiten. Zumal das Geldmengenwachstum

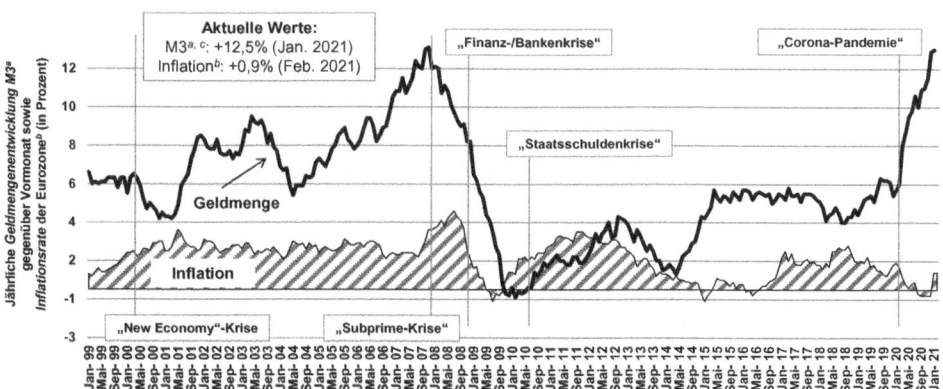

Abb. 4.8 Entwicklungen von Geldmenge[a] und Inflation im Euro-Raum[b] von Januar 1999 bis Februar 2021. [a]M3 = Geldmenge M3/Veränderung saisonbereinigt/Jahresrate/EWU. Es gilt: Bargeldbestand inländischer Nichtbanken und Sichteinlagen (= M1) plus 3–24-monatige Termineinlagen und dreimonatige Spareinlagen (= M2) sowie geldnahe Papiere (= M3). [b]Monatliche durchschnittliche Veränderungsrate der Harmonisierten Verbraucherpreisindizes (HVPI); relative Differenz zum Vorjahr. (Datenquelle: Deutsche Bundesbank 2021; eigene Darstellung)

zum Jahresende 2007 massiv einbrach und erst im Oktober 2015 die 5-%-Grenze wieder überschritt – danach aber auch wieder unterschritt.

Über das Rezessionsjahr 2020 hinweg stieg das Geldmengenwachstum allerdings erneut signifikant von 5,2 % im Januar 2020 auf 12,5 % im Januar 2021. Wegen der rezessiven konjunkturellen Entwicklung sank allerdings die Inflationsrate von 1,4 % im Januar 2020 auf −0,3 % im Dezember 2020. Wie schon im Zeitfenster zwischen 2001 und 2007 erscheinen auch im Jahr 2020 die Entwicklungen von Inflationsrate und Geldmenge voneinander entkoppelt zu sein. Die offizielle durchschnittliche Inflationsrate der Euro-Staaten wuchs insgesamt bis Ende 2020 im kaum bedrohlich wirkenden Ausmaß, im Gegenteil schrumpfte sie. Zum Beginn des Jahres 2021 veränderte sich das Bild drastisch. So lagen die Inflationsraten für die Monate Januar und Februar 2021 bei jeweils +0,9 % und in den Medien begannen nach Jahren wieder Spekulationen um die Inflation der Verbraucherpreise, wenn es z. B. in einem Interview mit dem Ökonomen Olivier Blanchard heißt: „Die Gefahr ist, das Inflations-Monster zu wecken"[2].

Die Geldmengenentwicklung verdeutlicht also, dass mit massiven Inflationstendenzen zu rechnen ist. Schließlich beschreibt die Quantitätsgleichung in Abschn. 3.1.3 den zwingenden Zusammenhang von Wirtschaftswachstum, Inflation und Geldmengenwachstum. Bei den Nicht-Banken scheint die Geldmenge durch die enormen wirtschaftspolitischen Fiskalpakete angekommen zu sein. In den Verbraucherpreisen könnte sie sich daher auch bald wiederfinden.

Die Inflation in der Quantitätsgleich bezieht sich jedoch auf das gesamtwirtschaftliche Preisniveau; die offizielle Inflation im Eurosystem misst dagegen lediglich die Entwicklung der Verbraucherpreise. Sie vernachlässigt damit jegliche Preise für Vermögenswerte wie Immobilien, Wertpapiere oder Rohstoffe. Um die Inflation der Vermögenswerte zu analysieren bedarf es zwar kapitalmarktbasierter Analysen. Doch an dieser Stelle soll allein nochmals der Hinweis gelten, dass die Bundesrepublik Deutschland Mitte 2016 eine Anleihe mit zehnjähriger Laufzeit zum Emissionspreis oberhalb des Rückzahlungswerts emittiert hat. Ihr Kupon weist jedoch 0,0 % aus. Zeichnen und bis zur Endfälligkeit halten liefe bei dieser Finanzanlage entsprechend auf ein Verlustgeschäft hinaus. Im Dezember 2020 rentieren alle Bundeswertpapiere mit Laufzeiten bis zu 30 Jahren im negativen Bereich (vgl. die Marktdaten in Deutsche Bundesbank 2021).

Vor dem Hintergrund, dass auch die bonitätsmäßig bestens bewerteten Anleihen der Bundesrepublik Deutschland immer noch ein statistisches Ausfallrisiko bergen, aber einen Kupon von 0,0 % anbieten (siehe z. B. die Bundesanleihe mit der WKN 110.248), kann an dieser Stelle im Unterschied zum kapitalmarkttheoretisch geläufigen risikolosen Zinssatz vom zinslosen Risiko gesprochen werden. Es bleibt damit fraglich, ob das Eurosystem das Mandat zur Sicherung der Preisniveaustabilität tatsächlich erfüllt oder

---

[2] Blanchard 2021, S. 30.

ob es als nicht demokratisch legitimierte Institution in die Fiskalpolitik der Euro-Mitgliedstaaten zumindest indirekt eingreift. Immerhin führt das niedrige Zinsniveau zu erheblichen Entlastungen der Staatshaushalte, in denen die Zinszahlungen für die Staatsschulden häufig sehr große Haushaltspositionen darstellen.

Im deutschen Bundeshaushalt 2020 waren Aufwendungen für die Bundesschuld lediglich mit 16,7 Mrd. EUR bzw. 3,29 % eingeplant. Es handelt sich dabei um die siebtgrößte Position (vgl. hier und im Weiteren BMF 2020). Im Jahr 2012 nahmen sie mit 32,5 Mrd. EUR bzw. 10,44 % noch die zweigrößte Position ein. Wird bedacht, dass die Gesamtausgaben im Bundeshaushalt von 311,6 Mrd. EUR im Jahr 2012 auf 508,3 Mrd. EUR im Jahr 2020 anstiegen, wird der Zinskostenvorteil für die Bundesschuld noch deutlicher. Schließlich liegt die gesamte Staatsverschuldung Deutschlands Ende 2020 mit mehr als zwei Billionen EUR ungefähr dort, wo sie auch Ende 2012 lag. Der Zinskostenvorteil durch die Geldpolitik des Eurosystems für den Staatshaushalt als Schuldner ist demnach signifikant. Entsprechend nachteilig wirkt sich die Geldpolitik allerdings auf Gläubiger und private Sparer aus. Zielgerichtetes Ansparen für eine private Altersvorsorge ist dabei nur massiv eingeschränkt möglich (siehe auch Abschn. 4.3).

Die Geldpolitik im Eurosystem zielt offiziell zwar ausschließlich auf die Gewährung der Preisniveaustabilität ab. Sie geht dennoch zeitlich genau einher mit der Staatsschuldenkrise einiger Euro-Mitgliedstaaten wie Griechenland, Portugal, Spanien, Italien etc. So wuchs der Anteil der konsolidierten staatlichen Verschuldung des Euroraums in Prozent vom Bruttoinlandsprodukt von 64,9 % im Jahr 2007 auf 91,9 % im Jahr 2014; danach sank der Anteil bis 2019 auf 59,9 % ab, wird im Jahr 2021 allerdings wieder oberhalb von 70 % liegen (Datenquelle: Deutsche Bundesbank 2021). Die deutsche Wirtschaftspolitik im Corona-Jahr 2020 führt dazu, dass Deutschland das Konvergenzkriterium des maximal 60 %-igen Staatsschuldenstands gemessen am BIP wieder überschreiten wird.

Über das gesamte hier betrachtete Zeitfenster wiesen dagegen Estland, Lettland, Slowakei und Slowenien die niedrigsten Verschuldungen aus und blieben stets unter der 60-%-Grenze des Konvergenzkriteriums. Mit Blick zurück auf Tab. 3.3 ist aber zu konstatieren, dass es sich bei diesen (Ost-)Ländern gemessen am BIP-pro-Kopf um die „ärmsten" Länder der Euro-Ländergruppe und dazu um sogenannte Transformationsländer handelt, die sich durch sehr hohe Wachstumsdynamik auszeichnen. Ihren Weg aus früheren sozialistisch-kommunistischen Staatsformen in prosperierende Volkswirtschaften haben diese Länder durch eigene Anstrengungen vollzogen und nicht durch Überschuldungen wie die oben angeführten (Süd-)Länder im Euro-Währungsraum mit Staatsschuldenkrisen. Demnach hatten die ärmsten Euro-Länder die solideste Haushaltsdisziplin im Euro-Währungsraum.

In der politischen Debatte sollte daher Vorsicht walten, die Südstaaten fälschlich als arm zu bezeichnen, allein weil sie hoch verschuldet sind. Die intensiven Rettungsfinanzierungen der drei genannten hoch verschuldeten, aber nicht armen Euro-Staaten sollten deshalb zumindest auch einer moralischen Bewertung im Kontext der gesamten

Euro-Staatengemeinschaft unterzogen werden. Schließlich haben sich die Transformationsökonomien aus eigener Anstrengung heraus einen ersten, wenngleich noch im Staatenvergleich niedrigen Wohlstand erarbeitet.

Dagegen ging es den Südstaaten lange Zeit bei unsolider Staatsführung gut. Inzwischen ist Griechenland allerdings *über*schuldet, d. h., der Staat kann sich nicht mehr zu Marktkonditionen finanzieren, sondern allein aufgrund der von den Euro-Staaten bereitgestellten zinsvergünstigten sogenannten *Rettungskrediten*. Vor diesem Hintergrund und in Verbindung mit mäßigen Reformfortschritten sowie hohen Sparauflagen für die Rettungskredite ist das griechische BIP (bzw. das BIP-pro-Kopf) zwischen den Jahren 2010 und 2016 massiv eingebrochen. Zwischen den Jahren 2017 und 2019 wuchs die griechische Volkswirtschaft aber wieder. Seit 2020 unterliegt auch Griechenland der ökonomischen Verwerfungen im Rahmen der Corona-Pandemie.

Die hohen Unterschiede in der Verschuldung und im BIP-Wachstum innerhalb der Währungsunion führen zu divergierenden Bonitäten der Euro-Mitgliedstaaten. Unterschiedliche Bonitäten führen zu unterschiedlichen Marktzinsniveaus für die jeweiligen Staatsschulden. Voraussetzung für das Funktionieren einer Währungsunion sind jedoch homogene Zinsniveaus der Mitgliedsstaaten. Die Staatsschuldenkrise seit 2010 innerhalb der Währungsunion verdeutlicht deshalb das Fehlen eines optimalen Währungsraums. Nur einzelne Staaten weisen ihn auf, wie z. B. Deutschland und Österreich. Das Marktzinsniveau beider Staaten gemäß des Konvergenzkriteriums (= Long-term Interest Rate for Convergence Purposes) entwickelte sich stets nahezu gleichförmig. Denn beide Länder sind durch eine gemeinsame Sprache, eine gemeinsame Kultur und eine hohe Mobilität der Produktionsfaktoren gekennzeichnet. Eine Währungsunion zwischen diesen beiden Ländern allein wäre unproblematisch, aber weniger effektiv.

Anders sieht der Vergleich dieser beiden Länder mit den übrigen aus (Datenquelle: ECB 2018): Im Jahr 1993 trennten deutsche und griechische Renditen noch über 17 Prozentpunkte. Ohne eine Veränderung der fiskalpolitischen Disziplin näherte sich das griechische Marktzinsniveau dennoch dem deutschen an. Hier kann nur vermutet werden, dass die Kapitalmarktteilnehmer auf das politische Drängen (auch) Deutschlands reagierten, Griechenland frühzeitig in die EWU aufzunehmen. Zwar ist in der EWU die Übernahme von Staatsschulden auf andere EWU-Mitglieder nach Art. 125 VAEU verboten, dennoch hat die Staatengemeinschaft über die Einrichtung von Rettungsfonds wie den sogenannten *European Stability Mechanism* (ESM) eine indirekte Haftung eingerichtet. Sie ist zwar vertragskonform, steht trotzdem im Widerspruch zumindest zum Geist des originären Maastricht-Vertrags der EU.

Es verwundert also kaum, dass die Beteiligten an den Kapitalmärkten frühzeitig eine derartige Entwicklung prognostiziert haben mussten, wenn sie ihre Renditeanforderungen an Griechenland derart drastisch absenkten. Allerdings hat sich der Renditeabstand (= Spread) zwischen deutschen und griechischen Staatsanleihen bis zum Jahr 2012 wieder und sogar noch über das Ausgangsniveau von 1993 hinaus erhöht. Erst die Einführung des ESM sowie die Vielzahl weiterer Maßnahmen des Eurosystems konnten diesen Spread bis Ende 2014 wieder absenken.

Seit dem Jahr 2015 nähern sich die Renditen fast aller Problemstaaten weiter den deutschen Renditen an. Griechenland jedoch verhandelte über den Sommer 2015 hinweg mit der Europäischen Kommission, der EZB und dem IWF über weitere Rettungskredite. Weil diese Verhandlungen vielen Rückschlägen geprägt waren, sank das Vertrauen der Investoren in Griechenland wieder, weshalb sich die Renditen griechischer Anleihen wieder erhöhten. Es bleibt auch aktuell (Juni 2018) fraglich, ob Griechenland auf Dauer Mitglied im Eurosystem bleiben wird. Daneben diskutieren auch andere Staaten ihre Mitgliedschaft neu, wie z. B. Italien. Ebenso fraglich ist es, ob die EU ihre Verträge nochmals überarbeiten wird, um gesamtschuldnerische Haftungsoptionen offener zu ermöglichen. Ob es dafür eine Mehrheit innerhalb der Euro-Staaten geben kann, bleibt abzuwarten. Sicher ist jedoch, dass das Eurosystem nicht dauerhaft politische Entscheidungen durch eine expansive Geldpolitik substituieren kann. Ansonsten läuft es Gefahr, die Stabilität des gesamten Finanzsystems in Gefahr zu bringen.

Handelsblatt, 06. Juli 2015, Nr. 126, S. 13

DER JUNCKER-PLAN

Strategie im Geiste Milton Friedmans

Die Prinzipien und Annahmen hinter Junckers Vorschlägen zur Härtung der Währungsunion entsprechen der heute vorherrschenden Ökonomensicht und in etwa dem, was auch ein Milton Friedman empfohlen hätte.

‣ **Angebotsorientierte Wirtschaftspolitik** Das A und O ist die Verbesserung der Wettbewerbsfähigkeit. Nachfrageaspekte, wie sie die keynesianische Theorie betont, spielen keine nennenswerte Rolle in dem Konzept. Hohe Löhne und Gehälter sind daher vor allem als Kosten relevant, nicht als Quelle von Nachfrage oder des Wohlstands. Lohnmäßigung ist zentral zur Krisenvermeidung.

‣ **Vollkommener Wettbewerb am Arbeitsmarkt** Bei perfektem Wettbewerb der Arbeitsnachfrager und -anbieter führen Löhne oberhalb der als messbar angenommenen Produktivität einzelner Arbeitnehmer zu deren Arbeitslosigkeit. Gegen Arbeitslosigkeit helfen Lohnzurückhaltung, Bildung und Mobilitätsförderung. Die Kapitalkosten als wichtiger Kostenfaktor werden in Einklang mit den vorherrschenden ökonomischen Modellen weitgehend ausgeblendet. Marktmacht der Arbeitgeber gibt es nicht.

‣ **Negative Einkommensteuer** Juncker will die Anreize zur Arbeitsaufnahme für Geringqualifizierte erhöhen, indem unter anderem niedrige Verdienste durch Zuschüsse aufgestockt werden. Vorbild: Earned Income Tax Credit in den USA.

‣ **Flexicurity** Die Flexibilität des Arbeitsmarktes soll erhöht werden, indem eine relativ großzügige Absicherung Arbeitsloser wo vorhanden bewahrt wird, dafür aber auf Kündigungsschutz weitgehend verzichtet wird, demonstrierter Arbeitswille zur Bedingung für Unterstützung gemacht wird und eine aktive Eingliederungspolitik betrieben wird.

> ▸ **Effiziente Kapitalmärkte** Freie Kapitalmärkte sind das Beste, um Kapital
> zur effizientesten Verwendung zu führen und stärken das Wachstum. Die Aufsicht
> soll zentralisiert, Regulierung entschlackt, Verbriefungen wieder in Gang gebracht
> werden. Durch die Finanzkrise hat die These von den effizienten Kapitalmärkten
> viele Anhänger verloren.
>
> „Ich glaube, dass die Einführung des Euros die politischen Spannungen erhöhen
> wird."
> *Milton Friedman.* US-Ökonom, im Jahr 1997
> *Häring, Norbert*

Für die Wohnungs- und Immobilienwirtschaft implizieren die Überlegungen zur EWU,
eine Endlichkeit der niedrigen Fremdkapitalzinsen in Betracht zu ziehen. Derzeit sind
Finanzierungsthemen kaum problematisch, Kreditinstitute steigern ihre Wohnungsbaukreditvolumina deutlich. Die lange Dauer der Niedrigzinsphase konnte jedoch nachhaltig
zu Verbesserungen von Jahresüberschüssen p. a. beitragen. Eine Rückkehr der Welt ohne
politisch determinierte Zinssätze an den Finanzierungsmärkten wird die Realwirtschaft
dann vor erhebliche Probleme stellen, wenn diese sich nicht bereits jetzt sukzessive auf
ein ökonomisch determiniertes Zinsniveau einstellt.

Aktuelle Entwicklungen auf den Finanzierungsmärkten für Wohnungsunternehmen
Finanzierungen von Wohnimmobilien unterliegen im Jahr 2018 in Deutschland einem Rekordniedrigzinsniveau. Während Wohnungsbaukredite an private
Haushalte (effektiver Jahreszinssatz einschließlich Kosten) im Neugeschäft als
volumengewichteter Durchschnittssatz im Januar 2003 noch 5,39 % kosteten, sank
der entsprechende Zinssatz bis November 2016 auf 1,67 %, also auf rund einem
Drittel des Ausgangszinssatzes, stieg aber bis April 2018 wieder an auf 1,94 %, um
bis Januar 2021 auf 1,23 % zu sinken (Datenquelle: Deutsche Bundesbank 2021).

Sicherlich ist die Wohnungsbautätigkeit nicht allein abhängig von den Kapitalkosten. Dennoch ließen eigene Berechnungen für das deutsche Wohnungsbaukreditgeschäft eine deutlich negative Preiselastizität der Nachfrage identifizieren
(vgl. Abschn. 3.1.2). Es verwundert daher nicht, dass in den vergangenen Jahren
seit Einführung der expansiven Geldpolitik in Folge der Finanzmarktkrise ab dem
Jahr 2008 eine deutliche Beschleunigung der Ausweitung von Wohnungsbaukrediten in Deutschland stattgefunden hat: In den Jahren von 1999 bis 2020 (4.
Quartal) wuchs das Volumen aller deutschen Wohnungsbaukredite von 991,3 Mrd.
EUR auf 1565,6 Mrd. EUR, also um durchschnittlich jährlich 2,2 %, ein Rekordniveau. Dabei fielen vom Gesamtvolumen der Wohnungsbaukredite jedoch nur
443,3 Mrd. EUR (28,3 %) auf Unternehmen und Selbstständige.

Im Vergleich hierzu nimmt das *gesamte* Kreditvolumen (also auch Kredite *nicht* für den Wohnungsbau) an deutsche Wohnungsunternehmen mit 286,6 Mrd. EUR im Jahr 2020 (4. Quartal) eine nachhaltig große Bedeutung ein – auch wenn beide definitorischen Kreditabgrenzungen nicht vollständig vergleichbar sind. Das Kreditvolumen an Wohnungsunternehmen wuchs indes von 1999 (= 154,1 Mrd. EUR) bis 2020 (4. Quartal) durchschnittlich jährlich 3,0 % deutlich schneller als das gesamte Volumen im Wohnungsbaukreditgeschäft. Demnach widerfuhr dem Kreditgeschäft mit Wohnungsunternehmen seit dem Ausbruch der aktuell noch wirkenden Wirtschaftskrise der Jahre ab 2008 einen signifikanten Zuwachs im Geschäftsvolumen.

Das Volumenwachstum bei Wohnungsbaukrediten geht einher mit einem Anstieg der gesamten Kreditvolumina in Deutschland. Dieser Anstieg war bis zum Jahr 2020 derart stark, dass er den Margenverfall im Kreditgeschäft für Kreditinstitute überkompensierte. Vor diesem Hintergrund bleibt zu konstatieren: Bis heute ist das Bankendarlehen das zentrale Finanzierungsinstrument für Wohnungsunternehmen sowie die deutsche Wirtschaft insgesamt.

Mit der Niedrigzinsphase in Deutschland gehen nicht nur kapitalkostengünstige Finanzierungsbedingungen für die Realwirtschaft einher. Der politische Einfluss auf das Marktzinsniveau forciert gleichfalls ein renditeschwaches Anlageumfeld. Die Investitionsrenditen in Zinswertpapiere insgesamt sanken seit dem Jahr 2008 drastisch. Institutionellen Investoren kamen damit wesentliche Anlagemöglichkeiten in bislang gewohnten Ertrag/Risiko-Relationen abhanden. Lebensversicherer, Bausparkassen etc. leiden inzwischen entweder unter Ertragseinbußen oder investierten in höhere Risiken, um das gewohnte Ertragsniveau zu halten. Immobilieninvestments haben in diesem Zusammenhang in den letzten Jahren deutlich an Bedeutung gewonnen. Ihr Renditenniveau verbesserte sich schließlich relativ betrachtet zu alternativen Wertpapieranlagen bei überschaubarem Investitionsrisiko. Versicherungen, Versorgungswerke etc. steigerten zuletzt ihre Immobilienquoten im Anlagenbuch massiv. Eine Quote bis zu 25 % ist dabei nicht ungewöhnlich. Professionelle Investoren managen (verschiedenen Marktmeinungen folgend) inzwischen fast zwei Billionen Euro Immobilienvermögen.

Die Auswirkungen der expansiven europäischen Geldpolitik spiegeln sich demnach auf den Immobilienmärkten wider. Der deutsche Immobilienmarkt ist in seinen vielen Facetten generell seit einigen Jahren von angestiegenen durchschnittlichen Immobilienpreisen geprägt. Ein Blick in die angebotsbasierten Preisdatenbanken des Immobilienportals immobilienscout24.de untermauert diese Entwicklung empirisch. Die Dynamik der Preisentwicklungen setzte demnach erst zum Zeitpunkt der exorbitant expansiven Geldpolitik des Eurosystems ab 2008 bzw. 2012 und 2015 mit den entsprechenden Quantitative-Easing-Programmen ein. Besondere Treiber der bundesdurchschnittlichen Preiserhöhungen sind Metropolimmobilien.

Die Metropolisierung der Immobilienmärkte basiert jedoch auch auf weiteren hier nicht erwähnten Gründen (demografischer Wandel etc.). Insofern ist davon auszugehen, dass sich die skizzierten Preisentwicklungen noch einige Zeit fortschreiben werden. Schließlich neigt sich die aktuelle Geldpolitik im Eurosystem erst langsam einer Wende zu. Noch dürften sich die derzeitigen demografischen Veränderungen der deutschen Gesellschaft zeitnah aufheben. Aus diesen Gründen stehen insbesondere Deutschlands Metropolen vor der Aufgabe, neuen sogenannten „bezahlbaren" Wohnraum zu schaffen. Kommunale Wohnungsunternehmen sind teilweise gefordert, neue Wohneinheiten in jährlich vierstelliger Anzahl zu schaffen. Derartig ausgiebige Neubauvorhaben können Wohnungsunternehmen trotz Niedrigzinsphase vor Herausforderungen in der Objektfinanzierung stellen, wenn vor allem Beleihungsreserven aufgebraucht sind. Der klassisch besicherte Wohnungsbaukredit kann in diesem Fall an seine Grenzen gelangen und Alternativen sind zu prüfen.

Eine Alternative zum klassischen Bankdarlehen bieten Schuldscheindarlehen. Sie sind anleiheähnliche mittel- bis großvolumige am Kapitalmarkt nicht börslich handelbare Kredite, die Finanzmittel seitens zumeist mehrerer Darlehensgeber über rechtlich selbstständige Teilforderungen (Schuldscheine) bereitstellen und deren rechtliche Regelungen im Wesentlichen auf jenen des verzinslichen Darlehensvertrags nach §§ 488 ff. BGB basieren. Die einzelnen Schuldscheine sind nur Beweisurkunden der Schuld mit durchaus unterschiedlichen Kredittranchen (Laufzeit, Zinssätze, Beträge). Eine Übertragung von Teilforderungen des Schuldscheindarlehens erfolgt durch die Abtretung der Forderung (Zession), allerdings ist hierzu häufig die Zustimmung der Schuldner erforderlich. Das Schuldscheindarlehen wird zumeist von einem arrangierenden Kreditgeber bereitgestellt. Dazu ist ein Darlehensvertrag mit dem Arrangeur abzuschließen, sodass in der Praxis durchaus auf die explizite Ausstellung der Schuldscheine verzichtet wird.

Gläubiger von Schuldscheindarlehen sind im Wesentlichen institutionelle Investoren wie Versicherungen und Pensionskassen, dabei insbesondere Lebensversicherungen, aber auch wiederum Kreditinstitute. Die Untergrenze eines ökonomisch sinnvollen Platzierungsvolumens liegt prinzipiell bei bereits etwa 50.000 EUR. Bei einer derartigen Atomisierung von Teilforderungen kommen Lebensversicherungen als Gläubiger nicht in Betracht, sodass sich im Markt Schuldscheindarlehen mit Kreditvolumina in Höhe von 10 Mio. bis 500 Mio. EUR und Teilforderungen in Höhe von mindestens 1 Mio. EUR durchgesetzt haben, die endfällig oder in Raten getilgt werden.

Grundsätzlich ist die Verzinsung des Schuldscheindarlehens wie bei einer Anleihe abhängig von der Kreditnehmerbonität und dem Marktzinsniveau. Sie liegt aufgrund der eingeschränkten Handelbarkeit gegenüber einer Anleihe oberhalb der Anleiheverzinsung. Allerdings impliziert ein Schuldscheindarlehen geringere Transaktionskosten für Kreditnehmer als die (börsenbasierte) Anleihe-finanzierung. So fallen gewöhnlich Transaktionskosten in Höhe von 0,75 % bis 1,25 % des Kreditvolumens an.

Insgesamt diversifizieren Schuldscheindarlehen wie Anleihen die Fremdkapital-finanzierung von Unternehmen und stärken die Kapitalmarktorientierung des sich finanzierenden Unternehmens. Im Abgleich zu Unternehmensanleihen ist ihre Platzierung weniger aufwendig und günstiger. Insofern kommen Schuldscheindarlehen prinzipiell auch für Wohnungsunternehmen als Außenfinanzierungsinstrument infrage. So haben die Adler Real Estate AG und die damalige GSW Immobilien AG den Erwerb von Wohneinheiten bereits mittels Schuldscheindarlehen finanziert. Die Gewobag Wohnungsbau-Aktiengesellschaft Berlin platzierte als erstes deutsches *kommunales* Wohnungsunternehmen ein Schuldscheindarlehen über 120 Mio. EUR mit Tranchen verschiedener Zinsbindungszeitfenster und Zinssätze. Es folgten Platzierungen durch die Hamborner Reit AG, die Nassauische Heimstätte Wohnungs- und Entwicklungsgesellschaft mbH sowie die alstria office REIT-AG.

Auch für Wohnungsunternehmen mit einem Kapitalbedarf im niedrigen zwei-stelligen Millionenbereich sowie an nur einen Investor platziert lassen sich Schuldscheindarlehen heranziehen. Die Umstellung von besicherten Objekt-finanzierungen auf unbesicherte Unternehmensfinanzierung mittels Schuld-scheindarlehen ist z. B für Unternehmen in Restrukturierungsphasen sinnvoll. Der GdW Bundesverband deutscher Wohnungs- und Immobilienunternehmen e. V. äußert sich diesbezüglich allerdings skeptisch: „Für Wohnungsunternehmen ist diese spezielle Ausgabe von Fremdkapital wohl nur in äußersten Ausnahme-fällen möglich und somit nicht wirklich relevant. Als so genanntes alternatives und auch tatsächlich handhabbares Finanzierungsinstrument haben die Schuld-scheindarlehen für Wohnungsgenossenschaften daher keine Bedeutung", heißt es in einer GdW-Arbeitshilfe (GdW 2012, S. 87). Hinsichtlich der oben aufgezeigten Entwicklungen an den Finanzierungsmärkten wäre es zusammenfassend allerdings sinnvoller, die Bedeutung der Schuldscheindarlehen zu steigern und gegebenen-falls über die Branchenverbände Kontakte zu Finanzinvestoren aufzubauen bzw. zum notwendigen Zeitpunkt an die Wohnungsunternehmen zu vermitteln.

Abschließend lassen sich Schuldscheindarlehen für die Wohnungswirtschaft unter aktuellen Marktbedingungen als sinnvoll erachten, wenn ein Übergang von der Objekt- zur Unternehmensfinanzierung nötig wird. Gründe dafür können (1) das Fehlen von Besicherungsfreiräumen bei großen Bauvorhaben sowie (2) Restrukturierungsphasen von Wohnungsunternehmen sein.

Im Rahmen einer eigenen empirischen Studie wurden Ende 2017 die Ein-schätzungen von deutschen Wohnungsunternehmen zur Marktrelevanz von Schuld scheindarlehen erhoben (vgl. für den gesamten Absatz Knüfermann/Hiller 2018, S. 33 bzw. S. 307): Im Ergebnis war über ein Drittel der antwortenden Wohnungs-unternehmen (auf verschiedene Weise) an Schuldscheindarlehen interessiert.

Es waren Unternehmen mit tendenziell 1) höheren Fremdkapitalzinssätzen, 2) höheren Fremdkapitalvolumina und 3) höheren Fremdkapitalbedarfen. Diese Argumente untermauern, dass Wohnungsunternehmen (unbesicherte) Schuldscheindarlehen nutzen können/wollen, um die Investorenbreite auszubauen und/oder keine Beleihungsreserven heranziehen möchten/können. Diesen Gedanken stützt auch die damalige Geschäftsführerin der Berliner Howoge Wohnungsbaugesellschaft mbH, Sophia Eltrop, indem sie auf einer EBZ-Finanzierungstagung am 22. Februar 2017 in Bochum ein „Spieltheoretisches Optimum einer Wohnungsbaugesellschaft" im Finanzierungsmanagement konzipierte: Ihrer Meinung nach sei „(e)ine einzige große Transaktion ohne Besicherung" via Schuldscheindarlehen sinnvoll, um für spätere Konjunkturphasen eine „Ausnutzung der erstrangigen Beleihungsreserven" zu sichern – „Grundschulden sind die Absicherung für Krisenzeiten", sodass gerade in Zeiten problemloser Bankenfinanzierungen die bankenalternative Finanzierung sinnvoll sei. (Zitation nach dem Foliensatz).

Kapitalkostenvorteile gegenüber dem Bankenkredit sind wegen der Diversifikation der Finanzmittelgeber sowie einer grundsätzlich möglichen Handelbarkeit von Schuldscheinen möglich. Des Weiteren kann auf arrangierende Kreditgeber verzichtet werden, wenn das sich finanzierende Unternehmen über Zugänge zu Investoren verfügt. Im Unterschied zur Anleihefinanzierung liegt ceteris paribus zwar der Darlehenszins oberhalb eines Anleihekupons, dafür ist beim Schuldscheindarlehen auf den aufwendigen Emissionsprozess zu verzichten. Bei beiden alternativen Kapitalmarktfinanzierungen bleiben jedoch stets Platzierungsrisiken bestehen, die eine konkrete Finanzierungsprozessplanung sowie eine professionelle Betreuung der Planungen und Umsetzungen implizieren. Entsprechend hohe Transaktionskosten implizieren daher auch ein entsprechendes Minimum beim Kreditvolumen.

Alles in allem ist mit Blick auf die expansive Geldpolitik im Eurosystem und damit auch innerhalb der deutschen Volkswirtschaft eine Erhöhung der Liquiditätsbestände im Finanzsektor sowie der Geldmenge bei Nicht-Banken in einem historisch nie dagewesenen Ausmaß zu konstatieren. Vor dem Hintergrund der dauerhaft nur moderat gewachsenen Verbraucherpreise im Euroraum müssen die Preise für Vermögenswerte signifikant über fundamental begründete Entwicklungen hinaus angestiegen sein. Ansonsten wäre die Quantitätsgleichung (siehe Abschn. 3.1.3) nicht erfüllt. Allein die hier vollzogene geldpolitische Analyse erlaubt daher den Hinweis, dass der durchschnittlich bundesweitere Immobilienpreisentwicklungen geldpolitikdeterminiert sind.

4.1.4 Außenwirtschaftspolitik

Die Bundesrepublik Deutschland verfügt nicht mehr über eine eigenständige Hoheit in der Geldpolitik. Stattdessen trat sie zum Jahr 1999 der Europäischen Währungsunion bei. Diese wirtschaftspolitische Entscheidung im Rahmen der Stabilitätspolitik zielt auf einen positiven Beitrag zum Wirtschaftswachstum und damit auf das Beschäftigungsziel ab. Die Entscheidung über den Beitritt zur Währungsunion sowie alle weiteren Themen rund um die Wechselkurse zählen zur *monetären* Außenwirtschaftspolitik einer Volkswirtschaft. Ihr Ziel ist es, Hemmnisse des *güterwirtschaftlichen* Außenhandels einer Volkswirtschaft abzubauen, um die binnenwirtschaftliche Produktion zu erhöhen. Im Unterschied zur Makroökonomik aus Abschn. 3.1.3, die zunächst eine *geschlossene* Volkswirtschaft behandelte und erst mit dem Mundell-Fleming-Modell das Ausland in die volkswirtschaftliche Betrachtung einbezog, steht jetzt explizit die Analyse der *offenen* Volkswirtschaft im wirtschaftspolitischen Fokus.

Der Außenhandel der Bundesrepublik Deutschland forciert ähnlich wie die expansive Geldpolitik im Eurosystem das niedrige Marktzinsniveau. Die Geldpolitik steuert primär die kurzfristigen Zinsen über die Refinanzierungsgeschäfte. Die langfristigen Zinssätze beeinflusst sie erst seit dem Jahr 2015 durch das QE-Anleihekaufprogramm (vgl. Abschn. 4.1.3). Der Außenhandel wirkt sich primär direkt auf die langfristigen Marktzinssätze aus.

EZB-Präsident Mario Draghi sprach indirekt den Sachverhalt Anfang 2018 wie folgt an, als er ausführte: „Die langfristigen Realzinsen werden von strukturellen Faktoren bestimmt. Die Geldpolitik beeinflusst die Zinssätze auf kurze Sicht', erklärte er. Die Niedrigzinsen seien nicht die Ursache der Probleme, ‚sie sind vielmehr das Symptom einer weltweiten Investitionsnachfrage, die nicht ausreicht, um alle in der Volkswirtschaft vorhandenen Ersparnisse zu absorbieren'" (Häring 2018, S. 12). Das langfristige Marktzinsniveau ist seiner Ansicht nach in der Hauptsache mikroökonomisch durch Angebot und Nachfrage getrieben – in diesem Fall durch einen Sparüberschuss, der das Zinsniveau absenkt. Um diesen Sachverhalt zu begründen, bedarf es zunächst der Erläuterung grundlegender Aspekte der Außenwirtschaft.

In der klassischen Außenwirtschaftstheorie des Güterhandels profitieren vom Außenhandel alle Beteiligten. Hierzu wird auf das *Theorem der komparativen Kostenvorteile* abgestellt, das inzwischen weitreichend weiterentwickelt worden ist (vgl. dazu Lorz/Siebert 2014, S. 27–39, Kap. 4). Dennoch werden in der Praxis Stimmen laut, die auch negative Entwicklungen durch den Anstieg des Welthandels über die letzten Jahrzehnte konstatieren, wie z. B. Riecke (2017) zusammenfasst. In jedem Fall ist die deutsche Volkswirtschaft stark in den Außenhandel eingebunden und weist für das Jahr 2017 den weltweit größten Nettoexport bzw. Außenbeitrag aus.

Abb. 4.9 visualisiert den enormen Anstieg des deutschen Saldos aus Warenhandelsexporten minus -importen (= Handelsbilanzsaldo) ab dem Jahr 1991: Im ersten Jahr nach der Wiedervereinigung Deutschland betrug der Außenhandelssaldo 11,2 Mrd.

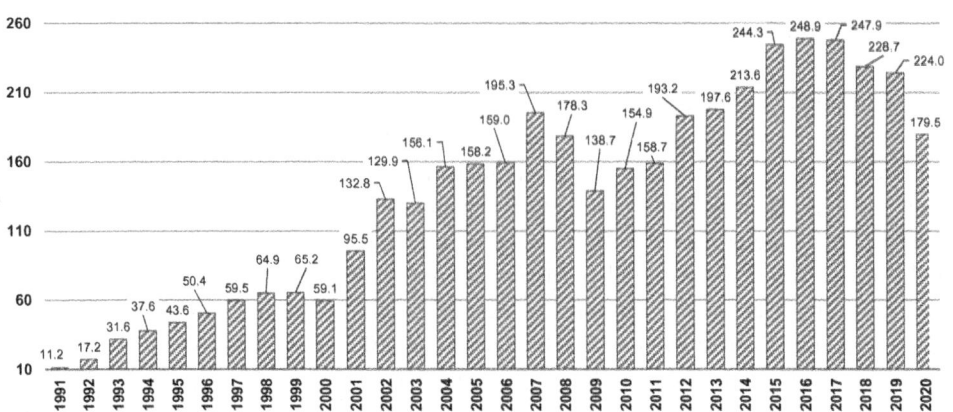

Abb. 4.9 Entwicklung der deutschen Handelsbilanzüberschüsse von 1999 bis 2020. (Datenquelle: Deutsche Bundesbank 2021; eigene Darstellung)

EUR. Bis zum Start der Währungsunion im Jahr 1999 erhöhte er sich moderat auf 65,2 Mrd. EUR. Danach wuchs der Saldo rasant an und erreichte im Jahr 2016 mit 248,9 Mrd. EUR den Höchstwert. Dazwischen brach er im Zuge der Weltwirtschaftskrise im Jahr 2009 auf 138,7 Mr. EUR ein. Im letzten Berichtsjahr 2020 reduzierte sich der Außenhandelssaldo rezessionsbedingt auf 179,5 Mrd. EUR und fiel damit auf den niedrigsten Wert seit dem Jahr 2011 zurück.

Für die Außenwirtschaftspolitik besitzt der Devisenmarkt eine besondere Bedeutung. Auf ihm werden aus Inlandssicht Auslandswährungen als Sichtdepositen gehandelt. Bereits in Abschn. 3.1.3 wurde im Rahmen der geöffneten Volkswirtschaft im Mundell-Fleming-Modells auf die Bestimmungsformen des Wechselkurses hingewiesen: Der Preis einer Auslandswährung ist das Tauschverhältnis zur Inlandswährung, wobei Preis- und Mengennotierung zu unterscheiden sind:

- Bei der *Preisnotierung* wird der Preis in Inlandswährung ausgedrückt, der für eine Einheit Auslandswährung zu bezahlen ist (Beispiel: „Was kostet ein US-Dollar in Euro ausgedrückt?").
- Bei der *Mengennotierung* verhält es sich umgekehrt; hier wird die Menge an Auslandswährung ausgedrückt, die für eine Einheit Inlandswährung zu erhalten ist (Beispiel: „Wie viel(e) US-Dollar erhalte ich für einen Euro?").

Um einen US-Dollar am Devisenmarkt in Euro zu erwerben, bedurfte es am 20. Dezember 2020 weniger als einen Euro. In der *Preisnotierung* kostete ein US-Dollar nämlich nur 0,82 EUR. Formal ergibt sich folgendes das Austauschverhältnis (US-Dollarkurs):

$$\frac{Euro}{US-Dollar} = \frac{1}{1,22} = 0,82 \; EUR$$

Ein Dollar war weniger als einen Euro wert. Für einen Euro wurde am Devisenmarkt nämlich 1,22 US\$ bezahlt. Demnach betrug das Austauschverhältnis in der *Mengennotierung:* 1,22 US\$ (Eurokurs):

$$\frac{US - Dollar}{Euro} = \frac{1,22}{1} = 1,22 \, US\$$$

Die Deutsche Bundesbank kommunizierte den damaligen D-Mark-Wechselkurs in der Preisnotierung. Mit der EWU-Einführung haben alle Staaten der Währungsunion auf die Mengennotierung umgestellt. Dabei wird auch vom *nominalen effektiven* Wechselkurs gesprochen. Er stellt das Austauschverhältnis des Euro zu mehreren an den Exporten der Euro-Staaten in Fremdwährungsstaaten gewichteten Währungen dar. Der nominale effektive Wechselkurs des Euros für die 19 Euro-Staaten gegenüber den Währungen von 19 wichtigen Handelspartnerstaaten mit Fremdwährungen[3] wird nicht mehr in Fremdwährungen angegeben, sondern als Indexwert. Er betrug zur Euro-Einführung am 01. Januar 1999 den Wert 100 und sank bis Oktober 2000 auf den Wert von 83,3 (gemessen in Monatsdurchschnittswerten); Bis Oktober 2009 stieg er an auf den bisherigen Höchstwert von 114,1; im November 2020 lag er mit einem Wert von 100,7 wieder nahe beim Ausgangswert zum Euro-Start.

Gemäß der Entwicklung des nominalen effektive Euro-Wechselkurses scheinen Devisenhändler erst kurz vor der Bargeldeinführung Anfang 2002 Vertrauen in die neu geschaffene Währung geschöpft zu haben. Die Gründe hierfür sind vielfältig. Die Einführung des Bargelds ist sicherlich einer dieser Gründe, weil danach eine Absage der Gemeinschaftswährung sehr teuer geworden wäre. Aber auch das Drängen der deutschen Regierung auf den Eintritt Griechenlands in die Währungsunion, ohne dass Griechenland alle Konvergenzkriterien zum Eintritt im Jahr 2001 eingehalten hatte ist ein Grund. Treiber des deutschen Drängens war das signifikante Außenhandelsvolumen Deutschlands mit Griechenland. Deutschland wurde von diesem Zeitpunkt an als Stütze und Garant der Stabilität der neuen Währung angesehen.

Informationen über die jeweils aktuellen Wechselkurse finden sich z. B. in werktäglich erscheinenden Wirtschafts- und Finanzzeitungen, in Internet-Börsenportalen sowie auf den Web-Sites der Zentralbanken. Die Notierungen von Wechselkursen werden auf vier Nachkommastellen kommuniziert. Unterschieden werden jeweils ein Devisen*geld*kurs und ein Devisen*brief*kurs. Ein *Geldkurs* stellt dabei aus Kundensicht den Verkaufskurs und ein *Briefkurs* aus Kundensicht den Kaufkurs dar. Ergänzt werden beide Kurse um deren Mittelwert, der gemeinhin als *der Kurs* kommuniziert wird.

---

[3] Gemeint sind: Australien, Bulgarien, China, Dänemark, Hongkong, Japan, Kanada, Kroatien, Norwegen, Polen, Rumänien, Schweden, Schweiz, Singapur, Südkorea, Tschechien, Ungarn, USA und Großbritannien.

Von den Devisenmärkten sind Sortenmärkte für Schaltertransaktionen abzugrenzen. Gehandelt werden also nicht mehr Devisen (= Währungen in Buchform), sondern Währungen in Bargeldform, die *Sorten* genannt werden. Die Kursdifferenzen zwischen Kauf- und Verkaufskurs sind bei Sorten wesentlich größer als bei Devisen. Der Grund dafür ist das Geschäftsmodell von Kreditinstituten, die durch Sortenbereitstellungen Provisions- und Kursgeschäfte tätigen und damit Erträge generieren wollen. Außerdem sind Transaktionen am Bankschalter weniger transparent als Devisenmarkttransaktionen.

Bildet sich der Wechselkurs auf den Devisenmärkten allein durch den Marktpreismechanismus ohne Geschäftseinflüsse durch die Zentralbanken der Wechselkursstaaten, wird vom *System flexibler Wechselkurse* gesprochen. Nachgefragt wird eine Inlandswährung z. B., wenn ein ausländisches Wirtschaftssubjekt ein inländisches Produkt erwerben oder in einen inländischen Vermögenswert investieren möchte. Es muss ausländische Währung in Inlandswährung getauscht werden, um die Transaktion durchzuführen. Inlandswährung wird entsprechend im umgekehrten Fall angeboten, wenn ein inländisches Wirtschaftssubjekt Auslandswährung nachfragt, um ausländische Produkte zu erwerben oder in ausländische Vermögenswerte zu investieren. Entsprechend führt ein Güterexport aus Sicht des Inlands ebenfalls zu einem Kapitalexport et vice versa. Steigt die Nachfrage nach Inlandswährung stark an, kommt es zu einer *Aufwertung* der Inlandswährung. *Abwertungen* von Währungen ergeben sich spiegelbildlich.

Sind Auf- und Abwertungen am Devisenmarkt nicht möglich, handelt es sich um ein *System fixer Wechselkurse*. Allerdings ist der Marktpreismechanismus nur scheinbar außer Kraft gesetzt, denn mögliche Auf- und Abwertungen einer Inlandswährung um einen vordefinierten Wechselkurs zu (mindestens) einer Auslandswährung werden im System fixer Wechselkurse schlicht durch den Devisenhandel der inländischen Zentralbank kompensiert. Neigt die Inlandswährung zu Abwertung, kauft die inländische Zentralbank am Devisenmarkt Inlandswährung gegen Auslandswährung auf – vorausgesetzt, sie besitzt dazu ausreichend Devisenreserven. Bei einer Neigung zur Aufwertung verkauft die inländische Zentralbank Inlandswährung und erhält Devisen. Auf dieser Weise riskiert sie die Inflation der eigenen Währung.

Zur theoretischen Erklärung von Wechselkursen (im System flexibler Wechselkurse) lassen sich die Kaufkraftparitätentheorie und die Zinsparitätentheorie heranziehen:

- *Kaufkraftparitätentheorie:* Zur Bestimmung des Wechselkurses einer Währung lassen sich das inländische und ausländische Preisniveau zueinander ins Verhältnis setzen. Der gleichgewichtige Wechselkurs entspricht dann diesem Preisverhältnis. In der Weiterentwicklung dieses Ansatzes lässt sich eine Strukturkomponente einführen, die neben dem Preisverhältnis den Wechselkurs beeinflusst. Damit wird der Wechselkurs allein aus güterwirtschaftlichen Strömen abgeleitet, monetäre Aspekte der Wechselkursbestimmung werden ignoriert. Daher eignet sich die Kaufkraftparitätentheorie allenfalls zur Erklärung des Wechselkurses in langfristiger Hinsicht.
- *Zinsparitätentheorie:* Um Wechselkurse in kurzfristiger Perspektive zu bestimmen, bedarf es des Einbezugs monetärer Größen, hier der Zinssätze. Die Zinsparitätentheorie

unterstellt allerdings vollständige internationale Kapitalmobilität und perfekt substituierbare inländische und ausländische Finanzanlagen. Der Wechselkurs wird dann durch die Zinsdifferenz von inländischem und ausländischem Zinssatz bestimmt. Die Differenz aus tatsächlichem und erwartetem Wechselkurs kompensiert dann den Zinsunterschied aus den Finanzanlagen. Steigt der Auslandszinssatz gegenüber dem Inlandszinssatz, fließt Kapital aus dem Inland ab ins Ausland. Dazu wird ausländische Währung nachgefragt, wodurch diese aufwertet bzw. die Inlandswährung abwertet. Die zuvor höhere Rendite der ausländischen Finanzanlage gegenüber der inländischen erfährt einen Verlust über die Wechselkursentwicklung und ist im Gleichgewicht aufgezehrt.

Mittels Kaufkraft- und Zinsparitätentheorie lassen sich Wechselkurse verständlicher darstellen. In der Realität sind Wechselkursentwicklungen allerdings auch sehr stark von den Erwartungen der Wirtschaftssubjekte abhängig. Ebenfalls wirken Wachstums- und Produktivitätsunterschiede zwischen Volkswirtschaften auf den Wechselkurs ein.

Güterverkehr und Kapitalverkehr werden in der *Zahlungsbilanz* einer Volkswirtschaft erfasst. Sie listet systematisch einander gegenübergestellt alle ökonomischen in Geldeinheiten ausgedrückten Transaktionen des Inlands mit dem Ausland auf. Dazu gliedert sie sich in die drei Teilbilanzen 1) Leistungsbilanz, 2) Kapitalbilanz und 3) Devisenbilanz auf. Die Leistungsbilanz erfasst Einkommensströme in Form von Erlösen der Exporteure und Ausgaben der Importeure für Waren (Handelsbilanz) und Dienstleistungen (Dienstleistungsbilanz). Kapital- und Devisenbilanz erfassen Veränderungen von Forderungen und Verbindlichkeiten, zum einen des privaten Sektors (Kapitalbilanz) und zum anderen der Zentralbank (Devisenbilanz). Ein *Leistungsbilanzüberschuss* im Inland impliziert daher, dass im Inland mehr Einkommen erwirtschaftet als ausgeben wird. Entweder baut es dadurch eine Vermögensposition (bzw. Nettoauslandsposition = Differenz zwischen Finanzanlagen im Ausland und den Verbindlichkeiten gegenüber ausländischen Anlegern) gegenüber dem Ausland auf oder tilgt eigene Auslandsschulden. Leistungsbilanzdefizite im Ausland sind entsprechend durch das Inland finanziert.

Dieser Zusammenhang lässt sich unter Bezugnahme der Verwendungsgleichung des BIP (jetzt) für eine *offene* Volkswirtschaft (vgl. in Abschn. 3.1.3 die Gl. 3.22) erläutern:

$$Y = Y^D = C + I + G + (Ex - Im) \qquad (4.3)$$

Die gesamtwirtschaftliche Produktion bzw. das gesamtwirtschaftliche Einkommen Y ist gleich der gesamtwirtschaftlichen Nachfrage Y^D, also dem privaten Konsum C, der privaten Investitionstätigkeit I, der Staatstätigkeit G und dem Saldo von Exporten minus Importen $(Ex - Im)$. Bei einem positiven Nettoexport mit $NX = (Ex - Im) > 0$ ist die inländische Produktion bzw. das gesamtwirtschaftliche Einkommen der Volkswirtschaft größer als die inländische Nachfrage, es gilt: $Y > C + I + G$. Ist der Nettoexport negativ, verhält es sich umgekehrt.

Die dargestellte Verwendungsgleichung ist eine Bruttobetrachtung. Das gesamtwirtschaftliche Einkommen steht der Bevölkerung in diesem Ausmaß nicht zur Verfügung.

Insofern müssen beide Seiten der Gleichung um das gesamtwirtschaftliche Steueraufkommen T reduziert werden, damit das verfügbare Einkommen Y_v abgebildet ist:

$$Y_v = Y - T = C + I + G + (Ex - Im) - T \tag{4.4}$$

Die Gleichung lässt sich umformen, wenn die Differenz von verfügbarem Einkommen und Konsum $(Y_v - C)$ mit dem gesamtwirtschaftlichen Sparvolumen S gleichgesetzt wird:

$$Y_v - C = S = I + G + (Ex - Im) - T \tag{4.5}$$

$$\Rightarrow S - I = G - T + (Ex - Im) \tag{4.6}$$

$$\Rightarrow (Ex - Im) = (S - I) + (T - G) \tag{4.7}$$

Diese Gleichung beschreibt eine wichtige gesamtwirtschaftliche Identität: Der Leistungsbilanzsaldo $(Ex - Im)$ entspricht der Summe von privatem Ersparnisüberschuss $(S - I)$ plus Haushaltsüberschuss $(T - G)$. Allerdings sagt die Identität nichts über die Kausalität aus, nämlich ob ein Leistungsbilanzdefizit durch zu geringe inländische Ersparnis *bedingt* ist oder ob es zur geringen inländischen Ersparnis bzw. hohen Staatsverschuldung *führt*.

Der absolute deutsche Staatsschuldenstand war seit dem Jahr 2012 bis 2019 leicht rückläufig (vgl. Abschn. 4.1.2, Abb. 4.3). Demnach musste der deutsche Nettoexport zu einem Inlandsüberschuss des gesamtwirtschaftlichen Sparens führen bzw. zu einem Aufbau einer Nettoauslandsvermögen. Abb. 4.10 visualisiert die Entwicklung des deutschen Nettoauslandsvermögens für die Jahre 1999 bis zum 3. Quartal 2020, d. h. für das Zeitfenster der bestehenden Währungsunion in Europa. Demnach wuchs das Vermögen

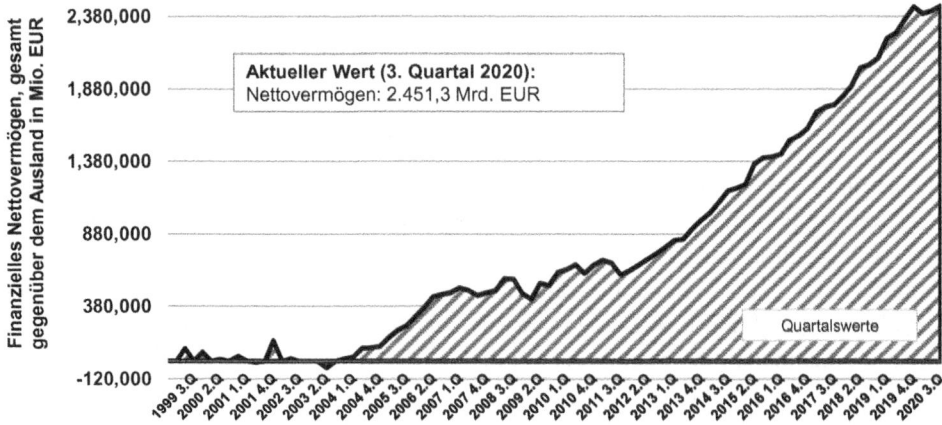

Abb. 4.10 Deutsches Nettoauslandsvermögen zwischen 1999 und den 3. Quartal 2020. (Datenquelle: Deutsche Bundesbank 2021; eigene Darstellung)

von 88 Mrd. EUR Anfang 1999 auf 2,45 Bill. EUR im 3. Quartal 2020 an. Mit anderen Worten finanzieren deutsche Wirtschaftssubjekte ausländische Wirtschaftssubjekte zu 2,45 Bill. EUR – in dieser Überlegung müssen allerdings die Zinseszinseffekte der Auslandsanlagen abgezogen werden. Der Zinseszinseffekt ist auch ein Grund, warum das Nettoauslandsvermögen Deutschlands bis ins dritte Quartal 2020 anstieg, obwohl der Exportüberschuss seit dem Jahr 2017 rückläufig ist – insbesondere in den Rezessionsjahren seit 2020, wie es Abb. 4.10 visualisiert.

Den Außenhandel mit Waren und Dienstleistungen sowie die finanziellen Verflechtungen auf Basis der Kapitalexporte analysiert die Europäische Kommission jedes Jahr neu. So heißt es im *Länderbericht Deutschland 2017 mit eingehender Überprüfung der Vermeidung und Korrektur makroökonomischer Ungleichgewichte* zunächst: „Der anhaltend hohe Leistungsbilanzüberschuss hat sich 2016 weiter ausgeweitet und wird den Prognosen zufolge bis 2018 weiter über 8 % des BIP liegen. Der deutsche Leistungsbilanz- und der deutsche Handelsbilanzüberschuss machen etwa drei Viertel der Überschüsse des Euroraums insgesamt aus und sind die höchsten unter den großen fortgeschrittenen Volkswirtschaften. Der Anstieg im Zeitraum von 2015 bis 2016 ist zu einem großen Teil auf den Preisrückgang bei Öl und anderen Rohstoffen und die Abwertung des Euro zurückzuführen. Der hohe Stand und die Beharrlichkeit der Überschüsse sind allerdings dem Sparüberhang über die Investitionen geschuldet, der seinerseits durch eine Reihe struktureller, rechtlicher und fiskalischer Faktoren bedingt ist" (Europäische Kommission 2017, S. 2).

Die Kommission bewertet den Sachverhalt wie folgt:

> „Deutschland weist einen beharrlich hohen Leistungsbilanzüberschuss auf, der eine die Investitionen übersteigende Ersparnis, aber auch ein höchst wettbewerbsfähiges Verarbeitendes Gewerbe widerspiegelt. Umfang und Beharrlichkeit des Überschusses sind nur teilweise durch die Industriestruktur und andere Merkmale der deutschen Wirtschaft zu erklären. Tatsächlich hat auch die Investitions- und private Konsumzurückhaltung, die zu einem Sparüberhang über die Investitionen geführt hat, zum Anwachsen des Zahlungsbilanzüberschusses beigetragen. Dies erklärt sich zum Teil durch die notwendigen Anpassungen nach dem Wiedervereinigungsboom, insbesondere auch die über längere Zeit geübte Lohnzurückhaltung, die Arbeitsmarktreformen und die erhebliche Reduzierung der Bautätigkeit. Dagegen geht die derzeitige Verlagerung hin zu einem eher von der Inlandsnachfrage getriebenen robusten Wachstum vom privaten Konsum aus. Zugleich ist das Konsum- und Investitionsniveau angesichts der günstigen Konjunktur-, Arbeitsmarkt- und Finanzierungsbedingungen sowie des offenkundigen Bedarfs an Infrastrukturinvestitionen relativ niedrig geblieben." (Europäische Kommission 2017, S. 18)

In beiden Absätzen des Länderberichts der Europäischen Kommission wird der Sparüberhang als Grund bzw. Konsequenz der deutschen Leistungsbilanzüberschüsse angeführt. Letztlich existieren zwei Billionen Euro Vermögen, die im deutschen Inland nicht absorbiert werden, sondern im Ausland angelegt sind. Dieser Sparüberschuss ist der Angebotsüberschuss an Finanzmitteln, der mit für ein niedriges langfristiges Marktzinsniveau sorgt. Damit ergänzt die deutsche Außenwirtschaft die Geldpolitik im Eurosystem im Hinblick auf das niedrige Marktzinsniveau.

Aus Sicht eines regional tätigen Wohnungsunternehmens, ob klein oder groß, wirkt sich der Außenhandel demnach auf die Profitabilität der eigenen wohnungswirtschaftlichen Aktivitäten aus. Ein hoher Leistungsbilanzüberschuss sichert auch der Wohnungswirtschaft das für sie zentrale langfristige Marktzinsniveau. Diskussionen über mögliche und teilweise realisierte Handelskriege besitzen deshalb auch für die Wohnungsunternehmen eine wichtige Bedeutung. Vor allem wenn das Eurosystem die expansive Geldpolitik zurückfahren wird, kann das deutsche Nettoauslandsvermögen einen generellen Marktzinsanstieg teilweise kompensieren bzw. diesen zeitlich verzögern.

Internationale Kritik an den deutschen Leistungsbilanzüberschüssen (z. B. von der EU und dem IWF) ist im Kontext mit den finanziellen Verfechtungen beteiligter Volkswirtschaften zu verstehen. Dazu schreiben Krugman/Obstfeld/Melitz (2019, S. 429) allgemein: Das große Interesse an Handelsbilanzungleichgewichten bestünde, „… weil sie eine Umverteilung des Reichtums unter den Nationen bedingen und einen wichtigen Mechanismus darstellen, über den die makroökonomische Politik eines Landes auf seine Handelspartner einwirkt. Es ist daher nur natürlich, dass Handelsbilanzungleichgewichte, insbesondere wenn sie groß und von langer Dauer sind, leicht zu internationalen Verstimmungen führen."

Der Bundesrepublik Deutschland wird entsprechend vorgeworfen, anderen Ländern zu schaden, indem diese sich aufgrund des deutschen Kapitalbilanzüberschusses zunehmend verschulden. Schließlich sanken seit Euro-Einführung die deutschen gesamtwirtschaftlichen Investitionen bei einem Anstieg der privaten Ersparnisse. Der private Ersparnisüberschuss wuchs also an und zwar in einem Ausmaß, wie auch der Handelsbilanzsaldo anwuchs (vgl. Harms 2016, S. 798, Abb. 2). Gleichzeitig sank die deutsche Staatsverschuldung, wie Abb. 4.2 und 4.3 berichten. Ergo spiegeln sich in diesen deutschen makroökonomischen Entwicklungen diametral entgegengesetzt die wirtschaftlichen Probleme deutscher Handelspartnerstaaten wider, allen voran Frankreich, Spanien, Italien und Portugal.

Dennoch greift die internationale Kritik oft zu kurz: Sie vernachlässigt, dass der Leistungsbilanzüberschuss zum Teil auf der hohen Qualität deutscher Exportprodukte (Maschinenbau, Automobile etc.) basiert. Deutsche Güter sind in dem Fall schlicht wettbewerbsfähiger als ausländische. Des Weiteren basiert der deutsche Leistungsbilanzüberschuss auch auf inländischem Erwerbs- und Vermögenseinkommen im Ausland. Schließlich führt die gewachsene deutsche Nettoauslandsposition zu Anlageerträgen. Sie ist deshalb auch ein Grund dafür, dass ein Abbau des Überschusses kaum schnell möglich erscheint.

Handelsblatt, 23. März 2017, Nr. 59, S. 13
GASTKOMMENTAR
   Exportweltmeister – na und?
   Einen übermäßigen Leistungsbilanzüberschuss gilt es zu vermeiden, warnt Achim Wambach.
   Der Titel „Exportweltmeister" wurde in Deutschland jahrelang gefeiert. Hat die Trump-Regierung recht, wenn sie die Deutschen für den Überschuss kritisiert? Ist der Leistungsbilanzüberschuss, der 2016 knapp neun Prozent des Bruttoinlandsprodukts betrug, im Einklang mit dem „Gesetz zur Förderung der Stabilität und

des Wachstums der Wirtschaft" (StabG), das ein außenwirtschaftliches Gleichgewicht anstrebt? Warum hat die EU-Kommission in ihrem „Verfahren bei einem makroökonomischen Ungleichgewicht" einen Leistungsbilanzsaldo von mehr als sechs Prozent als Warnsignal formuliert? Ein Leistungsbilanzüberschuss ist weder ganz positiv, noch ist ein -defizit ganz negativ. Dies zeigt sich daran, dass ein Leistungsbilanzüberschuss automatisch mit einem Kapitaltransfer ins Ausland verbunden ist. Die bei einem Pkw-Export in die USA erhaltenen Dollar können für US-Güter ausgegeben werden oder dort angelegt werden. Diese Anlage ist die Kehrseite des Exportüberschusses.

Es gibt gute Gründe, Kapital im Ausland anzulegen. So wird ein Land, in dem der demografische Wandel zu mehr Rentnern führt, verstärkt Kapital ansparen. Wenn die Renditechancen im Ausland höher sind, ist es folgerichtig, dass Kapital nicht nur im eigenen Land investiert wird. Es gibt weitere Effekte, die den Kapitaltransfer und den Exportüberschuss verstärken. Die Löhne in Deutschland sind seit 2000 weniger gestiegen als in anderen Euro-Staaten, was die Produkte relativ verbilligt. Als Folge der expansiven Geldpolitik der EZB ist der Euro relativ schwach gegenüber dem Dollar bewertet, wodurch europäische Produkte auf dem Weltmarkt günstiger sind. Der gemeinsame Leistungsbilanzsaldo der Euro-Staaten im Jahr 2016 von 3,7 % ist beachtlich.

Das Ziel des außenwirtschaftlichen Gleichgewichts wurde zu einer Zeit eingeführt, als die D-Mark in einem festen Wechselkurs zum Dollar stand. Auf- und Abwertungen standen damit nicht oder nur eingeschränkt zur Verfügung. Auch heute ist es sinnvoll, im Hinblick auf die Stabilität in Europa einen übermäßigen Leistungsbilanzüberschuss zu vermeiden. Ein Teil des Überschusses wird sich über die Zeit abbauen: In dem Maße, in dem die Löhne in Südeuropa stagnieren und in Deutschland steigen, werden deutsche Produkte relativ teurer, und die Exporte gehen zurück. Ungeachtet dieser Entwicklungen haben Kritiker Deutschlands nicht unrecht, wenn sie mahnen, die Regierung müsse ihren Beitrag zum außenwirtschaftlichen Gleichgewicht leisten. Mehr Investitionen in Infrastruktur ziehen Kapital ins Inland, Importe würden gesteigert, wenn Barrieren abgebaut würden: Eine stärkere Liberalisierung des Dienstleistungsmarkts würde es ausländischen Anbietern erleichtern, in den deutschen Markt einzutreten.

Der Autor ist Präsident des Zentrums für Europäische Wirtschaftsforschung (ZEW).

Wambach, Achim

Nationale Träger der deutschen Außenwirtschafts*politik* sind von den Entscheidungsträgern auf EU-Ebene und in internationaler Hinsicht zu differenzieren. Auf EU-Ebene sind vor allem der EU-Ministerrat, die EU-Kommissionen und das Europäische Parlament zu nennen, deren Entscheidungen Einfluss auf die deutsche

Außenwirtschaftspolitik haben. Auf internationaler Ebene über die Europäische Union hinaus sind die Welthandelsorganisation bzw. World Trade Organization (WTO), der Internationale Währungsfonds (IWF) bzw. International Monetary Fund (IMF) und die internationalen Netzwerke der Industriestaaten (G7-Gruppe etc.) zu nennen. Ihre Aufgaben sind häufig im Ausbau und der Sicherung des internationalen Freihandels (Abbau von Zöllen etc.) sowie des Systems freier Wechselkurse (Abbau von Währungskrisen etc.) angesiedelt.

Zusammenfassend bleibt festzuhalten, dass die Bundesrepublik Deutschland dem StabG in drei der vier Zielsetzungen sehr stringent nachkommt: Die Sicherung der Preisniveaustabilität ist eine deutlich ausgeprägte deutsche Kultur und das relativ stetige Wirtschaftswachstum sichert zum Jahr 2017 einen Beschäftigungsgrad auf Rekordniveau. Aber das außenwirtschaftliche Gleichgewicht wird deutlich verfehlt. Solange die eigene Währung, in diesem Fall der Euro als Gemeinschaftswährung, ausschließlich im System flexibler Wechselkurse marktbasiert bepreist wird, scheinen sich einige Gefahren hoher Leistungsbilanzüberschüsse zu relativieren.

Dennoch haben die Europäische Union und der International Monetary Fund der Bundesregierung gegenüber deutliche Kritik geäußert (vgl. dazu beispielsweise Greive 2017, abgedruckt in Abschn. 3.2). Dabei wurde regelmäßig unterstellt, dass die deutschen Leistungsbilanzüberschüsse die hohen Staatsverschuldungen der Defizitländer bedingen. Auch wenn diese Kritik ökonomisch infrage gestellt werden kann, so sind doch auch Gefahren für das Überschussland selbst nicht zu ignorieren. Insbesondere die Abhängigkeit von konjunkturellen Entwicklungen im Ausland erscheinen schlüssig. Hinzu kommt die Vermutung, „dass neben Griechenland weitere Schuldner Deutschlands ihre Schuldentragfähigkeit überschreiten. Dann müssen die Forderungen teilweise abgeschrieben werden – und Deutschland hätte am Ende seine Exporte teilweise verschenkt" (Häring 2017, S. 15).

## 4.2	Wettbewerbspolitik

Alle stabilitätspolitischen Maßnahmen sind in der Bundesrepublik Deutschland gemäß § 1 StabG „… so zu treffen, daß sie im Rahmen der marktwirtschaftlichen Ordnung …" durchgeführt werden (vgl. Abschn. 4.1.1). Deutsche Wettbewerbspolitik basiert deshalb auf der wirtschaftspolitischen Auswahl der relevanten Wirtschaftsordnung, nämlich der marktwirtschaftlichen Ordnung – unabhängig von ihrer sozialen Dimension. Diese soziale Dimension ist *zum einen* systemimmanent, wenn die Quantifizierung des Sozialen durch die gesamtwirtschaftliche Wohlfahrt erfolgt. In Abschn. 3.1.2 wurde bereits darauf hingewiesen, dass die Wohlfahrt nur unter den Bedingungen des vollständigen Wettbewerbs maximal ausgeprägt ist. Eine marktwirtschaftliche Ordnung ist in diesem Kontext immer sozial bzw. sozialer gegenüber allen wettbewerbseingeschränkten Wirtschaftsordnungen. *Zum anderen* werden in der Praxis marktwirtschaftlichen Ordnungen explizite sozialpolitische Komponenten zugeschrieben, wie z. B. sozialversicherungsbezogene Solidarsysteme.

Sie sind jedoch durch den Output marktwirtschaftlicher Prozesse finanziert, genauso wie Umverteilungen von Einkommen und Vermögen (vgl. Abschn. 4.3). Letztere Aspekte sind für die deutsche Wirtschaftsordnung wesentlich, sodass hier von der *Sozialen Markt-wirtschaft* gesprochen wird. Schließlich besagt Art. 20, Abs. 1 GG: „Die Bundesrepublik Deutschland ist ein demokratischer und sozialer Bundesstaat."

Ein derartiges Solidarsystem steht und fällt also mit dem funktionierenden Markt-prozess. Der dezentrale Marktprozess wiederum funktioniert auf Basis des Wettbewerbs unter den Wirtschaftssubjekten. Aufgabe der Wettbewerbspolitik ist es deshalb, die wett-bewerbliche Ordnung einer Volkswirtschaft aufrecht zu erhalten. Dazu bedarf es der Sicherung zweier konstitutioneller Merkmale einer marktwirtschaftlichen Ordnung, (1) der Freiheiten der Wirtschaftssubjekte und (2) der Wirkungen des Marktpreismechanis-mus' (vgl. Woll 2011, S. 50–56):

- *Freiheiten:* Wesentliche Merkmale freien Handels der Wirtschaftssubjekte sind (1) die Konsumentensouveränität, also die Auswahl von Angebotsalternativen durch Konsu-menten, (2) der Verfügbarkeit von Eigentum an Produktionsmitteln sowie (3) die freie Berufs- und Standortwahl zur Entfaltung der Wirtschaftssubjekte im Markt.
  Für die Bundesrepublik Deutschland liefert das Grundgesetz die entsprechenden Rechte: (1) Durch Art. 2 Abs. 1 GG ist Freiheit von Vertragsabschlüssen gewähr-leistet. (2) Art. 14 GG sichert das Privateigentum. (3) Art. 12 Abs. 1 Satz 1 GG gewährleistet die Berufs- bzw. Gewerbe- und Unternehmerfreiheit sowie das Recht der freien Wahl des Arbeitsplatzes und der Ausbildungsstätte. Art. 11 Abs. 1 GG sichert das Recht, sich an jedem Ort im Bundesgebiet aufhalten und eine Wohnung besitzen zu können.
- *Preismechanismus:* Wenn sich die Entscheidungsprozesse der Wirtschaftssubjekte über ihre Angebote bzw. ihre Nachfragen auf dezentralen Märkten vollziehen, führt der Marktpreis jeweils das Angebot und die Nachfrage zum Ausgleich. Dem Preis-mechanismus kommen verschiedene Funktionen zu. Nachfolgend sind drei wesent-liche Funktionen genannt:
  1. Nachfrageänderungen führen zu Knappheitsveränderungen der Güter, sodass sich auch Preisänderungen einstellen. Nachfrageüberhänge werden also durch Preis-erhöhungen abgebaut et vice versa. Der Preis besitzt deshalb eine Funktion als *Knappheitsindikator.*
  2. Der Einsatz von Produktionsfaktoren orientiert sich hin zu Produktionen mit zunehmenden Rentabilitäten. Daher besitzt der Preis eine *Allokationsfunktion.*
  3. Entgelte der Produktionsfaktoren (z. B. Arbeitslohn) variieren tendenziell mit den ausgelösten Preisbewegungen. Demnach besitzt der Preis eine Verteilungs-funktion.[4]

---

[4]Allerdings basieren Faktorentgelte primär wiederum auf der Knappheitssituation der Produktions-faktoren selbst.

In einer solchen wettbewerblichen Ordnung sind Anbieter selbst kurzfristig betrachtet nicht glücklich, weil ihr individueller Gewinn aus ihrem Handeln im Wettbewerbsmarkt kleiner ist als ein imaginärer Monopolgewinn. Es versteht sich selbsterklärend, dass nicht alle Anbieter in einem Wettbewerbsmarkt auch Monopolisten sein können. Das Streben nach Produktinnovationen einzelner Wettbewerber kann allerdings temporäre Monopolgewinne realisieren. Vor diesem Hintergrund ist eine marktwirtschaftliche Ordnung durch einen intensiveren technischen Fortschritt und durch höhere Wohlstandszuwächse der Gesellschaft geprägt als Wirtschaftsordnungen, in denen Märkte keine Relevanz besitzen. Deutschland kann hier empirisch argumentieren: Die planwirtschaftlich-sozialistisch geprägte Deutsche Demokratische Republik verendete an ökonomischer Erfolglosigkeit und ging im Jahr 1990 in der marktwirtschaftlich geprägten Bundesrepublik Deutschland auf.[5]

Trotzdem suchen Anbieter im Markt tendenziell eine geringere Wettbewerbsintensität als vorgegeben. Dadurch kann es zur Bildung von Fusionen, Kartellen und Kooperationen sowie zum Missbrauch einer dann möglichen marktbeherrschenden Stellung bzw. zu ökonomisch nicht gewünschten Wettbewerbsbeschränkungen kommen. Von solchen *privaten Wettbewerbsbeschränkungen* durch letztlich Verhaltensabstimmungen unter Anbietern, Konzentration von Anbietern und Wettbewerbsbehinderungen durch Anbieter sind *staatliche Wettbewerbsbeschränkungen* zu differenzieren (vgl. Kerber 2007, S. 392, Abb. O-2). Letztere entstehen durch staatlichen Protektionismus (z. B. bei Zöllen), staatliche Monopole und Monopolrenten, staatliche Subventionen sowie durch die Regulierung von Märkten (z. B. Marktzutrittsschranken in der Telekommunikationswirtschaft und der Kreditwirtschaft).

Fredebeul-Krein et al. (2014) fassen insofern zusammen: „Die Wettbewerbspolitik zielt darauf ab, durch die Schaffung eines Ordnungsrahmens und Überwachung seiner Einhaltung, effizienten Wettbewerb durch Wettbewerbsförderung (in Monopolbereichen oder verfestigten Oligopolen), Wettbewerbsschutz (wo der Wettbewerb in seinen Funktionen gefährdet sein kann, also im Polypol und im kompetitiven Oligopol) und Missbrauchsaufsicht (als Kontrollfunktion für marktbeherrschende Unternehmen oder Monopole) zu erreichen (Fredebeul-Krein et al. 2014, S. 89).

Träger der deutschen Wettbewerbspolitik sind *zum einen* (1) die/der Bundesminister/in für Wirtschaft (mit der Option zu MinisterInerlaubnissen mit Hoheitsrecht), das Bundeskartellamt (Amt im Bundeswirtschaftsministerium), die Monopolkommission (eine das Ministerium und das Kartellamt beratende Institution) und die Regulierungs-

---

[5]Vor diesem Hintergrund verwundert es sehr, dass *Die Linke* als Rechtsnachfolgepartei der *SED* der damaligen Deutschen Demokratischen Republik in den Deutschen Bundestag gewählt wurde, obwohl sie offen in ihrem Parteiprogramm planwirtschaftliche Ziele beschreibt: „Eine aktive staatliche Industrie- und Dienstleistungspolitik ist erforderlich, um De-Industrialisierung zu verhindern und Arbeitsplätze im verarbeitenden Gewerbe, im Handel und in anderen Dienstleistungsbereichen zu sichern" (Die Linke 2017).

behörden (z. B. die Bundesanstalt für Finanzdienstleistungsaufsicht und die Bundesnetz-
agentur). Zum anderen zählen zu den Trägern der Wettbewerbspolitik auch internationale
Institutionen, die den deutschen Wettbewerb beeinflussen, vor allem die Europäische
Union (insbesondere die EU-Wettbewerbskommission), sodass die deutsche Wett-
bewerbsgesetzgebung um das EU-Recht ergänzt ist, und die World Trade Organization.
Letztlich rekrutieren sich rechtliche Instrumente der Wettbewerbspolitik auch aus internationalen Freihandelsabkommen.

Die deutsche Wohnungs- und Immobilienwirtschaft unterliegt in vielen Facetten der
Wettbewerbspolitik. *Zum einen* existiert eine Vielzahl an öffentlicher Wohnungsunternehmen zur Sicherung kommunaler Daseinsvorsorge (vgl. Abschn. 2.5). *Zum anderen*
bietet der Staat über die bundeseigene KfW-Bank sowie die ländereigenen Förderbanken
zinsgünstige Kredite an (vgl. Knüfermann 2018, S. 67 f.). Die Konditionen realisieren
die Kreditanbieter auf Basis der Bonitäten von Bund und Ländern, die auf sie durch-
brechen. Zwar verfolgen sie mit den zinsgünstigen und/oder tilgungsvergünstigten
Krediten Förderziele (z. B. das energetische Bauen). Sie verzerren aber stark den privatwirtschaftlichen Bankenwettbewerb. Demnach ist das Treiben der bundeseigenen KfW-
Bank und der ländereigenen Förderbanken kritisch zu hinterfragen. Hinzu kommt, dass
die KfW-Bank nicht als Bank lizenziert, sondern auf Basis eines Bundesgesetzes agiert.
Eine Teilaufsicht über die KfW-Bank hat die Bundesanstalt für Finanzdienstleistungsaufsicht erst im Jahr 2016 übernommen und dabei höchst marode IT-Infrastrukturen
bemängelt (vgl. Osmann/Hildebrandt 2018, S. 4 f.).

**Zum betriebswirtschaftlichen Wettbewerb zwischen Finanzierungsinstrumenten der
deutschen Wohnungswirtschaft aus Eltrop/Knüfermann (2018)**

Ein entscheidungstheoretischer Gedanke auf Basis der Spieltheorie

Die *Spieltheorie* ist in Abschn. 1.1 als eine zumeist wettbewerbstheoretische
Disziplin der Volkswirtschaftslehre definiert. Sie basiert auf der Analyse des
Handelns verschiedener Spieler, die sich in einem Spiel einander gegenüberstehen. Die möglichen Spielzüge jeder Spieler heißen Aktionsmöglichkeiten
und stellen Strategien in dem relevanten Spiel dar. Spielregeln beschränken die
Aktionsmöglichkeiten der Spieler. In der sogenannten Auszahlungsmatrix sind
die potenziellen Ergebnisse für die jeweiligen Aktionen des einen Spielers ebenso
erfasst, wie die möglichen jeweiligen Reaktionen des anderen Spielers. (vgl.
Engelkamp/Sell 2017, S. 42; Varian 2016, S. 597 f.)

Die **Spieltheorie** beschäftigt sich damit, wie Wirtschaftssubjekte (Menschen
und Unternehmen) handeln, die sich (aus welchen Gründen auch immer) nicht
gut genug vertrauen, um von selbst kooperativ im Sinne des Gemeinschafts-
interesses zu handeln. Die strategische Interaktion von Wirtschaftssubjekten steht
im Fokus der Spieltheorie (vgl. Varian 2016, S. 597). Sie befasst sich auch damit,
wie Interessenkonstellationen so umgestaltet werden können, dass neue Lösungen

möglich sind. Der einfachste Fall, strategische Interaktionen zweier Wirtschaftssubjekte zu erfassen, ergibt sich für Zwei-Personen-Spiele bei einer festen Anzahl
an möglichen Strategien. Neben dem in Abschn. 1.1 angeführten Gefangenendilemma inklusive des Nash-Gleichgewichts (Nash-GG) mögen zwei weitere Beispiele den Gegenstand der Spieltheorie verdeutlichen:

1. *Tragik der Allmende:* Bereits im Jahr 1968 verdeutlichte Hardin (1968) mit
   einem Bildnis, nach dem unbeschränkte Entscheidungen von Wirtschaftssubjekten zu einer gesamtgesellschaftlichen Katastrophe führen können: Auf
   der Allmende (gemeinsamer Dorfanger in frühzeitlichen Dörfern) durften alle
   Bewohner ihre Tiere weiden lassen. Die Tragik entstand, als zu viele Tiere den
   Anger abfraßen, sodass kein Gras mehr nachwuchs. Dies entstand, als Dörfer
   wuchsen und jeder der erste sein wollte, der seine Tiere umsonst grasen lassen
   wollte, ohne Kontrolle des Ganzen. Hieraus schlussfolgert Hardin (1968),
   „daß die Menschen weltweit die Notwendigkeit erkennen müßten, die Freiheit
   individueller Entscheidungen in diesen Bereichen einzuschränken und stattdessen „gemeinschaftlichen Zwang, auf den man sich gemeinschaftlich geeinigt
   hat"zu akzeptieren" (Dixit/Nalebuff 1995, S. 337). Die Tragik der Allmende
   kann spieltheoretisch als Mehrpersonen-Gefangenendilemma dargestellt werden
   (s. unten), weil jedes Wirtschaftssubjekt zu viele Kühe auf die Weide schickt.
   Ein Lösungsansatz wäre die Einführung von Eigentumsrechten an dem Gemein-
   schaftsland, wie es im 15. und 16. Jahrhundert auch in England geschehen war.
2. *Hotelling-Theorem:* Im Gefangenendilemma wählen beide Spieler simultan ihre
   jeweilige Strategie. Doch es existiert auch eine Vielzahl von Entscheidungs-
   situationen, in denen die Spieler ihre Strategien nacheinander, also sequenziell
   wählen. Bei solchen mehrstufigen Spielen liefert die „… Rückwärtsinduktion
   Gleichgewichte, die aufgrund besonderer Eigenschaften als teilperfekt
   bezeichnet werden" (Engelkamp/Sell 2017, S. 52).

Hotelling (1929) beschrieb bereits vor vielen Jahrzehnten ein entsprechendes
Marktbeispiel, das ein derartiges teilperfektes Gleichgewicht darstellt (vgl.
Pindyck/Rubinfeld (2018, S. 571 f.): Zwei Verkäufer von Erfrischungsgetränken
mit derselben Konzession und demselben Getränkeangebot zu denselben Preisen
teilen sich einen Strand von 200 Metern Länge auf, an dem die Urlauber gleich-
verteilt am Wasserrand lagen. Wenn die Getränkeverkäufer kooperativ spielten,
könnten sie beide jeweils so stehen, dass die Entfernung eines jeden Urlaubers
niemals mehr als 50 m zum Getränkestand betrüge: Weil die Getränkeverkäufer
sich einander aber nicht trauen und vermuten, dass einer mogeln könnte, landen sie
im Ergebnis Rücken an Rücken und einige Gäste müssen 100 m laufen, was ihnen
aber zu viel ist, sodass sie weg blieben. Trotzdem ist die Situation stabil, denn es

handelt sich um ein Nash-GG – obwohl sich zwei Wirtschaftssubjekte einander nicht trauen.

Aus diesem Sachverhalt leiten Pindyck/Rubinfeld (2018, S. 572) das Verständnis dafür ab, „… dass an einem Straßenabschnitt von etwa drei bis vier Kilometern zwei oder drei Tankstellen oder auch mehrere Autohändler immer nahe beieinander liegen. Ebenso bewegen sich in einem Wahlkampf die Kandidaten der unterschiedlichen Parteien bei der Festlegung ihrer Parteiprogramme immer typischerweise in Richtung der politischen Mitte." Gerade der letzte Sachverhalt wurde im deutschen Bundestagswahlkampf 2017 von vielen Seiten massiv kritisiert. Insbesondere das TV-*Duell* der KanzlerInkandidaten 2017 wurde in den Medien im Nachhinein als TV-*Duett* verspottet (vgl. Steingart 2017, S. 5).

Wenn einer der Getränkeverkäufer im Vorfeld seiner Positionsveränderung allein eine entsprechende Drohung aussprächte, wäre der andere wohl geneigt, seine Position noch zuvor zu verändern. Das Drohpotenzial an sich führt schon mit sich, dass sich teilperfekte Gleichgewichte einstellen. „Teilperfektheit ist nicht nur für Spiele mit perfekter Information, sondern auch für beliebige Spiele mit imperfekter Information wohldefiniert. Es gilt: Jedes endliche Spiel in extensiver Form hat wenigstens ein teilperfektes Nash-GG, das man mit Hilfe von Rückwärtsinduktion anhand des Spielbaums bestimmen kann" (Engelkamp/Sell 2017, S. 56).

Der **deutsche Markt für Wohnungsbaukredite** ist bereits zum Ende des Abschn. 4.1.3 beschrieben. Der klassische Realkredit ist grundpfandrechtlich besichert. Bei 100-prozentigen Beleihungswerten verlangen Kreditgeber Zinsaufschläge. Intensivierte Regulierungen des Kreditwesens erhöhen die Kreditproduktionskosten. Dennoch stellt der bilaterale Wohnungsbaukredit die deutschlandweit vorherrschende Objektfinanzierungsform dar. Alternativen zum Wohnungsbaukredit können Instrumente der Unternehmensfinanzierung sein, vor allem 1) Schuldscheindarlehen und 2) Unternehmensanleihen (vgl. ausführlich Knüfermann 2018, S. 137–160):

1. *Schuldscheindarlehen:* Hierbei handelt es sich weiterhin um ein Darlehen nach BGB-Recht, das aber tranchierbar ist. Demnach kann ein gesamtes Darlehensvolumen zu unterschiedlichen Laufzeiten und Konditionen auf unterschiedliche Teilkreditgeber gestreut werden. Mittels des Schuldscheindarlehens sind (Wohnungs-)Unternehmen also in der Lage, ihre Investorenbasis auf neue Geldgeber auszuweiten, deren primärer Geschäftszweck nicht die gewerbliche Kreditvergabe darstellt (z. B. Versicherungen, Pensionskassen oder Versorgungswerke), ohne auf die Geschäftsverbindung klassischer Kreditgeber wie Sparkassen, Kreditgenossenschaften oder Hypothekenbanken verzichten zu müssen. Allerdings bedarf das Schuldscheindarlehen eines ausreichend hohen Kreditvolumens, um es effizient tranchieren zu können. 50 Mio. EUR oder gar 100 Mio. EUR werden hierzu im Markt als Mindestvolumen genannt.

2. *Unternehmensanleihen:* Die Anleihe unterscheidet sich vom Schuldscheindarlehen insbesondere durch ihr Wertpapiercharakteristikum. Sie ist leicht(er)
handelbar und an der Wertpapierbörse notierbar. Ihre Stückelungsmöglichkeit
ist auch sehr kleinteilig umsetzbar. Im Unterschied zum Schuldscheindarlehen
impliziert eine Anleiheemission höhere Transaktionskosten. Daher erfordert
eine effiziente Anleiheemission durchaus ein höheres Emissionsvolumen als
ein Schuldschein. Seit einigen Jahren haben deutsche Börsen und zuletzt primär
noch die Frankfurter Wertpapierbörse allerdings Mittelständlern vereinfachte
Emissionsbedingungen angeboten, sodass auch kleinere Emissionsvolumen
ab 30 Mio. EUR möglich wurden. Doch vereinfachte Emissionsbedingungen
implizieren für Investoren eine geringere Informationsbasis über das Wertpapier bzw. das dahinterstehende Unternehmen. Derart größere Anlagerisiken
führen zu notwendigen Risikoaufschlägen, sodass sich die Anleihefinanzierung
im Kleinstvolumen für die Unternehmen entsprechend verteuern. Eine Anleihe-
finanzierung erscheint daher nur für die Unternehmensfinanzierung von sehr
großen Wohnungsunternehmen mit mindestens 100.000 und mehr Wohneinheiten ansatzweise effizient.

Wie sieht jetzt ein **spieltheoretisches Optimum für ein deutsches Wohnungsunternehmen** aus bzw. es gilt zu fragen: Inwieweit und warum könnten Schuldscheindarlehen (und Anleihefinanzierungen) für Wohnungsunternehmen effiziente
Finanzierungsinstrumente darstellen? Auf Basis des spieltheoretischen Wissens
lässt sich eine Antwort in zwei Schritten formulieren: Zunächst werden vier
exemplarische Ergebnisse spieltheoretischer Überlegungen auf die Finanzierungsthemen von Wohnungsunternehmen bezogen. Im Anschluss werden diese vier
Ergebnisse auf das Schuldscheindarlehen angewendet.

1. *Beleihungsmanagement:* Heutige Finanzierungsstrukturen gestalten die
zukünftigen mit. Optimal ist es in der aktuellen Niedrigzinsphase, eine
volumenstarke Finanzierungstransaktion ohne Besicherung zu realisieren, weil
die Zinsaufschläge bei Nicht-Besicherung geringer sind als in „normalen",
nicht politisch determinierten Niedrigzinsphasen. Demnach gilt es aktuell, Ver-
schuldungsmöglichkeiten unter Einhaltung vordefinierter Bilanz-, Eigenkapital-
und Loan-to-Value (LTV)-Quoten zu maximieren. Ebenso sind die Laufzeiten
der Finanzierungen zu maximieren. Wenn das Eurosystem die Kreditmärkte
zukünftig wieder vermehrt marktwirtschaftlichen Kräften überlässt, sind die bis
dahin offen gelassenen Beleihungsreserven zu nutzen. Sie senken die Kapitalkosten und kompensieren den dann gestiegenen Marktzins. Grundschulden sind
in diesem Sinn die Absicherung für Krisenzeiten.

2. *Wachstumsfinanzierung:* Aus Schuldnersicht gelten Niedrigzinsphasen kurz-
   bis mittelfristig als vorteilhaft, weil sie die Kapitalkosten ceteris paribus signifikant reduzieren. Diese optimale Finanzierungssituation wird jedoch bei einem
   funktionierenden Preismechanismus auf dem Immobilientransaktionsmarkt
   wieder entkräftet. Steigende Immobilienpreise aufgrund erhöhter Nachfrage
   reduzieren nämlich den auf der Finanzierungsseite neu gewonnenen Freiraum.
   Doch nicht nur die Preissteigerungen sind von Bedeutung. Auch vertragliche
   Bedingungen werden wieder enger: a) Keine bzw. wertlose Garantien bzw.
   Gewährleistungen bei Ankäufen. b) Zahlungen für Projektfortschritte sind
   zunehmend weniger endfällig, stattdessen kommt es zu Vorabauszahlungen. c)
   Bürgschaften für Risiken nehmen ab (z. B. für Altlasten, Baugenehmigungen).
   In einer Studie von Februar 2018 des Beratungsunternehmens Ernst & Young
   Real Estate GmbH heißt es auch zusammenfassend: „Als Transaktionshinder-
   nisse gelten das hohe Preisniveau bzw. sehr ambitionierte Preisvorstellungen
   auf Verkäuferseite sowie die überzogene Übertragung von Risiken auf die
   Käuferseite." Ein derart beschriebener Markt befindet sich ganz sicher nicht
   im Seltenschen Trembling Hand Equilibrium („Zitterende-Hand-Gleich-
   gewicht"; rationales Handeln wird dauerhaft belohnt, selbst wenn andere Wirtschaftssubjekte mit einer geringen Fehlerwahrscheinlichkeit ihre Strategie
   verändern). Vielmehr gilt die Devise: „Wer zuckt, bekommt den Deal nicht!"
   Denn irrationales Handeln (fremdkapitalfinanzierte Transaktionen zu signifikant erhöhten Preisen, weil Fremdkapital günstig nachzufragen ist, sodass die
   Immobilienpreise steigen etc.) wird in diesen politisch determinierten Märkten
   sogar belohnt – zumindest, solange diese Marktphase anhält. Die Spieler mit
   der richtigen Prognose über das Ende des Finanzierungshypes werden (wieder)
   gewinnen.
3. *Verhandlungsmanagement:* Auch in erfolgreiche Kreditverhandlungen selbst
   können Ergebnisse der Spieltheorie einfließen. Ein Beispiel ist das Gewinnen
   durch unerwartete Aktion/Reaktion. Im Ergebnis wird diejenige Person (bzw.
   das Unternehmen) das Spiel gewinnen, die (bzw. das) den längeren Atem hat
   oder die bessere (Schau-)Spielerin ist. Folgende drei Schritte sollen das Beispiel
   verdeutlichen:

Schritt 1: Angenommen, ein kommunales Wohnungsunternehmen führt Verhandlungen mit nur einem Kreditinstitut über einen klassischen festverzinsten
Realkredit.

Schritt 2: Angenommen, das Kreditinstitut liefert im Vertragsentwurf jedoch nur
einen variabel verzinsten Kredit plus Swap-Geschäft – und fordert eine Bürgschaft
der Kommune als Voraussetzung für einen festverzinsten Kredit. Weil Kommunen

diese Bürgschaften nicht immer geben können/wollen (z. B. wenn sie selbst im Sanierungskonzept agiert), erlangt das Kreditinstitut einen sogenannter First Mover Vorteil. Das Wohnungsunternehmen könnte sich gezwungen sehen, das Kreditangebot anzunehmen, obwohl es selbst eigentlich keinen variabel verzinsten Kredit und schon gar kein Derivate-Geschäft abzuschließen vorhatte.

Schritt 3: Angenommen, das Wohnungsunternehmen hätte Rückfallpositionen vorbereitet, den Zeitverzug eingeplant und andere Kreditinstitute parallel informiert. In diesem Fall kann das Wohnungsunternehmen dem Kreditinstitut mit Wechsel des Kreditgebers drohen und den sogenannten Last Mover Vorteil erlangen.

4. *Das Spiel mit Signalen* lässt sich anhand von zwei Beispielen darstellen:
a) Wer zuerst die Marge aufruft (realistische Einschätzung und Glaubwürdigkeit der Bonität vorausgesetzt), gewinnt, weil er das Niveau der Erwartungen damit beeinflusst. Hierbei gilt zu berücksichtigen, dass sich nach der Seltenschen experimentellen Spieltheorie die Nutzenfunktion der Spieler mit deren Umfeld verändert.
b) Es gilt, Sicherheit zu vermitteln. Wer im Gespräch mit Bankenvertretern Probleme anspricht, aber die Chancen positiv ausmalt, hilft schon, die Kredit-vorlage zu formulieren. Kundenbetreuer müssen sich schließlich ebenfalls vor ihrem jeweiligen Kreditausschuss rechtfertigen!

Zusammenfassend gilt: Jeder „Spieler" hat weitere „Spiele" in seinem Umfeld zu berücksichtigen! Sich die Interaktivität aller Spiele transparent zu machen, ist eine wesentliche Aufgabe für das (rational handelnde) Management von Wohnungs-unternehmen zur Anwendung spieltheoretischer Erkenntnisse.

Für **Wohnungsunternehmen** lassen sich folgende **Schlussfolgerungen** formulieren: Die Betrachtung des Beleihungsmanagements für Wachstums-finanzierungen führt zu einem Verhandlungsmanagement, das letztlich durch das Spiel mit Signalen unterstützt werden kann. In diesem Kontext besitzen Schuld-scheindarlehen zur Finanzierung von Wohnungsunternehmen folgende Relevanz:

1. *Beleihungsmanagement:* Typischer Weise werden Schuldscheindarlehen unbesichert emittiert, sodass sie das Ziel unterstützen, Beleihungsspielräume für problematischer Zeitphasen der Finanzierungsmärkte offen zu halten.
2. *Wachstumsfinanzierung:* Ein nachhaltig stark wachsendes Wohnungsunter-nehmen (wie z. B. kommunale Wohnungsbaugesellschaften in Berlin) kommt schneller an Beleihungsgrenzen. Gerade diesen wachsenden Unternehmen ver-schaffen Schuldscheindarlehen einen Spielraum im Beleihungsmanagement.

3. *Verhandlungsmanagement:* Schuldscheine lassen sich tranchieren. Gewöhnlich werden diese Tranchen den Finanzierungsprojekten auf der einen Seite und den Investorenanforderungen auf der anderen Seite angepasst. Die einzelnen Tranchen differenzieren sich letztlich nicht nur durch unterschiedliche Gläubiger, sondern auch unterschiedliche Laufzeiten und Konditionierungen. Von Beginn an verhandelt ein Wohnungsunternehmen also mit einer vordefinierten Breite an Investoren und beteiligt sie am Gesamtkredit. Damit reduziert das Schuldnerunternehmen die Gefahr von First-Mover-Effekten auf der Gläubigerseite.

4. *Signaleffekte:* Wohnungsunternehmen signalisieren mit einem ausgefeilten Finanzmanagement nicht nur in die Finanzierungsmärkte, sondern auch in die eigene Wohnungswirtschaft hinein. Finanzkompetenz wird sich jedoch wieder über die Finanzwirtschaft zurückspiegeln und die Verhandlungsmacht des Wohnungsunternehmens stärken bzw. tendenziell die Kapitalkosten senken.

Alles in allem lassen spieltheoretische Überlegungen den Gedanken zu, Schuldscheindarlehen zur Verbreiterung der Investorenbasis, zum Schutz von Beleihungsreserven sowie zur Kommunikation von Finanzexpertise in die Märkte sowie letztlich zur kapitalseitigen Optimierung der Finanzierungsstrukturen heranzuziehen. Zwar muss die Relevanz von Schuldscheindarlehen finanzwirtschaftlich geprüft werden. Doch die in diesem Beitrag vorgestellten marktseitigen Überlegungen auf spieltheoretischer Basis lassen Schuldscheindarlehen als Finanzierungsinstrumente für Wohnungsunternehmen in der aktuellen Niedrigzinsphase durchaus attraktiv erscheinen.

4.3 Verteilungspolitik

4.3.1 Grundzüge der Einkommensverteilung in Deutschland

Die marktwirtschaftliche Wirtschaftsordnung der Bundesrepublik Deutschland ist neben dem dezentralen Markt als Lenkungssystem auch durch die Übernahme einer Verteilungsaufgabe geprägt. Sie wird in diesem Zusammenhang auch als *Soziale Marktwirtschaft* bezeichnet; entsprechend definiert das Grundgesetz Deutschland als „sozialen Bundesstaat" (vgl. Abschn. 4.2). Die Verteilungspolitik ist einerseits Bestandteil der Sozialpolitik, andererseits umfasst sie die Einkommens- und Vermögensverteilung(-spolitik) einer Volkswirtschaft. Zur deutschen *Sozialpolitik* zählen u. a. das System der Sozialversicherungen (mit der staatlichen Renten-, Kranken-, Arbeitslosen- und Pflegeversicherung), Vorsorgeleistungen (z. B. die Beamtenversorgung) und Fürsorgeleistungen (z. B. Sozialunterstützungen zur Existenzsicherung) sowie alle Instrumente der Verteilungspolitik (z. B. das Steuersystem und die Mindestlohngesetzgebung).

Träger der deutschen Sozialpolitik sind jene Institutionen, die Einfluss auf die Sozialpolitik nehmen können. Dazu zählen vor allem die Regierungen auf Bund-, Länder- und Gemeindeebene, die den Rechtsrahmen der Sozialpolitik bestimmen. Dementsprechend nimmt die deutsche Bevölkerung durch ihre Wahlentscheidung signifikant Einfluss auf die Sozialpolitik. Weiteren und vom staatsdemokratischen Legitimierungsprozess unabhängigen Einfluss auf die sozialpolitischen Entscheidungsprozesse der Regierung nehmen insbesondere die Sozialversicherungsträger, Tarifparteien und letztlich (zumindest beratend auch) Parlamentsfraktionen auf allen drei Regierungsebenen außerhalb der Regierungsverantwortung.

Grundlage jeglicher Sozialpolitik ist der politische Willensbildungsprozess, dass nicht alle unterschiedlichen Einkommens- und Vermögensbildungen eigenverantwortlicher Natur sind. In einer Kultur, deren politisch legitimierte Überzeugung es ist, dass Intelligenz, Leistungsstrebsamkeit und Verhandlungsgeschick eines Individuums nicht allein eigenverantwortlich sind, sondern zufällig entstehen, weil sie eigenen nicht wählbaren Lebensumständen geschuldet sind (z. B. durch die Familie), sieht den Staat zu Korrekturen dieser eigenen ökonomischen Ergebnisse der Lebensumstände verpflichtet. Derartige Korrekturen werden insbesondere erforderlich, wenn die individuelle Existenz z. B. durch Alter, Krankheit und Arbeitslosigkeit bedroht ist.

Die deutsche Wohnungswirtschaft ist elementarer Aktionsraum der Verteilungspolitik. (Sicheres) Wohnen lässt sich nämlich als existenzielles Bedürfnis der Menschen definieren. Denn mit Blick auf die deutsche Verfassung ist die Gesellschaft gefordert, die Unversehrtheit der Menschen zu gewährleisten. Vor diesem Hintergrund ermöglicht der deutsche Staat Haushalten mit geringen Einkommen das Wohnen in den sogenannten *Sozialwohnungen,* deren Berechtigung zum Bezug amtlich reguliert ist (vgl. hierzu die Aufgabe 3.11 und deren Lösung in Kap. 6). Auf diese Weise soll das Wohnen unabhängig von Marktpreisentwicklungen ermöglicht werden. Die im Vergleich zu freivermieteten Wohnungen günstigeren Mieten der Sozialwohnungen basieren auf staatlichen Zuschüssen und Zinssubventionen an die Vermieter bzw. Immobilieninvestoren. Sozialwohnungen werden in Deutschland demnach nicht nur von öffentlichen Unternehmen gebaut, sondern auch von Privatinvestoren.

In Abschn. 5.2 wird das Thema öffentlicher Wohnungsbau nochmals aufgenommen. Der vorliegende Abschnitt konzentriert sich dagegen auf die Begründung des öffentlichen Wohnungsbaus bzw. des privaten Baus von Sozialwohnungen. Dabei wird im Weiteren zunächst die Quantifizierung der Einkommensverteilung erläutert, während Abschn. 4.3.2 verschiedene verteilungspolitische Abwägungen anführt.

Die Verteilungspolitik muss also im Vorfeld der individuellen Existenzbedrohung (z. B. auf Basis einer möglichen Obdachlosigkeit) ansetzen. So ist sie bemüht, dass es gar nicht erst zur Bedrohung kommt. Allerdings basiert sie auf einem komplexen Prozess zur politischen Legitimation: Inwieweit Einkommens- und auch Vermögensumverteilung gerecht erscheinen, erachten unterschiedliche Menschen auf unterschiedliche Weise.

Letztlich ist die Analyse der Verteilungsgerechtigkeit eine ethische Disziplin, die sich pragmatisch im politischen Willensbildungsprozess widerspiegelt (vgl. Abschn. 3.2).

Die Verteilungspolitik gliedert sich in die Einkommens- und Vermögensverteilungspolitik auf:

- *Einkommensverteilung:* Hier wird zwischen der **funktionellen Einkommensverteilung** auf Basis der Wertschöpfung und der **personellen Einkommensverteilung** unterscheiden (vgl. Freudebeul-Krein et al. 2014, S. 272). Letztere definiert Art und Umfang auf Basis der gesellschaftlichen bzw. sozialen Grundziele und kulturell determinierten Werturteilen.
- *Vermögensverteilung:* Während die Einkommensverteilung staatlich umfangreich quantifiziert werden kann (z. B. im Rahmen des Steuersystems), erfährt die Vermögensverteilung bereits zur Definition von Vermögen (der Individuen oder Haushalte?) ein Problem. Auch bei den Instrumenten zur Vermögensumverteilung treten Probleme auf: Das Haushaltsvermögen einer Familie mit einem inhabergeführten Unternehmen umfasst durchaus den Unternehmenswert. Er steht aber nicht zu Konsumzwecken zur Verfügung, sondern allein das Haushaltseinkommen. Eine Besteuerung des gesamten Haushaltsvermögens könnte dem Unternehmen Finanzkraft zum Schaden der Mitarbeiter entziehen und genau jenen Wirtschaftssubjekten schaden, denen die Vermögensteile der Unternehmerfamilie umverteilt werden sollten. Insbesondere die Erbschaftsteuer wird diesbezüglich nachhaltig debattiert.

Die Erfassungen der gesamtwirtschaftlichen Einkommensverteilung und Vermögensverteilung dienen der Quantifizierung möglicher Ungleichverteilungen innerhalb einer Volkswirtschaft. Erst auf Basis dieser Datenlage sind wiederum verteilungspolitische Maßnahmen zu debattieren.

Die Chefredakteurin der WirtschaftsWoche im Interview mit der Bundeskanzlerin Angela Merkel und Familienunternehmerin Nicola Leibinger-Kammüller, Vorsitzende der Geschäftsführung der TRUMPF GmbH+Co. KG, zur Erbschaftssteuergesetzgebung

„Warum kann man Unternehmen nicht ganz von der Erbschaftsteuer befreien, wenn sie genau das leisten, was Sie, Frau Merkel, eben beschrieben haben?

Merkel: Ich bin nicht der Meinung, dass die Erbschaftsteuer an sich falsch ist. Ich halte es für richtig, Vermögen, das zwar schon versteuert ist, aber dann von einer Generation an die andere abgegeben wird, zu besteuern – zumindest wenn es nicht zur Schaffung von Arbeitsplätzen eingesetzt wird. Vermögen, das einfach nur weitervererbt wird, aber nicht dem Gemeinwohl dient, muss höher besteuert werden, als wenn es in die gesellschaftliche Zukunft investiert wird.

Leibinger-Kammüller: Dass man für ein Erbe gar keine Steuern zahlen soll, war nie unser Ansinnen. Es kommt aber darauf an, dass wir den Übergang, den die Frau Bundeskanzlerin gerade beschrieben hat, so gestalten, dass den Erben nicht die Luft ausgeht. Unsere Kinder zum Beispiel müssten Hunderte von Millionen Euro Erbschaftsteuer zahlen, wenn es zu der krassesten Form der Erbschaftsteuerregelung käme. Sie könnten dies nie und nimmer, ohne Unternehmensanteile an Investoren zu verkaufen. Das würde Familienunternehmen wie Trumpf fundamental verändern. Mit einem Kompromiss können wir sie zumindest motivieren weiterzumachen." (Meckel 2016; siehe kompakt zur allgemeinen Steuertheorie z. B. Koch 2016, S. 1373–1375)

Zur Quantifizierung der personellen Einkommensverteilung dient gemeinhin die *Lorenzkurve*. Sie repräsentiert die Einkommensverteilung als Visualisierung der kumulierten relativen Anteile der Merkmalsträger auf der Abszisse eines zweidimensionalen Diagramms und der kumulierten relativen Einkommenssumme auf der Ordinate. Die Lorenzkurve repräsentiert demnach das Verhältnis zwischen kumuliertem Prozentsatz der Bevölkerung und kumuliertem Prozentsatz des Einkommens (vgl. Mankiw/Taylor 2018, S. 535–538). Bei visueller Betrachtung der Lorenzkurve liefert die Fläche zwischen der Lorenzkurve und der 45-Grad-Kurve im Diagramm den sogenannten *Gini-Koeffizienten*. Mathematisch ist er der Quotient aus der Fläche zwischen der 45-Grad-Kurve und der Lorenzkurve zur gesamten Fläche unter der 45-Grad-Kurve. Je größer der Gini-Koeffizient ist, desto größer ist die Einkommensungleichverteilung einer Volkswirtschaft (vgl. Mankiw/Taylor 2018, S. 538–542).

Für die Bundesrepublik Deutschland berichtet der Sachverständigenrat zur Begutachtung der gesamtwirtschaftlichen Entwicklung (SVR) über jährliche Veränderungen des Gini-Koeffizienten (vgl. SVR 2016, S. 410 bzw. die dort verlinkten Excel-Daten): So stieg er von 1999 bis 2005 von 0,249 auf 0,292 an. Er sank danach ab dem Regierungswechsel im Jahr 2005 bis zur Weltwirtschaftskrise im Jahr 2009 auf einen Wert in Höhe von 0,283. Diese schwindende Einkommensungleichheit war sicherlich Konsequenz der unter dem Schlagwort *Agenda 2010* der Rot-Grünen Bundesregierung im Jahr 2003 umgesetzten Reformpolitik. Die Reformpolitik der damaligen Bundesregierung mit der Agenda 2010 trug demnach sichtlich zum Abbau der Einkommensungleichverteilung bei. Es wundert daher, dass der damalige SPD-Kanzlerkandidat zur Bundestagswahl 2017, Martin Schulz, die Reformen der Agenda 2010 kritisierte mit der Forderung nach *mehr Gerechtigkeit* (vgl. Anger/Sprecht 2017, S. 8).

Bis zum letzten Berichtswert für das Jahr 2013 stieg der Gini-Koeffizienten wieder auf einen Wert in Höhe von 0,299 an. Verantwortlich hierfür war u. a. die expansive Geldpolitik im Eurosystem. Schließlich führt sie zum nahezu Komplettausfall von Zinseinkommen in der deutschen Volkswirtschaft. Insbesondere für niedrigere Haushaltseinkommen ist es fatal, weil sich ihnen wenig Alternativen zum verzinsten Sparen bieten. Typische Sparprodukte sind weiterhin jetzt kaum noch verzinste Zinsprodukte der Kreditwirtschaft und wenig rentable Versicherungsprodukte.

Broll/Ziegler (2019, S. 1245) konstatieren hierzu mit Blick auf die Immobilienwirtschaft: „In Deutschland vergrößert der Boom auf dem Immobilienmarkt die Unterschiede zwischen Arm und Reich. Mehr als die Hälfte der Vermögenszuwächse aufgrund der gestiegenen Immobilienpreise kommen den zehn Prozent reichen Haushalten zugute. Dabei sind die regionalen Unterschiede beachtlich. Die Hälfte der Vermögensgewinne durch Immobilien entfällt auf die beiden Bundesländer Bayern und Baden-Württemberg."

Neben Lorenzkurve und Gini-Koeffizienten lässt sich die Entwicklung der Einkommensverteilung in einer Zeitreihenbetrachtung auch aus den Volkswirtschaftlichen Gesamtrechnungen interpretieren. Sie leitet nämlich das Volkseinkommen aus der Summe von Arbeitnehmerentgelten einerseits und Unternehmens- und Vermögenseinkommen (z. B. Mieten, Zinsen, Gewinnausschüttungen) andererseits ab. Arbeitnehmerentgelte pro Kopf sind wesentlich kleiner als Unternehmens- und Vermögenseinkommen pro Kopf. Dazu weisen sie auch auf Beschäftigungsabhängigkeiten hin, wenn davon auszugehen ist, dass Bezieher von Unternehmens- und Vermögenseinkommen auf dem Arbeitsmarkt Arbeitskräfte der Bezieher von Arbeitnehmerentgelte nachfragen (oder eben nicht mehr). Der Entwicklung beider Einkommensgruppen kommt deshalb eine verteilungspolitische Bedeutung zu.

In Abschn. 3.1.3 berichtete Tab. 3.4 bereits über die Einkommensverteilung in Deutschland für das Jahr 2020. Abb. 4.11 erfasst die entsprechende Verteilung als Zeitreihe für die Jahre 1991 bis 2020. Demnach betrug das Volkseinkommen im Jahr 2020 insgesamt 2500,4 Mrd. EUR und setzte sich mit Arbeitnehmerentgelten in Höhe von 1836,4 Mrd. EUR und Unternehmens- und Vermögenseinkommen in Höhe von 664,0 Mrd. EUR

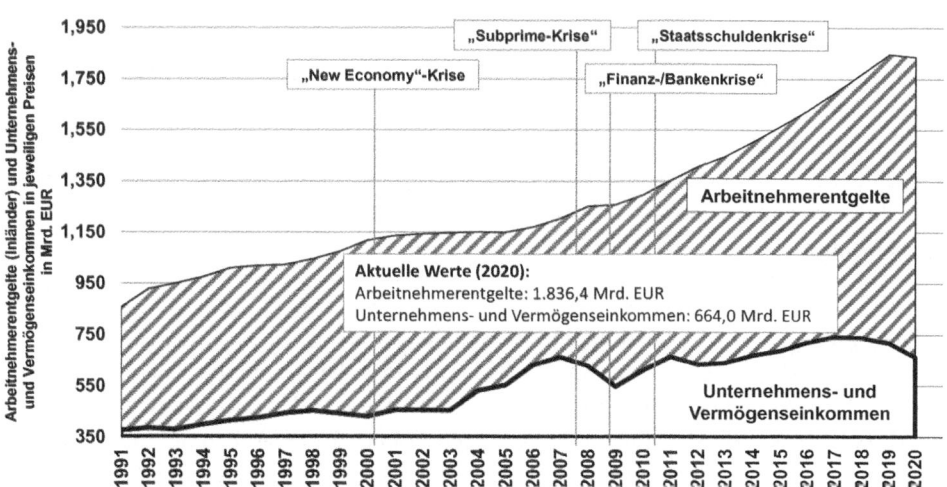

Abb. 4.11 Entwicklung von Arbeitnehmerentgelte einerseits sowie Unternehmens- und Vermögenseinkommen andererseits von 1991 bis 2020. (Datenquelle: Deutsche Bundesbank 2021; Eigene Darstellung)

zusammen. Die Arbeitnehmerentgelte waren um den Faktor 2,77 größer. Der Faktor ist im Jahr 2020 besonders angestiegen, da er im Jahr 2019 noch bei 2,57 lag. Andersausgedrückt betrugen Arbeitnehmerentgelte im Jahr 2020 (2019) 73,4 % (72,0 %) des Volkseinkommens, während die Unternehmens- und Vermögenseinkommen lediglich 26,6 % (28 %) ausmachten.

Diese statische Betrachtung ist aber weniger aussagekräftig als die Zeitreihenbetrachtung, weil die Verteilungspolitik insbesondere Veränderungen berücksichtigt. Nur dann kann sie im oben beschriebenen Sinn gesellschaftspolitische Probleme antizipieren und vorsorglich vermeiden. Abb. 4.11 berichtet deshalb über die Entwicklung beider deutscher Einkommensgruppen seit der Wiedervereinigung bis zum Jahr 2020 (in jeweiligen Preisen). Der Chart visualisiert ein stets positives Wachstum der Arbeitnehmerentgelte seit dem Jahr 2006. Die Daten zur Graphik beziffern, dass sie zuletzt jährlich um 3,9 % (2017), 3,0 % (2018) und 2,2 % (2019). Dagegen veränderten sich Unternehmens- und Vermögenseinkommen weniger bzw. sie schrumpften mit 3,0 % (2017), −0,5 % und −2,7 % (2019). Es kam in den Jahren 2017 bis 2019 demnach zu einer Angleichung der Einkommen.

Gleichfalls verdeutlicht Abb. 4.11 für die Jahre 2004 bis 2006 eine umgekehrte Entwicklung: In diesem Zeitfenster wuchsen Unternehmens- und Vermögenseinkommen mit 16,9 % (2004), 4,2 % (2005) und 14,2 % (2006) deutlich stärker als Arbeitnehmer entgelte mit 0,4 % (2004), −0,1 % (2005) und 1,8 % (2006). Diese damalige Lohnzurückhaltung von Arbeitnehmern sicherte Deutschland zum einen die Wettbewerbsfähigkeit der Volkswirtschaft im internationalen Vergleich. Zum anderen verdeutlicht die Einkommensentwicklungen auf, dass Bezieher von Unternehmens- und Vermögenseinkommen an dieser Zurückhaltung nicht beteiligt waren.

Auch in der dazwischen liegenden Zeit hat die Weltwirtschaftskrise 2009 (siehe Abschn. 4.1.2 und 4.1.3) die Einkommensposition der Arbeitnehmerentgelte relativ verbessert. Die hierauf ausgerichtete Wirtschaftspolitik verstärkte sie anschließend jedoch wieder. Damit stellt sich die Frage, ob eine zielgerichtete Verteilungspolitik nicht bereits in der politischen Entscheidung für eine wirtschaftspolitische Konzeption verfangen ist. Allerdings, so verdeutlicht es die einschlägige Medienberichterstattung, wird eine solche Kausalität im deutschen wirtschaftspolitischen Entscheidungsprozess kaum bis gar nicht berücksichtigt.

Piketty (2016, S. 137) zu Grenzen der Umverteilung
„Es fehlt also nicht an Argumenten dafür, dass Umverteilung der Kaufkraft zugleich Ungleichheit eindämmen und zum Wohle aller die Wirtschaftstätigkeit beleben kann. Allerdings gibt es keinen Grund zu der Annahme, die Voraussetzungen für das Funktionieren dieses Mechanismus seien immer erfüllt. Ob dem so ist, muss von Fall zu Fall entschieden werden. Zudem verstehen zeitgenössische Ökonomen den keynesianischen Mechanismus ganz anders, als seine traditionelle Deutung es tat. Sie gehen im Allgemeinen davon aus, dass Preise und Löhne sich

kurzfristig nicht rasch genug anpassen, zum Beispiel aufgrund fixer Nominallöhne, und dass allein durch eine Inflation und dank dadurch sinkender Reallöhne die Wirtschaftstätigkeit angekurbelt und das Beschäftigungsniveau erhöht werden können. Die Vorstellung, Inflation könne Wirtschaftsstrukturen „ölen" und lockern, führt uns weit weg von jener besten aller möglichen Umverteilungswelten, in der es im Gegenteil die wachsende Kaufkraft der Arbeitnehmer war, die den Aufschwung ermöglichen sollte! Die anderen Ingredienzien dieser Wachstumspolitik, etwa eine Erhöhung der Staatsschuld, die unweigerlich die Kapitalnachfrage und mit ihr die Kapitalrendite erhöhen, haben oft eine ebenso zweifelhafte Umverteilungswirkung. Zudem machen sich Wachstumseffekte derartiger konjunkturpolitischer Maßnahmen, wo es sie überhaupt gibt, im Allgemeinen nur kurzfristig bemerkbar und können daher kaum als Raster einer systematischen Analyse der Bedingungen von Umverteilung dienen, vor allem verglichen mit den wirksamen strukturellen Instrumenten, die wir analysiert haben.

Das Beispiel dieser keynesianischen Umverteilung zeigt auch, wie fruchtlos es mitunter ist, auf eine effiziente Umverteilung zu hoffen, die alle Probleme auf einmal lösen würde. Das hatte sich schon anlässlich des Mythos einer „Versicherungs-Gesellschaft" gezeigt, aber die Gefahr ist von sehr viel allgemeinerer Tragweite. So ist es zum Beispiel ebenso illusorisch wie kontraproduktiv, jede Ungleichverteilung von Humankapital auf Diskriminierung zurückzuführen oder zu behaupten, niedrige Löhne seien stets Folge einer Monopsonmacht der Arbeitgeber. Natürlich müssen Möglichkeiten effizienter Umverteilung identifiziert werden, wo immer es sie gibt. Wer aber in jeder Ungleichheit Ausdruck einer groben Marktineffizienz ausmachen will, um ihr mit irgendeinem mythischen Gewaltstreich ein Ende zu setzen, vergisst darüber leicht, dass die notwendigen Steuern gezahlt werden müssen, um Fiskaltransfers zu finanzieren, die vielleicht nicht jede Ungleichheit aus der Welt schaffen, aber doch in der Lage sind, die ganz reale Ungleichheit der Lebensumstände zu mildern."

Für das Jahr 2020 visualisiert Abb. 4.11 eine deutliche Reduktion des Volkseinkommens. Hierbei mussten die Unternehmens- und Vermögenseinkommen einen größeren Rückschritt verbuchen. An dieser Stelle wird aber die eingeschränkte Interpretationsschärfe auf Basis der Verteilungsrechnung deutlich. Denn im Corona-Jahr litten vor allem Kleinbetriebe der Gastronomie, des Einzelhandels und des Freizeitgewerbes mit teilweise Soloselbständigen unter dem politisch eingeschränkten Wirtschaftsgeschehen. Deren Einkommen sind den unternehmerischen Gewinnen ebenso zuzurechnen, wie jene Ausschüttungen erfolgreicher mittelständischer Unternehmen mit Weltmarktpositionen an ihre Inhaber. In den stärkeren Einkommensrückgängen bei Unternehmens- und Vermögenseinkommen gegenüber den Arbeitnehmerentgelten darf also nicht unüberlegt eine verteilungspolitische Angleichung gesehen werden.

Die Analyse des deutschen Volkseinkommens bzw. die Aufsplittung des Volkseinkommens in Arbeitnehmerentgelte sowie Unternehmens- und Vermögenseinkommen führt zusammenfassend zu ähnlichen Ergebnissen wie bereits die Analysen von Lorenzkurve und Gini-Koeffizienten. Zu erkennen ist trotz aller Vorsicht der Interpretation nämlich, dass sich die Einkommensgruppen in Deutschland in den letzten Jahren zugunsten der Arbeitnehmerentgelte entwickelten. Von wachsender Ungleichheit, über welche in der Medienberichterstattung immer wieder kolportiert wird, lässt sich empirisch nicht untermauern. Ebenfalls zeigen die Analyseergebnisse einen zeitlichen Zusammenhang zur Reform der Arbeitsmärkte und Sozialversicherungssystem, die im Jahr 2005 als „Agenda 2010" von der damaligen Bundesregierung umgesetzt wurde. Die Agenda 2010 hat demnach zwar zur Ungleichverteilung von Einkommen beigetragen, allerdings zugunsten der Arbeitnehmer entgelte.

4.3.2 Verteilungspolitische Abwägungen

Die von Piketty (2015) und Stiglitz (2015) initiierte Verteilungsdiskussion geht einher mit einer gesellschaftlichen Gerechtigkeitsdiskussion bzw. einer latenten Kapitalismuskritik. Unterstellt wird dabei eine Kapitalkumulation im Eigentum einiger weniger Menschen, die zum Schaden anderer eingesetzt wird und durch Zinseszinseffekte im weiteren Sinn die ökonomische Vormachtstellung eines Bruchteils der Bevölkerung einer Volkswirtschaft manifestiert. Wagenknecht (2017, S. 101) schreibt: „Global kontrollieren drei multinationale Bergbaugesellschaften gut die Hälfte des weltweiten Handels mit Eisenerz. Nahezu der gesamte Umsatz mit Derivaten auf den Weltfinanzmärkten konzentriert sich in der Hand weniger großer Investmentbanken. Das digitale Geschäft beherrschen einige Monopolisten aus dem Silicon Valley. Mit den in der Mainstream-Ökonomie vermittelten Lehrbuchmodellen von offenen Märkten und freiem Wettbewerb hat das wenig zu tun, mit dem von Marx vor 150 Jahren vorausgesagten Trend allerdings sehr viel."

Sicher, diese Aussage eines Mitglieds einer deutschen Partei, die auf eine Revolution des Gesellschaftsbilds abzielt, ist diskutabel (was sind „einige Monopolisten" – entweder liegt ein Angebotsmonopol vor oder nicht!). Aber sie ist hier stellvertretend angeführt für latente Systemkritik in einer Gesellschaft, die bereits erfahren hat, dass sich Marktwirtschaft und Kapitalismus als einziges Wirtschaftssystem bewährt und vor allem die Planwirtschaft mit dem Sozialismus überlebte.

Mit der Auflösung des kommunistischen Ostblocks Ende der 1980er Jahre zugunsten der Demokratisierung entsprechender Gesellschaften ging das Ende der Bipolarität zweier Wirtschaftssysteme einher: In früher sozialistisch strukturierten Staaten lösten die neuen sogenannten Transformationsökonomien den Sozialismus durch den Kapitalismus als Eigentumsstruktur für Produktionskapital ab. An die Stelle zentralstaatlicher Planwirtschaft traten Marktwirtschaftsstrukturen zur dezentralen Wirtschaftssteuerung auf Märkten mittels des Marktpreismechanismus.

Anfang der 1990er Jahre schien das kapitalistisch-marktwirtschaftliche Wirtschaftssystem konkurrenzlos. Als einziger dirigistischer Staat mit wirtschaftlichem Erfolg verblieb China. Sieren (2018, S. 17) resümiert: „Dass China nicht kollabieren würde, davon war ich immer überzeugt. Die Fakten sprachen dagegen. Das Bauchgefühl auch. Was die Geschwindigkeit und den Erfolg des Aufstiegs betrifft, war ich in meiner Einschätzung allerdings viel zu vorsichtig. Warum war das so? Wahrscheinlich hat mich das, was ich in der Schule zu Zeiten des Kalten Krieges über den Kommunismus gelernt habe und was sich nach dem Fall der Mauer zu bestätigen schien, mehr geprägt, als mir im Nachhinein bewusst ist. Denn eine Botschaft wurde in der Schule gebetsmühlenartig wiederholt: Der Kommunismus ist dem Kapitalismus weit unterlegen, und Diktaturen haben kurze Beine. Auf Dauer lassen die Menschen sich das nicht gefallen. Das stimmt ja auch alles. Es hat mit China jedoch nur bedingt zu tun." China ist deshalb auch nicht als Transformationsökonomie wie z. B. Polen, Tschechien oder Ungarn zu bezeichnen.

China stieg im 21. Jahrhundert gemessen am BIP zur zweigrößten Wirtschaftsnation auf. Noch im Jahr 2006 war das chinesischer BIP kleiner als das deutsche (vgl. Abschn. 3.1.3). Derweil ließen in den westlichen Industriestaaten wirtschaftliche Entwicklungen und signifikante Wirtschaftskrisen Zweifel an der Beständigkeit und Gerechtigkeit des kapitalistischen Wirtschaftssystems aufkommen. Wesentliche Wirtschaftskrisen betrafen Ende der 1990er Jahre und Anfang des 21. Jahrhunderts noch getrennt (1) die westlichen Industrienationen mit der Fondskrise um den LTCM (siehe dazu Löwenstein 2007), der Aktienmarktkrise nach der New Economy-Blase (siehe dazu Stiglitz 2005) sowie der Finanzkrise nach dem Immobilienboom in Staaten wie den USA, Großbritannien, Irland, Portugal, Spanien etc. (siehe dazu Sinn 2009) sowie (2) asiatische Staaten mit der Konjunkturkrise Japans und der ostasiatischen Finanz-, Währungs- und Wirtschaftskrise (siehe zu beiden Krisen Krugman 2001).

Im Zuge der sich fortan intensivierten global vernetzen Wirtschaftsentwicklung integrierten sich westliche und asiatische Wirtschaftsentwicklungen insbesondere im Hinblick auf die Wirtschaft der westlichen Industrienationen und Chinas. Es überrascht demnach nicht, dass die weltweiten wirtschaftspolitischen Reaktionen auf die Pandemie des Corona-Virus *SARS-CoV-2* im Jahr 2020 mit allen Beschränkungen gesellschaftlichen und wirtschaftlichen Lebens (=umgangssprachlich als „Lockdown" bezeichnet) die Weltwirtschaft betrifft. Die konjunkturellen Entwicklungen in Deutschland sind von der globalwirtschaftlichen Entwicklung nicht loszudenken. Vor diesem Hintergrund führte der politisch bestimmte Lockdown vieler Industriestaaten von März bis Mai 2020 in Deutschland zur Reduktion der volkswirtschaftlichen Wertschöpfung um ein Drittel im Vergleich zur Vorjahresperiode (vgl. Knüfermann 2020). Für das gesamte Wirtschaftsjahr 2020 hinweg war zusammenfassend eine tief greifende Rezession die Konsequenz.

Mit Rezessionen gehen gewöhnlich Reduktionen im Beschäftigungsgrad einer Volkswirtschaft einher. Mit anderen Worten steigt die Arbeitslosenquote. Das Statistische Bundesamt erläutert für die aktuelle Rezession folgendes Ergebnis für Deutschland: Demnach „... liegt die Erwerbstätigenzahl weiterhin deutlich unter dem Vorkrisenniveau: So waren im August 2020 saisonbereinigt 1,2 % oder 565 Tsd. Personen weniger erwerbstätig als im Februar 2020, dem Monat vor Beginn der Einschränkungen durch die Corona-Pandemie in Deutschland." (Statistisches Bundesamt 2020a) Wird bedacht, dass ökonomische Einbußen bzw. Umsatzausfälle teilweise kaum bis gar nicht kompensierbar sind, können folgende gesellschaftliche Probleme aus der Lockdown-Politik resultieren:

- *Arbeitslosigkeit* durch das Herunterfahren der heimischen und internationalen Produktion;
- *Kurzarbeit* und die damit verbundenen Kaufkraftverluste kurzarbeitender Wirtschafts-subjekte (siehe dazu Link/Sauer 2020);
- *Umsatzeinbußen* für Gastronomiebetreibende (siehe dazu Terpitz 2020), in der Touris-mus- und Freizeitbranche (siehe dazu Imwinkelried 2020) etc.;
- *existenziell-ökonomische Probleme* von Freiberuflern, sonstigen Kleinunternehmern und Selbstständigen (siehe dazu Hildebrand/Koch/Specht 2020).

Die deutsche Lockdown-Politik bzw. die Folgen dieser Politik konterte die deutsche Regierung wiederum mit rekordhaften kreditfinanzierten Staatsausgaben. Ende des 1. Halbjahres 2020 erklomm die gesamtdeutsche Staatsverschuldung mit 2108,9 Mrd. EUR den höchsten jemals für die Bundesrepublik Deutschland gemessenen Staatschuldenstand nach dem Wert aus dem Jahr 2012. Innerhalb eines Halbjahres stieg die Staatsverschuldung somit um 11,1 % beziehungsweise 210,1 Mrd. EUR an (vgl. Statistisches Bundesamt 2020b). Vor dem Hintergrund bereits vollzogener Beschlüsse der Regierung ist bis zum Jahresende 2020 mit einer weiteren massiven Schulden-aufnahme zu rechnen. Die Deutsche Bundesbank prognostiziert: „Die Schulden-quote dürfte im laufenden Jahr Richtung 75 % steigen." (Deutsche Bundesbank 2020a;, S. 11) Das deutsche Staatsschuldenvolumen betrüge dann 2436,8 Mrd. EUR.[6] Eine erste Konsequenz der Gesamtschuldenzunahme Deutschlands vernahm Baden-Württemberg, als „dass die Ratingagentur Standard & Poor's die Note für das Bundes-land Baden-Württemberg wegen der Corona-Folgen von der Bestnote AAA leicht auf AA + absenkt hat." (Wiebe 2020, S. 32).

Kreditfinanzierte Staatsschuldenstände führen c. p. zu einem Anstieg des Markt-zinsniveaus und liefern einen restriktiven Wachstumsimpuls. Aufgrund der expansiven Geldpolitik im Eurosystem wird dieser Effekt aber nicht sichtbar. Vielmehr rangiert das deutsche Zinsniveau Mitte 2020 weiterhin auf einem sehr tiefen Niveau. Diese deutsche Fiskalpolitik und die Geldpolitik im Eurosystem verwehren der deutschen Bevölkerung

---

[6] Unterstellt ist eine Reduktion der Wirtschaftsleistung im Jahr 2020 im Vergleich zum Vor-jahr gemäß Bundeswirtschaftsministerium in Höhe von 5,8 %. Siehe zum negativen Wirtschafts-wachstum Bundeswirtschaftsministerium 2020; siehe zur Wirtschaftsleistung 2019 die Angaben in Statistisches Bundesamt 2020c.

mit durchschnittlichen Sparvolumina (1) Sparmöglichkeiten auf Sparkonten von Kreditinstituten sowie (2) eine Altersvorsorge mit ausreichend verzinslichen Lebensversicherungen etc.

Die Rezession der Weltwirtschaft aufgrund der Corona-bezogenen Wirtschaftspolitik im Jahr 2020 führte im Ergebnis bzw. zusammenfassend zur …

- erhöhten Arbeitslosigkeit,
- zu Kaufkraftverlusten wegen Kurzarbeit,
- Einkommensverlusten aufgrund von Umsatzeinbußen in Branchen ohne staatliche finanzielle Kompensation sowie
- Ertragseinbußen bei Geldanlagen.

Alle vier Ergebnisse wiegen schwer insbesondere für Haushalte mit durchschnittlichem oder geringerem Haushaltseinkommen, die in der Regel abhängig beschäftigt, Kleinunternehmer, Freiberufler oder sonstige Selbstständige sind. Vermögende Wirtschaftssubjekte sind dagegen weniger von den vier angeführten Rezessionskonsequenzen betroffen. Sie sind in der Lage, ihre Geldanlage so zu lenken, dass sie z. B. durch Kapitalbeteiligung (= Aktienanlage) oder durch Finanzkapitalbereitstellung (= Anleiheanlage) positive Anlagerenditen generieren können. Schließlich wirken mit ausreichendem Finanzkapital Portfoliostrukturen der Geldanlagen positiv auf das Vermögenswachstum (siehe Abschn. 3.1.4). Mindestens nötig zur Partizipation an Portfoliostrukturen sind Geldanlagen in Fondssparverträge. Für Haushalte, die sich finanziell daran nicht beteiligen könnten, bleiben lediglich Geldanlagekonten bei Kreditinstituten, Bausparkassen und Lebensversicherungen. Alle drei Geldanlageinstrumente zeichnen sich aktuell durch die oben angeführten Ertragseinbußen aufgrund der Niedrigzinsphase aus. Aus diesem Grund wird die Rezession des Jahres 2020 zu einer Ungleichverteilung von Einkommen und letztlich von Vermögen führen.

Eine ähnlich asymmetrische Entwicklung zeigt sich auf der Unternehmensseite. Erfolgreiche Unternehmen (z. B. der IT-Branche mit Online-Konferenz-Software-Angeboten oder Cloud-Anbieter) konnten von der weltweiten Corona-Wirtschaftspolitik profitieren. Dagegen litten Unternehmen mit klassischen Offline-Produktionen (z. B. der Automobilindustrie) unter Absatzrückgang. Damit setzt sich eine Entwicklung fort, die erfolgreiche Unternehmen erfolgreicher macht, und kriselnden Unternehmen noch weniger Chancen gibt, sich weiter im Markt zu behaupten. Stiglitz (2020, S. 76) betont hierzu: „Vielleicht hat das Bild eines innovativen, wenn auch rücksichtslosen Wettbewerbs von unzähligen Unternehmen, die sich bemühen, Verbrauchern bessere Produkte und Dienstleistungen zu niedrigeren Preisen anzubieten, die amerikanische Volkswirtschaft vor langer Zeit einmal gut beschrieben. Aber heute leben wir in einem System, wo einige wenige Unternehmen riesige Gewinne absahnen und jahrelang unbehelligt ihre marktbeherrschende Stellung ausnutzen können."

Vermutlich wird Stiglitz (2020) nicht meinen, dass es per se von Interesse wäre, grundsätzlicher Weise Unternehmen im Markt behalten zu wollen, obwohl sie keine ausreichenden Produktinnovationen liefern. Es geht ihm wohl vielmehr um die Problematik der Ungleichverteilung von Marktmacht, wie sie oben bereits von Wagenknecht (2017) angeführt wurde. Eine kapitalistisch geprägte Marktwirtschaft bedarf aber eines Wettbewerbsmarkts. Denn nur der Wettbewerbsmarkt zwingt Unternehmen zu Produktinnovationen, die den technischen Fortschritt einer Gesellschaft begründen. Die Deutsche Demokratische Republik ohne Wettbewerbsmärkte war nicht in der Lage, technische, medizinische, pharmazeutische Fortschritte zu erzielen wie die Bundesrepublik Deutschland. Wäre sie in der Lage gewesen, wäre der Staat nicht zusammengebrochen. Diese Ungleichheit zwischen West- und Ostdeutschland – um auf Sieren (2018, S. 17) zurückzukommen – „ließen die Menschen sich […] nicht gefallen."

Es verwundert abschließend nicht, dass ein kapitalistisch geprägtes Wirtschaftssystem ohne ein etabliertes Alternativsystem derzeit zwar noch alternativlos erscheint. Die Kritiken am realexistierenden Kapitalismus werden jedoch aufgrund wachsender ökonomischer Ungleichheiten in der Gesellschaft lauter. Hinzu kommen Entscheidungen der Corona-Wirtschaftspolitik zulasten einzelner Gesellschaftsgruppen ohne nachhaltige Lobbyisten, die sie unterstützen. Diese Gruppen sind zahlenmäßig groß. Denn bereits arbeitslosen Menschen schwindet der institutionalisierte Rückhalt. Gewerkschaften setzen sich schließlich mit ihrer Politik der steten Lohnerhöhung und Arbeitszeitverkürzung nur für Arbeitnehmer ein, die sich *im Arbeitsverhältnis* befinden und einen Verbleib schaffen. Fallen Menschen aus den Arbeitsverhältnissen heraus, blockiert die Gewerkschaftspolitik den Wiedereintritt durch erkämpfte Lohnerhöhungen etc. Ökonomen kommt als Verfechter von Kapitalismus und Marktwirtschaft deshalb eine besondere Aufgabe zu: Sie müssen Antworten auf folgende Fragen finden:

(1) Welche *gesellschaftlichen Strömungen* stellen Kapitalismus und Marktwirtschaft infrage?
(2) An welchen *Stellschrauben* sind Kapitalismus und Marktwirtschaft derart zu gestalten, als dass die Kritiken an ihnen aufgelöst werden?
(3) Welches *gesellschaftspolitische Fundament* muss gelten, damit Kapitalismus und Marktwirtschaft wunschgemäß zum Wohle aller Wirtschaftssubjekte wirken?

Den bisherigen Ausführungen folgend stellt die mögliche zunehmende Ungleichheit von Einkommen und Vermögen innerhalb der Gesellschaft (bzw. die Angst davor) die (1) zentrale gesellschaftliche Strömung dar, die eine Kapitalismuskritik forciert. Die Verteilungspolitik ist demzufolge die (2) Stellschraube für Kapitalismusakzeptanz. Das (3) gesellschaftliche Fundament beschreibt der US-amerikanische Psychologe Pinker (2018) in seiner Monographie „Aufklärung jetzt". In Kapitel 9, das mit „Ungleichheit" überschrieben ist, wird zunächst Ungleichheit von Armut differenziert: „Der Grund für die Verwechslung von Ungleichheit mit Armut ist der Trugschluss der feststehenden Menge – die Vorstellung, Reichtum sei eine begrenzte Ressource, wie ein Antilopenkadaver, der nullsummenartig aufzuteilen ist, was heißt: Wenn einige Leute mehr bekommen, müssen andere weniger kriegen." (Pinker 2018, S. 132) Danach kommt der Autor zu folgendem

Schluss: „Der Angst vor wachsender Ungleichheit in westlichen Ländern zum Trotz illustrieren die internationale und die globale Gini-Kurve: *Weltweit geht die Ungleichheit zurück.* Damit umschreiben wir den Fortschritt freilich auf eine umständliche Weise – entscheidend am Rückgang der Ungleichheit ist, dass es sich um einen Rückgang der Armut handelt." (S. 140 f.)

Im Unterschied zu Piketty (2015) führt die Interpretation vorliegender Datenmaterialien von Pinker (2018) zu einer wesentlich zuversichtlicheren Position. Auch beschreibt er Ungleichheit nur dann als problematisch, wenn sie einseitige Armut konstatieren lässt. Dazu ist wiederum Armut zu definieren, die in einem engen Zusammenhang mit Hunger und Krankheit steht. Insofern stellt Pinker (2018) in seinem Kap. 6 auf „Gesundheit" und Kapitel 7 auf „Ernährung" ab. Beide Aspekte bedingen sich. In den Ernährungsproblemen sieht er in weniger industriestaatlich entwickelten Volkswirtschaften wie jene der Subsaharastaaten Gründe für „Armut, Krieg und Autokratie". Die Lösung solle der technische Fortschritt konkret mit Kunstdünger und Genmanipulation liefern. Dabei werden jedoch wesentliche weitere Gründe für Hunger und Not in der Welt außeracht gelassen, wie z. B. die Kolonialisierung von Staaten durch westliche Industrienationen insbesondere im 19. Jahrhundert. Ebenfalls außeracht gelassen bleiben Globalisierungstendenzen von Produktionsprozessen, die Produktionsketten zur Folge haben, die je Produktionsstaat mit unterschiedlicher Akzeptanz von Menschenrechten einhergehen. Produktionen in China finden ohne die Existenz von Menschenrechten statt und führen zu Kinderarbeit und Ausbeutung. Industriestaaten besitzen keine intrinsische Motivation, die Akzeptanz und Einhaltung von Menschenrechten einzufordern. Schließlich sind allein diese unterschiedlichen Spielregeln der Produktion die Basis, Produktionskosten durch Outsourcing in diese Staaten zu senken (vgl. hierzu ausführlich Knüfermann/Knüfermann 2020 und die dortige Auswertung der Literatur von Sen 2003, Spohr 2017).

Internationale gesellschaftliche Entwicklungen zur Gesundheit (und damit also letztlich auch Ernährung) können Gründe für eine Kapitalismuskritik liefern. Zur Bekämpfung der 2020er Corona-Pandemie z. B. sollen Wirk- und Impfstoffe entwickelt werden, um eine weitere Ausbreitung des Corona-Virus *SARS-CoV-2* bzw. der Krankheit *Covid-19* einzudämmen. Dazu forschen unterschiedliche Unternehmen und Universitäten in verschiedenen Ländern. Ebenfalls werden vorhandene Medikamente auf Ihre Wirksamkeit gegen Corona-Infektionen hin geprüft.

Diese Medikamente stehen aber nicht der breiten Bevölkerung aller Corona-Staaten zu. Vielmehr heißt es in der Presse, dass „immer mehr Staaten [versuchen], potenzielle Produzenten an sich zu binden, um so möglichst viele Dosen des Impfstoffes für die eigene Bevölkerung zu sichern." (Waschinski 2020, S. 47) Neben der Konkurrenz verschiedener Staaten kann es auch *innerhalb* einzelner Staaten zur Ungleichverteilung von Wirkstoffzugängen führen, wenn ein Gesundheitssystem für Menschen, die eine ausreichende Kaufkraft besitzen, die Zuteilung priorisiert. Schließlich verfügen die wenigsten Staaten über ein öffentliches Gesundheitssystem im Ausmaß Deutschlands.

Einen Beleg für diese Bewertung von asymmetrischen Wirkstoffzugängen lieferte der Präsident der USA Anfang Oktober 2020: Donald Trump „… wird mit einem experimentellen Medikamentencocktail behandelt: Er bekommt den Antikörper-Aktivator Regeneron, das Ebola-Medikament Remdesivir und das Steroid Dexamethason, das laut Weltgesundheitsorganisation WHO eher schweren Fällen vorbehalten sein sollte"; währenddessen ist (mit Stand Ende 2020) zu vernehmen: „Mehr als 210.000 Menschen sind an Corona gestorben, über sieben Millionen Infektionen wurden bislang registriert. Schwächen im Gesundheitssystem und die soziale Spaltung wurden durch die rasante Verbreitung des Virus verstärkt. Die Pandemie hat eine historische Wirtschaftskrise und Massenarbeitslosigkeit ausgelöst, im Vergleich zum Frühjahr fehlen zehn Millionen Jobs." (Meiritz 2020, S. 14).

Demgegenüber steht – insbesondere in Deutschland – eine zunehmende Impfkritik aufgrund bekanntgewordener Impfschäden durch Neben- und Fehlwirkungen von Wirkstoffen. Vor Jahrzehnten haben Impfstoffe zweifellos unzählige Menschen gerettet. Heutzutage werden Wirkstoffe jedoch differenzierter bewertet. Dabei muss nichtmals auf Verschwörungstheorien abgestellt werden. Der frühere Mitgründer von Microsoft Corp. und Impfbefürworter Bill Gates ignoriert allerdings Nebenwirkungen völlig, wenn er sie ins Reich der Gerüchte verbannt, indem er sagt: „Die Angst vor Impfungen hat es schon immer gegeben. In armen Ländern gibt es immer wieder Gerüchte, beispielsweise 2003 in Nigeria, dass sich Frauen bei einer Polioimpfung sterilisieren – was die Poliokampagne völlig zum Scheitern brachte. Impfstoffe sind ein Wunderwerk, sie haben Pocken aus der Welt geschafft, Masern dramatisch reduziert." (Gates 2020, S. 7.) Vor dem Hintergrund, dass Gates an Biotechunternehmen finanziell beteiligt ist, die Impfstoffe entwickeln, kann die Ignoranz von Impfschäden zumindest in der gebildeten Bevölkerung eine Impfskepsis forcieren. Schließlich ist die Entwicklung und Vermarktung dieser Stoffe ein lukratives Pharmageschäftsfeld. Die Ignoranz von Nebenwirkungen schadet deshalb dem Vertrauen in die Positivwirkung von Impfstoffen. Zwieauer (2000, S. 23) zitiert eine Drittquelle wie folgt: „Wenn behauptet wird, dass eine Substanz keine Nebenwirkungen hat, so besteht der dringende Verdacht, dass sie auch keine Hauptwirkung hat."

Zusammenfassend wirken ökonomische Investitionen in die Ernährung und die Gesundheit nicht zweifelsfrei positiv. Sie bleiben immer ein Spagat aus Renditestreben und gesellschaftlichem Nutzen. Lassen sich Einzelaspekte ernährungswirtschaftlicher und gesundheitlicher Investitionen nur zweifelhaft gesellschaftsfördernd bewerten, kann es in der Bevölkerung zur Skepsis an der Branche und damit an der Nachhaltigkeit privatwirtschaftlicher Investitionen kommen. In einem kapitalistischen Wirtschaftssystem sind Privatinvestitionen aber von großer Bedeutung, um Produktinnovationen zu gewährleisten. Somit lassen sich Zweifel an der Ernährungs- und Gesundheitswirtschaft auch als Umsetzung einer gesellschaftlichen Kapitalismuskritik verstehen. Ob eine völlig unkritische Akzeptanz von Ungleichheit und technischem Fortschritt wirklich das Fundament liefern, der Kapitalismuskritik auf Basis der Verteilungsdebatte zu widersprechen, bleibt fraglich.

So schreibt Pinker (2018, S. 105) den gesellschaftlichen Widerständen gegen die Genmanipulation landwirtschaftlicher Produkte die Schuld für die zu „kargen Böden, launischen Niederschlägen" (S. 105) in Staaten der Subsahara zu. Erst die Nutzung und Verbreitung des technischen Fortschritts im Ackerbau mit Kunstdünger und Genmanipulation „ist die Voraussetzung für den Rückzug des Hungers und das Schwinden von Armut, Krieg und Autokratie." (S. 107) Dieser wirtschaftspolitischen Position wird in diesem Lehrbuch also strikt widersprochen! Stattdessen wird an dieser Stelle nochmals auf die Umverteilungswirkungen der Geldpolitik im Eurosystem hingewiesen und die nachhaltigen Effekte von Wirtschaftskrisen. So schreibt auch Dauderstädt (2020, S. 632): „Die Corona-Krise könnte die EU-weite Ungleichheit – ähnlich wie die Finanzmarktkrise von 2008/2009 – wieder ansteigen lassen."

4.4 Übungsaufgaben zu Kap. 4

Aufgabe 4.1
Empirische Beobachtungen verdeutlichen, dass eine Volkswirtschaft heute negative Schocks weniger gut kompensieren kann als früher. Erläutern Sie die Aussage anhand deutscher Konjunkturprobleme im Jahr 2009, die durch US-amerikanische und teilweise spanische, portugiesische, irische und britische Immobilienmarktverwerfungen initiiert waren. Warum konnte die deutsche Wirtschaft diese Verwerfungen der Auslandsmärkte nicht verkraften?

Aufgabe 4.2
Nehmen Sie inhaltlich in dialektischer Weise Stellung zu folgenden drei Hypothesen, die gegen eine expansive Fiskalpolitik sprechen: (1) Staatsausgaben führen immer zur Verdrängung privater Ausgaben. (2) Staatliche Kreditaufnahmen verdrängen immer private Investitionsausgaben. (3) Haushaltsdefizite führen immer zu geringeren privaten Ersparnissen.

Aufgabe 4.3
Erläutern Sie die Ziele der Europäischen Währungsunion und bewerten Sie deren Realisierung aus Sicht der Bundesrepublik Deutschland!

Aufgabe 4.4
In der Mai/Juni 2017-Ausgabe der Zeitschrift FINANCE wird ein Finanzmanager eines Unternehmens zitiert mit: „Die Geldpolitik führt dazu, dass wir in Zeiten eines zinslosen Risikos leben" (Kögler 2017, S. 79.). Interpretieren Sie diese Aussage marktwirtschaftlich!

Aufgabe 4.5

In seinem Zeitungsbeitrag (vgl. Abdruck in Abschn. 4.1.2) beantwortet Riecke (2017) die Frage, ob Freihandel ein großer Irrtum sei. 1) Fassen Sie seine Antwort in drei Sätzen zusammen! 2) Welche Handlungsempfehlungen leiten sich aus der Analyse ab, um positive Einflüsse des Welthandels auf die wirtschaftliche Entwicklung aller beteiligten Staaten zu forcieren?

Aufgabe 4.6

Interpretieren Sie einen Leistungsbilanzüberschuss aus gesamtwirtschaftlicher Perspektive!

Aufgabe 4.7

Beschreiben Sie (1) Ursachen und (2) Folgen eines nachhaltigen Sparüberschusses gegenüber den gesamtwirtschaftlichen Investitionen unter der Bedingung eines Weltkapitalmarkts im (neo-)klassischen Modell?

Aufgabe 4.8

Nennen Sie gesellschaftliche Probleme wachsender Ungleichverteilungen beim Einkommen und dem Vermögen privater Haushalte!

Aufgabe 4.9

Welchen impliziten und direkten Einfluss können deutsche Wohnungsunternehmen auf die Verteilungsentwicklung in der deutschen Gesellschaft ausüben?

Aufgabe 4.10

Erläutern Sie mögliche Gründe für den unterschiedlichen Wohlstand in unterschiedlichen Ländern der Erde!

Literatur

Anger, H./Specht, F. (2017): Eine Frage der Glaubwürdigkeit. In: *Handelsblatt*, 27. Februar 2017, Nr. 41, S. 08.

Blanchard, O. (2021): „Die Gefahr ist, das Inflations-Monster zu wecken" (Interview). In: *Handelsblatt*, 08. März 2021, Nr. 46, S. 30 f.

BMF/Bundesministerium der Finanzen (2017): Vertrag über Stabilität, Koordination und Steuerung in der Wirtschafts- und Währungsunion (Fiskalvertrag). URL: „http://www.bundes-finanzministerium.de/Content/DE/Downloads/2013-04-19-fiskalvertrag-deutsche-fassung.pdf?__blob=publicationFile&v=4" (Download der PDF-Datei am 30 Mai. 2017.

BMF/Bundesministerium der Finanzen (2020): Die Struktur des Bundeshaushaltes. URL: „https://www.bundeshaushalt-info.de/" (Aufruf der WWW-Seite am 30. Dezember 2020).

Broll, U./Ziegler, J. (2019): Wirtschaftspolitik und Einkommensungleichheit. In: *Das Wirtschaftsstudium*, 48. Jg. (Heft 11), S. 1244–1251.

Bundeswirtschaftsministerium/Bundesministerium für Wirtschaft und Energie (2020): Wirtschaftliche Entwicklung und Konjunktur. URL: "https://www.bmwi.de/Redaktion/DE/Dossier/wirtschaftliche-entwicklung.html" (Abruf der WWW-Seite am 07. Oktober 2020).

Cassel, D./Thieme, H. J. (2007): Stabilitätspolitik. In: Bender, D. et al. (Hrsg.): *Vahlens Kompendium der Wirtschaftstheorie und Wirtschaftspolitik, Band 2*, 9. Auflage. München: Vahlen; S. 436–512.

Dauderstädt, M. (2020): Einkommensungleichheit in der EU. In: *Wirtschaftsdienst*, 100. Jg. (Heft 8), S. 628– 632.

Deutsche Bundesbank (2021): Zeitreihen. URL: „https://www.bundesbank.de/de/statistiken/zeitreihen-datenbanken" (Datenabrufe am bis zum 19. März 2021).

Deutsche Bundesbank (2020a): Monatsbericht August 2020. URL: „https://www.bundesbank.de/resource/blob/841042/044bf64f65aee34d9ddb1b760837bc3e/mL/2020-08-monatsbericht-data.pdf" (Download der PDF-Datei am 07. Oktober 2020).

Deutsche Bundesbank (2020b): Pandemic Emergency Purchase Programme (PEPP). URL: „https://www.bundesbank.de/de/aufgaben/geldpolitik/geldpolitische-wertpapierankaeufe/pandemic-emergency-purchase-programme-pepp--830356" (Datenabrufe zwischen April und Oktober 2020).

Deutsche Bundesbank (2018): Rotationsprinzip im EZB-Rat. URL: "https://www.bundesbank.de/Redaktion/DE/Glossareintraege/R/rotationsprinzip_im_ezb_rat.html" (Aufruf der WWW-Seite am 28. Juni 2018).

Deutsche Bundesbank (2016): Monatsbericht September 2016. URL: „http://www.bundesbank.de/Redaktion/DE/Downloads/Veroeffentlichungen/Monatsberichtsaufsaetze/2016/2016_09_ertragslage.pdf?__blob=publicationFile" (Download der PDF-Datei am 23. September 2016).

Die Linke (2017): Programm der Partei DIE LINKE – Aktive Wirtschafts- und Arbeitsmarktpolitik. URL: „https://www.die-linke.de/partei/dokumente/programm-der-partei-die-linke/iv1-wie-wollen-wir-leben-gute-arbeit-soziale-sicherheit-und-gerechtigkeit/aktive-wirtschafts-und-arbeitsmarktpolitik/" (Abruf der WWW-Seite am 02. Juni 2017).

Dittmer (2015): Der Mann, der die Bank of England knackte. URL: „https://www.n-tv.de/wirtschaft/Gescheiterter-Philosoph-und-milliardenschwerer-Investor-George-Soros-Der-Mann-der-die-britische-Zentralbank-knackte-article15701621.html" (Abruf der WWW-Seite am 28. Juni 2018).

Dixit, A. K./Nalebuff, B. J. (1995): Spieltheorie für Einsteiger. Stuttgart: Schaeffer-Poeschel.

ECB/European Central Bank (2018): Long-term interest rate statistics. URL: „http://sdw.ecb.europa.eu/browse.do?node=bbn4864" (Datenabfrage am 28. Juni 2018).

ECB/European Central Bank (2015): Konvergenzkriterien. URL: „http://www.ecb.europa.eu/ecb/orga/escb/html/convergence-criteria.de.html" (Abruf der WWW-Seite am 03. August 2015).

Eltrop, S./Knüfermann, M. (2018): Spieltheorie in der Unternehmensfinanzierung von Wohnungsunternehmen – Ein entscheidungstheoretischer Gedanke. In: *Zeitschrift für Immobilienwissenschaft und Immobilienpraxis*, 6. Jg. (Heft 1), S. 14–18.

Engelkamp, P./Sell, F. L. (2017): Einführung in die Volkswirtschaftslehre, 7. Auflage. Wiesbaden: Springer Gabler.

Europäische Kommission (2017): Länderbericht Deutschland 2016 mit eingehender Überprüfung der Vermeidung und Korrektur makroökonomische Ungleichgewichte. URL: „https://ec.europa.eu/info/sites/info/files/2017-european-semester-country-report-germany-de_1.pdf" (Download der PDF Datei am 28. Juni 2018).

EU/Europäische Union (2018): Konsolidierte Fassungen des Vertrags über die Europäische Union und des Vertrags über die Arbeitsweise der Europäischen Union (2012/C 326/01). URL:

„http://www.ecb.europa.eu/ecb/legal/pdf/c_32620121026de.pdf" (Download der PDF-Datei am 03. Juli 2018).

EU/Europäische Union/EU-Vertrag (2015a): Vertrag über die Europäische Union, ABl. C 191 vom 29.7.1992. URL: „http://www.ecb.europa.eu/ecb/legal/pdf/maastricht_de.pdf" (Download der PDF-Datei am 16. August 2015).

EU/Europäische Union/VAEU (2015b): Konsolidierte Fassungen des Vertrags über die Europäische Union und des Vertrags über die Arbeitsweise der Europäischen Union, ABl. C 326 vom 26.10.2012. URL: „http://www.ecb.europa.eu/ecb/legal/pdf/c_32620121026de.pdf" (Download der PDF-Datei am 16. August 2015).

EU/Europäische Union/EZB-Satzung (2015c): Protokoll (Nr. 4) über die Satzung des Europäischen Systems der Zentralbanken und der EZB, ABl. C 326 vom 26.10.2012. URL: „http://www.ecb.europa.eu/ecb/legal/pdf/c_32620121026de_protocol_4.pdf" (Download der PDF-Datei am 16. August 2015).

Fed/Federal Reserve System (2020): H.15 Selected Interest Rates. URL: „https://www.federalreserve.gov/datadownload/Build.aspx?rel=H15" (Datenabruf am 16. Dezember 2020).

Fredebeul-Krein, M./Koch, W. A. S./Kulessa, M./Sputek, A. (2014): Grundlagen der Wirtschaftspolitik, 4. Auflage. Konstanz: UVK/Lucius/UTB.

Friedman, M. (2002): Kapitalismus und Freiheit. Frankfurt a. M.: Eichhorn.

GdW/Bundesverband deutscher Wohnungs- und Immobilienunternehmen e.V. (2012): GdW Arbeitshilfe 65, Finanzierung in der Wohnungs- und Immobilien-wirtschaft. Berlin, hektographiertes Manuskript, 114 Seiten.

Gischer, H./Herz, B./Menkhoff, L. (2020): Geld, Kredit und Banken, 4. Auflage. Heidelberg: Springer.

Greive, M. (2017): IWF beklagt Ungerechtigkeit. In: *Handelsblatt*, 10. Mai 2017, Nr. 90, S. 8f.

Häring, N. (2018): Wer ist schuld am Niedrigzins? In: *Handelsblatt*, 22. Januar 2018, Nr. 15, S. 12.

Häring, N. (2017): Verflixter Überschuss. In: *Handelsblatt*, 20. Februar 2017, Nr. 36, S. 15.

Häring, N. (2015): Der Juncker-Plan. In: *Handelsblatt*, 06. Juli 2015, Nr. 126, S. 13.

Hardin, G. (1968): The Tragedy of the Commons. In: *Science*, 162. Jg. (Heft 3.859), S. 1243–1248.

Harms, P. (2016): „The Taming oft the Shrew": (Wie) Soll die Wirtschaftspolitik die deutsche Leistungsbilanz beeinflussen? In: *Wirtschaftsdienst*, 96. Jg. (Heft 11), S. 797–800.

Hellwig, M. (2015): Notstand oder Erpressung? In: *Handelsblatt*, 03.–05. Juli 2015, Nr. 125, S. 64.

Hildebrand, J./Koch, M./Specht, F. (2020): Corona-Hilfen für Selbstständige: Nicht zum Jobcenter. In: *Handelsblatt*, 07. Oktober 2020, Nr. 194, S. 10.

Imwinkelried, D. (2020): Tourismus: Was, wenn die Deutschen ausbleiben? In: *Handelsblatt*, 02. Oktober 2020, Nr. 191, S. 24.

Gates, B. (2020): „Nächsten Sommer wird es überall Impfstoffe geben" (Interview). In: *Handelsblatt*, 16. September 2020, Nr. 179, S. 6 f.

Kerber, W. (2007): Wettbewerbspolitik. In: Bender, D. et al. (Hrsg.): *Vahlens Kompendium der Wirtschaftstheorie und Wirtschaftspolitik, Band 2*, 9. Auflage. München: Vahlen; S. 370–434.

Knüfermann, M. (2020): Corona-Krise und wirtschaftlicher Abschwung. In: *Haus & Grund-Magazin*, o. Jg. (5), S. 32–33.

Knüfermann, M. (2018): Märkte der langfristigen Fremdfinanzierung, 3. Auflage. Wiesbaden: Springer Gabler.

Knüfermann, M. (2012): Gefährdet die Bundesbank das Wachstum privater Baufinanzierungen? In: *Immobilien & Finanzierung*, 63. Jg. (Heft 24), S. 20–21 (S. 902–903).

Knüfermann, M./Hiller, N. (2018): Schuldscheindarlehen in der Wohnungswirtschaft – Hintergründe und Marktentwicklungen. In: *Immobilien & Finanzierung*, 69. Jg. (Heft 7), S. 31–33 (S. 305–307).

Koch, W., A. S. (2016): Finanztheorie. In: *WISU Das Wirtschaftsstudium*, 45. Jg. (Heft 12), S. 1371–1379.

Kögler, A. (2017): In Abwehrhaltung. In: *Finance*, o. Jg. (Heft Mai/Juni), S. 76–79.

Krugman, P. R. (2001): Die große Rezession. München: Econ/Ullstein.

Krugman, P./Obstfeld, M./Melitz, M. (2019): Internationale Wirtschaft, 11. Auflage. München: Pearson.

Krugman, P./Wells, R. (2017): Volkswirtschaftslehre, 2. Auflage. Stuttgart: Schäffer-Poeschel.

Link, S./Sauer, S. (2020): Umfang der Kurzarbeit steigt in Coronakrise auf historischen Höchststand. In: *ifo Schnelldienst*, 73. Jg. (Heft 7), S. 63–67.

Lorz, O./Siebert, H. (2014): Außenwirtschaft, 9. Auflage. Konstanz: UVK/Lucius/UTB.

Löwenstein, R. (2007): Der große Irrtum. München: FinanzBuch.

Mankiw, N. G. (2017): Makroökonomik, 7. Auflage. Stuttgart: Schäffer-Poeschel.

Mankiw, N. G./Taylor, M. P. (2018): Grundzüge der Volkswirtschaftslehre, 7. Auflage. Stuttgart: Schaefer-Poeschel.

Meiritz, A. (2020): Zweifel bleiben. In: *Handelsblatt*, 06. Oktober 2020, Nr. 193, S. 14.

Meckel, M. (2016): Angela Merkel und Nicola Leibinger-Kammüller – „Da muss man Flagge zeigen". In: WirtschaftsWoche, 26. September 2016. URL: „https://www.wiwo.de/my/politik/deutschland/angela-merkel-und-nicola-leibinger-kammueller-da-muss-man-flagge-zeigen/14573626.html" (Seitenabruf am 21. Dezember 2020). Ebenfalls abgedruckt in: **Merkel, A. (2016):** Im Wortlaut: Merkel – „Da muss man Flagge zeigen. URL: „https://www.wiwo.de/my/politik/deutschland/angela-merkel-und-nicola-leibinger-kammueller-da-muss-man-flagge-zeigen/14573626.html" (Seitenabruf am 21. Dezember 2020).

Mussel, G./Pätzold, J. (2012): Grundfragen der Wirtschaftspolitik, 8. Auflage. München: Vahlen.

Osmann, Y./Hildebrandt, J. (2018): Staatsbank im Visier der Aufsicht. In: *Handelsblatt*, 15. März 2018, Nr. 53, S. 4 f.

Piketty, T. (2016): Ökonomie der Ungleichheit. München: Beck.

Piketty, T. (2015): Das Kapital im 21. Jahrhundert, 6. Auflage. München: Beck.

Pindyck, R. S./Rubinfeld, D. L. (2018): Mikroökonomie, 9. Auflage. München: Pearson.

Pinker, S. (2018): Aufklärung jetzt. Frankfurt a. M.: S. Fischer.

Riecke, T. (2017): Der große Irrtum? In: *Handelsblatt*, 08. Mai 2017, Nr. 88, S. 10.

Sen, A. (2003): Ökonomie für den Menschen. München: Deutscher Taschenbuch Verlag (DTV).

Sieren, F. (2018): Zukunft? China! 4. Auflage. München: Penguin.

Sinn, H.-W. (2016): Der schwarze Juni. Freiburg im Breisgau: Herder.

Sinn, H.-W. (2015): Der Euro. München: Hanser.

Sinn, H.-W. (2009): Kasino-Kapitalismus. Berlin: Econ/Ullstein.

Sinn, H.-W./Wollmershäuser, T. (2011): Target-Kredite, Leistungsbilanzsalden und Kapitalverkehr: Der Rettungsschirm der EZB. ifo Working Paper No. 105. URL: „http://www.cesifo-group.de/DocDL/IfoWorkingPaper-105.pdf" (Download der PDF-Datei am 16. August 2015).

Spohr, F. (2017): Das Schmuddelkind der globalen Textilindustrie. In: Handelsblatt.com, URL: „https://www.handelsblatt.com/unternehmen/handel-konsumgueter/bangladesch-das-schmuddelkind-der-globalen-textilindustrie/19195210-all.html" (Abruf der HTML-Seite am 23. November 2019).

Spremann, K./Gantenbein, P. (2019): Finanzmärkte, 5. Auflage. Konstanz/München: UVK/Lucius.

StabG/Gesetz zur Förderung der Stabilität und des Wachstums der Wirtschaft vom 8. Juni 1967 (BGBl. I S. 582), das zuletzt durch Artikel 267 der Verordnung vom 31. August 2015 (BGBl. I S. 1474) geändert worden ist. URL: „https://www.gesetze-im-internet.de/bundesrecht/stabg/gesamt.pdf" (Download der PDF-Datei am 28. Mai 2017).

Statistisches Bundesamt (2020a): Pressemitteilung Nr. 379 vom 30. September 2020. URL: „https://www.destatis.de/DE/Presse/Pressemitteilungen/2020/09/PD20_379_132.html" (Abruf der WWW-Seite am 07. Oktober 2020).

Statistisches Bundesamt (2020b): Pressemitteilung Nr. 376 vom 29. September 2020. URL: „https://www.destatis.de/DE/Presse/Pressemitteilungen/2020/09/PD20_376_713.html" (Abruf der WWW-Seite am 07. Oktober 2020).

Statistisches Bundesamt (2020c): Bruttoinlandsprodukt (BIP). URL: „https://www.destatis.de/DE/Themen/Wirtschaft/Volkswirtschaftliche-Gesamtrechnungen-Inlandsprodukt/Tabellen/bip-bubbles.html" (Abruf der WWW-Seite am 07. Oktober 2020).

Statistisches Bundesamt (2021): Außenhandel. URL: „https://www.destatis.de/DE/Themen/Wirtschaft/Konjunkturindikatoren/Lange-Reihen/Aussenhandel/lrahl01a.html;jsessionid=BBDE0289815281BD7E0E82CD548B8727.internet732" (Abruf der WWW-Seite am 25. Februar 2021).

Steingart, G. (2017): Sigmar Gabriel – „Na klar möchte ich Außenminister bleiben". In: *Handelsblatt*, 13. September 2017, Nr. 177, S. 4–9.

Stiglitz, J. E. (2020): Der Preis des Profits. München: Siedler.

Stiglitz, J. E. (2015): Reich und Arm. München: Siedler.

Stiglitz, J. E. (2005): Die Roaring Nineties. München: Goldmann.

SVR/Sachverständigenrat zur Begutachtung der gesamtwirtschaftlichen Entwicklung (2016): Zeit für Reformen – Jahresgutachten 2016/17. URL: „https://www.sachverstaendigenrat-wirtschaft.de/fileadmin/dateiablage/gutachten/jg201617/ges_jg16_17.pdf" (Download der PDF-Datei am 02. Juni 2017).

Terpitz, K. (2020): Gastronomie: Mit pfiffigen Ideen gegen die Krise. In: *Handelsblatt*, 29. September 2020, Nr. 188, S. 20.

VAEU/Konsolidierte Fassungen des Vertrags über die Europäische Union und des Vertrags über die Arbeitsweise der Europäischen Union (2012/C 326/01) vom 26. Oktober 2012. URL: „https://www.ecb.europa.eu/ecb/legal/pdf/c_32620121026de.pdf" (Download der PDF-Datei am 31. Mai 2017).

Varian, H. R. (2016): Grundzüge der Mikroökonomik, 9. Auflage. Berlin: De Gruyter Oldenbourg.

Wagenknecht, S. (2017): Eine geniale Prognose. In: Greffrath, M. (Hrsg.): *Re: Das Kapital/Politische Ökonomie im 21. Jahrhundert*. München: Kunstmann; S. 95–107.

Wambach, A. (2017): Exportweltmeister – na und? In: *Handelsblatt*, 23. März 2017, Nr. 59, S. 13.

Waschinski, G. (2020): Ein Serum für die Freiheit. In: *Handelsblatt*, 31. Juli bis 02. August 2020, Nr. 146, S. 47–52.

Wiebe, F. (2020): Warnung der Bundesbank. In: *Handelsblatt*, 18. August 2020, Nr. 158, S. 32.

Wiebe, F. (2017): Wandel mit Schmerzen. In: *Handelsblatt*, 01. Juni 2017, Nr. 105, S. 29.

Woll, A. (2011): Volkswirtschaftslehre, 16. Auflage. München: Vahlen.

Zwieauer, K. (2000): Impfreaktionen, Impfnebenwirkungen, Impfschäden. In: Kollaritsch et al. (Hrsg.): *Leitfaden für Schutzimpfungen*. Wien: Springer; S. 22–50.

Fallstudienartige Debatten

5

Zusammenfassung

Wirtschaftspolitik zielt auf Debatten ab. Das Ergebnis von Debatten sollte in frei-heitlichen Gesellschaften der Konsens sein. Um eine Debatte nachhaltig führen zu können, haben die vorangegangenen Kapitel das inhaltliche Rüstzeug gelehrt. Argumente können jetzt theoretisch fundiert und in einem gesellschaftlichen, öko-nomischen Kontext formuliert werden. Dieses Kap. 5 liefert vier Themen, die zu Debatten motivieren sollen, in dem jedem Thema unterschiedlich in Form und Umfang ein externer Textausschnitt vorangestellt wird, der hypothesenhaft jeweils einen wirtschaftspolitischen Standpunkt präsentiert. Die sich anschließenden Fragestellungen sollen zur eigenständigen Reflexion der Themen und kritischen Analyse der Textbeiträge motivieren, um letztlich eine eigene Position zu den Themen zu erarbeiten. Abschn. 5.1 bezieht sich dazu auf öffentliche Unternehmen, Abschn. 5.2 auf den öffentlichen Wohnungsbau, Abschn. 5.3 auf den Mindestlohn und abschließend Abschn. 5.4 auf den Austritt Großbritanniens aus der Europäischen Union (EU). Dabei nimmt Abschn. 5.4 insofern eine besondere Rolle ein, als dass zur Austrittsdebatte zusätzlich noch EU-geschichtliche Informationen gelehrt werden, um den Austritt fundierte einschätzen zu können. Bei diesem Kap. 5 handelt es sich insgesamt also nicht um Übungsaufgaben, denen allgemeingültig Lösungsskizzen zu formulieren sind (wie es Kap. 6 umsetzt). Vielmehr geht es darum, als Leserin oder Leser des vorliegenden Lehrbuchs eigene Themenstandpunkt zu beziehen.

© Springer Fachmedien Wiesbaden GmbH, ein Teil von Springer Nature 2021
M. Knüfermann, *Wirtschaftspolitisches Wissen für die Wohnungs- und Immobilienwirtschaft,* https://doi.org/10.1007/978-3-658-33608-0_5

5.1   Öffentliche Unternehmen

Der deutsche Bankenmarkt ist zu einem großen Teil durch Staatswirtschaft geprägt. Im Hinblick auf die Finanzierung des deutschen Wohnungsbaukreditgeschäfts mit Firmenkunden betrug der Marktanteil allein öffentlicher Sparkassen (öffentliche Förderbanken erhöhen den Anteil der Staatsbankenwirtschaft nochmals) Ende 2016 bereits 32,4 % (Tendenz steigend; vgl. Gerpott/Knüfermann 2016, S. 24, Abb. 2). Auch die gewerbliche deutsche Wohnungswirtschaft basiert signifikant auf öffentlichen Wohnungsunternehmen. Der Rechtsrahmen Deutschlands und der Europäischen Union erlaubt Staatswirtschaft nur auf der kommunalen Ebene zur Daseinsversorgung, in dem öffentliche Unternehmen einen *Öffentlichen Auftrag* als Unternehmenszweck erfüllen müssen. Ist dieser Öffentliche Auftrag nicht mehr gültig oder wird bereits durch die Privatwirtschaft erfüllt, verliert das öffentliche Unternehmen die Existenzberechtigung, ist zu privatisieren oder abzuwickeln, um den Wettbewerb auf Märkten nicht zu verzerren.

Cassel/Thomas (2014, S. 204) schreiben in diesem Zusammenhang: „Die erhebliche Zahl staatlicher Beteiligungen ist ordnungspolitisch fragwürdig. Der Staat sollte sich weitgehend darauf beschränken, einen Regelrahmen zu setzen, in dem sich wirtschaftliches Handeln von Privaten abspielt. Staatliches unternehmerisches Handeln darf in einer Marktwirtschaft nur die Ausnahme sein. Daher sollte die Privatisierung von Staatsbetrieben und staatlichen Beteiligungen konsequent vorangetrieben werden. Dieser Prozess wird am besten durch eine unabhängige Expertenkommission koordiniert."

1. Recherchieren Sie den deutschen und europäischen Rechtsrahmen, der Staatswirtschaft einerseits erlaubt, andererseits stark einschränkt!
2. Wie lautet der Öffentliche Auftrag für Sparkassen in Nordrhein-Westfalen? Ist dieser gesetzlich fixierte Auftrag auf öffentliche Wohnungsunternehmen zu übertragen? – Wenn ja, wie lautet er? – Begründen Sie Ihre Antwort!
3. Erläutern Sie mögliche Ziele der Staatstätigkeiten in der Kredit- und Wohnungswirtschaft!
4. Erörtern Sie, warum diese unter (1) genannten Ziele primär durch die Existenz von Staatsunternehmen realisiert werden sollen!
5. Analysieren Sie mögliche positive und negative Wettbewerbseffekte durch die Existenz öffentlicher Unternehmen in der Kredit- und Wohnungswirtschaft!

5.2   Öffentlicher Wohnungsbau

Lesen Sie aufmerksam den nachfolgenden Buchausschnitt aus Friedman (2002, S. 211–214)!

„Ein häufiges Argument für den öffentlichen Wohnungsbau bezieht sich auf die vermeintlichen Auswirkungen für bestimmte Wohngebiete: Besonders Elendsviertel und andere Gegenden mit Wohnungen minderer Qualität belasten die Städte angeblich in Form von Feuerschutz und Polizeiaufwand mit höheren Kosten. Dieser Effekt mag tatsächlich zu finden sein. Aber selbst, wenn dies zutrifft, ist es doch an sich noch kein Argument für den öffentlichen Wohnungsbau, sondern eher eines für eine höhere Besteuerung der Wohnungen, die die Kosten für die Allgemeinheit erhöhen, um dadurch die Kosten auf Private und auf die öffentliche Hand gerechter aufteilen zu können.

Natürlich wird man hierauf sofort entgegnen, dass diese zusätzlichen Steuern ja Menschen der niedrigen Einkommensklassen belasten würden und dass dies nicht wünschenswert sei. Die Antwort heißt, dass der öffentliche Wohnungsbau nicht wegen der unerwünschten Neben-Effekte, sondern zur Unterstützung und Hilfe der niederen Einkommensklassen erfolgt und dient. Wenn dies der Fall ist, warum dann überhaupt speziell den Wohnungsbau fördern? Wenn die Mittel zur Unterstützung der Armen verwendet werden sollen, könnte dies nicht viel besser und wirkungsvoller in bar als in Sachwerten erfolgen? Sicherlich würden die Familien, die Unterstützungsempfänger sind, lieber eine bestimmte Summe in bar als in Form von Wohnungen entgegennehmen. Sie könnten das Geld dann selbst auf Wohnungen verwenden, wenn sie dies wünschten. Daher wären sie in keinem Fall bei Barauszahlungen benachteiligt; wenn sie andere Notwendigkeiten für wichtiger erachten, wäre die Barauszahlung sogar ein Vorteil. Barauszahlungen würden auch das Problem der negativen Erscheinungen in bestimmten Wohnvierteln lösen, ebenso wie das Problem der Unterstützung in Sachwerten, da die Barsumme bei Nichtverwendung für Wohnobjekte zur Entrichtung von Sondersteuern verwandt werden könnte, die durch die anfallende zusätzliche Kostenbelastung für die Allgemeinheit berechtigt wäre.

So kann der öffentliche Wohnungsbau weder aufgrund der negativen Auswirkungen in bestimmten Wohnbezirken noch als Unterstützungsmaßnahme für bedürftige Familien seine Berechtigung haben. Wenn überhaupt, kann er nur aus paternalistischen Gründen gerechtfertigt werden; dies hieße, die Familien, die Unterstützung bekämen, „benötigten" Wohnungen mehr, als sie andere Dinge „benötigten", würden jedoch selbst nicht zu dieser Einsicht kommen oder ihre Unterstützung unklug ausgeben. Ein Liberaler wird dazu neigen, diese Argumentation in Bezug auf verantwortliche Erwachsene zurückzuweisen. Er kann es wegen der mehr indirekten Auswirkungen auf die Kinder nicht völlig zurückweisen, insbesondere weil die Eltern ja das Wohlergehen ihrer Kinder missachten könnten, die bessere Wohnungen „benötigten". Er wird jedoch sicher nach überzeugenderen Argumenten und nach deutlicheren Einblicken verlangen, als es allgemein der Fall ist, bevor er dieses Argument zur Berechtigung hoher Ausgaben für den öffentlichen Wohnungsbau akzeptiert.

So viel konnte bisher rein abstrakt gesagt werden, bevor man noch eigentliche Erfahrung mit dem öffentlichen Wohnungsbau hatte. Nun, da wir über diese Erfahrungen verfügen, können wir noch wesentlich weiter gehen. In der Praxis stellte sich nämlich heraus, dass der öffentliche Wohnungsbau Auswirkungen hatte, die von den ursprünglich angestrebten in der Tat sehr verschieden waren. Statt die Wohnverhältnisse der Minderbemittelten zu verbessern, wie ursprünglich beabsichtigt, bewirkte der öffentliche Wohnungsbau genau das Gegenteil. Die Anzahl der im Rahmen des öffentlichen Wohnungsbaus fertig gestellten Wohnungen hat an sich nicht im Geringsten zu einer Verminderung der Zahl der wohnungsbedürftigen Personen beigetragen. Daher verursachte er nur die Anhebung der Anzahl von Personen pro Wohneinheit. Eine Anzahl von Familien wurde vielleicht besser untergebracht, als es normalerweise geschehen wäre – diejenigen Familien nämlich, die das Glück hatten, in eine der von der öffentlichen Hand gebauten Wohnungen zu ziehen. Das Problem wurde für die Übrigen jedoch nur verschlimmert, da die Durchschnittsdichte insgesamt zunahm.

Natürlich vermochten private Unternehmen einige der schmerzlichen Auswirkungen des Programms des öffentlichen Wohnungsbaus durch Umbau bestehender Einheiten oder durch die Errichtung neuer Wohnungen auszugleichen – entweder direkt für die ausgewiesenen Personen oder, wie es häufiger der Fall war, für ausgewiesene Familien über zwei oder drei Zwischenstationen, nach dem durch den öffentlichen Wohnungsbau in Gang gebrachten Spiel. Diese Privatunternehmen hätten allerdings auch ohne die Existenz des Programms des öffentlichen Wohnungsbaus zur Verfügung gestanden.

Warum hatte der öffentliche Wohnungsbau diese Wirkung? Aus dem gleichen Grund, den wir immer und immer wieder gefunden haben. Das allgemeine Interesse, das viele an der Einberufung dieses Programms hatten, ist diffus und vage. Als das Programm einmal bewilligt war, musste es ganz natürlich von den besonderen Interessen bestimmt werden, denen es dienen sollte und konnte. Diese Interessen wurden im vorliegenden Fall von den örtlichen Gruppen wahrgenommen, die auf Verschwinden der dreckigen und ärmlichen Wohnviertel drangen, die sie neu aufgebaut sehen wollten, entweder, weil sie in diesen Gebieten Grundbesitz hatten, oder, weil die Gebiete eine Bedrohung der örtlichen oder zentralen Geschäftsviertel darstellten. Der öffentliche Wohnungsbau war ihnen als Mittel zur Erreichung ihrer Ziele nur allzu recht, die mehr auf Zerstörung als auf Neuaufbau ausgerichtet waren. Und dennoch ist der „Milzbrand der Städte" noch immer mit ungebrochener Vehemenz und Aktualität vorhanden, wie die zunehmende Nachfrage nach Bundesmitteln zur Lösung dieses Problems beweist.

Eine weitere Verbesserung, die sich die Befürworter des öffentlichen Wohnungsbaus erhofften, war die Herabsetzung der Jugendkriminalität aufgrund der Verbesserung der Wohnbedingungen. Hier hatte das Projekt in vielerlei

Hinsicht ebenfalls genau die gegenteilige Wirkung, ganz abgesehen davon, dass die durchschnittlichen Wohnbedingungen dadurch keine Verbesserung erfuhren. Die zu Recht festgelegte Einkommenslimitierung für den Bezug von Wohnungen des öffentlichen Wohnungsbaus zu subventionierten Mietsätzen führte zu einem hohen Anteil „zerrütteter" Familien – insbesondere geschiedener oder verwitweter Mütter mit ihren Kindern. Kinder aus zerrütteten Familienverhältnissen sind als „Problemkinder" besonders anfällig, und ein hoher Anteil solcher Kinder ist dazu angetan, die Jugendkriminalität zu erhöhen. Dies manifestierte sich unter anderem in der negativen Auswirkung auf die Schulen in der Nähe der Wohnviertel des öffentlichen Wohnungsbaus. Eine Schule kann zwar durchaus eine begrenzte Zahl von „Problemkindern" verkraften, wird aber bei der Aufnahme einer großen Menge solcher Kinder auf beträchtliche Schwierigkeiten stoßen. Manchmal ist jedoch der Prozentsatz an zerrütteten Familien in einem Wohnviertel des öffentlichen Wohnungsbaus ein Drittel oder mehr, und die Mehrheit der Kinder in einer Schule kann aus den Vierteln des öffentlichen Wohnungsbaus kommen. Hätte man diese Familien durch Geldbeträge unterstützt, dann wären sie weitaus besser auf die ganze Stadt verteilt worden."

1. Beschreiben Sie mögliche Ziele aus Sicht der *deutschen* Wirtschaftspolitik zur staatlichen Unterstützung des öffentlichen Wohnungsbaus!
2. Analysieren Sie kritisch die Zielrelevanz Ihrer unter (1) formulierten Aussagen vor dem Hintergrund der Argumentation in Friedman (2002)!
3. Gibt es Diskrepanzen zwischen Ihrer Sicht der deutschen Wirtschaftspolitik und Friedman (2002)? – Wenn ja, beschreiben Sie diese!

Lesen Sie aufmerksam den nachfolgenden Buchausschnitt aus Stiglitz/Walsh (2010, S. 448 f.)!

„Die staatlichen Wohnprojekte wurden mit einer gewissen Berechtigung als Lagerhaus für die Armen bezeichnet. Da die Integration der Armen in die Gemeinden, in denen sie leben, nicht stattfindet, können diese Wohnungsprogramme dazu beitragen, den Zyklus der Armut zu verfestigen. Darüber hinaus sind viele Wohnprogramme inadäquat. Sie gewähren großzügige Unterstützung für diejenigen, die in der glücklichen Lage sind, sie zu bekommen, aber viele mit dem gleichen Einkommen und gleicher Familiengröße bekommen nichts. Dass die Unterstützung an eine bestimmte Örtlichkeit gebunden ist, was wiederum die Arbeitsmobilität behindert, ist noch schlimmer. Schließlich sind die Kosten dieser Wohnprogramme sehr hoch, obwohl die Qualität der Wohnungen oft geringer ist, als es private Wohnungen zu gleichen Kosten bieten.

Alle diese Nachteile haben die Regierung bewogen, ihre Rolle bei der direkten Bereitstellung von Wohnungen für niedrige Einkommen zurückzunehmen und mehr auf marktorientierte Lösungen zu setzen. Die am weitesten verbreitete Lösung ist die Subventionierung der Mietpreise mit Mietgutscheinen. Wenn die Empfänger diese Gutscheine verwenden und damit die Nachfrage für günstige Wohnungen erhöhen, werden mehr Unternehmen solche Wohnungen errichten. Diese Gutscheine haben noch andere Vorteile. Sie erlauben den Menschen, Wohnungen weiträumiger zu suchen und nicht nur in dem ihnen zugewiesenen Gebiet, und sie sind „mitnehmbar", das heißt, die Menschen können umziehen, um Jobmöglichkeiten woanders wahrzunehmen, ohne dass sie ihre Wohnbeihilfe verlieren. Unglücklicherweise sind Gutscheine kein Wundermittel. Lange Wartelisten und Zeitbeschränkungen für die Einlösung sowie die Investitionsunlust von Baufirmen und Wohnungseigentümern, trotz starker Nachfrage nach Wohnungen, beschränken die Wirksamkeit."

4. Während Friedman (2002) der *neoklassischen* Ökonomik zuzurechnen ist, zählen Stiglitz/Walsh (2010) zur *neokeynesianischen* Ökonomik. Beide ökonomischen Schulen unterscheiden sich deutlich im Hinblick auf die Berechtigung von Staatsinterventionen in Marktmechanismen. Lesen Sie nachfolgenden Auszug aus Stiglitz/Walsh (2010). Inwieweit unterscheiden sich beide Positionen? Wo sehen Sie Gemeinsamkeiten?

5. Übertragen Sie die Überlegungen von Friedman (2002) und Stiglitz/Walsh (2010) auf das deutsche Konzept des *Sozialen Wohnungsbaus!* Formulieren Sie auf Basis des Abgleichs wirtschaftspolitische Hinweise für die deutsche Wohnungspolitik!

5.3   Mindestlohn

Lesen Sie aufmerksam den nachfolgenden Buchausschnitt aus Friedman (2002, S. 214 f.)!

„Die Gesetzgebung der Mindestlohnsätze ist so ungefähr das klarste Beispiel, das man für die Tatsache finden kann, dass eine Maßnahme genau die entgegengesetzte Wirkung dessen, was die wohlmeinenden Leute im Sinn hatten, die sie ins Leben riefen. [sic!] Eine große Anzahl dieser Menschen beklagt ganz zu Recht die außerordentlich niedrigen Löhne; sie betrachten sie als eine Form der Armut; sie

hoffen nun, durch das Verbot von Arbeitslöhnen unter einem bestimmten Mindest-
satz die Armut zu verringern. Falls aber die Mindestlohnsätze überhaupt irgendeine
Wirkung haben, so besteht sie in der Förderung der Armut. Der Staat kann zwar
durch gesetzliche Maßnahmen einen Mindestlohn festsetzen. Er kann aber schwerlich die Arbeitgeber dazu zwingen, alle jene Arbeitnehmer zu den Mindestlohn-
sätzen zu beschäftigen, die zuvor weniger als diesen Mindestlohn erhielten. Etwas
Derartiges liegt ganz offensichtlich nicht im Interesse der Arbeitgeber. Die Auswirkung der vorgeschriebenen Mindestlöhne besteht somit in der Erhöhung der
Arbeitslosigkeit. Insofern als die niedrigen Löhne ein Anzeichen für Armut sind,
sind diejenigen, die jetzt arbeitslos werden, genau diejenigen, die am schlechtesten
auf ihr bisheriges Einkommen verzichten können, mag es den Leuten, die für die
Mindestlohnsätze stimmen, auch noch so gering erschienen sein.

In einer Hinsicht ist dieser Fall dem öffentlichen Wohnungsbau sehr ähnlich. In beiden Fällen sieht man die Menschen, denen geholfen wird – die Leute,
deren Löhne erhöht werden; die Leute, die in den Wohnungen des öffentlichen
Wohnungsbaus leben. Die Leute, die Benachteiligungen erfuhren, sind anonym,
und ihre Benachteiligung geht nicht offensichtlich aus ihrer Ursache hervor: die
Leute, die arbeitslos werden oder eher noch aufgrund der bestehenden Mindestlohngesetzgebung niemals eine Anstellung in bestimmten Berufen finden und
daher zu schlechter bezahlten Tätigkeiten greifen müssen oder sogar von der
öffentlichen Unterstützung leben müssen; die Leute, die in den wachsenden
Elendsvierteln immer beengter leben müssen, deren Wohnviertel eher ein Zeichen
für die Notwendigkeit des öffentlichen Wohnungsbaus zu sein scheinen als eine
Folge bereits fertig gestellter Projekte.

Schließlich geht ein Großteil der Unterstützung der Mindestlohnsätze nicht
von unbeteiligten und wohlgemeinten Leuten, sondern von beteiligten Interessen-
gruppen aus. Gewerkschaften und Unternehmen aus dem Norden befürworten beispielsweise die Mindestlohngesetzgebung zur Schwächung der Konkurrenz aus
dem Süden."

1. Beschreiben Sie mögliche Ziele aus Sicht der *deutschen* Wirtschaftspolitik zur staatlichen Einführung des Mindestlohns!
2. Analysieren Sie kritisch die Zielrelevanz Ihrer unter (1) formulierten Aussagen vor
   dem Hintergrund der Argumentation in Friedman (2002)!
3. Gibt es Diskrepanzen zwischen Ihrer Sicht der deutschen Wirtschaftspolitik und
   Friedman (2002)? – Wenn ja, beschreiben Sie diese!

5.4   Brexit

5.4.1   Brexit und Europa – Einführung

Die europäische Einigung ist ein Phänomen, welches das friedliche Zusammenleben der Völker Europas ermöglichen soll und seit dem Ende des Zweiten Weltkriegs in weiten Teilen Europas ermöglicht hat. In diesem Kontext wird von Einzigartigkeit gesprochen, weil es sich um einen Verbund souveräner Staaten handelt, die auf nationale Hoheitsrechte zugunsten der Gemeinschaft verzichten (vgl. Klose 2018, S. 1). Aus einem Kontinent, in dem über Jahrhunderte hinweg Krieg herrschte, wurde ab der Mitte des 20. Jahrhunderts ein Kontinent des weitgehenden Friedens. Doch im Juni 2016 entschied das britische Volk per Referendum den Austritt Großbritanniens aus der Europäischen Union. Warum es dazu kam, ist nur mit einem Blick in die Geschichte und Entstehung der Europäischen Union zu verstehen.

5.4.2   Skizze der europäischen Geschichte

Der Prozess der europäischen Einigung war von verschiedenen politischen Motiven geprägt, welche darauf abzielten, die vielen europäischen Kriege zu beenden und zu vermeiden. Wesentliche Krisen, Prozesse und Vereinbarungen der letzten Jahrhunderte skizzieren Adam/Mayer (2016, S. 21–47).

In den Jahren 1337 bis 1453 herrschte Krieg zwischen England und Frankreich. In den italienischen Kriegen von 1494 bis 1559 kämpften italienische, französische und österreichische Armeen gegeneinander. An den russischen und schwedischen Kriegen der Jahre 1495 bis 1497, 1590 bis 1595 und 1611 bis 1617 waren entsprechend russische und schwedische Truppen beteiligt. Von 1618 bis 1648 kämpften unter anderem deutsche, schwedische, spanische, niederländische und französische Truppen im sogenannten Dreißigjährigen Krieg gegeneinander. Von 1700 bis 1721 fand der nordische Krieg zwischen Russland, Schweden und Polen statt. Ab 1756 kämpften England, Frankreich und Österreich etwa sieben Jahre auf deutschem Boden wegen eines internationalen Konfliktes. In die napoleonischen Kriege von 1803 bis 1815 waren ungefähr 20 Kriegsparteien involviert. Der deutsch-französischer Krieg folgte 1870 f.

1914 begann der Erste Weltkrieg. 40 Staaten kämpften gegeneinander, schätzungsweise zwischen 17 und 20 Mio. Menschen kamen dabei ums Leben. Der Erste Weltkrieg endete im Jahr 1918. Doch schon im Jahr 1939 begann der Zweite Weltkrieg und endete 1945 mit wohl über 50 Mio. gestorbenen Menschen allein in Europa. Aus diesen gewaltsamen Auseinandersetzungen zwischen den europäischen Völkern sowie der Machtpolitik europäischer Länder zulasten anderer europäischer und außereuropäischer Nationen entstand das Bedürfnis, eine Ordnung für ein friedliches Zusammenleben, für Völkerverständigung, Demokratie und Menschenrechte zu schaffen. Gemeint war die Europäische Integration souveräner nationaler Staaten Europas.

5.4.3 Erste Schritte der Europäischen Integration

Europas Wirtschaft war bis zum 19. Jahrhundert fragmentiert, weil die Transportkosten teuer waren, wurde die lokale Produktion präferiert. Unterschiedliche Maßsysteme und verschiedene Währungen in Europa erschwerten den grenzüberschreitenden Handel. Des Weiteren wurde der Handel zwischen Regionen und Städten innerhalb der europäischen Staatengemeinschaft mit Zöllen und Abgaben für Güter versehen. Erst die Industrialisierung sorgte für Entwicklung der wirtschaftspolitischen Vorstellungen, sodass der internationale Handel im Sinn des Ricardo-Theorems (siehe dazu für viele Lorz/Siebert 2014, S. 27–38). Vorteile und Chancen für exportierende und importierende Staaten gleichermaßen mit sich brachte.[1] Demzufolge änderten sich die wirtschaftlichen Rahmenbedingungen in Europa, sodass Transaktionskosten sanken und der grenzüberschreitende Handel sich intensivierte.

In der ersten Hälfte des 20. Jahrhunderts war Europa noch von Desintegration geprägt, das Wirtschaftswachstum war sehr niedrig und die Arbeitslosenquote sehr hoch. Vor diesen Hintergründen wurden immer mehr Ideen zur europäischen Einigung entwickelt. Noch während der Kriegszeit appellierte der Franzose Jean Monnet im Jahr 1943, die Einigung Europas, die Schaffung eines gemeinsamen Marktes sowie die Einführung einer föderalen politischen Ordnung zu realisieren. 1946 rief der Brite Winston Churchill die europäischen Staaten dazu auf, unter der Führung Deutschlands und Frankreich einen europäischen Staatenbund zu bilden: „We must build a kind of United States of Europe." (Churchill 1946, S. 2) Großbritannien selbst sah sich allerdings nicht als

---

[1]Zum Zeitpunkt der Niederschrift dieses Beitrags werden internationale Handelsabkommen allerdings wieder kritisch gesehen. Stiglitz (2016, S. 405) erläutert: „Neoliberale Analytiker, die behaupten, Freihandel komme allen zu Gute, begingen zwei entscheidende Fehler. Erstens nahmen sie an, Märkte seien effizient, sodass immer Vollbeschäftigung herrsche. Dies ist darauf zurückzuführen, dass Märkte in neoliberalen Analysen perfekt funktionieren und ein Anstieg der Importe immer durch eine Erhöhung der Exporte ausgeglichen wird. Exporte schaffen, Importe vernichten Arbeitsplätze, aber in perfekt funktionierenden Volkswirtschaften – mit einer Zentralbank, die sich auf Vollbeschäftigung konzentriert, und einer Regierung, die nicht durch Sparvorhaben eingeschränkt ist – sorgt die makroökonomische Politik dafür, dass stets Vollbeschäftigung herrscht. Die Umstellung auf den produktiveren Exportsektor erhöht den Lebensstandard. Aber die Wirklichkeit sieht anders aus – in Europa blieb die Arbeitslosigkeit auf hohem Niveau. Und das bedeutet, dass die arbeitsplatzvernichtenden Effekte der Handelsliberalisierung die arbeitsplatzschaffenden Effekte mehr als wettmachen können, insbesondere kurz- bis mittelfristig. Die Vernichtung von Arbeitsplätzen in einem Sektor bedeutet nicht automatisch, dass in einem anderen Arbeitsplätze entstehen.

Zweitens ignorierten sie die Verteilungswirkungen von Handelsabkommen. Selbst wenn das Bruttoinlandsprodukt steigt, gibt es große Verlierer. Das Argument»Handel ist gut« bedeutet lediglich, dass die Gewinne der Gewinner die Verluste der Verlierer ausgleichen *können*. Und wenn der Handel allen zugutekommen soll, dann *sollten* die Gewinner die Verlierer kompensieren, was jedoch nicht bedeutet, dass sie das auch tun."

Bestandteil eines solchen Verbunds. Mit Blick auf den in diesem Beitrag behandelten Brexit ist demnach schon vor der Gründung einer Europäischen Gemeinschaft bzw. Union eine Sonderrolle Großbritanniens im Prozess der Europäischen Integration zu konstatieren.

Den Grundstein der Europäischen Integration legte der französische Außenminister Robert Schumann mit seinem Plan, die deutsche und französische Kohle- und Stahlproduktion zusammenzuführen. Auf seinem Plan aufbauend unterschrieben die Regierungsvertreter von Deutschland und Frankreich sowie Belgien, Niederlande, Luxemburg und Italien am 18. April 1951 den supranationalen *Vertrag zur Gründung der Europäischen Gemeinschaft für Kohle und Stahl* (EGKS; umgangssprachlich als *Montanunion* bezeichnet). Hiermit vereinbarten die Unterzeichner den zollfreien grenzüberschreitenden Kohle- und Stahlhandel. Zwar war die EGKS noch keine juristische Person wie die heutige Europäische Union. Doch das zentrale Steuerungsorgan der EGKS hatte in einem vordefinierten Rahmen bereits Möglichkeiten für autonome Entscheidungen eingeräumt bekommen und gilt daher als Vorläuferinstitution der heutigen *Europäischen Kommission*. Auch der Rat und das Parlament der Europäischen Union finden ihren Vorlauf in Institutionen der EGKS (vgl. für diesen Absatz Klose 2018, S. 2).

Am 25. März 1957 erfolgte in Rom mit der Unterzeichnung des *Vertrags zur Gründung der Europäischen Wirtschaftsgemeinschaft* (EWG-Vertrag; umgangssprachlich als *Vertrag von Rom* bezeichnet) der nächste nachhaltige Schritt zur Europäischen Integration. Unterzeichnerstaaten des Vertrags waren Belgien, Deutschland, Frankreich, Italien, Luxemburg und die Niederlande. Ziel des Vertrags war es, „durch die Errichtung eines Gemeinsamen Marktes und die schrittweise Annäherung der Wirtschaftspolitik der Mitgliedstaaten eine harmonische Entwicklung des Wirtschaftslebens innerhalb der Gemeinschaft, eine beständige und ausgewogene Wirtschaftsausweitung, eine größere Stabilität, eine beschleunigte Hebung der Lebenshaltung und engere Beziehungen zwischen den Staaten zu fördern, die in dieser Gemeinschaft zusammengeschlossen sind." (EWG-Vertrag, Art. 2)

Mit der EGKS und der EWG kam es zu nachhaltigen Schritten im Prozess der Europäischen Integration. Kernelement der EWG blieb die Zollfreiheit innerhalb der Gemeinschaft und Zollharmonisierung im Handel mit Nicht-EWG-Mitgliedsstaaten (= *Zollunion)*. Wird bedacht, dass die Integration nach dem Zweiten Weltkrieg noch als friedensstiftender Prozess eingefordert wurde (s. o.), so sind für ihre Realisierung jedoch ökonomische Aspekte die treibenden Faktoren. Eine europäische Friedensgemeinschaft ist also nicht aktiv umgesetzt worden. Vielmehr ist der europäische Frieden eine Konsequenz, eine Art Nebeneffekt des ökonomischen Strebens europäischer Volkswirtschaften nach Wirtschaftswachstum und Wohlstand. Anzuführen ist aber, dass mit dem EWG-Vertrag auch ein Vertrag zur Gründung der *Europäischen Atomgemeinschaft* (EURATOM) unterzeichnet wurde, der im Hinblick auf Atomindustrien zumindest auf die Beziehungen zwischen den Ländern abstellt.

Die Kerninstitutionen der EWG wurden aus der EGKS weiterentwickelt zum Europäischen Parlament, Europäischen Rat, zur Europäischen Kommission und zum

Europäischen Gerichtshof. Eine erste Erweiterung der EWG-Mitgliedstaaten erfolgte im Jahr 1973 mit der Aufnahme von Dänemark, Großbritannien und Irland, die bereits Anfang der 1960er Jahre einen erfolglosen Mitgliedsantrag gestellt hatten. Auch wenn es nicht allein für Großbritannien gilt, so sind doch im Hinblick auf den Eintritt in die Europäische Wirtschaftsgemeinschaft britische Startschwierigkeiten zu konstatieren. Im Jahr 1981 trat Griechenland der Gemeinschaft bei, im Jahr 1986 folgten Spanien und Portugal. Anfang der 1990er Jahre rekrutierte sich die Gemeinschaft demnach aus zwölf Mitgliedstaaten.[2]

5.4.4 Gründung der Europäischen Union und Fahrplan zur Währungsunion

Am 29. Juli 1992 unterzeichneten die zwölf EWG-Mitgliedstaaten in Maastricht den *Vertrag über die Europäische Union* (EU-Vertrag; umgangssprachlich als *Maastricht-Vertrag* bezeichnet), der sich als inhaltliche Erweiterung des EWG-Vertrags präsentierte. Die EWG wurde in eine *Europäische Gemeinschaft* (EG) umbenannt und die Wirtschafts- und Währungsunion war vereinbart. Damit umfasst der EU-Vertrag auch die Gründung des *Europäische System der Zentralbanken* (ESZB) und der *Europäischen Zentralbank* (EZB) bzw. die Satzungen der Institutionen (Artikel 4a EU-Vertrag). Zur Einführung der Gemeinschaftswährung sollten ursprünglich alle Mitgliedstaaten verpflichtet werden. Demnach fordert Art. 108 EU-Vertrag: „Jeder Mitgliedstaat stellt sicher, daß spätestens zum Zeitpunkt der Errichtung des ESZB seine innerstaatlichen Rechtsvorschriften einschließlich der Satzung seiner Zentralbank mit diesem Vertrag sowie mit der Satzung des ESZB im Einklang stehen."

Die Einführung der supranationalen Währung *Euro* vollzog sich allerdings nicht innerhalb der gesamten EU. Nur elf EU-Staaten übernahmen den Euro als Währung und übertrugen ihre nationale geldpolitische Hoheit auf das neugeschaffene *Eurosystem* (= Zusammenspiel der EZB und aller nationalen Zentralbanken der Euro-Mitgliedstaaten). Großbritannien behielt nämlich die eigene nationale Währung bei, weil es Anfang der 1990er Jahre massive Währungsabwertungen hinnehmen und somit das Europäische (Festkurs-)Währungssystem (EWS) verlassen musste. Ökonomisch gesehen, unterlag Großbritannien Marktkräften, die sich aus dem Sachverhalt ergaben, dass die zwölf EU-Staaten gemeinsam keinen optimalen Währungsraum darstellten.[3] Um den EWS-Austritt

---

[2] Aus der Anzahl der EWG-Mitgliedstaaten ist die europäische Flagge mit zwölf Sternen abgeleitet.

[3] Vgl. Krugman/Obstfeld/Melitz (2019, S. 842). An anderer Stelle fassen die Autoren zusammen (S. 873): „Europa ist kein optimaler Währungsraum. Daher wird es schwierig sein, asymmetrische wirtschaftliche Entwicklungen in verschiedenen Ländern des Euroraums Entwicklungen, die unter einem System nationaler Einzelwährungen durchaus unterschiedliche Zinssätze begründen würden – mithilfe geldpolitischer Maßnahmen auszugleichen. Die gemeinsame Währung hat die wirtschaftliche Einheit auf ein weitaus höheres Niveau gebracht, als es die EU auf politischer Ebene erreichen konnte (oder wollte)."

und die Option, gar nicht erst in eine Währungsunion eintreten zu wollen, zu ermöglichen, wurde dem EU-Vertrag ein *PROTOKOLL (Nr. 15) über einige Bestimmungen betreffend das Vereinigte Königreich Großbritannien und Nordirland* beigefügt, das in Punkt 1 formuliert:

> „Das Vereinigte Königreich notifiziert dem Rat, ob es den Übergang zur dritten Stufe beabsichtigt, bevor der Rat die Beurteilung nach Artikel 109 j Absatz 2 dieses Vertrags vornimmt.
> Sofern das Vereinigte Königreich dem Rat nicht notifiziert, daß es zur dritten Stufe überzugehen beabsichtigt, ist es dazu nicht verpflichtet.
> Wird kein Zeitpunkt für den Beginn der dritten Stufe nach Artikel 109 j Absatz 3 dieses Vertrags festgelegt, so kann das Vereinigte Königreich seine Absicht, zur dritten Stufe überzugehen, vor dem 1. Januar 1998 notifizieren." (EU-Vertrag, Nr. C 191/879)

5.4.5   Lissabon-Vertrag als Brexit-Treiber

Die Europäische Union selbst rekrutiert sich im Jahr 2019 aus inzwischen 28 Mitgliedstaaten (inklusive Großbritannien), die *Europäische Währungsunion* (EWU) aus 19 Mitgliedstaaten. Der EU-Vertrag ist inzwischen mehrmals angepasst worden, sodass die Europäische Union heute eine eigene Rechtspersönlichkeit darstellt. Die letzte große Vertragsüberarbeitung fand im Jahr 2009 in Lissabon statt (umgangssprachlich als *Vertrag von Lissabon* bezeichnet). Der Vertrag von Lissabon stellt dem EU-Vertrag den *Vertrag über die Arbeitsweise der Europäischen Union* (VAEU) an die Seite, in dem die interne Politik der Europäische Union behandelt sind. Inhaltlich wurde mit den beiden Verträgen erstmalig ein Mehrheitsstimmrecht für Entscheidungen des Europäischen Rats vereinbart. (Vgl. Art. 235 bis 238 VAEU) Das bis dato geltende Veto-Prinzip jedes einzelnen EU-Mitgliedslands wurde also aufgehoben, sodass es möglich wurde, einzelne EU-Staaten durch einen Mehrheitsentscheid zu überstimmen.

Im Rahmen der Staatsschuldenkrise einiger EU-Staaten ab dem Jahr 2010 wurde dieser Sachverhalt deutlich (vgl. im Weiteren Lucke 2019, S. 69–72): Als Reaktion auf die damals aktuelle Wirtschaftskrise entschied der *Europäische Rat* gegen die Stimme Großbritanniens eine verstärkte Finanzmarktregulierung und siedelte eine europäische Bankenaufsicht in der EZB an. Ziel des Vorhabens war die Stabilisierung des Euro. Obwohl Großbritannien gar nicht Mitglied der EWU war (und ist), galten die beschlossenen Finanzmarktrestriktionen auch für Großbritannien. Vor dem Hintergrund der großen Bedeutung der Finanzbranchen für die britische Volkswirtschaft konnte diese EU-Mehrheitsentscheidung gegen den britischen Willen kaum zur Bevölkerungsakzeptanz der EU-Mitgliedschaft Großbritanniens beitragen – im Gegenteil. Die zentrale Neuerung im EU-Vertrag/VAEU ab 2009, das Mehrheitsstimmrecht, verstärkte die britische Kritik an der EU-Mitgliedschaft des eigenen Staates.

Zusammenfassend ist auch für den Kern der Europäischen Integration, nämlich die Schaffung der Wirtschafts- und Währungsunion, von Beginn an eine Sonderstellung Großbritanniens zu vernehmen. Diese Sonderstellung zeichnet sich *zum einen* durch die Nicht-Beteiligung an Gemeinschaftsprojekten und *zum anderen* durch staatsspezifische Sonderkonditionen der EU-Mitgliedschaft aus. Der im Jahr 2016 durch ein Referendum der Bevölkerung Großbritanniens in Gang gesetzte Brexit, also der EU-Austritt Großbritanniens (siehe ausführlich Welfens 2018; Sinn 2016), ist vor dem Hintergrund des originären EU-Vertrags politisch nicht überraschend. Vielmehr kann es als notwendige Konsequenz angesehen werden, die Europäische Union zu verlassen, wenn sich an EU-Projekten nicht beteiligt wird. Wirtschaftliche Argumente und die friedensstiftende Wirkung der Europäischen Integration lassen den Brexit dagegen kritisch bewerten, schließlich impliziert er gegenüber der Europäischen Integration eine vollständig diametral entgegengesetzte Politik. Und doch ist sie dem Geiste Churchills (1946) zuzurechnen, dass so etwas wie die vereinigten Staaten von Europa zwar sinnig sei, aber ohne britische Beteiligung zu vollziehen wäre. Käme es allerdings zu einem ungeordneten Brexit, also ohne die Vereinbarung eines gemeinsamen Binnenmarkts der Europäische Union und Großbritanniens, fiele ein wesentlicher Friedenstreiber innerhalb Europas weg. Es bleibt zu hoffen, dass die im Brexit beteiligten Personen sich dieser Bürde bewusst sind und daran ausgerichtet handeln.

1. Recherchieren Sie makroökonomische Kennzahlen Großbritanniens für das Jahr 2020 und vergleichen Sie diese mit jenen der Bundesrepublik Deutschland (siehe dazu Abschn. 3.1.3, Tab. 3–7)! Beschreiben Sie die Handelsbeziehungen und Handelsintensität zwischen beiden Volkswirtschaften!
2. Analysieren Sie die Immobilienmärkte in London und in Frankfurt a. M.! Welche aktuellen Marktentwicklungen stehen in direktem Zusammenhang mit dem EU-Austritt Großbritanniens?
3. Analysieren Sie die Entwicklungen des Wechselkurses Pfund £ zu Euro € für die Zeit ab dem Jahr 2016! Inwieweit hatten das Brexit-Referendum, die Austrittsverhandlungen und der tatsächliche EU-Austritt Großbritanniens den Wert der britischen Währung beeinflusst? – Begründen Sie Ihre Interpretation!

Literatur

Adam, H./Mayer, P. (2016): Europäische Integration, 2. Auflage. Konstanz/München: UTB/UVK/ UVK Lucius.
VAEU/Vertrag über die Arbeitsweisen der Europäischen Union, 07. Juni 2016. URL: „https:// www.ecb.europa.eu/ecb/legal/pdf/oj_c_2016_202_full_de_txt.pdf" (Download der PDF-Datei am 15. Juni 2019).
Cassel, S./Thomas, T. (2014): Staatsunternehmen konsequent auf den Prüfstand! In: *List Forum für Wirtschafts- und Finanzpolitik*, 40 Jg. (Heft 2), S.204–206.

Churchill, W. (1946): Winston Churchill's Speech, Zurich University, 19. September 1946. URL: „http://aei.pitt.edu/14362/1/S2-1.pdf" (Download der PDF-Datei am 13. Juni 2019).

EWG-Vertrag/Vertrag zur Gründung der Europäischen Wirtschaftsgemeinschaft, 25. März 1957. URL: „https://eur-lex.europa.eu/legal-content/DE/TXT/PDF/?uri=CELEX:11957E/TXT&from=EN" (Download der PDF-Datei am 13. Juni 2019).

EU-Vertrag/Vertrag über die Europäische Union, 29. Juli 1992. URL: „https://www.ecb.europa.eu/ecb/legal/pdf/maastricht_de.pdf" (Download der PDF-Datei am 13. Juni 2019).

Friedman, M. (2002): Kapitalismus und Freiheit. Frankfurt a. M.: Eichhorn.

Gerpott, T. J./Knüfermann, M. (2016): Entwicklungslinien im deutschen Markt für Wohnungsbaukredite. In: *Immobilien & Finanzierung*, 67. Jg. (Heft 20), S. 22–26.

Klose, J. (2018): Europäische Wirtschaftspolitik. Stuttgart: Schäffer-Poeschel.

Krugman, P./Obstfeld, M./Melitz, M. (2019): Internationale Wirtschaft, 11. Auflage. Hallbergmoos: Pearson.

Lorz, O./Siebert, H. (2014): Außenwirtschaft, 9. Auflage. Konstanz/München: UTB/UVK/UVK Lucius.

Lucke, B. (2019): Systemausfall. München: Finanzbuch.

Sinn, H.-W. (2016): Der schwarze Juni. Freiburg: Herder.

Stiglitz, J. E. (2016): Europa spart sich kaputt. München: Siedler.

Stiglitz, J. E./Walsh, C. E. (2010): Mikroökonomie, Band I zur Volkswirtschaftslehre, 4. Auflage. München: Oldenbourg.

Welfens, P. J. J. (2018): BREXIT ausversehen. 2. Auflage. Wiesbaden: Springer.

Hinweise zu Lösungen der Übungsaufgaben

6

Zusammenfassung

Überprüfen Sie Ihre Lösungen zu den Übungsaufgaben der Kapitel 1 bis 5. Dazu finden Sie im Weiteren Lösungsskizzen zu den Aufgaben. Gerade bei qualitativen Aufgaben hinterfragen Sie Ihre Lösungen ebenso kritisch wie die nachfolgenden Vorschläge – wo weichen die Lösungen voneinaner ab und warum? Häufig liegt die Qualität einer Lösung in deren logischer Schlüssigkeit der Argumentation und den Möglichkeiten, auch die Antworten wiederum überprüfen zu können. Das volkswirtschaftliche Denken (siehe Abschn. 1.4) konsequent zu berücksichtigen, hilft deshalb in wirtschaftspolitischen Debatten zu bestehen.

6.1 Lösungen zu den Übungsaufgaben in Kap. 1 (Abschn. 1.5)

Aufgabe 1.1

Beschreiben Sie volkswirtschaftliche Analysemethoden und die Bedeutung der Mathematik für diese Methoden!

Lösung 1.1

1) Argumentativ verbale Logik, 2) graphische Visualisierungen, 3) empirisch basierter Ansatz und 4) formal-mathematische Analyse. Neben der vierten Methode findet Mathematik neben der Statistik auch Anwendungen in der empirischen Volkswirtschaftslehre.

Aufgabe 1.2

Im Rahmen der Corona-Politik senkte die deutsche Bundesregierung im Sommer 2020 den regulären MwSt-Satz von 19 % auf 16 %. Ein Paar Sportschuhe hat ein Kaufhaus vor der MwSt-Senkung für 99,95 EUR angeboten. Wie lautet der Endkundenpreis nach der MwSt-Senkung?

Lösung 1.2

$$Alter\ Bruttopreis = 99{,}95\ EUR$$

$$Nettopreis = \frac{Euro\ 99{,}95}{119} \times 100 = 83{,}99\ EUR$$

$$Neuer\ Bruttopreis = \frac{99{,}95\ EUR}{119} \times 116 = 97{,}43\ EUR$$

oder:

$$\left(\frac{83{,}99\ EUR}{100} \times 16\right) + 83{,}99\ EUR = 97{,}43\ EUR$$

Der Endkundenpreis sinkt durch den neuen MwSt-Satz von 99,95 EUR auf 97,43 EUR. Die Absenkung des MwSt-Satzes um 3 %-Punkte führt zur Absenkung des Bruttopreises um lediglich 2,52 %.

Aufgabe 1.3
Die Grundformulierung einer Nachfragefunktion auf Konsumgütermärkten lautet:

$$q^D = a - bp$$

Im Normalfall besitzt die Steigung b eine negative Ausprägung (siehe Abschn. 3.1.2). Das Mieten einer Wohnung wird ökonomisch dem Konsum zugesprochen, da Mietzahlungen eines Wirtschaftssubjekts weder einen eigenen Kapitalstock aufbauen noch individuell wertschöpfend wirken. Vielmehr wird die Monatsmiete bezahlt, der Monat verlebt, sodass der Konsum verbraucht ist. Betrachten Sie einen konkret definierten Wohnungsmarkt im Jahr 2021 in einer der größten deutschen Metropolen. Beschreiben Sie die Steigung der Nachfragefunktion für dortige Mietwohnungen und grenzen Sie diese Nachfragefunktion von der Normalform eines Konsumgütermarkts ab!

Lösung 1.3
Der signifikante Zuzug privater Haushalte in deutsche Metropolen führt zu einem Nachfrageüberhang nach Wohnraum. Hierdurch kommt es zu Preissteigerungen auf den Märkten für Mietwohnungen. Hohe Mieten bzw. starke Mietanstige wurden im Jahr 2019 seitens der Politik massiv kritisiert. Seit dem Jahr 2015 greift die Bundesregierung deshalb mit ihren Staatsinterventionen in den Marktmechanismus ein. Dennoch kam es zu weiterem Zuzug und weiter steigenden Mieten. Diese Marktreaktionen entsprechen

nicht dem Normalfall auf Konsumgütermärkten, weil mit steigenden Preisen die Nachfrage immer noch ansteigt. Abschn. 2.3 stellt erläuternd auf diesen Sachverhalt ab. Die Nachfragefunktion für Mietwohnungen ist deshalb differenzierter zu modellieren, als es eine lineare Funktion mit negativer Steigung auszudrücken vermag. in Abschn. 3.1.2 werden Märkte für Mietwohnungen deshalb thematisiert.

Aufgabe 1.4

Unternehmen wählen auf den Gütermärkten diejenige Produktionsmenge, die eine langfristige Gewinnmaximierung sicherstellt. Beschreiben Sie die zweite Ableitung der Gewinnfunktion eines fiktiven Unternehmens.

Lösung 1.4

Die Berechnung des Gewinnmaximums erfolgt über die Bestimmung eines Extremums der Gewinnfunktion. Dazu wird diejenige Produktionsmenge gewählt, bei der die erste Ableitung der Gewinnfunktion gleich Null ist (notwendige Bedingung eines Extremums). Die zweite Ableitung der Gewinnfunktion muss negativ sein (hinreichende Bedingung für das Gewinnmaximum.

6.2   Lösungen zu den Übungsaufgaben in Kap. 2

Aufgabe 2.1

Die durchschnittlichen Zinssätze für Wohnungsbaukredite sanken in Deutschland seit dem Jahr 2008 drastisch. Deutsche Bundesbank und die Bundesanstalt für Finanzdienstleistungsaufsicht (BaFin) befragen daher regelmäßig deutsche Kreditinstitute nach deren Ertragsaussichten. Laut der 2016er Befragungsergebnisse „erwarten die Institute, dass bei anhaltend niedrigen Zinsen ihre Profitabilität im Prognosezeitraum bis 2019 deutlich unter Druck geraten wird" (Deutsche Bundesbank 2016, S. 64). Tatsächlich sank das Marktzinsniveau auch über das Jahr 2019 hinaus. Warum sind in der Entwicklung des Marktzinsniveaus wirtschaftspolitische Interventionen zu vermuten?

Lösung 2.1

Marktpreise entstehen durch das Zusammenspiel von Angebot und Nachfrage. Determinanten der Preisentwicklung sind demnach Einflüsse auf das Angebot und/oder die Nachfrage. Das derzeitige Marktzinsniveau ist derart niedrig, dass Kreditinstitute von Ertragsproblemen sprechen. Demnach wäre mit einer Anhebung der Marktzinsen durch das Kollektiv der Anbieter zu rechnen. Wenn das Zinsniveau trotzdem weiter sinkt, muss es Markteinflüsse geben, die stärker wirken als das Ertragsstreben der Kreditinstitute. Derartige Einflüsse können vor allem vom Zentralbanksystem ausgehen. Vor diesem Hintergrund ist von einer massiv expansiven Geldpolitik des Eurosystems auszugehen, also von einer wirtschaftspolitischen Intervention in die Kreditmärkte.

Aufgabe 2.2

Niedrige Kapitalkosten stellen für Unternehmen positive Investitionsimpulse dar. Worin aber können in einem politisch determinierten, dauerhaft niedrigen Marktzinsniveau unternehmerische Risiken für Wohnungsunternehmen liegen?

Lösung 2.2

1. Wohnungsunternehmen realisieren ihre Außenfinanzierungen großenteils über Fremd-kapital. Annuitätendarlehen stellen dazu die gängige Tilgungsform dar. Bei einem unveränderten anfänglichen Tilgungssatz führt eine Reduktion des Kreditzinssatzes zur Verlängerung der Kreditlaufzeit. Dadurch erhöhen sich die Prolongationspunkte und das Zinsänderungsrisiko für die Anschlussfinanzierung.

2. Bei dynamischer Investitionsbetrachtung wird die Investitionsattraktivität durch die Höhe des Kapitalwerts quantifiziert. Eine wesentliche Determinante des Diskontierungszinsfußes zur Kapitalwertberechnung ist der Fremdkapitalzinssatz. Sinkt das Marktzinsniveau auf einen Rekordniedrigzinssatz, steigt die Investitions-attraktivität auf ein hohes Niveau, ohne dass sich die Cashflows der Investition selbst verändert hätten. Investitionen sind dadurch chronisch überbewertet.

3. Sinkt der Marktzins massiv ab und vergünstigen sich die Kapitalkosten von Unternehmen, steigen die Überschüsse und damit sicherlich die Ausschüttungsbegehrlichkeiten der Eigentümer an. Mit der Dauer einer Niedrigzinsphase gewöhnen sich Eigentümer an Aus-schüttungen. Nach einer Politik- und Zinswende könnten gerade öffentliche Eigentümer überrascht werden und auf inzwischen gewohnte Ausschüttungen nicht verzichten wollen, sodass Geschäftsleiter/Eigentümer-Konflikte vorprogrammiert sind.

4. Das Niedrigzinsniveau belastet die Ertragssituation der Kreditinstitute. Besicherte Wohnungsbaukreditgeschäfte sind risikoarm und entsprechend margenschwach. Wenn Kreditinstitute Erträge steigern wollen, müssen sie in höhere Risikoklassen investieren und das Wohnungsbaukreditgeschäft verliert an Interesse. Die Stabilität derzeitiger Darlehensgeber ist insofern nicht gewährleistet. Stattdessen ist mit einem Strategiewechsel der Kreditinstitute zu rechnen.

5. Das niedrige Zinsniveau schlägt sich nicht nur auf der Finanzierungs-, sondern gleichfalls auf der Investitionsseite nieder. Rentabilitäten von Investitionsobjekten sind unabhängig von ihrer Risikoklasse durch das politisch determinierte Zinsniveau gesunken. Hinzu kommt, dass Investoren in Deutschland Immobilien und Anleihen verstärkt nachfragen und deren Preise bzw. Kurse ansteigen. Hierdurch sinken noch-mals die Renditen. Neben der Gefahr von Preisblasen an den Vermögensmärkten fehlen Investoren auch attraktiv verzinste Geldanlagemöglichkeiten. Wohnungsunter-nehmen erfahren hierdurch Probleme bei der Liquiditätsanlage und wären bei einem Platzen potenzieller Preisblasen in Mitleidenschaft gezogen.

Aufgabe 2.3

Die frühere US-Regierung unter Präsident Doland J. Trump stellte sich inhaltlich gegen internationale Freihandelsabkommen, plädierte für Schutzzölle und plante, das

Wachstum der heimischen Wirtschaft durch die Vergabe von Staatsaufträgen zu unterstützen. Inwieweit hatte die Umsetzung einer solchen Globalisierungspolitik die
Geschäftsentwicklung deutscher Wohnungsunternehmen tangiert?

Lösung 2.3

Die deutsche Volkswirtschaft charakterisiert sich durch Exportüberschüsse und ist als
offene Volkswirtschaft signifikant in die globale Wirtschaft integriert. Eine Reduktion
von Globalisierungsbestrebungen hätte negative Einflüsse auf das Wirtschaftswachstum.
Konjunkturelle Entwicklungen wirken z. B. über den Beschäftigungsgrad, Kaufkraft-
steigerungen und Investitionsaktivitäten signifikant auf die Geschäftsentwicklung von
Wohnungsunternehmen ein. Globalbasierte Wachstumsrestriktionen können letztlich
Leerstand, Mietausfälle und der regionale Verfall sein.

Aufgabe 2.4

Stiglitz (2017) behauptete über die frühere US-Regierung: „Trump betrachtet die Welt
als Nullsummenspiel. Doch die Globalisierung, wenn sie denn gut gesteuert wird, ist
eine Kraft, die in der Summe positive Ergebnisse hervorbringt: Amerika profitiert,
wenn Freunde und Verbündete stark sind. Doch Trumps Ansatz droht sie in ein Negativsummenspiel zu zwingen, bei dem auch Amerika verlieren wird." – Interpretieren Sie
diese Aussage im Hinblick auf die Globalwirtschaftstheorie!

Lösung 2.4

Der Beitrag nimmt Bezug auf die Theorie internationaler Wirtschaftsbeziehungen.
Ihre prominentesten Vertreter sind David Ricardo (*1772 und †1823) sowie Joseph E.
Stiglitz (*1943) und Paul Krugman (*1953). Ihre Verdienste liegen in der Erkenntnis,
dass Außenhandel zur Wohlstandserhöhung aller Handelspartner führt. Die Summe des
Wohlstands über alle beteiligten Länder hinweg liegt höher als jene ohne Außenhandel.
Vor diesem Hintergrund ist die Weltökonomie kein Nullsummenspiel. Die Reduktion des
Außenhandels in einem Land wird dieses Land schlechter stellen als ohne Außenhandel.
Tatsächliche Marktergebnisse sind allerdings davon abhängig, wie die Handelssysteme
ausgestaltet sind. Stiglitz (2017) behauptet implizit, dass sich die Theorieergebnisse auf
die USA übertragen lassen. Damit führten Außenhandelsbeschränkungen zu negativen
Einflüssen auf die US-Volkswirtschaft.

Aufgabe 2.5

Die Europäische Union durchlebt seit Juni 2016 die sogenannte Brexit-Angst und erlebte
den Brexit an sich im Jahr 2020. Was ist mit dem Brexit gemeint und inwieweit könnte
ein Brexit die deutsche Immobilienwirtschaft tangieren?

Lösung 2.5

Die britische Bevölkerung stimmte in einem Referendum am 23. Juni 2016 für den Austritt Großbritanniens aus der EU. Dieser Austritt wird *Brexit* genannt. Etwa ein Jahr später

stellte die britische Regierung einen konkreten EU-Austrittsantrag für Mai 2019. Der tatsächliche Austritt erfolgte zum 31. Januar 2020 (siehe auch Abschn. 5.4). Erwartete Auswirkungen können positiv und negativ ausgeprägt sein. Ein Brexit könnte z. B. den Immobilienstandort Frankfurt am Main stützen, wenn Finanzdienstleister ihre Büros nach Deutschland verlagerten. Käme es zu Handelsbeschränkungen zwischen Großbritannien und Deutschland, wären konjunkturelle Einbußen die Konsequenz. Sie hätten auch eine negative Wirkung auf die Immobilienwirtschaft, wenn sie zur Kaufkraftreduktionen etc. führten. Das ifo Institut kam im Oktober 2020 auf Basis empirischer Erhebungen und eigener Simulationsanalysen zu folgendem Ergebnis: „Insgesamt hat das VK [Vereinigte Königreich] als Handelspartner für Deutschland seit dem Brexit-Referendum an Boden verloren. Der deutsche Güterhandel mit dem VK ist tendenziell rückläufig, wohingegen sich der Dienstleistungshandel seit dem Brexit-Referendum nicht ausschlaggebend verändert hat. Im Güterhandel sind vor allem deutsche Exporte im Fahrzeugbau und der chemischen Industrie besonders betroffen; auf der Importseite die chemische Industrie und der Bereich der Mineralprodukte. Gerade in den Monaten der akuten Coronakrise ist der deutsche Handel mit dem VK weiter gesunken, insbesondere im Maschinen- und Fahrzeugbau, sowie in der chemischen Industrie und in den Sektoren der Metalle und Mineralprodukte. Die deutschen Exporte mit dem VK haben deutlich stärkere Einbußen erlitten als die Exporte Deutschlands mit anderen Ländern." (Flach et al. 2020, S. 81).

Aufgabe 2.6

Im Handelsblatt vom 9. März 2017, Nr. 49, S. 28, äußert sich der frühere Geldtheoretiker der Universität Würzburg und Chefvolkswirt der Europäischen Zentralbank zur Fragilität einer Währung und speziell dem Euro: „Das Postfaktische hat die Notenbanken auch schon erreicht, das muss man einfach so registrieren. Das zeigt, was für ein zartes Pflänzchen das notwendige Vertrauen ist − langwierig aufzubauen und schnell zerstört. Ich finde, dass die Notenbanken auch dazu beigetragen haben, indem sie sich zu sehr in dem Ruhm gesonnt haben, sie wären sozusagen Masters of the Universe. Das hat zwar keiner so gesagt, aber als solche sind die bezeichnet und gefeiert worden." (Mallien 2017). Beantworten Sie bitte folgende zwei Fragen: 1) Was ist dem „Postfaktischen" gemeint, das die Notenbanken erreicht hat? 2) Warum ist „Vertrauen" wichtig für die Geldpolitik?

Lösung 2.6

1. Postfaktisch ist ein Trendwort und meint eine weltliche Zeitperiode, nachdem Fakten Meinungen prägten. Diese Zeitperiode lebt stattdessen in einer Welt unbelegter oder sogar widerlegbarer Behauptungen im Glauben an diese. Auf die Geldpolitik übertragen ist mit der postfaktischen Welt gemeint, dass die Bevölkerungen von Staaten an Zentralbanken Anforderungen hegen, die gar nicht erfüllbar sind. Die Anforderungen aber werden gestellt, weil sie zuvor durch die Politik aktiv suggeriert wurden. Zentralbanken haben in den letzten Jahren häufig fiskalpolitische Desaster der Staatsregierungen geldpolitisch temporär kompensiert, die Regierungen haben aber von Rettungen, Problemlösungen etc. kommuniziert. Daher verwundert es nicht, wenn

die Bevölkerungen an eine Bedeutung der Geldpolitik glauben, die im ökonomischen Sinn der Geldpolitik gar nicht zuzusprechen ist. Enttäuschungen über Misserfolge der Geldpolitik bezüglich dieser Anforderungen und Erwartungen sind vorprogrammiert.

2. Durch die nicht ökonomisch kompatible politische Kommunikation der Geldpolitik und ihrer damit verbunden erwarteten Misserfolge kann Vertrauen in eine Währung zerstört werden. Vertrauen ist jedoch der letzte Grund der Wertigkeit einer Währung. Schließlich sind moderne Währungen reine „Papierwährungen" (auch wenn sie großteils als Depositen gehandelt werden). Sogenannte Papierwährungen sind materiell ungebundene Währungen, also z. B. nicht an den Goldwert gebunden. Einzig der Glaube in den Währungsbestand sichert das Währungssystem. Daher kommt der Zentralbankkommunikation eine sehr große Bedeutung zu. Wirtschaftssubjekte dürfen aktiv überrascht und zutiefst enttäuscht werden über das Zentralbankhandeln. Wer schließlich glaubt ansonsten an den Bestand der (stabilen) Währung? Zur Reputation einer Zentralbank wird auf Gischer/Herz/Menkhoff (2020, S. 52–55 und S. 293–298) verwiesen.

Aufgabe 2.7
Shiller (2012, S. 244–255) erläutert seine Existenzbegründung von Preisblasen an Vermögenswerten. Warum verneinen Effizienzmarkttheoretiker diese Existenzen?

Lösung 2.7
Effizienzmarkttheoretikern nach entstehen Preise insbesondere an börsenbasierten Vermögensmärkten durch die Verarbeitung aller im Markt verfügbaren Informationen. Nicht jeder Teilnehmer verfügt über alle Informationen, aber über alle Teilnehmer kumulieren alle Marktinformationen. Demnach können Preise nicht irrational sein und Preisblasen sind nicht möglich.

6.3   Lösungen zu den Übungsaufgaben in Kap. 3

Mikroökonomik und deutsche Mikroökonomie

Aufgabe 3.1
1) Nennen Sie die konstitutiven Merkmale der vollständigen Konkurrenz (Polypol) und 2) gleichen Sie diese mit dem realen Markt für Wohnimmobilien ab. Handelt es sich bei diesem realwirtschaftlichen Markt ebenfalls um einen Markt mit vollständiger Konkurrenz? Und wenn nein: warum nicht?

Lösung 3.1
1. Nahezu homogene Güter, viele Anbieter und Nachfrager, kein signifikanter Einfluss eines einzelnen Anbieters auf den Marktpreis, vollkommene Teilbarkeit des Gutes, uneingeschränkte Mobilität, vollständige Information, Rationalität, freier Marktzutritt und Marktaustritt der Marktakteure sowie keine Zeitverzögerung bei Entscheidungsumsetzungen.

2. Wohnimmobilien sind besonders heterogen. In der Tat gibt es viele Anbieter, weil nur etwa 30 % aller Wohnungen in Deutschland von gewerblichen Anbietern vermietet werden. Bei den übrigen Anbietern handelt es sich um eine Vielzahl privater Vermieter mit nur jeweils wenigen Wohneinheiten in der Vermietung. Ein Einfluss eines einzelnen Vermieters auf den Marktpreis (= Mietpreis gemäß qualifiziertem Mietspiegel) mag theoretisch nicht gegeben sein. Allerdings handelt es sich bei Wohnimmobilien um derart heterogene Güter (keine Lage ist reproduzierbar), sodass eigentlich kein polypoliger Marktpreis existiert. Teilbarkeit des Gutes, Mobilität, Informationen und Rationalität sind sicherlich ebenfalls eingeschränkt. Freier Marktzutritt und Austritt der Anbieter ist zumindest nicht ohne Zeitverzögerungen bei Entscheidungsumsetzungen gewährleistet. Auf dem Markt für Wohnimmobilien herrscht demnach keine vollständige Konkurrenz.

Aufgabe 3.2
Erläutern Sie (1) das Gesetz der Nachfrage und (2) das Gesetz des Angebots!

Lösung 3.2
Beide Gesetze beziehen sich auf die Gütermärkte und unterliegen kurzfristigen Modellannahmen.

1. *Gesetz der Nachfrage:* Preis und Nachfragemenge entwickeln sich auf Gütermärkten unter normalen Marktsituationen und bei sonst gleichbleibenden Bedingungen (ceteris paribus) *gegen*läufig: Mit steigendem Marktpreis sinkt die nachgefragte Menge an Gütern. Die Begründung lässt sich über die Nutzen- bzw. Indifferenztheorie vollziehen. Private Haushalte sind Nutzenmaximierer, sodass Preisersparnisse in den Konsum fließen.
2. *Gesetz des Angebots:* Preis und Nachfragemenge entwickeln sich unter normalen Marktsituationen und bei sonst gleichbleibenden Bedingungen (ceteris paribus) *gleich*läufig. Mit steigendem Marktpreis wird die angebotene Menge an Gütern erhöht. Begründen lässt sich diese Gesetzmäßigkeit der Gütermärkte über die Theorie der Unternehmung mit ihren Produktions-, Kosten- und Gewinnbausteinen. Unternehmungen allgemein agieren als Gewinnmaximierer. Die Produktionsmenge auszubauen, wenn der Marktpreis steigt, verbessert kurzfristig die Gewinnsituation.

Aufgabe 3.3
Ein Preis (Kaltmiete/qm)/Menge (qm)-Diagramm für den Wohnimmobilienmarkt (Polypol) einer deutschen Kleinstadt befindet sich im Marktgleichgewicht. Es herrscht Vollvermietung und niemand ist obdachlos. Politische Entscheidungen zur Energiewende führen zur signifikanten Erhöhung der Wohnnebenkosten. (1) Welche Veränderungen ergeben sich im Preis/Menge-Diagramm? (2) Warum sind diese Veränderungen nicht zu 100 % für die Realität zu erwarten?

Lösung 3.3

1. Nebenkosten zur Miete sind exogene Faktoren des Modells, welches Abb. 6.1 visualisiert. Ihr Anstieg reduziert das verfügbare Einkommen der privaten Haushalte. Als Nachfragereaktion auf die Preiserhöhung des exogenen Faktors kommt es deshalb zur Linksverschiebung der Nachfragekurve D_1. Das neue Marktgleichgewicht D_2 stellt sich bei einem niedrigeren Marktpreis p_2^* und einer reduzierten Nachfragemenge q_2^* ein. Die Energiewende führt in diesem Modell zu Umsatzeinbußen für die Vermieter.
2. Wohnungen sind keine unendlich teilbaren Güter. Das Ergebnis der Modellveränderungen unterstellt, dass es Mietern möglich sei, die Nachfrage nach Wohnraum in Abhängigkeit vom Preis quadratmeterbezogen zu reduzieren. Dann müssten Mieter ihre Wohnung kündigen und eine neue Wohnung suchen, die eine gewünschte Preis/Größe-Relation unter der Nebenbedingung gleichbleibender Qualität aufwiese. In der Realität ist diese Nachfragereaktion nicht möglich.

Aufgabe 3.4
Visualisieren und erläutern Sie für die Metropolisierungstendenzen deutscher Großstädte die Einführung der Mietpreisbremse für Regionen mit *angespannten* Wohnmärkten anhand eines (kurzfristigen bis mittelfristigen) Polypol-Marktmodells, um nachstehende drei Fragen zu beantworten:

1. Welche Folgewirkungen der Einführungen der Mietpreisbremse lassen sich im Marktmodell ableiten?
2. Kann die Mietpreisbremse das politische Ziel (= Schaffung *bezahlbaren* Wohnraums) erreichen?
3. Inwieweit verändern die Aufhebungen der markttheoretischen Polypol-Bedingungen zu realistischeren Wettbewerbsbedingungen die erwarteten Folgewirkungen?

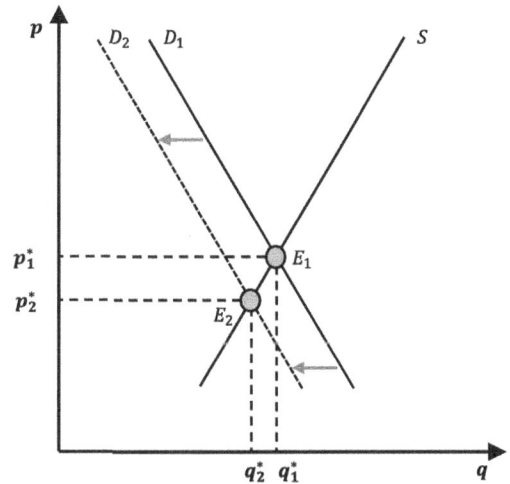

Abb. 6.1 Marktmodell[a] für Wohnimmobilien zur Übungsaufgabe 3.3 (1). [a]*Es gilt:* p = Preis/Kaltmiete; q = Menge/Quadratmeter; S = Angebot; D = Nachfrage; E = Marktgleichgewicht; * = Gleichgewichtsindex (Abb. 6.1). (Quelle: Eigene Darstellung)

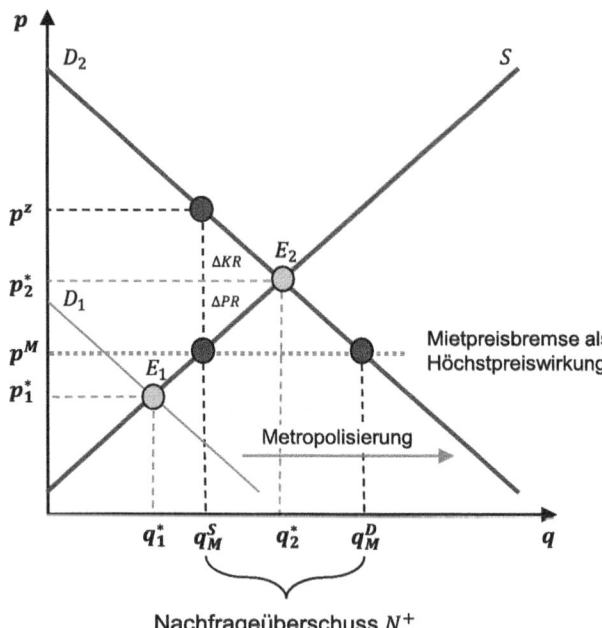

Abb. 6.2 Marktmodell[a] für Wohnimmobilien in Metropolregionen zur Übungsaufgabe 3.4. [a]Es gilt: p = Preis/Kaltmiete; q = Menge/Quadratmeter; S = Angebot; D = Nachfrage; E = Marktgleichgewicht; N^+ = Nachfrageüberschuss; M = Mietpreibremse; KR = Konsumentenrente; PR = Produzentenrente. (Quelle: Eigene Darstellung)

Lösung 3.4

Das Marktmodell des *kurzfristigen* Polypols visualisiert Abb. 6.2. Als Preis *p* gilt die Kaltmiete, weil sie im Unterschied zur Warmmiete der Preis ist, der gleichermaßen für Anbieter von und Nachfrager nach Wohnraum gilt. Als Menge *q* gelten annahmegemäß die gemieteten Quadratmeter pro Zeitperiode. Angebotsausweitungen nehmen im Markt für Wohnimmobilien mehrere Monate bis Jahre in Anspruch. Die Preiselastizität des Angebots ist im kurzfristig ausgerichteten Modell daher näher Null als Eins. Demnach sind die Steigungen von Angebots- und Nachfragekurve in Abb. 6.2 nur der Übersichtlichkeit halber elastischer gezeichnet, als für den Markt realistisch wäre. Der Markt befindet sich anfänglich im gleichgewichtigen Punkt E_1 (mit p_1^* und q_1^*).

Metropolisierungstendenzen verschieben im Modell die Nachfragekurve D_1 nach rechts als D_2. Eine höhere Nachfrage trifft realistisch auf ein kurzfristig starres Angebot. Dadurch erhöht sich der Marktpreis noch stärker, als Abb. 6.2 verdeutlicht. Mittelfristig käme es zur Ausweitung des Wohnangebots durch Neubau, aktiven Abbau von Leerständen oder Revitalisierungen, weil das *Gesetz des Angebots* greift (siehe Aufgabe/Lösung 3.2). Der Markt wäre im Punkt E_2 (mit p_2^* und q_2^*) im Gleichgewicht: *Zum einen* hätten alle Mieter jeweils ihren Nutzen maximiert, d. h. das jeweilige verfügbare Einkommen nutzenmaximal auf den Gesamtkonsum (also einschließlich Mieter) aufgeteilt.

Zum anderen wären wegen des gewinnmaximierenden Agierens der Anbieter neue Investitionen realisiert worden.

Der Gleichgewichtspunkt E_2 ist seitens der deutschen Wirtschaftspolitik aber nicht gewünscht, sodass er sich auch mittelfristig nicht einstellen wird. Daher unterbindet die Wirtschaftspolitik diesen Marktpreisanstieg durch die eingeführte Mietpreisbremse M. In der Konsequenz stellt sich lediglich der administrative Preis p^M unterhalb des Gleichgewichtspreises p_2^* ein. Folglich kommt es nicht zum Angebotsausbau bis q_2^*. Denn das Erlös- und Gewinnpotenzial der Immobilieninvestoren ist deutlich eingeschränkt, sodass sie weniger investieren. Das Wohnungsangebot wird mittelfristig nur bis q_M^S ausgeweitet. Dadurch entsteht ein Nachfrageüberschuss N^+. Es gibt also private Haushalte, die nur wegen es administrativ bedingt geringeren Mietpreisanstiegs neue Mietwohnungen nachfragen.

Der Nachfrageüberschuss N^+ setzt sich ausschließlich aus nutzenmaximierenden privaten Haushalten zusammen. Insofern stellt für diese Haushalte der Marktpreis ein akzeptiertes Nachfrageregulativ dar. Keinesfalls ist der Nachfrageüberschuss N^+ mit sozialen Verwerfungen gleichzusetzen. Hier sind Wirtschaftssubjekte gruppiert, deren Gesamtnachfrage im Gleichgewichtspunkt E_2 zum höheren Preis p_2^* geringer wäre, aber immer noch sicherstellte, dass sie jeweils ihren Gesamtnutzen maximierten – unabhängig, ob die Haushalte dann zu den neuen Mietern gehörten oder wegen des höheren Preises nutzenindividuell eben nicht. Die Einführung der Mietpreisbremse M motiviert deshalb private Haushalte, sich in die Metropolisierungstendenzen einzuklinken, obwohl sie es gar nicht zwingend müssten. Dadurch steigt die Nachfrage stärker als das Angebot, sodass die Mietpreisbremse M kontraproduktiv wirkt.

Menschen mit gesellschaftlichen Hintergründen, die auf den sogenannten *bezahlbaren Wohnraum* angewiesen sind und wegen für sie zu hoher Mieten nicht in die Innenstädte ziehen können, es aber gesellschaftlich müssten, werden durch die Mietpreisbremse nochmals vom Umzug abgehalten. Schließlich dürfte die Gesellschaftsgruppe ohne entsprechende Hintergründe, persönliche Zwänge und eingeschränkten Mietbudgets selbst bei finanzierbaren Wohnobjekten in der Nachfrage durch bonitätsstärkere private Haushalte verdrängt werden. Und letztere streben gerade bei einer funktionierenden Mietpreisbremse M gerade durch diese motiviert in die Metropolen.

Die ökonomische Ineffizienz dieser Wirtschaftspolitik ist durch den nicht realisierten Wohlfahrtseffekt ΔWF in Höhe von $\Delta WF = \Delta KR + \Delta PR$ quantifizierbar. Auf Basis des hier skizzierten Modells sind im Weiteren die drei konkreten Aufgaben zu beantworten:

1. Die Einführung der Mietpreisbremse verhindert den marktadäquaten Marktpreisanstieg. Der Marktpreis wird unterhalb des Gleichgewichtspreises liegen. Ein Nachfrageüberschuss stellt sich ein. Denn Anbieter weiten das Angebot nicht bis zum Gleichgewichtspreis aus – Nachfrager wollen jetzt im Markt mieten, obwohl sie zum Marktpreis gar nicht auf die Idee der Nachfrage gekommen wären.

2. Nein. Die Kappung der Marktpreisentwicklung kann Investoren nicht ausreichend zum Neubau bezahlbarer (= unter dem Marktpreis vermieteter) Wohnungen motivieren. Eine Angebotsausweitung wird nicht forciert, sondern konterkariert. Weil zum niedrigeren Preis als dem Marktpreis Wohnraum angeboten wird, erhöht sich die Nachfrage noch – die Schlagen der Besichtigung werden nicht kürzer, sondern länger.

3. Der reale Markt für Wohnimmobilien ist ein Polypol. Die Bedingungen effizienter Märkte (= homogene Produkte, keine Time lags zwischen Entscheidung und Realisierung etc.) sind aber nicht gewährleistet. Der Markt für Wohnimmobilien ist deshalb als monopolistische Konkurrenz zu bezeichnen. Demnach werden die unter (1) und (2) skizzierten Wirkungserwartungen keinesfalls direkt mit Einführung der Mietpreisbremse entstehen. Wenn überhaupt, dann sind sie mit Zeitverzögerungen zu erwarten. Hinzu kommt, dass die in Deutschland eingeführte Mietpreisbremse nicht für den Neubau und nicht für signifikant modernisierte Wohnungen gilt. Die negative Auswirkung auf die Angebotsausweitung kann sich zunächst nur auf den Abbau von Leerständen ohne signifikante Modernisierung beziehen. Allerdings wird auch trotz Neubaus kein nachhaltiger Ausbau bezahlbaren Wohnraums entstehen. Schließlich werden Neubauwohnungen und adäquate Bestandswohnungen wiederum zu Marktpreisen vermietet.

Aufgabe 3.5

Auf dem Wohnimmobilienmarkt ist die Nachfrage beschrieben durch die lineare Funktion:

$$q^D = 10 - 2p$$

Die lineare Angebotsfunktion lautet:

$$q^S = -4 + 5p$$

1. Bestimmen Sie graphisch und rechnerisch das Marktgleichgewicht (!) bzw. wie lauten der markträumende Preis p^E bzw. p^* und die gleichgewichtige Menge q^E bzw. q^*?

2. Bestimmen Sie graphisch und rechnerisch die Konsumenten- und Produzentenrente sowie den quantitativen Wohlfahrtseffekt!

3. Berechnen Sie die Preiselastizitäten des Angebots (= Angebotselastizität) und der Nachfrage (= Nachfrageelastizität) in Ausdrücken der Differenzialrechnung für $p = p^*$! Handelt es sich beim Angebot und/oder bei der Nachfrage um eine preis*elastische* oder preis*unelastische* Marktsituation? Halten Sie die Elastizitätswerte für realistisch(?) – begründen Sie Ihre Antwort!

4. Ist der Betrag der Nachfrageelastizität einer *linearen* Nachfragekurve in jedem Punkt der Kurve gleich groß? Begründen Sie Ihre Antwort!

5. Angenommen, die Nachfragekurve ist nicht linear: Lässt sich dennoch eine Nachfrageelastizität für einen Punkt der Kurve berechnen? Begründen Sie Ihre Antwort!

6. Eine börsennotierte Aktiengesellschaft mit mehreren hunderttausenden Bestandswohnungen plant im hier betrachteten (regionalen) Wohnungsmarkt den Neubau

von 35.000 neuen Wohnungen innerhalb der nächsten zehn Jahre. Zum bestehenden Marktpreis können dann 3,5 rechnerische Einheiten mehr angeboten werden. Formulieren Sie die neue Angebotsfunktion. Berechnen Sie den Gleichgewichtspreis p_2^* und die Gleichgewichtsmenge q_2^*!

7. Wie verändert sich die Wohlfahrt in p_2^* gegenüber der Wohlfahrt aus Teilaufgabe (2)? Begründen Sie Ihre Antwort!

8. Ist der neue Wert der Nachfrageelastizität im Gleichgewichtspunkt kleiner, gleich oder größer der Nachfrageelastizität aus Teilaufgabe (3)? Begründen Sie Ihre Antwort!

Lösung 3.5

1. Zur Bestimmung des Marktgleichgewichts E sind q^D und q^S gemäß Abb. 6.3 gleichzusetzen, um zunächst den Gleichgewichtspreis p^* zu berechnen:

$$q^D = q^S$$

$$\Rightarrow \quad 10 - 2p = -4 + 5p.$$

$$\Rightarrow \quad -7p = -14.$$

$$\Rightarrow \quad p^* = 2$$

Zur Bestimmung der Gleichgewichtsmenge q^* sind entweder beide Marktfunktionen nach p umzustellen (inverse Form der Ursprungsfunktionen) oder der Gleichgewichtspreis p^* wird in eine der beiden Marktfunktionen eingesetzt:

$$q^* = 10 - 2p^* = 10 - 4 = 6$$

und

$$q^* = -4 + 5p^* = -4 + 10 = 6$$

Das Marktgleichgewicht liegt bei: $p^* = 2$ und $q^* = 6$.

2. Konsumentenrente $= (5 - 2) \times 6 \times 0{,}5 = 9$
(siehe Abb. 6.3, obere rechtsstraffierte Dreiecksfläche);
Produzentenrente $= (2 - 0{,}8) \times 6 \times 0{,}5 = 3{,}6$
(siehe Abb. 6.3, untere rechtsstraffierte Dreiecksfläche);
Wohlfahrtseffekt $= 9 + 3{,}6 = 12{,}6$.

3. Es gilt für das Angebot: $q^S = -4 + 5p$ und $\varepsilon = \frac{dq}{dp} \times \frac{p}{q}$
Es gilt für das Angebot: $q^S = -4 + 5p$ und $\varepsilon = \frac{dq}{dp} \times \frac{p}{q}$.
Also: $\varepsilon = 5 \times \frac{2}{3} = \frac{10}{3} = 3\frac{1}{3}$.

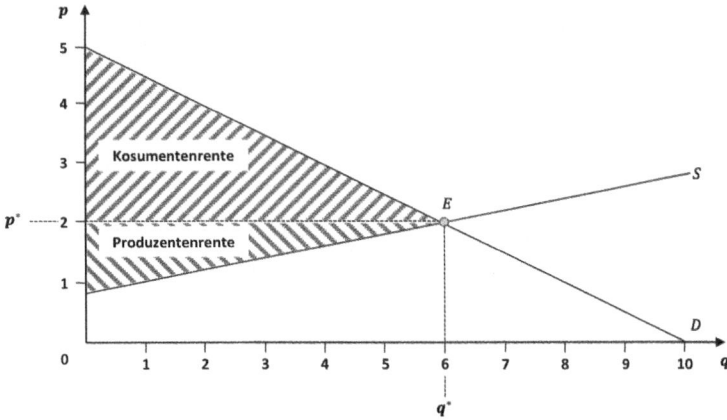

Abb. 6.3 Marktmodell[a] für Wohnimmobilien zur Übungsaufgabe 3.5 (3). [a]*Es gilt:* p = Preis/ Kaltmiete; q = Menge/Quadratmeter; S = Angebot; D = Nachfrage; E = Marktgleichgewicht; * = Gleichgewichtsindex. (Quelle: eigene Darstellung)

Für die Angebotselastizität gilt:$\varepsilon = 3\frac{1}{3} > 1$, die Angebotskurve ist im Marktgleichgewicht elastisch. Vor dem Hintergrund des hohen Aufwands zur Angebotsausweitung bei Wohnimmobilien kann der hohe Elastizitätswert keine Grundstruktur der Märkte widerspiegeln. Vielmehr muss es sich um regionale, zeitliche und gesellschaftssituative Sondereffekte handeln, die eine derartige Preiselastizität des Angebots begründen. Ein Beispiel sind Privatisierungseffekte nach der deutsch Wiedervereinigung in den 1990er Jahren. Eine derartige Marktsituation birgt die Gefahr eines Angebotsüberschusses, also des Leerstands im Neubau.

Es gilt für die Nachfrage: $q^D = 10 - 2p$ und $\eta = -\frac{dq}{dp} \times \frac{p}{q}$.

Also: $\eta = 2 \times \frac{2}{6} = \frac{2}{3}$.

Für die Nachfrageelastizität gilt: $\eta = \frac{2}{3} < 1$, die Nachfragekurve ist im Marktgleichgewicht sodann unelastisch. Die geringe skalierbarkeit der Wohnraumnachfrage macht eine preisunelastische Marktsituation auf der Mieterseits nachvollziehbar. Empirische Analysen verdeutlichen sogar eine noch niedrigere Nachfrageelastizität bei Wohnimmobilien (siehe Abschn. 3.1.2, Tab. 3.2).

4. Nein. Die Steigung einer linearen Kurve ist konstant. Die Nachfrageelastizität berechnet sich jedoch aus der Multiplikation von Steigung der Kurve und dem Verhältnis von Preis zu Menge in einem Punkt der Kurve. Damit besitzt eine Nachfragekurve von der mengenbezogenen Mitte der Kurve bei der Menge $q = 5$ zum Schnittpunkt mit der Ordinate hin einen elastischen und zum Schnittpunkt mit der Abszisse einen unelastischen Bereich. Dazu wird die Menge $q = 5$ in die Nachfragekurve eingesetzt:

$$5 = 1 - 2p$$

und die Gleichung nach dem Preis p aufgelöst, sodass gilt:

$$p = 2,5$$

Alle Informationen (also erste Ableitung, p und q) in die Gleichung der Nachfrage-elastizität eingesetzt führt mit der Menge $q = 5$ zu:

$$\eta = 2 \times \frac{2,5}{5} = 1$$

5. Ja. An jeder Kurve lässt sich nämlich in jedem Punkt eine Gerade als Tangente anlegen. Im Berührungspunkt der von Tangente und Nachfragekurve (= Tangential-punkt) gelten dieselben Bedingungen wie für eine lineare Gerade.
6. Die neue Angebotsfunktion lautet:

$$q_2^S = -4 + 3,5 + 5p = -0,5 + 5p$$

Zur Bestimmung des Marktgleichgewichts sind q^D und q_2^S gleichzusetzen, um zunächst den Gleichgewichtspreis p_2^* zu berechnen:

$$
\begin{aligned}
q^D &= q_2^S \\
\Rightarrow \quad 10 - 2p &= -0,5 + 5p \\
\Rightarrow \quad -7p &= -10,5 \\
\Rightarrow \quad p^* &= 1,5
\end{aligned}
$$

Zur Bestimmung der Gleichgewichtsmenge q^* sind entweder beide Marktfunktionen nach p^* umzustellen (inverse Form der Ursprungsfunktionen) oder der Gleich-gewichtspreis p^* wird in eine der beiden Marktfunktionen eingesetzt:

$$q^* = 10 - 2p^* = 10 - 3 = 7$$

und

$$q^* = -0,5 + 5p^* = -0,5 + 7,5 = 7$$

Das Marktgleichgewicht liegt bei: $p^* = 1,5$ und $q^* = 7$.
7. Die Wohlfahrt steigt, weil sich die Angebotskurve nach rechts verschiebt. Der Sach-verhalt verdeutlicht eine Verbesserung der ökonomischen Effizienz von Märkten durch die Zunahme des Wettbewerbs. Voraussetzung ist aber die Produktion aller Beteiligten unter der Bedingung, dass die Grenzkosten dem Marktpreis entsprechend.
8. Die Nachfrageelastizität wird *kleiner,* weil die Gleichgewichtsmenge q^* um eine Ein-heit anstieg. Konkret:

Es gilt weiterhin: $q^D = 10 - 2p$ und $\eta = \frac{dq}{dp} \times \frac{p}{q}$.
    Also: $\eta_2 = 2 \times \frac{1,5}{7} = \frac{3}{7}$.
    Für die Nachfrageelastizität gilt: $\eta_2 = \frac{3}{7} < \eta_1 = \frac{2}{3}$, die Nachfragekurve ist im Markt-gleichgewicht weiterhin unelastisch.

Aufgabe 3.6

Erläutern Sie die Bedeutung des Preismechanismus im Rahmen einer Wohlfahrtsökonomik!

Lösung 3.6

Im Modell der vollständigen Konkurrenz führt jede Abweichung vom Gleichgewichtspreis zur Reduzierung positiver Wohlfahrtseffekte, weil Konsumenten- und Produzentenrenten sinken. Gründe für die Abweichungen können staatliche Mindestpreise und staatliche Preisobergrenzen sein. Beispiele staatlicher Preisinterventionen sind Mindestlohn, Buchpreisbindung sowie Kappungsgrenze und die Mietpreisbremse. Allerdings abstrahiert das Modell der vollständigen Konkurrenz signifikant von der Realität. Daher rechtfertigen Regierungen ihre politischen Preisinterventionen mit dem Vorhandensein spezifischen Marktversagens. Marktversagen ist häufig allerdings nicht eindeutig nachweisbar, sodass sich entsprechend politisch interventionistische Entscheidungen in demokratischen Systemen durch Mehrheitsbildung auf Basis moralischer Diskussionen bilden müssen. Grundlage dazu ist ein gesellschaftlicher Diskurs. In der Realität kann es allerdings schlicht zu stimmenmaximierenden Entscheidungstendenzen der Regierungen führen. Moraldiskussionen und ein gesellschaftlicher Diskurs verdrängen in diesen Fällen nicht nur ökonomische Überlegungen, sondern fänden gar nicht statt.

Aufgabe 3.7

Dem Marktpreis kommt im Polypol eine besondere Bedeutung zu. Um den Preismechanismus zu verdeutlichen, wird zumeist auf Börsenkurse von Wertpapieren abgestellt, weil diese Märkte einen hohen Effizienzgrad aufweisen. Im Weiteren sind jedoch Produktpreise einer Bäckerei gefragt. Dabei wird unterstellt, dass sich diese Preise wie an der Börse in Echtzeit einstellen.

1. Erläutern Sie zunächst die Bedeutung des Preismechanismus' für das Funktionieren der Marktwirtschaft!
2. Betrachten Sie eine Bio-Bäckerei, die Brote verkauft. Berechnen Sie den Marktpreis des einzelnen Brots und das Umsatz der Bäckerei, wenn folgende Kaufwünsche von Kunden auf die Verkaufsvorstellungen der Bio-Bäcker treffen:
   – Ein Kunde wünscht zwei Brote, will nur 3 EUR je Brot bezahlen; eine Kundin wünscht drei Brote, will nur 4 EUR je Brot bezahlen; eine andere Kundin wünscht nur ein Brot und mag nur 1 EUR bezahlen.
   – Die Bio-Bäckerei hat eigene Vorstellungen: Wenn insgesamt fünf Brote verkauft werden, kosten sie je 3 EUR; werden nur vier Brote verkauft, sollen sie jeweils 4 EUR kosten; aber, wenn nur drei Brote zu verkaufen sind, verlangen sie 5 EUR je Brot.
3. Gleichen Sie Ihre Ergebnisse mit den Gesetzen von Angebot und Nachfrage im Polypol ab! Was fällt Ihnen auf?

Lösung 3.7

1. Der Preismechanismus sichert autark den Marktpreis, der durch keinen Anbieter und keinen Nachfrager beeinflusst werden kann. Der Marktpreis ist ein Ergebnis aus dem unbeeinflussten Zusammenspiel von Angebot und Nachfrage. Im Marktpreis stimmen angebotene und nachgefragte Menge überein (= Marktgleichgewicht). Es handelt sich um die höchste transaktionsfähige Menge. Im Gleichgewichtspreis ist die Wohlfahrt maximal.
2. Der Marktpreis beträgt 3 Geldeinheiten und es werden 5 Brote angeboten und nachgefragt. Der Umsatz beträgt 15 Geldeinheiten. Tab. 6.1 informiert über die Marktpreisberechnung. Zum Marktpreis sind 4 Transaktionen erfolgt. Es handelt sich um die größtmögliche Transaktionszahl in der Tabelle.
3. Das Gesetz des Angebots ist nicht gültig. Die Bio-Bäckerei bietet geringere Preise bei einer steigenden Nachfragemenge an. Ein Grund kann die Kostendegression der Produktion sein.

Aufgabe 3.8
Warum können sich Indifferenzkurven definitionsgemäß nicht schneiden?

Lösung 3.8
Eine Indifferenzkurve umfasst alle geometrischen Orte unterschiedlicher Güterkombinationen, deren Konsum einem privaten Haushalt jeweils dasselbe Nutzenniveau stiftet. Unterschiedliche Indifferenzkurven besitzen deshalb unterschiedliche Nutzenniveaus. In einem imaginären Kurvenschnittpunkt wären die Nutzenniveaus beider Kurven allerdings gleich. Daher können sich Indifferenzkurven definitionsgemäß nicht schneiden.

Aufgabe 3.9
Die Mikroökonomik in diesem Lehrbuch stellt auf eine Welt allein im Polypol ab. Der Markt für Wohnimmobilien entspricht durchaus dem Polypol, aber effizient ist er nicht.

Tab. 6.1 Angebot/Nachfrage-Lösungstabelle von Aufgabe 3.7. (Quelle: Eigene Berechnungen und Darstellung)

Preis (Euro)	Angebot (Stück)	Nachfrage (Stück)	Transaktionen	Kumulation (Angebot)	Kumulation (Nachfrage)
1		1	0	0	6
2			0	0	5
3	5	2	5	5	5
4	4	3	8	4	3

Exorbitante asymmetrische Informationsverteilung über die heterogenen Güter, die nur mit einem signifikanten Time Lag zwischen Entscheidungsfindung über die Angebotsausweitung und deren Realisierung vermehrt angeboten werden können, sind nur beispielhafte Modellabweichungen vom Polypol. Varian (2016, S. 20) kreiert in diesem Zusammenhang eine Nachfragekurve nach Wohnungen mit folgender Nachfragefunktion:

$$q^D = 100 - 2p$$

Betrachten Sie für diesen Markt ein Wohnungsunternehmen als (Quasi-)Monopolistin mit 60 Wohneinheiten ($\hat{q} = 60$). 1) Welche Miete ($\hat{p}$) setzte diese fest? 2) Wie viele Wohnungen würde sie vermieten? 3) Wie hoch wäre der Angebotspreis, besäße die Monopolistin lediglich 40 Wohneinheiten? 4) Wie viele dieser Wohneinheiten würde sie vermieten? 5) Interpretieren Sie die Ergebnisse gesamtwirtschaftlich!

Berücksichtigen Sie zur Beantwortung der Fragen die angegebene Literatur.

Lösung 3.9

Die Ergebnisse zu den Aufgaben liefert ebenfalls Varian (2016, S. 857). Nachfolgend werden sie hergeleitet:

1. Eine Monopolistin wählt jenen Preis, der ihre Mieterlöse *TR* maximiert. Mieterlöse *TR* stellen das Produkt von Preis *p* und Menge *q* dar. Im Erlösmaximum muss gelten:

$$Mieterlöse\ (TR) = \ p \times q(p) = 100p - 2p^2$$

$$\frac{dTR}{dp} = 100 - 4p = 0$$

$$\Rightarrow 4p = 100$$

$$\Rightarrow \hat{p} = 25$$

Der Angebotspreis $\hat{p}$ der Monopolistin beträgt 25 Geldeinheiten.

2. Es gilt: $\hat{q} = 100 - 2 \times 25 = 50$ Wohneinheiten. Die Monopolistin vermietet demnach nicht den vollständigen Bestand $(\hat{q} < 60)$.
3. Es gilt: $q^D = 40 = 100 - 2p \Rightarrow 2p = 60 \Rightarrow p^* = 30$.
   Der Gleichgewichtspreis p^* beträgt 30 Geldeinheiten.
4. Es gilt: $q^D = 100 - 2 \times 30 = 40$ Wohneinheiten.
   Es wären 40 Wohneinheiten, also der volle Bestand, vermietet.
5. Weil die Monopolistin im zweiten Fall weniger Wohneinheiten vermietet, steigt der Preis je Wohneinheit. Gesamtwirtschaftlich kann eine Reduktion der vermieteten Wohneinheiten ebenso negativ beurteilt werden, wie der Preisanstieg, wenn der Bevölkerung nicht ausreichend Wohnraum zur Verfügung steht. Die

Wohnungswirtschaft agierte zwar weder in einem effizienten, noch in einem monopolistischen Markt. Dennoch liefern je nach Fragestellung beide Modellvarianten Hinweise darauf, welche Trendeffekte sich unter gegebenen Umständen einstellen können.

Aufgabe 3.10

Die Fixkosten eines produzierenden Unternehmens AFC betragen 500.000 EUR. Die variable Kostenstruktur eines Unternehmens AVC ist durch folgende Funktion gegeben:

$$AVC = \frac{1}{10} \times q^2 + 100q$$

Die produzierten Produkte lassen sich auf einem polypolistischen Markt zum Marktpreis $p^* = 1000$ EUR absetzen. Berechnen Sie die für das Unternehmen relevante Gleichgewichtsmenge des Angebots q^S und den dazugehörigen Gewinn π!

Lösung 3.10

1. Die allgemeine Gewinnfunktion lautet:

$$\pi = (p \times q) - AFC - AVC = (1000 \times q) - 500.000 - \frac{1}{10} \times q^2 - 100q$$

$$\frac{d\pi}{dq} = 1000 - \frac{1}{5}q - 100 = 900 - \frac{1}{5}q$$

$$\frac{d\pi}{dq} = 0 \Rightarrow 900 - \frac{1}{5}q^* = 0 \Rightarrow 900 = \frac{1}{5}q^* \Rightarrow q^* = 4500$$

Die gleichgewichtige Angebotsmenge beträgt: $q^* = 4500$
   Die gleichgewichtige Angebotsmenge beträgt: $q^* = 4500$
2. Für die Gewinnberechnung gilt:

$$\pi = (1000 \times 4500) - 500.000 - \frac{1}{10} \times 4500^2 - 100 \times 4500$$

$$\pi = 4500.000 - 500.000 - 2.025.000 - 450.000 = 1.525.000$$

Im Gleichgewicht beträgt der Unternehmensgewinn: $\pi = 1.525.000$.

Aufgabe 3.11

Der soziale Wohnungsbau ist ein wichtiger Baustein der sozialen Wohnraumförderung. Unter dem Begriff des sozialen Wohnungsbaus sind staatliche Förderungen von Bauvorhaben zu verstehen. Förderinstrumente sind vor allem Darlehen zu Vorzugsbedingungen oder Zuschüsse. Darlehens- und Zuschussgeber sind die KfW Bank des Bundes und die Förderbanken der Bundesländer. Förderungsnehmer verpflichten sich für ein vordefiniertes Zeitfenster, die Mieten unterhalb des örtlichen Mietspiegels zu halten (= Mietpreisbindung an der Kostenmiete) und die geförderten Wohnungen nur an Haushalte mit geringen Einkommen (dokumentiert durch einen amtlichen Wohnberechtigungsschein) zu vermieten.

In Abschn. 2.5 des Lehrbuchs ist der soziale Wohnungsbau wirtschaftspolitisch thematisiert. Es verweist zur theoretischen Fundierung auf Abschn. 3.1.2. Zum Abschluss von Kap. 3 macht es Sinn, die Inhalte beider Abschnitte zusammenzuführen.

1. Modellieren Sie dazu den sozialen Wohnungsbau mit belegungs- und mietpreisgebundenen Sozialwohnungen in ein Preis p/Menge q-Diagramm des Markts für freivermietbare Mietwohnungen. Vernachlässigen Sie dabei exakte Marktabgrenzung für Mietwohnungen. Differenzieren Sie einzige soziale und freie Wohnungen im Diagramm.
2. Analysieren und bewerten Sie das Marktergebnis – welche wirtschaftspolitischen Probleme können durch Sozialwohnungen entstehen?

Hinweis: Abschn. 5.2 wird den öffentlichen Wohnungsbau mit einer fallstudienartigen Debatte abschließend thematisieren. Nach der Bearbeitung dieser Übungsaufgabe 3.22 kann es durchaus Sinn machen, zunächst Abschn. 5.2 zu bearbeiten, um den Themenkreis zu vervollständigen. Im Anschluss kehren Sie hierher zurück und arbeiten Kap. 4 des Lehrbuchs weiter. Sie können aber auch schlicht chronologisch im Lehrbuch voranschreiten und Abschn. 5.2 zu einem späteren Zeitpunkt zur Reflexion nutzen.

Lösung 3.11

1. Der Wohnungsbau vergünstigt sich durch die staatlichen Förderungen. Die geförderten Wohnungen sind deshalb zur Kostenmiete unterhalb des Marktpreises freier Wohnungen anzubieten. Im Preis (Kaltmiete)/Menge (Quadratmeter)-Diagramm (Marktmodell) liegt die Angebotskurve für Sozialwohnungen S_{sW} unterhalb der Angebotskurve für frei vermietbare Wohnungen S_{fW}. Die Nachfrager nach diesen Wohnungen rekrutieren sich aus dem Kreis der wohnberechtigten Personen. Im Marktmodell liegt die Nachfragekurve für Sozialwohnungen D_{sW} unterhalb der Nachfragekurve für frei vermietete Wohnungen D_{fW}.

Zum Bezug einer Sozialwohnung ist der Wohnberechtigungsschein zwingende Voraussetzung. Das Sozialwohnungsangebot wendet sich also nicht an alle Wohnungsnachfrager einer Volkswirtschaft. Aus diesem Grund führt das Angebot mietkostengünstiger Wohnungen nicht zu einer Ausweitung der Nachfrage von frei vermietbaren Wohnungen. In Abb. 6.4 wird demnach kein Marktgleichgewicht im Schnittpunkt S_{sW}/D_{fW} (hellgrauer Punkt) realisiert. Die Abbildung visualisiert nämlich *zwei* Märkte, *zum einen* jenen für freie Wohnungen und *zum anderen* jenen für Sozialwohnungen. Die Nachfrager auf den jeweiligen Märkten dürfen (Mieter freier

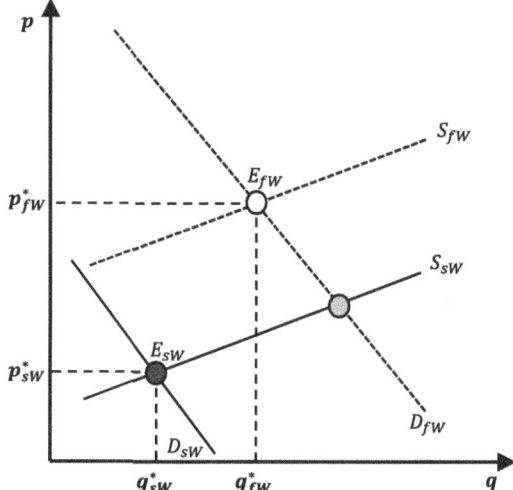

Es gilt: *p* = Preis/Kaltmiete;
     q = Menge/Quadratmeter;
    S = Angebot;
    D = Nachfrage;
    E = Marktgleichgewicht;
    □* = Gleichgewichtsindex;
   fW = freier Wohnungsbau;
   sW = sozialer Wohnungsbau.

Abb. 6.4 Marktmodell[a] für freivermietbare Wohnungen mit integriertem Markt für Sozialwohnungen zur Übungsaufgabe 3.11. [a]*Es gilt:* p = Preis/Kaltmiete; q = Menge/Quadratmeter; S = Angebot; D = Nachfrage; E = Marktgleichgewicht; * = Gleichgewichtsindex; fW = freie Wohnungen; sW = soziale Wohnungen. (Quelle: eigene Darstellung)

Wohnungen) bzw. können (Mieter von Sozialwohnungen) nicht auf dem jeweilig anderen Markt Wohnungen anmieten. In der Realität sind beide Märkte nicht gleichgroß, sodass das Marktgleichgewicht bei Sozialwohnungen E_{sW} (dunkelgrauer Punkt) links unten vom Marktgleichgewicht der freien Wohnungen E_{fW} (weißer Punkt) im Schnittpunkt S_{sW}/D_{sW} liegt.

2. Aufgrund von Schwierigkeiten bei der Abgrenzung der Märkte könnte es zur überhöhten Nachfrage nach Sozialwohnungen kommen. Ein Beispiel sind sich verändernde Einkommen über die Zeit. Allerdings werden Fehlbelegungsabgaben fällig, wenn das Einkommen über die Bemessungsgrenzen für eine Belegung von Sozialwohnungen steigt.

Allerdings sind der Bau und die Vermietung von Sozialwohnungen in Marktphasen mit aktuell sehr niedrigen Marktzinssätzen wenig attraktiv. Gleichzeitig ist der Bedarf an Sozialwohnungen in den Metropolstädten angestiegen. Unter diesen Bedingungen liegen auf den relevanten Regionalmärkten für Sozialwohnungen teilweise Nachfrageüberschüsse vor.

Grundsätzlich reduzieren Subventionen die Informationseffizienz von Märkten. Gäbe es freie Marktzutritte für alle Nachfrager auf dem Markt für Sozialwohnungen, käme es wegen der Subventionen zu Wohlfahrtsverlusten. Negative Auswirkungen auf die Wohlfahrt müssen aber vermieden werden. Im Fall der Sozialwohnungen soll mittels

Wohnberechtigungsscheinen der Marktzutritt reglementiert werden, um Wohlfahrtsver-
luste zu vermeiden.

Makroökonomik und deutsche Makroökonomie

Aufgabe 3.12
Welche Chancen und Risiken werden gemeinhin der ökonomischen Globalisierung
zugesprochen?

Lösung 3.12
Chancen liegen in der Steigerung der Weltwohlfahrt. Dafür sorgen drei Effekte: 1)
Die internationale Arbeitsteilung führt zu nationalen komparativen Kostenvorteilen
und steigert damit die Weltproduktion. 2) Mengenproduktionsvorteile senken die
Produktionskosten. 3) Es kommt zur Wettbewerbsintensivierung und somit zur Kosten-
effizienz und einem sinkendem Marktpreisniveau.
    Risiken sind national geprägt, sie gelten also nicht für alle Staaten der Welt. Aus der
Sicht Deutschlands kann sich der (1) Strukturwandel zulasten der nationalen Industrie-
produktion intensivieren, sodass die Beschäftigung sinkt bzw. die Arbeitslosigkeit steigt.
Wirtschaftspolitisch sind (2) Verteilungseffekte möglich, nach denen Einkommen und
Vermögen ungleicher wachsen bzw. sich weiter zugunsten der Vermögenden verteilen.

Aufgabe 3.13
Welche Formen der Volkswirtschaftlichen Gesamtrechnungen (VGR) zur Berechnung
des Bruttoinlandsprodukts (BIP) sind zu unterscheiden?

Lösung 3.13
Die VGR im engeren Sinn meint die staatliche Buchhaltung zur Erfassung des BIP. Das
BIP kann als Entstehungs-, Verwendungs- und Verteilungsrechnung erfasst werden. Das
BIP kann als Entstehungsrechnung aus der Produktionsperspektive, als Verwendungs-
rechnung aus der Nachfrageperspektive und als Verteilungsrechnung aus der Ein-
kommensperspektive erfasst werden.

Aufgabe 3.14
Der in Düsseldorf ansässige Arbeitgeberverband der Deutschen Immobilienwirtschaft
e. V. vertritt die arbeitsnachfragenden Unternehmen der Wohnungs- und Immobilienwirtschaft als Tarifträgerverband der Branche bei der Verhandlung von Tarifverträgen
mit den Gewerkschaften ver.di und IG BAU. Unterstellen Sie folgende Verhandlungsergebnisse (die modelltheoretisch auf die Tarifvereinbarungen der gesamten Volkswirtschaft adaptiert werden): Die Nettogehälter der deutschen Angestellten erhöhen sich
durch den Tarifabschluss um 300,00 EUR pro Arbeitnehmer. Für die marginale Konsumquote (= Steigung der Konsumfunktion) der linearen Konsumfunktion gilt: $C_Y = 0{,}75$.
Beantworten Sie folgende Fragen:

1. Wie groß ist der zusätzliche gesamtwirtschaftliche Konsum der Folgeperiode in der Volkswirtschaft?
2. Wie groß ist die zusätzliche gesamtwirtschaftliche Ersparnis der Folgeperiode in der Volkswirtschaft?
3. Wie groß ist die marginale Sparquote S_Y?

Lösung 3.14

1. $300{,}00 \text{ EUR} \times 0{,}75 = 225{,}00 \text{ EUR}$.
2. $300{,}00 \text{ EUR} \times 0{,}25 = 75{,}00 \text{ EUR}$.
3. Es gilt: $S_Y = 0{,}25$, weil gelten muss: $C_Y + S_Y = 1{,}0$.

Aufgabe 3.15

Für eine kleine, geschlossene Volkswirtschaft seien Güter- und Geldmarkt durch folgende IS/LM-Kurvenfunktionen gegeben:

$$\text{IS} - \text{Kurve}_1 : \quad i = 0{,}8 - 0{,}0002 \times Y$$

$$\text{LM} - \text{Kurve}_1 : \quad i = -2 + 0{,}0005 \times Y$$

Aufgrund einer kreditfinanzierten expansiven Fiskalpolitik durch die Regierung verschiebt sich die IS-Kurve$_1$ nach rechts als IS-Kurve$_2$:

$$\text{IS} - \text{Kurve}_2 : \quad i = 1{,}5 - 0{,}0002 \times Y$$

1) Berechnen Sie das gleichgewichtige Marktzinsniveau vor und nach der fiskalpolitischen Staatsintervention! 2) In welchem Ausmaß muss die Geldpolitik ebenfalls expansiv sein, damit sie den Crowding-out-Effekt eliminiert?

Lösung 3.15

1. Durch Gleichsetzen jeweils beider Marktfunktionen (IS/LM) lässt sich die gleichgewichtige Zinssatz/Einkommen-Kombination errechnen. Für das Ursprungsgleichgewicht (i_1^*/Y_1^*) gilt:

$$0{,}8 - 0{,}0002 \times Y = -2 + 0{,}0005 \times Y$$
$$\Rightarrow \quad 0{,}0007 \times Y = 2{,}8$$
$$\Rightarrow \quad Y_1^* = 4000$$
$$\Rightarrow \quad i_1^* = 0{,}0$$

Nach Durchführung der expansiven Fiskalpolitik gilt:

$$1{,}5 - 0{,}0002 \times Y = -2 + 0{,}0005 \times Y$$
$$\Rightarrow \quad 0{,}0007 \times Y = 3{,}5$$
$$\Rightarrow \quad Y_2^* = 5000$$
$$\Rightarrow \quad i_2^* = 0{,}5$$

Im Ursprungsgleichgewicht vor der Staatsintervention beträgt der Marktzinssatz $i_1^* = 0{,}0$. Nachdem der Staat die expansive Fiskalpolitik durchgeführt hat, beträgt der Marktzinssatz: $i_1^* = 0{,}5$. Die Nullzinspolitik ist damit abgelöst worden durch eine Zinserhöhung.

2. Die Kreditaufnahme des Staates zur Durchführung der expansiven Fiskalpolitik hat einen Geldnachfrageüberschuss zur Folge, der sich im erhöhten Marktzinsniveau widerspiegelt. Die Zentralbank der betrachteten Volkswirtschaft könnte die Geldmenge erweitern, um damit eine Marktzinssenkung zu initiieren. Das Ausmaß ist dabei durch das Zielzinsniveau bestimmt. Die LM-Kurve muss also nach rechts verschoben werden, bis sich die IS-Kurve und die LM-Kurve im Ausgangszinsniveau $i_1^* = i_2^* = 0{,}0$ treffen. Demnach gilt für das Gleichgewichtseinkommen Y_2^*:

$$i_1^* = 0{,}0 = 1{,}5 - 0{,}0002 \times Y_2^*$$
$$\Rightarrow \quad 0{,}0002 \times Y_2^* = 1{,}5$$
$$\Rightarrow \quad Y_2^* = 7500$$

Beim Gleichgewichtseinkommen von $Y_2^* = 7500$ beträgt der Marktzinssatz $i_2^* = 0{,}0 = i_2^*$. Demnach muss die LM-Kurve$_2$ durch den Gleichgewichtpunkt (i_2^*/Y_2^*) bzw. $(0{,}0/7500)$ laufen. Für die LM-Kurvenfunktion gilt:

$$i = -a + 0{,}0005 \times Y (a = \text{Achsenabschnitt}).\ \text{Durch Einsetzen von } Y_2^* \text{ gilt}$$
$$0{,}0 = -a + 0{,}0005 \times 7500$$
$$\Rightarrow \quad a = 3{,}75$$

Das Ausmaß der expansiven Geldpolitik, die den Crowding-out-Effekt eliminiert, lässt sich durch die LM-Kurve$_2$ bzw. der Erhöhung des Achsenabschnitts a von $a = 2{,}0$ auf $a = 3{,}75$ bestimmen:

$$\text{LM} - \text{Kurve}_2 : \quad i = -3{,}75 + 0{,}0005 \times Y$$

Aufgabe 3.16

Betrachten Sie eine Volkswirtschaft in einem Preis/Output (P/Y)-Diagramm, in dem die Kurven des gesamtwirtschaftlichen Angebots und der gesamtwirtschaftlichen Nachfrage abgebildet sind. 1) Zeichnen Sie das Diagramm mit beiden Kurven! Die Angebotskurve besitzt dabei drei Steigungsbereiche. Definieren Sie diese und ordnen Sie den Bereichen die relevanten Betrachtungszeithorizonte zu. 2) Erläutern Sie die Wirkungsweise einer expansiven Geldpolitik unter kapazitätsauslastenden Bedingungen grafisch und verbal! 3) Welchen Zusammenhang zur Geldpolitik des Eurosystems erkennen Sie aus deutscher Perspektive?

Lösung 3.16

1. Vgl. Abb. 3.10.
2. Durch die expansive Geldpolitik verschiebt sich die gesamtwirtschaftliche Nachfragekurve nach rechts von Y_0^D zu Y_1^D. Weil bei Vollbeschäftigung die Volkswirtschaft in ihrer Produktionskapazität ausgelastet ist, führt die Geldpolitik ausschließlich zu Preiserhöhungen und ist realwirtschaftlich zunächst wirkungslos und langfristig bei Inflation kontraproduktiv.
3. Die deutsche Volkswirtschaft weist seit dem Jahr 2010 positive Wachstumsraten des Inlandsprodukts und sinkende Arbeitslosenquoten aus. Die Produktionskapazitäten der offenen Volkswirtschaft sind daher zumindest weitestgehend ausgelastet. Die dauerhaft expansive Geldpolitik des Eurosystems richtet sich aber nicht allein an Deutschland aus. Somit ist sie für die deutsche Volkswirtschaft selbst zu expansiv gestaltet und forciert steigende gesamtwirtschaftliche Preise (= Preise der Vermögenswerte + Preise der Lebenshaltung).

Finanzökonomik

Aufgabe 3.17
Nennen Sie die drei bekanntesten Zinsstrukturtheorien und beschreiben Sie deren Inhalte!

Lösung 3.17

1. **Erwartungstheorie,** sie unterstellt indifferente Wirtschaftssubjekte gegenüber dem Einkommensrisiko und dem Kapitalrisiko, wobei beide Risiken Ausprägungen des Ertragsrisikos von Geldanlagen in Wertpapiere darstellen. In diesem Fall entsprechen Zinssätze mit langen Zinsbindungsfristen dem geometrischen Mittel (siehe dazu Abschn. 1.5) der erwarteten kurzfristigen Zinssätze.
2. **Liquiditätspräferenztheorie,** sie basiert auf den Opportunitätskosten der Geldanlage und zeigt die Kosten für den Verzicht auf Liquidität an. Hierbei bewerten Wirtschaftssubjekte Einkommensrisiko und Kapitalrisiko unterschiedlich, sodass sie kurzfristige Anlagen gegenüber langfristigen Anlagen bei Zins.
3. **Marktsegmentationstheorie,** sie betrachtet einen mehrperiodischen Zinssatz nicht mehr als ein vollständiges Substitut des Durchschnittswerts ihrer einperiodischen Zinssätze. Wirtschaftssubjekte können jetzt Präferenzen für längere Zinsbindungen aufweisen.

Siehe ausführlich zu Zinsstrukturtheorien Kath (1972).

Aufgabe 3.18

Beschreiben Sie die Bestimmungsfaktoren des Zinses in der klassischen Theorie in Abgrenzung zur keynesianischen Theorie!

Lösung 3.18

In der klassischen Theorie wird der Marktzinssatz durch das Aufeinandertreffen von Angebot und Nachfrage auf dem Kreditmarkt bestimmt. Der Marktzins unterliegt im neoklassischen Marktmodell dem entsprechenden Preismechanismus. In der keynesianischen Theorie bestimmt sich der Marktzinssatz auf Basis der Liquiditätsnachfrage von Wirtschaftssubjekten bzw. deren Liquiditätspräferenz.

Aufgabe 3.19

Interpretieren Sie ökonomisch die Bedeutung einer inversen Zinsstruktur!

Lösung 3.19

Wird angenommen, dass jeder Marktzinssatz die Summe des risikoärmsten Alternativanlagezinssatzes und der individuellen Risikoprämie des eingegangenen Geschäfts darstellt, bedeutet eine inverse Zinsstruktur ein Absinken der Risikoprämie bei Zunahme der Anlagedauer. Dieser Sachverhalt birgt keine Widersprüchlichkeit bei einem hohen Marktzinsniveau (z. B. in Inflationsphasen). Wirtschaftssubjekte erwarten in diesem Fall ein sinkendes Marktzinsniveau (z. B. nach der Reduktion der Inflationsraten).

Aufgabe 3.20

Schlagen Sie in einem Internet-Börsenportal Ihrer Wahl die Beta-Werte (12 Monate) β_{12M} für die Vonovia SE und die Adidas AG nach und erläutern Sie die Kennzahlen!

Lösung 3.20

Unter *boerse.de* lassen sich die Werte (sowie alle weiteren in dieser Lösungsskizze) erfassen (Stand: 18. März 2021):

Für die Vonovia SE gilt: $\beta_{12M} = 0{,}70$

für die Adidas AG gilt: $\beta_{12M} = 1{,}71$.

Mit dem ersten Blick erscheint die Situation wie folgt: die Aktie der Adidas AG besitzt ein weitaus größeres systematisches Risiko als jene von der Vonovia SE. Mit dem Einjahreszeithorizont ist nahezu komplett das Zeitfenster der Corona-Pandemie abgedeckt. Nachvollziehbar wäre eine derartige Diskrepanz der Beta-Werte, weil die Adidas AG als Konsumgüterherstellerin deutlich konjunkturabhängiger ist als die Immobilienbestandshalterin Vonovia SE. Aber bei dieser Interpretation ist große Vorsicht geboten. Denn:

Um die beiden Werte interpretieren zu können, sind zunächst Ihre Konstruktionen zu erläutern. Es gelten nämlich unterschiedliche Marktportfolios für beide DAX-Unternehmen. Für die Vonovia SE ist der Index *SDAX* verwendet worden, für die Adidas AG dagegen der *STOXX EU600 Pers. & House. NTR*.

- *Vonovia-Aktie:* Während das 15. börsengrößte deutsche Unternehmen (gemessen an der mit dem Börsenhandelsvolumen gewichteten Marktkapitalisierung) Vonovia SE mit dem Marktportfolio der 70 Unternehmen, die sich nach den 30 börsengrößten DAX-Unternehmen und 60 größenfolgenden MDAX-Unternehmen in das Größen-Ranking einordnen. Wird berücksichtigt, dass die 30 DAX-Unternehmen zusammen bereits rund zwei Drittel (= 1.321,7 Mrd. EUR), der gesamten Marktkapitalisierung an der Frankfurt Wertpapierbörse abdecken (= 2.014,4 Mrd. EUR), erstreckt sich das volle Ausmaß des methodischen Fehlers, den SDAX als Marktportfolio heranzuziehen.
- *Adidas-Aktie:* Der STOXX EU600 Pers. & House. NTR. stellt dagegen auf die 600 größten europäischen Unternehmen der Haushaltsproduktproduktion ab. Damit ist das Marktportfolio als Benchmark der Adidas-Aktie zumindest internationaler ausgerichtet und branchenbezogene als im Vonovia-Fall. Aber auch dieser Index rekrutiert sich aus einer Vielzahl sehr kleiner Unternehmen. So beträgt die Marktkapitalisierung der 600 im Index erfassten Unternehmen zusammen 1.005,7 Mrd. EUR und ist damit kleiner als im DAX. Wesentliche Konkurrenzunternehmen der Adidas AG haben ohnehin ihren Hauptsitz außerhalb der Europäische Union wie z. B. Nike Inc. mit Sitz in den USA.

Festzuhalten bleibt, dass Internet-Börsenportale hilfreiche Datenlieferanten sind. Aber externe Analysen sind nur mit Vorsicht heranzuziehen. Das Portal *finanzen. net* z. B. liefert kostenfrei historische Kurse, auf deren Basis die Beta-Werte eigenständig zu berechnen sind. Dazu ist neben der Aktienkurshistorie auch das Marktportfolio zu definieren. Für beide Zeitreihen sind zunächst die Renditen zu berechnen. Danach werden Kovarianz der Aktienkursrendite und der Marktportfoliorendite sowie die Varianz des Marktportfoliorendite kalkuliert. Das Verhältnis beider Einzelergebnisse liefert den Barwert.

Ein Beispiel zur Berechnung des Beta-Werts für die Aktie der Vonovia SE für einen einjähriges Zeitfenster: Die Rendite des Marktportfolios der Vonovia-Aktie kann zum einen der DAX 30 repräsentieren, deren Mitglied die Vonovia-Aktie selbst ist. Für die Wahl sprechen Größenvergleiche der Marktkapitalisierung und Fungibilität der Wertpapiere. Tab. 6.2 berichtet über die Kovarianz beide Renditenentwicklung: $cov_{DAX\ 30} = 0{,}000139699$. Für die Varianz des Marktportfolios DAX 30 gilt: $var_{DAX\ 30} = 0{,}000321731$. Jetzt berechnet sich der Beta-Wert β wie folgt:

$$\beta = \frac{cov_{DAX\ 30}}{var_{DAX\ 30}} = \frac{0{,}000139699}{0{,}000321731} = 0{,}43$$

Wird der CDAX als Marktportfolio, ergibt sich bei analoger Rechnung gemäß Tab. 6.2 die Kovarianz beide Renditenentwicklung: $cov_{CDAX} = 0{,}000136969$. Für die Varianz des Marktportfolios DAX 30 gilt: $var_{CDAX} = 0{,}000261472$. Jetzt berechnet sich der Beta-Wert β wie folgt:

Tab. 6.2 Berechnung des Beta-Werts der Vonovia-Aktie für die Zeit vom 16. März 2020 bis zum 17. März 2021. (Quelle: Eigene Berechnungen und Darstellung)

16.03.2021 bis 17.03.2021							
Vonovia		**DAX30**		**CDAX**		Kovarianz-V&DAX30:	0,000139699
	Rendite		Rendite		Rendite	Kovarianz-V&CDAX:	0,000136970
55,30		14.557,58		1.375,40		Varianz-DAX30:	0,000321731
54,34	-1,74%	14.461,42	-0,66%	1.365,28	-0,74%	Varianz-CDAX:	0,000261472
54,42	0,15%	14.502,39	0,28%	1.368,17	0,21%		
54,78	0,66%	14.569,39	0,46%	1.374,43	0,46%	Beta-DAX30:	0,43
54,32	-0,84%	14.540,25	-0,20%	1.368,75	-0,41%	Beta-CADX:	0,52
53,44	-1,62%	14.437,94	-0,70%	1.362,56	-0,45%		
54,06	1,16%	14.380,91	-0,40%	1.355,71	-0,50%		
52,92	-2,11%	13.920,69	-3,20%	1.321,09	-2,55%		
54,10	2,23%	14.056,34	0,97%	1.334,68	1,03%		
53,62	-0,89%	14.080,03	0,17%	1.340,05	0,40%		
54,00	0,71%	14.039,80	-0,29%	1.335,96	-0,31%		
53,54	-0,85%	14.012,82	-0,19%	1.335,46	-0,04%		
52,74	-1,49%	13.786,29	-1,62%	1.314,52	-1,57%		
53,10	0,68%	13.879,33	0,67%	1.324,90	0,79%		
52,86	-0,45%	13.976,00	0,70%	1.328,24	0,25%		
...	...	...	...	...	...		
...	...	...	...	...	...		

$$\beta = \frac{cov_{DAX\ 30}}{var_{DAX\ 30}} = \frac{0,000136969}{0,000261472} = 0,52$$

Beide Beta-Werte liegen deutlich niedriger als der auf boerse.de kommunizierte Wert. Die jeweiligen Differenzen sind größer als die Differenzen der Beta-Werte mit den unterschiedlichen Marktportfolien CAX 30 und CDAX (Tab. 6.2).

Aufgabe 3.21

Die Effizienzmarkttheorie steht nicht allein im wissenschaftlichen Disput zur keynesianischen Theorie, sondern verstärkt auch zur Verhaltensökonomik. Letztere Denkschule ist zum Ende von Abschn. 3.1.4 erläutert. Welche Rolle spielt innerhalb der finanzwirtschaftlichen Verhaltensökonomik (= Behavioral Finance) das von Shiller (2015, S. 345) angeführte „Smart Money" auf den Immobilienmärkten?

Lösung 3.21

Die Effizienzgrade von Aktien- versus Immobilienmärkte divergieren. Für die Aktienmärkte bzw. genauer gesagt, für börsengehandelte Vermögenswerte wie Aktien, Anleihen, Derivate, macht nach Shiller (2015, S. 343) „… unternehmensspezifisches Wissen die Markteffizienzhypothese bei einzelnen Unternehmen zu einer sinnvollen Näherung für die Realität." Auf Immobilienmärkten werden aber höchst heterogene Güter gehandelt. Deren Qualitätseinschätzungen unterliegen der asymmetrischen

Informationsverteilung für Anbieter und Nachfrager. Ihre Preisentwicklungen unterliegen langfristigen bzw. mehrjährigen Zyklen, unabhängig der Richtungen der Veränderungen. Smart Money ist deshalb nicht in der Lage, kurzfristig „… vielleicht als Reaktion auf Nachrichten schnell in den Markt ein- und wieder au(zu)steigen …" (Shiller 2015, S. 345). Hinzu kommt, dass Immobilienpreise eine komplexe Fülle an Preisdeterminanten besitzen. Sie entstehen zwar marktgerecht durch das Zusammenführen von Angebot und Nachfrage. Allerdings stellen die kapitalintensiven Baukosten einer Immobilie Preisuntergrenzen dar, die es in dieser Form im Wertpapierhandel nicht gibt. Treiber von Ineffizienzen der Immobilienmärkte sind gegenüber den Wertpapiermärkten auch die höheren Transaktionskosten, höheren „Unterhaltskosten, die geringen Mieteinnahmen, das subjektive Risiko durch die Mieter (die einen relativ geringen Anreiz haben, sich um die Immobilien zu kümmern) und das Problem, über alle örtlichen Faktoren auf dem Laufenden zu bleiben, die etwas an der Nachfrage nach Einfamilienhäusern ändern könnten – was dazu führen könnte, dass weit entfernt angesiedelte institutionelle Investoren Gefahr laufen, als uniformierte Verlierer dazustehen." Preisindizes erhöhen zwar ein wenig die Transparenz, bilden aber auch zu geringfügig eine konkrete Immobilie ab.

Für Deutschland hat z. B. die Scoperty GmbH mit ihrem Immobilienpreisportal (URL: „www.scoperty.de) versucht, die Markttransparenz zu steigern, indem sie geschätzte Immobilienpreise für über 35 Mio. Objekte öffentlich zugänglich macht, ohne aktiv mit den Eigentümern in Verbindung getreten zu sein. Interessanterweise stieß dieser Vorstoß bei den Marktteilnehmern nicht auf Freude über einen Effizienzzuwachs, sondern auf Ablehnung. So schreibt Klemm (2021, S. 25) in der Frankfurter Allgemeine Zeitung am Sonntag: „So ist es eben mit der Transparenz: Für den einen ist sie zu groß, weil nicht alle Welt den ungefähren Wert des eigenen Besitzes kennen soll. Für den anderen kommt sie gerade richtig, weil er und mögliche Interessenten eine Grundlage zum Verhandeln haben. […] Als Geschäftsführer des Start-ups Scoperty ist Kasch angetreten, das Hindernis [der Intransparenz] zu beseitigen. Der Wohnungsmarkt soll endlich transparent werden."

Theorie der Wirtschaftspolitik

Aufgabe 3.22
Nennen Sie die drei wesentlichen Voraussetzungen für Träger einer Wirtschaftspolitik, um wirtschaftspolitisch gestalten zu können.

Lösung 3.22
Träger der Wirtschaftspolitik müssen Entscheidungsbefugnisse (Entscheidungsträger), die gesellschaftlich zuerkannt sind (Kompetenz), und eine legitimierte staatliche Zwangsgewalt (Macht) besitzen.

Aufgabe 3.23

Greive (2017) informiert über den Deutschland-Bericht des Internationalen Währungs-
fonds (IWF). 1) Warum wird Deutschland seitens des IWF kritisiert, Grundstückseigen-
tümer zu wenig durch Staatsabgaben zu belasten bzw. auf eine progressiv ausgestaltete
Grundsteuer zu verzichten? 2) Bewerten Sie den IWF-Vorschlag der progressiven
Grundsteuerlast ökonomisch! 3) Priorisierend kritisiert der IWF das öffentliche
Investitionsverhalten in Deutschland. Welche ökonomische Kritik wiederum ist an der
IWF-Forderung nach mehr deutschen öffentlichen Investitionen, insbesondere in die
Infrastruktur, zu formulieren?

Lösung 3.23

1. Der IWF behauptet, in Deutschland wären Gesellschaftsschichten mit niedrigen Einkommen zu hoch mit Abgaben belastet. Dagegen sieht er Spielraum, wohlhabende
   Gesellschaftskreise verstärkt zu belasten. In diesem Zusammenhang schlägt der IWF
   die progressive Ausgestaltung der Grundsteuer vor.
2. Eine progressiv ausgestaltete Grundsteuer macht Investitionen in Immobilieneigentum weniger attraktiv. In Deutschland ist traditionell die Eigentumsquote niedriger
   als in vielen anderen Industriestaaten. Um den wirtschaftsprogressiven Einfluss des
   Eigentumserwerbs zu fördern, sollte genau dieser Prozess nicht ökonomisch belastet
   werden.
3. Öffentliche Investitionen ($G \uparrow$) führen zu einer Rechtsverschiebung der IS-Kurve.
   Allerdings befindet sich Deutschland im Jahr 2017 in einem bereits neunjährig
   andauernden Prozess expansiver Geldpolitik. Die LM-Kurve ist also dauerhaft nach
   rechts zu schieben. Im Ergebnis werden sich Staatsverschuldung und Inflationsrate
   erhöhen, sodass die EWU-Konvergenzkriterien nicht eingehalten bleiben. Im Kontext
   der dramatischen Abweichungen weiterer Euro-Staaten von den notwendigen EWU-
   Konvergenzkriterien wäre es erstens ein fatales instabilitätspolitisches Zeichen in die
   Euro-Gruppe hinein, wenn die größte EWU-Volkswirtschaft bewusst die Kriterien
   ignorierte. Zweitens käme es zu einer nachhaltigen Euro-Abwertung unter den für
   Deutschland adäquaten Kurs, sodass die deutsche Wirtschaft überhitzen könnte.
   Gemeint ist damit ein Wirtschaftswachstum, das auf zu großer Geldschöpfung durch
   den Kreditprozess basiert und damit zu Inflation tendiert. Im Ergebnis wäre mir einem
   Einbruch der prosperierenden Entwicklung zu rechnen.

Aufgabe 3.24

Die Interessen der deutschen Wohnungswirtschaft werden kollektiv durch Verbände vertreten. Erörtern Sie mögliche Probleme des grundsätzlichen deutschen Rechts, Interessen
durch Verbandspolitik geltend machen zu können und beziehen Sie Ihre Antwort auf die
Wohnungswirtschaft!

Lösung 3.24

Berg et al. (2007) erläutern:

Das grundsätzliche Recht des einzelnen, seine Interessen durch Verbände geltend zu machen, wird kaum bestritten. Das tatsächliche Bestehen einer Vielzahl derartiger „pressure groups" und ihre vielfältigen Versuche, auf das wirtschaftspolitische Handeln Einfluß zu nehmen, stößt dagegen immer wieder auf Kritik und Bedenken. Da erfahrungsgemäß nicht alle Interessen gleich gut organisierbar sind, besteht die Gefahr, daß sich bestimmte Wünsche sehr weitgehend Gehör verschaffen, während andere trotz grundsätzlich gleicher Wertigkeit unbeachtet bleiben [...]. Bei der Ausarbeitung ihrer Gesetzesvorlagen ist die staatliche Administration auf die Sachkenntnis und Unterstützung der betroffenen Verbände angewiesen. Konsumenten sind in der Regel weniger gut organisiert als Produzenten. Das kann eine Verzerrung der Gewichte zur Folge haben, mit der diese Interessen bei der Formulierung, Verabschiedung und Anwendung von Gesetzen berücksichtigt werden. Die Wahrscheinlichkeit dafür, daß Parlament und Regierung sich stärker den partikularen Interessen einflußreicher sozialer Gruppen verpflichtet fühlen als den Erfordernissen des Gemeinwohls, nimmt zu, wenn Parteien von Verbänden, Unternehmen oder Einzelpersonen finanzielle Zuwendungen erhalten, die die Unabhängigkeit ihrer Repräsentanten in Legislative und Exekutive gefährden [...] (Berg et al. 2007, S. 300).

Im Hinblick auf die deutsche Wohnungswirtschaft ist zu konstatieren, dass auch die Mieter durch Interessensvereinigungen (Mietervereine etc.) kollektiv vertreten werden. Der Hinweis von Berg et al. (2007) auf die generelle Situation von Konsumenten gegenüber Produzenten ist deshalb nicht uneingeschränkt auf die Wohnungswirtschaft zu übertragen.

6.4 Lösungen zu den Übungsaufgaben in Kap. 4

Aufgabe 4.1

Empirische Beobachtungen verdeutlichen, dass eine Volkswirtschaft heute negative Schocks weniger gut kompensieren kann als früher. Erläutern Sie die Aussage anhand deutscher Konjunkturprobleme im Jahr 2009, die durch US-amerikanische und teilweise spanische, portugiesische, irische und britische Immobilienmarktverwerfungen initiiert waren. Warum konnte die deutsche Wirtschaft diese Verwerfungen der Auslandsmärkte nicht verkraften?

Lösung 4.1

Die deutsche exportorientierte Volkswirtschaft ist durch offene Märkte geprägt. Diese Märkte sind stark internationalisiert. Wirtschaftliche Verflechtungen sind dazu durch die Europäische Integration intensiviert. Vor diesem Hintergrund sind es nicht mehr nur binnenwirtschaftlich geprägte negative Schocks, die auf die deutsche Volkswirtschaft einwirken. Vielmehr wirken alle ausländischen Schocks ebenfalls auf die deutsche Volkswirtschaft ein. Dieser Intensität möglicher negativer Schocks und ihrer großen entsprechend zeitlich kurz aufeinander folgenden Anzahl kann sich die deutsche Wirtschaft nicht entziehen. Schocks sind als Einmalereignisse definiert. Sie können insofern keine langanhaltenden Verwerfungen oder Rezessionen hervorrufen. Wenn eine Volkswirtschaft negative Schocks nicht mehr durch Eigenleistung kompensieren kann, muss es daran liegen, dass der Volkswirtschaft die intrinsische Motivation genommen sein muss, sich an die neuen Sachverhalte anzupassen. Gründe hierfür können fehlgeleitete Marktinterventionen von Regierungen sein.

Die deutsche Rezession im Jahr 2009 war aber Bestandteil einer globalen Rezession. Wenn die globale Wirtschaft Probleme besitzt, kann eine über Jahrzehnte exportorientierte deutsche Volkswirtschaft die Exportausfälle nur schwerlich über die Binnenkonjunktur kompensieren. Vor diesem Hintergrund sah sich die Bundesregierung zur Auflage zweier Konjunkturpakete gezwungen. Ob diese in ihrer Ausgestaltung (z. B. Subventionen für die Bevölkerung zum Kauf neuer Autos) ökonomisch sinnvoll waren, ist jedoch wieder umstritten.

Aufgabe 4.2

Nehmen Sie inhaltlich in dialektischer Weise Stellung zu folgenden drei Hypothesen, die gegen eine expansive Fiskalpolitik sprechen: 1) Staatsausgaben führen immer zur Verdrängung privater Ausgaben. 2) Staatliche Kreditaufnahmen verdrängen immer private Investitionsausgaben. 3) Haushaltsdefizite führen immer zu geringeren privaten Ersparnissen.

Lösung 4.2

Lesen Sie zur Lösung ausführlich nach in Krugman/Wells (2017, S. 879–881)!

1. Gemeint ist, dass Staatsausgaben finanziert werden müssen und damit in ihrem Umfang letztlich dem privaten Sektor entzogen sind. Dieser Gedanke gilt aber nur im besonderen Fall der volkswirtschaftlichen Vollauslastung mit festem gesamtwirtschaftlichem Einkommen. In Rezessionen, für die eine keynesianische Stabilitätspolitik das Demand Management einfordert, bestehen freie Ressourcen und Entwicklungspotenzial für das gesamtwirtschaftliche Einkommen. Demnach ist die Behauptung, dass Staatsausgaben *immer* private Ausgaben verdrängen falsch, sie können es jedoch sehr wohl. Allerdings fordern Keynesianer bei Vollbeschäftigung auch kein Demand Management des Staates.

2. Auch die Verdrängung privater Investitionsausgaben durch kreditfinanzierte Staatsausgaben (Crowding-out-Effekt) ist von der Situation der Volkswirtschaft abhängig, in der diese sich befindet. Rezessionen sind durch den Ausfall privater Investitionen definiert. Auch wenn staatliche Kreditaufnahmen das Zinsniveau erhöhten, bliebe es fraglich, ob private Investitionen jetzt exakt wegen des Zinsniveaus ausblieben, wenn

sie vorher bei niedrigerem Zinsniveau auch schon ausgeblieben waren. Ist die Volkswirtschaft arg unterausgelastet, erhöht eine expansive Fiskalpolitik das gesamtwirtschaftliche Einkommen und das Sparaufkommen, sodass eine Kreditfinanzierung nicht zwingend zur Marktzinserhöhung führen muss. Die Hypothese des Crowding-out-Effekts gilt daher auch nur für die Vollbeschäftigungssituation einer Volkswirtschaft.

3. Grundsätzlich ist davon auszugehen, dass eine expansive Fiskalpolitik das Haushaltsdefizit steigert, weil eine Steuerfinanzierung kontraproduktive Wirkungen entfaltet. Eine expansive Fiskalpolitik in Rezessionsphasen ist deshalb gemeinhin kreditfinanziert. Steigt die Staatsverschuldung aber soweit, dass die Kapitaldienstfähigkeit des Staates infrage gestellt wird, muss ein Staat dennoch die Steuern erhöhen, um die Schuldenlast zu tilgen. Rational agierende private Haushalte werden insofern ihre Konsumausgaben frühzeitig senken, um zukünftig die höhere Steuerlast finanzieren zu können. Dadurch werden die produktionssteigernden Wirkungen einer expansiven Fiskalpolitik konterkariert, sie wird wirkungslos. Allerdings ist es fraglich, ob private Haushalte derart vorausschauend agieren. In Rezessionsphasen führt eine expansive Fiskalpolitik doch zunächst zu Produktions- und Einkommenssteigerungen. Im Hinblick auf die keynesianische Konsumfunktion mit einer Steigung in Höhe von kleiner eins werden private Haushalte in jedem Fall Teile des zusätzlichen Einkommens zu Konsumzwecken verwenden. Mankiw (2017, Kap. 16) erläutert allerdings weitere Theorieansätze des Konsumverhaltens, auf deren Basis diese Ableitungen zur Wirkung der expansiven Fiskalpolitik wiederum infrage zu stellen sind.

Aufgabe 4.3

Erläutern Sie die Ziele der Europäischen Währungsunion und bewerten Sie deren Realisierung aus Sicht der Bundesrepublik Deutschland!

Lösung 4.3

Oberziel der Europäischen Währungsunion ist der Abbau monetärer Hemmnisse für den grenzüberschreitenden Handel. Darunter subsumieren sich folgende Ziele: 1) Wegfall von Wechselkursrisiken bzw. Absicherungskosten; 2) Schaffung von Preistransparenz; 3) Finanzmarktintegration; 4) Schaffung einer weltweit anerkannten Reservewährung.

Sinnvoll ist die Währungsunion aus Sicht der Bundesrepublik Deutschland, weil die deutsche Volkswirtschaft stark durch ihren Außenhandel geprägt ist. Denn ein Großteil der deutschen Exporte wird innerhalb der Euro-Staaten gehandelt, sodass die Vorteile der Währungsunion signifikant realisiert werden. Hinzu kommt, dass der Wechselkurs des Euros an der Wirtschaftsleistung der Staatenunion ausgerichtet ist. Für Deutschland ist der Wechselkurs des Euros währungstechnisch zu niedrig, sodass sich bei Exporten in Länder außerhalb der Wahrungsunion deutsche Produkte verbilligen. Vor diesem Hintergrund wirkt die Europäische Währungsunion positiv auf das deutsche Wirtschaftswachstum ein.

Problematisch sind die Konstruktionsfehler der Währungsunion für die deutsche Volkswirtschaft. Der inhomogene Währungsraum des Euros forciert wirtschaftspolitische Entscheidungen in einzelnen EWU-Mitgliedstaaten, die zu Verwerfungen an den Kapitalmärkten führen. Griechenland z. B. hat die Staatsverschuldung derart ausgeweitet, dass sich das Land an den Kapitalmärkten nicht mehr finanzieren könnte und nur durch die Staatengemeinschaft vor der Staatsinsolvenz gerettet wird. Hiermit verbunden sind im Umfang bislang nicht abzusehende Rettungskosten, mit denen die deutsche Volkswirtschaft belastet wird. Die Bundesregierung als relevante Trägerin der monetären Wirtschaftspolitik steht hier vor einem Dauerabwägen von Kosten und Nutzen der Währungsunion im gegebenen Umfang.

Aufgabe 4.4

In der Mai/Juni 2017-Ausgabe der Zeitschrift FINANCE wird ein Finanzmanager eines Unternehmens zitiert mit: „Die Geldpolitik führt dazu, dass wir in Zeiten eines zinslosen Risikos leben" (Kögler 2017, S. 79). Interpretieren Sie diese Aussage marktwirtschaftlich!

Lösung 4.4

In der Mikroökonomik wird einem Wirtschaftssubjekt grundsätzlich Risikoaversität unterstellt. Jedes Eingehen eines Risikos impliziert zur Risikokompensation den Erhalt einer Risikoprämie. Einem Investment ohne Risiko ist unter effizienten Marktgesichtspunkten ein Ertrag von null Geldeinheiten zuzuschreiben. In der Praxis werden allerdings inländische Staatsanleihen der Wirtschaftssubjekte als risikoarm oder sogar risikolos bezeichnet, obwohl sie gewöhnlich eine positive Verzinsung aufweisen. Hier wird vereinfachend unterstellt, dass die eigene Volkswirtschaft des Wirtschaftssubjekts quasi nicht ausfällig werden kann. Täte sie es, wäre das ökonomische Problem so groß, dass die Anlagekalküle des Wirtschaftssubjekts unerheblich würden. Vor diesem Hintergrund werden inländische Staatsanleihen vereinfachend als risikolos bezeichnet. Die Rendite der inländischen Staatsanleihe ist dann ein risikoloser Zinssatz. Der FINANCE-Beitrag stellt auf die marktwirtschaftliche Ironie der Geldpolitik des Eurosystems ab. Denn aus dem sogenannten *risikolosen Zinssatz* macht die expansive Geldpolitik eine unverzinste Geldanlage. So emittierte die Bundesrepublik Deutschland z. B. am 15. Juli 2016 eine Bundesanleihe (WKN 110.240) mit zehnjähriger Laufzeit und einem Volumen in Höhe von 25 Mrd. EUR unter, die zu 0,0 % verzinst und zum Emissionskurs in Höhe von 100,48 % emittiert wurde (negative Rendite bei Halten von der Zuteilung bis zur Tilgung). De facto besitzt auch dieses Wertpapier eine positive Ausfallwahrscheinlichkeit, dennoch wird es nicht verzinst. Hierauf nimmt der FINANCE-Zitat Bezug, wenn vom „zinslosen Risiko" einer Geldanlage gesprochen wird.

Aufgabe 4.5

In seinem Zeitungsbeitrag (vgl. Abdruck in Abschn. 4.1.2) beantwortet Riecke (2017) die Frage, ob Freihandel ein großer Irrtum sei. 1) Fassen Sie seine Antwort in drei Sätzen zusammen! 2) Welche Handlungsempfehlungen leiten sich aus der Analyse ab, um positive Einflüsse des Welthandels auf die wirtschaftliche Entwicklung aller beteiligten Staaten zu forcieren?

Lösung 4.5

1. Riecke (2017) sieht die klassische Außenhandelstheorie zwar nicht als widerlegt an. Doch die konkrete Realisierung der erwarteten positiven Freihandelseffekte für alle beteiligten Staaten stellt er deutlich infrage. Begründet wird die Kritik mit Veränderungen volkswirtschaftlicher Rahmenbedingungen durch den technischen Fortschritt in der Neuzeit gegenüber dem 19./20. Jahrhundert, auf welche die klassische Außenhandelstheorie aufsetzt.
2. Grundsätzlich schließt Riecke (2017) mit der impliziten Empfehlung, den technischen Fortschritt zu berücksichtigen, wenn der Freihandel gestaltet wird. Denn seinem Bericht nach globalisiere sich nicht mehr die Produktion, sondern die Planung eben dieser. Vor diesem Hintergrund ergäben sich positive Wachstumseffekte durch Freihandel nicht mehr zwangsläufig für alle beteiligten Volkswirtschaften. Die Wirtschaftspolitik wäre somit angehalten, die Wirkungen von Freihandel aus Sicht insbesondere der eigenen Volkswirtschaft zu prüfen. Damit aber wäre dem klassischen Freihandelsziel letztlich doch widersprochen, dass Freihandel eben allen Beteiligten zu gleichen Teilen positiven Nutzen stifte.

Aufgabe 4.6

Interpretieren Sie einen Leistungsbilanzüberschuss aus gesamtwirtschaftlicher Perspektive!

Lösung 4.6

Eine Leistungsbilanz erfasst die güterwirtschaftlichen grenzüberschreitenden Transaktionen einer Volkswirtschaft. Der Saldo aller Leistungsbilanzen weltweit beträgt entsprechend null. Die Leistungsbilanz umfasst die Handels- und Dienstleistungsbilanz. Ein Leistungsbilanzüberschuss unterstellt eine positive Wettbewerbsfähigkeit der entsprechenden Volkswirtschaft gegenüber dem Ausland. Sie exportiert mehr Güter und Dienstleistungen als sie importiert. Das gesamtwirtschaftliche Einkommen ist somit größer als die inländische Nachfrage. Damit entspricht der Nettoexport (bzw. positive Außenbeitrag) der Volkswirtschaft ihrer Summe aus inländischem Ersparnisüberschuss plus Haushaltsüberschuss, sodass diese Volkswirtschaft ihre Nettoauslandsposition ausbaut oder Auslandsschulden tilgt. Bei einer Veränderung der Vermögensposition finanziert die nettoexportierende Volkswirtschaft das Leistungsbilanzdefizit im Ausland. Ein Kausalitätsbezug lässt sich aus dieser Identität nicht ableiten.

Aufgabe 4.7:
Beschreiben Sie (1) Ursachen und (2) Folgen eines nachhaltigen Sparüberschusses gegenüber den gesamtwirtschaftlichen Investitionen unter der Bedingung eines Weltkapitalmarkts im (neo-)klassischen Modell?

Lösung 4.7:
Ursachen liegen in der wachsenden Nettoauslandsposition von Volkswirtschaften mit Leistungsbilanzüberschüssen: Wegen des größeren gesamtwirtschaftlichen Einkommens gegenüber der gesamtwirtschaftlichen Binnennachfrage ist die gesamtwirtschaftliche Ersparnis größer als die gesamtwirtschaftlichen Investitionen. Da Volkswirtschaften mit Leistungsbilanzdefiziten Kreditbedarf besitzen und diesen aus dem Ausland stillen müssen, für ein Leistungsbilanzüberschuss zu einem Kapitalexport. Hieraus und durch den sich ergebenden Zinseszinseffekt speist sich die Nettoauslandsposition.

Aufgabe 4.8:
Nennen Sie gesellschaftliche Probleme wachsender Ungleichverteilungen beim Einkommen und dem Vermögen privater Haushalte!

Lösung 4.8:
Ungleichverteilungen von Einkommen und Vermögen kann zur asymmetrischen Verteilung von Verfügungsmacht in der Gesellschaft führen. Kumuliert sich zu viel Kapital bei nur wenigen Wirtschaftssubjekten sind revolutionär-kritische Entwicklungen in einer Gesellschaft möglich. Der soziale Frieden verliert an Sicherheit. Allerdings ist eine Ungleichverteilung auch Motivation für Wirtschaftssubjekte zu Leistung und Output. Es wird schließlich deutlich, dass die individuelle Leistungsfähigkeit von Wirtschaftssubjekten gesellschaftlich belohnt werden.

Aufgabe 4.9:
Welchen impliziten und direkten Einfluss können deutsche Wohnungsunternehmen auf die Verteilungsentwicklung in der deutschen Gesellschaft ausüben?

Lösung 4.9:
Wohnen ist ein existenzielles Gut. Die Bereitstellung von Wohnraum sichert sozialen Frieden. Wird bei der Bepreisung von Wohnraum auf die ökonomischen Belange von Mietern Rücksicht genommen (Stichwort: Sozialer Wohnungsbau), liefert das Wohnraumangebot einen Beitrag zum Abbau von Ungleichverteilungen.

Aufgabe 4.10:
Zum Abschluss der Übungsaufgaben soll nochmal global reflektiert werden: Erläutern Sie mögliche Gründe für den unterschiedlichen Wohlstand in unterschiedlichen Ländern der Erde!

Lösung 4.10:

Die Verteilung von Einkommen und Vermögen divergiert nicht nur innerhalb einzelner Volkswirtschaften, sondern auch zwischen einzelnen Volkswirtschaften. Die Begründung globaler Ungleichheit unterteilen Acemoglu/Laibson/List/Belke (2020, S. 701, Abb. 21.1) in (1) grundlegende und (2) unmittelbare Ursachen. Zur ersten Gruppe zählen drei Faktoren:

a) Die Geographie der Staaten, weil klimatische Bedingungen industrielle Entwicklungen forcieren oder bremsen. So liegt Deutschland beispielsweise in einer klimatisch gemäßigten Zone. Duisburger Stahlwerke wären in der Saharazone nicht aufzubauen gewesen.

b) Deren jeweilige Kulturen. Bereits Anfang des 20. Jahrhunderts hat z. B. der Philosoph Max Weber in seinem Werk „Die protestantische Ethik und der Geist des Kapitalismus" den bestehenden Einfluss gelebter Religion auf die wirtschaftliche Entwicklung von Regionen untermauert (vgl. Weber 2005, S. 162 f.).

c) Beeinflussende Institutionen. Mit Institutionen meinen Acemoglu/Laibson/List/Belke (2020 S. 704) „… die formellen und informellen Regeln für die Organisation einer Gesellschaft, einschließlich ihrer Gesetze und Vorschriften."

Diese grundlegenden Ursachen für globale Ungleichheit seien also von unmittelbaren Ursachen überlagert. Zu dieser zweiten Gruppe zählen die Autoren wiederum drei Faktoren, die letztlich selbsterklärend sind, weil sie die Basis unternehmerischer Produktion repräsentieren (siehe Abschn. 3.1.2). Je ausgeprägter einer Volkswirtschaft diese drei Faktoren vorliegen, desto prosperierender deren Entwicklung:

a) Physisches Kapital

b) Humankapital und

c) Technologie

Diese ein wenig fatalistische Begründungsstruktur von Acemoglu/Laibson/List/Belke (2020) teilen nicht alle Ökonomien. Milanovic (2020; S. 104 f. und S. 138 f.) bspw. macht den Kolonialismus für Wohlstandsungleichheiten zwischen verschiedenen Staaten verantwortlich. Damit verbindbar ist der Gedanke, dass es Institutionen (s. o.) in der Welt gibt, die globale Ungleichheit nicht abbauen, sondern manifestieren wollen. Ziel dessen ist die Option für westliche Industriestaaten in Ausland zu Grenzkosten produzieren zu lassen, die unterhalb der Marktpreise liegen. eine solche Produktion im Inland ist nicht gewünscht, mit Blick auf den gesetzlichen Mindestlohn und weitere Arbeitnehmerschutzbestimmungen auch verboten. Daher gleichen Outsourcing-Situationen wie z. B. für die Textilindustrie mit der Produktion in Bangladesch jenen der Kolonialzeiten. Stiglitz (2015, S. 150) fasst in diesem Sinn zusammen:

„Es versteht sich von selbst, dass Entwicklungs- und Schwellenländer die Industrie-staaten heute mit anderen Augen betrachten als früher. Doch die Bemerkung des Top-managers eines Bergbauunternehmens aus einem Entwicklungsland brachte den Geist des Wandels auf den Punkt. Auf die tief empfundene Verzweiflung eines Entwicklungs-experten, der sagte, unfaire Handelsabkommen und unerfüllt gebliebene Hilfszusagen hätten die Industrieländer um ihre moralische Autorität gebracht, erwiderte er: »Der Westen hatte nie die geringste moralische Autorität.« Kolonialismus, Sklaverei, die Auf-teilung Afrikas in kleine Länder und eine lange Geschichte der Ausbeutung von Roh-stoffen mögen für die Täter Sünden der fernen Vergangenheit sein – für die Opfer, die darunter zu leiden hatten, sind sie es nicht."

Literatur

Acemoglu, D./Laibson, D./List, J./Belke, A. (2020): Volkswirtschaftslehre, 2. Auflage. München: Pearson.

Berg, H./Cassel, D./Hartwig, K.-H. (2007): Theorie der Wirtschaftspolitik. In: Bender, D. et al. (Hrsg.): *Vahlens Kompendium der Wirtschaftstheorie und Wirtschaftspolitik, Band 2*, 9. Auf-lage. München: Vahlen; S. 243–368.

Deutsche Bundesbank (2016): Monatsbericht September 2016. URL: „http://www.bundesbank.de/Redaktion/DE/Downloads/Veroeffentlichungen/Monatsberichtsaufsaetze/2016/2016_09_ertragslage.pdf?__blob=publicationFile" (Download der PDF-Datei am 23. September 2016).

Flach, L. et al. (2020): Ökonomische Effekte eines „Brexit" auf die deutsche und europäische Wirtschaft – aktualisierte Einschätzung im Lichte aktueller Entwicklungen. URL: „https://www.bmwi.de/Redaktion/DE/Publikationen/Studien/oekonomische-effekte-eines-brexit-auf-die-deutsche-und-europaeische-wirtschaft.pdf?__blob=publicationFile&v=12" (Download der PDF-Datei am 02. April 2021).

Gischer, H./Herz, B./Menkhoff, L. (2020): Geld, Kredit und Banken, 4. Auflage. Heidelberg: Springer.

Greive, M. (2017): IWF beklagt Ungerechtigkeit. In: *Handelsblatt*, 10. Mai 2017, Nr. 90, S. 8 f.

Kögler, A. (2017): In Abwehrhaltung. In: *Finance*, o. Jg. (Heft Mai/Juni), S. 76–79.

Klemm, T. (2021): Ein Preisschild für jedes Haus. In: *Frankfurter Allgemeine Sonntagszeitung*, 14. Februar 2021, Nr. 6, S. 25.

Krugman, P./Wells, R. (2017): Volkswirtschaftslehre, 2. Auflage. Stuttgart: Schäffer-Poeschel.

Mallien, J. (2017): Das Postfaktische hat die Notenbanken erreicht – Interview Otmar Issing. In: *Handelsblatt*, 09. März 2017, Nr. 49, S. 28 f.

Mankiw, N. G. (2017): Makroökonomik, 7. Auflage. Stuttgart: Schäffer-Poeschel.

Milanovic, B. (2020): Die ungleiche Welt. Berlin: Suhrkamp.

Riecke, T. (2017): Der große Irrtum? In: *Handelsblatt*, 08. Mai 2017, Nr. 88, S. 10.

Shiller, R. J. (2012): Märkte für Menschen. Frankfurt a. M.: Campus.

Shiller, R. J. (2015): Irrationaler Überschwang, 3. Auflage. Kulmbach: Börsenmedien

Stiglitz, J. E. (2015): Reich und Arm. München: Siedler.

Stiglitz, J. E. (2017): Überleben in der Ära Trump. In: *Handelsblatt*, 22. Februar 2017, Nr. 38, S. 56.

Varian, H. R. (2016): Grundzüge der Mikroökonomik, 9. Auflage. Berlin: De Gruyter Oldenbourg.

Weber, M. (2005): Die protestantische Ethik und der Geist des Kapitalismus. Erftstadt: area.

The manufacturer's authorised representative in the EU is Springer
Nature Customer Service Centre GmbH, Europaplatz 3, 69115 Heidelberg,
Germany. If you have any concerns regarding our products, please
contact ProductSafety@springernature.com

Printed and bound by CPI Group (UK) Ltd, Croydon, CR0 4YY
28/04/2026
02098487-0011